Toni Bernhart

„Adfection derer Cörper"

Literatur – Handlung – System

Herausgegeben von
PD Dr. Achim Barsch, PD Dr. Gebhard Rusch,
Prof. Dr. Siegfried J. Schmidt, Prof. Dr. Reinhold Viehoff

Die Reihe stellt Literatur in einen handlungs- und systemtheoretischen Zusammenhang. Literaturwissenschaft als Wissenschaft von der Literatur findet damit den Weg zu den Kultur-, Medien- und Sozialwissenschaften. In Fortführung der Konzeption einer empirischen Literaturwissenschaft öffnet die Reihe den Diskursraum für grundlagenorientierte und anwendungsbezogene Studien, die literarisches Handeln untersuchen und seine theoretische Modellierung diskutieren.

Toni Bernhart

„Adfection derer Cörper"

Empirische Studie zu den Farben in der Prosa
von Hans Henny Jahnn

Mit einem Geleitwort von Prof. Dr. Lutz Danneberg

Deutscher Universitäts-Verlag

Bibliografische Information Der Deutschen Bibliothek
Die Deutsche Bibliothek verzeichnet diese Publikation in der Deutschen Nationalbibliografie;
detaillierte bibliografische Daten sind im Internet über <http://dnb.ddb.de> abrufbar.

Dissertation Humboldt-Universität zu Berlin, 2001, u.d.T.: Anton Bernhart, „Adfection derer
Cörper": Empirische Studie zu den Farben in den Romanen und Erzählungen von Hans Henny
Jahnn

Gedruckt mit Unterstützung der Deutschen Forschungsgemeinschaft.

1. Auflage November 2003

Alle Rechte vorbehalten
© Deutscher Universitäts-Verlag GmbH, Wiesbaden 2003

Lektorat: Ute Wrasmann / Britta Göhrisch-Radmacher

www.duv.de

Das Werk einschließlich aller seiner Teile ist urheberrechtlich geschützt.
Jede Verwertung außerhalb der engen Grenzen des Urheberrechtsgesetzes
ist ohne Zustimmung des Verlags unzulässig und strafbar. Das gilt insbesondere für Vervielfältigungen, Übersetzungen, Mikroverfilmungen und die
Einspeicherung und Verarbeitung in elektronischen Systemen.

Die Wiedergabe von Gebrauchsnamen, Handelsnamen, Warenbezeichnungen usw. in diesem
Werk berechtigt auch ohne besondere Kennzeichnung nicht zu der Annahme, dass solche
Namen im Sinne der Warenzeichen- und Markenschutz-Gesetzgebung als frei zu betrachten
wären und daher von jedermann benutzt werden dürften.

Umschlaggestaltung: Regine Zimmer, Dipl.-Designerin, Frankfurt/Main
Druck und Buchbinder: Rosch-Buch, Scheßlitz
Gedruckt auf säurefreiem und chlorfrei gebleichtem Papier
Printed in Germany

ISBN 3-8244-4516-6

Meinem Vater
Adolf Bernhart

Geleitwort

In den textinterpretierenden Disziplinen – wie in allen anderen institutionalisierten Wissenschaften – werden Wissensansprüche erzeugt, vermittelt, bestätigt und kritisiert. Wie das geschieht und wie das geschehen sollte, ist fortwährend Gegenstand der historischen wie der aktuellen Selbstbeobachtung der Disziplinen. Dabei erscheint das Vermitteln weniger als die Handlungskomplexe des Erzeugens, Bestätigens und Kritisierens als genuiner Gegenstand einer anhaltenden methodologischen Reflexion der Tätigkeit der textinterpretierenden Disziplinen. Die interpretierenden Tätigkeiten in den Literatur- und Kulturwissenschaften greifen auf Wissensansprüche unterschiedlicher Form zurück. Zu diesen Formen gehört die Bedeutungszuweisung an etwas, das als sprachliches Artefakt gilt. Jede Bedeutungszuweisung besteht darin, ein makrophysikalisches artifizielles Gebilde mit etwas anderem zu verbinden. Dieser Verbindung sind keine natürlichen Grenzen gezogen, auch wenn bei gegebenen Vorstellungen über die erwarteten Wissensansprüche nicht alle Verknüpfungen gleichermaßen plausibel und tauglich erscheinen. Das hängt nicht zuletzt von den an Texte herangetragenen Fragestellungen sowie der epistemischen Situation, in der man versucht, sie zu beantworten, ab.

Unabhängig von der konkreten epistemischen Situation muss das, was einen interpretatorischen Wissensanspruch bestätigt oder kritisiert, nicht allein in bestimmter Weise unabhängig von ihm erzeugt werden, sondern es muss ihm gegenüber auch einen Anerkennungs- oder Geltungsüberschuss besitzen – das ist eine methodologische Norm, die seit Aristoteles gängig sein sollte. Es ist der Sonderfall der Zurückweisung des Begründens *idem per idem*, und zur Abwehr zirkulärer Begründungen von interpretatorischen Wissensansprüchen war in der klassischen *hermeneutica* unbestritten, dass man keine *rem incertam per aeque incertam* erweisen könne. Die nachklassische Hermeneutik des ausgehenden 19. und 20. Jahrhunderts mit ihrer Stilisierung des hermeneutischen Zirkels als eines Zirkels der Begründung, den niemand zuvor zu dulden bereit war (auch nicht diejenigen, die fortwährend als autoritative Zeugen noch immer angerufen zu werden pflegen), hat diese methodologische Einsicht vergessen, teilt sie nicht (mehr) oder hält sie für unrealisierbar. Das erste ist unverzeihlich, das zweite ein Frage der Ziele des Interpretierens, insofern es als eine gesellschaftlich alimentierte Tätigkeit in Erscheinung tritt, das dritte ist in dieser Allgemeinheit schlicht falsch.

Genau an dieser methodologischen Stelle findet sich der systematische Ort, an dem die Arbeit „Adfection derer Cörper" von Toni Bernhart weit über das engere Thema ihres Gegenstandes hinausweist und sie ihre exemplarische Bedeutsamkeit gewinnt. Die Abhandlung stellt in vielfältiger Hinsicht ein Lehrstück für die Tätigkeiten des Textinterpreten dar, nicht zuletzt mit Blick auf den Aufwand und die Vorkehrungen, die erforderlich sind, will man versuchen, die erste Forderung an die philologische Arbeit, also die nach der Unabhängigkeit, zu erfüllen. Das, was Bernharts Untersuchung nicht zuletzt so innovativ erscheinen lässt, ist der Rang, den er in seinem Forschungsdesign der Erzeugung quantitativer Textbeschreibungen einräumt.

Der zunächst orientierende Gedanke – die Rehabilitierung quantitativer Verfahren für die Literaturwissenschaft – gewinnt seinen Sinn genau vor diesem Hintergrund. Es geht, wie der Verfasser erhellend deutlich macht, nicht um die Quantifizierung oder Mathematisierung als solche. Es geht um die Erzeugung von solchen Textbeobachtungen, bei denen die Forderung nach Unabhängigkeit der Überprüfung zu erfüllen versucht wird, indem Herr Bernhart jeden der einzelnen Schritte im Rahmen dieses Erzeugungsprozesses beobachtet und reflektiert. Im Besonderen geht es darum, bedeutungstragende Eigenschaften von Texten – in diesem Fall Farbausdrücke und ihre Verteilung – in der Weise zu konstruieren, dass die im Rahmen der quantitativen Verfahren gewonnenen Informationen unabhängig von Bedeutungszuweisungen sind, welche die ‚Farbigkeit' eines Textes betreffen. Die weiteren Verfahrensschritte bestehen dann konsequent in der Darlegung möglicher Verknüpfungen mit diversen anderen Kontexten, die entweder einer Erklärung bestimmter Phänomene dienen oder aber darüber hinaus zu einer Bedeutungsaufladung und -erweiterung solcher Farbausdrücke führen.

In seinen Urteilen über die Bedeutungszuweisungen, die sich durch seine Befunde bestätigen oder kritisieren lassen, erweist sich Herr Bernhart zudem als überaus besonnen. Das resultiert aus der Einsicht, dass die Erzeugung von textuellen Beobachtungen anhand von quantitativen Verfahren in unterschiedlicher Weise selbst kontextuell ist. Die Untersuchung ist auch in dieser Hinsicht ein Lehrstück und darüber hinaus musterhaft in ihrem Aufbau: Sie progrediert von der Festlegung eines minimalen Kontextes, den die benutzten Instrumente brauchen, um auf bestimmte sprachliche Artefakte anwendbar zu sein, über die verschiedenen möglichen Erweiterungen dieser Kontexte bis hin zu solchen Kontextualisierungen, welche es erlauben, die Farbausdrücke zu beispielsweise symbolischen oder allegorischen Bedeutungszuweisungen zu nutzen oder in entsprechende Interpretationen einzubauen.

Toni Bernharts Untersuchung macht einen exzeptionellen Aspekt des Interpretierens deutlich: Es ist der *immer* überwältigende Reichtum, den man über die interpersonal reliable Beschreibung von Eigenschaften einem sprachlichen Artefakt zukommen lassen kann (mehr als sich jede vermeintlich ingeniöse Lektüre von Texten träumen lässt). Zugleich ist es Herrn Bernharts Verdienst, eine Vorstellung davon zu vermitteln, welche komplexen Inferenzprozesse jede noch so plausible Bedeutungszuweisung an ein sprachliches Artefakt voraussetzen. In souveräner Weise und mit großem Engagement hat der Verfasser in dieses Feld hineingeleuchtet - denn er weiß, nicht die ‚Interpretation' ist prädestiniert, die fortwährende Suche nach neuen oder weiteren Bedeutungen des (literarischen) Textes zu entzünden, sondern es ist die ‚Beschreibung'. Aber genau *sie* ist es, die jede Interpretation zu jedem Zeitpunkt als zu wenig komplex erscheinen zu lassen vermag. Diesem Reichtum an Beschreibungsmöglichkeiten jedoch sollte die Interpretation nicht hinterherjagen. Denn die Maxime, dass jede Beschreibung des Textes – welchem Typ sie auch angehören, von welcher Art sie auch sein mag – in eine Interpretation zu integrieren sein soll, ist der sichere Weg zur Beliebigkeit des Interpretierens, das mittlerweile von so unerhörter Ingeniosität ist, dass es mit keiner Alimentierung behindern sollte.

Lutz Danneberg

Vorwort

> All art is at once surface and symbol.
> Those who go beneath the surface do so at their peril.
> Those who read the symbol do so at their peril.
> It is the spectator, and not life, that art really mirrors.
>
> Oscar Wilde

Der Gegenstand dieses Buches sind die Farbausdrücke in den Romanen und Erzählungen von Hans Henny Jahnn. Bearbeitet wird der Gegenstand in erster Linie durch empirische, textstatistische und linguistische Verfahren. Ausgewählte daraus resultierende Ergebnisse fließen in die qualitative literaturwissenschaftliche Diskussion und in die Interpretation ein. Die drei wesentlichen Ziele sind die Beschreibung und Kommentierung des Farbgebrauchs von Jahnn, die Rehabilitierung quantitativer Verfahren in der Literaturwissenschaft und der Versuch einer Integration quantitativer und qualitativer Methoden.

Die Arbeit richtet sich an drei verschiedene Interessensgruppen: an Textologinnen und Textologen, die an der Entwicklung und Anwendung empirischer Verfahren interessiert sind, an literaturwissenschaftlich oder linguistisch orientierte Farbforscherinnen und Farbforscher und an Philologinnen und Philologen mit dem Spezialgebiet Hans Henny Jahnn.

Das erste Kapitel mit dem programmatischen Titel „Die Farbe beim Wort genommen" will auf die Prämisse aufmerksam machen, dass die Farbe eine sprachliche Größe ist. Als Annäherung an das Thema werden allgemeine Lexika konsultiert und das Korpus beschrieben. Der Mittelteil des ersten Kapitels beschäftigt sich mit der Frage, welche sprachlichen Zeichen eine Farbe bedeuten. Vor allem aber definiert und begründet er den Farbkatalog, der die Grundlage aller weiteren Untersuchungen sein wird. Wichtig ist in diesem Zusammenhang die Einführung des Begriffes *Farbetymon*. Das vorletzte Unterkapitel skizziert die wesentlichen Entwicklungslinien der statistischen Textwissenschaft, das letzte beschreibt ausführlich die Schritte der Datenerfassung und erläutert, wie die Daten für die beschreibende und interpretierende Verarbeitung vorbereitet werden.

Mit dem zweiten Kapitel „Quantitäten" beginnt der eigentliche, ergebnisorientierte Hauptteil der Arbeit. Hier wird die empirische Verteilung der Farben in den Korpustexten dargestellt und die Frage erörtert, ob und mit welchen chronologischen, inhaltlichen, intentionalen, erzähltechnischen und natürlichsprachlichen Aspekten die Farbverteilung zusammenhängt. Ein Kapitel ist dem Vergleich der Farbverteilung im

Jahnn-Korpus mit der Farbverteilung in zahlreichen anderen deutschen und zum Teil fremdsprachigen Korpora gewidmet. Mittlerweile liegen hierzu umfangreiche Daten vor, die bisher aber nie miteinander abgeglichen wurden.

Das dritte Kapitel befasst sich mit den semantischen Differenzierungen der Farben. Die Darstellung der semantischen Differenzierungsmöglichkeiten und deren Verteilung bereitet die eigentliche Analyse vor. Hier werden sämtliche lexikalischen und syntagmatischen Kombinationsvarianten unter die Lupe genommen, die im Korpus belegt sind. Dieses Kapitel ist vermutlich das sperrigste, weniger wegen des methodischen Aufwandes, sondern wegen der Schwierigkeit, greifbare und einigermaßen gültige Thesen abzuleiten. Da bislang aber vergleichbare, detaillierte Forschungen fehlen, ist die epische Breite legitim, mit der sich das Kapitel an das lexikalische und konzeptuelle Phänomen der Farbkombinationen herantastet.

Farbwörter sind im Allgemeinen Adjektive, die attributiv oder prädikativ gebraucht werden. Sie können aber auch in der Form anderer Wortarten auftreten, und diese wiederum können Teile der unterschiedlichen Satzglieder sein. Mit solchen Verhältnissen und Verteilungen wird sich das vierte Kapitel „Wortarten und Satzgliedfunktionen" auseinandersetzen. Dabei werden diese titelgebenden Beschreibungskriterien sowohl auf einzelne Texte als auch auf einzelne Farben angewandt. Gesondert dargestellt werden zwei spezielle, verhältnismäßig seltene Gruppen: die Farbverben und die Verben mit Farbprädikativen.

Das fünfte Kapitel beschäftigt sich mit den Zuordnungen der Farben. Das sind Entitäten, denen explizit, deiktisch oder kontextuell eine Farbe zugewiesen wird. Solche Größen sind für die Farbforschung außerordentlich wichtig, da sie prototypenbildend sind und Rückschlüsse sowohl auf die denotative als auch auf die konnotative Bedeutung der Farben ermöglichen. Es gibt verschiedene Ansätze, um die Zuordnungen zu beschreiben. Angewendet werden vier Verfahren: die Ermittlung der absoluten und der relativen Rekurrenzmaxima sowie die Bildung von Zuordnungsgruppen nach zwei unterschiedlichen Klassifizierungsmodellen.

Das sechste Kapitel „Kontext und Bedeutungen der Farben" bildet den Ergebniskern der Arbeit. Es wird eingeleitet von der qualitativen Darstellung, welche Bedeutung die Farbe für Jahnn hat. Dann folgen die Einzeldarstellungen aller Farben. Hierbei fließen die allerwichtigsten Aspekte aus den vorangegangenen Kapiteln, die allgemeinen konventionellen und die autorspezifischen Prototypen der Farben, deren konventionelle übertragene Bedeutungen aus der Kulturgeschichte und relevante Einzelaspekte zusammen. Das Ziel dieser Darstellung sind präzise Aussagen zu Gebrauch und Bedeutung der Farben bei Jahnn vor einem möglichst breiten (wiewohl sehr verknappten) kulturgeschichtlichen Hintergrund.

Mit „Spezielle Sondierungen" ist das letzte und siebente Kapitel überschrieben. Wie dieser Titel es schon andeutet, werden hier augenfällige Details sehr genau analysiert. Die Unterkapitel widmen sich dem Begriff *Purpurhaut*, dem *Erröten*, den Substantivierungen der Farbe Schwarz und Jahnns letzter Erzählung „Die Nacht aus Blei".

Ohne die Unterstützung zahlreicher Menschen wäre diese Arbeit nicht möglich gewesen. Für Zuspruch und Kritik, anregende Diskussionen und fruchtbare Korrespondenz danke ich den Damen und Herren Dr. Stefan David Kaufer (Berlin), Dr. Ralf Klausnitzer (Humboldt-Universität zu Berlin), Michael Kreher (Berlin), Prof. Dr. Ewald Lang (Humboldt-Universität zu Berlin), Dr. Beat Lehmann (Bellingen, Australien), Carola Marx (Berlin), Prof. Dr. Gert Mattenklott (Freie Universität Berlin), Dr. Anton Meinhart (Ludwig-Maximilians-Universität München), Dr. Dorit Müller (Zentrum für Literaturforschung Berlin), Prof. Dr. Wolfgang Müller-Funk (University of Birmingham), Dr. Jürg Niederhauser (Bundesamt für Metrologie und Akkreditierung Bern) und Prof. Dr. Craig Williams (City University of New York).

Der Deutschen Forschungsgemeinschaft danke ich für die Publikationsbeihilfe, die die Drucklegung dieses Buches ermöglicht hat. Dem Deutschen Universitäts-Verlag danke ich für die Aufnahme in das Verlagsprogramm und Frau Britta Göhrisch-Radmacher für die intensive Begleitung während der Buchproduktion. Den Herren Prof. Dr. Reinhold Viehoff, Prof. Dr. Siegfried J. Schmidt, PD Dr. Achim Barsch und PD Dr. Gebhard Rusch danke ich für die Aufnahme meines Buches in ihre Reihe „Literatur – Handlung – System".

Großer Dank gilt den Herren Prof. Dr. Helmut Richter (Freie Universität Berlin), Prof. Dr. Hans-Harald Müller (Universität Hamburg) und meinem Doktorvater Prof. Dr. Lutz Danneberg (Humboldt-Universität zu Berlin), die die vorliegende Arbeit an der Philosophischen Fakultät II der Humboldt-Universität zu Berlin als Dissertation begutachtet und angenommen haben. Herrn Prof. Dr. Lutz Danneberg danke ich im Besonderen für sein Geleitwort, seine ansteckende Begeisterungsfähigkeit und seine in wörtlichem Sinne *hermeneutische* Hilfe bei der Hervorbringung von Ideen.

Frau Sabine Bertram (Max-Planck-Institut für Wissenschaftsgeschichte) danke ich für die kompetente Hilfe beim Korrekturlesen.

Meinem Vater Adolf Bernhart, der seit ehedem meine Unternehmungslust unterstützt und immer wieder dafür sorgt, dass ich die Bodenhaftung nicht verliere, widme ich als Dank dafür dieses Buch.

Toni Bernhart

Inhalt

Siglen und Zitierweise XIX

1.	Die Farbe beim Wort genommen	1
1.1.	Farbe. Erste Annäherung	1
1.2.	Das Korpus	3
1.3.	Die Namen der Farben	4
1.4.	Ausgewählte linguistische Farbkataloge	7
1.5.	Andere ausgewählte Farbkataloge	25
1.6.	Ansatz und Anspruch	36
1.7.	Die Versuchsanordnung	50
1.8.	Zusammenfassung	59
2.	Quantitäten	61
2.1.	Die Ordnung der Texte	61
2.2.	Die empirische Verteilung der Farben	70
2.3.	Die Regression der Farben	78
2.4.	Die Farben anderer Texte	83
2.5.	Die diachrone Verteilung der Farben	92
2.6.	Die theoretische Verteilung der Farben	99
2.7.	Zusammenfassung	103
3.	Semantische Differenzierungen	107
3.1.	Differenzierte und nicht-differenzierte Farbetyma	107
3.2.	Arten und Verteilung der Differenzierungen	112
3.3.	Farbkombinationen	116
3.4.	Andere Kombinationen	141
3.5.	Vergleiche	165
3.6.	Affigierung, Gradation, Negation und Antikisierung	177
3.7.	Zusammenfassung	178
4.	Wortarten und Satzgliedfunktionen	183
4.1.	Übersicht	183
4.2.	Wortart, Satzgliedfunktion und Text	188
4.3.	Wortart, Satzgliedfunktion und Farbe	191
4.4.	Die Verben mit Farbprädikativen	201

4.5.	Farbverben	219
4.6.	Die Restgruppe	220
4.7.	Zusammenfassung	226
5.	Zuordnungen	229
5.1.	Was wird wie zugeordnet und wozu?	229
5.2.	Absolute Rekurrenzmaxima	237
5.3.	Relative Rekurrenzmaxima	242
5.4.	Gruppenbildungen der Zuordnungen	246
5.5.	Die sieben Gruppen	250
5.6.	„Mensch – Natur – Technik"	255
5.7.	Zusammenfassung	261
6.	Kontext und Bedeutungen der Farben	265
6.1.	Jahnn und die Farben	265
6.2.	Zuordnungsgruppen bei einzelnen Farben	278
6.3.	Einzeldarstellungen der Farben	293
6.4.	Blau	297
6.5.	Braun	300
6.6.	Gelb	304
6.7.	Grau	307
6.8.	Grün	310
6.9.	Rot	313
6.10.	Schwarz	316
6.11.	Weiß	320
6.12.	Lila, Orange, Purpur, Rosa und Violett	322
6.13.	Zusammenfassung	325
7.	Spezielle Sondierungen	329
7.1.	Die Purpurhaut	329
7.2.	Über das Erröten	339
7.3.	Das Schwarz, das Schwarze und die Schwärze	354
7.4.	Die schwarze „Nacht aus Blei"	363
7.5.	Zusammenfassung	377

Anhänge
Anhang I   Die Farbetyma in den Texten von Hans Henny Jahnn 381
Anhang II   Die Farben anderer Texte 383
Anhang III   Differenzierungen 385
Anhang IV   Wortart- und Satzgliedgruppen. Zählung nach Farbetyma
                und Zählung nach Farbausdrücken 391
Anhang V   Wortart- und Satzgliedgruppen. Einzelne Farbetyma in Texten ... 393
Anhang VI   Rekurrenzmaxima der Zuordnungen in einzelnen Texten 395
Anhang VII   Farbenregister 397

Literatur 405

Siglen und Zitierweise

Die Texte von Hans Henny Jahnn werden nach der Hamburger Ausgabe zitiert. Für die Korpus-Texte (siehe Kapitel 1.2.) werden Siglen verwendet. Alle weiteren Texte von Jahnn werden mit ihrem Titel zitiert und sind durch die Angabe des Bandes, in dem sie abgedruckt sind, ergänzt. Die vollständigen bibliographischen Angaben sind im Literaturverzeichnis ausgewiesen.

Sigle	*Titel*
U	Ugrino und Ingrabanien. In: Frühe Schriften.
P	Perrudja. In: Perrudja.
P2	Perrudja. Zweites Buch. In: Perrudja.
A	Bornholmer Aufzeichnungen. In: Fluß ohne Ufer III.
H	Das Holzschiff. In: Fluß ohne Ufer I.
N1	Die Niederschrift des Gustav Anias Horn nachdem er neunundvierzig Jahre alt geworden war I. In: Fluß ohne Ufer I.
N2	Die Niederschrift des Gustav Anias Horn nachdem er neunundvierzig Jahre alt geworden war II. In: Fluß ohne Ufer II.
E	Epilog. In: Fluß ohne Ufer III.
J	Jeden ereilt es. In: Späte Prosa.
B	Die Nacht aus Blei. In: Späte Prosa.
FoU	Fluß ohne Ufer. (Es folgt die entsprechende Bandangabe.)

Auszeichnungen in Zitaten werden durch Kursivierung wiedergegeben, Absätze durch großen Wortabstand. Bei Zitaten aus Jahnns Werk werden die diakritischen Zeichen der Editoren der Hamburger Ausgabe nicht reproduziert, sondern einzig der hergestellte Text.

1. Die Farbe beim Wort genommen

Dieses Kapitel führt in die Arbeit ein und bereitet den Hauptteil vor. Die Überschrift ist eine Abwandlung des Titels, den Sibylle Birrer und Jörg Niederhauser ihrem Aufsatz „Gelb beim Wort genommen" (1995) geben. Sie erinnert daran, dass die Farbe nicht nur eine chemische, physikalische oder psychologische, sondern auch eine sprachliche Größe ist.[1]

Das Kapitel 1.1. nähert sich dem Farbbegriff. In Kapitel 1.2. wird das Korpus vorgestellt. Die Kapitel 1.3., 1.4. und 1.5. konsultieren unterschiedliche Farbkataloge und leiten daraus die Farbenliste ab, mit der die Untersuchung arbeiten wird. Wichtig ist hier auch die Einführung der Begriffe ‚Farbetymon', ‚Farbwort' und ‚Farbausdruck'. Das Kapitel 1.6. stellt die Eckpunkte der quantitativen Textwissenschaft dar und das Kapitel 1.7. erläutert die Versuchsanordnungen, die der vorliegenden Arbeit zugrunde liegen.

1.1. Farbe. Erste Annäherung

Nachschlagewerke ermöglichen eine erste Annäherung an den Farbbegriff. Johann Christoph Gottsched hält sich in seinem „Handlexikon" (1760) kurz:

> *Farben,* sind in der Malerey Materien, die man in Oele oder Wasser zerläßt, und sich derer bedienet, die sichtbaren Gegenstände vorzustellen.[2]

Die Definition von *Farbe* als Material oder Pigment, auf Oberflächen aufgetragen, begegnet in Nachschlagewerken immer wieder. Auffallend ist, dass Gottsched sich lediglich auf diese Bedeutung beschränkt.

Über 21 Spalten zieht sich der Eintrag „Farbe" im „Großen vollständigen Universallexikon aller Wissenschaften und Künste" (1732–1750) von Johann Heinrich Zedler. Das Incipit des Artikels:

> *Farbe,* verstehet man in zweyerley Verstande zu nehmen. Entweder man verstehet dadurch eine gewisse mixtur, mit welcher die Flächen derer Cörper überzogen sind, daß sie uns colorirt erscheinen; oder es wird vermittelst des Lichts eine Vorstellung hervorgebracht, die in uns die Empfindung der Farbe an einem Object beybringet [...] Beydes beruhet auf einer Empfindung, dahero scheinet die Farbe eine Adfection derer Cörper zu seyn, Vermöge welcher in unserem Auge eine gewisse Veränderung erreget wird, welcher in der Seele eine gewisse idee respondiret, nach

---

[1] Gipper (1955), S. 135–136.
[2] Gottsched (1760), Sp. 672.

welcher wir das Object als auf eine gewisse Art gefärbt erkennen. [...] Alles was wir sehen, sehen wir vermittelst des Lichts, als welches eben dasjenige ist, so uns die Cörper sichtbar macht; da wir nun auch durch das sehen der Farben wahrnehmen, so muß das Licht dasjenige Mittel seyn, welches in uns die Empfindung derer Farben erreget. [...][3]

In diesem Beitrag wird Grundlegendes angesprochen. Farbe hat mit Licht zu tun und wird als *Empfindung* beschrieben. Der *Cörper* – ein Gegenstand oder der Körper eines Lebewesens – ist von Farben *adfiziert*. Dadurch ist ihm eine Eigenschaft oder eine Beschaffenheit zugewiesen. Die Empfindung deutet sowohl auf eine physiologische Körperfunktion (Sinneswahrnehmung) hin als auch auf eine subjektspezifische bis subjektive Art von Wahrnehmung. Zedler formuliert sehr vorsichtig: Flächen *erscheinen* koloriert, die Farbe *scheint* „eine Adfection derer Cörper zu seyn", von *gewissen Veränderungen* und *gewissen Ideen* ist die Rede. Der kausale Zusammenhang der einzelnen Teilsätze scheint sich eher aus dem Denken und der Vorstellung als aus der unmittelbaren Erfahrung zu ergeben. Aus dem über 250 Jahre alten Text spricht Problembewusstsein; auch spätere Nachschlagewerke äußern sich vorsichtig, wenn sie über die drei zentralen Begriffe Empfindung[4], Erscheinung[5] und Eigenschaft[6] die Farbe definieren.

Diese erste Annäherung verunsichert. Die Farbe, die vom Alltagsverständnis her so klar und wenig fragwürdig ist, erweist sich bei genauerem Hinsehen als alles andere denn klar.

Überraschend nüchtern fassen in der Mitte des 19. Jahrhunderts Johann Samuel Ersch und Johann Gottfried Gruber in ihrer „Allgemeinen Enzyclopädie der Wissenschaften und Künste" die unstabile Ausgangsposition zusammen:

Farbe (Ästhetisch). Ehe im Menschen die Frage laut wird, was das Ding an sich sein mag? begnügt er sich mit Wahrnehmung und empfindet sie als von Außen kommende, seinem Gemüthe durch die Sinne überlieferte Gegenstände und beurtheilt sie nach den Eindrücken, deren er sich bewußt wird. Diese Gegenstände seines Bewußtseins haben durch ihn keine andere Bedeutung als eine subjective, ja nicht einmal eine andere Gewißheit, als die Bürgschaft seiner Sinne und der objectiven Richtung seines Bewußtseins.[7]

---

[3] Zedler (1735), Bd. 9, Sp. 223.
[4] Von ‚Empfindung' sprechen Meyer (1906), Bd. 6, S. 314, Weigand (1909), Sp. 500, Mackensen (1977), S. 354, Brockhaus (1988), Bd. 7, S. 106–107, und Wahrig (1994), S. 553.
[5] Von ‚Erscheinung' sprechen Sanders (1876), S. 411, und Duden. Das große Wörterbuch (1993), Bd. 2, S. 1038.
[6] Von ‚Eigenschaft' sprechen Adelung (1775), Bd. 2, Sp. 41, Campe (1808), Bd. 2, S. 19, Trübner (1940), S. 292, und Paul (1992), S. 261.
[7] Ersch/Gruber (1845), Bd. 41, S. 433.

Die hauptsächliche Sicht der Farbe als etwas von außen auf das wahrnehmende Subjekt Wirkendes verhinderte lange Zeit, dass die Farbe auch als sprachliches Phänomen gesehen werden konnte. Helmut Gipper fordert daher im Jahre 1955, den Farbbegriff um den sprachlichen zu ergänzen:

> Es ist längst bekannt, daß mit ‚*Farbe*' dreierlei gemeint sein kann.   1. ein Farbstoff (chemischer Begriff)   2. ein Farblicht (physikalischer Begriff)   3. ein Farbeindruck (psychologischer Begriff)   Hier müssen wir nun etwas ergänzen, was ‚Farbe' auch sein kann – etwas, was meist gänzlich übersehen wird: 4. ein Farbbegriff (sprachliche Größe). [...] [Der] *Farbbegriff* tritt uns nun in den einzelnen Farbwörtern entgegen.[8]

Die Einsicht, dass die Farbe auch eine sprachliche Größe ist, erweist sich als sehr wesentlich. Denn sie qualifiziert die Disziplinen, die sich hauptsächlich mit Sprache beschäftigen, zur Teilnahme an der Diskussion über die Farbe.

1.2. Das Korpus

Das Korpus besteht aus zehn Romanen und Erzählungen von Hans Henny Jahnn: „Ugrino und Ingrabanien" (U), „Perrudja" (P), „Perrudja. Zweites Buch" (P2), „Bornholmer Aufzeichnungen" (A), „Das Holzschiff" (H), „Die Niederschrift des Gustav Anias Horn nachdem er neunundvierzig Jahre alt geworden war I" (N1), „Die Niederschrift des Gustav Anias Horn nachdem er neunundvierzig Jahre alt geworden war II" (N2), „Epilog" (E), „Jeden ereilt es" (J) und „Die Nacht aus Blei" (B). Zitiert werden die Texte nach der Hamburger Ausgabe.

Die Entscheidung für diese zehn Texte ist verfahrenstechnisch bedingt. Bei der angewandten Methode (siehe Kapitel 1.6. und 1.7.) ist ein relativ großer Umfang der einzelnen Texte erforderlich. Mithin kommen Briefe, Tagebuchaufzeichnungen und kurze Erzähltexte nicht infrage. Auch Jahnns umfangreiche dramatische Produktion ist nicht Teil des Korpus.

Die zehn genannten Texte bilden das Korpus im engeren Sinn. Zur Illustration wird jedoch auch Jahnns Gesamtwerk in Betracht gezogen, also auch alle jene Texte, die nicht Teil des Korpus sind.

Die Auswahl des Autors ist in erster Linie eine willkürliche und subjektive Entscheidung. Prinzipiell kann jede andere Autorin oder jeder andere Autor in Betracht kommen. Sekundär kann man die Entscheidung für Jahnn dadurch rechtfertigen, dass die stilistischen Eigenarten des Autors eine singuläre Farbgestaltung mit sich bringen.

---

[8] Gipper (1955), S. 135–136.

1.3. Die Namen der Farben

Welche Wörter verwendet der Mensch, wenn er Farben meint? Das menschliche Auge kann etwa sieben Millionen Farbvalenzen unterscheiden.[9] Im Gegensatz dazu erscheint das zur Verfügung stehende Lexikon sehr dürftig.[10] Der Bedarf an Farbwörtern ist denn auch gering, wie Gipper feststellt. Es gibt „eine Reihe vereinfachender Faktoren" wie die „Farbkonstanz" (ein weißes Blatt Papier wird unter verschiedenen Lichtverhältnissen als weiß gesehen) oder das „Farbgedächtnis", das zwar trainierbar, aber doch relativ unausgeprägt ist. Feine Farbnuancen können in der direkten Gegenüberstellung wahrgenommen werden; wenn diese aber einzeln und isoliert auftreten, fällt eine Bestimmung sehr schwer.[11]

Die Grund-Farbwörter einer Sprache teilen den ganzen Doppelkegel [i.e. eine Variation der Farbkugel, T.B.] irgendwie auf, so daß jeder vorkommende Farbton unter irgendeinen Farbbegriff subsumiert und damit bestimmt werden kann. Damit haben wir die *sprachliche Farbordnung*.[12]

Vielleicht aber ist das Farbvokabular der deutschen Sprache umfangreicher als vermutet. Beat Lehmann spricht von einem „Riesenwortfeld" aus mehreren tausend Ausdrücken,[13] und Georg Seufert führt in seinem „Farbnamenlexikon von A–Z" ein Register, das sich über circa 250 Seiten erstreckt und „schätzungsweise 3.500 bis 4.000 deutsche Farbbezeichnungen"[14] erfasst.[15] Seuferts Farbnamen sind neben der kleinen Gruppe der sogenannten Grundfarben Komposita aus einem Grundfarbwort und einem anderen Wort (z.B. „Aloegrün", „Tizianrot"), Komposita aus zwei Grundfarbwörtern (z.B. „Blauweiß", „Gelbgrün"), aus zwei Wörtern zusammengesetzt (z.B. „Berliner Weiß", „Laaser Marmor", „Grüne Erde") oder durch ein Nomen gebildet (z.B. „Kupfer", „Gold", „Silber", „Gabbro", „Onyx", „Kreide", „Cherry").

Diese letzte Gruppe weist auf ein grundlegendes Problem hin: Inwieweit ist der Name eines Gegenstandes im allgemeinen Sprachgebrauch als Farbname identifizier-

---

[9] Brockhaus (1988), Bd. 7, S. 111; Brown/Lenneberg (1954), S. 457.
[10] Als willkürliches Beispiel für Farbwörter bietet sich ein Blick auf das 40 Farben umfassende Standard-Farbfenster in Microsoft Word 2000 an, dessen 40 Musterfarben mit einem Hypertext-Farbwort versehen sind und so die einzelnen Farben benennen.
[11] Gipper (1955), S. 137–138.
[12] Gipper (1955), S. 138.
[13] Lehmann (1998), S. 245.
[14] Gipper (1956), S. 544, bespricht Seufert (1955). Brown/Lenneberg (1954), S. 457, sprechen von etwa 4.000 Begriffen, die im Englischen eine Farbe bedeuten können.
[15] Ein aktuelles Farbwörterbuch für das Deutsche fehlt. Eine neue Dimension der Ausführlichkeit betritt die Farbwörterbuchreihe von Annie Mollard-Desfour für das Französische. Die Bände „Le Bleu" (1998), „Le Rouge" (2000) und „Le Rose" (2002) liegen vor. Weitere Bände sind in Vorbereitung.

1.3. Die Namen der Farben

bar? Vermutlich ist das kontextabhängig. Beispielsweise werden die Bezeichnungen „Cherry" auf dem Etikett eines Vorhangstoffes oder „Kupfer" in einem Färbemittelsortiment als Farbbezeichnungen erkennbar sein, während eine Pralinenpackung mit „Cherry" wohl auf eine enthaltene Kirsche in Likörfüllung hinweist oder ein Elektriker unter „Kupfer" in erster Linie das Metall versteht.

Als Farbnamen eignen sich grundsätzlich mehr oder weniger alle Namen von Dingen, die die Vorstellung einer Farbe evozieren. Kontext und Konvention sind bestimmend und prägend; bei Lila, Rosa und Violett[16] beispielsweise ist ein farbspezifisches Konnotat im Laufe der Zeit zum Denotat geworden.

Dessislava Stoeva-Holm untersucht das Farbvokabular in Modeberichten und sucht bei der Bestimmung der farblichen Begrifflichkeit nach der Voraussetzung dafür, wie eine farbliche Assoziation einen Begriff zu einer Farbbezeichnung macht.

In den vielen linguistischen Untersuchungen zu den Farbbezeichnungen wird eine große Anzahl von Benennungen aufgeführt, die als Farben verwendet werden können. Diese Tatsache hinterläßt den Eindruck, daß alle Lexeme (in diesem Zusammenhang Lexeme wie *Hund, Tisch, Geschwindigkeit*) als Farbbezeichnung auftreten können. In Wirklichkeit ist das nicht der Fall. Die als Farbbezeichnungen verwendeten lexikalischen Mittel müssen die Komponente (+FARBE) aufweisen, die entweder von den Kommunikatoren leicht zu erkennen ist, oder eine Farbvorstellung durch Andeuten hervorrufen. Ein Lexem wie *Sonne* z.B. ist leicht mit der Vorstellung eines gelben Farbtons zu verbinden.[17]

So sind denn nach Stoeva-Holm Farben lexikalische Mittel,

[...] *die denotativ-referentiell mit oder ohne weitere kontextuelle Aufhellung eindeutig das vom Rezipienten leicht erkennbare und dominante Merkmal (+FARBE) enthalten und konnotative Merkmale aufweisen können.* Unter ‚FARBE' wird ein Farbton verstanden, d.h. Lexeme wie *pastellfarben, modefarben, Effektfarbe* werden aus der Untersuchung ausgeklammert, da sie keinen besonderen Farbton bezeichnen.[18]

In der Theorie ist Stoeva-Holms Überlegung sehr präzise. Bei der praktischen Anwendung treten aber Probleme auf. Für die so genannten Grundfarbwörter gibt es sicher den Konsens, dass sie eindeutig das semantische Merkmal (+FARBE) aufweisen. Die *kontextuelle Aufhellung* aber, die *leicht* ein dominantes Merkmal (+FARBE) erkennen lassen soll, ist ziemlich vage. Denn die Autorin definiert nicht, welche Zusatzinforma-

---

[16] Kluge (1995), S. 520, 691, 865: *lila* aus französischem *lilas*, ‚Flieder' entlehnt (dieses aus spanischem *lila*, ‚Flieder', aus arabischem *līlak*, ‚Indigopflanze', aus altindischem *nīla-*, ‚Dunkel, dunkelblau', und *nīlī*, ‚Indigo'); *rosa* aus lateinischem *rosa*, ‚Rose'; *violett* aus französichem *violet* zu *violette*, ‚Veilchen' (dieses ein Diminutivum zu lateinischem *viola*, ‚Veilchen').

[17] Stoeva-Holm (1996), S. 17, Fußnote.

[18] Stoeva-Holm (1996), S. 18.

tionen zur kontextuellen Aufhellung zulässig sind. Der Spielraum für das subjektive Ermessen bleibt dadurch sehr groß.

Weder das Farbregister von Seufert noch die Farbdefinition von Stoeva-Holm eignet sich für eine Bestimmung der jahnnschen Farben. Seuferts Register ist zu breit gefächert; ganz abgesehen davon, dass die meisten von Seufert erfassten, auf Mode oder Technik beschränkten Farbbegriffe bei Jahn gar nicht vorkommen. Stoeva-Holms Farbdefinition ist für die praktische Anwendung zu vage; im konkreten Einzelfall bietet sie kaum eine brauchbare Entscheidungshilfe.

Es wird sinnvoll sein, mit einer sehr schmalen Farbnamenliste anzutreten. Die Lexikologin Britta Nord hält eine einfache, präzise Farbdefinition bereit:

Als Farbbezeichnungen gelten lexikalische Elemente (einzelne Wörter und Mehrwortverbindungen in Form von Substantiven und Adjektiven), deren Referent eine Farbe ist. Dazu gehören die Farben des Farbkreises (Blau, Violett, Rot, Orange, Gelb, Grün) und Zwischenfarben (wie Rosa, Braun), die nichtbunten Farben Weiß und Schwarz und die Zwischenfarbe Grau.[19]

Die Brüder Grimm dazu:

das alterthum und auch unser mittelalter nahm sechs hauptfarben an: weisz schwarz gelb roth grün blau [...]; für schwarz heiszt es gewöhnlich brûn [...] der allgemeinen volksansicht und sprache zum trotz scheiden aber die heutigen physiker, nach prisma und regenbogen sieben grundfarben setzend, weisz und schwarz, die keine farbe sein sollen, aus und schalten zwischen gelb, roth, blau, grün die mischungen oder steigerungen orange, violet, indigo ein. [...] zahllose arten, abarten, stufen der farben vermag unsre sprache in treffender zusammensetzung zu bezeichnen. wir unterscheiden helle und dunkle, reine und trübe (schmutzige), grelle und milde, schreiende und stille (sanfte), matte und satte (gesättigte) farbe.[20]

Ersch und Gruber:

Die Hauptfarben des Bildes aber sind folgende [...]: Violett, Indigo, Blau, Grün, Gelb, Orange, Roth. Newton wählte nach Analogie der sieben Töne in der Musik 7 Farben; die Verschiedenheit der Farben aber ist unendlich groß, indem die eine Farbe allmälig in die andere übergeht.[21]

Die Übernahme der Namen von Spektralfarben nach der Brechung des Sonnenlichts am Glasprisma bietet sich an. Diese (Rot, Orange, Gelb, Grün, Blau und Violett) werden als *bunte Farben* bezeichnet, während Weiß, Schwarz und das dazwischenliegende Grau als *unbunte Farben* gelten. Braun wird als Mischfarbe gesehen, z.B. als „abge-

---

[19] Nord (1997), S. 27.
[20] Grimm (1862), Bd. III, Sp. 1321–1322.
[21] Ersch/Gruber (1845), Bd. 41, S. 412.

1.4. Ausgewählte linguistische Farbkataloge 7

schwächtes Rotgelb"[22] oder als „eine aus der Vermischung von Gelb oder Roth u[nd] Schwarz entstehende Farbe".[23]

Andere Klassifizierungen wie hell/dunkel, rein/trüb, grell/mild, gesättigt/ungesättigt oder kalt/ warm sind Differenzierungen einzelner Farbwerte.[24] Sie geben Auskunft über die Wirkung, den vermittelten Eindruck oder das Erscheinungsbild der Farben, nicht aber über den Farbwert an sich.[25]

Eine Standardreferenz für die Technik ist die Farbdefinition des Deutschen Instituts für Normung (DIN). Die Farbenkarte DIN 6164 beschreibt eine Farbe durch ein so genanntes Farbzeichen[26] und verzeichnet die möglichen Farben der Farbarten 1:1 bis 24:8. Verbal werden einzelne Gruppen unter den Begriffen Gelb, Orange, Rot, Purpur, Violett, Blau, Blaugrün, Grün und Gelbgrün zusammengefasst.[27]

Fasst man – unter Weglassung der Komposita nach DIN und der von Grimm erwähnten *hellen/dunklen, reinen/trüben, grellen/milden, schreienden/stillen, matten/ satten* Farbtöne – die oben erwähnten Farbnamen zusammen, erhält man die folgende Arbeitsliste (Farbwörter alphabetisch gereiht):

blau, braun, gelb, grau, grün, indigo, orange, purpur, rot, schwarz, violett, weiß.

1.4. Ausgewählte linguistische Farbkataloge

Literaturwissenschaftliche Farbforschungen untersuchen ein mehr oder weniger umfangreiches Farbvokabular, häufig aber ohne die Auswahl der untersuchten Farbwörter näher zu begründen und ohne diese gegen andere Wortfelder abzugrenzen.[28] Linguistische Farbforschungen hingegen diskutieren im Allgemeinen ausführlich die Methode und definieren das Farblexikon.[29] Dieses Kapitel referiert und bespricht daher exem-

---

[22] Meyer (1906), Bd. 6, S. 315.
[23] Sanders (1876), S. 200.
[24] Die Begriffe *Farbwert* und *Farbvalenz* werden in der vorliegenden Arbeit als Synonyme verwendet.
[25] Dies stimmt mit der Farbdefinition von Stoeva-Holm überein, dass eine Farbe ein Farbton sein muss, wie beispielsweise das Wort *pastellfarben* keine Farbe bezeichnet (vgl. Zitat oben).
[26] Das ist ein dreigliedriges Zahlensymbol. Die erste Zahl benennt die Farbton-Nummer T, die zweite die Sättigungsstufe S und die dritte die Dunkelstufe D. ‚Farbe 7:3:2' steht beispielsweise für ein rötliches Orange. Die so genannte Farbart wird durch die ersten zwei Zahlen ausgedrückt.
[27] DIN 6164, Blatt 1, S. 2–4.
[28] Z.B. Gubelmann (1912), Ehrke (1979), Steiner (1986), Overath (1987), Zweiböhmer (1997).
[29] Zu einer gegenteiligen Beobachtung gelangt die Lexikologin Nord (1997), S. 27: „Mit Farbbezeichnungen beschäftigt sich häufig die Literaturwissenschaft; in der Linguistik werden sie manchmal als Beispiele zur Kulturspezifik [...] oder im Rahmen der Wörterbuchkritik [...] angeführt, sind jedoch selten selbst Gegenstand von lexikologischen oder semantischen Untersuchun-

plarische linguistische Klassifizierungs- und Kategorisierungsmodelle.[30] Beim heutigen Forschungsstand und im Rahmen dieser Arbeit ist es unmöglich, einen auch nur annähernd vollständigen Bericht über die Farbforschung zu erbringen.[31] Daher werden drei exemplarische und teilweise sehr gegensätzliche Positionen im Mittelpunkt stehen: die universalsprachlich ausgerichteten Arbeiten von Brent Berlin und Paul Kay, die relativitätstheoretische Arbeit von Beat Lehmann und die quantitativen Forschungen von Karl Groos.

Ein fulminanter Auftakt in der Farbwort-Forschung waren die „Studies on Homer and the Homeric Age" (1858) von William E. Gladstone. Der Altphilologe und britische Premierminister untersuchte die Farbbegriffe bei Homer und gelangte zu der – seit Beginn des 20. Jahrhunderts widerlegten – These des so genannten Augendarwinismus. Demnach wären die Retina der Griechen unterentwickelt und die Hell-Dunkel-Wahrnehmung ausgeprägter als die Farbwahrnehmung gewesen. Gladstone führte das von rezenten europäischen Sprachen abweichende Farblexikon irrtümlich auf eine abweichende Art der physiologischen Farbwahrnehmung zurück.[32]

Ähnlich Aufsehen erregend war die Arbeit „Basic Color Terms" von Brent Berlin und Paul Kay.[33] Seit ihrem Erscheinen im Jahre 1969 wird die universalsprachlich angelegte These der beiden Autoren ausführlich, heftig und kontrovers diskutiert.[34] Die elf „basic color categories" sind *white, black, red, green, yellow, blue, brown, purple, pink, orange* und *grey*.[35] Da hier von sprachlichen Universalien die Rede ist, erweist sich die Übersetzung ins Deutsche als nicht irrelevant. Die Übersicht 1.4.A stellt den Termini von Berlin/Kay (kursiv) drei Übersetzungen gegenüber.

gen." Nords Arbeitsweise ist sehr gründlich. Doch ihr Literaturverzeichnis aus vier Belegen legt die Vermutung nahe, dass die Autorin die Forschungslage nicht überblickt. Der Linguist Altmann (1999a), S. 1, hinwiederum stellt fest: „Farbadjektiva sind seit geraumer Zeit ein wichtiges Thema der wortsemantischen Forschung, an dem sich noch jede Richtung und Theorie innerhalb der Wortsemantik versucht hat."

[30] Eine Einführung in psychologische, anthropologische und vor allem linguistische Farb-Klassifizierungsversuche bietet Stoeva-Holm (1996), bes. S. 34–39. Einen umfassenden, interdisziplinären Forschungsbericht für die Zeit bis 1945 bietet Skard (1946). Die zweibändige Bibliographie von Richter (1952–1963) deckt die Farbforschung in der Zeit zwischen 1940 und 1954 ab.

[31] In Bezug auf die linguistische Farbforschung hält Weinrich (1977), S. 270, schon vor einem Viertel Jahrhundert fest, dass die Literatur „inzwischen bereits uferlos[]" ist.

[32] Stulz (1990), S. 15–19, fasst Gladstones Theorie, ihre Rezeption, die Kontroversen und die endgültige Widerlegung zusammen. Aktuellste Diskussion bei Dedrick (1998), S. 4–6.

[33] Dedrick (1998), S. 4–9, beurteilt die Publikationen von Gladstone und Berlin/Kay als die wichtigsten Beiträge zur sprachorientierten Farbforschung in den vergangenen zwei Jahrhunderten.

[34] Einen Überblick über die Diskussion von „Basic Color Terms" zwischen 1979 und 1990 gibt die Bibliographie von Maffi (1991), zahlreiche weiterführende Hinweise über die Literaturlisten von Dedrick (1998) und Lehmann (1998).

[35] Berlin/Kay (1991), S. 2. Zitiert wird nach der Auflage von 1991, die ein unveränderter Nachdruck der 1. Auflage von 1969 ist.

1.4. Ausgewählte linguistische Farbkataloge

white	black	red	green	yellow	blue	brown	purple	pink	orange	grey
weiß	schwarz	rot	grün	gelb	blau	braun	purpur	rosa	orange	grau[36]
weiß	schwarz	rot	grün	gelb	blau	braun	lila	rosa	orange	grau[37]
weiß	schwarz	rot	grün	gelb	blau	braun	purpur	rosa	orange	grau[38]

Übersicht 1.4.A: *Basic color categories* von Berlin/Kay und Übersetzungen

Eine grundsätzliche Übereinstimmung ist festzustellen. Nur bei *purple* weichen die Übersetzungen voneinander ab: Dessislava Stoeva-Holm schlägt *lila* vor, während Hadumod Bußmann und Beat Lehmann sich für *purpur* entscheiden.[39]

Nun ist aber die Reihenfolge der Farbwörter, die Berlin/Kay vorstellen, nicht willkürlich. Aus der Untersuchung von 78 Sprachen (aus gedruckten Quellen) und dem Versuch mit Sprechern von 20 genetisch unterschiedlichen Sprachen (mithilfe von 329 Farbkarten) ergeben sich folgende Prioritäten, wenn eine Sprache weniger als elf Farbwörter hat:

1. Alle Sprachen haben einen Ausdruck für *white* und *black*.
2. Wenn eine Sprache drei Farbbezeichnungen hat, dann steht ein Ausdruck für *red*.
3. Wenn eine Sprache vier Farbbezeichnungen hat, dann gibt es einen Ausdruck für *green* oder *yellow* (nicht für beides).
4. Wenn eine Sprache fünf Farbbezeichnungen hat, gibt es Ausdrücke für *green* und *yellow*.
5. Wenn eine Sprache sechs Farbbezeichnungen hat, dann gibt es einen Ausdruck für *blue*.
6. Wenn eine Sprache sieben Farbbezeichnungen hat, dann gibt es einen Ausdruck für *brown*.
7. Wenn eine Sprache acht oder mehr Farbbezeichnungen hat, dann gibt es Ausdrücke für *purple, pink, orange* und *grey* oder für Kombinationen davon.[40]

Daraus ergibt sich nach Berlin/Kay ein hierarchisches, evolutionäres Modell mit sieben Stufen.[41]

---

[36] Bußmann (1990), S. 238.
[37] Stoeva-Holm (1996), 23.
[38] Lehmann (1998), S. 169.
[39] In der Diskussion von Berlin/Kay werden der Genauigkeit halber die originalen englischen Begriffe zitiert.
[40] Berlin/Kay (1991), S. 2–4.
[41] Berlin/Kay (1991), S. 4.

						purple
white		green	green			pink
	red	*oder*		blue	brown	orange
black		yellow	yellow			grey
1	2	3	4	5	6	7

Übersicht 1.4.B: Hierarchie der *Basic color categories* nach Berlin/Kay

Für die Ermittlung der Grundfarbwörter („basic color terms") gelten vier Kriterien:
1. Das Grundfarbwort ist monolexemisch, also nicht in sinntragende Einheiten zerlegbar.
2. Seine Bedeutung wird von keinem anderen Grundfarbwort abgedeckt.
3. Seine Verwendung ist nicht objektgebunden (wie beispielsweise *blond*).
4. Wichtig ist die herausragende Stellung („salience") der Grundfarbwörter: a) sie treten bei spontanem Aufzählen von Farbwörtern am häufigsten auf; b) ihre Bedeutung ist bei den einzelnen Informanten und in verschiedenen Situationen stabil („stability of reference"); c) sie sind Teil des Lexikons eines jeden Sprechers.[42]

Für zweifelhafte Fälle werden diese vier Hauptkriterien durch vier Unterkriterien ergänzt. Keine Grundfarbwörter sind demnach:
5. Farbwörter, die auch ein Ding bezeichnen, das ebendiese charakteristische Farbe hat (wie *gold, silver* oder *ash*);[43]
6. rezente, fremdsprachliche Entlehnungen;
7. Farbwörter ohne eindeutige Möglichkeit der Lemmatisierung[44] (z.B. häufige Komposita wie *blue-green*);
8. Farbwörter, die nicht ein bestimmtes Wortbildungspotenzial besitzen (z.B. durch Suffigierung und durch die Verwendung in verschiedenen Wortarten).[45]

Sehr wesentlich sind zwei Aussagen: Die fokale Verteilung der Farben ist in allen Sprachen weitest gehend ähnlich und nicht zufällig. Die Hierarchie der einzelnen Farben lässt sich nicht nur synchron an rezenten, gesprochenen Sprachen feststellen, sondern ist auch diachron als evolutionäre Abfolge nachweisbar.[46]

Das Modell von Berlin/Kay hat zwei hauptsächliche Vorteile. Einerseits ermöglicht (und begründet) es die Einschränkung auf das relativ schmale Lexikon von elf Grundfarbwörtern, andererseits wird sich die Hierarchie in Form der „salience" für Vergleiche anhand von Häufigkeitslisten als sehr geeignet erweisen.

---

[42] Berlin/Kay (1991), S. 5.
[43] Berlin/Kay bemerken, dass *orange* wegfällt, falls es nach den Kriterien 1–4 als zweifelhaft gilt.
[44] Berlin/Kay sprechen von „lexemic status".
[45] Berlin/Kay (1991), S. 6.
[46] Berlin/Kay (1991), S. 4, 10, 36–38.

1.4. Ausgewählte linguistische Farbkataloge

Paul Kay und Chad K. McDaniel (1978) legen eine revidierte und erweiterte Fassung der Basic-Color-Theorie von Berlin/Kay vor. Kay/McDaniel bestätigen mit biologischen und neurophysiologischen Ansätzen und der *Fuzzy-set*-Theorie[47] die These von Berlin/Kay, dass es sich bei den Farbbegriffen um universalsprachliche Entitäten handelt. Doch nehmen sie wesentliche Modifikationen und Korrekturen vor und vertreten die These, dass es mindestens 15 Grundfarbkategorien geben muss.

In der Stufe I von *black* und *white* zu sprechen sei falsch, da es Sprachen mit den Kategorien *white-warm* und *dark-cool* gibt.[48] Die „warm colors" seien die *reds, oranges, yellows, pinks* und *red-purples*; die „cool colors" die *blues* und die *greens*. Aus der Neurophysiologie sei bekannt, dass die Spitzen der Fokalität von Farbwahrnehmung im Bereich ganz bestimmter Wellenlängen liegen. Solche Bereiche werden in der Sprache von den primären Grundfarbwörtern abgedeckt. Weitere Grundfarbwörter, die gemischten und die abgeleiteten, lassen sich nach der *Fuzzy-set*-Theorie dadurch beschreiben, dass sie graduell an den primären Anteil haben. Diese Grade des Teil-Habens sind durch Vergleiche zu bestimmen.[49]

A fuzzy set A is defined by a characteristic function f_A which assigns, to every individual x in the domain under consideration, a number $f_A(x)$ between 0 and 1 inclusively, which is the degree of membership of x in A. For example, letting f_G symbolize the characteristic function of the fuzzy set ‚gourmet', perhaps $f_G(Harry)=.4$, $f_G(Charles)=.7$, $f_G(Anne)=.9$. If so, the inequalities given above in words are satisfied: $f_G(Charles)>f_G(Harry)$, and $f_G(Charles)<f_G(Anne)$. That color-category membership is a matter of degree in English is apparent from even casual consideration of some of the ways that color is talked about. We can speak of something as (a) *a good red*, (b) *an off red*, (c) *the best example of red*, (d) *sort of red*, (e) *slightly red*, (f) *yellowish-red*, (g) *blue-green*, (h) *light pink*, or (i) *dark blue*. All these constructions indicate the degree to which the color refered to approximates an ideal example of root color term.[50]

Dreierlei geht aus Kay/McDaniel hervor: Dass die Bereiche ‚kalt' und ‚warm' als Farbkategorien gelten können, dass – um mit Gipper zu sprechen – ein Farb*wort* mehr oder weniger Anteil an einem Farb*begriff* haben kann[51] und dass die Anzahl der

---
[47] Die *Fuzzy*-Theorie wurde durch den Mathematiker Lotfi Zadeh begründet und findet Anwendung in der Steuer- und Regeltechnik. *Fuzzy*-gesteuerte Systeme richten sich nach ungefähren Messwerten und einfachen Größer/Kleiner-Relationen und verzichten auf hoch präzise, aber fehleranfällige Mess- und Regelsysteme.
[48] Kay/McDaniel (1978), S. 615.
[49] Kay/McDaniel (1978), S. 617–621.
[50] Kay/McDaniel (1978), S. 622.
[51] Gipper (1955), S. 136: „In unser Auge gelangt von irgendeinem Farb*stoff* ein Farb*licht* und erzeugt einen Farb*eindruck*. Das ist aber immer nur ein ganz bestimmter einzelner Farbton; nicht Rot schlechthin, sondern ein ganz bestimmtes Rot. Rot an sich können wir überhaupt nie sehen, denn das ist ein Sammelbegriff für eine ganze Reihe verschiedener Einzeltöne. Diese Bündelung ver-

Grundfarbkategorien mit „at least fifteen" nach oben hin eine gewisse Offenheit aufweist. Diese wenigstens 15 Grundfarbkategorien werden in sechs primäre, vier gemischte und fünf abgeleitete unterteilt:

> Identity with the six fundamental response functions is the basis of the primary basic color categories black, white, red, yellow, green, and blue. Fuzzy unions of the fundamental response categories are the basis of the four composite basic-color categories light-warm, dark-cool, warm, and cool (grue) [ein in der Literatur öfter verwendetes Kunstwort aus ‚green' und ‚blue', T.B.]. Fuzzy intersections of fundamental response categories are the basis of at least five derived basic color categories – brown, pink, purple, orange, and grey. Thus where B[erlin] & K[ay] described eleven universal basic color categories of a single logical type, there are infact at least fifteen basic color categories of three types [...]^52

Dasselbe als Auflistung:^53

Neural response categories	Semantic categories based on identity	
$f$black	$f$black	= black
$f$white	$f$white	= white
$f$red	$f$red	= red
$f$yellow	$f$yellow	= yellow
$f$green	$f$green	= green
$f$blue	$f$blue	= blue
	Semantic categories based on fuzzy union	
$f$black or green or blue	$f$black or green or blue	= dark-cool
$f$white or red or yellow	$f$white or red or yellow	= light-warm
$f$red or yellow	$f$red or yellow	= warm
$f$green or blue	$f$green or blue	= cool; grue
	Semantic categories based on fuzzy intersection	
$f$black + yellow	$f$black + yellow	= brown
$f$red + blue	$f$red + blue	= purple
$f$red + white	$f$red + white	= pink
$f$red + yellow	$f$red + yellow	= orange
$f$white + black	$f$white + black	= grey

Übersicht 1.4.C: Primäre, gemischte und abgeleitete Grundfarbkategorien nach Kay/McDaniel

Das Stufenmodell von Berlin/Kay wird hierdurch in die nachstehende Form transponiert:^54

schiedener Farbtöne zu einem zusammenfassenden *Farbbegriff* tritt uns nun in den einzelnen Farbwörtern entgegen."
^52 Kay/McDaniel (1978), S. 637.
^53 Kay/McDaniel (1978), S. 637.
^54 Kay/McDaniel (1978), S. 639.

1.4. Ausgewählte linguistische Farbkataloge

I	II	III	IV	V	VI	VII
W or R or Y	W	W	W	W	W	W
Bk or G or Bu	R or Y	R or Y	R	R	R	R
	Bk or G or Bu	G or Bu	Y	Y Y	Y	Y
		Bk	G or Bu	G G	G	G
		W	Bk	Bu Bu	Bu	Bu
		R		Bk Bk	Bk	Bk
		Y			Y + Bk (Brown)	Y + Bk (Brown)
		Bk or G or Bu				R + W (Pink)
						R + Bu (Purple)
						R + Y (Orange)
						B + W (Grey)

Übersicht 1.4.D: Hierarchie nach Kay/McDaniel

Kay/McDaniel stellen (wie Berlin/Kay) fest, dass es sich bei den Farben um „substantial linguistic universals" handle

[...] and that these semantic universals, which explain a considerable range of both synchronic and diachronic linguistic fact, are based on pan-human neurophysiological processes in the perception of colors. We interpret these findings as placing strict limits on the applicability of the Sapir-Whorf hypothesis and related hypotheses of extreme linguistic/cultural relativity.[55]

Die letzte Überprüfung der Berlin/Kay-These durch die Autoren selber erfolgte im Jahre 1991, als sie gemeinsam mit William Merrifield mit je 25 Sprechern von 111 Sprachen neue Tests durchführten, die die ursprüngliche Formulierung der These in den wesentlichen Punkten bestätigten.[56] Eine Modifikation erfuhr die These insofern, als die auf „Fuzzy union" und „Fuzzy intersection" basierenden Kategorien von 1978 zu den „Composite categories" zusammengefasst wurden und ihr basaler Charakter etwas zurückgenommen wurde. Die Grundlage der Farbwortbildung bleiben im Modell nach wie vor die Grundfarbkategorien, die in der Neuauflage der These „Fundamental neural response categories" genannt werden. Diese können sprachunabhängig durch neurobiologische Verfahren bestimmt und beschrieben werden und stehen „quite closely to the denotations of the English words *black, white, red, yellow, green* and *blue* and to their translations into many other languages".[57]

Die Berlin/Kay-These wird von der Fachwelt nach wie vor hauptsächlich in ihrer ursprünglichen Fassung von 1969 rezipiert. Auf diese berufen sich zustimmende und ablehnende Positionen.

---

[55] Kay/McDaniel (1978), S. 644.
[56] Kay/Berlin/Merrifield (1991), S. 12–13.
[57] Kay/Berlin/Merrifield (1991), S. 14.

Die schärfste Kritik an den farblichen Universalientheorien übt Beat Lehmann. Während die Arbeiten von Berlin/Kay, Kay/McDaniel und Kay/Berlin/Merrifield durch ihre Geradlinigkeit und konzentrierte Gedrungenheit bestechen, liegt die Qualität der Arbeit von Lehmann in ihrer tief schürfenden Problematisierung, in der ausführlich begründeten Kritik an der Universalientheorie mit Hilfe der linguistischen Relativitätstheorie und in dem Versuch einer sehr differenzierenden Ganzheitlichkeit.

Ausgehend von Wilhelm von Humboldt, Edward Sapir und Benjamin Lee Whorf und ihrer Anwendung auf das Farbvokabular durch Roger W. Brown und Eric H. Lenneberg sowie den Wortfeldforschungen von Jost Trier und Leo Weisgerber ist es Lehmanns Anliegen, die von Berlin/Kay ausgesparten Konnotationen in die linguistische Farbforschung mit einzubeziehen. Grundlage für Lehmanns Gedankengebäude ist der Verweis auf das Verhältnis zwischen Denken und Sprache. Konnotationen „bilden einen integralen Bestandteil der Wortbedeutung" und können zur „situativen Hauptbedeutung" werden.[58]

Ähnliches hat auch Anna Wierzbicka formuliert, die Lehmann ausführlich rezipiert. Sie bemängelt an den berlin/kayschen *Basic color terms*, dass diese nichts über die Bedeutung („meaning") der Farben aussagen. Sie betont, dass die Farbbedeutung auf Erfahrungswerten beruht und definiert die Farben als Größen, „which can make one think of [X]". Sie untersucht mit Methoden der Vergleichenden Sprachwissenschaft eine umfangreiche Materialiensammlung auf semantisch-konzeptuelle Foki, ersetzt die sieben Evolutionsstufen der Farbbegriffe nach Berlin/Kay durch die sieben Prototypen „day" (für Weiß), „night" (Schwarz), „fire" (Rot), „sun" (Gelb), „vegetation" (Grün), „sky" (Blau) und „ground" (Braun) und entwickelt daraus weitere Farbwörter.[59]

Lehmann sammelt zahlreiche Kritikpunkte an der These von Berlin/Kay. Problematisch sei die Versuchsanordnung: 19 der insgesamt 20 untersuchten rezenten Farblexika berufen sich auf die Befragung einer einzigen Versuchsperson, für die Arbeit an den übrigen 78 Sprachen würden vorwiegend veraltete Quellen herangezogen; die Auswahl der Sprachen entspreche keineswegs einem repräsentativen Schnitt aus den über 3.000 bekannten Sprachen der Welt; der Kontext der Befragungssituation bleibe unbekannt; es fehlten linguistische Angaben zu Wortklassenzugehörigkeit, Ableitungs- und Formationsmöglichkeiten der Grundfarbwörter; die Arbeit sei voller ethnographischer Irrtümer; die Kriterien der *Basic color terms* würden gewaltsam angewendet.[60] Ferner lägen der Arbeit zwei „zweifelhafte Axiome" zugrunde, indem erstens angenommen wird, dass man die objektive Realität kennen, abbilden und messen könne,

---

[58] Lehmann (1998), S. 128.
[59] Wierzbicka (1990), S. 100–101, 108–109, 142–145.
[60] Lehmann (1998), S. 170.

1.4. Ausgewählte linguistische Farbkataloge 15

und zweitens, dass die sprachlich-distinktiven Merkmalkriterien des indoeuropäischen Sprachsystems die Realität genau abbildeten und auf alle anderen Sprachsysteme übertragbar wären.[61] Weiters sei die Befragung der Informanten mithilfe der 329 Farbkarten befragungstechnisch sehr bedenklich; die Annahme, dass es abstrakte, von der Trägerfläche trennbare Farben gäbe, sei falsch, da die Faktoren Glanz und Oberflächentextur unterschlagen würden; die Beschränkung auf die Spektralfarben sei auch insofern bedenklich, als hier die Farben Gold und Silber gar nicht vorkommen.[62]

Lehmann fasst sein Urteil über die „revolutionär anmutenden Resultate" von Berlin/Kay zusammen:

> Was von den ursprünglichen Thesen von Berlin & Kay also heute übrigbleibt, ist die immer noch aussagekräftige, aber weit bescheidenere Aussage, daß Sprachen dazu tendieren, die sechs, wohl auf physiologische und psychologische Gegebenheiten zurückzuführenden Grundfarben ‚schwarz', ‚weiß', ‚rot', ‚grün' und ‚blau' *vor* anderen Farben in abstrakter Form zu versprachlichen, daß deren Foki mehr oder weniger konstant und universell sind und daß es in allen Sprachen nur eine bestimmte Anzahl weiterer abstrakter Farbadjektive gibt.[63]

Lehmann geht auf die abstrakten Farbadjektive genauer ein:

> Klar ‚basic' sind nach Berlin & Kays Kriterien nur die 4/6 Grundfarbwörter weiß, schwarz, rot, gelb, blau, grün sowie die in der deutschen Farbwortliteratur als *sekundäre* oder *Mischfarben* bezeichneten braun und grau [...] Bei den vier anderen Mischfarbwörtern purpur, rosa, violett und orange stellen sich dagegen etwelche Schwierigkeiten ein.[64]

Die vier – nach Lehmann – problematischen Mischfarben werden einzeln besprochen:

> Rosa: Hier ist weder die Objektunabhängigkeit, noch die fokalfarbliche Übereinstimmung mit dem englischen ‚pink' (das deshalb auch als Lehnwort im Deutschen vorkommt), noch die Nichtzugehörigkeit zu einem übergeordneten Farbbereich gewährleistet. [...] Violett: Hier ergeben sich Probleme in bezug auf den Fokalbereich, der für viele deutsche Sprecher nicht klar bestimmbar zu sein scheint und mit dem Fokalbereich von *lila* vermengt wird [...] Akzeptiert man violett trotzdem als ‚basic', müßte das gleiche sicher auch für lila gelten, das die Berlin & Kayschen Kriterien in noch höherem Maße erfüllt, da seine Herkunft opaker als die von violett (oder orange) ist und das in bezug auf seine ‚salience' ähnlich wie violett eingeschätzt werden kann. Purpur: Hier ergeben sich ähnliche Schwierigkeiten in bezug auf eine exakte Feststellung des Farbwerts.[65]

---

[61] Lehmann (1998), S. 199.
[62] Lehmann (1998), S. 206–208.
[63] Lehmann (1998), S. 180.
[64] Lehmann (1998), S. 251–252.
[65] Lehmann (1998), S. 252.

Die umfassende und differenzierende Katalogisierung der Farbausdrücke nach Lehmann umfasst etwa vier Seiten[66] und wird aus Platzgründen nicht wiedergegeben. Lehmann fasst seine wesentlichen Aussagen zusammen: Die Bedeutung eines Farbausdrucks ist kontext- und objektabhängig, die Trennung zwischen farblicher Eigenschaft und farbverwandter Qualität ist problematisch, und die breite Palette von „Farbwortungsmöglichkeiten" neben den abstrakten Farbwörtern zeigt die Notwendigkeit, bei der Arbeit am Text auch alternative sprachliche Mittel zur Farbgestaltung miteinzubeziehen.[67]

Die Klassifizierungsmodelle von Berlin/Kay und Lehmann unterscheiden sich augenscheinlich. Berlin/Kay reduzieren und abstrahieren, während Lehmann sehr stark diversifiziert und eine Maximallösung einfordert. Die universalsprachliche Theorie von Berlin/Kay wird geeignet sein, um sprachtypologische Phänomene zu erfassen und zu beschreiben, während Lehmanns Relativitätstheorie eine differenzierte Sicht auf die Erscheinungsweisen der Farbe in der Sprache ermöglicht.

Eines der Hauptargumente Lehmanns, bei Farbuntersuchungen eine sehr breite Palette von Begriffen zu berücksichtigen, ist der Verweis auf die Tatsache, dass die expliziten Farbwörter etwa nur die Hälfte des sprachlichen Farbrepertoires ausmachen.[68]

Aber genau das ist seit den Farbforschungen des Gießener Philosophen Karl Groos bekannt. Lehmann scheint Groos nicht zu kennen und zitiert ihn auch nicht, obwohl gerade Groos' Arbeiten Lehmanns Thesen im Wesentlichen vorwegnehmen und auf genau jene Phänomene aufmerksam machen, die bei Lehmann im Mittelpunkt stehen.

Groos, seine Tochter Marie und seine Schüler Ilse Netto, Ludwig Franck und Moritz Katz haben zu Beginn des 20. Jahrhunderts richtungsweisende Arbeiten zur Farbforschung vorgelegt. Das Interesse an ihnen hat im Laufe der Zeit sukzessive abgenommen.[69]

Groos analysiert in seinen Arbeiten elf Rubriken, die in bunte Farben und andere optische Qualitäten unterteilt sind:

Bunte farben.
   Rot.
   Grün.
   Blau.
   Gelb.
   Bunt, farbig (zb. ‚painting so costly gay').

---

[66] Lehmann (1998), S. 246–250. Andere Beispiele für linguistische Farbklassifizierungen finden sich bei Gipper (1957), S. 28, Oksaar (1961), S. 210–211, und Stoeva-Holm (1996), S. 38–39.
[67] Lehmann (1998), S. 257.
[68] Lehmann (1998), bes. S. 312.
[69] Die Groos-Rezeption etwa bei Stählin (1914), Skard (1946) und Thome (1994) vermittelt ein Bild über das schwindende Vertrauen in seinen Ansatz.

1.4. Ausgewählte linguistische Farbkataloge 17

Andere optische qualitäten.
Stumpfe farben (braun, blond, tawny).
Neutrale farben (weiß, grau, schwarz, hell, dunkel).
Glanz, glut, schein.
Durchsichtigkeit.
Golden.
Silbern.[70]

Groos stellt bei allen von ihm untersuchten Autoren fest, dass das Verhältnis zwischen den bunten Farben und den anderen optischen Qualitäten in etwa 1:3 beträgt. Von den bunten Farben ist Rot im Allgemeinen die häufigste; bei den anderen optischen Qualitäten treten die Gruppe der neutralen Farben („weiß, grau, schwarz, hell, dunkel") und jene für „Glanz, glut, schein" durch sehr häufige Verwendung hervor.[71] Auf die Bedeutung der Begriffe für Glanz und die Wahrnehmung des Lichts weist auch Albert Gubelmann hin, der sich methodisch an Groos orientiert.[72]

Nach diesem Einstieg wird deutlich, dass die Arbeit mit einem klar umrissenen Farbkatalog antreten muss. Einen solchen gilt es nun zu entwerfen. Angesichts der zu erwartenden Komplexität und der assoziativen *Farbigkeit* der Texte von Jahnn wird es nötig sein, sich möglichst unvoreingenommen der textualen Wirklichkeit zu nähern.

Wenn Berlin/Kay – nach Lehmann – bedenklich verkürzen, so kann entgegengesetzt behauptet werden, dass Lehmanns Ansatz schon zu Beginn der Arbeit eine kaum zu bewältigende Komplexität einfordert, die das weitere Procedere erschweren wird. Auch ist der Korpusumfang bei der vorliegenden Aufgabe nicht unbeträchtlich, eine zunächst weitmaschige Methode ist daher angebracht.

Außerdem fällt auf, dass eine Vielzahl der von Lehmann beschriebenen Farbausdrücke Komposita oder Wortgruppen aus einem Grundfarbwort und anderen Komponenten sind, wie z.B. ‚grüngelb', ‚hellblau', ‚grau metallisiert', ‚Grünschnabel' oder

---

[70] Groos/Netto (1910), S. 31. Vgl. auch Groos' ersten Entwurf in Groos (1909), S. 560. – Ähnlich ist der Ansatz von Dürbeck (1968), der jedoch Groos nicht rezipiert (vgl. sein Literaturverzeichnis). Dürbeck (1968), S. 23, hält fest: „Eine möglichst umfangreiche Bestandsaufnahme ist anzustreben. Nach grober (vorläufiger) Bedeutungsbestimmung ist eine Scheidung nach 1. Glanz-, 2. Helligkeits-, 3. Intensitätsbezeichnungen und nach 4. Bezeichnungen, die bunte und 5. unbunte Farben ansprechen, zu treffen."
[71] Groos (1909), S. 564, 567, Groos/Netto (1910), S. 34–35, 42–43, Groos/Netto (1912), 414.
[72] Gubelmann (1912) untersucht die Gedichte von Friedrich Hebbel und erstellt zu *Glanz* das folgende Wortfeld (S. 75–76): *Helle, Licht, Glut, Glanz, Flamme, Strahl, Schein, Feuer, Funke, leuchten, glühen, funkeln, flimmern, glänzend, strahlend, funkelnd, blank, blinken, prangen, schimmern.* Zum Vergleich das Wortfeld *Licht, Glanz* von Dornseiff (1970), S. 221–222: *blenden, blinken, blitzen, brennen, flackern, flammen, flimmern, funkeln, glänzen, gleißen, glimme(r)n, glitzern, glosen, glühen, leuchten, lodern, phosphorisieren, scheinen, schillern, schimmern, schwelen, strahlen, Licht verbreiten, Licht ausstrahlen, aufflackern, aufheitern, aufhellen, sich aufklären, auflodern, dämmern, emporlodern, sich entwölken, erglänzen, erglühen, erstrahlen, grauen, tagen.*

,schwarzer Humor'.⁷³ Daher stellt sich die Frage, inwieweit es sinnvoll ist, schon zu Beginn der Arbeit die Farben all ihren Differenzierungen gemäß zu erfassen. Die vorliegende Arbeit wird sich deshalb zunächst auf die Suche nach den Farbetyma in den Farbausdrücken beschränken und diese Bausteine aus dem wort- und satzsyntaktischen Zusammenhang lösen und erfassen. Indem bei der Katalogisierung der Farbetyma auch weitere Komponenten und Merkmale des Farbausdrucks mit erfasst werden, können sämtliche Farbkomposita, Derivate und syntagmatische Bildungen mit berücksichtigt werden. Wie dies im Einzelnen geschieht, wird in Kapitel 1.7. „Die Versuchsanordnung" erläutert.

Zunächst ist es sinnvoll, die Begriffe *Farbetymon*, *Farbwort* und *Farbausdruck* genauer zu bestimmen. Das Etymon, das Bußmann als „Grundbedeutung bzw. ursprüngliche Form eines Wortes"[74] definiert, wird hier in etwa mit den Begriffen *Stamm*, *Wurzel* oder *Lexem*[75] gleichgesetzt. Dies ist sprachwissenschaftlich problematisch, doch insofern plausibel, als es hier einfach um die Benennung einer Basis und nicht um morphologische oder etymologische Probleme geht. Die Etymologie der alten, abstrakten Farbwörter ist ohnedies im Wesentlichen opak.[76] Die Basis, die z.B. in den Wörtern ‚blau', ‚Blau', ‚Bläue', ‚bläulich', oder ‚himmelblau' steckt, wird als Farbetymon bezeichnet. Um es augenscheinlicher zu kennzeichnen und deutlich von gleich lautenden Adjektiven oder Substantiven zu unterscheiden, wird es in Großbuchstaben gesetzt: BLAU.

Nun zeigen sich jedoch die Farben an der natürlichsprachlichen Oberfläche nicht als Farbetyma, sondern in Form von *Farbausdrücken*. Diese können relativ einfach gebaut sein (‚blau'), sie können aber auch mehr als ein Farbetymon und andere Komponenten inkorporieren. In solchen Fällen sind es Komposita (‚himmelblau', ‚schwarzblau') oder phraseologische Bildungen („torfig und käferblau", P2, 679; „ein unbestimmt schimmerndes Blau", N2, 255). Ein relativ einfach gebauter Farbausdruck wird auch als *Farbwort* bezeichnet.

Der letzte Schritt in diesem Kapitel ist die definitive Erstellung des Farbnamen-Katalogs, mit dem diese Arbeit antreten wird. Bei der alphabetischen Gegenüberstel-

---

[73] Lehmann (1998), S. 246–250, passim.
[74] Bußmann (1990), S. 229.
[75] Begriffsbestimmungen nach Bußmann (1990): Der *Stamm* bedeutet „Morphem- oder Morphemkonstruktionen, an die Flexions-Endungen treten können." bzw. ein „Basismorphem, das Träger der (ursprünglichen) lexikalischen Grundbedeutung ist." (S. 731) Die *Wurzel* ist unter diachronischem Aspekt eine „rekonstruierte, nicht mehr zerlegbare historische Grundform eines Wortes, die in lautlicher und semantischer Hinsicht als Ausgangsbasis entsprechender Wortfamilien angesehen wird", unter diachronischem Aspekt ist sie „Synonym für ‚freies' Morphem bzw. Grundmorphem". (S. 861) Das Lexem ist eine „[a]bstrakte Basiseinheit des Lexikons auf Langue-Ebene [...], die in verschiedenen gramm[atischen] Wortformen realisiert werden kann". (S. 446)
[76] Vgl. die Artikel zu *Blau, Braun, Gelb, Grau, Grün, Rot, Schwarz* und *Weiß* in Kluge (1995).

1.4. Ausgewählte linguistische Farbkataloge   19

lung der Arbeitsliste aus dem vorangehenden Kapitel und der deutschen Übersetzungen der Grundfarbwörter von Berlin/Kay ergibt sich die Übersicht 1.4.E:

Arbeitsliste (vgl. Kapitel 1.3.)	Grundfarbwörter nach Berlin/Kay (vgl. Übersicht 1.4.A)
blau	blau
braun	braun
gelb	gelb
grau	grau
grün	grün
indigo	
	lila
orange	orange
purpur	purpur
	rosa
rot	rot
schwarz	schwarz
violett	
weiß	weiß

Übersicht 1.4.E: Farbnamen

Die Begriffe *blau, braun, gelb, grau, grün, orange, purpur, rot, schwarz* und *weiß* sind in beiden Listen vertreten. Es handelt sich hier um die abstrakten (bunten und unbunten), nicht-objektgebundenen[77] Farbwörter. Sie werden ohne weitere Diskussion in den Katalog der Farbnamen aufgenommen.

Die Begriffe *indigo* und *violett* treten lediglich in der Arbeitsliste auf, *lila* und *rosa* nur in den Übersetzungen der berlin/kayschen Grundfarbkategorien. Nicht zufällig spricht Lehmann genau drei von diesen vier (lila, rosa, violett) das berlin/kaysche Kriterium ‚basic' ab.[78] Indigo erwähnt Lehmann nicht einmal als Beispiel in seinem

---
[77] Immer wieder monieren Autoren wie z.B. Gipper (1955), S. 144, Zifonun/Hoffmann/Strecker (1997), III, S. 2003–2004, oder Lehmann (1998), S. 195, dass ‚rot' im Kontext Haar ein objektgebundenes Farbwort und hier mit dem neutralen Fokalbereich nicht identisch ist. Aus dem Vergleich ‚rotes Haar' mit ‚rote Tomate' wird dies klar. Ein anderes Beispiel gebraucht Crawford (1982), S. 339: ‚white' bedeutet in ‚white coffee' eine andere Farbe als in ‚white man'. Zifonun/Hoffmann/Strecker (1997), III, S. 2004, sprechen von „Vagheit" der Farbprädikate, die durch den Kontext aufzulösen sei. – Freilich sind die *Bedeutungen* von ‚rot' in den Kontexten Haar und Tomate und von ‚white' in den Kontexten Kaffee und Haut objektgebunden, nicht aber die *Verwendung des Wortes* (anders z.B. bei ‚blond'). Und darum geht es hier. Auch dass Valenz und Konnotation der Farbwörter kontextabhängig sind, steht nicht zur Diskussion. Z.B. ist ‚rot' im „Perrudja" in einem Abstand von zwei Seiten positiv und negativ konnotiert: "Breit, rot, ebenmäßig im Gesicht stand er [Hjalmar] in der Türöffnung: ein Gesunder, der an nichts litt." (P, 134–135) "Es [Perrudjas Zahnfleisch] war rot, ungesund in der Farbe." (P, 137)
[78] Lehmann (1998), S. 251–252.

mehrseitigen Farbkatalog.[79] Diese Divergenzen müssen nun genauer betrachtet werden.

Ganz unbedarft sei die Frage erlaubt, ob diese Wörter (indigo, lila, rosa, violett) überhaupt eine Farbe bedeuten. Eine Antwort ist von Wörterbüchern zu erwarten. Wörterbücher sind Seismographen mit einer gewissen Trägheit, in welche die Wörter und ihre Bedeutungen erst nach einer längeren Phase der Sedimentierung Eingang finden. Sie eignen sich daher als Referenzsystem, das einen kanonisierten und konventionalisierten Sprachgebrauch widerspiegelt.

Indigo, lila, rosa und *violett* werden anhand von vier Testfragen untersucht (im Folgenden am Beispiel von *indigo* dargestellt). Die Antworten sind in den Tabellen 1.4.F bis 1.4.I zusammengefasst.

1. Ausgehend von der Beobachtung, dass Adjektivität ein ausgesprochenes Merkmal der Farben ist,[80] lautet die erste Testfrage: Gibt es einen Eintrag für ein Adjektiv ‚indigo' und bedeutet dieses eine Farbe? Wenn diese Frage mit ja beantwortet werden kann, gilt dies als Nachweis der Existenz des fraglichen Farbwortes, und weitere Fragen werden nicht gestellt. Wenn diese Frage aber mit nein beantwortet werden muss, wird weiter gefragt:
2. Gibt es Einträge für alternative Adjektive (z.B. durch Suffigierung oder Komposition), die eine entsprechende Farbe bedeuten?
3. Gibt es einen Eintrag für ein Substantiv ‚Indigo'?
4. Ist dieses Substantiv der Name für die Farbe Indigo oder für den entsprechenden Farbstoff (Pigment)? – Zusatzfrage für den Fall, dass beide Bedeutungen möglich sind: In welcher Reihenfolge treten die Bedeutungen für Farbe und Pigment auf?

Zu ‚indigo' liefern die Testfragen das Ergebnis, das in Tabelle 1.4.F dargestellt ist. Keines der konsultierten Wörterbücher kennt ein Farbadjektiv ‚indigo'. Als Alternativen werden sechsmal Komposita mit ‚-blau' und einmal die Suffigierung mit ‚-farben' vorgeschlagen. Verglichen etwa mit Purpur, ist die Adjektivbildung bei Indigo umständlich, es gibt ‚purpurn', aber nicht ‚indigon'. Das Substantiv ‚Indig(o)' (maskulines und neutrales Genus alternierend) bedeutet vorwiegend das Farbpigment und nicht den abstrakten Farbbegriff.[81] ‚Indigo' wird daher aus dem Farbkatalog gestrichen.

---

[79] Lehmann (1998), S. 246–250.
[80] Weisgerber (1929), S. 219, Altmann (1999a), S. 1–3.
[81] Kluge (1995), S. 398, zählt das Substantiv Indigo zum peripheren Wortschatz. Indigo ist im Deutschen seit dem 14. Jahrhundert bekannt und damit das älteste von den vier fraglichen Indigo, Lila, Rosa und Violett.

1.4. Ausgewählte linguistische Farbkataloge

Quellen (chronologisch)	1. Eintrag für Farbadjektiv ‚indigo'?	2. Einträge für alternative Adjektive?	3. Eintrag für Substantiv ‚Indigo'?	4. Farbe (F) Pigment (P)? – Reihenfolge?
Adelung (1775), 2, 1376.	nein	indigblau	Indig (m.)	P
Campe (1808), 2, 822–823.	nein	indigblau	Indig (m.)	P
Sanders (1876), 1, 816.	nein	–	Indig (m.)	P
Grimm (1877), 4, 2, 2111.	nein	indigblau	Indig, Indigo (m.)	P
Heyne (1892), 2, 228.	nein	–	Indigo (m.)	F
Weigand (1909), 1, 922.	nein	–	Indigo (m.)	F
Trübner (1943), 4.	kein Eintrag	kein Eintrag	kein Eintrag	–
Mackensen (1977), 535.	nein	indigoblau	Indigo (n.)	P
Paul (1992), 430.	nein	–	Indigo (m., n.)	P
Duden. Das große Wörterbuch (1994), 4, 1689.	nein	indigoblau, indigofarben	Indigo (m., n.)	P
Wahrig (1994), 833.	nein	indigoblau	Indigo (n., m.)	P

Tabelle 1.4.F: Test ‚indigo'

Die Antworten auf die Testfragen zu ‚lila' fasst die Tabelle 1.4.G zusammen. Lila ist im Deutschen ein relativ junges Farbadjektiv. Dieses Suchergebnis bestätigt (wörterbuchspezifische Verzögerungen miteingerechnet), dass das Wort im Laufe des 18. Jahrhunderts aus dem Französischen ins Deutsche entlehnt wurde.[82] Wörterbücher, die ‚lila' lemmatisieren, kennen es übereinstimmend als Farbadjektiv. Das Wort wird in den Farbkatalog aufgenommen.

Quellen (chronologisch)	1. Eintrag für Farbadjektiv ‚lila'?	2. Einträge für alternative Adjektive?	3. Eintrag für Substantiv ‚Lila'?	4. Farbe (F) oder Pigment (P)? – Reihenfolge?
Adelung (1777), 3.	kein Eintrag	kein Eintrag	kein Eintrag	–
Campe (1809), 3.	kein Eintrag	kein Eintrag	kein Eintrag	–
Sanders (1876), 2, 141.	ja	–	–	–
Grimm (1885), 6.	kein Eintrag	kein Eintrag	kein Eintrag	–
Heyne (1892), 2, 659.	ja	–	–	–
Weigand (1910), 2, 68.	ja	–	–	–
Trübner (1943), 4, 472.	ja	–	–	–
Mackensen (1977), 670.	ja	–	–	–
Paul (1992), 534.	ja	–	–	–
Duden. Das große Wörterbuch (1993), 3, 2131.	ja	–	–	–
Wahrig (1994), 1020.	ja	–	–	–

Tabelle 1.4.G: Test ‚lila'

---

[82] Kluge (1995), S. 520.

Bei ‚rosa' – dargestellt in Tabelle 1.4.H – ist wie bei ‚lila' die chronologische Abfolge bedeutsam. ‚Rosa', vom lateinischen Namen der Rose entlehnt, ist im Deutschen (wie ‚lila') erst seit dem 18. Jahrhundert gebräuchlich.[83] Adelung (1777) und Campe (1809) kennen weder ein Adjektiv ‚rosa' noch ein entsprechendes Substantiv. Sanders (1876) – schon bei ‚lila' am innovativsten – kennt als erster das Farbadjektiv ‚rosa'. Grimm (1893) und der vermutlich kolportierende[84] Weigand (1910) führen zwar kein Lemma

Quellen (chronologisch)	1. Eintrag für Farbadjektiv ‚rosa'?	2. Einträge für alternative Adjektive?	3. Eintrag für Substantiv ‚Rosa'?	4. Farbe (F) oder Pigment (P)? – Reihenfolge?
Adelung (1777), 3, 1479–1481.	nein	rosenfarben, rosenroth	–	–
Campe (1809), 3, 863–867.	nein	rosenfalb, rosenfarb, rosenfarben, rosenfarbig, rosenroth, rosicht, rosig, röslich	–	–
Sanders (1876), 2, 783.	ja[85]	–	–	–
Grimm (1893), 8, 1161, 1192ff.	nein	rosenfalb, rosenfarb, rosenfarben, rosenfarbig u.v.a.	Rosa (n.)	F
Heyne (1895), 3, 135.	ja	–	–	–
Weigand (1910), 2, 605.	nein	–	Rosa (n.)	F
Trübner (1954), 5, 440.	ja	–	–	–
Mackensen (1977), 889.	ja	–	–	–
Paul (1992), 700.	ja	–	–	–
Duden. Das große Wörterbuch (1994), 6, 2805.	ja	–	–	–
Wahrig (1994), 1318.	ja	–	–	–

Tabelle 1.4.H: Test ‚rosa'

für das Adjektiv, dafür aber das Neutrum ‚Rosa' als Namen der Farbe. Erst die späteren Wörterbuchautoren sind sich darin einig, dass das Farbadjektiv ‚rosa' zum deutschen Wortschatz gehört. Sogar Trübner (1954) stimmt zu, der im Allgemeinen viele fremdsprachlichen Entlehnungen nicht vermerkt und auch 1956 noch beispielsweise auf ‚violett' verzichtet.

---

[83] Kluge (1995), S. 691.
[84] Diese Beobachtung ergibt sich aus der Synopse der Wörterbuchartikel.
[85] ‚Rosa' als Adjektiv ist bei Sanders (1876), Bd. 2, S. 783, noch kein eigenes Lemma. Der adjektivische Nachweise ist versteckt: „*Rosa* (lat.): 1) die Rose [...] 2) [...] a. und n.: rosenroth [...]"

1.4. Ausgewählte linguistische Farbkataloge 23

Alternativen für das nicht lemmatisierte Farbadjektiv ‚rosa' sind ‚rosicht' und ‚rosig' (Campe, 1809) und zahlreiche Komposita mit ‚Rose'. Diese hier als Synonyme für ‚rosa' angeführten Komposita sind keine Farbwörter im strengen Sinn, da hier der Farbträger (das Konkretum ‚Rose') noch klar erkennbar und ein monolexemisches Farbwort wie ‚rose' oder ‚rosen' nicht möglich ist. Neuere Wörterbücher – alle seit Trübner (1954) – akzeptieren ‚rosa' als Farbadjektiv. Das Wort wird in den Farbkatalog aufgenommen.

Was nun ‚violett' betrifft, so überrascht es doch sehr, dass dieses Wort in der Liste der übersetzten Berlin/Kay-Termini (Tabelle 1.4.A) nicht aufscheint. Daher ‚violett' aus dem Farbkatalog zu streichen, widerstrebt nicht nur dem Sprachgefühl; auch die Antworten auf die vier Testfragen empfehlen dies nicht (Tabelle 1.4.I).

Quellen (chronologisch)	1. Eintrag für Farbadjektiv ‚violett'?	2. Einträge für alternative Adjektive?	3. Eintrag für Substantiv ‚Violett'?	4. Farbe (F) oder Pigment (P)? – Reihenfolge?
Adelung (1780), 4, 1602.	ja	–	–	–
Campe (1811), 5, 427.	nein	violenbraun, violenfarbig, violengelb	–	–
Sanders (1876), 3, 1424.	ja	–	–	–
Heyne (1895), 3.	kein Eintrag	kein Eintrag	kein Eintrag	–
Weigand (1909), 2, 1176.	ja	–	–	–
Grimm (1951), 12, 2, 365f.	ja	–	–	–
Trübner (1956), 7.	kein Eintrag	kein Eintrag	kein Eintrag	–
Mackensen (1977), 1136.	ja	–	–	–
Paul (1992), 997.	ja	–	–	–
Wahrig (1994), 1694.	ja	–	–	–
Duden. Das große Wörterbuch (1995), 8, 3760.	ja	–	–	–

Tabelle 1.4.I: Test ‚violett'

Acht von den elf befragten Wörterbüchern kennen das Farbadjektiv ‚violett', das seit dem 17. Jahrhundert als Entlehnung aus dem französischen ‚violet' zu ‚violette' (Veilchen) im Deutschen gebräuchlich ist.[86] Heyne (1895) und Trübner (1956) kennen ‚violett' nicht. Campe (1811) vermerkt es auch nicht, er bietet aber Komposita mit dem aus lateinischem ‚viola' (Veilchen) eingedeutschten ‚violen-' an. Es gibt keinen Grund, ‚violett' aus dem Farbkatalog zu streichen.

Warum aber fehlt das Wort in der Liste der übersetzten Berlin/Kay-Termini? Wahrscheinlich geht dies auf eine Unachtsamkeit der drei exemplarisch ausgewählten Auto-

---

[86] Kluge (1995), S. 865.

rinnen und Autoren zurück, die die berlin/kayschen Grundfarbwörter aus dem Englischen ins Deutsche übersetzt haben. Bei der Übersetzung von englischem ‚purple' entscheiden sich alle drei für jeweils eine einzige Entsprechung, wobei sie von nur zwei Übersetzungen – bei drei möglichen – Gebrauch machen. Bußmann und Lehmann übersetzen ‚purple' mit dem etymologisch nahe liegenden ‚purpur'.[87] Stoeva-Holm entscheidet sich für ‚lila'.[88] Als Drittes aber ist auch ‚violett' möglich, wie ein Blick in einschlägige englisch-deutsche Wörterbücher zeigt. Die Tabelle 1.4.J reiht die Wörterbücher chronologisch und zitiert das Incipit des Artikels. Rechts beigefügt ist ein Überblick, welche der drei Übersetzungsmöglichkeiten der zitierte Artikel anbietet.

Quellen (chronologisch)	Incipit	lila	purpur	violett
Muret-Sanders (1900), Bd. 2, S. 1706	„I s. Purpur(farbe f) m; Violett n [...]"	nein	ja	ja
Langenscheidt (1962), S. 1107	„I s 1. Purpur [...]"	nein	ja	nein
Wildhagen-Hérancourt (1963), Bd. 1, S. 665	„1 s Purpur [...] 2 a purpurrot; purpurn; Purpur- || blutrot; <mst> violett, blaurot [...]"	nein	ja	ja
Pons Globalwörterbuch (1989), S. 892	„I adj. violett, lila [...]"	ja	nein	ja
The Oxford Duden (1990), S. 1382	„1. adj. lila; violett; (crimson) purpurn [...]"	ja	ja	ja
Pons Großwörterbuch (1991), S. 539	„1 adj violett, lila [...]"	ja	nein	ja
Duden Oxford (1991), S. 473	„1. adj. lila; violett [...]"	ja	nein	ja
Langenscheidts Bürowörterbuch (1998), S. 452	„adj. lila [...]"	ja	nein	nein

Tabelle 1.4.J: Übersetzungsvorschläge für ‚purple'

Sechs von acht Wörterbüchern schlagen vor, ‚purple' mit ‚violett' zu übersetzen. ‚Violett' ist der häufigste Übersetzungsvorschlag, gefolgt von ‚lila' (5mal) und ‚purpur' (4mal). Zudem wird sichtbar: ‚lila' nimmt im Laufe der Zeit zu, ‚purpur' tritt zurück, während ‚violett' konstant präsent bleibt. Nur die beiden Wörterbücher aus dem Hause Langenscheidt lassen ‚violett' nicht zu. Auf jeden Fall wird deutlich, dass das englische ‚purple' mit ‚violett' korrekt übersetzt werden kann. Dass trotzdem niemand von den drei zitierten Linguisten diese Übersetzung vorschlägt, muss als mangelndes Problembewusstsein gewertet werden. ‚Violett' wird in den Farbkatalog aufgenommen.

Die vorliegende Arbeit wird mit der folgenden Liste von 13 Farben antreten:

blau, braun, gelb, grau, grün, lila, orange, purpur, rosa, rot, schwarz, violett, weiß

Dieser Farbkatalog ist aus der (sprachlichen) Sicht um das Jahr 2000 erstellt. Jahnn hat seine Texte ungefähr ein halbes Jahrhundert früher geschrieben. Daraus können sich Divergenzen ergeben, die das Nachdenken über die Diachronie anregen.

---

[87] Bußmann (1990), S. 238; Lehmann (1998), S. 169.
[88] Stoeva-Holm (1996), S. 23.

1.5. Andere ausgewählte Farbkataloge

Exkursorisch wird in diesem Kapitel der Farbkatalog, der oben entwickelt wurde, mit den Farbtheorien einiger ausgewählter und wichtiger Vertreter aus Philosophie und Kunsttheorie abgeglichen. Namentlich werden Leonardo da Vinci, Johann Wolfgang Goethe, Friedrich Wilhelm Joseph Schelling, Arthur Schopenhauer, Wassily Kandinsky und Ludwig Wittgenstein auf ihre Farbnomenklatur hin befragt.[89]

Leonardo da Vinci wird in dieses Referenzregister aufgenommen, weil ihn Jahnn – er nennt ihn häufig Lionardo – oft erwähnt und sich ab September 1916 intensiv mit ihm auseinandersetzt.[90] In „Il libro della Pittura", das vermutlich zwischen 1485 und 1499 entstanden und als Mitschrift eines Schülers überliefert ist,[91] behandelt Leonardo hauptsächlich die perspektivische Darstellung in der Malerei. Die Farben spielen keine vordergründige Rolle, sie sind dem Wechsel zwischen Licht und Dunkel untergeordnet. Eindruck und Wirkung der Farben ergeben sich aus dem Hintergrund und dem gegenüberliegenden „obbietto".[92]

Man hat den Eindruck, als seien Leonardo die abstrakten Farbbegriffe weit weniger wichtig als die nach Lehmann[93] so genannten alternativen Farbwortungsmöglichkeiten. Mit auffallender Frequenz verwendet Leonardo Begriffe wie *chiaro, splendido, luminoso, focoso, tenebroso, opaco, oscuro; aria, colore, lume, sole, tenebre; lustrare, mostrare, dimostrare* und *parare*. Die wenigen abstrakten Farbadjektive sind *bianco* (auch das Substantiv *bianchezza*), *candido, nero, azzurro, rosso* und *giallo*.

Schwarz und Weiß (*nero* und *bianco*) bilden eine Art Ausgangsbasis. Weiß ist dabei allerdings selber keine Farbe, es hat vielmehr die Fähigkeit, jede andere Farbe anzunehmen:

[...] il bianco non ha da se colore [...][94]
[...] il bianco non è colore, ma è in potenza ricettivo d'ogni colore [...][95]

Schwarz versteht Leonardo als Synonym für Dunkelheit und Finsternis (*le tenebre* nach dem lat. Pluraletantum *tenebrae*). Die Dunkelheit liegt zwischen der Sonne und der Erde. Die Luft, die den Gegensatz zwischen Licht und Dunkel ausgleicht, er-

---

[89] Eine Einführung in den Themenbereich bietet Thommes (1997). Sehr breit und interdisziplinär ist die Kulturgeschichte der Farben von Le Rider (1997).
[90] Bitz in: Dramen I, S. 1037. Vgl. v.a. Jahnns Traktat „Leonardo da Vinci: ‚Quaderni d'Anatomia'" in: Schriften I, S. 21–26.
[91] Zu Datierung und Überlieferung Anna Maria Brizio im Kommentar in: Leonardo (1966), S. 37.
[92] Leonardo (1966), S. 417, 452.
[93] Lehmann (1998), S. 257.
[94] Leonardo (1966), S. 203.
[95] Leonardo (1966), S. 417.

scheint in einem hellen Blau (*azzurro*). Dieses Blau ist eine Mischung aus Weiß und Schwarz.

> Infra 'l sole e noi è tenebre, e però l'aria pare azzurra. [...] L'aria è azzurra per le tenebre che ha di sopra, perché nero e bianco fa azzurro.[96]

Überraschend ist die Feststellung, dass Schwarz auch ein gewisses Licht (vgl. *lume* und *lustrare*) enthalten kann, das zu einem Blau hin tendiert:

> Il lume del nero che lustra pende in azzurro.[97]

So wie das an sich farblose Weiß jede andere Farbe annehmen kann, hat auch die Farbe jeder undurchsichtigen Oberfläche teil an der Farbe des Körpers, der jener gegenüberliegt.

> La superfizie d'ogni corpo opaco partecipa del colore del suo obbietto, ma con tanta maggiore o minore impressione, quanto esso obbietto fia più vicino o remoto, o di maggiore o minore potenzia.[98]

Die Umgebung beeinflusst das Erscheinungsbild der Objekte. Transponiert man dieses Phänomen ins Semantische, so entspricht es der Kontextabhängigkeit der Farbe, aus der ihre mehr oder weniger modifizierte Bedeutung resultiert. Karl Bühler verwendet dafür die Begriffe *Umfeld* und *Infeld* und stellt fest, „daß jedes Fleckchen Farbe auf einer Fläche dem Eindruck nach mitbeeinflußt wird von dem ‚Umfeld' des Fleckchens".[99] Bühler erläutert die Kontextabhängigkeit metaphorisch mit einem Bild aus der Malerei, das an die Äußerung Leonardos denken lässt.

> Wenn der Maler auf der Palette dreimal dasselbe Grau mischt und dreimal physisch denselben Graufleck einsetzt in ein werdendes Bild, so kann dieser Fleck dreimal (oder noch öfter) einen verschiedenen *Bildwert* im Kontexte des Gemäldes erhalten [...][100]

Die Farberscheinungen ergeben sich für Leonardo aus Kontrasten und Kombinationen. Der Künstler handelt dies in einem kurzen Absatz ab und lässt den Eindruck entstehen, als seien darüber nicht viele Worte zu verlieren.

> De' colori d'equal bianchezza quel si mostrerà più candido, che sarà in campo più oscuro; i 'l nero si mostrerà più tenebroso, che fia in campo di maggior bianchezza. E 'l rosso si dimostrerà più focoso che sarà in campo più giallo; e così faran tutti li colori circundati da loro retti contrari colori.[101]

---

[96] Leonardo (1966), S. 239.
[97] Leonardo (1966), S. 416.
[98] Leonardo (1966), S. 452. Der gleiche Gedanke findet sich auch auf S. 417.
[99] Bühler (1982), S. 154.
[100] Bühler (1982), S. 165.
[101] Leonardo (1966), S. 462.

1.5. Andere ausgewählte Farbkataloge

Für Leonardo ist Weiß (das selber keine Farbe ist) ein Synonym für Helligkeit, so wie Schwarz, das mehr oder weniger viel Licht (*lume*) enthalten kann, die Intensität einer relativen Dunkelheit ausdrückt.

Es fällt schwer, Leonardos Begrifflichkeit mit jener des Kapitels „Ausgewählte linguistische Farbkataloge" in Einklang zu bringen, weil hier ein *Maler* spricht, dem es um die Darstellung der Wirklichkeit mit Farbe und Pinsel und um die Wirkung auf das organische Auge des Betrachters geht. Dass dabei das Hauptaugenmerk auf der Lichtführung liegt, kann nicht nur typisch für Leonardo sein, es ist vor allem disziplinspezifisch. Naturgemäß anders muss die Philologie an die Sache herangehen. Denn Jahnn kann kein Licht an- oder ausknipsen, um eine Farbe so oder anders erscheinen zu lassen; er reiht Wörter aneinander.

Von Goethes Abhandlung „Zur Farbenlehre" (1810) ist vor allem der „Didaktische Teil" aufschlussreich. Das Werk ist in vier Teile gegliedert und behandelt 1. die physiologischen, 2. die physischen, 3. die chemischen Farben und 4. die „[s]innlich-sittliche Wirkung der Farbe".[102]

Die physiologischen Farben gehören dem Auge an, beruhen „auf einer Wirkung und Gegenwirkung desselben" und sind „unaufhaltsam flüchtig"; die physischen sind jene, die man „an farblosen Mitteln und durch deren Beihülfe gewahrt[]", sie sind „vorübergehend, aber allenfalls verweilend"; die chemischen schließlich sind „den Gegenständen angehörig", man kann sie „festhalten bis zur spätesten Dauer".[103]

Goethes chemische Farben („Die Dauer ist meist ihr Kennzeichen."[104]) stehen den sprachlich realisierten Farben am nächsten. Bezeichnend sind in diesem Zusammenhang die Namen, die Goethe den chemischen Farben zuweist: „Sie heißen colores proprii, corporei, materiales, veri, permanentes, fixi."[105] An anderer Stelle nennt er sie „colores notionales und intentionales".[106]

Goethes naturwissenschaftlicher Anspruch bringt es mit sich, dass er nach einer Ursache für die Farberscheinung sucht. Er findet diese im Licht und ist darin Leonardo sehr ähnlich.

Die Farben sind Taten des Lichts, Taten und Leiden.[107]

Dem Licht am nächsten ist die Farbe Gelb, ihm am fernsten ist Blau. Dazwischen liegt Grün. Richtung weisend bis in unsere Tage ist der Farbkreis, den Goethe beschreibt:

---

[102] Goethe (1998), S. 494.
[103] Goethe (1998), S. 325.
[104] Goethe (1998), S. 438.
[105] Goethe (1998), S. 438.
[106] Goethe (1998), S. 456.
[107] Goethe (1998), S. 315.

Gelb – Grün – Blau – Blaurot – Rot – Rotgelb – Gelb.[108] Je nachdem, wie man die Lichtbrechung im Experiment aufbaut, ergeben sich auch abweichende Farbfolgen: Rot kann sich zu tiefem Purpur verdichten, unmittelbar neben Gelb kann Weiß sichtbar werden, und Blau kann in Schwarz übergehen.[109]

Der gelben Farbe weist Goethe ein Plus zu, der blauen ein Minus. Das Plus verbindet sich mit den Eigenschaften Kraft, Wärme, Nähe, Abstoßen und der Verwandtschaft mit Säuren, das Minus mit Schwäche, Kälte, Ferne, Anziehen und der Verwandtschaft mit Basen.[110]

Goethe ist einer der wenigen, der die viel später von Gipper artikulierte Forderung nach einer Definition der Farbe als sprachliche Größe erfüllt. Er widmet die Unterabteilung „Nomenklatur" diesem Problem.[111]

> Die Nomenklatur der Farben ging [...] vom Besondern aus ins Allgemeine und vom Allgemeinen wieder zurück ins Besondre. [...] Dieser Weg konnte bei der Beweglichkeit und Unbestimmtheit des früheren Sprachgebrauchs zurückgelegt werden, besonders da man in den ersten Zeiten sich auf ein lebhafteres sinnliches Anschauen verlassen durfte. Man bezeichnete die Eigenschaften der Gegenstände unbestimmt, weil sie jedermann deutlich in der Imagination festhielt.[112]

Als Beispiel nennt er „die Mannigfaltigkeit der griechischen und römischen Ausdrücke". Da „[i]n späteren Zeiten [...] durch die mannigfaltigen Operationen der Färbekunst manche neue Schattierung" herstellbar wird, übernehmen die „Modefarben" die Benennung dieser „Farbenindividualitäten". Der Farbenkreis sei „zwar enge", trotzdem subsumiere er alle alten und neuen Farbausdrücke.[113] Seine Farbterminologie entwickelt Goethe im Folgenden:

> Was die deutsche Terminologie betrifft, so hat sie den Vorteil, dass wir vier einsilbige, an ihren Ursprung nicht mehr erinnernde Namen besitzen, nämlich Gelb, Blau, Rot, Grün. Sie stellen nur das Allgemeinste der Farbe der Einbildungskraft dar, ohne auf etwas Spezifisches hinzudeuten.   Wollten wir in jenen Zwischenraum zwischen diesen vieren noch zwei Bestimmungen setzen, als Rotgelb und Gelbrot, Rotblau und Blaurot, Gelbgrün und Grüngelb, Blaugrün und Grünblau, so würden wir die Schattierungen des Farbenkreises bestimmt genug ausdrücken; und wenn wir die Bezeichnungen Hell und Dunkel hinzufügen wollten, ingleichen die Beschmutzungen einigermaßen andeuten, wozu uns die gleichfalls einsilbigen Worte

---

[108] Goethe (1998), S. 326. Zur Veranschaulichung vgl. die Farbtafeln in Bd. 10 (1989) der Münchner Goethe-Ausgabe.
[109] Goethe (1998), S. 376, 383.
[110] Goethe (1998), S. 478.
[111] Goethe (1998), S. 459–460.
[112] Goethe (1998), S. 459.
[113] Goethe (1998), S. 459–460.

1.5. Andere ausgewählte Farbkataloge

Schwarz, Weiß, Grau und Braun zu Diensten stehen, so würden wir ziemlich auslangen und die vorkommenden Erscheinungen ausdrücken [...]"[114]

Noch im selben Absatz reicht Goethe die Begriffe Orange, Violett und Purpur nach. An der Spitze der Farbnamen rangieren sie jedoch nicht; hier bevorzugt der Autor an Stelle von Orange und Violett die entsprechenden Komposita Rotgelb bzw. Gelbrot und Rotblau bzw. Blaurot. An früherer Stelle, wo er die Farbmischungen erklärt, verwendet er wiederum nur die Begriffe Orange und Violett, nicht aber ihre analytischen Entsprechungen.[115]

Möglicherweise deutet der Wechsel zwischen Rotgelb/Orange und Blaurot/Violett auf die seinerzeit relativ schwache Etabliertheit der Begriffe Orange und Violett in der deutschen Sprache hin, verglichen mit den Namen für die so genannten Grundfarben. Schließlich sind Orange und Violett erst seit dem 17. Jahrhundert im Deutschen gebräuchlich.[116]

Insgesamt wird im „Didaktischen Teil" der „Farbenlehre" Goethes Doppelrolle als Naturwissenschaftler und Dichter deutlich. Er spricht zwar in erster Linie als Optiker und Physiker, ist sich aber auch der philologischen Notwendigkeit bewusst, sich über die Namen der Farben Gedanken zu machen.

Schelling behandelt die Farben im zweiten Teil seiner „Philosophie der Kunst" (1859). Dabei ist die systematische Verortung der Farben von Interesse. In diesem zweiten Teil – „Besonderer Theil der Philosophie der Kunst" – gibt es das Kapitel „Construction der Kunstformen in der Entgegensetzung der realen und idealen Reihe". Dieses Kapitel hat zwei Unterteilungen: 1. „Reale Seite der Kunstwelt oder die bildende Kunst", 2. „Ideale Seite der Kunstwelt oder die redende Kunst (Poesie im engeren Sinn)". (1) unterteilt sich in a) „Construction der Musik (Klang, Schall, Gehör)", b) „Construction der Malerei (Licht, Farbe, Gesichtssinn)" und c) „Construction der Plastik und ihrer Formen".[117]

Die Farbe gehört nach Schelling in den Bereich der Malerei, diese wiederum gehört der bildenden Kunst an. Die Farbe ist nicht wie bei Goethe in erster Linie Gegenstand der Wahrnehmung, sondern eine *Konstruktion* der Kunst. Dieser Ansatz kommt der vorliegenden Farbwortbetrachtung sehr entgegen: Denn die Setzung der Farbwörter in der Schönen Literatur ist eine Konstruktion der Kunst. Schelling aber verortet die Farben im Bereich der *bildenden* Kunst, namentlich der Malerei, und nicht im Bereich der *redenden* Kunst.

---

[114] Goethe (1998), S. 460.
[115] Goethe (1998), S. 449: „Rot und Blau wird Violett, Rot und Gelb Orange [...]"
[116] Kluge (1995), S. 603, 865.
[117] Schelling (1966), Inhaltsverzeichnis.

Damit wird nachvollziehbar, dass Schelling – ebenso wie Leonardo und Goethe – das Licht als für die Farben ursächlich erachtet.[118] (Man beachte die Reihenfolge der Begriffe *Licht – Farbe – Gesichtssinn* im Untertitel der „Construction der Malerei".) Um vom Licht zur Farbe zu gelangen, bedarf es einiger Operationen. Licht ist eine „ideale Einheit", es ermöglicht die „Differenz" der Körper und lässt diese aus der „Allheit der übrigen Körper" heraustreten.[119] Das Licht wird sichtbar in der Farbe, die „getrübtes Licht" ist:

> *Das Licht kann als Licht nur in der Entgegensetzung mit dem Nicht-Licht, und demnach nur als Farbe erscheinen.* Der Körper ist überhaupt Nicht-Licht, sowie das Licht dagegen Nicht-Körper ist. [...] Licht mit Nicht-Licht verbunden ist nun allgemein getrübtes Licht, d.h. Farbe.[120]

Wenn nun Farbe aus den Entgegensetzungen Licht (Nicht-Körper) und Körper (Nicht-Licht) entsteht, bedeutet dies zugleich auch, dass beide, Licht und Körper, vorhanden sein müssen, damit man von Farbe sprechen kann.

> Es ist abermals weder das Licht für sich noch der Körper für sich, sondern es ist das, worin beide eins sind, was die Farbe producirt.[121]

Dem Gegensatz zwischen Licht und Nicht-Licht entsprechen auch die Gegensätze Wärme und Kälte, Positives und Negatives. Begründet wird die Existenz des Gegensatzes von Wärme und Kälte durch den *Instinkt*.

> Der Instinkt der Künstler lehrte sie den allgemeinen Gegensatz der Farben, den sie als Gegensatz von Kälte und Wärme ausdrückten [...][122]

Farbe = Licht + Nicht-Licht, Positives + Negatives.[123]

Diese Gegensätze sind „ursprünglich" und „nothwendig".[124] „Das Farben-Phänomen ist die aufbrechende Lichtknospe",[125] stellt Schelling fest, erklärt die Farben als Resultat aus dem Licht und deren Negation, ohne einen Farbenkatalog zu formulieren. Thommes hat sehr wahrscheinlich Recht, wenn er in Anlehnung an Goethe die schellingsche Kälte bzw. das Negative mit den Farben Blau und Grün gleichsetzt, die

---

[118] Schelling (1966), S. 150: „Der unendliche Begriff aller endlichen Dinge, sofern er in der realen Einheit begriffen ist, ist das Licht."
[119] Schelling (1966), S. 150.
[120] Schelling (1966), S. 153.
[121] Schelling (1966), S. 155.
[122] Schelling (1966), S. 153.
[123] Schelling (1966), S. 155.
[124] Schelling (1966), S. 158.
[125] Schelling (1966), S. 158.

1.5. Andere ausgewählte Farbkataloge

Wärme und das Positive mit Rot und Gelb.[126] Wahrscheinlich sind Schellings Paarreihen von Goethe inspiriert, den er mehrmals anerkennend erwähnt.[127]

Goethe gegenüber kritisch äußert sich Arthur Schopenhauer in seinem Traktat „Über das Sehen und die Farben", das 1816 erscheint.[128] Schopenhauer geht von der „[i]ntensiv getheilte[n] Thätigkeit der Retina" aus. Bei „volle[r] Thätigkeit" sieht sie Weiß, bei „Unthätigkeit" Schwarz. Der Reihe „Licht; Halbschatten; Finsterniß" entspricht die Reihe „Weiß; Grau; Schwarz".[129]

Neben der *intensiv* geteilten Tätigkeit der Retina gibt es auch die „[q]ualitativ getheilte Thätigkeit der Retina". Diese besagt, dass die Retina bei verschiedenen Farben einen verschiedenen Grad an Tätigkeit entfaltet.[130] Die Tätigkeit der Retina wird in Bruchzahlen ausgedrückt.[131]

Schwarz	Violett	Blau	Grün	Rot	Orange	Gelb	Weiß
0	1/4	1/3	1/2	1/2	2/3	3/4	1

Schwarz und Weiß gelten nicht als Farben. „Sie stehen hier bloß als Gränzpfosten, zur Erläuterung der Sache."[132]

Die wahre Farbentheorie hat es demnach stets mit *Farbenpaaren* zu thun, und die Reinheit einer gegebenen Farbe beruht auf der Richtigkeit des in ihr sich darstellenden Bruchs. Hingegen eine bestimmte Anzahl, z.B. sieben, unabhängig von der Thätigkeit der Retina und den Verhältnissen ihrer Theilbarkeit, realistisch, da draußen vorhandener Ur-Farben, die zusammen die Summe aller Farben ausmachten, anzunehmen, ist absurd. Die Zahl der Farben ist unendlich: dennoch enthalten jede zwei entgegengesetzte Farben die Elemente, die volle Möglichkeit aller anderen. Hierin liegt die Ursache davon, daß wenn man von den chemischen drei Grundfarben Roth, Gelb, Blau, ausgeht, jede von ihnen die beiden anderen im Verein zum Komplement hat. [...] Chromatologisch darf man daher gar nicht von einzelnen Farben reden, sondern nur von Farbenpaaren, deren jedes die ganze, in zwei Hälften zerfallene Thätigkeit der Retina enthält.[133]

Die einzelnen Farbenpaare gehören je zu einer Hälfte; diese zwei Hälften stehen sich als Pole gegenüber. Ähnlich wie Goethe versieht Schopenhauer Rot, Gelb und Orange mit einem Plus, Grün, Blau und Violett mit einem Minus.[134] Weil die Farben Tätigkei-

---

[126] Thommes (1997), S. 36.
[127] Schelling (1966), z.B. S. 154.
[128] Da diese Schrift wenig Beachtung fand, veröffentlichte Schopenhauer 1830 eine lateinische Fassung, um den Text international zugänglich zu machen. 1836 folgte die deutsche Kurzfassung „Zur Farbenlehre".
[129] Schopenhauer (1948), S. 21–24.
[130] Schopenhauer (1948), S. 25.
[131] Schema nach Schopenhauer (1948), S. 34.
[132] Schopenhauer (1948), S. 34.
[133] Schopenhauer (1948), S. 34–35.
[134] Schopenhauer (1948), S. 35–36.

ten der Retina sind, sind sie „Affektionen des Auges".[135] Hiermit erfährt auch der Titel dieser Arbeit eine Erweiterung. „Adfection derer Cörper"[136] könnte ein gemeinsames Motto für Leonardo und Goethe sein. Mit „Affektionen des Auges" umschreibt Schopenhauer die Farben; Schelling liegt irgendwo dazwischen.

Die These, dass es nur ebendie sechs Farben Violett, Blau, Grün, Roth, Orange und Gelb geben kann, untermauert Schopenhauer durch eine (universal)sprachliche Beobachtung, die an Gipper und Berlin/Kay denken lässt. Zwar gebe es beliebig und unendlich viele Farbnuancen, doch nur eine begrenzte Anzahl von Farbnamen, aus denen alle übrigen Nuancen entwickelt und „erkannt" werden können.

Nun aber finden sich bei allen Völkern, zu allen Zeiten, für Roth, Grün, Orange, Blau, Gelb, Violett, besondere Namen, welche überall verstanden werden, als die nämlichen, ganz bestimmten Farben bezeichnend; obschon diese in der Natur höchst selten rein und vollkommen vorkommen; sie müssen daher gewissermaßen a priori erkannt seyn, auf analoge Weise, wie die regelmäßigen geometrischen Figuren, als welche in der Wirklichkeit gar nicht vorkommen, darzustellen sind und doch von uns, mit allen ihren Eigenschaften, vollkommen erkannt und verstanden werden.[137]

Die auf sechs Begriffe begrenzte Anzahl der Farbnamen ist für Schopenhauer somit ein Beweis für die Existenz einer ebenso auf sechs begrenzten Anzahl an Grundfarben. Schopenhauer misst der farblichen Begrifflichkeit eine sehr große Bedeutung bei. Die Farbnamen sind hier nicht nur mehr oder minder eine Folge bzw. Widerspiegelung der Natur (diesen Eindruck erweckt Goethe), sondern das Indiz, wenn nicht sogar der Beweis für die Existenz bestimmter Grundfarben.

Kandinskys Schrift „Über das Geistige in der Kunst" (1912) besteht aus den zwei Teilen „Allgemeines" und „Malerei". In der „Malerei" befasst sich der Autor in den zwei Kapiteln „Wirkung der Farbe" und „Formen- und Farbensprache" mit den Farben. Die *Wirkung* der Farben resultiert aus der *Assoziation*, die der Künstler zu steuern vermag.

Im allgemeinen ist also die Farbe ein Mittel, einen direkten Einfluß auf die Seele auszuüben. Die Farbe ist die Taste. Das Auge ist der Hammer. Die Seele ist das Klavier mit vielen Saiten.   Der Künstler ist die Hand, die durch diese oder jene Taste *zweckmäßig* die menschliche Seele in Vibration bringt.[138]

Zur Komposition stehen der Malerei Form und Farbe zur Verfügung. Die Form kann „als rein abstrakte Abgrenzung des Raumes [...] selbständig existieren", die Farbe

---

[135] Schopenhauer (1948), S. 66.
[136] Zedler (1735), Bd. 9, Sp. 223.
[137] Schopenhauer (1948), S. 32–33.
[138] Kandinsky (1956), S. 64.

1.5. Andere ausgewählte Farbkataloge

nicht.¹³⁹ Eine abstrakte, selbständige Farbe bleibt eine grenzenlose, gedachte, die *per se* nichts bedeutet. Ausdruck für eine grenzenlose Farbe ist das Farb*wort*. Wenn man das Wort Rot hört, so hat dieses Rot in unserer Vorstellung keine Grenze. Dieselbe muß mit Gewalt, wenn es nötig ist, dazu gedacht werden. [...] Dieses aus dem Wort klingende Rot hat auch selbständig keinen speziell ausgesprochenen Übergang zu Warm oder Kalt. Dasselbe muß noch dazu gedacht werden, wie feine Abstufungen des roten Tones.¹⁴⁰

Begrenzt und definiert ist nur die materiell gegebene Farbe.

Wenn aber *dieses Rot* in materieller Form gegeben werden muß (wie in der Malerei), so muß es 1. einen bestimmten Ton haben, aus der unendlichen Reihe der verschiedenen Rot gewählt, also sozusagen *subjektiv charakterisiert* werden, und 2. muß es auf der Fläche abgegrenzt werden, *von anderen Farben abgegrenzt*, die *unbedingt* da sind, die man in keinem Falle vermeiden kann und wodurch [...] die subjektive Charakteristik sich verändert [...]¹⁴¹

Maßgeblich für die Seelenvibration, die eine Farbe auslöst, ist neben ihrer materiellen Gegebenheit und damit Sichtbarkeit also auch ihre Kombination mit anderen Farben. Kandinsky vertritt die Ansicht, dass die Prinzipien der Farbzusammenstellung zeitabhängig sind.¹⁴² Daher ist es in seinen Augen auch nicht sinnvoll, sich „in tiefe und feine Kompliziertheiten der Farbe" einzulassen, sondern „begnügt sich mit der elementaren Darstellung der einfachen Farbe".¹⁴³

Farben haben die vier Eigenschaften Wärme oder Kälte und Helligkeit oder Dunkelheit. Daraus ergeben sich die vier „Hauptklänge" einer Farbe:

[...] entweder ist sie I. *warm* und dabei 1. *hell* oder 2. *dunkel*, oder sie ist II. *kalt* und 1. *hell* oder 2. *dunkel*.¹⁴⁴

Kandinsky spricht hier von Farbe wie von einer Variablen. Er betont, dass grundsätzlich jede Farbe warm oder kalt sein kann. Erst in einem zweiten Schritt spricht er von einer allgemeinen Neigung von Gelb zur Wärme und von Blau zur Kälte. Aus der Perspektive des Betrachters haben warme Farben eine exzentrische, kalte eine konzentrische Bewegungsrichtung. Warme Farben scheinen sich zum Betrachter hin zu bewegen, kalte Farben von ihm weg.¹⁴⁵ Dieses Verhalten fasst Kandinsky in einem Schema zusammen.¹⁴⁶

---

[139] Kandinsky (1956), S. 66.
[140] Kandinsky (1956), S. 66.
[141] Kandinksy (1956), S. 67–68.
[142] Kandinsky (1956), S. 108–112.
[143] Kandinsky (1956), S. 86.
[144] Kandinsky (1956), S. 87.
[145] Kandinsky (1956), S. 87, 99. Nach Goethe (1998), S. 478, verhält es sich umgekehrt: Der Wärme entspricht ein Abstoßen, der Kälte eine Anziehung.
[146] Kandinsky (1956), S. 97.

```
<   Orange   <<   Gelb   <<<   Rot   >>>   Blau   >>   Violett   >
nach exzentrischer Richtung    Bewegung in sich    nach konzentrischer Richtung
```

Prototypische Gegensatzpaare sind nach Kandinsky *Schwarz – Weiß, Gelb – Blau, Rot – Grün* und *Orange – Violett*. Eine ausführliche Farbnomenklatur entwirft Kandinsky nicht. Der Farb*begriff* spielt bei ihm jedoch insofern eine wichtige Rolle, als er eine Variable für eine gedachte, nicht-materielle Farbe ohne Valenz und Konnotation ist.

Wittgenstein äußert sich zu den Farben in seiner Sätze-Sammlung „Bemerkungen über die Farben", die 1950/51 in Cambridge und Oxford entstanden ist. Er entwickelt seine Vorstellungen über die Farben aus den Farbbegriffen.

> Wir wollen keine Theorie der Farben finden (weder eine physiologische noch eine psychologische), sondern die Logik der Farbbegriffe. Und diese leistet, was man sich oft mit Unrecht von einer Theorie erwartet hat.[147]

Der Sprachphilosoph spürt dabei scharf und genau die Bruchstellen in der Farbvorstellung und der sprachlichen Farbdarstellung auf. Der Stein des Anstoßes ist für ihn vor allem Goethe.

> Wer mit Goethe übereinstimmt, findet, Goethe habe die *Natur* der Farbe richtig erkannt. Und Natur ist hier nicht, was aus Experimenten hervorgeht, sondern sie liegt im Begriff der Farbe.[148]

Sprachliche Farben darf man mit den sichtbaren nicht gleichsetzen:

> Denn über die Begriffe der Farben wird man durch Schauen nicht belehrt.[149]

Reiz und Qualität der wittgensteinschen Abhandlung bestehen vor allem darin, dass gewohnte und festgefahrene Vorstellungen aufgebrochen werden zugunsten eines schärferen Blicks, und weniger darin, dass konkrete Lösungsvorschläge für die aufgeworfenen Fragen angeboten werden. Prinzipielle Zweifel hegt Wittgenstein an der Sinnhaftigkeit des Farbkreises:

> Blau und Gelb, sowie Rot und Grün, erscheinen mehr als Gegensätze – aber das mag einfach daher rühren, daß ich gewöhnt bin, sie im Farbkreis an entgegengesetzten Punkten zu sehen.[150]

> Was macht Grau zu einer neutralen Farbe? Ist es etwas Psychologisches, oder etwas Logisches?   Was macht die bunten Farben zu den *bunten*? Liegt es im Begriff, oder in Ursache und Wirkung?   Warum nimmt man in den ‚Farbkreis' nicht Weiß und Schwarz auf? Nur weil das gegen ein Gefühl in uns streitet?[151]

---

[147] Wittgenstein (1999), S. 18.
[148] Wittgenstein (1999), S. 28.
[149] Wittgenstein (1999), S. 28.
[150] Wittgenstein (1999), S. 45.
[151] Wittgenstein (1999), S. 57.

1.5. Andere ausgewählte Farbkataloge 35

Ein Problem ist für Wittgenstein der goethesche Farbkreis vor allem deshalb, weil er Schwarz und Weiß ausschließt. Diese beiden Farben passen in ein Farb*muster*, nicht aber in den Farb*kreis*. Der Grund dafür liegt nach Wittgenstein in den unterschiedlichen Mischungsmöglichkeiten.

In einem bunten Muster könnte Schwarzes und Weißes neben Rotem und Grünem etc. sein, ohne als andersartig sich abzusondern. Nur im Farbkreis fiele es heraus. Schon weil sich Schwarz und Weiß mit allen anderen Farben mischen; besonders auch: beide mit ihrem Gegenpol.[152]

Aus diesem Muster ließe sich eine Harmonielehre der Farben ableiten.

Gäbe es eine Harmonielehre der Farben, so würde sie etwa mit einer Einteilung der Farben in Gruppen anfangen und gewisse Mischungen oder Nachbarschaften ver-

Arbeitsliste	Leonardo	Goethe	Schelling	Schopenhauer	Kandinsky	Wittgenstein
BLAU	azzurro[153]	Blau		Blau	blau[154]	blau
BRAUN		Braun				braun
GELB	giallo	Gelb		Gelb	gelb	gelb
GRAU	153	Grau		Grau		grau
GRÜN		Grün		Grün	grün	grün
LILA						lila
ORANGE		Orange		Orange	orange	orange
PURPUR		Purpur	keine explizite Auskunft			
ROSA						rosa
ROT	rosso	Rot		Rot	rot	rot
SCHWARZ	nero	Schwarz		Schwarz	schwarz	schwarz
VIOLETT		Violett		Violett	violett	violett
WEISS	bianco, candido	Weiß		Weiß	weiß	weiß
Überhang	chiaro, splendido, luminoso, focoso, tenebroso, opaco, oscuro u.a.	Rotgelb, Blaurot, Gelbgrün, Blaugrün, Hell, Dunkel, Ocker, Menning u.a.			zahlreiche Termini technici für Farbpigmente	bunt, ocker, blond; zahlreiche Suffigierungen mit ‚-lich'; Derivate, Komposita, syntagmatische Bildungen

Übersicht 1.5.A: Farbnomenklaturen

---

[152] Wittgenstein (1999), S. 57.
[153] Die Farb*valenz* von ‚azzurro', aber um diese geht es hier nicht, liegt vermutlich bei (bläulichem) Grau. Vgl. auch die Unterscheidung zwischen ‚azzurro' und ‚blu' im Italienischen.
[154] Kandinskys Text wurde in deutscher Übersetzung rezipiert.

bieten, andre erlauben. Und sie würde, wie die Harmonielehre, ihre Regeln nicht begründen.[155]

Obwohl Wittgenstein der *Logik der Farbbegriffe* nachspürt, ist es ihm offensichtlich nicht wichtig, ein Inventar dieser Begrifflichkeit zu erstellen. Über den gesamten Text verstreut sind Farbsuffigierungen mit ‚-lich'. Farbbegriffe nennt Wittgenstein *passim*, als da sind: *blau, braun, bunt, gelb, grau, grün, lila, ocker, orange, rosa, rot, schwarz, violett* und *weiß*.

Dieses Kapitel machte sich zur Aufgabe, den in Kapitel 1.4. erstellten Farbkatalog mit exemplarisch ausgewählten Farbnomenklaturen aus Philosophie und Kunsttheorie abzugleichen. Die Übersicht 1.5.A fasst diesen Abgleich zusammen.

1.6. Ansatz und Anspruch

> Materialistisch, was für ein blödsinniges Wort.
> Es gibt nur zwei Weisen der Betrachtung:
> Genau hinzuschauen oder überhaupt nicht hinzuschauen,
> und statt dessen etwas anzunehmen.
>
> Hans Henny Jahnn

Farbforschung ist Oberflächenforschung in zweierlei Hinsicht. Farben sind Eigenschaften der Oberflächen, die durch das Auge wahrgenommen werden. In der Sprache sind Farben Zeichen, die an der Sprachoberfläche zutage liegen. Jacques Le Rider eröffnet sein Buch „Les couleurs et les mots" (1997) mit dem Satz:

> Le goût des couleurs caractérise une manière d'habiter le monde et l'intérêt de la réflexion sur les couleurs ne fait pas de doute pour ceux qui savent que la véritable profondeur se cache à la surface des choses et que la complexité peut résider dans l'évidence et l'immédiateté.[156]

Dieser Satz lädt dazu ein, in die Oberfläche zu vertrauen, bei ihr anzusetzen und sich in sie zu vertiefen. Die textwissenschaftliche Farbforschung wird also über die Oberfläche in das Thema einsteigen müssen. Jahnns „Holzschiff" beginnt mit dem Absatz:

> Wie wenn es aus dem Nebel gekommen wäre, so wurde das schöne Schiff plötzlich sichtbar. Mit dem breiten gelbbraunen, durch schwarze Pechfugen gegliederten Bug und der starren Ordnung der drei Masten, den ausladenden Rahen und dem Strichwerk der Wanten und Takelage. Die roten Segel waren eingerollt und an den Rund-

---

[155] Wittgenstein (1999), S. 28.
[156] Le Rider (1997), S. 1.

1.6. Ansatz und Anspruch

hölzern verschnürt. Zwei kleine Schleppdampfer, hinten und vorn dem Schiff vertäut, brachten es an die Kaimauer. (H, 7)

Eine imposante Szenerie! Wie aus dem Nichts taucht ein Schiff auf und zeigt sich dem Betrachter in seiner ganzen Würde und Größe. Über den gelbbraunen, von schwarzen Fugen wie mit Lineamenten nachgezogenen Brettern des Buges erheben sich die Masten; das rote Segeltuch, noch eingerollt, kontrastiert mit den frischen Farben des noch neuen Schiffes, das von zwei kleinen Schleppern wie zu einer Initiation an den Kai gezogen wird und zu einer Jungfernfahrt an ferne Ufer einlädt. Wie eine ganze Welt liegt erdfarben das Schiff auf dem Wasser (das noch keine Farbe hat) und trägt in seinen signalfarben roten, noch eingerollten Segeln die Potenzialität zu einem ganzen Kosmos in sich ...

Bilder und Farben werden sichtbar. Gleichzeitig aber sind überhaupt keine Farben und Bilder sichtbar, sondern schlicht und einfach schwarze Buchstaben auf weißem Papier.

Dieser banalisierende Gedankengang will auf die Sichtweise aufmerksam machen, durch die sich eine textwissenschaftliche Farbforschung von den Herangehensweisen anderer Disziplinen unterscheiden muss. Untersuchungsgegenstand im vorliegenden Fall sind die Romane und Erzählungen von Jahnn, keine Gemälde, keine Filme und auch keine wie auch immer geartete sichtbare Wirklichkeit. Der strikt und unbedingt textbezogene Blick nimmt lediglich Wörter wahr, mit Buchstaben bedruckte Buchseiten. Und die Farben müssten – schwarz auf weiß – unter den Wörtern zu finden sein.[157] Es wird daher sinnvoll sein, die textwissenschaftliche von anderen Farbforschungen wie beispielsweise der wahrnehmungspsychologischen, der kognitionswissenschaftlichen, der rezeptionsästhetischen oder der kulturwissenschaftlichen abzugrenzen.

Dadurch wird es möglich, das über eine Million Wörter große Jahnn-Korpus auf eine ganz bestimmte Frage hin zu lesen, ohne schon in der ersten Arbeitsphase von der

---

[157] Dedrick (1998), S. 59, grenzt deutlich die Farbe als „linguistic item" von der Farbe als anderes *item* ab, wiewohl dazwischen Zusammenhänge bestehen: „In the *linguistic* domain we find basic colour terms. These are lexical items and, as such, are explicitly linguistic. There are other items [...] that are not explicitly linguistic but are, nonetheless, linguistically embedded." Konsequent ist Archibald (1989), der die Kategorisierung der Farbbegriffe anhand eines Tests unternimmt, bei dem die Versuchspersonen nicht Farbkärtchen benennen und sortieren, sondern Kärtchen mit Farb*namen*. Archibald (1989), S. 31: „[...] the subjects were presented not with visual stimuli, but with linguistic stimuli only." Imdahl (1988) schreibt ein Buch über die französische Kunst*theorie* der Farbe im Zeitraum vom 17. bis zum 20. Jahrhundert. Trotzdem – oder eben daher – lautet der erste Satz in seinem Buch: „Das Thema dieses Buches sind Texte, nicht Bilder." (S. 14) Beachtenswert ist das Auftreten des *Wortes* in Le Riders Buchtitel „Les couleurs et les mots" (1997, 2. Aufl. 1999). Der Autor betreibt jedoch keine Atomisierung der (Farb)wörter, sondern entfaltet eine weit gespannte Kulturgeschichte der Farbe in der *Wort*kunst und in anderen Disziplinen.

Textwelt vereinnahmt oder absorbiert zu werden. Zu komplex und zu dicht sind die Texte in ihrer vollen Bandbreite, die vermittelte Stimmung ist zu stark und die Schönheit zu überwältigend, so dass der wissenschaftliche Diskurs dadurch gehemmt werden könnte. In diesem Sinne fordert Gerhard Pasternack: Es „[...] muß jede Explizitierung von Implikaten und jede Bedeutungspostulierung ihren Ausgang von textual denotierten Semantemen nehmen."[158]

Quantitative und statistische Verfahren versetzen in die Lage, diese Forderungen einzulösen. In den sechziger Jahren beginnt die Konjunktur solcher Verfahren, welche die nach Wilhelm Dilthey durchgesetzte Dichotomie der Geistes- und Naturwissenschaften infrage stellen und eine *exakte* Philologie zu etablieren suchen. Eine Gruppe von Philologen, Mathematikern, Physikern, Psychologen, Informatikern und Soziologen, unter ihnen Wilhelm Fucks, Eberhard Zwirner, Max Bense, Helmut Schanze, Helmut Richter, Helmut Kreuzer[159], Rul Gunzenhäuser, Reinhold Viehoff und Inger Rosengren, entwickelt und diskutiert zahlreiche neue Beschreibungs- und Interpretationsmodelle. Impulse gebend sind auf internationaler Ebene vor allem der Sprachstatistiker Gustav Herdan[160] sowie die von den Nachrichtentechnikern Claude Elwood Shannon und Warren Weaver entwickelte Informationstheorie, die rasch von den unterschiedlichen Disziplinen rezipiert wird. Die Entwicklung der Computertechnologie regt die Diskussion um quantitative Verfahren maßgeblich an. Die Debatten sind begleitet von heftigen Polemiken, die bisweilen eines gewissen Unterhaltungswertes nicht entbehren.[161]

In den achtziger Jahren flaut die Diskussion um empirische Interpretationsverfahren in der germanistischen Literaturwissenschaft ab und ist heute vergleichsweise wenig

---

[158] Pasternack (1979), S. 64.
[159] Dass Kreuzer (1969a), S. 9, in seine Einführung zum Sammelband Kreuzer/Gunzenhäuser (1969) ein Zitat von Jahnn einflicht, ist in Zusammenhang mit der hier vorliegenden Arbeit ein sympathisches Detail und kommt nicht von ungefähr. Denn Kreuzer hat mehrere Bücher von Jahnn rezensiert: Kreuzer (1962), (1964), (1966), (1970).
[160] Herdan (1956), Herdan (1960).
[161] Beispielhaft sei auf die hitzige Debatte um Kreuzer/Gunzenhäuser (1969, 1. Aufl. 1967) verwiesen. Glade (1968), Kreuzer (1969b) und Glade (1969) liefern sich fulminante Wortgefechte. Ernsthaft und gründlich ist hingegen der Diskussionsbeitrag von Wunderlich (1969). – Eines der skurrilsten Produkte auf dem Gebiete der Sprachstatistik ist die „Deutsche Sprachstatistik" von Meier (1967, 1. Aufl. 1964). Sie changiert zwischen Dilettantismus und prophetischem Privatgelehrtentum. Der Verfasser arbeitet vier Jahrzehnte lang in seiner Freizeit an seiner „Lebensarbeit" (S. VIII). Am 19. Dezember 1964 verleiht ihm die Philosophische Fakultät der Universität Hamburg die Ehrendoktorwürde. Aus Freude und zum Dank widmet Meier besagter Universität einen zweiten Band, der 1967 zusammen mit dem ersten Band als Manuskript-Reprint bei Olms erscheint. Mackensen (1967), S. V, in seinem Geleitwort: „Dieses Buch mutet wie ein Heldenlied an, Beispiel nicht nur eines unbeirrbaren geistigen Ringens, sondern auch einer einzigartigen Kraft des Herzens. [...] Bücher wie dieses werden alle Jahrhunderte einmal geschrieben."

1.6. Ansatz und Anspruch

präsent. Die Linguistik hingegen, die weniger Berührungsängste mit den exakten Wissenschaften hat, verwendet das Parsing und Algorithmen für das Korpusmanagement und die Sprachanalyse und ist maßgeblich an der Entwicklung der maschinell gestützten Übersetzung, der Spracherkennung und der Sprachsynthese beteiligt.[162]

Sehr vielfältig sind die philologischen Fragestellungen, die mithilfe quantitativer Verfahren gelöst werden. Stilistik im weitesten Sinn, Lexikologie und Phonetik sind die Domänen. Aber auch semantische, soziologische und psychologische Fragen an die Sprache und an die Literatur werden statistisch gelöst. Traditionelle Spezialgebiete sind die Stylometrie, die Klärung von Autorschaftsfragen[163] und das Erstellen von Frequenzwörterbüchern[164]. In den großen Teildisziplinen Computerlinguistik und Computerphilologie sind quantitative Methoden ein Standard.[165]

Manche sehen rot, wenn ein Philologe (einer, der das Wort liebt!) zu zählen, zu messen und zu rechnen beginnt.[166] Der folgende Abriss will daher einige Grundsatzüberlegungen zur quantitativen Literaturwissenschaft referieren.[167] Zentrale Begriffe in dieser Diskussion sind *Objektivität* und *Subjektivität*, *Quantifizierung*, *Ordnung*, *Norm* und *Abweichung*.

Die „mathematische[] Behandlung" der Sprache, schreibt der Mathematiker Hermann Schmidt in den dreißiger Jahren in einem 1987 posthum veröffentlichten Aufsatz, entzieht das Ergebnis „dem persönlichen subjektiven Urteil", es kann „ähnlich

---

[162] Vgl. z.B. die 6.311 Titel umfassende Bibliographie zur quantitativen Linguistik von Köhler (1995).
[163] Fucks (1953), Wickmann (1969), Wickmann (1974), Burrows (1987), Burrows (1989), Holmes (1994).
[164] Kaeding (1898), Wängler (1963), Rosengren (1972–1977), Ruoff (1981), Schanze (1989).
[165] Lenders/Willée (1998), Biber/Conrad/Reppen (1998), Deubel/Eibl/Jannidis (1999).
[166] Schanze (1969), S. 315, entgegnet: „Die Frage, ob eine ‚exakte Literaturwissenschaft' überhaupt möglich sei, kommt einem argumentum ad absurdum gleich. Die Frage sollte vielmehr genauer und gegenstandsbezogener gestellt werden: ob und in welchem Maße sich die Literaturwissenschaft der sogenannten ‚exakten' Methoden der Naturwissenschaft [...] bedienen kann, um zu besseren und zu gegründeteren Ergebnissen zu kommen, ob Methoden und Hilfsmittel der literarischen Forschung (und nicht ihr Gegenstand), ‚rationalisiert' werden können." – Ein widersprüchliches Beispiel für Vorbehalte gegen die Statistik in der Farbforschung liefert der Literaturwissenschaftler Steiner (1986), S. 230: „Daß die Statistik des Farbvorkommens nur bedingte Aufschlüsse zuläßt, bedarf kaum der Erwähnung. Quantitative Angaben können nicht mehr als den Hintergrund bilden zur Untersuchung qualitativer Komponenten [...]" Steiner spricht von *nicht mehr* als einem *Hintergrund*. Wenn er aber darlegt, was er von diesem Hintergrund erwartet, dann ist von sehr Wesentlichem die Rede: „[...] wieweit die Farbbezeichnungen konstitutiv sind für das jeweilige Œuvre, was die Farben im Kontext bedeuten, welche Funktion sie haben usw." Was sind das anderes als zentrale Fragen der Interpretation an den Text? Steiner selber baut denn auch den „Hintergrund" sehr aus und erstellt umfangreiche Farbstatistiken zu Hugo von Hofmannsthal, Stefan George, Rainer Maria Rilke, Else Lasker-Schüler und Georg Trakl. In seinen Analysen nimmt er immer wieder darauf Bezug. Das Datenmaterial aber versteckt er schamhaft in den Fußnoten.
[167] Einige davon sind älteren Datums. Diese äußern sich prononcierter und sind daher für die plastische Veranschaulichung geeigneter.

wie ein physikalischer Versuch nach der gegebenen Vorschrift wiederholt werden".[168] Diese Überlegung impliziert Kritik an einer vorwiegend erlebnisorientierten, intuitiven und assoziativen Herangehensweise an den Text. Nicht das forschende Subjekt soll der Garant für das gehaltvolle Interpretationsergebnis sein, sondern ein Verfahren, das *objektiv* ist und das zu wiederholbaren und zeit- und raumunabhängig nachprüfbaren Ergebnissen führt.

Die „Objektivität" und der damit verbundene „Zustimmungszwang" sind für den Physiker Wilhelm Fucks die Angelpunkte in der Anwendung statistischer Verfahren in der Philologie. Man beachte, dass sich im Laufe der Zeit in Fucks' Arbeiten der Begriff der Intersubjektivität dem Begriff der Objektivität beigesellt.[169]

Es werden Sachverhalte in Schriftwerken zunächst einmal nur beschrieben, das aber exakt und objektiv: D.h. die Ergebnisse sind mitteilbar, d.h. begrifflich formulierbar, mit Zustimmungszwang, der letztlich durch intersubjektiv möglichen Rückgriff auf Sinneswahrnehmungen zu erzielen ist.[170]

Für Burghard Rieger ist die intersubjektive Nachprüfbarkeit, die in Karl Poppers Wissenschaftstheorie die Objektivität ablöst, ein wichtiges Korrektiv gegen den absoluten Gültigkeitsanspruch des Ergebnisses. Wesentlich begünstigt wird die intersubjektive Nachprüfbarkeit durch die Operationalisierung des Versuchs, also durch die Reflexion über die Datengewinnung und -analyse und nicht nur über den Gegenstand an sich.[171] Die Operationalisierung sichert darüber hinaus „die Differenzierung zwischen Hypothesenbildung und Hypothesenprüfung".[172] Diese geschieht in der Statistik weniger durch Verifikation, sondern vorwiegend durch Falsifikation, die „den grundsätzlich hypothetischen Charakter wissenschaftlicher Sätze, Theorien und ganzer Theoriesysteme unterstreicht".[173]

Eine Schlüsselrolle spielt die Quantifizierung der Daten. Um beim vorliegenden Thema zu bleiben: Zählbar und verrechenbar sind nicht die chromatischen Qualitäten *Rot, Gelb* oder *Lila*, sondern einzig die Häufigkeiten eines Wortes *rot, gelb* oder *lila*. Nach Fucks ermöglicht erst die Quantifizierung Objektivität und Exaktheit.

Diese Erwartung schließt naturgemäß ein, daß sich die Untersuchungen jedenfalls primär nur auf die formalen Struktureigenschaften, nicht aber auf die Sinngehalte sprachlicher Äußerungen beziehen.[174]

---

[168] Schmidt (1987), S. 4.
[169] Fucks (1953), S. 506; Fucks/Lauter (1969), S. 107; Fucks (1970), S. 114–124.
[170] Fucks (1970), S. 114.
[171] Rieger (1972), S. 12.
[172] Pasternack (1979), S. 43.
[173] Rieger (1972), S. 13.
[174] Fucks (1953), S. 506.

1.6. Ansatz und Anspruch

Zählbar sind Elemente, die Mengen bilden. „Die Elemente haben Merkmale" und können „einzeln oder in Gruppen zusammengefaßt betrachtet werden".[175] In diesem Lichte erscheint Fucks obige Äußerung etwas zu rigoros. Denn *Struktureigenschaft* und *Sinngehalt* schließen sich keineswegs aus. Sobald ein Merkmal quantifiziert ist (als *ja* oder *nein* bzw. als 1 oder 0 vorliegt), sind quantitative *Struktureigenschaft* und qualitativer *Sinngehalt* eins.

Rieger definiert den Text als „Verknüpfungsschema", „Kommunikationsschema" und „gegliederte Menge zeichentragender Elemente".[176] Im Kommunikationsmodell sieht er die Begründung für die Sichtbarkeit und die damit verbundene Zählbarkeit merkmal- oder zeichentragender Elemente.

Vergegenwärtigt man sich jedoch, daß für das Zustandekommen aller sprachlichen Interaktionen ein [...] Text notwendige Voraussetzung ist, dann müssen die durch ihn tatsächlich bewirkten oder doch beabsichtigten kommunikativen Funktionen im Text selbst auffindbare *Korrelate* haben. Diese müssen im Prinzip regelhafter Natur sein, damit sie [...] vom jeweiligen Expedienten intendiert und produziert, vom jeweiligen Rezipienten erkannt und verstanden werden können.[177]

Die *regelhafte Natur* impliziert einen Ordnungsbegriff, der in erster Linie ein mathematisch-theoretischer ist.[178] Darin liegt eine wesentliche Crux, denn eine erste Geordnetheit wird den Elementen in dem Moment zugewiesen, in dem sie zu einer Menge zusammengefasst werden. Ab diesem Zeitpunkt ist es mathematisch-logisch irrelevant, ob diese Elemente unter irgend einem Gesichtspunkt tatsächlich eine Gemeinsamkeit haben. Es muss also zunächst klar sein, *was* gezählt wird, um später zu wissen, welches *Merkmal* in einem Zahlenergebnis enthalten ist.

Max Bense erweitert den Ordnungsbegriff um den Raumbegriff und spricht von „Textraum" und „Texttopologie". Dabei handelt es sich um eine „materiale Theorie", die sich mit der „Zusammenstellung" und dem „Benachbartsein" befasst.[179]

Der Raumbegriff wird in der Topologie so allgemein wie möglich gefaßt; er soll möglichst alles umfassen, was im weitesten Sinne des Wortes den Namen Raum verdient.[180]

---

[175] Fucks (1960), S. 452.
[176] Rieger (1972), S. 23. Bense (1962), S. 45: „Texte sind sprachliche Gebilde, die aus Worten als den entscheidenden Elementen bestehen." Fischer (1970), S. 19: „Texte jeglicher Art und Gattung treten uns materialiter als ‚gegliederte Mengen' von zeichentragenden Elementen gegenüber, als geordnete Zeichengebilde."
[177] Rieger (1972), S. 13.
[178] Menninger (1952), S. 172.
[179] Bense (1962), S. 45–46; vgl. auch Fucks (1960), S. 452.
[180] Bense (1962), S. 46.

Der Textraum ist gekennzeichnet „durch einen gewissen Reichtum verschiedener Worte (W) und dann durch die Häufigkeit, mit der diese Worte vorkommen (F)".[181] Die „Parameter, die den Gebrauch eines Wortes kennzeichnen", sind „Kode, Frequenz und Kontext".[182]

Die Reihenfolge der Wörter konstituiert die Ordnung des Textes.[183] Elemente (Wörter) mit bestimmten Merkmalwerten, schreibt Walter Fischer, lassen sich zu Mengen zusammenfassen

> [...] derart, daß Nah- und Fernordnung, Verknüpfung, funktionale Zusammenhänge und Nachbarschaftsbeziehungen innerhalb des Textes erkennbar werden.[184]

Der Ordnungsbegriff spielt bei der quantitativen Textbetrachtung auch insofern eine große Rolle, als er eine Norm zu setzen in der Lage ist. Diese Norm dient als Referenz. Der Vergleich eines empirisch gewonnenen Ergebnisses mit dieser Referenz macht eine mehr oder weniger große Abweichung sichtbar.[185]

Zu Unrecht wird den statistischen Begriffen Norm und Abweichung oft ein allzu sehr wertender Charakter zugeschrieben. Doch die Güte der Norm hängt vom Input ab[186] und eine Abweichung bedeutet nicht automatisch eine Abwertung. Karl Eibl führt den Vorbehalt gegen den Abweichungsbegriff auf den Einfluss des russischen Formalismus zurück, unter dem die Poetologie „immer wieder auf die Abweichungsästhetik gestoßen" ist:

> Aber darüber ist allzusehr in den Hintergrund getreten, daß Poetizität in mindestens demselben Maße auch durch Regeln konstituiert wird.[187]

Aber selbst der Regelbegriff (Konsistenz und Logizität), ist umstritten „wegen des sehr berechtigten Einwandes, daß man von poetischen Texten keine Logizität erwarten dürfe".[188]

---

[181] Bense (1962), S. 46.
[182] Bense (1962), S. 53.
[183] Schmidt (1987) befasst sich in den dreißiger Jahren mit Reihen von Haupt- und Zeitwortfolgen. Angesichts der modernen Statistik dürften seine Ansätze und Ergebnisse als überholt gelten. Wissenschaftsgeschichtlich bemerkenswert ist Schmidts Prognose: „Die Erkenntnis der Gliederung von Wortfolgen aller Art bis hin zum Aufbau des Wortkunstwerkes wird erst mit Hilfe der Mathematik vollständig möglich sein." (S. 10).
[184] Fischer (1970), S. 19.
[185] Menninger (1952), S. 177–178, definiert Kunst als *maßvolle Störung* der Ordnung.
[186] Fast immer rekrutiert sich in der Statistik die Norm aus Stichproben, sehr selten aus der Grundgesamtheit. Umfang und Auswahl der Stichproben steuern die Größe, die zur Norm erhoben wird. Vgl. z.B. Rieger (1972), S. 25–26. – Eine weitere Restriktion für die statistische Textwissenschaft ergibt sich nach Rieger (1972), S. 22, daraus, dass der Untersuchungsgegenstand die „sprachmateriale Wirklichkeit der Texte" ist, also nicht die „Realität der Welt", sondern die „Realität der Texte".
[187] Eibl (1992), S. 173.
[188] Eibl (1992), S. 173.

1.6. Ansatz und Anspruch

Das ist natürlich grundsätzlich richtig. Aber wie sollten wir erkennen, wo die Logizität tatsächlich aufgegeben wird, wenn wir sie bei unserem Suchverfahren nicht voraussetzen? Abweichungen sind allemal nur Abweichungen von einer Norm. Dichter sind keine Wortschrott-Produzenten, deren Faseleien erst durch unser Neu-Design einen Sinn erhalten. Wo ihre Rede inkonsistent wird, geschieht es aus Not oder aus Lust, und um diese Stellen präzis zu ermitteln, ist die Unterstellung von Konsistenz heuristisch unentbehrlich.[189]

Die Textinterpretation ist nach Ewald Lang nur im Spannungsfeld zwischen *Strukturbildung* und *Abweichung* möglich. Die linguistische Interpretation literarischer Texte ist getragen von der

> [...] Leitidee, daß die poetischen Merkmale solcher Texte auf *sekundärer* (d.h. zusätzlich beschränkter) *Strukturbildung* und auf gezielter *partieller Abweichung* vom Regulären beruhen [...] Diese Feststellung kennzeichnet genau das Scharnier, das linguistische und literaturwissenschaftliche Text-Interpretation verbindet und zugleich ihre Unterschiede wahrt.[190]

Die Strukturbildung, die als Reguläres, als Norm fungieren kann, ist eine *sekundäre*, also die Folge unterschiedlicher Parameter wie Genre, Autor oder Grammatik. Die Abweichung kann nur eine *partielle* sein. Dieser Aspekt wird gerade bei Jahnn wichtig werden: Seine stilistische Eigenwilligkeit lässt eine maximale Ausschöpfung der Abweichung bis hin zur Unkenntlichkeit des Regulären vermuten. Umso verblüffender wird die relative Regularität in seiner Farbgestaltung sein.

Lutz Danneberg bezeichnet das, was in diesem Abschnitt unter dem Begriff der Norm gehandelt wird, als „Maximierungsannahmen" und versteht darunter Urteile wie Stimmigkeit, Geschlossenheit, Vollkommenheit oder Vollendetheit des literarischen Werkes.[191]

> Die Maximierung vorausgesetzter (ästhetischer) Eigenschaften wird so zum *Kriterium* für den richtigen Interpretationsweg.[192]

Das Problem bei der Interpretation sind die Abweichungen von den maximierten Eigenschaften. Handelt es sich dabei um Steigerungen, Vollendungen, Abwandlungen, Stilbrüche oder gar um Fehler?

> Die Pointe liegt in der Weise, wie im Rahmen der Werkimmanenz solche ‚Abweichungen' traktiert werden.[193]

---

[189] Eibl (1992), S. 173. Nübold (1974), S. 10, definiert Stil als Abweichung von einer Norm. Die Norm wird durch die Problemstellung und den Untersuchungsgegenstand bestimmt und ist in der Regel als durchschnittlicher Sprachgebrauch einer Sprachgemeinschaft, einer Autorengruppe, einer Literaturperiode oder eines Genres definiert. Der Autor selbst gilt demnach nicht als stil- bzw. normbildend.
[190] Lang (1999), S. 0–1.
[191] Danneberg (1996), S. 318–324.
[192] Danneberg (1996), S. 318.

Möglicherweise ist es gerade der Begriff der Abweichung, der zwischen quantitativer und qualitativer Textbetrachtung vermittelt und versöhnt. Der qualitative Ansatz greift qualitativ auffallende Phänomene auf, setzt diese mit anderen Sachverhalten in Bezug und gelangt zu einem Ergebnis. Der quantitative Ansatz greift quantitativ auffallende Phänomene auf (jedes einzelne Element mit dem gesuchten Merkmal ist ein solches), bildet daraus eine Summe, setzt in Bezug und interpretiert. Hier werden *alle* Phänomene berücksichtigt; dort wird aufgrund einer ästhetischen Referenz (oder Präferenz) das intuitiv Auffällige erfasst.

Ist aber das *Auffällige* nicht auch eine *Abweichung*? Quantitative und qualitative Ansätze treffen sich an diesem Punkt, führen wahrscheinlich sogar zu sehr ähnlichen Ergebnissen, nur sind die Methoden andere.

Statistische Arbeit am Text bedeutet keine Mathematisierung von Literatur. Sie bietet vielmehr ein ordnendes Raster, das den Gegenstand sichtbar und beschreibbar macht.

Statistische Verfahren sind, das sei gleich vorweg gesagt, lediglich ein Werkzeug, sind also an keine besondere Form der Fragestellung gebunden. Sie führen auch nicht automatisch zu inhaltlichen Ergebnissen, sondern sind stets wiederum Basis einer Interpretation.[194]

Das Operieren mit Statistik bei der Arbeit an literarischen Texten bedeutet ebenso wenig eine Negation von Poetik und Ästhetik als wesentliche Merkmale von Literatur. Es reduziert vielmehr deren hohe Komplexität (man könnte das nicht, würde man sie leugnen) auf einfache Merkmale. Die Statistik vermag auf Sachverhalte und Zusammenhänge aufmerksam zu machen, die auch beim noch so aufmerksamen Lesen nicht sichtbar werden. Quantitative Verfahren dringen in das Nicht-Offensichtliche der Textwelt vor und verhindern das Übersehen von Phänomenen, die bei rein qualitativ orientierten Ansätzen nicht ins Auge springen, weil sie scheinbar belanglos sind.[195] Die Statistik ermöglicht ein unvoreingenommenes und unverkrampftes Herangehen an den Text[196] und steuert allzu emotionalen Implikationen des interpretierenden Ichs entgegen. Schmidt fasst in den 1930-er Jahren programmatisch zusammen:

---

[193] Danneberg (1996), S. 325.
[194] Jannidis (1999), S. 52.
[195] Ähnliche Gedanken finden sich z.B. in der Farbenstudie von Groos/Netto (1910), S. 27, und bei Metzeltin/ Jaschke (1983), S. 20, in Zusammenhang mit der von ihnen entwickelten Propositionsanalyse.
[196] Grace (1939), Lateinlehrer an der School of Education in New York, berichtet von seinen Erfahrungen mit quantitativen Analyseverfahren im Unterricht und resümiert (S. 227): „And it is particularly important in stimulating class interest, because it makes poetry tangible and real to students who may tend to regard it as nebulous and unexaminable."

1.6. Ansatz und Anspruch

Das Mathematische soll uns nichts, was sinnlich wahrnehmbar ist, ersetzen [...] Wir wollen nicht ein von Empfindung möglichst gereinigtes Bild der Erscheinung entwerfen; wir wollen nichts von dem fruchtbaren Reichtum der Sinnlichkeit unserer mathematischen Absicht wegen preisgeben. Die Aufgabe ist vielmehr, die Ordnung des sinnlich Wahrnehmbaren, die Ordnung der sinnlich vorhandenen Einzelelemente, nämlich der Worte [...] mathematisch darzustellen, oh[n]e daß hierbei Sinnliches entsinnlicht, Organisches mechanisiert, Lebendiges getötet wird.[197]

Bemerkenswert sind diese Worte – ein großes Plädoyer für die *Philologie* – aus dem Munde eines Mathematikers. Umso mehr, als Schmidt die vollständige Erkenntnis des Wortkunstwerks „erst mit Hilfe der Mathematik" für möglich hält.[198]

Innerhalb der quantitativen Sprach- und Literaturwissenschaft hat auch die Farbforschung eine lange Tradition. Diese jedoch wird nicht hier aufgerollt, sondern an den entsprechenden Stellen in den Text eingewoben. Einiger Raum in diesem Kapitel wird allerdings dem Gießener Philosophen und Psychologen Karl Groos[199] gewidmet.

Denn er war der erste, der mit empirischen Verfahren Farbforschung an literarischen Werken betrieben hat. Aus der Methode, die er zusammen mit den Koautorinnen Ilse Netto und Marie Groos entwickelt hat,[200] und aus den gewonnenen Ergebnissen hat die vorliegende Arbeit wesentliche Impulse bezogen.

Groos siedelt seine Arbeiten „auf dem Gebiete der objektiven Psychologie"[201] an. Sein Interesse ist getragen von der Neugierde, die Phantasie der Literaturschaffenden zu ergründen. Er wägt zwei unterschiedliche Methoden, die qualitative (*nachfühlendes Begreifen*) und die quantitative (*statistische Bearbeitung*), gegeneinander ab.

Wie arbeitet die phantasie der großen dichter? – Unter den mannigfaltigen problemen, die mit dieser frage zusammenhängen, sind vielleicht gerade die wichtigsten nur einem nachfühlenden begreifen zugänglich, das zwar in die geheimen tiefen des schaffens eindringt, aber unter dem mangel leidet, keine fest bestimmbaren ergebnisse zutage zu fördern. Daneben gibt es gesichtspunkte und methoden, die freilich mehr an der oberfläche haften bleiben, dafür jedoch den vorteil bieten, durch genaue festlegung von tatsachen gesicherte resultate in aussicht zu stellen. Hierher

---

[197] Schmidt (1987), S. 4.
[198] Schmidt (1987), S. 10.
[199] Karl Theodor Groos, geboren 1861 in Heidelberg, hier auch Studium und Promotion (Philosophie), 1889 Habilitation in Gießen, ab 1892 Universitätsprofessor, 1892–1898 Gießen, 1898–1901 Basel, 1901–1911 Gießen, ab 1911 Tübingen, wo er 1946 verstarb. Groos beschäftigte sich hauptsächlich mit Entwicklungs- und Biopsychologie. Hauptwerke: Die Spiele der Tiere (1896), Die Spiele der Menschen (1899), Das Seelenleben des Kindes (1903), Der Aufbau der Systeme (1924). Vgl. Killy (1996), Bd. 4, S. 186.
[200] Groos (1909), Groos (1910), Groos/Netto (1910), Groos/Netto/Groos (1912), Groos (1921).
[201] Groos (1909), S. 559.

gehört die *statistische* bearbeitung der durch die tätigkeit des künstlers hervorgebrachten ‚ästhetischen gegenstände', in unserem falle also der dichtwerke.[202] Aus Groos' Aufsätzen spricht insgesamt eine große Begeisterung für statistische Verfahren; im Laufe der Jahre jedoch nimmt diese etwas ab. In einem autobiografischen Resümee aus dem Jahre 1921 zieht Groos Bilanz über die *statistische Bearbeitung der Dichtwerke:*

> Man bleibt zuerst (vielleicht auch dauernd) mehr an der Oberfläche und Außenseite haften. Und man müht sich am Ende häufig genug auch da um exakte Feststellungen, wo der vagere Eindruck einer weniger zeitraubenden Untersuchung genügen würde. Das mag sich so verhalten. Aber das Arbeiten mit der Zahl scheint doch auch Unersetzliches zu bieten. Ich denke da hauptsächlich an zwei Vorteile. Erstens können wir auf Grund von zahlenmäßigen Feststellungen in einer objektiveren Weise vergleichen, sei es nun, daß es sich um die Eigenart verschiedener Individuen, sei es, daß es sich um verschiedene Perioden in der Entwicklung derselben Persönlichkeit handelt. Und zweitens treibt das Fixieren von Zahlen sozusagen automatisch neue Fragestellungen aus sich heraus, auf die eine andere Methode gar nicht verfallen würde.[203]

Groos erwartet viel von der Statistik: fest bestimmbare Ergebnisse und gesicherte Resultate, wesentliche Informationen über die individuellen Künstlerpersönlichkeiten und über ihre Perioden der Entwicklung sowie Impulse für neue Fragen, die von qualitativen, *nachfühlenden* Methoden nicht zu erwarten sind. In beiden Textauszügen beklagt Groos, dass die Statistik an der Oberfläche haften bleibt. Möglicherweise ist aber gerade das Haften-Bleiben an der Oberfläche eine Form der Meditation, die weit in die Tiefe des Textes und der Sprache einzudringen vermag.[204]

An den Anfang seiner Untersuchungen stellt Groos grundsätzliche Überlegungen. Vor der Erfassung der optischen Qualitäten bzw. Sinnesdaten sei zu beachten, dass „die anwendung solcher daten zunächst von den gegenständen abhängt, die der dichter behandelt". Neben diesen gegenstands- oder sujetbedingten Vorgaben stehe es dem Dichter aber vollkommen frei, „wie weit er die objekte, die er nennen muß, auch s c h i l d e r n will".[205]

Dieses *Schildern* nun bedarf einer genaueren Betrachtung. Wenn das Nennen das schmucklose Hinstellen der Gegenstände und der wesentlichen Eckdaten meint, so

---

[202] Groos (1910), S. 27.
[203] Groos (1921), S. 109–110.
[204] Die Dimension der Tiefe aber bleibt undefinierbar. Die Farbforscherin Edith Rogers (1964), S. 247, billigt statistischen Verfahren durchaus die Eignung zu, „para penetrar en la creación leteraria". Doch: „se pierde de vista una característica esencial de la poesía: que la poesía es ‚lo que *no* dice', la connotación mas que la denotación."
[205] Groos (1910), S. 28.

1.6. Ansatz und Anspruch

kann das Schildern als Informationsangebot verstanden werden, das über das einfache(re) Nennen hinausgeht.
1. Ich sehe Lippen.
2. Ich sehe rote Lippen.

Der einfache Satz (1) beschreibt die Relation zwischen dem Ich und den Lippen. Die Lippen sind *genannt*, es gibt keine explizite Zusatzinformation über die Beschaffenheit dieser Lippen. Es liegt nahe, mit Lippen die Farbe rot zu assoziieren. Intuitiv ist dies möglich; ja, es drängt sich geradezu auf. Aber zu beurteilen, wie wesentlich diese Konnotation ist, setzt ein umfangreiches kontextuelles und hermeneutisches Wissen voraus. Solches schon bei der Erfassung der sprachlichen Farbphänomene einzufordern, hat wenig Sinn. Es kann zu diesem Zeitpunkt noch kaum vorliegen. Wäre es tatsächlich vorhanden, würde es die Korpusbildung steuern und die Interpretation, die sinnigerweise darauf folgen soll, in eine prädestinierte Richtung drängen.

Der Produzent des Satzes (1) baut eine Text-Welt auf, in der die Lippen nicht explizit rot sind, wohl aber implizit rot sein können. Es ist denkbar, dass diese implizite Farbnennung sich im Kontext als so stark ausgeprägt erweist, dass eine explizite Farbkonnotation erkennbar wird.

Anders verhält sich der Satz (2). Die Lippen sind – in der groosschen Diktion – *geschildert*. Sie sind ergänzt durch die explizite Zusatzinformation, dass sie *rot* sind. Hier liegt eine denotative Farbgebung vor, denn der Begriff rot bedeutet in erster Linie eine Farbe. Die Lippen in dieser Text-Welt sind explizit rot.

Nun können aber explizit rote Lippen implizit auch *nicht* rot sein. Wenn von roten Lippen die Rede ist, kann auch ein uneigentliches Sprechen etwa im Sinne einer Übertragung oder einer Metapher vorliegen. Eine Farbgebung vorab als Metapher zu erkennen, kann intuitiv möglich sein. Dies aber zu begründen, ist sehr schwierig. Die folgenden Beispiele illustrieren diese Schwierigkeit.

3. „rote Lippen sind warm" (B, 258)
4. „das Grün der Lippen" (N2, 233)
5. „schwarze sterbende Lippen" (P, 69)
6. „Vielleicht sind meine Lippen gefrorenes Quecksilber [...]" (B, 258)

In (3) sind Lippen explizit rot. Nun könnte dieser Satz auf irgendwelche inner- oder außertextlichen Erfahrungen und Erinnerungen referieren. Das Wort rot könnte im Kontext konnotativ auf eine bestimmte Person oder Situation verweisen. Ja, rot könnte vordergründig auch gar keine Farbe bedeuten, sondern ein *Pars pro toto* für einen begehrenswerten Körper oder ein Bild für ein erotisches Erlebnis sein. Zu entscheiden, was (3) letztendlich bedeutet, setzt jede Menge Hintergrundwissen voraus, das zum Zeitpunkt der Korpuserstellung nicht vorliegen kann (und muss).

In (4) ist den Lippen der Begriff Grün zugeordnet. Es hat wenig Sinn, jetzt schon darüber nachzudenken, was das bedeutet, oder darüber, warum hier vom ‚Grün der Lippen' die Rede ist und nicht von ‚grünen Lippen'. Feststellbar ist lediglich, dass explizit das Farbsubstantiv Grün genannt wird und dass dieses in einer nahen Relation zu den Lippen steht. Ähnliches gilt auch für (5). Hier ist explizit von schwarzen Lippen die Rede, ergänzt um die Zusatzinformation ‚sterbende'. Bei der Suche nach den Farbwörtern spielt diese noch keine Rolle. In (6) haben die Lippen überhaupt keine explizite Farbe, obwohl diese über die Kopula ‚sein' mit gefrorenem Quecksilber verknüpft sind. Solches kann eine Farbassoziation hervorrufen, eine implizite Farbnennung ist möglich.

Diese Überlegungen weisen auf eine wesentliche Restriktion voraus, die notwendig wird. Der Ansatz wird sich auf die expliziten Farbwörter konzentrieren (müssen), die eine denotative Farbbedeutung haben. Farbwörter und denotative Farbbedeutungen sind *per definitionem* festgesetzt.

Groos unterscheidet schon beim Erfassen der Farbwörter zwischen *sinnlich gemeinten Bezeichnungen* wie ‚die Sonne glänzt' oder ‚das blaue Meer' und *unsinnlich gemeinten Bezeichnungen* wie ‚glänzender Ruhm'.[206] Sinnlich und unsinnlich gemeinte Bezeichnungen zusammen ergeben eine Brutto-Gruppe. Die Netto-Gruppe setzt sich lediglich aus den sinnlich gemeinten Bezeichnungen zusammen. Abstrakte Begriffe, die mit einer optischen Qualität versehen und metaphorisch gebraucht sind, werden nur dann dem sinnlich Gemeinten zugerechnet, wenn „das Bild in seiner sinnlichen Eigenart" geschildert wird. Stehende Wendungen wie ‚blaues Wunder' oder der Titel ‚Die Fabel vom goldenen Ei' werden nicht berücksichtigt. Sonne, Mond und Sterne werden berücksichtigt, wenn ausdrücklich „der Glanz oder der Schein der Himmelskörper gemeint" ist.[207]

Die Diskussion der Beispiele (1) bis (6) hat jedoch gezeigt, dass eine Unterscheidung zwischen eigentlich und uneigentlich bzw. sinnlich und unsinnlich gemeinten Farbbezeichnungen oder gar das Erkennen von Metaphern schon während der Datenerfassung sehr schwierig bis nicht möglich ist.[208] Anders als Groos wird die vorliegende Arbeit daher ausnahmslos alle expliziten Farbbegriffe erfassen, ungeachtet der Möglichkeit, dass es sich um Metaphern handeln könnte. Farbkonnotate, und seien diese noch so stark ausgeprägt, werden ausnahmslos nicht berücksichtigt. Unberücksichtigt bleiben auch die Kategorien Glanz und Schein, weil diese nach der Definition der Farbwörter in Kapitel 1.4. keine Farbqualitäten sind.

---

[206] Groos (1909), S. 561.
[207] Groos (1909), S. 561.
[208] Stählin (1914) ist ein großer Verehrer von Groos, zugleich aber ein früher heftiger Kritiker der Unterscheidung zwischen sinnlich und unsinnlich gemeinten Sinnesqualitäten (S. 299–310, 303).

1.6. Ansatz und Anspruch

Sehr umsichtig geht Groos mit Wiederholungen und Negationen von Farbnennungen um. Wiederholungen sind ihrer Anzahl entsprechend zu erfassen. Negierte Aussagen werden positiv erfasst.[209] Diese beiden Regeln werden hier übernommen. Es ist anzunehmen, dass Wiederholungen nicht nur eine verstärkende Wirkung haben, sondern dass das Wiederholte auch eine Bedeutungsveränderung erfahren kann.[210] Negationen werden positiv erfasst, bei der genaueren Bestimmung der Farbwörter werden sie jedoch als Differenzierung gewertet. Denn eine Negation ist ungleich stärker als eine Nicht-Erwähnung.

Großen Wert legt Groos auf die Bereitstellung und Analyse eines sehr umfangreichen Korpus. Dadurch werde es möglich, vom Allgemeinen zum Besonderen vorzudringen, also

[...] durch die von außen her kommenden bedingtheiten hindurch bis zu der besonderen eigenart durchzudringen, die für einen künstler oder auch für eine zeit kennzeichnend ist.[211]

Schnelle Ergebnisse sind bei der Anwendung statistischer Verfahren nicht zu erwarten. Umsicht und Geduld sind gefragt. Denn:

Untersuchungen wie die unsern gewinnen begreiflicherweise erst dann tieferes interesse, wenn ihre ergebnisse zu *vergleichungen* verwendet werden können.[212]

An Möglichkeiten zu „vergleichungen" wird es nicht mangeln. Die Daten zu Jahnn werden mit einem umfassenden Repertoire an Farbstatistiken verglichen.

In solchen Zusammenhängen wird sich häufig die Frage nach der Spezifik der Ergebnisse stellen. Der Untersuchungsgegenstand ist in erster Linie das Korpus. Doch wird von Fall zu Fall zu prüfen sein, ob ein Ergebnis für das Korpus, für den Autor, für eine Epoche, für die Sprache oder für etwas anderes spezifisch ist. Die Klärung solcher Spezifiken wird sich häufig sehr schwierig gestalten; beim Sprechen über sprachliche Gegenstände allerdings ist sie zumindest anzustreben.

Auf diese Voraussetzungen und Prämissen baut die Versuchsanordnung auf, die im folgenden Kapitel dargestellt wird. Die erste Referenz für die statistischen Berechnungen ist Helmut Richter.[213] Zusätzlich werden die Arbeiten von Lothar Sachs, Karl Bosch, Ursula Pieper und Gabriel Altmann konsultiert.[214]

---

[209] Groos (1909), S. 561.
[210] Wolfgang Klein und Christine von Stutterheim sprechen in solchem Zusammenhang von referenzieller Bewegung. Vgl. Klein/Stutterheim (1987).
[211] Groos (1910), S. 28.
[212] Groos (1910), S. 29.
[213] Richter (2000).
[214] Sachs (1992), Bosch (1994), Pieper (1979), Altmann (1995).

1.7. Die Versuchsanordnung

Im ersten Arbeitsschritt werden die Farbetyma gezählt und im zweiten genauer beschrieben.

Zunächst werden die Farbetyma aus ihrem grammatischen und syntaktischen Zusammenhang gelöst und isoliert, sie werden erfasst ungeachtet
- ihrer Verwendung in Simplizia, Komposita oder Syntagmen (z.B. ‚rot', ‚blutrot', ‚rot werden');
- ihrer semantischen Differenzierungen (z.B. ‚dunkelbraun', ‚gewöhnliches Braun', ‚Braunkohle') oder ihrer Gestaltung durch Suffixe (z.B. ‚rötlich', ‚rosig');
- ihrer lexikalischen Kategorie als Adjektiv, Substantiv oder Verb (z.B. ‚rot', ‚die Röte', ‚erröten');
- ihrer Flexion (z.B. Numerus, Kasus, Genus, Tempus);
- ihrer syntaktischen Funktion (z.B. Attribut, Prädikatsadjektiv, Subjekt, Objekt)
- und ihrer phonologischen Veränderung durch Umlautung (z.B. ‚bläulich', ‚rötlich', ‚bräunen') oder durch Ablaut (z.B. ‚vergilben').

Bei Komposita und Farbwörtern, die durch Affigierung erweitert sind, bedarf es einer Segmentierung, um die Farbetyma zu isolieren. So wird ‚schwarzbraunrot' zu SCHWARZ + BRAUN + ROT, ‚rotweiß' zu ROT + WEISS, ‚grünlich' zu GRÜN + [-lich], ‚dunkelbraun' zu [dunkel] + BRAUN, ‚Braunkohle' zu BRAUN + [Kohle] usw. Bei Komposita, die aus zwei oder mehr Farbwörtern bestehen, wird durch die Dekontextualisierung und die Segmentierung freilich verwischt, ob es sich um Determinativ- oder um Kopulativkomposita[215] handelt, ob es sich also um eine semantische Differenzierung einer Farbe durch eine andere Farbe (gewissermaßen um eine Mischung) handelt oder ob die Farben (in Mustern) *nebeneinander* liegen. Diese Information ist aus dem Kontext und der Nominalphrase ableitbar. Z.B. handelt es sich bei einem „rotweißen Rettungsring" (J, 40) um einen rot und weiß gestreiften Rettungsring, während ‚schwarzbraunrot' in „schwarzbraunrotes Haar" (J, 138) eine homogene Farbe bedeutet, die in ebendiesen Farbnuancen spielt.

Anstelle des Syntagmas „rotweiße[r] Rettungsring" könnten grundsätzlich auch andere Syntagmen stehen, z.B. ‚ein rot und weiß gestreifter Rettungsring', ‚ein Rettungsring, der rot und weiß gestreift ist', ‚ein Rettungsring, der rot und weiß ist', ‚ein Rettungsring, rot und weiß'. Anstatt „schwarzbraunrotes Haar" wären möglich: ‚Haar in einer gemischten Farbe aus Schwarz, Braun und Rot', ‚schwarzbraunes Haar mit einem Stich ins Rote', ‚Haar, das braun ist, fast schon schwarz, doch auch etwas rot'. Der Unterschied zwischen der Form, für die sich Jahn entschieden hat, und anderen,

---

[215] Zu determinativen und kopulativen Komposita vgl. Fleischer/Barz (1995), S. 236.

1.7. Die Versuchsanordnung

möglichen Konstruktionen wird durch die Segmentierung unkenntlich. Auch der kontextuelle Gebrauch der Farbetyma bleibt durch die Segmentierung unberücksichtigt. Diese Segmentierung ist der Schlüssel zur flächendeckenden und einheitlichen Erfassung der als Farben definierten Sprachsignale. Zusätzlich legitimiert wird diese Operationalisierung durch die *Fuzzy-set*-Theorie, die Kay/McDaniel für ihre formallogische Bestimmung der sprachlichen Farbzeichen verwenden.[216] Farb*wörter* haben Anteil am Fokalbereich eines bestimmten Farb*begriffs*, dieser Anteil kann größer oder kleiner sein.

Die Häufigkeiten der Farbetyma werden mit dem Tabellenkalkulationsprogramm Microsoft Excel verwaltet und verarbeitet. In den primären Erfassungstabellen sind die Etyma durch ihre Position im Text anhand der Seitenzahl definiert. Die Tabelle 1.7.A zeigt den Anfang der Erfassungstabelle zu Jahnns Erzählung „Jeden ereilt es".

	7	8	9	10	11	12	13	14	15	16	17	18	19	20	21	22	23	24	25	26	27	...	183	184	Σ
BLAU																						...			0
BRAUN			1							1												...			13
GELB																						...			1
GRAU		1																				...			7
GRÜN		1																				...			4
LILA																						...			0
ORANGE																						...			0
PURPUR																						...			0
ROSA																						...			1
ROT				1																		...	2		29
SCHWARZ			1													1						...			11
VIOLETT																						...			1
WEISS							1															...			16
Σ	0	1	3	0	1	0	0	0	0	2	0	0	0	0	0	0	1	0	0	0	0	...	2	0	83

Tabelle 1.7.A: Quantitative Erfassung der Farbetyma in „Jeden ereilt es"

Der Text erstreckt sich über die Seiten 7 bis 184. Die Seitenzahlen sind in der ersten Zeile der Tabelle angegeben. Die linke Randspalte führt in alphabetischer Reihenfolge die 13 Farbetyma, nach denen gesucht wird. Die Anzahl eines einzelnen Farbetymons je Seite wird in das entsprechende Feld eingetragen. Die Summe der Farbetyma je Seite steht in der untersten Zeile. Die Summe eines einzelnen Etymons je Text steht in der rechten Randspalte. Die Summe aller Einträge in der untersten Zeile ist mit der Summe aller Einträge in der rechten Randspalte identisch. Dieser Wert (hier 83) ist die Summe aller Farbetyma im Text.

---

[216] Kay/McDaniel (1978), S. 617–621.

Die Tabelle nach diesem Muster gibt Auskunft über die Position der Farbetyma im Text, über ihre Abstände zueinander und über ihre Verteilung. Die Summen können diachron und synchron betrachtet werden: diachron im Sinne der Farbverteilung über den Text und über das Œuvre, synchron im Sinne der text-, autor- oder sprachspezifischen Rekurrenz.

Groos drückt die Summen auf dreierlei Weise aus: (a) in absoluten Zahlen, (b) prozentual und (c) im Verhältnis zu 10.000 Textwörtern.[217] Die absoluten Zahlen (a) liefern die Ausgangswerte. Um die Farbverteilungen in unterschiedlichen Texten miteinander vergleichen zu können, müssen die Summen in ein Verhältnis gesetzt werden. Prozentuale Angaben (b) werden sich als praktikabler erweisen als die relative Häufigkeit, denn kleine Werte sind bei prozentualer Darstellung leichter lesbar (z.B. 4,35 % vs. 0,0435). Die Verhältnisgröße (c) dimensioniert Groos deshalb durch 10.000 Textwörter, weil diese gut lesbare, handliche Zahlenergebnisse liefert. Das Verhältnis zwischen der Anzahl der Farbwörter je 10.000 Textwörter ergibt einen Wert, der vor dem Komma erfahrungsgemäß nie mehr als zwei Stellen hat.[218]

Problematisch aber ist es, anhand dieser Größe Verhältnisse in solchen Texten zu beschreiben, die weniger als 10.000 Wörter umfassen. Die Hochrechnung liefert in diesem Fall hypothetische Werte, die jedoch nur bedingt zuverlässig sind. Denn man kann nicht wissen, welche und wie viele Farbetyma der Autor in einem längeren Text gesetzt hätte. Mit diesem Problem ist aber die vorliegende Arbeit nicht konfrontiert, denn alle untersuchten Texte bestehen aus mehr als 10.000 Wörtern.

Eine weitere Möglichkeit für die Angabe von Verhältnissen ist die Anzahl der Farbetyma je Buchseite. Für eine werkimmanente Studie zu Jahnn wäre dieses Verhältnis auch geeignet, denn der Hamburger Ausgabe liegt eine einheitliche Buchgestaltung zugrunde. Es ist aber nicht möglich, die gewonnenen Daten mit Texten anderer Autoren zu vergleichen. Die Textorganisation bei verschiedenen Verlagen und in einzelnen Buchausgaben ist zu unterschiedlich. Auch ein Vergleich unterschiedlicher Gattungen ist kaum möglich, da etwa ein Gedicht ein anderes Druckbild hat als ein Roman.[219]

Ein Standardmaß für die Deckung von Verteilungen ist der Korrelationskoeffizient.[220] Die vorliegende Arbeit wird häufig davon Gebrauch machen.

---

[217] Groos (1909), S. 561, und in allen seinen folgenden Arbeiten zur Farbforschung.
[218] Prinzipiell würde sich auch das Verhältnis zwischen der für die Farbwörter verwendeten Menge der Zeichen zu einer konstanten Menge von Zeichen anbieten. Dies wäre noch genauer.
[219] Lehmann (1998) zählt im Anhang seiner Arbeit die Farbausdrücke auf den ersten 50 Seiten aus zehn Werken der deutschen Literatur nach 1945. Er ist sich der Ungenauigkeit bewusst, wenn er die Anzahl der Nennungen je Seite errechnet und anhand dieser Werte die Texte miteinander vergleicht. (S. 287, Fußnote 94.)
[220] Auch die Farbforschungen von Hays/Margolis/Naroll/Pekins (1972), Bolton (1978), McManus (1983) arbeiten mit Korrelationskoeffizienten.

1.7. Die Versuchsanordnung

Der zweite Arbeitsschritt beschreibt die Farbetyma genauer. Auch hier erfolgt die Datenverwaltung mithilfe des Tabellenkalkulationsprogramms Microsoft Excel. Das folgende Beispiel zeigt die ersten Zeilen aus der primären Erfassungstabelle zu „Jeden ereilt es".

A	B	C	D	E
Seite	Etymon	Differenzierung	Wortart und Satzgliedfunktion	Zuordnungen
8	ROT		1	Dampf
9	GRÜN	das letzte #[221]	8	
9	GRAU	#schwarz	1	Farbe
9	SCHWARZ	grau#	1	Farbe
11	BRAUN		5	anlächeln / du [sc. Gari] / ihn
16	BRAUN		1	Junge [sc. Gari]
16	WEISS	#häutig	1	Sohn des Reeders, [sc. Matthieu]
23	SCHWARZ	pech#	1	Nacht
29	rot		1	Faden
34	violett		1	Bänderwerk [im Haar der Stiefmutter]
37	rot	#weiß	1	Rettungsring [Amelos]
37	weiSS	rot#	1	Rettungsring [Amelos]
37	schwarz	pech#	1	Nacht
...	...	...	...	...

Tabelle 1.7.B: Qualitative Erfassung der Farbetyma in „Jeden ereilt es"

Für jedes auftretende Farbetymon wird eine eigene Zeile verwendet. In den Spalten stehen fünf Rubriken.
A) Seitenzahl zur Lokalisierung des Etymons im Text;
B) das zu beschreibende Etymon selbst;
C) gegebenenfalls Differenzierungen desselben;
D) realisierte Wortart und Satzgliedfunktion des Etymons;
E) Entität(en), die dem Etymon zugeordnet ist/sind.

Die Rubriken A und B sind Transponierungen aus dem ersten Tabellentyp (vgl. Tabelle 1.7.A). Die Rubriken C, D und E werden nun genauer beschrieben.

Die Rubrik C erfasst die strukturbedingten semantischen Differenzierungen des Farbetymons, sofern welche gegeben sind. Solche Differenzierungen erfolgen durch Komposition und Syntagmenbildung (z.B. Attribuierung, Vergleich mit ‚wie'), durch Präfigierung und Suffigierung sowie durch Gradation (Komparativ, Superlativ, Elativ), Negation, Antikisierung und phonologische Veränderung (Umlaut, Ablaut). Entlehnungen aus anderen Sprachen (z.B. das bei Jahnn häufige ‚Neger') und fremdsprachi-

---

[221] Als Platzhalter für ein realisiertes Etymon wird in dieser Spalte die Raute # verwendet.

ge Farbwörter werden hier nicht erfasst. Die genaue Darstellung der Differenzierungen erfolgt in Kapitel 3.

Die Rubrik D beschreibt die Wortarten und Satzglieder, in denen das Farbetymon auftritt. Hierzu bietet sich eine numerische Formalisierung an. Den einzelnen Gruppen werden Nummern von 1 bis 10 zugewiesen.

1. Adjektiv als (vorangestelltes) Attribut;
2. Adjektiv als Prädikatsadjektiv mit der Kopula[222] ‚sein';
3. Adjektiv als Prädikatsadjektiv mit der Kopula ‚werden';
4. Adjektiv als Prädikatsadjektiv mit der Kopula ‚bleiben';
5. Adjektiv als Prädikativ[223] mit allen anderen Verben;[224]
6. (Adjektiv[225] als) Apposition[226] oder Ellipse[227];
7. Substantiv als Teil des Subjekts;
8. Substantiv als Teil eines Objekts oder einer Präpositionalphrase;[228]
9. Farbverb als Prädikat;

[222] Es gibt unterschiedliche Meinungen darüber, welche Verben Kopulaverben sind. Nach Eisenberg (1989), S. 94, sind nur *sein, werden* und *bleiben* Kopulaverben, nach Bußmann (1990), S. 425–426, und Weinrich (1993), S. 115–116, *sein, werden, bleiben, (er)scheinen* und *heißen*. Zifonun/Hoffmann/Strecker (1997), II, S. 1106, sprechen von den Kopulaverben *sein, werden* und *bleiben* und von den kopulaähnlichen Verben *heißen, gelten* und *aussehen*. – Die Schnittmenge aus diesen Definitionen ergibt die Gruppe der Kopulaverben *sein, werden* und *bleiben*.

[223] Begriff nach Bußmann (1990), S. 426, 597. Weinrich (1993), S. 115–116, nennt solches ein „Prädikament". Zifonun/Hoffmann/Strecker (1997), II, S. 1105, sprechen von „Prädikativkomplement". – Von Farb*adverben* zu sprechen, ist aus noch näher zu erläuternden Gründen nicht angebracht.

[224] Eine konventionelle Kategorisierung der deutschen Verben unterscheidet zwischen *Voll-, Kopula-, Modal-* und *Hilfsverben*. Für den vorliegenden Fall (5) erfolgt daraus die genauere Definition: Adjektiv als Prädikativ mit den Vollverben und mit den nach der lateinischen Terminologie bezeichneten *Verba nominandi, cogitandi et sentendi* im weitesten Sinn, die manche Autoren auch zu den Kopulaverben zählen, z.B. Bußmann (1990), S. 425–426, Weinrich (1993), S. 115, und Zifonun/ Hoffmann/Strecker (1997), II, S. 1106. Die Hilfs- und Modalverben kommen hier nicht infrage, da diese als Bestandteile der Verbalphrase Bestimmungen anderer Verben sind (vgl. Eisenberg, 1989, S. 74, 99–107, Bußmann, 1990, S. 308, 492, Weinrich, 1993, S. 289–296, Zifonun/Hoffmann/ Strecker, 1997, II, S. 1242). – Ausdrücklich sei festgehalten, dass der Begriff Verb hier jede mögliche Erscheinungsweise inkludiert: Verbum finitum, Infinitiv und Partizip sowie Numerus, Tempus, Modus, Genus Verbi und Aktionsart.

[225] Hier steht das Wort Adjektiv in Klammern. Denn als Apposition und Ellipse können Farbwörter z.B. auch in Form von Farbsubstantiven auftreten.

[226] Eisenberg (1989), S. 254: „Es besteht keine Einigkeit darüber, was unter ‚Apposition' zu verstehen ist [...]". Weinrich (1993), S. 361: „Die Apposition ist ein Sonderfall der postdeterminierenden Attribution."

[227] Heidolph/Flämig/Motsch (1981), S. 143: „Verkürzte Ausdrücke, denen solche mit vollspezifizierter Konstituentenstruktur entsprechen, werden traditionsgemäß Ellipsen genannt, z.B.: *(Da kommt) ein Flugzeug! (Gib) den Meißel (her)! (Das ist) schade!* Für Ellipsen dieser Art ist kennzeichnend, daß immer dasjenige Satzglied erhalten bleibt, das im vollständigen Satz *Rhema* bleibt. [...] Die Kontextabhängigkeit der Rekonstruktion getilgter Konstituenten kann verschieden stark sein."

[228] Jeder adnominale Genitiv wird dieser Gruppe (8) zugerechnet.

1.7. Die Versuchsanordnung

10. eine Restgruppe von zusammengesetzten substantivischen Farbwörtern (z.B ‚Druckerschwärze', ‚Weißwein', ‚Grünschnabel'), deren Farbwert durch Interferenz nicht mehr vordergründig wichtig ist.

Anmerkung zur Gruppe 5: Problematisch für diese Gruppe der Farbadjektive mit Vollverben[229] wäre die Formulierung *Farbadjektiv als Adverb*. Einige Beispiele:

a) „[...] Birken, deren Blätter gelb auf den Boden fallen." (P, 16)
b) „[...] dass mein Blut die Laken rot besudelt hatte." (P, 145)
c) „[...] wenn du ihn braun anlächelst." (J, 11)
d) „Er sieht, daß seine Unterhose [...] gelblich befleckt ist." (J, 179).

Die Tatsache, dass diese Adjektive unflektierte Satzglieder sind, lässt nach Heidolph/Flämig/Motsch keineswegs den Schluss zu, dass es sich um Adverbien handle.[230]

> Besondere Aufmerksamkeit verdient die Tatsache, daß im Deutschen prädikativer und adverbialer Gebrauch des Adjektivs durch die Wortform nicht unterschieden wird [...], die syntaktische Funktion mithin formal/morphologisch nicht angezeigt wird. Auch die Position in der Prädikatsgruppe ordnet ein Adjektiv semantisch nicht unbedingt dem Verb zu. Vielmehr sind es die jeweiligen Adjektivbedeutungen und die damit verbundenen Vereinbarkeitsmerkmale, die erkennen lassen, zu welchen Partnerwörtern semantische Beziehungen möglich sind und tatsächlich realisiert werden [...][231]

Die Autoren sprechen bei Prädikativen mit den Verben *finden, heißen, nennen, sehen, schelten, schimpfen* u.ä. von Objekt-Prädikaten.[232] Ob es sich um Objekt- oder um Subjekt-Prädikate oder um Adverbiale[233] handelt, muss fallweise entschieden werden.[234] Ferner lassen sich die Eigenschaftszuweisungen in Form von Prädikation auch in depiktive und resultative Prädikate unterteilen. Das Farbprädikat in Beispiel (a) ist depiktiv, in (b) und (d) resultativ, in (c) ist es ohne Kontext nicht bestimmbar.

---

[229] Bußmann (1990), S. 841: „Semantisch-syntaktisch motivierte Teilmenge der Verben: V[ollverben] verfügen über eine selbständige lexikalische Bedeutung und bilden syntaktisch das Zentrum des Prädikats, bzw. der Verbalphrase."

[230] Ein Vergleich z.B. mit der lateinischen oder altgriechischen Grammatik: Solche Farbwörter wären dort Adjektive mit Numerus-Genus-Kasus-Kongruenz.

[231] Heidolph/Flämig/Motsch (1981), S. 616.

[232] Heidolph/Flämig/Motsch (1981), S. 617. Die traditionelle Grammatik würde auch von Gleichsetzungsobjekten sprechen. Weinrich (1993), S. 477–480 spricht von Objekt-Prädikationen im Gegensatz zu den Subjekt-Prädikationen (mit Kopulaverben). Vgl. dazu eine ältere Definition von Prädikation in Schmidt (1969), S. 160: „Der logisch-sprachliche Sachverhalt, daß einem Gegenstand eine Eigenschaft zugeschrieben, sowie derjenige, daß zwischen Gegenständen eine Beziehung ausgesagt wird [...]"

[233] Heidolph/Flämig/Motsch (1981), S. 617, zu den Prädikativen als (modale) Adverbiale: „[...] valenzunabhängig in Sätzen mit Vollverben, in denen sie sich auf das Verb beziehen und die Art des Geschehensverlaufs charakterisieren."

[234] Altmann (1999a), S. 4, hält fest, dass die adverbiale Verwendung der Farbadjektive „extrem selten" ist, da „Farbadjektiva Eigenschaften von (farbigen) Gegenständen, nicht von Vorgängen angeben".

Besonders aufschlussreich wird die Rubrik E (Tabelle 1.7.B) sein. Hier wird erfasst, welchen Entitäten die Farben zugeordnet sind. Diese Zuordnungen sind häufig aus dem unmittelbaren syntaktischen Zusammenhang ersichtlich. Im Syntagma „das graue Schiff" (P, 581) liegt die Relation zwischen „grau[]" und „Schiff" klar zutage: die Farbe Grau ist hier einem Schiff zugeordnet. In anderen Fällen ist die Zuordnung aus dem Kontext eruierbar. Im Textsegment „Butter. Emulsion. Weiß." (P, 54) ist „Weiß" eine Ellipse, deren Relation zu „Butter" oder „Emulsion" syntaktisch nicht expliziert ist. Textgrammatisch jedoch handelt es sich um ein Rhema zum Thema Butter.

Helmut Dürbeck skizziert ein Verfahren zur Kontextanalyse der Farbwörter:

> Er [der Semasiologe, sc.] kann die Gebrauchsweisen eines häufig verwendeten Farbwortes listenmäßig erfassen; die festen Fügungen (ständiger Gebrauch des Farbwortes bei derselben Gegenstandsbezeichnung) und der singuläre Gebrauch lassen sich schnell scheiden und gleichzeitig die Gebrauchsfrequenzen überblicken.[235]

> Die Bestimmung der Frequenzen des Auftretens und ihr Verhältnis untereinander liefert wertvolle Aufschlüsse, welche die Fragestellung des Untersuchenden in die richtigen Bahnen lenkt.[236]

Der Kontext, vor allem der „ständige[] Gebrauch des Farbwortes bei derselben Gegenstandsbezeichnung", lässt auf die Bedeutung des Farbworts schließen. Dieses Verfahren wird von der Prototypensemantik benutzt. Hans Altmann sieht darin die beste Möglichkeit zur Bedeutungsbestimmung der Farbwörter.[237] Die Korpuslinguistik eignet sich dazu weit besser als die von der Farbforschung häufig durchgeführten Sprachnutzerbefragungen (Produktions-, Assoziations- und Kognitionstests). Denn die aus Korpora gewonnenen Daten sind

> [...] ‚besser', weil sie nicht bewußtes Sprach- und Farbwissen spiegeln, sondern weitgehend unbeobachtetes Sprachhandeln erfassen.[238]

Ein diesbezügliches Beispiel für eine Untersuchung zur Farbsemantik ist die Arbeit von Gabriele Thome zum Farbgebrauch bei Horaz. Thome vermerkt:

---

[235] Dürbeck (1968), S. 26. Einen ähnlichen Ansatz wählt Rieger (1971) für sein Modell zur Motivforschung in der Lyrik: Motivkombinationen lassen sich durch die Häufigkeit einzelner Motive und ihren Abstand zueinander quantifizierend beschreiben.
[236] Dürbeck (1968), S. 23.
[237] Altmann (1999b), S. 127–131.
[238] Altmann (1999b), S. 127–128. Altmann (1999a), S. 1, findet die aus Sprachtests gewonnenen Forschungsergebnisse zur Farbsemantik wenig überzeugend, „weil das bloße Zeigen auf mögliche Referenten [...] nicht sehr weit trägt, weil zweitens die uniforme Relation der Kohyponymie ohne rechtes natürlichsprachliches Hyperonym eine strukturelle Beschreibung nicht sehr ergiebig macht, und weil drittens eine an der Wahrnehmung und ihrer Verarbeitung im Gehirn, also eine kognitive Richtung sehr in Gefahr ist, viel über die Wahrnehmung der Farben und wenig über die Bedeutung der Farbadjektiva darzustellen und zu erforschen."

1.7. Die Versuchsanordnung

Entscheidend ist aber nicht die Farbe und der verwendete Farbbegriff an sich, sondern vor allem die Frage, *was* mit Farben näher bestimmt wird, in welchem Kontext Farbeindruck evoziert wird, d.h. die Frage nach dem Bezugs- bzw. Zielwort.[239] Das, was Thome „Bezugs- bzw. Zielwort" nennt, spielt auch bei Groos für die Bestimmung der Farbwörter eine wesentliche Rolle.[240] Lehmann fasst die Bezugsgrößen zu „Objektsorte[n]" zusammen und reicht *expressis verbis* den Ball an die Literaturwissenschaft weiter: dass nämlich solche Analysen „vor allem literaturwissenschaftlich weiter ausgewertet werden könnten".[241]

Eine Abhängigkeit in *eine* Richtung deutet Weinrich an, wenn er in Zusammenhang mit der Attribution die Begriffe „determinandum" (als „Basis der Attribution") und „determinans" (=„Attribut") verwendet.[242] In „das graue Schiff" (P, 581) ist ‚Schiff' die Basis der Attribution, das zu Bestimmende oder das Determinandum. Das Attribut ‚grau' bestimmt die Basis näher, es ist das Bestimmende, benannt durch das lateinische Aktivpartizip Determinans. Gipper nennt das farbliche Determinandum „Farbträger".[243] Franz Schmidt spricht von „Trägerwort".[244]

Nun gibt es aber auch die Relation in die andere Richtung. Wenn gerade grau immer wieder das Schiff determiniert, wird grau sukzessive mit der Assoziation Schiff aufgeladen. Das Wiederholen des immer gleichen Farbworts in Verbindung mit dem immer gleichen Trägerwort macht das Schiff zu einem Prototyp der Farbe Grau. Grau seinerseits wird dadurch semantisch so stark determiniert, dass die Nennung von grau die Assoziation mit dem Schiff hervorruft. Die Bedeutungen des Trägerwortes Schiff gehen auf das Grau über. In einem solchen Fall bestimmt der Farbträger die Farbe, und die Farbe wird durch ihre Nähe zu ihm definiert. Es handelt sich also um eine Eigenschafts- und Bedeutungszuweisung, bei der nicht nur das Determinans auf das Determinandum wirkt, sondern ebenso umgekehrt. Schmidt erweitert diese Wechselwirkung um die Beziehung der Determinanda untereinander.[245]

Wechselseitige und reversible Bedeutungszuweisungen führen zur grundsätzlichen Frage, wie überhaupt die Bedeutung eines Farbworts generiert wird. Nach Victor Kraft erklärt sich die Bedeutung der Wörter grundsätzlich aus dem *Vorzeigen* und dem *Auf-*

---

[239] Thome (1994), S. 19.
[240] Groos/Netto (1910), S. 48–49.
[241] Lehmann (1998), S. 313. – Vgl. auch den Titel von Lehmann (1997).
[242] Weinrich (1993), S. 478. – In ähnlichem Zusammenhang spricht Nord (1997), S. 27, von *Determinatum* und *Determinans*.
[243] Gipper (1955), S. 141.
[244] Schmidt (1969), S. 160.
[245] Schmidt (1969), S. 160.

weisen.[246] Bezeichnend ist, dass Kraft solche Bedeutungszuweisungen am Beispiel der Farbwörter erklärt, die er als „undefinierbare Wörter"[247] bezeichnet.

> Wenn wir Qualitatives beschreiben, z.B. die Nuance einer Farbe, so geschieht das auf die Weise, daß wir die Beziehungen angeben, in denen der qualitative Inhalt zu anderen solchen steht. Wir sagen z.B., daß es die Farbe ist, die einer bestimmten Art von Dingen eignet (ziegelrot oder taubengrau), oder die einer bestimmten Farbe in einem Farben-Atlas gleicht, oder die etwas heller oder dunkler oder satter als eine bestimmte andere ist. Ein qualitativer Inhalt wird so beschrieben durch seine Stellung innerhalb einer Mannigfaltigkeit, dadurch, daß er in sie eingeordnet wird, durch eine ‚Struktur'. Nur nach seinen Beziehungen, nur implizit kann er bestimmt werden; der qualitative Inhalt läßt sich nicht eindeutig festlegen. Nicht er selbst wird durch seine sprachliche Bezeichnung (‚blau', ‚süß') intersubjektiv vermittelt, sondern seine Stellung in einer intersubjektiven Ordnung.[248]

Der Verweis auf etwas Gegebenes erläutert die Bedeutung des sprachlichen Zeichens. Die Stellung des Gegebenen innerhalb einer Ordnung und die Beziehung zu anderem diversifizieren die Bedeutung zusätzlich. Krafts *Aufweisen* erinnert sehr an die *Deixis*, die Karl Bühler beschreibt. Nach Bühler gibt es drei Arten des deiktischen Zeigens: (a) die Deixis *ad oculos et ad aures* als Zeigen auf unmittelbar Gegebenes, (b) die anaphorische Deixis (kurz: Anaphora) als vorwärts und rückwärts verweisendes Zeigen und (c) die Deixis am Phantasma als Zeigen „im Bereiche der ausgewachsenen *Erinnerung* und *Phantasie*", als „Führen und Geführtwerden am Abwesenden"[249].

Einzig durch *Zeigen* lässt sich auch nach Ludwig Wittgenstein die Bedeutung der Farben erklären.

> Auf die Frage 'Was bedeuten die Wörter ‚rot', ‚blau', ‚schwarz', ‚weiß'", können wir freilich gleich auf Dinge zeigen, die so gefärbt sind, – aber weiter geht unsere Fähigkeit, die Bedeutungen dieser Worte zu erklären, nicht![250]

Die Bedeutungsbestimmung einer Farbe über die Zuordnung (Bezugswort, Zielwort, Trägerwort, Objektsorte) erweist sich als gangbar und sinnvoll. Die syntagmatische Verbindung einer Farbe mit einer Zuordnung lässt nicht nur situative Assoziationen und Modifikationen des chromatischen und konnotativen Farbwerts erkennen (zuordnungsbedingte Differenzierung), sondern macht in einer sprachzentrierten Untersuchung die Bestimmung der Grundbedeutung eines Farbworts überhaupt erst möglich.

---

[246] Kraft (1997), S. 26–27.
[247] Kraft (1997), S. 26.
[248] Kraft (1997), S. 38.
[249] Bühler (1934), S. 123, 125. Zur Deixis vgl. auch die gründliche Darstellung im entsprechenden Kapitel bei Zifonun/Hoffmann/Strecker (1997), Bd. I.
[250] Wittgenstein (1999), S. 27. – Ähnlich Müller-Funk (2000), S. 15: „Für unsere Erfahrung von ‚Farbe' bleibt entscheidend, in welchem natürlich-weltlichen Kontext rot und blau, grün und gelb vorkommen […]"

Zum Abschluss dieses Kapitels drei organisatorische und technische Hinweise:
1. Die Versuchsanordnung wurde anhand der Texte „Perrudja", „Jeden ereilt es" und „Die Nacht aus Blei" entwickelt. Gerade „Perrudja" erwies sich für die Entwicklung des Verfahrens als sehr geeignet, da Jahnns Farbgestaltung in diesem Text am produktivsten ist und sich daraus ein differenziertes Abfragemuster entwickeln lässt.
2. Die Erfassung der Farbetyma (Mustertabelle 1.7.A) und ihre nähere Beschreibung (Mustertabelle 1.7.B) erfolgte von Hand. Für eine maschinelle Erfassung hätten die Texte erst digitalisiert und aufbereitet werden müssen. Die gewonnenen Daten sind ausreichend zuverlässig, denn ihre Erfassung erfolgte in drei flächendeckenden Lesegängen. Verwaltet und bearbeitet wurden die Daten maschinell.
3. Die beiden primären Erfassungstabellen nach den Mustern 1.7.A und 1.7.B umfassen in gedruckter Form zusammen etwa 120 Seiten. Sie werden aus Platzgründen nicht wiedergegeben.

1.8. Zusammenfassung

Der Gegenstand dieser Arbeit sind die Farben in den zehn Romanen und Erzählungen „Ugrino und Ingrabanien", „Perrudja", „Perrudja. Zweites Buch", „Bornholmer Aufzeichnungen", „Das Holzschiff", „Die Niederschrift des Gustav Anias Horn nachdem er neunundvierzig Jahre alt geworden war I", „Die Niederschrift des Gustav Anias Horn nachdem er neunundvierzig Jahre alt geworden war II", „Epilog", „Jeden ereilt es" und „Die Nacht aus Blei" von Hans Henny Jahnn. Der Farbbegriff wird auf das sprachliche Material fokussiert sein. Demnach ist die Farbe nicht etwas primär *Sichtbares*, sondern eine Größe, die durch ein sprachliches Zeichen markiert ist.

Methodisch beruft sich die Untersuchung auf quantitative, statistische Verfahren. Sie wird die dreizehn Farbetyma BLAU, BRAUN, GELB, GRAU, GRÜN, LILA, ORANGE, PURPUR, ROSA, ROT, SCHWARZ, VIOLETT und WEISS aus dem wort- und satzsyntaktischen Zusammenhang lösen, zählen und gemäß ihrer Lokalisierungen im Text, der allfälligen semantischen Differenzierungen, ihrer Wortart und Satzgliedfunktion sowie der Entitäten, die ihnen zugeordnet sind, erfassen.

In der philologischen Farbforschung stehen sich universalsprachliche und relativistische Theorien gegenüber. Die einen ermöglichen eine typologische Beschreibung der Farben, die anderen eine Beschreibung der differenzierten Erscheinungsweisen von Farbe in der Sprache. Die Arbeit wird den Versuch einer Integration beider Ansätze unternehmen.

2. Quantitäten

> Jedes Ansehen geht über in ein Betrachten, jedes Betrachten in ein Sinnen, jedes Sinnen in ein Verknüpfen, und so kann man sagen, daß wir schon bei jedem aufmerksamen Blick in die Welt theoretisieren. Dies aber mit Bewußtsein, mit Selbstkenntnis, mit Freiheit und, um uns eines gewagten Wortes zu bedienen, mit Ironie zu tun und vorzunehmen, eine solche Gewandtheit ist nötig, wenn die Abstraktion, vor der wir uns fürchten, unschädlich und das Erfahrungsresultat, das wir hoffen, recht lebendig und nützlich sein soll.
>
> Johann Wolfgang Goethe

Mit diesem Kapitel beginnt der ergebnisorientierte Hauptteil der Arbeit. In den Unterkapiteln werden die empirische, die diachrone und die theoretische Verteilung der Farben in den Korpustexten dargestellt. Dabei wird auch die Frage erörtert, mit welchen chronologischen, inhaltlichen, intentionalen, erzähltechnischen und sprachlichen Aspekten die Farbverteilung zusammenhängt. Ein Kapitel ist dem Vergleich der Farbverteilung im Jahnn-Korpus mit der Farbverteilung in zahlreichen anderen Korpora gewidmet.

2.1. Die Ordnung der Texte

Die zehn Texte sind beschreibbar durch
A) den Titel,
B) ihre chronologische Abfolge und
C) ihren Umfang.
Für die chronologische Reihung der Texte (B) bieten sich mehrere Möglichkeiten an:
a) nach den Zeitpunkten, zu denen die Projekte erstmals als Idee vorliegen,
b) nach den Zeiträumen ihres Entstehens und
c) nach dem Jahr der ersten Drucklegung.
Am sinnvollsten wird die Ordnung der Texte nach den Zeiträumen ihres Entstehens (b) sein. Denn die Verfasstheit eines Textes ist stark von der Verfassung abhängig, in der sich der Autor während des Schreibprozesses befindet. Diese Verfassung kann sich wesentlich von jener des Zeitpunkts, da er ein Projekt erstmals ins Auge fasst (a), unterscheiden. Auch große zeitliche Abstände zwischen (a) und (b) sind möglich, die Umstände zum Zeitpunkt (a) können ganz andere sein als im Zeitraum (b).

Analog verhält es sich für (c). Ein extremes Beispiel hierfür sind posthum verlegte Werke; der Zeitpunkt der ersten Drucklegung (c) kann keinen Einfluss auf die Verfasstheit des Textes durch den Autor haben. (Wohl aber kann sich die Verfasstheit darin widerspiegeln, wann ein Werk erscheint.)

An seinem ersten großen Romanprojekt arbeitete Jahnn zwischen 1916 und 1918. Die Handschriften überliefern die Titel „Ugrino und Ingrabanien" und „Der Mann, den nach 24 Stunden das Erinnern verläßt". Erst 1993 in der Hamburger Ausgabe wurde der Fragment gebliebene Text erstmals vollständig abgedruckt.[251]

„Perrudja", der erste zu Jahnns Lebzeiten gedruckte Roman, entstand im Wesentlichen ab 1926, im Jahre 1929 lag er gedruckt vor. Schon vor der Veröffentlichung schrieb Jahnn an einer Fortsetzung; alle im Nachlass überlieferten Fragmente entstanden vor 1933.[252] In der Hamburger Ausgabe wurden diese Fragmente unter dem Titel „Perrudja. Roman. Zweites Buch" ediert.

Im Winter 1934/35 (Ergänzungen im Frühjahr und Sommer 1945) schrieb Jahnn an einem Tagebuch, das von Anfang an für die Veröffentlichung bestimmt war. Bis zum Ende des Zweiten Weltkriegs hielt Jahnn am Plan fest, dieses Tagebuch zu einem Roman auszubauen, für den wechselweise die Titel „Die Ernährung des Menschen", „Die menschliche Ernährung" und „Die Knechte" vorgesehen waren.[253] Jahnn hat dieses Romanprojekt niemals abgeschlossen. Erstmals erschien der Text posthum 1974 unter dem Titel „Bornholmer Tagebuch"[254], in der Hamburger Ausgabe trägt es den Titel „Bornholmer Aufzeichnungen".

Unter dem Sammeltitel „Fluß ohne Ufer" werden die Romane „Das Holzschiff", „Die Niederschrift des Gustav Anias Horn nachdem er neunundvierzig Jahre alt geworden war" (Teile I und II) und der „Epilog" zusammengefasst. „Das Holzschiff" entstand zwischen Spätsommer 1935 und November 1936, es erschien aber erst 1949.[255] Der Zeitraum zwischen Winter 1936/37 und Anfang 1945 gilt als die Entstehungszeit der „Niederschrift des Gustav Anias Horn nachdem er neunundvierzig Jahre alt geworden war", 1949 erfolgte die Drucklegung des ersten und 1951 des zweiten Bandes.[256] Nicht ganz geklärt ist die Entstehungszeit des „Epilogs". Wahrscheinlich entstand dieser Roman zwischen 1945 und 1947/48, ab 1957 nahm Jahnn möglicher-

---

[251] Frühe Schriften, S. 1431–1433.
[252] Perrudja, S. 906, 915, Bürger (2003), S. 213.
[253] FoU, III, S. 928–933.
[254] Werke und Tagebücher, Bd. 7, S. 657–733.
[255] FoU, III, 810–813.
[256] FoU, III, S. 822–825.

2.1. Die Ordnung der Texte

weise die Arbeit an diesem Projekt wieder auf. Das Romanfragment wurde posthum 1961 von Walter Muschg herausgegeben.[257]

Der Roman „Jeden ereilt es", der unvollendet blieb, entstand im Wesentlichen in den Jahren 1951 bis 1952. Die erste Drucklegung erfolgte posthum 1968.[258] In der Novelle „Die Nacht aus Blei" bearbeitete Jahnn eine Episode aus „Jeden ereilt es" für die Veröffentlichung. Er arbeitete daran zwischen Ende 1952 bis Anfang 1954, die Drucklegung erfolgte 1956.[259]

Zusammenfassende Chronologie zur Entstehung der einzelnen Romane und Romanfragmente:

1894	*Jahnns Geburt*
1916–18	„Ugrino und Ingrabanien"
1926–29	„Perrudja"
1929–33	„Perrudja. Zweites Buch"
1934–35	„Bornholmer Aufzeichnungen"
1935–36	„Das Holzschiff"
1936–45	„Die Niederschrift"
1945–48	„Epilog"
1951–52	„Jeden ereilt es"
1952–54	„Die Nacht aus Blei"
1959	*Jahnns Tod*

Die übliche Maßzahl für den Umfang eines Werkes ist die Anzahl der Seiten. Da die Hamburger Ausgabe für die Primärtexte durchgehend ein einheitliches Seitenlayout verwendet, kann die Anzahl der Seiten als Maß für den Textumfang herangezogen werden. Geeignet ist dieses Maß aber lediglich für die werkinterne Betrachtung, und dies auch nur bedingt. Denn die Texte sind (durch den Autor) unterschiedlich organisiert. Es gibt Texte mit vielen Absätzen und leeren Seiten(abschnitten) und andere, in denen die Wörter relativ „dicht" angeordnet sind. Eine Besonderheit sind die Notendrucke, die mehrere Seiten lang sein können.

Problematisch ist die Anzahl der Seiten als Maß für den Textumfang, wenn Jahnns Werke mit den Texten anderer Autoren verglichen werden sollen; eine Verzerrung der Ergebnisse wäre die Folge. Auch im Hinblick auf Arbeiten, die die hier bereitgestellten Daten weiter verarbeiten wollen, ist es angeraten, die Anzahl der Wörter als zusätzliches Maß für den Textumfang einzuführen.

Da die fraglichen Texte nicht als digitalisierte Datensätze vorliegen, kann die Anzahl ihrer Wörter lediglich über Hochrechnungen bestimmt werden. Dafür werden die Wörter einzelner (meist zehn) über den Text verteilter Seiten gezählt, deren Organisa-

---

[257] FoU, III, S. 895–897.
[258] Späte Prosa, S. 431–435.
[259] Späte Prosa, S. 464–469.

tion vom optischen Eindruck her als für den Text typisch gelten kann. Daraus wird das arithmetische Mittel gebildet.[260] Dieses wird mit der „bereinigten" Anzahl der Seiten multipliziert. Das Produkt ist die anzunehmende Anzahl der Textwörter. Die Tabelle 2.1.A fasst die Rechenschritte zusammen. *Anzahl der Seiten* meint den Textumfang vom Incipit bis zur letzten Textseite. *„Bereinigte" Anzahl der Seiten* meint den Textumfang vom Incipit bis zur letzten Textseite, vermindert um die Summe der leeren Seiten(abschnitte).

	Anzahl der Seiten	Mittelwert Wörter je Seite	„Bereinigte" Anzahl der Seiten	Anzahl der Wörter
Ugrino und Ingrabanien	105	350,3	102	35.730,6
Perrudja	669	351,6	647	227.485,2
Perrudja. Zweites Buch	134	351,6	127	44.653,2
Bornholmer Aufzeichnungen	96	320,7	94	30.145,8
Das Holzschiff	211	330,2	204	67.360,8
Die Niederschrift I	775	330,2	761	251.282,2
Die Niederschrift II	700	339,3	688	233.438,4
Epilog	404	320,7	399	127.959,3
Jeden ereilt es	178	336,3	173	58.179,9
Die Nacht aus Blei	69	336,3	68	22.868,4
Summe	3.341		3.263	1.099.103,8

Tabelle 2.1.A: Umfang der Texte

Nach der Chronologie und dem Umfang sei nun die Anzahl der Farbetyma als dritte Beschreibungskategorie eingeführt. Die Anzahl der Farbetyma kann als absolute Zahl, in Prozent und im Verhältnis zur Gesamtheit des Textes ausgedrückt werden. Für diese

---

[260] Berechnung der Mittelwerte:
„Ugrino und Ingrabanien": Gezählt wurden die Wörter auf den Seiten 1202 (343 Wörter), 1219 (370), 1238 (345), 1259 (347), 1277 (325) und 1298 (372); $m_x = 350,3$.
„Perrudja" und „Perrudja. Zweites Buch" (ein Band; beide Texte weisen eine ähnliche Textorganisation auf): Seite 30 (388 Wörter), 58 (296), 136 (324), 195 (373), 294 (370), 367 (366), 390 (346), 474 (370), 591 (330) und 673 (353); $m_x = 351,6$.
„Bornholmer Aufzeichnungen" und „Epilog" (beide Texte in FoU III; ähnliche Textorganisation): Seite 8 (332 Wörter), 66 (322), 119 (339), 182 (332), 239 (303), 317 (326), 407 (309), 515 (341), 581 (276), 601 (327); $m_x = 320,7$.
„Das Holzschiff" und „Die Niederschrift I" (beide in FoU I; ähnliche Textorganisation): Seite 79 (347 Wörter), 159 (342), 270 (324), 381 (323), 465 (327), 546 (329), 655 (314), 754 (362), 863 (301), 970 (333); $m_x = 330,2$.
„Die Niederschrift II": Seite 21 (348 Wörter), S. 104 (326), S. 197 (354), S. 280 (326), S. 349 (355), S. 422 (311), S. 491 (312), S. 560 (345), S. 630 (339) und S. 710 (377); $m_x = 339,3$.
„Jeden ereilt es" und „Die Nacht aus Blei" (beide im Band „Späte Prosa"; ähnliche Textorganisation): Seite 62 (371 Wörter), S. 139 (322), S. 177 (338), S. 254 (306), S. 286 (336), S. 311 (345); $m_x = 336,3$.

2.1. Die Ordnung der Texte

letztgenannte Angabe eignet sich das von Groos vorgeschlagene Verhältnis der Farbbelege je 10.000 Wörter. Dividiert durch 10, ist es das Maß, das den Anteil der Farbetyma am gesamten Text in Promille ausdrückt. Dieses Maß der „Farbigkeit" eines Textes wird fortan als Farbdichte bezeichnet.

	Chronologie		Umfang				Farbetyma	
	Jahre	R	in Seiten	R	in Wörtern		abs.	F/10.000	R
Ugrino und Ingrabanien	1916–18	1	105	8	35.730	,6	108	30,23	5
Perrudja	1926–29	2	669	3	227.485	,2	1.254	55,12	1
Perrudja. Zweites Buch	1929–33	3	134	7	44.653	,2	142	31,80	4
Bornholmer Aufzeichnungen	1934–35	4	96	9	30.145	,8	42	13,93	10
Das Holzschiff	1935–36	5	211	5	67.360	,8	158	23,46	7
Die Niederschrift I	1936–45	6	775	1	251.282	,2	842	33,51	3
Die Niederschrift II	1936–45	7	700	2	233.438	,4	605	25,92	6
Epilog	1945–48	8	404	4	127.959	,3	259	20,24	8
Jeden ereilt es	1951–52	9	178	6	58.179	,9	83	14,27	9
Die Nacht aus Blei	1952–54	10	69	10	22.868	,4	114	49,85	2
Summe			3.341		1.099.103	,8	3.607		
Arithmetisches Mittel								29,83	

Tabelle 2.1.B: Chronologie, Umfang und Farbdichte der Texte

Das untersuchte Œuvre umfasst 3.341 Seiten bzw. – hochgerechnet – 1.099.104 Wörter und enthält 3.607 Farbetyma. Pro Seite treten also durchschnittlich 1,08 Farbetyma auf. Bezogen auf die Gesamtzahl der Wörter, bilden die Farbetyma einen Anteil von 2,98 ‰. Dies macht deutlich, dass die sprachliche Farbforschung – in Mengenverhältnissen betrachtet – die Erforschung von Marginalien ist.

Die einzelnen Texte sind beschrieben durch die chronologische Abfolge, den Umfang und die Farbdichte. Innerhalb dieser drei Merkmalsausprägungen gibt es die Rangordnung R.

Zwischen Chronologie und Farbdichte und zwischen Umfang und Farbdichte sind funktionale Abhängigkeiten denkbar. Man könnte erwarten, dass mit zunehmender Textlänge die Farbdichte zu- oder abnimmt oder dass sich Früh- und Spätwerk hinsichtlich der Farbdichte unterscheiden. Die Rangkorrelationskoeffizienten aber zeigen, dass zwischen den drei Rangabfolgen praktisch kein Zusammenhang besteht.[261]

Die Spannweite zwischen den Texten mit der höchsten und der geringsten Farbdichte ist groß. Sie beträgt 4,12 ‰ und liegt zwischen dem Minimum von 1,39 ‰ („Born-

---

[261] $\rho_{\text{(Chronologie, Umfang)}} = -0{,}0060$; $\rho_{\text{(Chronologie, Farbdichte)}} = 0{,}2$; $\rho_{\text{(Umfang, Farbdichte)}} = 0{,}1757$

Der Rangkorrelationskoeffizient ρ nach Spearman: $\rho = 1 - \dfrac{6\Sigma d^2}{n(n^2-1)}$; d: Rangdifferenz.

holmer Aufzeichnungen") und dem Maximum von 5,51 ‰ („Perrudja"). Stellt man die Texte mit der höchsten Farbdichte denen mit der geringsten gegenüber, so fallen bestimmte Gemeinsamkeiten bzw. Unterschiede auf. Die geringste Farbdichte haben die „Bornholmer Aufzeichnungen" (1,39 ‰), „Jeden ereilt es" (1,43 ‰) und der „Epilog" (2,02 ‰). Diese drei Texte sind posthum erschienen.

Uwe Schweikert, Friedhelm Krey und Kai Stalmann nehmen an, dass die realistische und offene Darstellung der Homosexualität in „Jeden ereilt es" und im „Epilog" angesichts des gesellschaftlichen und politischen Klimas der fünfziger Jahre mit ein Grund für die verzögerte Veröffentlichung der Texte war.[262] Jahnn hatte die Absicht, „Jeden ereilt es" als Drehbuch zu gestalten; ein Exposé dazu liegt vor.[263] Die „Bornholmer Aufzeichnungen" haben die Form eines Tagebuchs, waren aber von Anfang an für die Veröffentlichung bestimmt. Sie sind in hohem Maße autobiografisch und dokumentarisch.[264]

Deutlicher werden latente Zusammenhänge zwischen Farbdichte einerseits und Form und Inhalt andererseits, wenn man diesen drei Texten jene beiden mit der höchsten Farbdichte gegenüberstellt. Das sind „Perrudja" mit 5,51 ‰ und „Die Nacht aus Blei" mit 4,99 ‰, ein frühes und ein spätes Werk. Der Roman „Perrudja" ist expressiv und expressionistisch,[265] er ist weitgehend nicht-linear und symbolisch angelegt. „Die Nacht aus Blei" ist ein aus „Jeden ereilt es" ausgelagerter Traum und in ihrer Uneigentlichkeit äußerst metaphorisch und symbolisch. Hinsichtlich ihrer homosexuellen

---

[262] Krey (1984), S. 91–92, Schweikert in: Späte Prosa, S. 526–530, Stalmann (1994), S. 39. Jahnn schreibt im Juli 1959 an Werner Helwig über „Jeden ereilt es", „den Liebesroman, den ich mir schulde": „Aber das Buch wird nicht zu veröffentlichen sein, weil ich auf niemand Rücksicht nehme, keine Schranken des Ausdrucks anerkenne, keine Absonderlichkeiten verwerflich finde." (Bondegaard-Granly, 25. Juli 1959, Brief an Werner Helwig. Bürger (2003), S. 12–13. In der Hamburger Ausgabe ist der Brief nicht abgedruckt.) Kreuzer (1970), S. 182, nennt die Beziehung zwischen Gari und Mathieu „eine Gemeinschaft von exemplarisch gemeinter Unbedingtheit". Krey (1984), S. 86, über „Jeden ereilt es": „[...] dieses von schwuler Erotik vibrierende[] Prosastück[] – ein Meilenstein der deutschsprachigen Homosexuellenliteratur [...]"

[263] „Die Schuldigen" in: Späte Prosa, S. 185–189. Jahnn dachte auch an eine Verfilmung des „Holzschiffs" (FoU, III, S. 968), auch dieser Text hat eine vergleichsweise geringe Farbdichte.

[264] Eine Vorstellung, wie aus tagebuchartigen Beobachtungen und Ideensammlungen ein Text entsteht, vermittelt Jahnns sehr frühe Arbeit „Mutter" (1911). In den unvollendeten „Fortsetzungen" (Frühe Schriften, S. 1074–1100) geht etwa in der Textmitte der narrative Duktus in Abschnitte über, die tagebuchähnlich mit Datumsangaben versehen sind. Dieselbe Arbeitsweise ist auch anhand der späten Abhandlungen zur südfranzösischen Romanik anlässlich Jahnns Frankreich-Reise im November 1951 erkennbar. Die „Reise Notizen in Frankreich" (Späte Prosa, S. 330–351) sind seinem jungen Freund Klaus von Spreckelsen diktierte Tagebuchaufzeichnungen, die „Reise zu den Kuppelkirchen Aquitaniens" (Späte Prosa, S. 352–374) ist die für die Veröffentlichung bearbeitete Fassung (mit Zwischentiteln und ohne Datumsangaben), die von Peter Huchel im ersten Heft von „Sinn und Form" herausgegeben wurde.

[265] Jahnn: „Es ist ein ‚expressionistisches' Buch." (Hamburg-Blankenese, 13. April 1959, Brief an Herrn Pfeffer in Hamburg, Briefe II, S. 1039.)

2.1. Die Ordnung der Texte

Thematik ist „Die Nacht aus Blei" weit weniger direkt als sein Ausgangstext „Jeden ereilt es". Nicht zufällig erschien „Die Nacht aus Blei" 1956 noch zu Jahnns Lebzeiten. Schweikert hält fest:

> Vergleicht man die von Jahnn selbst veröffentlichte Novelle „Die Nacht aus Blei" mit dem Romanfragment „Jeden ereilt es", so fällt auf, wie bewußt hier die homosexuelle Thematik durch eine existentielle Symbolik verschleiert, durch eine vieldeutige sprachliche Metaphorik verdunkelt wird [...][266]

Abstrahiert man diese Beobachtungen, so steht die geringe Farbdichte in Zusammenhang mit realistischer und dokumentarischer Darstellung sowie mit dialogischer Gestaltetheit (oder Gestaltbarkeit). Hohe Farbdichte hingegen geht mit weniger realistischem, uneigentlichem Sprachgebrauch einher, viel Farbe lässt demnach auf eine gewisse Verschlüsselung, auf Metaphorik und Symbolik schließen. Diese Hypothese überrascht zunächst, denn eine realistische Darstellung müsste doch gerade nach „wirklichkeitsgetreuer" Abbildhaftigkeit trachten, und Farben – so scheint es – sind nun einmal etwas „Reales", Alltägliches.

Dass die unterschiedliche Farbdichte mit unterschiedlichen Textgattungen in Zusammenhang steht, geht auch aus anderen Forschungen hervor. Groos vergleicht Schillers Jugendlyrik mit Goethes „Urfaust" und stellte emphatisch fest:

> Man bedenke, daß Schillers Jugendlyrik in über 18.000 Worten 68 bunte Farben aufweist und daß in dem „Urfaust" Goethes [...] nur sechsmal bunte Farben genannt sind, fünfmal rot und einmal grün. Wir konstatieren den ungeheuren Unterschied; ein Werturteil soll damit nicht ausgesprochen sein.[267]

Groos' Hauptanliegen ist die Erforschung der „psychologische[n] Eigenart des *Künstlers*".[268] Wenn er hier zwischen Schillers Jugendlyrik und Goethes „Urfaust" einen *ungeheuren Unterschied konstatiert,* schreckt er zugleich vor einer wertenden Interpretation dieser Beobachtung im Sinne einer Diagnose der *psychologischen Eigenart* zurück. Dem Psychologen Groos ist hier nicht bewusst, dass der *ungeheure Unterschied* nicht von der psychologischen Eigenart des Autors, sondern von der Textsorte abhängig ist.

---

[266] Späte Prosa, S. 528.
[267] Groos (1909), 565–566. Zur Illustration: Die Dichte der bunten Farben in Schillers Jugendlyrik beträgt demnach 37,78 je 10.000 Wörter. Da die bunten Farben – wie sich zeigen wird – im Allgemeinen etwa 60 % aller Farben (bunte und unbunte) ausmachen, muss die Farbdichte in Schillers Jugendlyrik bei einem Wert von etwa 63 liegen. Jahnns Farbdichte im Vergleich: Mittelwert 29,83, Maximum („Perrudja") 55,12. – Im „Urfaust" liegt der Anteil aller optischen Qualitäten (Groos rechnet hier auch Phänomene wie Hell, Dunkel, Gold, Silber, Glanz und Schein hinzu) bei 17,6 je 10.000 Wörter. (Groos/Netto, 1912, S. 411.) Dieser Wert ist, verglichen mit anderen, ausgesprochen klein.
[268] Groos/Netto (1912), S. 411.

Vermutlich ist die Ernüchterung, die Groos in seiner letzten Publikation zur empirischen Farbforschung befallen hat, darauf zurückzuführen, dass es ihm nicht gelungen war, aus der Häufigkeit und der Verteilung der Farben die Psychologie der Individuen abzuleiten. Groos hat im Grunde sprachliche und literarische Phänomene erforscht. Das aber war nicht sein erstes Ziel. Daher kommt die Ernüchterung, ja fast Enttäuschung, die aus der vergleichenden Interpretation der Farbdichte aller von ihm untersuchten Autoren und Texte spricht. Nach der Niederschrift dieser Absätze hat sich Groos nie mehr mit Farbforschung beschäftigt.

> Ich habe schon wiederholt [...] darauf hingewiesen, daß unsere Methode nur über die tatsächliche Verwertung der Sinnesdaten sichere Aufschlüsse geben kann. Sie ist exakt, soweit sie Feststellungen über den *‚ästhetischen Gegenstand'*, also über das literarische *Kunstwerk* gibt. Jeder Schluß, der von hier aus auf die psychologische Eigenart des *Künstlers* gezogen wird, darf nur noch größere oder geringere Wahrscheinlichkeit für sich in Anspruch nehmen. Wie leicht man sich dabei irren kann, zeigt unsere Reihenfolge. Es liegt so nahe, an die visuelle *Veranlagung* der verschiedenen Dichter zu denken [...] Aber es bedarf dabei großer Vorsicht. Denn *Goethe* steht ja an der *untersten Stelle* der Reihe! Daß er eine schwache visuelle Phantasie besaß, wird darum niemand glauben. Er ist nur äußerst sparsam in der künstlerischen Verwertung der Sinnesqualitäten [...] Die ästhetische Bedeutung unseres Materials liegt wohl überwiegend in dem Schmuckwert und dem Stimmungswert, der mit einem beträchtlichen Teil der Ausdrücke verbunden ist. Suchen wir von den errechneten Resultaten aus in die künstlerische Eigenart des Dichters einzudringen, so werden wir gut tun, gerade diesen Gesichtspunkt zu wählen.[269]

Lehmann untersucht die Farben in Dürrenmatts „Der Besuch der alten Dame" und vergleicht die Tragikomödie mit neun erzählenden Texten der deutschen Literatur aus der zweiten Hälfte des 20. Jahrhunderts. Er stellt fest, dass in der „Alten Dame" die Farbbezeichnungen vorwiegend in den Regieanweisungen auftreten, „im Sinne eines plakativ konstruierten, symbolischen Bühnenbildes".[270] Verglichen mit den erzählenden Texten, weist „Der Besuch der alten Dame" wenig Farbausdrücke auf. Lehmann schließt:

> Die wenigen deskriptiven und atmosphärischen Verwendungen und die relativ niedrige Zahl des Gebrauchs impliziter, komplexer, unspezifischer und farbverwandter Ausdrücke [...] sind – auch abgesehen von Dürrenmatts symbolorientiertem Farbwortgebrauch – wohl typisch für die Textsorte Drama, in der aufgrund der direkten Rede wenig Gegenstands-, Landschafts- und Szenenbeschreibungen vorkommen (das für den Rezipienten direkt sichtbare Bühnenbild bildet ja den visuell-atmosphärischen Hintergrund der Handlung). Das Schauspiel könnte so in bezug

---

[269] Groos/Netto (1912), S. 411–412.
[270] Lehmann (1998), 295.

2.1. Die Ordnung der Texte

auf Farbwortverwendungsbedürfnisse als irgendwo zwischen gesprochener Sprache und Prosatexten wie Romanen und Erzählungen angesiedelt sein.[271]
Hier verweist Lehmann auf seine Analyse der gesprochenen Sprache, die er mit der Farbwortverwendung in den zehn literarischen Texten vergleicht. Er belauschte dafür ungefähr 100 Stunden freie Konversation im süddeutsch-schweizerischen Raum. Lediglich 15-mal gab es eine Situation, in der Farbwörter verwendet wurden; insgesamt fielen 31 Farbwörter. Umgerechnet auf die Zeit, fällt in der Alltagskonversation durchschnittlich alle 3,2 Stunden ein Farbwort. Lehmann erklärt dies damit, dass im Regelfall die Gesprächspartner die Farben sehen. Meist genügt der gestische oder sprachlich-deiktische Verweis. Die explizite farbliche Beschreibung ist in vielen Fällen

Textsorte	Farbdichte	Gegensatzpaare der Textkonzeption										
Lyrik	hoch	Uneigentlichkeit	Expression	Extroversion	Öffentlichkeit	fiktional	Symbolik	metaphorisch	Monologizität	Schildern	Codierung	Schmuckwert	Stimmung	Projektion
Erzählende Literatur														
Dialogische Texte (z.B. Drama, Drehbuch)														
Gesprochene Sprache Alltagskonversation	gering	Eigentlichkeit	Impression	Introversion	Privatheit	autobiographisch	Realistik	dokumentarisch	Dialogizität	Nennen	Wörtlichkeit	Wesentlichkeit	Faktizität	Abbildhaftigkeit

Übersicht 2.1.C: Farbdichte in Zusammenhang mit Textsorte und Textkonzeption

redundant. Lehmann beobachtet, dass Farbnennungen immer in privaten Situationen fallen und vermutet, dass Farben „eher ein intimes Thema darstellen".[272]
Alexandra T. Holmes untersucht Gattungsunterschiede anhand der Gestaltung von Robert Schneiders „Schlafes Bruder" als Roman, Film, Oper und Ballett. Sie stellt fest, dass die Frequenz des visuellen Vokabulars im Roman deutlich höher ist als in den

---

[271] Lehmann (1998), 296. Vgl. an anderer Stelle die Formulierung, dass der Farbwortgebrauch „extrem textsortenabhängig" ist (S. 47).
[272] Lehmann (1998), 282–286, Zitat 286.

Filmdialogen. Verbal eine Farbe zu bezeichnen, die Akteur und Rezipient unmittelbar vor Augen haben, erweist sich als in höchstem Maße redundant. Ganz offensichtlich sind visuelle Kommunikationssysteme sehr viel besser geeignet, um Farbinformation zu transportieren, als die Sprache.[273]

Groos, Lehmann und Holmes bestätigen den Zusammenhang zwischen Farbdichte und Gattung. Der Zusammenhang zwischen Farbdichte und mehr oder weniger ausgeprägter Uneigentlichkeit geht daraus nicht hervor. Soweit er nicht im Gattungsunterschied impliziert ist, kann er aber an den Werken von Jahnn beobachtet werden. Die Übersicht 2.1.C fasst den Zusammenhang zwischen Farbdichte, Textsorte und Textkonzeption schematisch zusammen.

2.2. Die empirische Verteilung der Farben

Im Anhang I ist die Verteilung der Farbetyma in den einzelnen zehn Texten dargestellt. Die Tabelle 2.2.A fasst die Farbverteilung im gesamten Korpus zusammen. Die 3.607 Farbetyma verteilen sich über die einzelnen Farben wie folgt.

	absolut	R	Korpus als Summe (3.607 Farbetyma bzw. 1.099.104 Wörter)				Korpus aus Mittelwerten (Arithmetisches Mittel aus Einzelwerten in Anhang I)			
			Prozent	R	x/10000	R	Prozent'	R	x/10000'	R
SCHWARZ	738	1	20,46	1	6,71	1	22,05	1	7,19	1
WEISS	678	2	18,80	2	6,17	2	17,00	3	4,94	2
ROT	599	3	16,61	3	5,45	3	17,14	2	4,80	3
GRAU	357	4	9,90	4	3,25	4	12,08	4	3,39	4
BRAUN	349	5	9,68	5	3,18	5	9,76	5	2,64	6
GRÜN	340	6	9,43	6	3,09	6	9,25	6	2,73	5
GELB	286	7	7,93	7	2,60	7	5,91	7	1,96	7
BLAU	146	8	4,05	8	1,33	8	3,61	8	1,13	8
ROSA	43	9	1,19	9	0,39	9	1,02	10	0,37	9
VIOLETT	36	10	1,00	10	0,33	10	0,72	11	0,24	11
PURPUR	25	11	0,69	11	0,23	11	1,04	9	0,29	10
LILA	9	12	0,25	12	0,08	12	0,41	12	0,13	12
ORANGE	1	13	0,03	13	0,01	13	0,01	13	0,00	13
Summe	3.607		100,00		32,82		100,00		29,83	
Die Ränge R beziehen sich jeweils auf die linke Spalte.										

Tabelle 2.2.A: Empirische Verteilung der Farben

---

[273] Holmes (2001).

2.2. Die empirische Verteilung der Farben

SCHWARZ also ist das häufigste Farbetymon im Korpus. Es folgen WEISS und ROT, dann GRAU, BRAUN, GRÜN, GELB und BLAU. Es fällt auf, dass die Etyma SCHWARZ bis BLAU, die zweifelsfrei als Farbbezeichnungen fungieren, einen geschlossenen Block im oberen Häufigkeitsbereich bilden. Die ROSA, VIOLETT, PURPUR, LILA und ORANGE liegen im unteren Bereich. Darüber, ob es sich hier um eigentliche Farbbegriffe handelt, ist sich die Linguistik bisweilen uneins; sie wurden daher in Kapitel 1.4. „Ausgewählte linguistische Farbkataloge" näher diskutiert. Es sind dies – wohl nicht zufällig – auch die Farbbezeichnungen, die relativ spät in die deutsche Sprache Eingang gefunden haben.

Zu erwähnen ist in diesem Zusammenhang das Etymon ORANGE, das laut Tabelle 2.2.A auf den 3.341 Textseiten ein einziges Mal belegt ist. Es gibt berechtigte Zweifel darüber, ob ORANGE für Jahnn tatsächlich eine Farbe bedeutet; nicht nur wegen seiner äußerst geringen Frequenz, sondern auch deshalb, weil ORANGE nie außerhalb eines Kompositums und lediglich ein einziges Mal ohne -n-Morphem auftritt. Dies lässt vermuten, dass der Begriff Orange bei Jahnn hauptsächlich und nach wie vor der Name der Südfrucht ist. Diese Beobachtung hatte überdies eine fehlerhafte Inkonsequenz zur Folge. An dieser Stelle sei diese offen gelegt: Entgegen dem Prinzip, *alle* Farbetyma zu erfassen, ungeachtet ihrer semantischen oder morphologischen Modifizierungen, wurden weitere fünf Belege für ORANGE nicht erfasst.[274] Statistisch jedoch ist dieser Fehler ohne Bedeutung.

Die Tabelle 2.2.A gliedert sich bei der Angabe der Prozentwerte und der Farbdichte in die zwei Blöcke *Korpus als Summe* und *Korpus aus Mittelwerten*. Denn für das Verhältnis der Anzahl der Farbetyma zu einer Gesamtheit ist es ein Unterschied, ob sich diese Anzahl auf das gesamte Korpus als einfache Summe aus den einzelnen Texten bezieht oder ob die Verhältniszahlen aus dem arithmetischen Mittel der Verhältniswerte in den einzelnen Texten gebildet werden. Ein überdurchschnittlich umfangreicher Text und seine damit verbundene relativ große Anzahl der Farbetyma treibt die Summe sehr in die Höhe; ein verhältnismäßig kurzer Text hat einen weit kleineren Anteil an der Summe. Solche Ungleichgewichte können ausgeglichen werden, indem man aus den Einzelwerten der Prozentangaben und der Farbdichte das arithmetische Mittel bildet. In diesem Fall steuert jeder Text gleich stark die verhältnismäßige Verteilung. Die Verhältnisunterschiede der Farbetyma, bezogen auf das Korpus als Summe bzw. auf das Korpus aus den Mittelwerten, können so groß sein, dass die Farben unterschiedliche Ränge einnehmen können.

---

[274] Erfasst ist: „Kreisrund hoben sich orangefarbene Monde auf den breiten Fleischpartien hervor." (P, 255) Nicht erfasst sind: „An den Berglehnen war der Schnee orangenfarbig." (P, 309) Zweimal „Orangenmarmelade" in P, 453, einmal in N1, 956 und einmal in E, 275.

Rangunterschiede[275] zwischen den beiden Spalten der Prozentwerte gibt es bei WEISS und ROT sowie bei ROSA, VIOLETT und PURPUR. Bei der Farbdichte nehmen BRAUN und GRÜN sowie VIOLETT und PURPUR unterschiedliche Ränge ein. Keine Schwankungen in der Rangabfolge ergeben sich für SCHWARZ, GRAU, GELB, BLAU, LILA und ORANGE. Ihre fehlende Rangvariabilität kann als eine gewisse Stabilität in der Verwendung interpretiert werden.

Die Spitze von SCHWARZ liegt bei 20,46 % (bzw. 22,05 %). Schwarz besetzt also etwas mehr als ein Fünftel des gesamten Potenzials an farblicher Gestaltung. Beachtlich ist der Anteil, den die Summe der drei Etyma SCHWARZ, WEISS und ROT an der Gesamtheit der 13 Etyma bestreitet. Dieser Anteil liegt bei 55,87 % (bzw. 56,19 %). Etwa ein Viertel der Farbetyma stellt also mehr als die Hälfte aller in diesem System realisierten Farben. GRAU, BRAUN und GRÜN, die jeweils um die 10 % liegen, bringen weitere circa 30 %. Weit mehr als drei Viertel der Farben werden aus knapp der Hälfte der Farbetyma gebildet. GELB und BLAU, die etwa in der Mitte liegen, bilden weitere circa 10 %. Der restliche Anteil von knapp über 3 % wird von den übrigen ROSA, VIOLETT, PURPUR, LILA und ORANGE bestritten.

Die Verteilung der Farben scheint auf den ersten Blick eine autorspezifische Besonderheit zu sein. Um dies zu prüfen, wird diese Verteilung in einen größeren Zusammenhang gestellt.

Hierzu bietet sich ein Vergleich der Rangordnung der jahnnschen Farben mit der Rangordnung an, die Berlin/Kay entwickelt haben (vgl. 1.4. „Ausgewählte linguistische Farbkataloge"). Aufgrund begrifflicher Divergenzen ist der in dieser Arbeit verwendete Farbkatalog nicht deckungsgleich mit Berlin/Kay. Um die beiden Listen zur Deckung zu bringen, werden VIOLETT, PURPUR und LILA zum berlin/kayschen ‚purple' zusammengefasst. Daraus ergeben sich für den unteren Bereich bei Jahn die folgenden rechnerischen Änderungen; die Ränge laufen – wie bei Berlin/Kay – bis 11.

		Korpus als Summe					Korpus aus Mittelwerten			
	absolut	R	Prozent	R	x/10000	R	Prozent'	R	x/10000'	R
ROSA	43	10	1,19	10	0,39	10	1,02	10	0,37	10
VIOLETT + PURPUR + LILA	70	9	1,94	9	0,64	9	2,17	9	0,66	9
ORANGE	1	11	0,03	11	0,01	11	0,01	11	0,00	11

Tabelle 2.2.B: Zusammenfassung von VIOLETT, PURPUR, LILA zur ‚purple'-Gruppe

---

[275] Die Ränge der absoluten Zahlen und der Spalten Prozent und Farbdichte, bezogen auf das Korpus als Summe, sind naturgemäß identisch.

2.2. Die empirische Verteilung der Farben

Die Ränge der absoluten Zahlen sowie die Ränge der Prozente und der Nennungen je 10.000 Wörter (vgl. auch Tabelle 2.2.A), jeweils bezogen auf das Korpus als Summe, decken sich notwendigerweise; sie werden zu R1 zusammengefasst. Die Ränge der Prozente und der Nennungen je 10.000 Wörter, bezogen auf das Korpus aus Mittelwerten, sind verschieden von R1; diese seien R2 (Prozent') und R3 (x/10000'). Die Hierarchie der Farben nach Berlin/Kay (Übersicht 1.4.B) weist für *white* und *black*, für *green* und yellow sowie für *purple, pink, orange* und *grey* gleiche Ränge auf. Um bei der Berechnung des Rangkorrelationskoeffizienten für die Summe der Rangdifferenzen ein Ergebnis gleich 0 zu erhalten, ist es notwendig, für gleiche Ränge den Mittelwert der zu vergebenden Ränge zu setzen.

Die Ränge R1, R2 und R3 bei Jahnn und die Ränge nach Berlin/Kay stehen wie folgt zueinander:

	Jahnn			Berlin/Kay
	R1	R2	R3	
SCHWARZ	1	1	1	1,5
WEISS	2	3	2	1,5
ROT	3	2	3	3
GRAU	4	4	4	9,5
BRAUN	5	5	6	7
GRÜN	6	6	5	4,5
GELB	7	7	7	4,5
BLAU	8	8	8	6
V + P + L	9	9	9	9,5
ROSA	10	10	10	9,5
ORANGE	11	11	11	9,5
Rangkorrelation zu Berlin/Kay	0,7727	0,7591	0,7955	

Tabelle 2.2.C: Farbränge bei Jahnn und Berlin/Kay

Die Signifikanzprüfung für Korrelationskoeffizienten geht von der Nullhypothese aus, dass der Korrelationskoeffizient (ρ: Rangkorrelationskoeffizient nach Spearman, r: Korrelationskoeffizient nach Pearson) 0 beträgt (H_0: r = 0), dass also zwischen zwei Zahlenreihen kein Zusammenhang besteht. Nach einschlägigen Tabellen lässt sich die Wahrscheinlichkeit P einer Abweichung von r = 0, also einer stichprobenbedingten Abweichung von nicht vorhandenem Zusammenhang, bestimmen. Für diese Wahrscheinlichkeit gilt die 5 %-Grenze (P = 0,05 bzw. P = 5 %) konventionell als Signifikanzschwelle. Signifikanz in statistischem Sinne ist die Überzufälligkeit der Abweichung.

Für die drei Rangkorrelationen in der Tabelle 2.2.C gilt: 0,001 < P < 0,01. Sie sind damit statistisch sehr signifikant von 0 verschieden. Dieser Zusammenhang zwischen der Farbverteilung bei Jahnn und dem Modell von Berlin/Kay legt den Schluss nahe, dass es sich bei der gefundenen Verteilung nicht nur um ein autorspezifisches Phänomen handelt, sondern dass sich diese in einen größeren Zusammenhang einordnet. Immerhin erheben Berlin und Kay für ihr Modell universalsprachliche Gültigkeit.

Beobachtet man die Rangdifferenzen etwas genauer, so wird klar, warum die Deckung der Rangreihen nicht noch höher ist. Größere Unterschiede zwischen der empirischen Verteilung bei Jahnn und dem berlin/kayschen Modell gibt es bei GRAU und BRAUN sowie bei GELB und BLAU. GRAU steht bei Jahnn durchwegs an vierter Stelle, während diese Farbe bei Berlin/Kay in der letzten Gruppe *purple, pink, orange* und *grey* rangiert. Bei BRAUN dagegen ist die Differenz kleiner: bei Jahnn tritt diese Farbe an fünfter bzw. sechster Stelle auf, während sie bei Berlin/Kay die Position vor der großen Schlussgruppe einnimmt. GELB und BLAU liegen bei Jahnn weiter hinten als bei Berlin/Kay.

Aus der Gegenüberstellung von Jahnn mit Berlin/Kay werden nicht nur die statistische Übereinstimmung mit einem universalsprachlichen Modell sichtbar, sondern auch *Abweichungen,* die für eine literaturwissenschaftliche Interpretation ergiebiger sind als die *Übereinstimmung* mit einer wie auch immer definierten Norm (vgl. Danneberg, Eibl und Lang in Kapitel 1.6.). Gerade die einzigartige Stellung von GRAU drängt nach weiterer Deutung und wird fortan eine wesentliche Rolle spielen.

Nach dem Vergleich der Verteilung der Farbetyma im gesamten Korpus mit den berlin/ kayschen Rängen sollen nun die absoluten Farbhäufigkeiten in den einzelnen Texten genauer betrachtet werden, die in Tabelle 2.2.D dargestellt sind (Daten aus Anhang I).

	BLAU	BRAUN	GELB	GRAU	GRÜN	LILA	ORANGE	PURPUR	ROSA	ROT	SCHWARZ	VIOLETT	WEISS	*Summe*
Ugrino und Ingrabanien	4	7	1	7	17	4	0	4	1	15	34	0	14	108
Perrudja	52	134	148	76	120	4	1	5	23	211	211	19	250	1254
Perrudja. Zweites Buch	11	10	18	14	14	0	0	2	1	25	20	1	26	142
Bornholmer Aufzeichnungen	1	5	2	6	6	0	0	0	0	5	8	0	9	42
Das Holzschiff	6	21	10	41	12	0	0	4	0	23	25	1	15	158
Die Niederschrift I	35	74	49	78	89	1	0	4	7	140	198	7	160	842
Die Niederschrift II	23	50	38	76	59	0	0	2	3	89	130	4	131	605
Epilog	12	31	15	36	13	0	0	4	4	49	48	2	45	259
Jeden ereilt es	0	13	1	7	4	0	0	0	1	29	11	1	16	83
Die Nacht aus Blei	2	4	4	16	6	0	0	0	3	13	53	1	12	114
Summe	146	349	286	357	340	9	1	25	43	599	738	36	678	3607

Tabelle 2.2.D: Absolute Häufigkeiten der Farben in den Texten

2.2. Die empirische Verteilung der Farben

Das Diagramm 2.2.E veranschaulicht die Zahlen der Tabelle 2.2.D und lässt eine gewisse Farbentektonik erkennen. Die seltenen LILA, ORANGE, PURPUR, ROSA und VIOLETT sind zur Gruppe *Andere* zusammengefasst.

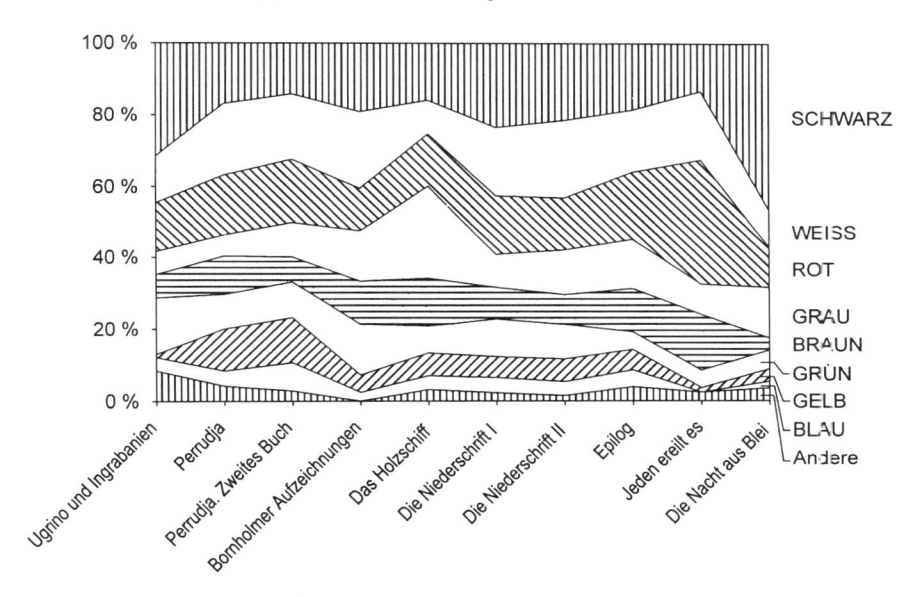

Diagramm 2.2.E: Farbentektonik

Die Schichtung der Farben lässt Übereinstimmungen und Unterschiede erahnen. So wird beispielsweise sichtbar, dass GRAU im „Holzschiff", ROT in „Jeden ereilt es" und SCHWARZ in der „Nacht aus Blei" überproportional präsent sind. Genauer lassen sich spezifische Unterschiede und Gemeinsamkeiten rechnerisch ermitteln. Dazu bedarf es einer Referenz.

Es gibt zwei Vergleichsmöglichkeiten für die Farbverteilung in den einzelnen Texten. Zum einen kann die Korrelation zwischen der Farbverteilung in *einem* Text mit jener im gesamten Korpus beschrieben werden. Daraus geht hervor, inwieweit ein einzelner Text gewissermaßen „typisch" für den Autor ist oder nicht. Zum anderen kann die Rangkorrelation der Farben in den Einzeltexten mit der Reihung von Berlin/ Kay bestimmt werden. Abweichungen und Übereinstimmungen sind ein Maß für die farbliche Verfasstheit eines Textes. Der Sinn dieser Betrachtung liegt darin, dass – ausgehend von einer mathematisch definierten Norm – der Blick für die unterschiedliche farbliche Gestaltung der Texte geschärft wird. Diese Gestaltung kann bei einer rein qualitativen Betrachtung nicht in der gewünschten Schärfe sichtbar werden.

Die Tabelle 2.2.F reiht die zehn Werke nach Korrelationskoeffizienten. Die linke Hälfte beschreibt die Pearson-Korrelation[276] zwischen der absoluten Häufigkeitsverteilung der einzelnen Farbetyma in den einzelnen Texten und der relativen, prozentualen Häufigkeitsverteilung im Korpus aus Mittelwerten. Zum Vergleich steht links daneben – *kursiv gesetzt* – die Korrelation zur absoluten Häufigkeitsverteilung im gesamten Korpus. In der rechten Hälfte der Tabelle wird die Spearman-Rangkorrelation zwischen den einzelnen Texten und dem Berlin/Kay-Modell beschrieben. In der Mitte ist die Wahrscheinlichkeit der überzufälligen Abweichung von der Nullhypothese $r = 0$ bzw. $p = 0$ angegeben. Die Pearson-Korrelation zwischen den einzelnen Texten und Jahnns erzählendem Œuvre ist in den allermeisten Fällen hoch signifikant verschieden von 0. Die Spearman-Rangkorrelation zwischen den einzelnen Texten und dem Modell von Berlin/Kay ist lediglich beim „Holzschiff" nicht signifikant, bei allen übrigen Texten signifikant, häufig sehr signifikant und in zwei Fällen hoch signifikant verschieden von 0.

	Pearson-Korrelation zu Jahnn			Spearman-Rangkorrelation zu Berlin/Kay		
	277	278				
Das Holzschiff	0,7195	0,7822	P < 0,01	P > 0,1	0,5068	Das Holzschiff
Jeden ereilt es	0,7945	0,7949		P < 0,05	0,6182	Jeden ereilt es
Die Nacht aus Blei	0,7540	0,8066	P < 0,001		0,6318	Die Nacht aus Blei
Ugrino und Ingrabanien	0,8314	0,8640			0,6659	Ugrino und Ingrabanien
Perrudja. Zweites Buch	0,9305	0,8895		P < 0,01	0,7409	Bornholmer Aufz.
Perrudja	0,9634	0,9155			0,7455	Epilog
Bornholmer Aufz.	0,9371	0,9354			0,7591	Alle Texte (Prozent')
Epilog	0,9556	0,9675			0,7727	Alle Texte (absolut)
Die Niederschrift II	0,9849	0,9792			0,7955	Die Niederschrift II
Alle Texte (absolut)	—	0,9887			0,7955	Alle Texte (x/10000')
Die Niederschrift I	0,9911	0,9888			0,8409	Die Niederschrift I
Alle Texte (x/10000')	0,9834	0,9947		P < 0,001	0,8841	Perrudja. Zweites Buch
Alle Texte (Prozent')	0,9887	—			0,9045	Perrudja
			N = 13	N = 11		

Tabelle 2.2.F: Korrelation der einzelnen Texte zum Jahnn-Korpus und zum Berlin/Kay-Modell

---

[276] $r_{x,y} = \dfrac{KOVARIANZ_{x,y}}{s_x \cdot s_y}$

[277] Diese Spalte zeigt die Pearson-Korrelation zwischen der absoluten Häufigkeit der einzelnen Farbetyma in den einzelnen Texten und der absoluten Häufigkeit im Korpus.

[278] Diese Spalte zeigt die Pearson-Korrelation zwischen der absoluten Häufigkeit der einzelnen Farbetyma in den einzelnen Texten und der relativen, prozentualen Häufigkeit im Korpus aus Mittelwerten.

2.2. Die empirische Verteilung der Farben

„Die Niederschrift I" ist der für Jahnn am meisten typische Text, denn hier verteilen sich die Farben fast genauso wie in seinem erzählenden Œuvre. Aussagen über den für Jahnn typischen Farbgebrauch könnten demnach am deutlichsten an diesem Text aufgezeigt werden. Überhaupt fällt auf, dass der zweite („Niederschrift I" und „Niederschrift II") und der dritte Teil („Epilog") von „Fluß ohne Ufer" der durchschnittlichen jahnnschen Farbverteilung sehr nahe kommen, während der erste Teil („Das Holzschiff") am weitesten von diesem Mittel entfernt ist.

Ein Blick auf den Anhang I zeigt, dass im „Holzschiff" GRAU, SCHWARZ, ROT und BRAUN (in dieser Reihenfolge!) die vier häufigsten Farben sind. Die hohe Frequenz von GRAU und BRAUN – überhaupt eine Besonderheit von Jahnn – ist hier äußerst stark ausgeprägt. Auch die Korrelation zwischen Berlin/Kay und dem „Holzschiff" ist ausgesprochen gering und nicht signifikant von 0 verschieden.

Das sind Indizien dafür, dass „Das Holzschiff" nicht nur untypisch für den Autor,[279] sondern auch untypisch für den sprachlichen Farbgebrauch überhaupt ist. Ein rascher Blick auf den Inhalt des Romans könnte den Schluss nahe legen, dass dies vielleicht mit dem Ort der Handlung zu tun haben könnte: Der Roman spielt fast ausschließlich auf hoher See. Damit würde die räumliche Gestaltung des Inhalts die farbliche Gestaltung des Textes steuern. Auch die Tatsache, dass „Die Nacht aus Blei", die in einer utopischen Traumwelt spielt, sowohl zu Jahnn selber als auch zu Berlin/Kay eine relativ geringe Korrelation aufweist, würde diese Hypothese stützen. Wenn die Protagonisten an Land gehen und sich in gewohnter Umgebung bewegen (vgl. „Niederschrift"), steigt die Korrelation.

Relativiert wird diese Hypothese durch die ebenfalls geringe Korrelation von „Jeden ereilt es". Denn dieser – eigentlich realistische – Text erweist sich in Bezug auf Jahnn und auch auf Berlin/Kay als eher untypisch. Somit ist die Hypothese, dass die Korrelation als Indiz für eine räumliche Gestaltung interpretiert werden kann, nicht haltbar.

Bemerkenswert ist die Tatsache, dass unmittelbar zusammenhängende Texte jeweils eine sehr ähnliche Korrelation haben. „Perrudja" und „Perrudja. Zweites Buch", „Die Niederschrift I" und „II" und der „Epilog" sowie „Jeden ereilt es" und „Die Nacht aus Blei" liegen auf den beiden Seiten der Tabelle 2.2.F unmittelbar beieinander. Dies zeigt einen gewissen – wohl auch zu erwartenden – ähnlichen Duktus von farblicher Federführung in Texten, die inhaltlich und entstehungsgeschichtlich zusammenhängen. Umso bezeichnender wird dadurch die Einzelstellung des „Holzschiffs", das eigentlich in unmittelbarer Nähe zu den anderen Teilen von „Fluß ohne Ufer" stehen müsste.

---

[279] Vogt (1980), S. 76–77, beschreibt das Schiff im „Holzschiff" als bedrohliche, erstarrte Landschaft und als hermetischen und zugleich labyrinthischen Raum.

Der Versuch, die für zusammenhängende Texte geltende ähnliche Korrelation auf die Chronologie der Texte (Tabelle 2.1.B) zu übertragen, führt zu keinem Ergebnis, das auf eine Regelmäßigkeit schließen ließe. Die Chronologie erweist sich bisher überhaupt als „schlechte" Bezugsgröße. In Kapitel 2.1. „Die Ordnung der Texte" fiel auf, dass es auch zwischen Farbdichte und Chronologie keinen Zusammenhang gibt.

Als Letztes sei noch auf die Stellungen von „Perrudja" und „Perrudja. Zweites Buch" verwiesen. Die farbliche Gestaltung dieser Romane kann weder als typisch noch als untypisch für Jahnn beschrieben werden (vgl. linker Bereich in Tabelle 2.2.F). Doch sind diese beiden Texte am deutlichsten von allen mit dem Berlin/Kay-Schema korreliert, ja noch stärker, als die auf unterschiedliche Weise gewonnenen Mittelwerte (vgl. die Zeilen *Alle Texte*).

Die Korrelation erweist sich als ein brauchbares Maß, um die Stellung der Texte im Zusammenhang zu beschreiben. Offensichtlich bilden die jahnnschen Farben ein System, das in hohem Maße strukturellen Gesetzmäßigkeiten folgt und in sich sehr geschlossen ist. Denn die Korrelationen zwischen den untersuchten Texten und dem erzählenden Œuvre sind stets sehr, in den allermeisten Fällen sogar hoch signifikant verschieden von 0.

Diese beiden Beobachtungen legen zwei weiter führende Hypothesen nahe:
1. Die Verteilung einer bestimmten Farbe ist von der Verteilung einer anderen Farbe abhängig.
2. Die Farbverteilung bei anderen Autoren stimmt mit jener bei Jahnn überein.

Im folgenden Kapitel 2.3. „Die Regression der Farben" wird die Hypothese (1) geprüft, im Kapitel 2.4. „Die Farben anderer Texte" die Hypothese (2).

Auffallend ist die geringere Korrelation zwischen dem jahnnschen Farbsystem und dem Modell von Berlin/Kay. Hier sind die Übereinstimmungen weniger stark ausgeprägt. Trotzdem aber sind die Korrelationen insgesamt signifikant von 0 verschieden. Somit weist Jahnn hinsichtlich seiner Farbverteilung überindividuelle und universalsprachliche Züge auf.

2.3. Die Regression der Farben

Hier wird geprüft, ob die Verteilung einzelner Farben mathematisch-funktionalen Abhängigkeiten unterliegt. Wenn dies der Fall ist, folgt daraus,
– dass das Farbsystem in hohem Maße geordnet ist und wenig Raum für individuelle Gestaltung lässt,
– dass eine bestimmte Farbe in Abhängigkeit von einer anderen ihre Ausprägung erfährt und ohne dieses andere gar nicht auftreten kann und

2.3. Die Regression der Farben

– dass die Häufigkeit einer bestimmten Farbe prognostizierbar ist, wenn die Häufigkeit einer anderen bekannt ist. Wenn sich aber zeigt, dass eine Farbe von dieser funktionalen Abhängigkeit abweicht, kann dies als Indiz für ihre singuläre Stellung im jahnnschen Farbsystem interpretiert werden.

Die Tabelle 2.2.C hat deutlich gemacht, dass Jahnn vor allem im Bereich von Grau, aber auch von Braun, Gelb und Blau vom Berlin/Kay-System abweicht. Anhand der Regression kann geprüft werden, ob diese Farben auch innerhalb des jahnnschen Farbsystems Besonderheiten aufweisen.

Der Korrelationskoeffizient bestimmt die Steigung der Regressionsgeraden[280] und ist daher ein Maß für die funktionale Abhängigkeit einer bivariaten Verteilung. Die einzelnen Farbverteilungen über die zehn Texte werden paarweise miteinander verglichen, indem die Korrelation berechnet wird. Die einzelnen Verteilungen werden der Tabelle 2.2.D entnommen. Die Tabelle 2.3.A stellt die Pearson-Korrelation der einzelnen Farben zueinander dar.

	BLAU	BRAUN	GELB	GRAU	GRÜN	LILA	ORANGE	PURPUR	ROSA	ROT	SCHWARZ	VIOLETT	WEISS	Arith. Mittel	Rang
BLAU	–	0,977	0,944	0,870	0,982	0,497	0,766	0,632	0,891	0,985	0,949	0,938	0,986	0,868	3
BRAUN		–	0,968	0,842	0,964	0,521	0,839	0,614	0,935	0,991	0,919	0,975	0,980	0,877	1
GELB			–	0,728	0,919	0,575	0,932	0,551	0,972	0,946	0,843	0,993	0,939	0,859	7
GRAU				–	0,870	0,193	0,462	0,584	0,633	0,856	0,904	0,722	0,880	0,712	10
GRÜN					–	0,539	0,737	0,581	0,864	0,980	0,973	0,921	0,988	0,860	6
LILA						–	0,655	0,597	0,621	0,500	0,445	0,581	0,484	0,517	
ORANGE							–	0,449	0,951	0,787	0,624	0,930	0,766	0,741	
PURPUR								–	0,521	0,583	0,537	0,537	0,547	0,561	
ROSA									–	0,912	0,806	0,984	0,888	0,832	8
ROT										–	0,951	0,956	0,990	0,870	2
SCHWARZ											–	0,857	0,961	0,814	9
VIOLETT												–	0,940	0,861	5
WEISS													–	0,862	4
Signifikanzschwellen: P = 0,05 bei r = 0,553; P = 0,01 bei r = 0,684; P = 0,001 bei r = 0,801.															

Tabelle 2.3.A: Pearson-Korrelation der Farben zueinander

Gemäß der statistischen Konvention sind Korrelationskoeffizienten mit einer Wahrscheinlichkeit von unter 5 % (P = 0,05) für ihre Abweichung von 0 signifikant von der

---
[280] Richter (1974), S. 33.

Nullhypothese r = 0 verschieden. Dies trifft hier für alle zehn Farben zu, die insgesamt am häufigsten verwendet werden (vgl. Tabelle 2.2.A).[281] Das bedeutet aber nicht, dass die Verteilungen in gleichem Maße voneinander abhängen. Unterschiede werden sichtbar, wenn man die Größer/Kleiner-Relationen betrachtet.

Die höchste durchschnittliche Korrelation – angezeigt in der Spalte *Arithmetisches Mittel*[282] – haben BRAUN, ROT und BLAU. Tendenziell ist also das Auftreten dieser Farben am meisten vom Auftreten anderer Farben abhängig.

Betrachtet man die durchschnittlichen Minima, so sind LILA, ORANGE und PURPUR am wenigsten mit den anderen korreliert. Hier stellt sich die Frage, ob nicht einfach ihre seltene Frequenz es verhindert, dass ein Zusammenhang feststellbar wird. Sie werden daher aus dieser Betrachtung ausgeklammert. Dann fällt nämlich auf, dass die durchaus häufigen GRAU und SCHWARZ am wenigsten mit den anderen korreliert sind.

Vergleicht man dies mit den Abweichungen vom Berlin/Kay-Modell bei GRAU, BRAUN, GELB und BLAU (Tabelle 2.2.C), wird deutlich: GRAU ist das einzige Etymon, das relative Abweichungen sowohl vom universalsprachlichen Modell als auch in Bezug auf die funktionale Abhängigkeit von anderen Farben im Jahnn-Korpus aufweist. BRAUN und BLAU hingegen sind bei Jahnn relativ stark von anderen Farben abhängig (vgl. ihre hohe durchschnittliche Korrelation in Tabelle 2.3.A). Jedoch ist BRAUN bei Jahnn häufiger und BLAU seltener, als es nach dem Berlin/Kay-Modell sein müsste. Man kann davon ausgehen, dass in einem großen Korpus Abweichungen von der Norm tendenziell aus einer programmatischen und bewussten Gestaltung durch den Autor resultieren, Übereinstimmungen jedoch aus einer unbewussten und zufälligen Gestaltung. Angewandt auf GRAU bedeutet dies, dass Jahnn gerade diese Farbe mit einer auffallenden Bedeutung und einem besonderen Gehalt ausstattet. Ähnliches gilt für SCHWARZ.

Beobachtet man einzelne Farben in ihrer Abhängigkeit von den anderen, so liegen die maximalen Korrelationen zwischen GELB und VIOLETT (0,993), ROT und BRAUN (0,991) und ROT und WEISS (0,990). Es folgen WEISS und GRÜN (0,988), WEISS und BLAU (0,986) und ROT und BLAU (0,985). In dieser Maximagruppe sind WEISS und ROT häufig vertreten. Die Minima liegen zwischen GRAU und

---

[281] LILA, ORANGE und PURPUR (in der alphabetischen Reihung zufällig in der Mitte) sind insgesamt sehr selten. Sie werden deshalb bisweilen aus der Betrachtung ausgeklammert oder zumindest relativiert.

[282] Dieser Wert ist das arithmetische Mittel der Werte in einer Zeile. Dabei werden lediglich zwölf Felder berücksichtigt, nicht aber die Korrelation einer Farbreihe mit sich selbst, die 1 beträgt. Verrechnet ist auch der Bereich unterhalb der r=1-Diagonale, auf dessen Wiedergabe aus Gründen der Übersichtlichkeit verzichtet wird, weil er mit dem oberen Bereich (spiegelverkehrt) identisch ist.

2.3. Die Regression der Farben

ROSA (0,633), GRAU und VIOLETT (0,722) und GRAU und GELB (0,728). Diese drei bivariaten Verteilungen mit minimaler Korrelation enthalten jeweils das Etymon GRAU.

In den nachstehenden Diagrammen werden die funktionalen Abhängigkeiten der Farben anschaulich. Beispielhaft werden die Korrelationen zwischen BRAUN und ROT (Diagramm 2.3.B) und zwischen GELB und GRAU (Diagramm 2.3.C) dargestellt. Diese beiden Paarreihen sind nicht die Extrema, doch handelt es sich hier um sehr häufige Farben. Die Gegenüberstellung wird dadurch repräsentativer.

ROT und BRAUN haben einen Korrelationskoeffizienten von 0,991 und sind paarweise deutlich linear verteilt. Die Regressionsgeraden (Trendgeraden)[283] zur ROT- und BRAUN-Verteilung nähern sich sehr stark. Aus mathematischer Sicht ist die Häufigkeit von BRAUN annähernd eine lineare Funktion der Häufigkeit von ROT und umgekehrt.

Anders verhalten sich die Trendgeraden bei GELB und GRAU (r = 0,728). Die grafische Darstellung erweckt den Eindruck, dass es sich um einen nicht-linearen, vielleicht logarithmischen oder exponentiellen Trend handeln könnte. Diese Überlegung wird aber nicht weiter verfolgt. Es ist nicht der Sinn dieses Kapitels, die ideale Näherungsfunktion zu berechnen, sondern unterschiedliche funktionale Abhängigkeiten zu diskutieren.

Im Gegensatz zu ROT und BRAUN ist der lineare Zusammenhang zwischen GELB und GRAU weit kleiner. Die relative funktionale Unabhängigkeit dieser Farben ist tendenziell durchschnittlich stärker von GRAU gesteuert als von GELB: GRAU steht hinsichtlich seiner durchschnittlichen Korrelation in Tabelle 2.3.A an 10. Stelle; GELB ist rangmäßig nicht sehr weit davon entfernt (7. Stelle), jedoch beträgt die absolute Differenz der Korrelation zwischen GELB und GRAU 0,147, während z.B. die absolute Differenz zwischen GELB und dem Maximum bei BRAUN nur 0,018 beträgt, obwohl fünf Ränge dazwischen liegen.

Zusammengefasst sei festgehalten, dass es im Allgemeinen eine deutliche funktionale Abhängigkeit der Verteilung einzelner Farben gibt. Dies gilt besonders für BRAUN, ROT, BLAU und WEISS. Für GRAU konnte eine relative Unabhängigkeit nachgewiesen werden. Dies bestärkt weiter die Vermutung, dass diese Farbe bei Jahnn eine spezifische Funktion hat.

---

[283] $x' = \dfrac{KOVARIANZ_{x,y}}{VARIANZ_y}(y - m_y) + m_x$; $y' = \dfrac{KOVARIANZ_{x,y}}{VARIANZ_x}(x - m_x) + m_y$

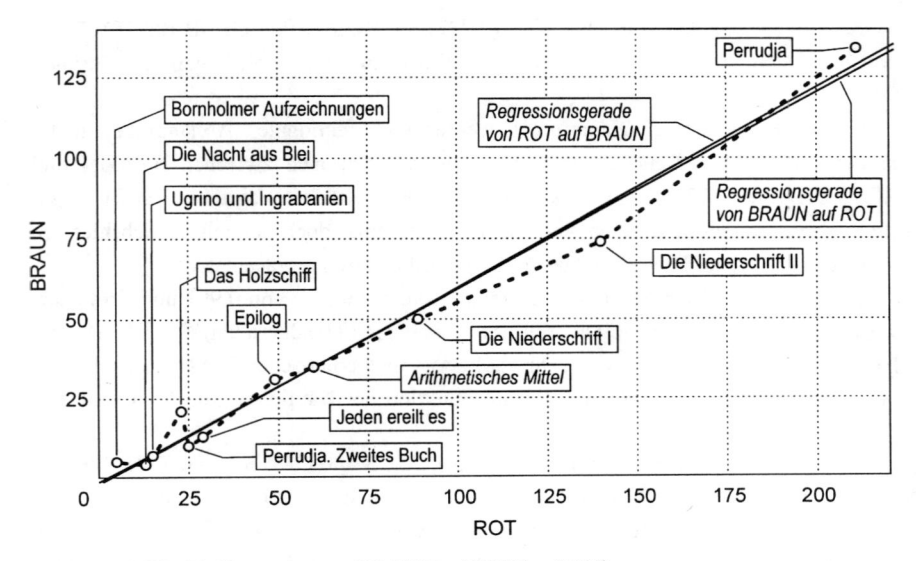

Diagramm 2.3.B: Die Regression von BRAUN und ROT (r = 0,991)

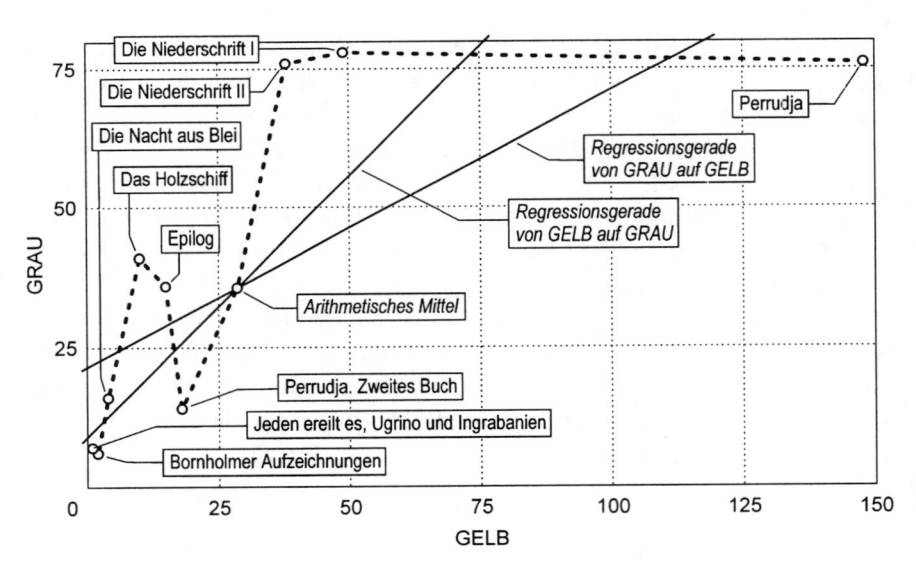

Diagramm 2.3.C: Die Regression von GRAU und GELB (r = 0,728)

2.4. Die Farben anderer Texte

In diesem Kapitel wird geprüft, inwieweit die Farbverteilung bei Jahnn mit anderen Texten und Autoren übereinstimmt. Dies geschieht in zwei Schritten: Als Erstes werden empirische Daten zur Farbverteilung aus literaturwissenschaftlichen und linguistischen Farbforschungen sowie aus Häufigkeitswörterbüchern mit dem Jahnn-Korpus verglichen (Tabellen 2.4.A und 2.4.B). Als Zweites werden Arbeiten herangezogen, die umfangreiche Korpora mit dem Berlin/Kay-Modell vergleichen (Tabelle 2.4.C).

Zunächst werden die Daten aus anderen Forschungsarbeiten nach dem gleichen Schema aufgelistet, das auch für die Erfassung der Farbetyma bei Jahnn verwendet wurde. Begriffe wie Gold, Silber, Hell und Dunkel und andere, die nach der Farbdefinition in Kapitel 1.4. nicht als Farben gelten, werden eliminiert. Wenn Felder in der Liste keinen Wert aufweisen, muss der Grund nicht unbedingt darin liegen, dass das entsprechende Farbwort im Korpus nicht vorliegt, es kann der betreffende Farbwert von den Farbforschern und -forscherinnen auch in andere Farben inkorporiert worden sein. Insgesamt sind die zitierten Arbeiten sehr unterschiedlich angelegt und schlüsseln die Belege unterschiedlich genau auf.

Die Daten stammen aus insgesamt 31 Einzelkorpora. Davon sind 27 deutsch, drei englisch und eines lateinisch. 29 von den 31 sind schriftsprachliche Korpora, zwei sind sprechsprachliche. Die meisten Texte stammen aus dem 19. und 20. Jahrhundert, doch sind auch William Shakespeare, Edmund Spenser und Horaz vertreten.[284]

Diesen Korpora gemeinsam ist das Faktum, dass die Verteilungen der Farbwörter in absoluten Zahlen vorliegen.[285] Solche Listen sind von sich aus nicht besonders aussagekräftig. Der Transparenz halber werden sie jedoch vollständig im Anhang II wiedergegeben. Fasst man diese Listen zusammen und stellt man ihnen die Farbhäufigkeiten bei Jahnn gegenüber, so werden konzise Aussagen möglich.

Die Spalte A in Tabelle 2.4.A liefert die Zahlen aus dem Jahnn-Korpus. Die Spalte B fasst alle 31 Einzelkorpora aus dem Anhang II zusammen und entspricht der Summe der Spalten C bis J. Aufgrund der ähnlichen Arbeits- und Darstellungsweise einzelner Farbforscher lassen sich bestimmte Einzelkorpora zu Untergruppen zusammenfassen (Spalten C, D, E).

---

[284] Für die vollständigen bibliographischen Nachweise der zahlreichen Primärquellen muss aus Platzgründen auf die Sekundärquellen verwiesen werden.
[285] Somit kann beispielsweise die umfangreiche Arbeit von Ehrke (1979) zu Stifter nicht berücksichtigt werden.

	A		B		C		D		E	
	Jahnn (vgl. Tabelle 2.2.A)		Daten aus den 31 Einzelkorpora (Anhang II) (= Spalten C bis J)		Hebbel, Horaz, Hofmannsthal, George, Trakl, Rilke, Lasker-Schüler. Quellen: Gubelmann (1922), 132; Thome (1994), 16; Steiner (1986), 230f.		Schiller, Shakespeare, Spenser, Wagner, Schumann, Hoffmann, Tieck. Quellen: Groos (1909), 569; Groos (1910), 32, 39, 44f.; Groos/ Netto (1912), 410; Katz (1911), 20.		Alltagskonversation; Bachmann, Becker, Böll, Dürrenmatt, Frisch, Handke, Kaschnitz, Lenz, Loetscher, Wolf. Quelle: Lehmann (1998), 285–309.	
	abs.	%'	abs.	%'	abs.	%'	abs.	%'	abs.	%'
BLAU	146	3,61	2361	9,02	259	12,03	49	4,91	40	10,41
BRAUN	349	9,76	1211	2,62	67	3,57	0	0,00	16	3,24
GELB	286	5,91	1486	5,15	86	4,45	11	1,41	35	8,33
GRAU	357	12,08	1497	3,90	110	6,27	4	0,52	22	4,58
GRÜN	340	9,25	2595	8,53	200	10,79	72	7,50	30	7,35
LILA	9	0,41	17	0,09	3	0,14	0	0,00	1	0,15
ORANGE	1	0,01	47	0,44	0	0,00	0	0,00	5	1,18
PURPUR	25	1,04	479	0,98	76	3,56	0	0,00	0	0,00
ROSA	43	1,02	213	0,92	25	1,26	0	0,00	5	1,36
ROT	599	17,14	4693	22,46	285	21,81	238	26,61	70	20,02
SCHWARZ	738	22,05	4119	23,12	279	17,06	284	30,02	66	22,90
VIOLETT	36	0,72	88	0,72	6	0,49	0	0,00	8	1,63
WEISS	678	17,00	3852	22,04	288	18,58	237	29,04	62	18,85
Summe	3607	100,00	22658	100,00	1684	100,00	895	100,00	360	100,00
s		7,22		8,60		7,28		11,65		7,75
	F		G		H		I		J	
	Goethe. Quelle: Schmidt (1965), 170, 203, 248.[286]		Kleist. Quelle: Schanze (1989).		Deutsch. Quelle: Kaeding (1898).		Zeitungssprache. Quelle: Rosengren (1972).		Gesprochene Sprache. Quelle: Ruoff (1981).	
	abs.	%	abs.	%	abs.	%	abs.	%	abs.	%
BLAU	838	12,98	8	4,79	987	9,37	163	6,98	17	7,42
BRAUN	327	5,07	5	2,99	679	6,45	114	4,88	3	1,31
GELB	581	9,00	5	2,99	699	6,64	59	2,53	10	4,37
GRAU	490	7,59	4	2,40	764	7,25	101	4,33	2	0,87
GRÜN	809	12,53	1	0,60	1233	11,70	218	9,34	32	13,97
LILA	0	0,00	0	0,00	8	0,08	5	0,21	0	0,00
ORANGE	0	0,00	0	0,00	34	0,32	8	0,34	0	0,00
PURPUR	204	3,16	0	0,00	187	1,78	12	0,51	0	0,00
ROSA	56	0,87	0	0,00	92	0,87	31	1,33	4	1,75
ROT	1070	16,58	51	30,54	2453	23,29	481	20,60	45	19,65
SCHWARZ	936	14,50	45	26,95	1844	17,51	620	26,55	45	19,65
VIOLETT	0	0,00	0	0,00	67	0,64	7	0,30	0	0,00
WEISS	1143	17,71	48	28,74	1487	14,12	516	22,10	71	31,00
Summe	6454	100,00	167	100,00	10534	100,00	2335	100,00	229	100,00
s		6,39		11,64		7,05		8,93		9,76

Tabelle 2.4.A: Farbhäufigkeiten bei Jahnn und anderen Autoren (in Gruppen)

[286] Auf die Daten von Franck (1909) wird verzichtet, da diese durch Schmidt (1965) überholt sind.

2.4. Die Farben anderer Texte

In den Spalten A bis E ist die relative prozentuale Farbverteilung das arithmetische Mittel der Prozentwerte aus den Einzelkorpora (%'). Bei den Vergleichskorpora F bis J, die jeweils aus einem einzelnen Korpus bestehen, beziehen sich die Prozentangaben auf die jeweiligen Einzelwerte (%).

Die maximale Häufigkeit einer Farbe liegt bei etwa 30 %. Diesen Wert erreichen SCHWARZ in der Spalte D, ROT in G und WEISS in J. Durchschnittlich (Spalte B) erreichen SCHWARZ, ROT und WEISS etwas mehr als 20 %. Auffallend ist die ähnliche Standardabweichung s der relativen prozentualen Häufigkeit in den meisten Spalten. Sie liegt bei etwa 7–8 %. Spürbar höher liegt die Standardabweichung in den Spalten D, G und J. Dies sind auch die Spalten mit den höchsten Maxima.

Vergleicht man Jahnn mit dem ermittelten Durchschnitt (Spalten A und B), so fallen große Unterschiede bei BLAU, BRAUN und GRAU auf. Jahnn verwendet unterdurchschnittlich wenig BLAU, jedoch überdurchschnittlich viel BRAUN und GRAU. Schon beim Vergleich mit dem Berlin/Kay-Schema waren Abweichungen im Bereich ebendieser Farben aufgefallen. Der strukturelle Zusammenhang zwischen der Farbverteilung bei Jahnn, der Farbverteilung in den Vergleichskorpora (Anhang II) und der Farbverteilung nach dem Berlin/Kay-Modell kann durch die Korrelation beschrieben werden (Tabelle 2.4.B). Zur Berechnung der Rangkorrelation werden wieder die 13 Farbetyma wie in den Tabellen 2.2.B und 2.2.C zu den elf Grundfarbwörtern nach Berlin/Kay zusammengefasst, d.h. VIOLETT, LILA und PURPUR bilden die berlin/kaysche ‚purple'-Gruppe.

Die Korrelation zwischen Jahnn (Spalte A in Tabelle 2.4.A) und den großen, zusammenfassenden Korpora (Spalten B bis J) ist beachtenswert hoch. Der Korrelationskoeffizient zwischen Jahnn und den kleineren Einzelkorpora ist insgesamt kleiner. Die Wahrscheinlichkeit für die Annahme der Nullhypothese $r = 0$ beträgt bei mehreren Korpora mehr als 5 %.

Die Ränge der Farbverteilung sind etwas höher mit dem Berlin/Kay-Modell korreliert als die absoluten Verteilungen mit Jahnn. Beachtlich ist auch die relativ weite Entfernung des Jahnn-Korpus vom Berlin/Kay-Modell, verglichen mit anderen Korpora. Eine Ironie des Schicksals ist die hohe Korrelation zwischen den zusammengefassten Lehmann-Korpora (Spalte E) und dem Berlin/Kay-Modell, ist es doch Lehmann, der Berlin/Kay sehr heftig kritisiert und die Sinnhaftigkeit von Farbstatistik leugnet.

Die Tabelle 2.4.B dient in erster Linie einer Positionsbestimmung der jahnnschen Farbgebung in einem großen quantitativen Kontext. Die ausführliche Diskussion aller Werte und Korpora würde weit über den Rahmen dieses Kapitels hinausführen. Bedenkenswert aber ist das folgende Detail (siehe Seite 87).

Pearson-Korrelationskoeffizient der absoluten Häufigkeiten zu den absoluten Häufigkeiten bei Jahnn			Spearman-Rangkorrelationskoeffizient der Ränge zur Berlin/Kay-Rangordnung		
Bachmann: Malina	-0,2800			0,2750	Alltagskonversation
Trakl	0,3013			0,2977	Lenz: Deutschstunde
Frisch: Stiller	0,3470			0,6000	Hebbel: Gedichte
Alltagskonversation	0,3522		P<0,05	0,6023	Lasker-Schüler: Styx
George: Lyrik	0,4158			0,6409	George: Lyrik
Lenz: Deutschstunde	0,4322			0,6659	Bachmann: Malina
Hebbel: Gedichte	0,4975			0,6682	Becker: Boxer
Böll: Ansichten	0,5048		P<0,01	0,7455	Trakl
Shakespeare: Epen	0,5413			0,7591	(Spalte A, nach %')
Lasker-Schüler: Styx	0,5981	P<0,05		0,7636	Kaschnitz: Eisbären
Spenser: Faerie queene	0,6532			0,7727	Loetscher: Abwässer
Tieck	0,6611			0,7773	Frisch: Stiller
Wolf: Kindheitsmuster	0,7323	P<0,01		0,8114	Schumann
Kaschnitz: Eisbären	0,7441			0,8205	Hofmannsthal: Lyrik
Dürrenmatt: Besuch	0,7510			0,8205	Rilke: Gedichte
Becker: Boxer	0,7749			0,8273	(Spalte C, nach %')
Goethe	0,7957			0,8318	Handke: Tormann
Gesprochene Sprache	0,7985		P<0,001	0,8500	Kleist
Hofmannsthal: Lyrik	0,7994			0,8500	Dürrenmatt: Besuch
Schumann	0,8049	P<0,001		0,8636	Deutsch
Rilke: Gedichte	0,8158			0,8659	Wolf: Kindheitsmuster
(Spalte C)	0,8202			0,8841	Böll: Ansichten
Hoffmann	0,8811			0,8841	Spenser: Faerie queene
(Spalte D)	0,8813			0,8909	Zeitungssprache
Horaz	0,8841			0,8909	Hoffmann
Kleist	0,8919			0,9091	(Spalte B, nach %')
Loetscher: Abwässer	0,8937			0,9091	(Spalte E, nach %')
Deutsch	0,8995			0,9091	Goethe
(Spalte E)	0,9077			0,9182	Shakespeare: Epen
Schiller: Lyrik	0,9163			0,9182	Tieck
(Spalte B)	0,9188			0,9250	(Spalte D, nach %')
Zeitungssprache	0,9329			0,9341	Gesprochene Sprache
Handke: Tormann	0,9360			0,9409	Shakespeare: Sonette
Wagner: Ring	0,9413			0,9500	Wagner: Ring
Shakespeare: Sonette	0,9842			0,9591	Schiller: Lyrik
(Spalte A)	—			0,9750	Horaz
	N = 13		N = 11		

Tabelle 2.4.B: Korrelation der *anderen* Texte zu Jahnn und Berlin/Kay

2.4. Die Farben anderer Texte

Im linken Bereich der Tabelle 2.4.B ist der korrelative Abstand zwischen dem Trakl- und Jahnn-Korpus am größten.[287] Diese beiden sehr umfangreichen Korpora sind deutlich nicht korreliert. Ausschlaggebend dafür ist die Spitzenstellung von Blau mit 23,82 % (vgl. Anhang II) bei Trakl. Diese singuläre Besonderheit macht Trakls Gedichte zu einem lohnenden Gegenstand für die Farbforschung.[288] Quantitativ ist aber das Grau, das bei Jahnn sehr weit nach oben gerückt ist, bedeutsamer als die Spitzenstellung von Blau bei Trakl. Zieht man Berlin/Kay als Referenz (vgl. Tabelle 2.2.C) heran, so hat die Rangdifferenz zwischen Blau bei Trakl und Blau bei Berlin/Kay den Betrag 5, die Rangdifferenz zwischen Grau bei Jahnn und Grau bei Berlin/Kay aber beträgt 5,5.

Es geschieht hier nicht zum ersten Mal, dass Korrelationen zwischen Farbhäufigkeiten berechnet werden. D.C Hays, E. Margolis, R. Naroll und D.R. Pekins (1972), Ralph Bolton (1978) und I. C. McManus (1983) haben umfangreiche Korpora mit der Berlin/Kay-These verglichen. Sie kommen unisono zum Ergebnis, dass eine Übereinstimmung vorliegt, und bestätigen, dass das Berlin/Kay-Modell universalsprachliche und überkulturelle („cross-cultural") Gültigkeit beanspruchen darf.

Hays/Margolis/Naroll/Pekins interpolieren aus zahlreichen Quellen Korpora für die Sprachen Englisch, Spanisch, Französisch, Deutsch, Russisch und Rumänisch und berechnen die Spearman-Rangkorrelation zu Berlin/Kay.[289] Bolton lässt spanischsprachige Schüler und Studenten in den peruanischen Städten Chapa und San Juan spontan Farbwörter aufzählen.[290]

Am umfangreichsten sind die Daten, die McManus (1983) verarbeitet. Die Autorin fasst Untersuchungen zur Dichtung der englischen Romantik, zum Farbwortgebrauch im amerikanischen Englisch und im Chinesischen sowie zu spontanen Farbwortnennungen im Englischen zusammen und bereichert die Daten durch eigene Untersuchungen zur Länge der Farbwort-Artikel im „Oxford English Dictionary".[291]

Die Tabelle 2.4.C fasst die Ergebnisse von Hays/Margolis/Naroll/Pekins (1972), Bolton (1978) und McManus (1983) zusammen und vergleicht diese mit den Rangkorrelationen aus der Tabelle 2.4.B. Aus dieser Tabelle sind jedoch lediglich die Werte

---

[287] Der Abstand zwischen Jahnn und Bachmanns „Malina" ist noch größer. Dies aber ist zu vernachlässigen, weil das Bachmann-Korpus aus unten noch näher zu diskutierenden Gründen nicht repräsentativ ist.
[288] Z.B. Lühl-Wiese (1963), Becht (1980), Wolffheim (1985), Steiner (1986). Zu Blau – abgesehen von den sehr zahlreichen Arbeiten zur *Blauen Blume* der Romantik – vgl. auch Haas (1989), Overath (1987) und Overath/Lochmann (1988).
[289] Hays/Margolis/Naroll/Pekins (1972), S. 1113. Genaue Angaben zu den Quellen ebenda, S. 1112.
[290] Bolton (1978), S. 290–293. Hier auch genaue Angaben zu Anlage und Form der Interviews.
[291] McManus (1983), 250–252. Hier auch genaue Nachweise der Quellen.

von sehr großen Korpora berücksichtigt (Ausnahme: das kleine Korpus *Alltagskonversation* von Lehmann).

Korpus	Quelle	Spearman-Rangkorrelation zu Berlin/Kay	P
Alltagskonversation (Lehmann)	Tab. 2.4.B	0,275	
Spontane Farbnennungen Englisch	McManus (1983), 251.	0,393	
Artikellänge im Oxford English Dictionary	McManus (1983), 251.	0,514	
Spontane Farbnennungen San Juan	Bolton (1978), 295.	0,62	P<0,05
Spontane Farbnennungen Chapa	Bolton (1978), 295.	0,70	
Jahnn (Spalte A)	Tab. 2.4.B	0,7591	P<0,01
Französisch	Hays et. al. (1972), 1113.	0,764	
Amerikanische Erzählungen	McManus (1983), 251.	0,778	
Spanisch	Hays et. al. (1972), 1113.	0,807	
Korpus Gubelmann u.a. (Spalte C)	Tab. 2.4.B	0,8273	
Englische Romantik	McManus (1983), 251.	0,835	
Amerikanisches Englisch	McManus (1983), 251.	0,841	
Deutsch (Kaeding) (Spalte H)	Tab. 2.4.B	0,8636	P<0,001
Englisch	Hays et. al. (1972), 1113.	0,866	
Russisch	Hays et. al. (1972), 1113.	0,868	
Deutsch	Hays et. al. (1972), 1113.	0,886	
Zeitungssprache (Rosengren) (Spalte I)	Tab. 2.4.B	0,8909	
Chinesisch	McManus (1983), 251.	0,892	
Alle Korpora außer Jahnn (Spalte B)	Tab. 2.4.B	0,9091	
Korpus Lehmann (Spalte E)	Tab. 2.4.B	0,9091	
Korpus Groos u.a. (Spalte D)	Tab. 2.4.B	0,9250	
Gesprochene Sprache (Ruoff) (Spalte J)	Tab. 2.4.B	0,9341	
Rumänisch	Hays et. al. (1972), 1113.	0,964	
			N = 11

Tabelle 2.4.C: Korrelationen im Vergleich

Die Tragweite dieser Tabelle ist wegen des Umfanges der verrechneten Korpora beachtlich. Zwei von den 23 Korrelationskoeffizienten sind signifikant, 7 sehr signifikant und 11 hoch signifikant verschieden von 0. So schließt denn daraus auch jede der Einzeluntersuchungen auf die Übereinstimmung zwischen empirischer Farbverteilung und dem Berlin/Kay-Modell.

Betrachtet man die Tabelle genauer, differenziert sich diese grundsätzliche Übereinstimmung. Jahnn ist – korrelativ zum Berlin/Kay-Modell – am Rande angesiedelt, obwohl der Korrelationskoeffizient sehr signifikant von 0 verschieden ist. Dies zeigt einmal mehr seine Sonderstellung.

2.4. Die Farben anderer Texte

Statistisch gesehen, gilt für die ersten drei Positionen der Tabelle 2.4.C kein Zusammenhang mit der Berlin/Kay-These. Es handelt sich hier um die von Lehmann belauschte Alltagskonversation, um spontane Farbnennungen im Englischen und um die Farbwort-Artikellänge im „Oxford English Dictionary". Bei den darauf folgenden zwei Positionen handelt es sich ebenfalls um spontane Farbwortnennungen. Darauf folgt Jahnn.

Bei den ersten fünf Positionen (mit Ausnahme der Artikellänge) handelt es sich um gesprochene Sprache. Mit Jahnn folgen schriftsprachliche Korpora. Das lässt vermuten, dass vor allem schriftsprachliche Korpora mit der Berlin/Kay-These übereinstimmen, nicht aber sprechsprachliche.[292]

Andererseits fällt auf, dass das Korpus *Gesprochene Sprache* am zweithöchsten mit Berlin/ Kay korreliert ist. Hier wurde die Farbverteilung im gesprochenen Deutsch anhand von Arno Ruoffs „Häufigkeitswörterbuch gesprochener Sprache" ermittelt. Die Korrelationskoeffizienten der Farbverteilung in der gesprochenen deutschen Sprache (Lehmann und Ruoff) bilden ungeachtet des rumänischen Korpus die Extrema.

Sehr wahrscheinlich erklären sich kleine Korrelationskoeffizienten hier nicht daraus, dass es sich um gesprochene Sprache handelt, sondern aus dem zu geringen Stichprobenumfang bei Lehmann und aus der Fehlannahme bei McManus und Bolton, dass nämlich ein Produktionstest möglicherweise Farbpräferenzen der Versuchspersonen testet und weniger die Farbworthäufigkeit in der Sprache.[293]

Lehmann hat während seiner 100-stündigen Sprachbelauschung 31 Farbwortnennungen gehört (Anhang II). Seine Stichprobe ist zu klein. Die folgenden Größenordnungen machen deutlich, dass eine quantitative Farbuntersuchung erst ab einer Farbfrequenz von etwa 100 und bei Korpora aus mindestens einigen 100.000 Wörtern repräsentativ ist.

Ruoffs Häufigkeitswörterbuch verarbeitet ein Korpus aus genau 500.000 Wörtern,[294] darin gibt es 229 Farbnennungen. Friedrich Kaedings Häufigkeitswörterbuch basiert auf „fast 11 Millionen Wörter[n]".[295] Inger Rosengrens Datenmaterial umfasst ca. 12,4 Mio. Wörter.[296] Das Jahnn-Korpus besteht aus etwas mehr als 1 Mio. Wörtern (Tabelle 2.1.A). Hays/Margolis/Naroll/Pekins legen offen, dass die zu Grunde liegenden Texte einige hunderttausend Wörter umfassen.[297] McManus' schriftsprachliche

---
[292] *Passim*, aber unreflektiert von McManus (1983), S. 250, angesprochen.
[293] Diesen Verdacht äußert McManus (1983), S. 252.
[294] Ruoff (1981), S. 18. Ruoffs Grundlage waren transkribierte Tonbandaufzeichnungen aus dem von Eberhard Zwirner erstellten „Deutschen Spracharchiv".
[295] Kaeding (1898), S. 6.
[296] Rosengren (1972), S. XXIII. Das Korpus besteht aus repräsentativen Stichproben aus „Die Welt" und „Süddeutsche Zeitung", Zeitraum: 1.11.1966 bis 30.10.1967.
[297] Hays/Margolis/Naroll/Pekins (1972), S. 1112.

Textkörper haben Umfänge von bis zu einer Million Wörter.[298] Auch Boltons Datenmaterial ist umfangreich. Die 113 spanischsprachigen Schüler und Studenten nannten in einem Produktionstest 24 verschiedene Farbbegriffe, die 739-mal rekurrierten.[299]

Besonderes Augenmerk verdient weiterhin Lehmann. Das aus seinen Einzelkorpora zusammengesetzte Korpus ist außergewöhnlich hoch mit der Berlin/Kay-These korreliert ($r = 0{,}9091$). Dabei ist es gerade Lehmann, der in seiner umfangreichen Dissertation eine sehr kritische und ablehnende Haltung Berlin/Kay gegenüber einnimmt.[300] Lehmann dürfte jedoch in einigen Punkten Irrtümern aufgesessen sein.

Lehmann analysiert von den zehn deutschsprachigen literarischen Werken lediglich jeweils die ersten 50 Seiten. Das ist viel zu wenig, um eine Stichprobe mit der Berlin/Kay-These abgleichen zu können (siehe oben). Er begründet seine strikte Ablehnung der Berlin/Kay-These vor allem anhand dieser *einzelnen* Stichproben, die auch tatsächlich und von dem, was Berlin und Kay vertreten, abweichen.[301] Umso bemerkenswerter ist es, dass die *Summe* der lehmannschen Einzelkorpora zu einem Ergebnis führt, das einen ausgesprochen engen Zusammenhang mit Berlin/Kay aufweist.

Lehmann gesteht einen vagen Zusammenhang zwar grundsätzlich ein,[302] er kann ihn aber nicht definieren. So kommentiert er, dass – verglichen mit anderen „farbwortstatistischen Untersuchungen" (dabei zitiert er sogar Hays/Margolis/Naroll/Pekins und McManus, ohne aber ihre Berechnungen deuten zu können) –

> [...] sich nur in bezug auf die vorrangige Verwendung von weiß, schwarz und – in beschränktem Maße – rot eine signifikante Übereinstimmung herstellen läßt.[303]

Lehmann hätte diesen Satz mit Sicherheit nie geschrieben, wenn er seine Daten mit dem Berlin/Kay-Modell statistisch korreliert hätte. Lehmann weiter:

> Überraschend ist dagegen die Tatsache, daß nur rund ein Drittel davon [sc. die von ihm gefundenen Farbbezeichnungen] ‚basic color terms', bzw. gänzlich und usuell abstrakte Farbadjekte, sind (entspricht ca. einer Verwendung pro 2,5 Seiten) und daß fast die Hälfte der Ausdrücke nicht unter die Kategorie der eigentlichen Farbwörter fällt. Das wirft ein ganz neues Licht auf die relative Bedeutung der ‚basic color terms' und zeigt, daß die in den meisten Farbwortuntersuchungen nicht berücksichtigten, alternativen ‚Farb'-Wortungsmöglichkeiten einen prominenteren Platz einnehmen, als man bisher angenommen hat.[304]

---

[298] McManus (1983), S. 250.
[299] Bolton (1978), S. 290.
[300] Lehmann (1998), S. 128, 170, 180, 199, 206–208, 246–257.
[301] Lehmann (1998), S. 285–313.
[302] Lehmann (1988), S. 180.
[303] Lehmann (1998), S. 314.
[304] Lehmann (1998), S. 312.

2.4. Die Farben anderer Texte

Lehmanns Engagement, *alternative Farbwortungsmöglichkeiten* hervorzuheben, ist zweifelsohne zu würdigen, und die Differenzierung einfacher Farben ist sicher ein maßgebliches Kriterium für die Beschreibung individueller und einzelsprachlicher Farbwortfelder. Schließlich ist realisierte Sprache in ihrem Ausdruck differenzierter als ein typologisches Modell, das die Struktur von Sprache beschreibt. Doch haben Berlin und Kay nie den Anspruch erhoben, mit ihren *Basic color terms* alle denkbaren und sprachlich realisierbaren Farbausdrücke zu inkludieren oder gar einzelsprachliche, idiomatische und individuelle Farbnuancierungen zu beschreiben.

Und schließlich ist so originär („ein ganz neues Licht") die lehmannsche Beobachtung nicht. Schon Groos – den Lehmann in seiner Bibliographie nicht führt – stellt staunend fest, dass die bunten Farben Rot, Gelb, Grün und Blau etwa ein Viertel der „optischen Qualitäten" ausmachen und der überwiegende Teil davon aus Schwarz, Weiß, Dunkel, Hell, Blass, Blond, Glut, Glanz, Schein, Gold, Silber usw. besteht. „Daß diese Regelmäßigkeit aber so weit geht, hätte gewiß niemand vermutet."[305]

So mutet denn Lehmanns strikte Ablehnung der Berlin/Kay-These und der Vorwurf an die quantitative Farbforschung, sie sitze Zirkelschlüssen auf, etwas überzogen an:

> Allgemein beschränken sich bisherige Untersuchungen jedoch von vornherein auf indogermanische Sprachen und auf die Zählung von ‚basic color terms' (Ausdrücke wie *blond* oder *golden* werden also gar nicht berücksichtigt), so daß die durch sie ‚bewiesene' ungefähre Übereinstimmung zwischen der Farbwort-‚salience' in der Literatur und der Berlin & Kayschen Abfolge auf einer zirkulären Methodik beruht und als Verifikationsmittel für die Universalität der ‚basic color terms' kaum tauglich ist.[306]

Dass die Wiederholbarkeit des Experiments bei gleicher Versuchsanordnung und unterschiedlichen Stichproben eine Grundvoraussetzung für wissenschaftliche Hypothesenprüfung ist, scheint für Lehmann nicht zu gelten.

In diesem Kapitel geht es um die großräumige quantitative Kontextualisierung von Jahnn. Ein weiterer Wert für eine Positionsbestimmung ist die Farbdichte (Farbwörter je 10.000 Wörter). Bei Jahnn beträgt sie 29,83 (Tabelle 2.1.B). Da Kaeding, Rosengren und Ruoff genaue Angaben über den Korpusumfang machen, lässt sich die Farbdichte ihrer Korpora berechnen. Zusätzliche Vergleiche bieten Werte aus den Arbeiten von Groos.[307] Die Tabelle 2.4.D stellt die unterschiedlichen Werte der Farbdichte dar.

---

[305] Groos (1909), S. 567. Groos/Netto (1910), S. 46, in Sachen Rot: „Hier erhebt sich die frage, wie weit sich diese bevorzugung der wärmsten farbe ausdehnt. Werden wir in der dichtung der romanen und in der antiken poesie andere verhältnisse finden? Wir wissen es nicht. Ist ferner die vorliebe für diese farbe als das kennzeichen eines kraftvollen feurigen temperaments zu fassen?"

[306] Lehmann (1998), S. 315.

[307] Bei der Entnahme der Daten aus den Tabellen von Groos wurden die bunten und die neutralen Farben aus der so genannten Brutto-Gruppe berücksichtigt.

Korpus	Farbnennungen	Korpusumfang	Farbdichte
Kaeding (1898)	10.534	11.000.000	9,58
Rosengren (1972)	2.335	12.400.000	1,88
Ruoff (1981)	229	500.000	4,58
Jahnn	Tabelle 2.1.B		29,83
Goethe: Lyrik	Groos (1909), S. 570.		44,85
Schiller: Lyrik	Groos (1909), S. 570.		81,64
Shakespeare: Sonette	Groos/Netto (1910), S. 33.		55,00
Wagner: Ring	Groos/Netto (1912), S. 410.		12,60

Tabelle 2.4.D: Farbdichte im Vergleich

Verglichen mit Kaeding, Rosengren, Ruoff und Wagners „Ring", hat das Jahnn-Korpus eine vergleichsweise hohe Farbdichte. Verglichen mit Goethes und Schillers Lyrik und mit Shakespeares Sonetten, ist die Farbdichte gering. Diese Beobachtung bestätigt die Textsortenabhängigkeit der Farbdichte (Tabelle 2.1.C). Tendenziell nimmt die Farbdichte in der Reihenfolge Lyrik, erzählende Literatur, dialogische Texte, gesprochene Sprache ab.[308]

Offenbar aber ist die Farbdichte auch von der Varietät abhängig. Die Sprache der Schönen Literatur (literarische Werke von Jahnn, Goethe u.a.) weist eine weit höhere Farbdichte auf als beispielsweise die gesprochene Alltagssprache (Ruoff). Äußerst gering ist die Farbdichte in der Zeitungssprache (Rosengren rezipiert „Die Welt" und die „Süddeutsche Zeitung"). Auffallend ist die relativ geringe Farbdichte in Kaedings Häufigkeitswörterbuch, die möglicherweise durch die breite Stichprobenauswahl bedingt ist.[309] Ferner korrespondiert die Varietätenabhängigkeit der Farbdichte mit der Annahme, dass hohe Farbdichte und inhaltliche Uneigentlichkeit zusammenhängen, auch insofern, als Uneigentlichkeit eher ein Merkmal der Schönen Literatur ist und weniger ein Merkmal etwa von alltagssprachlichen oder Gebrauchstexten.

2.5. Die diachrone Verteilung der Farben

In den vorangehenden Kapiteln lag das Hauptaugenmerk auf der synchronen Betrachtung. Die einzelnen Werke von Jahnn sollen nun auch diachron betrachtet werden. Denkbar ist eine Gleichverteilung der Farben. Denkbar sind aber auch ganz bestimmte

---

[308] Dies ist nicht zu verwechseln mit der Diskussion, ob die Farb*verteilung* – gemessen am Berlin/Kay-Modell – textsortenabhängig ist.

[309] Kaeding legt großen Wert auf die Repräsentativität der Stichproben. Er rezipiert wissenschaftliche, literarische, Zeitungs- und Gebrauchstexte. Vgl. die umfangreiche Quellensammlung in Kaeding (1898), S. 12–20.

2.5. Die diachrone Verteilung der Farben

Ungleichgewichte, die vom Verlauf der Erzählzeit abhängig sind. Möglich ist aber auch eine Ungleichverteilung, die keine strukturelle Ordnung aufweist und willkürlich ist – eine Vermutung, die die Tabelle 2.1.B nahe legt.

Welche dieser drei Hypothesen zutrifft, soll nun geprüft werden. Zunächst werden die einzelnen zehn Texte anhand des Seitenumfangs in zwei Hälften geteilt. Dann wird festgestellt, wie viele Farbetyma prozentual auf die beiden Hälften entfallen.

	1. Hälfte		2. Hälfte
Ugrino und Ingrabanien	46,30	<	53,70
Perrudja	41,07	<	58,93
Perrudja. Zweites Buch	57,04	>	42,96
Bornholmer Aufzeichnungen	59,53	>	40,47
Das Holzschiff	55,70	>	44,30
Die Niederschrift I	51,19	>	48,81
Die Niederschrift II	63,97	>	36,03
Epilog	40,93	<	59,07
Jeden ereilt es	55,41	>	44,59
Die Nacht aus Blei	65,79	>	34,21
Arithmetisches Mittel	53,69	>	46,31
‚Supertext'	61,27	>	38,73

Tabelle 2.5.A: Hälften-Verteilung in Prozent

Das arithmetische Mittel aus den einzelnen Werten zeigt, dass auf die erste Texthälfte durchschnittlich 53,69 % der Farbetyma entfallen, auf die zweite Hälfte 46,31 %. Ob dieser Trend der durchschnittlichen Ungleichverteilung signifikant ist, kann durch den so genannten Vorzeichentest geprüft werden.[310] Da in sieben von den zehn Texten der überwiegende Teil der Farbetyma in der ersten Texthälfte auftritt, ist das Ergebnis gerade nicht mehr signifikant von der Nullhypothese verschieden. Denn in drei Texten („Ugrino und Ingrabanien", „Perrudja" und „Epilog") liegt der Anteil der Farbetyma in der zweiten Hälfte höher.

Wenn man alle Texte in der Reihenfolge ihres Entstehens hintereinander stellt und auf diese Weise eine Art „Supertext"[311] konstruiert, dann liegt in der ersten Hälfte der

---

[310] Sachs (1992), S. 414: „Der Name des Tests rührt daher, daß nur die Vorzeichen von Differenzen zwischen Beobachtungswerten [sc. zweier gepaarter Messreihen] gewertet werden." Nullhypothese: $P(X>Y) = P(X<Y)$; $P(X>Y) = 0,5$ und $P(X<Y) = 0,5$. Signifikanzschwellen bei $n = 10$: 5 % beim Verhältnis 8 : 2, 2 % bei 1 : 9 und 1 % bei 1 : 9.

[311] Der Begriff *erzählendes Gesamtwerk* ist nicht ganz korrekt, weil viele kürzeste und kurze erzählende Texte und Textfragmente nicht berücksichtigt sind.

Anteil der Farbetyma mit 61,27 % deutlich höher als in der zweiten Hälfte mit 38,73 %.[312]

Um zu differenzierteren Aussagen über die diachrone Verteilung der Farben zu gelangen, wird die Dreiteilung der Texte versucht.

	1. Drittel		2. Drittel		3. Drittel	Rangabfolge
Ugrino und Ingrabanien	34,26	>	21,30	<	44,44	2 3 1
Perrudja	28,31	<	34,29	<	37,40	3 2 1
Perrudja. Zweites Buch	35,92	>	34,51	>	29,57	1 2 3
Bornholmer Aufzeichnungen	52,38	>	19,05	<	28,57	1 3 2
Das Holzschiff	45,57	>	22,78	<	31,65	1 3 2
Die Niederschrift I	30,53	<	38,36	>	31,11	3 1 2
Die Niederschrift II	49,92	>	27,77	>	22,31	1 2 3
Epilog	30,50	>	26,25	<	43,25	2 3 1
Jeden ereilt es	46,99	>	9,64	<	43,37	1 3 2
Die Nacht aus Blei	54,38	>	14,04	<	31,58	1 3 2
Arithmetisches Mittel	40,88	>	24,80	<	34,33	1 3 2
‚Supertext'	45,33	>	33,74	>	20,93	1 2 3

Tabelle 2.5.B: Drittel-Verteilung in Prozent

In acht von zehn Fällen ist das erste Drittel größer als das zweite. Dieses Ergebnis ist nach dem Vorzeichentest (siehe Fußnote 310) signifikant verschieden von der Gleichverteilung. In sieben von zehn Fällen ist das zweite Drittel kleiner als das dritte. Dementsprechend fällt das arithmetische Mittel der Prozentwerte aus: Das erste Textdrittel hat durchschnittlich am meisten Farbetyma, das zweite am wenigsten und das dritte liegt dazwischen.

Der Betrag der Drittel kann sehr unterschiedlich gewichtet sein. Dies spiegelt sich in der Rangabfolge wider. Jeder Rang kann an jeder Position auftreten.

Was den oben konstruierten „Supertext" betrifft, so verwendet Jahn im ersten Drittel seines erzählenden Schaffens am meisten Farbetyma, im zweiten und dritten Teil nimmt die Verwendung sukzessive ab.[313]

Weiter differenzierbar werden die Aussagen, indem man die zehn einzelnen Texte und den „Supertext" in vier und fünf gleiche Teile teilt.

Das prozentuale arithmetische Mittel der Textviertel zeigt folgende Trends: Das erste Viertel beinhaltet die meisten Farbetyma, an zweiter Stelle steht das vierte. Das

---

[312] Die Mitte liegt in diesem „Supertext" in der „Niederschrift I" auf Seite 676.
[313] Die Drittelgrenzen sind: „Holzschiff", S. 115, und „Niederschrift II", S. 244.

2.5. Die diachrone Verteilung der Farben

	1. Viertel		2. Viertel		3. Viertel		4. Viertel	R'abfolge
Ugrino und Ingrabanien	29,63	>	16,67	>	13,89	<	39,81	2 3 4 1
Perrudja	21,53	>	19,54	<	28,07	<	30,86	3 4 2 1
Perrudja. Zweites Buch	30,98	>	26,06	>	23,24	>	19,72	1 2 3 4
Bornholmer Aufzeichnungen	47,62	>	11,91	<	33,33	>	7,14	1 3 2 4
Das Holzschiff	29,75	>	25,95	>	17,09	<	27,21	1 3 4 2
Die Niederschrift I	22,81	<	28,38	<	28,98	>	19,83	3 2 1 4
Die Niederschrift II	40,17	>	23,80	>	17,69	<	18,34	1 2 4 3
Epilog	26,64	>	14,29	<	31,27	>	27,80	3 4 1 2
Jeden ereilt es	43,37	>	12,04	<	14,47	<	30,12	1 4 3 2
Die Nacht aus Blei	29,82	<	35,97	>	8,77	<	25,44	2 1 4 3
Arithmetisches Mittel	32,23	>	21,46	≈	21,68	<	24,63	1 4 3 2
'Supertext'	39,76	>	21,51	<	22,90	>	15,83	1 3 2 4

Tabelle 2.5.C: Viertel-Verteilung in Prozent

zweite und das dritte Viertel weisen am wenigsten Farbetyma auf und haben annähernd den gleichen Betrag (21,46 % und 21,68 %). Dieses Gleichgewicht zwischen dem zweiten und dritten Viertel spiegelt sich auch in den Größenrelationen wieder: Fünfmal ist das zweite Viertel größer als das dritte, und fünfmal ist das dritte größer als das zweite. Zwischen dem ersten und dem zweiten Viertel ist die Relation die gleiche wie zwischen dem ersten und dem zweiten Drittel: achtmal ist das erste größer als das zweite. Nach dem Vorzeichentest ist dieser Trend signifikant von der Gleichverteilung verschieden. Nicht signifikant ist das durchschnittliche Ungleichgewicht zwischen dem dritten und dem vierten Viertel: nur sechsmal ist das vierte größer als das dritte.

Die Beobachtung, dass die Anzahl der Farbverwendungen im Arbeitsleben von Jahnn deutlich abnimmt, lässt sich auch an der Vierteilung des „Supertextes" beobachten.[314] Ähnlich wie bei der Dreiteilung liegt der erste Teil mehr als doppelt so hoch wie der letzte. Für das zweite und dritte Viertel des „Supertextes" gilt dasselbe wie für die Einzeltexte: im dritten steigt der Betrag leicht an.

Die Verteilung des arithmetischen Mittels der Fünfteile (Tabelle 2.5.D) deutet auf einen durchschnittlichen Abstieg der Farbdichte vom ersten bis zum dritten Fünftel hin, im vierten und fünften steigt diese wieder sukzessive an. Zwischen dem ersten und dem zweiten Fünftel sind die Relationszeichen ‚>' und ‚<' mit je fünf Verwendungen gleichverteilt. Nach dem Vorzeichentest bedeutet das eine Gleichverteilung.

---

[314] Die Viertelgrenzen: „Perrudja. Zweites Buch", S. 739, „Niederschrift I", S. 676, „Die Niederschrift II", S. 522.

	1.Fünftel		2.Fünftel		3.Fünftel		4.Fünftel		5.Fünftel	R'abfolge
Ugrino und Ingrabanien	19,44	<	21,30	>	12,04	>	7,41	<	39,81	3 2 4 5 1
Perrudja	19,29	>	15,87	<	18,58	<	19,94	<	26,32	3 5 4 2 1
Perrudja. Zweites Buch	28,17	>	17,61	>	16,90	<	22,54	>	14,78	1 3 4 2 5
Bornholmer Aufzeichnungen	28,57	<	30,96	>	4,76	<	28,57	>	7,14	2 1 4 2 3
Das Holzschiff	22,78	<	26,58	>	12,66	<	16,46	<	21,52	2 1 5 4 3
Die Niederschrift I	17,81	<	24,12	>	5,82	<	35,15	>	17,10	3 2 5 1 4
Die Niederschrift II	34,05	>	21,16	>	16,53	>	11,73	<	16,53	1 2 3 4 3
Epilog	18,91	>	16,60	>	15,06	<	28,58	>	20,85	3 4 5 1 2
Jeden ereilt es	39,77	>	12,05	>	4,82	<	21,68	=	21,68	1 3 4 2 2
Die Nacht aus Blei	21,93	<	37,72	>	8,77	>	7,02	<	24,56	3 1 4 5 2
Arithmetisches Mittel	25,07	>	22,40	>	11,59	<	19,91	<	21,03	1 2 5 4 3
'Supertext'	30,69	>	19,77	<	20,71	>	16,05	>	12,78	1 3 2 4 5

Tabelle 2.5.D: Fünftel-Verteilung in Prozent

Sehr markant in den einzelnen Texten ist das Verhältnis zwischen dem zweiten und dem dritten Fünftel: neunmal ist das zweite größer als das dritte. Dies ist der einzige Fall, wo in den Tabellen 2.5.A bis 2.5.D ein Verhältnis von 9 : 1 vorliegt. Hier ist der Befund sehr signifikant von der Gleichverteilung verschieden.

Das dritte Fünftel ist siebenmal kleiner als das vierte. Das Verhältnis zwischen dem vierten und dem fünften ist relativ ausgewogen.

Anhand der Fünfteilung wird deutlich, dass die Textmitte einen farblichen „Durchhänger" hat, dass die Farbfrequenz am Anfang und am Schluss der Texte deutlich höher liegt als in der Mitte und dass aber ein Übergewicht am Textanfang besteht.

Mit dem „Supertext" verhält es sich hier ähnlich wie bei der Vierteilung. Die verhältnismäßige Anzahl der Farbetyma nimmt vom ersten zum zweiten Teil hin deutlich ab, steigt im dritten Fünftel (wie auch im dritten Viertel) unmerklich an, sinkt dann aber deutlich weiter ab.[315]

Aus diesen Betrachtungen geht mehrerlei hervor: Die Farbetyma sind nicht gleichmäßig über die einzelnen Texte verteilt. Diese Ungleichverteilung verläuft nicht linear, sondern kurvenförmig: Der Farbanteil ist am Beginn des Textes (deutlich nachweisbar bis zum Ende des zweiten Fünftels) am höchsten, nimmt dann um die Mitte deutlich ab und steigt gegen Schluss hin wieder an. Hier erreicht er aber nicht mehr die Dichte wie zu Beginn. Dieser Anstieg innerhalb der zweiten Hälfte bzw. innerhalb des letzten Drittels gestaltet sich aber eher diffus und ist nicht mehr so konsistent wie die relative hohe Farbdichte zu Beginn.

---

[315] Die Fünftelgrenzen: „Perrudja", S. 569, „Niederschrift I", S. 341, „Niederschrift II", S. 21, „Niederschrift II", S. 689.

2.5. Die diachrone Verteilung der Farben

Jahnn setzt Farben vorwiegend am Textbeginn ein. Diese ingressive Stellung lässt auf eine ingressive Funktion schließen. Die farbliche *Schilderung* scheint eingangs viel eher vonnöten zu sein als etwa in der Mitte oder am Schluss. Da man annehmen darf, dass der Eingang eines Textes in besonderer Weise die Textwelt vorbereitet und den Leser in diese einführt, könnte solches nicht zuletzt auch durch ein konzentrierteres farbliches Input geschehen. Ob dies aber primär von der Logik und der Leistung der Farben gesteuert wird oder ob das Auftreten der Farben von anderen Faktoren abhängig ist, kann an dieser Stelle nicht entschieden werden.

Mangels repräsentativer Vergleichsmöglichkeiten mit anderen Autoren ist die diachrone Farbverteilung in den einzelnen Texten kaum interpretierbar.

Aus der verschiedentlichen Aufteilung des konstruierten „Supertextes" geht hervor, dass die Verwendung der Farben im Laufe von Jahnns Schaffen deutlich abnimmt. Diese Aussagen stehen scheinbar im Widerspruch zu den Beobachtungen anhand der Tabelle 2.1.B. Dort konnten für die Farbdichte im Verlauf des literarischen Schaffens von Jahnn keine Regelmäßigkeiten festgestellt werden. Die unterschiedlichen Ergebnisse rühren daher, dass der Umfang einer Hälfte, eines Drittels, Viertels oder Fünftels des „Supertextes" jeweils den gleichen Umfang hat, während ein *Text* eben seine spezifische Länge hat. Offensichtlich sind Inhalt und Struktur des Textes für die Farbdichte bei weitem ausschlaggebender als die zeitliche Position im Schaffen des Autors. Wenn man aber die natürlichen Textgrenzen niederbricht, wird eine geringer werdende Farbdichte erkennbar.[316]

Bei der Drei-, der Vier- und der Fünfteilung der einzelnen Texte ist der erste Teil prozentual immer mehr als doppelt so groß wie der letzte. Auch im „Supertext" kann man von den Farben als von ingressiven Entitäten sprechen. Möglicherweise arbeitet Jahnn sich an und mit den Farben in die Kunst des Schreibens ein, mit seiner fortschreitenden handwerklichen Fertigkeit nehmen die Farben ab.

Die durchschnittliche diachrone Ungleichverteilung der Farbetyma ist öfters *gerade nicht mehr* signifikant von einer Gleichverteilung verschieden. Dies ist durch jene Texte bedingt, die aus den Trends ausscheren. Das sind „Ugrino und Ingrabanien", „Perrudja", „Niederschrift I" und der „Epilog". Bei „Ugrino und Ingrabanien" und „Perrudja" besteht die Abweichung darin, dass der letzte Teil die höchste Farbdichte aufweist. Eigentümlich verhalten sich die „Niederschrift I" und der „Epilog". Hier rückt die Farbdichtespitze in Richtung Mitte vor. Sie liegt jeweils im dritten Viertel bzw. im vierten Fünftel. Die Gründe dafür bleiben im Dunkeln. Die entsprechenden

---

[316] Zum Vergleich: Groos/Netto (1909), S. 570, stellen fest, dass beispielsweise Schiller in seiner späten Lyrik viel weniger Farben verwendet als in der frühen, auch in Goethes Lyrik nimmt die Verwendung der Farben mit vorgerücktem Alter leicht ab.

Textabschnitte sind zu umfassend und von zu vielen Faktoren gesteuert, als dass eine Interpretation dieses Sachverhalts aus dem inhaltlichen Kontext möglich wäre. Eigenartig ist auch, dass eigentlich zusammengehörige Texte („Perrudja" und „Perrudja. Zweites Buch", die vier Teile der Trilogie „Fluß ohne Ufer" sowie „Jeden ereilt es" und „Die Nacht aus Blei") sich insgesamt nicht wie ein einziger, zusammenhängender Text verhalten, sondern dass sich jeder von ihnen – zumal von Jahnn mit eigenem Titel versehen – autonom verhält und bezüglich der linearen Farbverteilung eine „reguläre" Organisation aufweist (oder eben eine Abweichung davon).

In Zusammenhang mit der diachronen Verteilung der Farben sei abschließend ein interessanter Aspekt angesprochen, den McManus untersucht. Die Autorin vergleicht 17 englische Dichter zwischen 1350 und 1850 und stellt den deutlichen Trend fest, dass die Frequenz der Farbwörter je 1.000 Textzeilen mit der Zeit zunimmt. McManus betrachtet jene Werke, welche die einzelnen Dichter im Alter von 21 Jahren geschaffen haben. McManus' Diagramm beginnt mit einer Farbdichte von etwa 4 Farbwörtern je 1.000 Textzeilen. Eine Punktwolke im Bereich zwischen 20 und 30 ist für das 18. Jahrhundert feststellbar. Die Maxima (nicht vor 1750) liegen bei etwas über 60 Farbwörtern je 1.000 Textzeilen.[317]

Es ist der Trend feststellbar, dass die Häufigkeit der Farbwörter in geschriebenen Texten im Laufe der Jahrhunderte zunimmt. Die Gründe dafür liegen vermutlich in der zunehmenden Technisierung der Pigmentherstellung. Immer mehr und differenziertere Farben können technisch hergestellt werden. Die Anzahl der materiellen und virtuellen Farbartefakte nimmt ständig zu. Dadurch verändern sich die Wahrnehmung und die begriffliche Darstellung der Farben, was sich in der zunehmenden Frequenz der Farbwörter ausdrückt.[318] Wahrscheinlich nehmen auch der Abstraktionsgrad und damit die Objektunabhängigkeit der Farbwörter mit dem kollektiven technologischen Fortschritt der Sprachnutzer zu.[319]

Die Maßeinheit Farbwörter je 1.000 Zeilen, die McManus verwendet, ist nicht sehr zuverlässig. Eine Zeile kann unterschiedlich lang sein. Trotzdem sei der Versuch unternommen, die Untersuchungsergebnisse von McManus mit Jahnn zu vergleichen. Dafür eignet sich das Fragment „Ugrino und Ingrabanien", das zwischen 1916 und 1918 entstanden ist. Jahnn war etwas mehr als 21 Jahre alt. Die Farbdichte (Farbetyma je 10.000 Textwörter) in „Ugrino und Ingrabanien" beträgt 30,23 und kommt der durchschnittlichen Farbdichte (29,83) von allen Texten am nächsten (vgl. Tabelle 2.1.B).

---

[317] McManus (1983), S. 249.
[318] Goethe (1998), S. 460; Le Rider (1997), S. 371. Le Rider nennt als Grund für diese Entwicklung auch die „diversification sociale".
[319] Miller (1993), S. 242.

Die Berechnung der Anzahl der Farbwörter je 1.000 Textzeilen ergibt für „Ugrino und Ingrabanien" einen Wert von 27,15.[320] Ein anderer Ansatz führt zum Ergebnis 40,52.[321] Der Unterschied zwischen diesen beiden Werten ist nicht unwesentlich. Überdies ist auch nicht klar, was genau McManus unter dem Begriff Farbwörter versteht. Mithin ist die Verortung von Jahnn im Farbe/Zeit-Diagramm von McManus eine eher vage. Tendenziell aber lässt sich feststellen: Jahnn fügt sich insgesamt gut (im Sinne des Schwerpunkts) in die Farbe/Zeit-Funktion von McManus ein und liegt im mittleren bis oberen Bereich. Er bildet weder einen oberen noch einen unteren Extremwert.

2.6. Die theoretische Verteilung der Farben

Bisher wurde die empirische Verteilung der Farben betrachtet. In diesem letzten Kapitel der „Quantitäten" soll nun auch die theoretische Verteilung in Betracht gezogen werden. Dies geschieht aus zweierlei Interesse:

Einerseits fasziniert die Idee, eine mathematische Formel zu finden, welche die jahnnsche Farbverteilung beschreibt und sich möglichst angenähert mit der empirischen Verteilung deckt. Andererseits winkt die Möglichkeit, aufgrund des Vergleichs der empirischen mit einer theoretischen Farbverteilung zu weiteren Aussagen über die autor- oder sprachspezifische Farbverwendung zu gelangen.

Die Suche nach einer theoretischen Verteilung ist angesichts des relativ großen Korpusumfangs (3.607 Farbetyma in über 1 Million Wörter) legitim. Für die Berechnung der theoretischen Verteilung f' müssen die Daten anders als für die bisherigen Betrachtungen aufbereitet werden. Zunächst müssen der Merkmalwert x und die Häufigkeit f der Farben, bezogen auf eine Grundgröße, ermittelt werden. Als Grundgröße wird die bedruckte Seite verwendet. Die Gesamtzahl der Seiten im Korpus beträgt 3.341, die Anzahl der Wörter 1.099.104 (vgl. Tabelle 2.1.B) und die durchschnittliche Anzahl der Wörter je Seite 329[322].

Zunächst werden die Gleichverteilung, die Binominalverteilung, die Gaußverteilung (Normalverteilung) und die Poissonverteilung berechnet. Die Signifikanz der Abwei-

---

[320] Rechenschritte; Daten aus den Tabellen 2.1.A und 2.1.B: Der Text hat 39 Zeilen je Seite. Diese Zahl wird mit der bereinigten Anzahl der Seiten (102) multipliziert und ergibt 3.978 Zeilen für den gesamten Text, der insgesamt 108 Farbwörter enthält.
$108 : 3.978 = x : 1.000 \Rightarrow x = (108 \cdot 1.000) : 3.978 = 27,15$.

[321] Weiter unten wird sich zeigen, dass diese Arbeit etwa ein Drittel aller farblichen bzw. optischen Informationen nicht abdeckt. Somit lässt sich die errechnete Anzahl der Farbwörter je 1.000 Zeilen hypothetisch auf 40,52 nach oben korrigieren.

[322] Errechnet aus $1.099.104 : 3.341 = 328.97$.

chung zwischen der empirischen und der berechneten theoretischen Farbverteilung wird anhand der Testgröße χ^2 ermittelt.[323] Der χ^2-Test macht Abweichungen sichtbar, die hoch signifikant sind. Die empirische Verteilung deckt sich mit keiner der genannten theoretischen Verteilungen. Auf die Wiedergabe der Daten wird verzichtet.

Durch Logarithmierung hingegen kann die empirische Verteilung der Farbetyma einer theoretischen Verteilung angenähert werden. Dazu werden die empirischen Werte logarithmiert. Die logarithmierte Verteilung (Tabelle 2.6.A) weist im Bereich von x = {0, 1, 2, 3 ... 10} einen deutlich linearen Trend auf (Diagramm 2.6.B). Bei x > 10

x	f	f$_{manipuliert}$	ln f$_{manipuliert}$	f'	χ^2
<0				357,36	357,36
0	1799	1799	7,49	1345,20	153,09
1	693	693	6,54	739,52	2,93
2	369	369	5,91	406,55	3,47
3	204	204	5,32	223,50	1,70
4	114	114	4,74	122,87	0,64
5	69	69	4,23	67,55	0,03
6	38	38	3,64	37,13	0,02
7	17	17	2,83	20,41	0,57
8	10	10	2,30	11,22	0,13
9	7	7	1,95	6,17	0,11
10	4	4	1,39	3,39	
11	6	6	1,79	1,86	
12	3	3	1,10	1,03	
13	3	3	1,10	0,56	
14	1	1	0,00	0,31	
15	0	1	0,00	0,17	
16	1	1	0,00	0,09	24,10
17	0	1	0,00	0,05	
18	0	1	0,00	0,03	
19	1	1	0,00	0,02	
20	0	1	0,00	0,01	
21	1	1	0,00	0,00	
22	1	1	0,00	0,00	
Σ	3341	3345		3345,00	544,15

f$_{manipuliert}$ bedeutet, dass f = 0 durch f = 1 ersetzt wurde, um die Logarithmierung der Werte zu ermöglichen.

Tabelle 2.6.A: Logarithmierung der empirischen Verteilung, theoretische Verteilung nach f' = $e^{ax + b}$ und χ^2-Test

[323] $\chi^2 = \sum_i^m \frac{(f_i - f'_i)^2}{f'_i}$

2.6. Die theoretische Verteilung der Farben

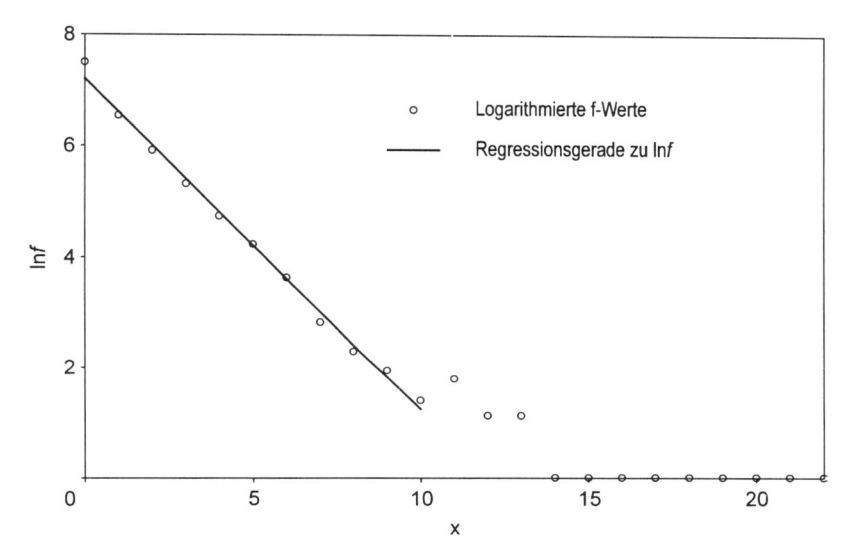

Diagramm 2.6.B: Logarithmierte f-Werte und Regressionsgerade

wird der lineare Trend verlassen. Die Logarithmierung der f-Werte hat also im Bereich von x = {0, 1, 2, 3 ... 10} die Verteilung klar linearisiert.

An die logarithmierte Verteilung bei x < 11 (nur in diesem Bereich ist die Verteilung linear) wird eine Regressionsgerade angelegt. Da jetzt eine Gerade vorliegt, können die Steigung a und der Schnittpunkt b für die Geradengleichung y' = ax + b bestimmt werden.[324] Für die Regressionsgerade zu den logarithmierten f-Werten gilt a = –0,5983; b = 7,2043. Die Korrelation zwischen den logarithmierten f-Werten und der dazugehörigen Regressionsgeraden ist ausgesprochen hoch: r = 0,9974. Für die Farbverteilung in den Erzählungen und Romanen von Jahnn gelten somit die folgenden Funktionen:

$$\ln f' = -0{,}5983x + 7{,}2043$$
$$f' = e^{-0{,}5983x + 7{,}2043}$$

Zu diskutieren sind noch die Befunde, die der χ^2-Test liefert (Tabelle 2.6.A). Das χ^2 zwischen der empirischen Verteilung f und der theoretischen Verteilung f' beträgt 544,15. Die Abweichung der theoretischen Verteilung von der empirischen ist also immerhin hoch signifikant. Beachtlich aber ist der relativ große Bereich, in dem die χ^2-Summanden außerordentlich klein sind. Das χ^2 sinkt rasant ab, sobald die Kurve

---

[324] Durch Differenzierung der Formeln $a\sum x^2 + b\sum x = \sum xy$ und $a\sum x + Nb = \sum y$.

gestutzt wird, d.h. sobald die Extremwerte eliminiert werden. Im Bereich für x = {1, 2, 3, 4, 5, 6, 7, 8, 9} gilt χ^2 = 9,6. Die Wahrscheinlichkeit P, dass sich die empirische und die theoretische Verteilung decken (Nullhypothese), liegt zwischen 10 % und 30 %.[325]

Für x = {2, 3, 4, 5, 6, 7, 8, 9} gilt: χ^2 = 6,68;   30 % > P_{χ^2} > 10 %;
für x = {3, 4, 5, 6, 7, 8, 9}: χ^2 = 3,21;   70 % > P_{χ^2} > 50 %;
für x = {4, 5, 6, 7, 8, 9}: χ^2 = 1,51;   70 % > P_{χ^2} > 50 %.

Über eine relativ weite Strecke (0 < x < 10; deutlicher bei 2 < x < 10 und 3 < x < 10) ist die Wahrscheinlichkeit gegeben, dass sich die empirische mit der theoretischen Verteilung deckt. Hoch signifikant aber ist die Abweichung im Bereich von sehr kleinem (x < 1) und sehr großem (x > 9) Merkmalwert x.

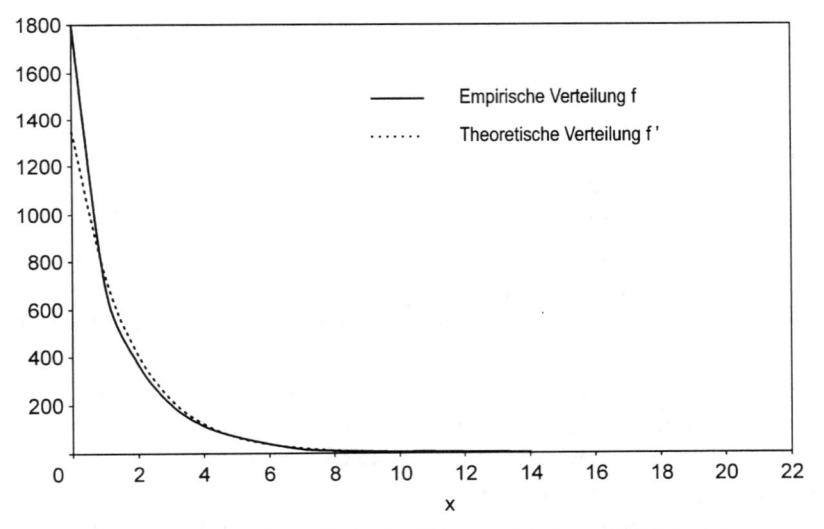

Diagramm 2.6.C: Grafischer Vergleich der empirischen mit der theoretischen Verteilung nach $f' = e^{ax + b}$

Das Diagramm 2.6.C veranschaulicht Deckung und Nicht-Deckung zwischen der empirischen und der theoretischen Verteilung. Sichtbar wird die Abweichung bei x < 1. Nicht sichtbar ist jedoch die Abweichung bei x > 9. Sie ist aber durch den χ^2-Test messbar (Tabelle 2.6.A).

Möglicherweise ließe sich durch komplexere Formeln als $f' = e^{ax + b}$ die theoretische Verteilung noch weiter der empirischen annähern. Im Grunde aber ist es egal,

---

[325] Bei der Bestimmung der Wahrscheinlichkeit P für die Annahme der Nullhypothese (H_0: f = f') gilt hinsichtlich der Freiheitsgrade: FG = n – 3.

welcher *konkreten* theoretischen Verteilung die empirische angenähert werden kann. Das aus literaturwissenschaftlicher Sicht Verblüffende ist die Tatsache, dass die empirische Verteilung *überhaupt* durch die relativ einfache Funktion $f' = e^{-0,5983x + 7,2043}$ angenähert beschrieben werden kann.

Was bedeutet dies nun für die literaturwissenschaftliche Interpretation?

Die theoretische Verteilung beschreibt ein Verhalten in der Natur (hier in einer *natürlichen* Sprache), das zufallsverteilt und mathematisch prognostizierbar ist, als Normverhalten beschrieben werden kann und ein Maß für die Ordnung innerhalb eines Systems ist. Wenn sich die empirische und die theoretische Verteilung decken, bedeutet dies, dass das Verhalten des Individuums normabhängig und zufällig ist. Das Individuum kann nicht anders, als sich im Wesentlichen so zu verhalten, wie es von der Norm her zu erwarten ist. Somit können die vorangehenden Beobachtungen als Indiz für Normalität, Zufälligkeit und Geordnetheit der Farben in den literarischen Texten von Jahnn gewertet werden.

Hohe Geordnetheit bringt es mit sich, dass es relativ wenig Raum für individuelle Gestaltung gibt. Andererseits ist die Abweichung ein bedeutsames Indiz für individuelle Gestaltung. Der Raum für solche individuelle, nicht zufallsmäßige Gestaltung ist jedoch – quantitativ betrachtet – vergleichsweise klein. Offensichtlich aber ist er groß genug, um an der Oberfläche Phänomene hervorzubringen, die bei einem qualitativen Interpretationsansatz außerordentlich stark ins Gewicht fallen. Ein markantes Beispiel dafür ist der Satz „Der Saphistift der Nacht hat blau dein Weiß geläutert." (P, 89) Für eine poetologische Farbanalyse ist diese Zeile außerordentlich wichtig. Statistisch ist dieser einzelne Satz – reduziert auf seine zwei Farbetyma – angesichts des großen Korpusumfangs ziemlich bedeutungslos.

2.7. Zusammenfassung

Die Farben bilden im Allgemeinen ein relativ feststehendes und geordnetes System in der Sprache. Ihr Auftreten und ihre Verteilung folgen einer Struktur, die nicht nur autorspezifisch, sondern in hohem Maße sprachspezifisch und auch universalsprachlich ist. Dies zeigen der Vergleich der Farbverteilung in den einzelnen Texten von Hans Henny Jahnn, der Vergleich mit anderen Autoren und Texten sowie der Vergleich mit dem Modell von Brent Berlin und Paul Kay. Die literaturwissenschaftliche Farbforschung muss diesen Hintergrund im Auge behalten, um das Auffallende (das Abweichende) erkennen zu können.

In den untersuchten Texten werden die 13 Farbetyma insgesamt 3.607-mal verwendet. Das sind etwa 3 Promille des gesamten Textbestandes. Farbforschung ist somit

Marginalienforschung. Dies bedeutet eine extreme Reduktion des Gegenstandes, die aber die Optik auf den Text verschärft. Marginalienforschung macht Aussagen von den Rändern her möglich und blendet vorläufig das aus, was diese umfassen.

Die Farbdichte ist textsortenabhängig. Die Lyrik verwendet verhältnismäßig viel Farbe, dialogische Texte sind vergleichsweise farbenlos. Dazwischen liegen die erzählenden Texte. Die gesprochene Sprache verwendet insgesamt weniger Farben als die geschriebene. Die Farbdichte ist auch varietätenabhängig. Die Sprache der Schönen Literatur gebraucht vergleichsweise mehr Farbwörter als beispielsweise die Alltagssprache.

Wenn ein Schriftsteller oder eine Schriftstellerin sehr viel Farbe verwendet, so entspricht dies keinem realistischen oder realitätsbezogenen Darstellungsdrang. Viel eher ist die intensive Farbgebung Ausdruck für Fiktionalität und verweist auf Uneigentlichkeit und Metaphorik.

Die Häufigkeit der Farben bei Jahnn hat diese Rang-Reihenfolge: Schwarz, Weiß, Rot, Grau, Braun, Grün, Gelb, Blau, Rosa, Violett, Purpur, Lila und Orange. Schwarz, Weiß und Rot bilden mehr als die Hälfte aller Farbwörter. Diese Verteilung entspricht im Wesentlichen dem universalsprachlichen Verteilungsmodell von Berlin und Kay.

Literaturwissenschaftlich bedeutsam ist der Bereich der statistischen Abweichung, denn dieser offenbart das individuelle Gestaltungspotenzial. Äußerst bedeutsam ist für Jahnn die Abweichung bei Grau. Diese Farbe verwendet der Autor vergleichsweise häufig. Auch Braun kommt relativ häufig vor. Verhältnismäßig selten sind Gelb und Blau.

Für Jahnn typisch ist die Farbgebung in den beiden Teilen der „Niederschrift" und im „Epilog", während „Das Holzschiff" für Jahnn am wenigsten repräsentativ von allen Texten ist. „Das Holzschiff" entspricht überdies auch am wenigsten dem Berlin/Kay-Modell, während „Perrudja" und dessen fragmentarische Fortsetzung diesem am nächsten kommen.

Verglichen mit geschriebenen Texten anderer Autoren und Autorinnen, ist Jahnn relativ weit von der berlin/kayschen Norm entfernt. Dies unterstreicht eine gewisse Sonderstellung des Autors, die maßgeblich durch die forcierte Verwendung von Grau bedingt ist.

Im Allgemeinen ist die Verteilung einzelner Farben funktional von der Verteilung anderer Farben abhängig. Man könnte somit die Häufigkeit einer Farbe in etwa vorhersagen, wenn die Häufigkeit anderer Farben bekannt ist. Besonders gilt dies für Braun, Rot und Blau. Auch hier verhält sich wieder Grau am meisten abweichend und auffällig. Die Verteilung von Grau ist am wenigsten mit der Verteilung anderer Farben korreliert. Der Gebrauch dieser Farbe ist somit sehr stark autorspezifisch geprägt.

2.7. Zusammenfassung

Die Verteilung der Farben innerhalb der Texte ist bei Jahnn nicht gleichmäßig. Im Allgemeinen bildet sie eine Art Klammer: Der Anteil der Farben ist zu Beginn sehr hoch, fällt in der Mitte deutlich ab und steigt am Schluss wieder an. Hier aber erreicht der Farbanteil nicht mehr die hohe Dichte wie zu Beginn. Auch ist der Anstieg ab etwa der Mitte eher diffus. Farben haben mithin eine ausgeprägte ingressive Stellung. Möglicherweise steht dies in Zusammenhang mit ihrer ingressiven Funktion, indem sie maßgeblich am informativen, aber vor allem am metaphorisierenden Input zu Beginn des Textes Anteil haben (Entwurf der Text-Welt). Für „Ugrino und Ingrabanien", „Perrudja", „Die Niederschrift I" und den „Epilog" gilt dies mit Einschränkungen.

Jahnn verwendet im Laufe seines literarischen Lebens sukzessive immer weniger Farben. Möglicherweise ist dies mit der stilistischen Entwicklung des Autors vom Expressionismus weg und hin zu einer konventionelleren Erzähltechnik verbunden. Es könnte aber auch sein, dass „Buntheit" insgesamt ein Merkmal für das Frühwerk eines Autors oder einer Autorin ist.

Die empirische Farbverteilung bei Jahnn ist in einem weiten mittleren Bereich sehr deutlich an die Funktion $f' = e^{-0,5983x + 7,2043}$ angenähert. Dies bestätigt weiter die strukturelle Geordnetheit des (jahnnschen) Farbsystems. Die Farbverteilung in der natürlichen Sprache ist also in statistischem Sinne zufällig und *natürlich*.

Freigelegt wurde der quantitative Hintergrund durch empirische und statistische Verfahren. Dabei hat sich gezeigt, dass diese Methode nicht nur hilfreich für die Annäherung an die Fragestellung ist, sondern auch für die Hypothesenbildung. Die Empirie arbeitet der Interpretation zu und fokussiert die Optik auf relevante weiter führende Fragestellungen.

Angesichts der hohen Strukturiertheit des literarischen – nicht nur des jahnnschen – Farbsystems ist die Interpretation äußerst schwierig. Nicht nur handelt es sich bei den Farben um Marginalien; der Raum, den ein Schriftsteller zur individuellen farblichen Gestaltung eines Textes hat, ist relativ bemessen. Um diese Bemessenheit abschätzen und also das Besondere in der Gestalt der Abweichung sehen zu können, ist die Kenntnis des quantitativen Hintergrundes nötig. Ohne diese ist die Gefahr groß, dass man sich an text- oder abschnittspezifischen Auffälligkeiten festbeißt und glaubt, das Besondere auch im größeren Zusammenhang gefunden zu haben. Eine unangemessene Fehl- oder Überinterpretation könnte die Folge sein.

3. Semantische Differenzierungen

> Die Karten erhältst Du gemischt,
> die Worte mußt Du selbst gruppieren.
>
> Hans Henny Jahnn

Möglichkeiten für semantische Differenzierungen sind Komposition, Affigierung, Negation und Antikisierung. Eine weitere wichtige Gruppe sind Differenzierungen durch syntagmatische Bildung. Solche strukturbedingten semantischen Differenzierungen werden in diesem Kapitel analysiert.

Die Derivation wird hier nicht beschrieben. Der passende Ort dafür wird das Kapitel 4. „Wortarten und Satzgliedfunktionen" sein. Zuordnungsbedingte semantische Differenzierungen aufgrund der Relation zwischen Farbe und Farbträger werden hier auch nicht besprochen. Ihnen sind das große Kapitel 5. „Zuordnungen" sowie einige Unterkapitel in Kapitel 6. „Kontext und Bedeutungen der Farben" gewidmet. Morphologische Differenzierungen (etwa durch Flexion) werden hier ebenfalls nicht berücksichtigt, weil sie *ad hoc* keinen feststellbaren Einfluss auf die Semantik haben. Ferner können fremdsprachliche Entlehnungen und wörtliche Übernahmen aus anderen Sprachen nicht berücksichtigt werden, z.B. die Begriffe ‚Neger' und ‚Greenheart' (eine Holzart), denn sie wurden in dieser Arbeit nicht erfasst.

Dieses Kapitel 3. „Semantische Differenzierungen" gliedert sich in sieben Unterkapitel. 3.1. „Differenzierte und nicht-differenzierte Farbetyma" untersucht, welche Farben in welchem Ausmaß differenziert werden. In 3.2. „Arten der Differenzierungen" werden das Modell zur Erfassung der Differenzierungen und die Realisierungsverhältnisse der Differenzierungen erörtert. Die Unterkapitel 3.3. „Farbkombinationen" und 3.4. „Andere Kombinationen" beschäftigen sich mit den Kombinationen der Farben untereinander und mit anderen Komplementen. Ein eigenes Kapitel ist den Vergleichen gewidmet (3.5.). Ihm folgen ein Überblick über seltene Differenzierungsarten (3.6.) und die Zusammenfassung (3.7.).

3.1. Differenzierte und nicht-differenzierte Farbetyma

Die Tabelle 3.1.A fasst zusammen, wie sich die differenzierten und die nicht-differenzierten Farbetyma verteilen. Zu Grunde liegen alle zehn untersuchten Texte. Die absoluten Zahlen sind Summen aus den Werten der einzelnen Texte. Auf diese Summen beziehen sich die Prozentwerte %a und %b. Die Spalte %a gibt die Prozentwerte an, die sich auf die Gruppe der differenzierten und auf die Gruppe der nicht-differenzierten Farbetyma als jeweils Ganzes (100 %) beziehen. In der Spalte %b bilden alle 3.607 Farbetyma die 100 %. Die Werte in den apostrophierten Spalten (%a' und %b') sind aus dem arithmetischen Mittel der Werte zu den einzelnen Texten gebildet.

	Alle	Differenzierte Farbetyma					Nicht-differenzierte Farbetyma				
	abs.	abs.	%a	%b	%a'	%b'	abs.	%a	%b	%a'	%b'
BLAU	146	83	5,60	2,30	4,91	1,99	63	2,97	1,75	2,72	1,63
BRAUN	349	137	9,24	3,80	9,74	4,14	212	9,98	5,88	9,90	5,62
GELB	286	121	8,16	3,35	5,51	2,27	165	7,77	4,57	6,09	3,64
GRAU	357	126	8,50	3,49	9,18	3,70	231	10,88	6,40	14,25	8,38
GRÜN	340	169	11,40	4,69	13,42	5,33	171	8,05	4,74	6,69	3,92
LILA	9	3	0,20	0,08	0,27	0,11	6	0,28	0,17	0,51	0,31
ORANGE	1	1	0,07	0,03	0,02	0,01	0	0,00	0,00	0,00	0,00
PURPUR	25	16	1,08	0,44	1,72	0,68	9	0,42	0,25	0,60	0,36
ROSA	43	37	2,49	1,03	1,81	0,79	6	0,28	0,17	0,38	0,23
ROT	599	310	20,90	8,59	21,10	9,21	269	13,61	8,01	14,31	7,92
SCHWARZ	738	216	14,57	5,99	15,02	6,20	522	24,58	14,47	26,82	15,85
VIOLETT	36	17	1,15	0,47	0,75	0,31	19	0,89	0,53	0,80	0,41
WEISS	678	247	16,66	6,85	16,55	7,07	431	20,29	11,95	16,93	9,92
	3607	1483	100,00	41,11	100,00	41,81	2124	100,00	58,89	100,00	58,19

Tabelle 3.1.A: Differenzierte und nicht-differenzierte Farbetyma aus allen zehn Texten

Zwei Fünftel der 3.607 Farbetyma sind differenziert, und drei Fünftel sind nicht differenziert. Ausgehend von dieser Beobachtung wäre nun denkbar, dass alle einzelnen Farben in diesem Verhältnis 2 : 3 zwischen den Merkmalen *differenziert* und *nichtdifferenziert* verteilt sind. Dem aber ist nicht so. Das am häufigsten differenzierte Farbetymon ist ROT, gefolgt von WEISS und SCHWARZ. Bei den nicht-differenzierten verhält es sich genau umgekehrt. Die Abfolge der ersten drei Ränge ist hier SCHWARZ, WEISS, ROT. Diese Reihe stimmt mit den Spitzenrängen der Summe der Farbetyma aus allen Texten überein. Umso bedeutsamer ist die Spitzenstellung von ROT in der Gruppe der differenzierten Farben.[326]

Um weitere Ungleichverteilungen zu finden, eignet sich der Vergleich der beiden Spalten %a. Farben, die mehr nicht-differenziert sind als differenziert, sind BRAUN,

---

[326] Ähnlich auch die Beobachtung von Oksaar (1961), S. 213. Sie stellt anhand ihres Korpus fest, dass Rot am häufigsten von allen Farben Komposita bildet, gefolgt von Grün und Blau. Weiß und Schwarz bilden nach Oksaar selten Komposita. Diese Unterschiede erklären sich daraus, dass Oksaar sich hier ausschließlich über Farbkomposita äußert und dass ihr Korpus für eine quantitativ repräsentative Interpretation möglicherweise zu klein ist.

3.1. Differenzierte und nicht-differenzierte Farbetyma

GRAU, LILA, SCHWARZ und WEISS. Farben, die mehr differenziert sind als nicht-differenziert, sind BLAU, GELB, GRÜN, ORANGE, PURPUR, ROSA, ROT und VIOLETT. Anders ist das Ergebnis, wenn man die Spalten %a' in Betracht zieht, die das arithmetische Mittel aus den Daten zu den einzelnen Texten wiedergeben: Hier sind BRAUN, GELB, GRAU, LILA, SCHWARZ, VIOLETT und WEISS mehr nicht-differenziert und BLAU, GRÜN, ORANGE, PURPUR, ROSA und ROT mehr differenziert.

Die Schnittmenge aus den Mengen, die sich je nach Bezugssystem unterscheiden, führt zum Ergebnis: BRAUN, GRAU, LILA, SCHWARZ und WEISS werden mehr nicht-differenziert gebraucht; mehr differenziert gebraucht werden BLAU, GRÜN, ORANGE, PURPUR, ROSA und ROT. GELB und VIOLETT verhalten sich unterschiedlich.

Die Tatsache, dass sich die Farbetyma in diese zwei Gruppen unterteilen lassen, lässt sich auf zweierlei Weise interpretieren. Man kann daraus schließen, dass bestimmte Farbetyma wie BLAU, GRÜN, ORANGE, PURPUR, ROSA und ROT ein größeres Differenzierungspotenzial haben als andere wie BRAUN, GRAU, LILA, SCHWARZ und WEISS. Man könnte aber auch von einer lemmatischen oder semantischen Instabilität und von einem geringeren Abstraktionsgrad der ersten Gruppe ausgehen, die es nötig machen, dass diese Farben mit anderen Komplementen aggregieren. Besonders auffällig sind in dieser Gruppe – verglichen etwa mit den eher seltenen ORANGE, PURPUR und ROSA – die insgesamt relativ „gewöhnlichen" und häufigen GRÜN und BLAU, die nach der Spalte %a' etwa doppelt so oft differenziert gebraucht werden wie nicht-differenziert. Durchschnittlich werden mehr Farben nicht differenziert (drei Fünftel) als differenziert (zwei Fünftel).

Aufschlussreich ist die Betrachtung der Rangverteilung der Farbetyma, unterschieden nach den Kriterien differenziert und nicht-differenziert. Um auch hier den Vergleich mit dem Berlin/Kay-Modell möglich zu machen, werden VIOLETT, PURPUR und LILA wie in den Tabellen 2.2.B und 2.2.C zur ‚purple'-Gruppe zusammengefasst. Nachdem in der Tabelle 3.1.A die Werte durch unterschiedliche rechnerische Ansätze ermittelt worden sind, werden wieder die beiden Rangreihen R1 und R2 eingeführt. R1 bedeutet die Ränge der absoluten Werte sowie der Prozentangaben %a und %b, R2 bezieht sich auf die Spalten %a'.[327] Die Tabelle 3.1.B stellt diese Rangreihen dar, ergänzt durch die Korrelationsmatrix.

---

[327] Genauer: R2 gilt bei den differenzierten Farbetyma für %a' und %b', bei den nicht-differenzierten gilt R2 nur für %a'. %b' verhält sich hier etwas anders. Wegen der Gefahr, um der Genauigkeit willen die Betrachtung unnötig zu verkomplizieren, wird auf die Einführung einer dritten Rangreihe verzichtet, zumal diese nur für eine der vier verglichenen Messreihen gilt.

| | Berlin/Kay-Ränge | Farbetyma bei Jahnn ||||
| | | alle | differenziert || nicht-differenziert ||
			R1	R2	R1	R2
SCHWARZ	1,5	1	3	3	1	1
WEISS	1,5	2	2	2	2	2
ROT	3	3	1	1	3	3
GRAU	9,5	4	6	6	4	4
BRAUN	7	5	5	5	5	5
GRÜN	4,5	6	4	4	6	6
GELB	4,5	7	7	7	7	7
BLAU	6	8	8	8	8	8
V + P + L	9,5	9	10	9	9	9
ROSA	9,5	10	9	10	10	10
ORANGE	9,5	11	11	11	11	11
Berlin/Kay-Ränge	–	0,7727	0,8364	0,8364	0,7727	0,7727
alle		–	0,9182	0,9273	1,0000	1,0000
differenziert R1			–	0,9909	0,9182	0,9182
differenziert R2				–	0,9273	0,9273
nicht differenziert R1					–	1,0000
nicht differenziert R2						–
Signifikanzschwellen: P = 0,01 bei r = 0,735; P = 0,001 bei r = 0,847.						

Tabelle 3.1.B: Ränge der Farbetyma und Spearman-Korrelationskoeffizient

Auffallend ist hier die vollkommene Korrelation zwischen den Rängen *aller* Farbetyma und der *nicht-differenzierten*. Das heißt, dass es bezüglich der Rangverteilung einzelner Farben für das Jahnn-Korpus statistisch irrelevant ist, ob man alle Farbetyma oder nur die selbständigen, nicht-differenzierten, „reinen" Farbwörter zählt. Somit können die Beobachtungen über die Farbetyma im Kapitel „Quantitäten" weitest gehend auf die Gruppe der nicht-differenzierten Farbwörter übertragen werden.

Die Korrelationskoeffizienten sind durchgehend sehr, in zwei Dritteln der Fälle sogar hoch signifikant verschieden von 0. Dies ist einmal mehr ein Indiz für die Stabilität und Geordnetheit des (jahnnschen) Farbsystems.

Unterstellt man den Farbsystemen anderer Autoren eine ähnlich gelagerte Ordnung, kann über eine Hochrechnung die ungefähre Reichweite der vorliegenden Arbeit geschätzt werden.

Drei Fünftel der Farbetyma sind nicht differenziert, sie liegen als einzelne selbständige Farbwörter vor. Diese sind mit der Summe der *bunten* und *neutralen Farben* nach Groos, mit den *Basic color terms* nach Berlin/Kay und mit der Summe der *gänzlich abstrakten* und *usuell abstrakten Farbwörter* nach Lehmann identisch.

3.1. Differenzierte und nicht-differenzierte Farbetyma

Nach Groos bilden die bunten Farben etwa ein Viertel aller optischen Qualitäten.[328] Setzt man diese 25 % mit den etwa 60 % der nicht-differenzierten Farbetyma gleich, so entsprechen WEISS und SCHWARZ (zusammen etwa 40 % der nicht-differenzierten Etyma) etwa 17 % in der grooschen Gesamtheit der optischen Qualitäten. Das ergibt eine Summe von 100 % für die vorliegende Untersuchung und eine Summe von 42 % für Groos. Alle nicht-differenzierten Farbetyma bilden hier etwa 59 % aller erfassten Farbetyma; diese werden zu den grooschen 42 % ins Verhältnis gesetzt. Die 41 % – hier der Anteil der differenzierten Farbetyma – entsprechen 29 % bei Groos. Alle in der vorliegenden Arbeit erfassten und untersuchten Farben bilden demnach 71 % der grooschen Gesamtheit der optischen Qualitäten. Das heißt: Anzunehmende 29 % der optischen Information in den Texten von Jahnn (wie *hell, dunkel, silbern, blass* u.a.) bleiben in der vorliegenden Arbeit unberücksichtigt.

Legt man dieser Hochrechnung die lehmannsche Farbdefinition zu Grunde, ist der unberücksichtigte Restbestand etwas größer: Nach Lehmann bilden die abstrakten Farben etwa ein Drittel der sprachlichen Farbinformation.[329] Demnach entsprechen die 59 % der nicht-differenzierten Farben 33 % der lehmannschen Gesamtheit. Diese Zahl kann präzisiert und auf 37 % nach oben korrigiert werden.[330] 59 % entsprechen somit 37 % bei Lehmann. Die 41 % der differenzierten Farbetyma sind 26 % bei Lehmann. Alle in dieser Arbeit untersuchten Farbwerte zusammen bilden 63 % im Lehmann-Modell. Somit beträgt der anzunehmende Anteil der hier nicht berücksichtigten Farbinformationen 37 %.

Die Ergebnisse aus den Hochrechnungen anhand der Modelle von Groos und Lehmann sind sich mit einem Unterschied von ± 4 % verblüffend ähnlich.[331] Daraus resultiert die Hypothese, dass die vorliegende Arbeit etwa zwei Drittel aller optischen Qualitäten abdeckt. Das restliche Drittel muss unberücksichtigt bleiben, weil die dazu verwendeten Ausdrücke keine Farbetyma laut Definition in Kapitel 1.4. enthalten. Dieses Drittel besteht aus Ausdrücken wie *hell, dunkel, blond, bleich, leuchtend, bunt, golden, silbrig* u.a.m.

---

[328] Groos (1909); S. 567, 571; Groos/Netto (1910), S. 33, 40; Groos/Netto (1912), 413.
[329] Lehmann (1998), S. 312.
[330] Lehmann (1998) führt in seiner Übersicht (S. 312) 207 Belege für abstrakte Farbadjektive (ohne Zusammensetzungen). Da die nicht-differenzierten Farben in Tab. 3.1.A auch nicht-differenzierte Farbverben und Farbsubstantive inkludieren, müssen diese – bei Lehmann sind es insgesamt 17 – mitgezählt werden. Die Summe dort ergibt 224; das sind 37,27 % der 601 Farbbelege, die Lehmann insgesamt in seinen Korpora gefunden hat.
[331] Für diese Hochrechnung ist es von Vorteil, dass Lehmann die Arbeiten von Groos nicht gekannt hat. Damit konnte das Modell von Groos jenes von Lehmann nicht beeinflussen; die beiden sind voneinander unabhängig.

Nun wird die Verteilung der differenzierten und der nicht-differenzierten Farbetyma in den einzelnen zehn Texten untersucht. Die Tabelle 3.1.C stellt diese Verteilung dar.

	Alle	Differenzierte Etyma		Nicht-differenz. Etyma	
	absolut	absolut	%b	absolut	%b
Ugrino und Ingrabanien	108	43	39,81	65	60,19
Perrudja	1254	517	41,23	737	58,77
Perrudja. Zweites Buch	142	62	43,66	80	56,34
Bornholmer Aufzeichnungen	42	14	33,33	28	66,67
Das Holzschiff	158	56	35,44	102	64,56
Die Niederschrift I	842	343	40,74	499	59,26
Die Niederschrift II	605	242	40,00	363	60,00
Epilog	259	109	42,08	150	57,92
Jeden ereilt es	83	51	61,45	32	38,55
Die Nacht aus Blei	114	46	40,35	68	59,65
Alle Texte	3607	1483	41,11	2124	58,89

Tabelle 3.1.C: Verteilung differenzierter und nicht-differenzierter Farbetyma in einzelnen Texten

Die durchschnittliche Verteilung von 2 : 3 zwischen differenzierten und nicht-differenzierten Farbetyma ist in der Erzählung „Jeden ereilt es" genau umgekehrt. Dieser Text weicht um beachtliche 20,34 % von der mittleren Verteilung ab und nimmt damit eine ausgesprochene Sonderstellung ein. Mithin ist hier die Farbgebung überdurchschnittlich differenziert. Dem gegenüber steht die ausgesprochen geringe Farbdichte in „Jeden ereilt es" (Tabelle 2.1.B), die mit der Realistik des Textes zusammenhängt.

Im Vergleich zu „Jeden ereilt es" sind die anderen Abweichungen gering. So beträgt die zweithöchste Abweichung 6,11 % und gilt für die „Bornholmer Aufzeichnungen". Alle übrigen acht Texte bewegen sich innerhalb der Grenze von ± 5 %. Besonders gering ist die Abweichung bei „Ugrino und Ingrabanien", „Niederschrift II" und „Die Nacht aus Blei" (weniger als ± 0,5 %).

3.2. Arten und Verteilung der Differenzierungen

Als semantische Differenzierungen der Farbetyma gelten hier Komposition, Affigierung, Gradation, Negation und Antikisierung. Eine weitere wichtige Gruppe sind die syntagmatisch gebildeten Differenzierungen. Solche Syntagmen kombinieren sehr häufig analytisch das, was die Komposition synthetisch kombiniert: Semantisch sind sich die Farbwerte beispielsweise von *grünblau* und *grünliches Blau* oder *hellrot* und *helles Rot* sehr ähnlich.

3.2. Arten und Verteilung der Differenzierungen 113

Mit ihren Unterabteilungen gliedern sich die Differenzierungen wie folgt.[332] Der Buchstabe F steht für Farbetymon, X für jedes andere lemmatisierbare Komplement, das keines der 13 Farbetyma ist.

1. KOMPOSITION[333]
1.1. F + F
1.2. F + F + F
1.3. F + F + X
1.4. F + F + X + X
1.5. F + X
1.6. F + X + X
1.7. F + X + X + X
1.8. X + F
1.9. X + F + F
1.10. X + X + F
1.11. X + X + F + F
1.12. X + F + X
1.13. X + F + X + F

2. AFFIGIERUNG
2.1. Präfigierung (*er-, ver-* und *an-*)
2.2. Suffigierung (-lich, -ig, -ung, -farben und -el)[334]

3. SYNTAGMEN
3.1. asyndetische Syntagmen aus zwei Gliedern, beide enthalten ein Farbetymon
3.2. asyndetische Syntagmen aus zwei Gliedern, das zweite Glied (hier der Kopf) enthält ein Farbetymon
3.3. asyndetische Syntagmen aus zwei Gliedern, das erste Glied enthält ein Farbetymon
3.4. asyndetische Syntagmen, die aus mehr als zwei Wörtern bestehen, von denen mindestens eines ein Farbetymon enthält
3.5. syndetische Syntagmen mit der Konjunktion *und*, mindestens eines der Wörter enthält ein Farbetymon
3.6. syndetische Syntagmen mit der Konjunktion *oder*
3.7. Syntagmen mit *weder – noch*
3.8. Vergleiche (meist mit den Vergleichspartikeln *wie* und *als*[335])
3.9. präpositionale Gruppen[336]

---

[332] Zur Entwicklung dieser Übersicht: Die Unterabteilungen wurden sukzessive während des Erfassens der Farbetyma eingeführt. Sobald eine neue Form gefunden war, wurde für diese eine Position im Modell reserviert. Das Modell hat folglich keine Leerstellen.
[333] Partizipien gelten in Komposita als differenzierende Teile des Farbausdrucks. In Syntagmen gelten sie als eigenständige Verbform und werden nicht zu den Differenzierungen gezählt. Das zu ihnen gehörende Farbwort wird als Adverb betrachtet und in Kapitel 4 besprochen.
[334] Genaueres zu den Suffixen in Kapitel 3.6. „Affigierung, Gradation, Negation und Antikisierung".
[335] ‚Als' bei Ungleichheit in Verbindung mit synthetischem oder analytischem Komparativ. Die Komparativform selber hat ihren Eintrag auch in der Gruppe 4.1. Komparativ.

4. GRADATION
4.1. Komparativ (synthetisch und analytisch)
4.2. Superlativ (relativ und elativ)

5. NEGATION

6. ANTIKISIERUNG

Die Tabelle 3.2.A zeigt die Verteilung der Differenzierungen. Die Spalte rechts der absoluten Werte gibt jeweils die Prozente an. Die kursiv gesetzten Zahlen sind Zwischensummen der jeweiligen Obergruppen 1–6.

Betrachtet man die rechte Randspalte für *alle Texte*, so ist die Gruppe der Komposita mit 54,8 % die weitaus größte. Diese Beobachtung stimmt mit der Feststellung von Wolfgang Fleischer und Irmhild Barz überein, dass die Komposition für die Bildung von Farbbezeichnungen in der deutschen Gegenwartssprache das „Modell[] mit dem höchsten Ausnutzungsgrad" ist.[337] Mit 31,9 % folgen die syntagmatischen Bildungen. Die Affigierungen sind mit 9,4 % die drittgrößte Gruppe. Gradation (2,0 %), Negation (1,8 %) und Antikisierung (0,1 %) sind die kleinsten Gruppen.[338]

Betrachtet man die einzelnen Kompositionsarten genauer, fällt auf, dass zweigliedrige Komposita die häufigsten sind. Mit knapp 20 % sind die Komposita nach den Mustern F + X und X + F die stärksten Untergruppen überhaupt. Die Farbkomposita nach dem Muster F + F liegen mit 11,5 % um einiges tiefer. Alle anderen Komposita außer jene der Untergruppe F + X + X überschreiten nicht die 1 %-Schwelle.

Bei den Syntagmen sind asyndetische Syntagmen aus zwei Gliedern, deren zweites ein Farbetymon enthält, mit 11,2 % die größte Gruppe. Dass asyndetische Syntagmen aus zwei Gliedern, deren erstes ein Farbetymon enthält, mit 0,7 % vergleichsweise kaum realisiert sind, lässt nicht darauf schließen, dass nur in einem Kompositum die Determination von Farbetymon und Komplement in beide Richtungen gleichgewichtig möglich ist. Diese Lücke verweist vielmehr auf die überaus große Gruppe von Syntagmen, in denen ein Farbadjektiv eine ihm zugeordnete Entität farblich differenziert. Da es sich in solchen Fällen aber um zuordnungsbedingte und nicht um strukturbedingte Farbdifferenzierungen handelt, wird diese Gruppe hier ausgeklammert und im eigenen Kapitel 5. „Zuordnungen" analysiert.

---

[336] Würde man diese Gruppe wörtlich nehmen, führte sie weit über die unmittelbaren Differenzierungen hinaus. Denn präpositionale Gruppe meinte dann auch alle kausalen und konsekutiven Adverbiale mit den Präpositionen *von, vor, durch* und *wegen*. Solche Präpositionalphrasen sind hier nicht erfasst.
[337] Fleischer/Barz (1995), S. 236.
[338] Die Zahl 1.279, die Summe der Belege der Differenzierungen, stimmt mit der Zahl 1.483, der Summe der differenzierten Etyma (Tabellen 3.1.A und 3.1.C), nicht überein. Denn dort (1.483) sind die Etyma gezählt, hier (1.279) die Farbausdrücke.

3.2. Arten und Verteilung der Differenzierungen 115

Laufende Nummer	Arten der Differenzierung	Ugrino und Ingrabanien		Perrudja		Perrudja. Zweites Buch		Bornholmer Aufzeichnungen		Das Holzschiff		Die Niederschrift I		Die Niederschrift II		Epilog		Jeden ereilt es		Die Nacht aus Blei		Alle Texte	
1.	KOMPOSITION																					701	54,8
1.1.	F + F	6	18,8	57	12,9	6	11,8	1	6,3	11	25,6	34	11,9	17	7,7	5	4,7	10	25,6			147	11,5
1.2.	F + F + F			2	0,5													1	2,6			3	0,2
1.3.	F + F + X			6	1,4																	6	0,5
1.4.	F + F + X + X			2	0,5																	2	0,2
1.5.	F + X	1	3,1	84	19,0	14	27,5	2	12,5	8	18,6	55	19,2	49	22,3	20	18,9	9	23,1	3	7,0	245	19,2
1.6.	F + X + X			11	2,5	2	3,9	1	6,3					1	0,5							15	1,2
1.7.	F + X + X + X			3	0,7																	3	0,2
1.8.	X + F	7	21,9	99	22,3	6	11,8	4	25,0	6	14,0	57	19,9	45	20,5	19	17,9	4	10,3	7	16,3	254	19,9
1.9.	X + F + F			5	1,1	1	2,0					1	0,3							2	4,7	9	0,7
1.10.	X + X + F			9	2,0	1	2,0					2	0,7			1	0,9					13	1,0
1.11.	X + X + F + F			2	0,5																	2	0,2
1.12.	X + F + X			1	0,2																	1	0,1
1.13.	X + F + X + F			1	0,2																	1	0,1
2.	AFFIGIERUNG																					120	9,4
2.1.	Präfigierung			11	2,5	1	2,0			4	9,3	11	3,8	8	3,6	12	11,3			2	4,7	49	3,8
2.2.	Suffigierung	1	3,1	41	9,3	3	5,9			2	4,7	7	2,4	9	4,1	2	1,9	3	7,7	3	7,0	71	5,6
3.	SYNTAGMEN																					408	31,9
3.1.	asyndet. F + F			4	0,9							1	0,3	2	0,9	2	1,9					9	0,7
3.2.	asyndet. X + F	1	3,1	41	9,3	3	5,9	4	25,0	6	14,0	38	13,3	30	13,6	11	10,4	4	10,3	5	11,6	143	11,2
3.3.	asyndet. F + X	1	3,1	1	0,2							1	0,3	2	0,9	3	2,8			1	2,3	9	0,7
3.4.	asyndet. Wortgr.	1	3,1	2	0,5							3	1,0	2	0,9			1	2,6			9	0,7
3.5.	Synt. mit ,und'	11	34,4	22	5,0	13	25,5	3	18,8	4	9,3	40	14,0	29	13,2	10	9,4	2	5,1	6	14,0	140	10,9
3.6.	Synt. mit 'oder'			2	0,5					1	2,3	7	2,4	3	1,4	5	4,7			1	2,3	19	1,5
3.7.	Synt. 'weder-noch'											1	0,3									1	0,1
3.8.	Vergleiche	2	6,3	19	4,3			1	6,3			16	5,6	15	6,8	13	12,3	1	2,6	7	16,3	74	5,8
3.9.	präp. Gruppen			1	0,2													1	2,6	2	4,7	4	0,3
4.	GRADATION																					26	2,0
4.1.	Komparativ			3	0,7	1	2,0					7	2,4			1	0,9	1	2,6	1	2,3	14	1,1
4.2.	Superlativ			5	1,1							2	0,7	5	2,3							12	0,9
5.	NEGATION	1	3,1	8	1,8					1	2,3	3	1,0	3	1,4	2	1,9	2	5,1	3	7,0	23	1,8
6.	ANTIKISIERUNG			1	0,2																	1	0,1
Summe		32	100	443	100	51	100	16	100	43	100	286	100	220	100	106	100	39	100	43	100	1279	100

Tabelle 3.2.A: Verteilung der Differenzierungen

Sehr selten sind asyndetische Syntagmen aus zwei Gliedern, deren beide ein Farbetymon enthalten (0,7 %). Eine verhältnismäßig große Gruppe bilden mit 10,9 % die

Syntagmen mit der Konjunktion ‚und'. Eine etwa halb so große Gruppe bilden die Vergleiche (5,8 %). Syntagmen mit ‚oder' sind vergleichsweise selten (1,5 %). Bei der Affigierung spielt die Suffigierung (5,6 %) eine größere Rolle als die Präfigierung (3,8 %). Die Gradation (2,0 %) ist häufiger als die Negation (1,8 %). Bei der Gradation halten sich Komparativ (1,1 %) und Superlativ (0,9 %) in etwa die Waage. Eine Antikisierung (vgl. mhd. ‚gel') findet sich im gesamten Korpus insgesamt ein einziges Mal. Diese Form der Differenzierung ist mithin äußerst selten. Das Gleiche gilt für Bildungen mit ‚weder – noch'.

Die Liste aller Belege für Differenzierungen nach der Systematik in Tabelle 3.2.A ist aus Platzgründen in den Anhang III ausgelagert. Auf die Wiedergabe der Fundstellen wird in den allermeisten Fällen verzichtet. Der Anhang III bildet die materiale Grundlage für die folgenden Kapitel 3.3. bis 3.6.

Hinzuweisen ist an dieser Stelle auch auf das Farbenregister im Anhang VII, das in erster Linie eine Anschlussstelle für weiterführende Arbeiten ist. Hier sind die Fundstellen aller differenzierten und nicht-differenzierten Farbausdrücke in den Korpus-Texten nach der Hamburger Ausgabe verzeichnet.

Die Anhänge III und VII suggerieren eine außerordentlich große Vielfalt an sprachlichen Kombinations- und Gestaltungsmöglichkeiten der Farben. Spannender aber ist es, nicht das Diktum von der wunderbaren Vielfalt der Sprache zu kolportieren,[339] sondern der Frage nachzugehen, ob die Farbetyma nicht etwa kombinatorischen Regeln unterliegen.

Da es keine vergleichbaren empirischen Forschungen zur Farbkombination in der deutschen Sprache gibt, wird die folgende Unternehmung etwas aufwändig sein. Die Kapitel 3.3. „Farbkombinationen" und 3.4. „Andere Kombinationen", die der Kombinatorik der Farbetyma auf der Spur sind, haben eher den Charakter einer Sondierung, als dass sie endgültige Ergebnisse zu liefern im Stande sind.

3.3. Farbkombinationen

In Kapitel 1.7. „Die Versuchsanordnung" wurde anhand der Beispiele „rotweiße[r] Rettungsring" (J, 40) und „schwarzbraunrotes Haar" (J, 138) der Unterschied zwischen Determinativ- und Kopulativkomposita erläutert. Es wäre nun nahe liegend zu untersuchen, um welche Typen es sich bei den vorgefundenen Farbkombinationen handelt. Aus dem Kontext (meist aus der Nominalphrase) ließe sich das bestimmen.

---

[339] Lehmann (1998), S. 255: „Es gibt fast endlos viele Möglichkeiten, Farbwörter zu generieren […]"

3.3. Farbkombinationen 117

In Kapitel 1.7. wurde aber auch festgehalten, dass ‚ein rotweißer Rettungsring' auch ‚ein Rettungsring, der rot und weiß ist', sein kann und dass an der Stelle von ‚schwarzbraunrotes Haar' grundsätzlich auch ‚Haar in einer gemischten Farbe aus Schwarz, Braun und Rot' stehen könnte. Durch die Segmentierung gelangt man in beiden Fällen zu folgendem Befund: Man erhält die Farbetyma ROT + WEISS bzw. SCHWARZ + BRAUN + ROT. Solange die phraseologische und die kontextuelle Einbettung der Farben ausgeblendet bleiben, liegt ein Text vor, der in etwa so aussieht:

```
      ROT WEISS ...............SCHWARZ BRAUN ROT............
      ....................GRÜN.........................................
      SCHWARZ .. WEISS...............................GELB......
```

Ein solches Muster lässt sich unter dem topologischen Aspekt als eine Ordnung betrachten, die durch Zusammenstellung und Verknüpfung, durch Nähe und Ferne der Elemente beschrieben ist.[340] Es ist denkbar, dass dieses Oberflächenmuster gänzlich arbiträr ist. Es ist aber auch möglich, dass ganz bestimmte Farben nahe beieinander liegen, andere wiederum voneinander entfernt. Es könnte sein, dass die Reihenfolge benachbarter Farben umkehrbar ist. Ihre Reihenfolge könnte aber auch irreversibel sein. Dieses Kapitel wird die Topologie der Farbetyma und damit deren Kombinationen untersuchen und der Frage nachgehen, ob und welche Regelmäßigkeiten es hierbei gibt.

Richter stellt fest, dass geordnete Paarreihen in der natürlichen Sprache eine wichtige Rolle spielen und Regelmäßigkeiten unterliegen und dass selbst summenbildende Verbindungen mit ‚und' häufig nicht richtungsneutral sind.[341] Er entwickelt dazu das *Syllogon-Modell*.[342] Die Voraussetzung, um natürlichsprachliche Regelmäßigkeiten sehen zu können, ist die Inspektion der Oberflächenstruktur.

When one is interested in the preparation of certain types of large-scale research, surface structure is of immediate relevance and cannot be neglected.[343]

Inspirierend für das Ansinnen, die Farbkombinationen einzig anhand der Abfolge benachbarter Farbetyma zu untersuchen und dabei wort- und satzsyntaktische Aspekte

---

[340] Vgl. Bense (1962) und Fischer (1970) in Kapitel 1.6. „Ansatz".
[341] Richter/Hincha (1969).
[342] Richter (1996), Richter (1985), Richter/Hincha (1969). Zusammenfassende Definition in Richter/Hincha (1969), S. 36: „We call sentence types deduced under the principle of logical-syntactic parallelism *entagma*. A class of entagmas such that the members of the class have the relevant logical features in common, is called a *syllogon*, thereafter the whole model is called the *syllogon model*. Each entagma necessarily belongs to one and only one syllogon. A syllogon, in turn, may comprise one or more entagmas. Empty sylloga are excluded by definition."
[343] Richter/Hincha (1969), S. 49. Vgl. auch den programmatischen Titel dieses Aufsatzes: „Can Overt Syntactic Structure Be Interpreted as a Logical Device?"

außer Acht zu lassen, wirkt die Syntaxlehre von Hermann Paul. Für „[d]ie syntaktischen grundverhältnisse"[344] gilt,

> [...] dass eine parataxe mit voller selbständigkeit der unter einander verbundenen sätze gar nicht vorkommt, dass es gar nicht möglich ist sätze unter einander zu verknüpfen ohne eine gewisse art von hypotaxe.
> [...] so gibt immer der vorhergehende satz dem folgenden eine zeitliche und auch kausale bestimmung.[345]

Paul spricht hier über Sätze. Die Übertragung der satzsyntaktischen Grundverhältnisse auf die wortsyntaktischen sowie auf die Abfolge einzelner Satzgliedteile wird ohne Modifikationen nicht möglich sein. Doch seien solche hier übergangen – und analog zur Satzsyntax wird weiter die Hypothese verfolgt, dass die Abfolge der Farbetyma bestimmten Regelmäßigkeiten unterliegt, die empirisch und ungeachtet ihres Kontextes an der Oberfläche messbar sind. Die paulsche Grundregel dafür besagt, dass das vorangehende das folgende, benachbarte Glied determiniert.

Am wenigsten lässt sich dieses Modell wohl auf einige Farbaufzählungen im „Perrudja" übertragen. Rüdiger Wagner vergleicht die Farbsetzung hier mit der expressionistischen Malerei und erläutert dies an einem Beispiel.

> Eine Grundfarbe wird hart neben eine andere gesetzt. Selbst ein ‚graugrünrotes Gestein' ist in der Zusammenrückung von grau-grün-rot nicht zu einem gräulich grünroten Gestein geworden; es ist als Gestein vorzustellen, das, wie besondere Gneisoder Granitarten, aus den verschiedenen grauen, grünen und roten Bestandteilen verschmolzen ist.[346]

Eine besondere Rolle spielt – wie sich zeigen wird – die *Reihenfolge* in den ‚Zusammenrückungen'.

Als Erstes werden die Komposita nach dem Muster F + F untersucht (siehe Anhang III). Die 147 Belege werden in eine Matrix (Tabelle 3.3.A) übertragen. Zu beachten ist dabei die Leserichtung: Die Zeilen beinhalten das erste, die Spalten das zweite Glied (in diesem Fall den Kopf). Die Rand*summen* der Zeilen geben an, wie oft das entsprechende Etymon an erster Stelle steht, die Rand*summen* der Spalten, wie oft es an zweiter Stelle steht. *Anzahl* bedeutet die Anzahl der realisierten Kombinationsmöglichkeiten. Die Anzahl rechts der Zeilen gibt an, mit wie vielen anderen Farbetyma das jeweilige Etymon – als Erstglied – ein Kompositum bildet. Die Anzahl am unteren Ende der Spalten gibt an, mit wie vielen anderen es – als Zweitglied oder Kopf – zu einem Kompositum aggregiert. Diese anderen gehen dann dem fraglichen voraus.

---

[344] Paul (1886), vgl. das gleichnamige Kapitel.
[345] Paul (1886), S. 121–122.
[346] Wagner (1965), S. 147–148, bespricht hier ein Beispiel aus P, 119.

3.3. Farbkombinationen

2. Glied → 1. Glied ↓	BLAU	BRAUN	GELB	GRAU	GRÜN	LILA	ORANGE	PURPUR	ROSA	ROT	SCHWARZ	VIOLETT	WEISS	Summe	Anzahl
BLAU	–	|	|	2	4	|	|	|	/	3	3	|	2	14	5
BRAUN	|	–	/	2	2	|	|	|	|	5	3	|	|	12	4
GELB	|	4	–	/	1	|	|	|	|	2	1	/	4	12	5
GRAU	/	3	2	–	8	|	|	/	2	1	5	|	9	30	7
GRÜN	2	5	1	/	–	|	|	|	|	|	6	1	3	18	6
LILA	|	|	|	|	|	–	|	|	|	|	|	|	|	0	0
ORANGE	|	|	|	|	|	|	–	|	|	|	|	|	|	0	0
PURPUR	|	|	|	1	|	|	|	–	|	3	|	|	|	4	2
ROSA	1	|	|	/	|	|	|	|	–	2	|	|	3	6	3
ROT	2	4	5	/	|	|	|	|	/	–	4	2	5	22	6
SCHWARZ	/	1	/	2	10	|	|	|	|	4	–	|	1	18	5
VIOLETT	|	|	1	|	/	|	|	|	|	|	/	–	|	1	1
WEISS	/	|	3	3	1	|	|	|	|	/	3	/	–	10	4
Summe	5	17	12	10	26	0	0	0	2	23	22	3	27	147	
Anzahl	3	5	5	5	6	0	0	0	1	8	6	2	7		48

Tabelle 3.3.A: Matrix zu den Farbkombinationen in Komposita F + F

Prinzipiell gibt es 169 Möglichkeiten, ein Etymon mit einem anderen zu kombinieren. Lediglich 48 davon sind hier genutzt. Subtrahiert man die insgesamt seltenen LILA, ORANGE und PURPUR, bleiben genau 100 Möglichkeiten, 46 davon sind realisiert.

Missachtet man die Reihenfolge, in der zwei Farbetyma miteinander kombiniert werden (setzt man z.B. ‚schwarzbraun' mit ‚braunschwarz' gleich), so fällt eine gewisse Symmetrie der Kombinationsmöglichkeiten auf. Der senkrechte Strich (|) bedeutet, dass zwei Farben in keiner der beiden möglichen Reihenfolgen miteinander kombiniert sind. Betrachtet man alle Felder, ist dies 90-mal der Fall. Das „umgekehrte" Pendant fehlt hingegen nur in 18 Fällen, angedeutet durch den Schrägstrich (/). Fehlende Tautologiebildungen (z.B. ‚gelbgelb') sind durch einen waagrechten Strich (—) gekennzeichnet.

Das überwiegende Fehlen der Kombination in beide Richtungen fällt auch dann noch auf, wenn man LILA, ORANGE und PURPUR eliminiert. In diesem Fall stehen insgesamt 28 beidseitige fehlende Kombinationen (die 10 Tautologien nicht mitgerechnet) 16 Fällen gegenüber, die zwei Etyma lediglich in eine Richtung kombinieren. In dieser um LILA, ORANGE und PURPUR reduzierten Farbmatrix fehlen – ohne die Tautologien – beidseitig die Kombinationen von

BLAU mit BRAUN, GELB und VIOLETT,
BRAUN mit ROSA, VIOLETT und WEISS,
GELB mit ROSA,

GRAU mit VIOLETT,
GRÜN mit ROSA und ROT,
ROSA mit SCHWARZ und VIOLETT,
SCHWARZ mit VIOLETT und
VIOLETT mit WEISS.

Bestimmte Kombinationen werden gemieden, andere bevorzugt. Einzig aus der unterschiedlichen Häufigkeit der einzelnen Etyma lässt sich dieses Verhalten nicht erklären, umso weniger, als in dieser Liste der Nicht-Kombinationen die häufigen ROT, WEISS, SCHWARZ, GRAU und GRÜN auftreten. Am auffallendsten sind die fehlenden Kombinationen des häufigen BLAU mit dem häufigen GELB und des häufigen ROT mit dem häufigen GRÜN, während beispielsweise Kombinationen des häufigen ROT mit den viel selteneren ROSA oder VIOLETT möglich sind.

Angenommen, es handelt sich hier um Determinativkomposita, die sich nach den Regeln der Optik verhalten,[347] so lassen sich die fehlenden Komposita ‚gelbblau' und ‚blaugelb' erklären. Bei der so genannten subtraktiven Mischung der Pigmente von Gelb und Blau, nach Goethe ein *charakteristisches* Farbenpaar,[348] entsteht Grün. Entsprechende Komposita – sprachökonomisch aufwändiger als Simplicia – sind demnach überflüssig, weil sie eine Farbe bedeuten, die ihren eigenen Namen in der Gestalt eines Simplex hat. Diese Beobachtung lässt sich jedoch nicht auf andere Kombinationen übertragen. Denn dann dürften die Komposita ‚rotgelb'/‚gelbrot' (wegen ‚orange'), ‚rotblau'/‚blaurot' (wegen ‚violett'), ‚rotweiß'/‚weißrot' (wegen ‚rosa') oder ‚schwarzweiß' (wegen ‚grau') auch nicht möglich sein. Doch sind alle diese Komposita belegt.

An dieser Beobachtung zeigt sich deutlich der Unterschied zwischen sprachlicher und optischer Farbforschung. Die Optik allein kann das Fehlen von ‚blaugelb' bei gleichzeitigem Vorhandensein von ‚rotgelb', ‚blaurot', ‚rotweiß' und ‚schwarzweiß' nicht erklären.[349] Wenn man aber davon ausgeht, dass die so genannten Mischfarben Orange, Rosa und Violett in der Sprache sehr selten sind, dann wird das Vorhandensein ihrer analytisch generierten Entsprechungen plausibel.[350]

Andererseits musste hier die Optik zu Rate gezogen werden, um ein in der Sprache empirisch feststellbares Phänomen deuten zu können. Das Bewusstsein darum ist wichtig. Denn die Prämissen dieser Arbeit fordern eine möglichst sprachzentrierte Betrachtung.

---

[347] Dazu Wenning (1985), S. 444.
[348] Goethe (1998), S. 503–505.
[349] Dedrick (1998), S. 96: „[...] composite colour categories [sc. in der Sprache] are unusual in relation to vision-scientific explanations [...]"
[350] Der Farbkreis suggeriert gleichgewichtige fokale Domänen. Die Sprache aber hat solche nicht. Daraus erklärt sich auch die überwiegende Verwendung des Namens Rotblau für Violett und Rotgelb für Orange in der „Farbenlehre" von Goethe.

3.3. Farbkombinationen

Im Widerspruch zum obigen Erklärungsvorschlag steht das belegte ‚schwarzweiß'. Es dürfte nicht vorhanden sein, weil das Etymon GRAU sehr häufig ist. Allerdings gibt es nur einen einzigen Beleg für ‚schwarzweiß'.[351] Es handelt sich hier um ein Kopulativkompositum. Wenn man in Betracht zieht, dass die überdurchschnittliche Häufigkeit von GRAU ein autorspezifisches Merkmal ist, dürfte man erwarten, dass Jahnn gelegentlich als Alternative zu Grau ein entsprechendes Determinativkompositum setzt. Offensichtlich aber kann ‚schwarzweiß' kein Determinativ-, sondern immer nur ein Kopulativkompositum sein. Dass es im großen Korpus ein einziges Mal belegt ist, indiziert wieder die starke Tendenz, dass einerseits Komposita aus zwei Farbetyma gemieden werden, wenn ihre Farbwerte bei der Mischung einen Farbton ergeben, dessen Name relativ frequent ist, und dass andererseits kopulative Komposita ausgesprochen selten sind.

Das wiederum rückt die fehlende Kombination von BLAU und GELB in ein neues Licht. Denn seine strikt gemiedene Realisation schließt automatisch auch ‚blaugelb' als Kopulativkompositum aus, obwohl es wortgrammatisch möglich wäre.

Die andere fehlende Kombination ist jene aus ROT und GRÜN. Davon gibt es im Korpus weder ein Determinativ-, noch ein Kopulativkompositum. Im Farbkreis stehen die beiden Farben diametral zueinander. Goethe nennt solche Paare *harmonische* Farben.[352] Werden solche Farben subtraktiv gemischt, so ergibt sich ein unbunter, graubrauner Farbton. Andere, nach Goethe harmonische Farbkombinationen sind die Komposita ‚orangeblau'/‚blauorange' und ‚gelbviolett'/‚violettgelb'. Komposita nach dem Muster F + F mit ORANGE sind schon deshalb unwahrscheinlich, weil dieses Etymon so gut wie nie vorkommt. ‚Violettgelb' ist einmal, ‚gelbviolett' kein Mal belegt. Beim einzigen Beleg für ‚violettgelb' handelt es sich um ein Determinativkompositum mit ausdrücklich schwarzem Farbwert.[353]

Die Vielfalt an farblichen Kombinationsmöglichkeiten in Gestalt der Komposita wird nur teilweise ausgeschöpft. Es müssen Regeln konzeptuell-semantischer Natur sein, die bestimmte Farbkombinationen favorisieren, andere unterdrücken. Die überzeugendsten Beispiele sind die gemiedenen Farbkombinationen aus den an und für sich häufigen Etyma GELB und BLAU sowie GRÜN und ROT.

Man kann davon ausgehen, dass Farbkomposita nach dem Muster F + F im Allgemeinen Determinativkomposita sind. Dann gilt: Kombinationen aus einem nach Goe-

---

[351] N2, 519: „Lien erklärte sogleich, daß seine Phantasie nicht stark genug sei, um aus den schwarzweißen, abstrakt geometrischen Figuren die Pracht großer Räume zu erstellen."
[352] Goethe (1998), S. 501–503.
[353] N1, 488–489: „Die Lampe wurde gelöscht. Ich faßte ins Dunkle. Das Zimmer war plötzlich tief und breit. Der Mond malte mitten in den Raum eine violettgelbe Gestalt; er erfand eine Farbe, die schwärzer als schwarz war, die Umkehrung der leuchtenden Flamme war."

the charakteristischen Farbenpaar werden gemieden, *wenn* es für die daraus resultierende Farbe einen frequenten Namen gibt (GRÜN versus VIOLETT und ORANGE). Kombinationen aus den nach Goethe harmonischen Farbenpaaren werden gemieden, *weil* es für die daraus resultierenden unbunten Farbtöne Namen gibt (SCHWARZ, GRAU, BRAUN).[354]

Das Übergehen der Analyse von Determinativ- und Kopulativkomposita zugunsten einer radikal einfachen topologischen Betrachtung von farblichen Nachbarschaftsverhältnissen erweist sich insofern als legitim, als dadurch favorisierte und gemiedene Farbkombinationen als determinierte Paarreihen verständlich werden.

Die Psycholinguistik erklärt das Fehlen der Kombinationen von Rot mit Grün und von Gelb mit Blau physiologisch. Licht kann im visuellen Wahrnehmungsapparat

[...] entweder eine Rot- oder eine Grün-Reizung (aber nicht beide zugleich) erregen [...] und entsprechend nur entweder eine Gelb- oder eine Blau-Reizung (aber nicht beides zugleich). Im Konzept wird dieser Befund so dargestellt, daß auf dem Farbenkreis rot gegenüber von grün und gelb gegenüber von blau zu liegen kommt. Lexikalisch kommt der Befund darin zum Ausdruck, daß es keinen Farbausdruck gibt, den man etwa als *rötliches Grün* oder als *bläuliches Gelb* definieren würde.[355]

Als Nächstes wird die Verteilung der Farbetyma auf das erste und das zweite Glied im Kompositum untersucht, um zu Aussagen über die Umkehrbarkeit der kombinatorischen Richtungen zu gelangen. Man kann danach fragen, ob die Rekurrenz eines Farbetymons an der ersten Stelle im Kompositum höher oder niedriger ist als an der zweiten. Auskunft darüber gibt der Größenvergleich der Randsummen in Tabelle 3.3.A. Beschreibbar ist dadurch auch das Verhalten der einzelnen Etyma hinsichtlich ihrer Fähigkeit, mit anderen Etyma eine Verbindung einzugehen. Man kann prüfen, ob ein Etymon an erster Stelle mit anderen Etyma mehr oder weniger viele Kombinationen eingeht als an zweiter Stelle. Das Ergebnis liefert der Größenvergleich der Anzahlen in Tabelle 3.3.A.

Diese Größenvergleiche werden in der Tabelle 3.3.B zusammengefasst. Das Zeichen ✗ bedeutet hinsichtlich der *Summe*, dass das fragliche Farbetymon am häufigsten an der besagten Position auftritt, hinsichtlich der *Anzahl*, dass es an der besagten

---

[354] Hypothetisch könnte dies mit ein Grund dafür sein, warum Schwarz eine der häufigsten Farben in der Sprache ist.

[355] Miller (1993), S. 242. Wenning (1985), S. 444: „[...] es gibt kein rötliches Grün oder grünliches Rot[,] und es gibt kein bläuliches Gelb oder gelbliches Blau. So sind Rot und Grün sowie Blau und Gelb farbphänomenologisch Gegenfarben." Zum ‚rötlichen Grün' und ‚bläulichen Gelb' vgl. auch die Spekulationen von Wittgenstein (1999), S. 15–17. – Der Begriff ‚Gegenfarbe' wird, ähnlich wie ‚Komplementärfarbe', in der Literatur immer wieder unterschiedlich gebraucht. Die von Miller und Wenning genannten Gegensatzpaare Rot und Grün sowie Gelb und Blau sind insofern Gegenfarben, als Rot und Grün im klassischen Farbkreis aus sechs Farben und Gelb und Blau im vierteiligen Farbkreis der so genannten Vierfarbentheorie jeweils diametral zueinander stehen.

Position am meisten Kombinationen eingeht. Steht das × im mittleren Bereich *1. = 2.* (lies: erstes Glied ist gleich dem zweiten), gibt es zwischen dem ersten und dem zweiten Glied keinen Unterschied in *Verteilung* und *Verhalten*.

Um die Begrifflichkeit zu vereinheitlichen, wird fortan von *favorisierter Position* und *Kombinationspotenzial* die Rede sein. Favorisierte Position meint die feststellbare vorwiegende Verteilung eines bestimmten Farbetymons auf ein bestimmtes Glied im Kompositum. Kombinationspotenzial bedeutet das Verhalten des Farbetymons, als Erst- oder Zweitglied im Kompositum mit mehr oder weniger vielen anderen Farbetyma eine Verbindung einzugehen.

		BLAU	BRAUN	GELB	GRAU	GRÜN	LILA	ORANGE	PURPUR	ROSA	ROT	SCHWARZ	VIOLETT	WEISS
1. Glied	Summe	×			×				×	×				
	Anzahl	×			×				×	×				
1. = 2.	Summe			×			×	×						
	Anzahl			×		×	×	×						
2. Glied	Summe		×			×					×	×	×	×
	Anzahl		×								×	×	×	×

Tabelle 3.3.B: Favorisierte Positionen und Kombinationspotenzial der Farbetyma in 3.3.A

Zwischen der favorisierten Position und dem Kombinationspotenzial gibt es eine funktionale Abhängigkeit. Eine Ausnahme bildet GRÜN.

Farbetyma, welche die erste Stelle favorisieren und an dieser Stelle ein höheres Kombinationspotenzial aufweisen, sind BLAU, GRAU, PURPUR und ROSA. Ihre überwiegende Spitzenstellung ist besonders ausgeprägt (3.3.A): BLAU, GRAU und ROSA steht mehr als doppelt so oft an erster als an zweiter Stelle. PURPUR steht sogar ausschließlich an erster Stelle.

Andere Farbetyma hingegen werden überwiegend als zweites Glied gebraucht. Das sind BRAUN, ROT, SCHWARZ, VIOLETT und WEISS. Sehr schwach ausgeprägt ist dieses Verhalten bei ROT (3.3.A). WEISS hingegen wird mehr als doppelt so oft als zweites denn als erstes Glied gebraucht. Dasselbe gilt für VIOLETT.

GRÜN weist je nach Bezugssystem ein unterschiedliches Verhalten auf. Es favorisiert die zweite Stelle; es geht aber in beiden Positionen gleich viele Kombinationen mit anderen Farben ein.

Genau gleich oft an erster wie an zweiter Stelle steht GELB. In beiden Positionen geht es auch gleich viele Verbindungen ein. Die mathematische Gleichverteilung der seltenen LILA und ORANGE ist wegen der Null-Werte ohne Bedeutung.

Wenn man davon ausgeht, dass in einer natürlichsprachlichen Reihe das vorangehende Glied das darauf folgende determiniert (Richter, Paul) und dass Farbkomposita im Wesentlichen Determinativkomposita sind (siehe oben), so lassen sich die Farbetyma in eher determinierende und eher determinierte einteilen. Solche, die im Kompositum häufiger an erster Stelle stehen, sind demnach eher determinierend (hier BLAU, GRAU, PURPUR und ROSA). Farbetyma, die häufiger als Zweitglied (Kopf) auftreten, sind die eher determinierten (hier BRAUN, GRÜN, ROT, SCHWARZ, VIOLETT und WEISS).

Bisher beschränkte sich die Diskussion der Farbkombinationen auf Farbkomposita nach dem Muster F + F. Bei den obigen Beobachtungen könnte es sich folglich um eine Kombinatorik handeln, die ausschließlich für diese Gruppe gilt. Daher werden im Folgenden die Farbkombinationen in anderen Belegen untersucht, um zu prüfen, ob auch hier ähnliche Regelmäßigkeiten festzustellen sind.

Neben den Farbkomposita nach dem Muster F + F gibt es weitere, die zwei und mehr Farbetyma enthalten. Das sind jene nach den Mustern F + F + F, F + F + X, F + F + X + X, X + F + F, X + X + F + F und X + F + X + F (siehe Anhang III). Weil diese mehr als zwei Glieder haben, müssen zwei Zusatzregeln eingeführt werden, um die oben verwendeten Operationen anwenden zu können.

2. Glied ↓ 1. Glied →	BLAU	BRAUN	GELB	GRAU	GRÜN	LILA	ORANGE	PURPUR	ROSA	ROT	SCHWARZ	VIOLETT	WEISS	Summe	Anzahl
BLAU	–	1								1			/	2	2
BRAUN	/	–		/	/					2	/			2	1
GELB			–		2				/	2				4	2
GRAU		1		–	1					/			1	3	3
GRÜN		1	/	/	–					1			/	2	2
LILA						–								0	0
ORANGE							–							0	0
PURPUR								–						0	0
ROSA			1						–					1	1
ROT	/	1	/	1	1					–		/		3	3
SCHWARZ		1									–	/	1	2	2
VIOLETT										1	2	–		3	2
WEISS	1			/	1							/	–	2	2
Summe	1	5	1	1	5	0	0	0	0	7	2	0	2	24	
Anzahl	1	5	1	1	4	0	0	0	0	5	1	0	2		20

Tabelle 3.3.C: Matrix zu den Farbkombinationen in den Komposita F+F+F, F+F+X, F+F+X+X, X+F+F, X+X+F+F, X+F+X+F

3.3. Farbkombinationen

1. Die Komplemente X werden übersprungen.
2. Die Farben in Komposita mit drei Farbetyma (hier: ‚graugrünrot', ‚schwarzbraunrot', ‚violettrotgrün') werden paarweise dargestellt: Beispielsweise wird ‚graugrünrot' als Kombination von GRAU mit GRÜN und von GRÜN mit ROT erfasst.

Betrachtet man die Matrix (Tabelle 3.3.C) unter Weglassung der seltenen LILA, ORANGE und PURPUR, so sind 20 von 100 Kombinationsmöglichkeiten realisiert. Tautologische Kombinationen (—) fehlen. Beidseitig nicht realisiert (|) sind 54, einseitig realisiert (/) sind 16.

Nach beiden Seiten hin nicht realisiert sind (ohne Tautologien)

BLAU mit GELB, GRAU, GRÜN, ROSA, SCHWARZ und VIOLETT,
BRAUN mit GELB, ROSA, VIOLETT und WEISS,
GELB mit GRAU, SCHWARZ, VIOLETT, und WEISS,
GRAU mit ROSA, SCHWARZ und VIOLETT,
GRÜN mit ROSA, SCHWARZ und VIOLETT,
ROSA mit ROT, SCHWARZ, VIOLETT und WEISS,
ROT mit SCHWARZ und WEISS und
VIOLETT mit WEISS.

Da diese Tabelle 3.3.C im Gegensatz zu der viel umfangreicheren Tabelle 3.3.A lediglich 24 Farbkombinationen belegt, war zu erwarten, dass sich hier auch mehr Nicht-Kombinationen ergeben als in Tabelle 3.3.A. Interessant ist daher die Schnittmenge der nicht realisierten Kombinationen. In beiden Tabellen beidseitig nicht kombiniert sind (ohne Tautologien)

BLAU mit GELB und VIOLETT,
BRAUN mit ROSA, VIOLETT und WEISS,
GRAU mit VIOLETT,
GRÜN mit ROSA,
ROSA mit SCHWARZ und VIOLETT und
VIOLETT mit WEISS.

Den in Tabelle 3.3.A fehlenden Komposita ‚blaugelb' und ‚gelbblau' entspricht hier die ebenfalls fehlende topologische Nähe zwischen BLAU und GELB. Allerdings ist – im Gegensatz zu Tabelle 3.3.A – die Nachbarschaft von ROT und GRÜN belegt.

Die Tabelle 3.3.D fasst den Größenvergleich der Häufigkeitssummen und der Anzahlen der realisierten Kombinationen zusammen. Auch hier geht die favorisierte Position mit dem höchsten Kombinationspotenzial einher, außer bei SCHWARZ. Eher determinierend sind hier BLAU, GELB, GRAU, ROSA und VIOLETT. Eher determiniert sind BRAUN, GRÜN und ROT. WEISS favorisiert weder die determinierende noch die determinierte Position, auch geht es nach beiden Richtungen gleich viele farbliche Verbindungen ein. SCHWARZ ist ebenfalls gleichermaßen determiniert wie determinierend, es hat als Erstglied aber ein höheres Kombinationspotenzial.

	BLAU	BRAUN	GELB	GRAU	GRÜN	LILA	ORANGE	PURPUR	ROSA	ROT	SCHWARZ	VIOLETT	WEISS
1. Glied Summe	x		x	x					x			x	
1. Glied Anzahl	x		x	x					x			x	x
1. = 2. Summe							x	x	x		x		x
1. = 2. Anzahl							x	x	x				x
2. Glied Summe		x			x					x			
2. Glied Anzahl		x			x					x			

Tabelle 3.3.D: Favorisierte Positionen und Kombinationspotenzial der Farbetyma in 3.3.C

Übereinstimmung mit der Tabelle 3.3.A gibt es bei BLAU, GRAU und ROSA (eher determinierend, als Erstglied höheres Kombinationspotenzial) und bei BRAUN und ROT (eher determiniert, als Zweitglied höheres Kombinationspotenzial). Bei GRÜN gibt es Übereinstimmung nur hinsichtlich seiner eher determinierten Rolle.

Sollten die konzeptuell-semantischen Regelmäßigkeiten, die die Clusterbildung der Farbetyma steuern, sehr weit reichend sein, könnten Farbkompatibilitäten und -inkompatibilitäten auch in Syntagmen nachweisbar sein. Daher wird der Versuch unternommen, die Farbkombinationen in syntagmatisch gebildeten Farbausdrücken zu untersuchen, die zwei und mehr Farbetyma enthalten. Das ist in den Syntagmen der Untergruppen 3.1., 3.4., 3.5., 3.6., 3.7. und 3.9. der Fall (siehe Anhang III).[356]

Für die Erfassung dieser Kombinationen müssen einige Zusatzregeln formuliert werden:

1. Grundsätzlich werden jene Farbetyma als kombinierte aufgefasst, die sich innerhalb eines Syntagmas am nächsten sind. Beispiel: ‚blau und grün und rot' (Untergruppe 3.5.) gilt als Kombination der Etyma BLAU mit GRÜN und GRÜN mit ROT.
2. Wörter im Syntagma, die keine Farbetyma enthalten, werden übersprungen (z.B. ‚gold' in ‚blau und gold und rot', Untergruppe 3.5.).
3. Komposita, die aus zwei und drei Farbetyma bestehen und die Teile des Syntagmas sind, werden ebenfalls übersprungen. Alle diese sind in den Tabellen 3.3.A und 3.3.C erfasst. Solche Komposita werden übersprungen, um Zirkelbezüge zu vermeiden. Denn die Ergebnisse aus der zu erstellenden Kombinationsmatrix 3.3.E sollen unabhängig von den Ergebnissen aus den Matrizes 3.3.A und 3.3.C sein.

---

[356] Farbkombinationen mit ‚und' und ‚oder' in den Untergruppen 3.9., 4.1. und 5. sind auch in 3.5. und 3.6. vermerkt. Es handelt sich hier um komplexe Differenzierungen, die in zwei Differenzierungsgruppen eingetragen sind. Hier, bei der Erfassung der Farbkombinationen, wird jedoch ein und derselbe Beleg nur einmal gezählt.

3.3. Farbkombinationen

4. In Syntagmen, die aus einem Kompositum nach dem Muster F + F und einem Farbwort, das ein einziges Farbetymon enthält, bestehen, werden das Farbwort mit dem einzelnen Farbetymon und das diesem am nächsten liegende Farbetymon im Farbkompositum als kombinierte Farben angesehen. Beispiel: In ‚weißgelb und rot' (Untergruppe 3.5.) wird GELB mit ROT als Farbkombination angesehen, ‚weißgelb' wird übersprungen (Regel 3).

5. Differenzierte Farbetyma im Syntagma – gemeint ist die Differenzierung durch alles, das selber *kein* Farbetymon ist – werden ungeachtet ihrer Differenzierungen als Kombinationen aufgefasst. Beispiel: ‚bernsteinbraun und meergrün' (Untergruppe 3.5.) wird als Kombination von BRAUN mit GRÜN gewertet.

Die Erfassung der syntagmatisch gebildeten Farbkombinationen führt zu folgendem Ergebnis:

2. Glied ↓ 1. Glied →	BLAU	BRAUN	GELB	GRAU	GRÜN	LILA	ORANGE	PURPUR	ROSA	ROT	SCHWARZ	VIOLETT	WEISS	*Summe*	*Anzahl*
BLAU	1	/	1		3					1	5	2		1	14	7
BRAUN	1	–	/		3						4	2	1	/	11	5
GELB	1	3	–		3					/	4	/	/	1	12	5
GRAU				–	5					1		1		1	8	4
GRÜN	6	2	/	/	–						3	2	1		14	5
LILA						–							1	1	1
ORANGE							–							0	0
PURPUR								–						0	0
ROSA	/		1	1					–				1	3	3
ROT	3	/	3		5					2	1	/	2	16	6
SCHWARZ	1	1	2	/	/					/	–		12	16	4
VIOLETT		/	1		/						1		–	1	3	3
WEISS	1	1	/	2		/				1	/	3	/	–	8	5
Summe	14	7	8	3	19	0	0	0	3	19	11	2	20	106	
Anzahl	7	4	5	2	5	0	0	0	3	6	6	2	8		48

Tabelle 3.3.E: Matrix zu den Farbkombinationen in den Syntagmen der Untergruppen 3.1., 3.4., 3.5., 3.6., 3.7. und 3.9. (siehe Anhang III)

In der um die seltenen LILA, ORANGE und PURPUR reduzierten Matrix werden 47 von insgesamt 100 Kombinationsmöglichkeiten ausgeschöpft. 26 Möglichkeiten sind in beide Richtungen nicht realisiert, 19 nur in eine Richtung (nicht).

Erstmals treten in dieser Matrix tautologische Farbkombinationen auf: ‚roter und roter' und ‚rot und rotbeharrt' aus der Untergruppe 3.5 und ‚blau oder blaugrau' aus der

Untergruppe 3.6. ‚Rot und rotbehaart' als Kombination aus den Etyma ROT und ROT und ‚blau oder blaugrau' als Kombination aus BLAU und BLAU ergeben sich aus der Regel 4. Es handelt sich also eher um konstruierte denn um echte Tautologien. Eine echte Tautologie im Sinne identischer Begrifflichkeit ist das durative ‚roter und roter' (Diskussion am Ende des Kapitels).

Beidseitig nie kombiniert sind in der Matrix 3.3.E (ohne Tautologien)

BLAU mit GRAU und VIOLETT,
BRAUN mit GRAU und ROSA,
GELB mit GRAU,
GRAU mit ROT und VIOLETT,
GRÜN mit ROSA und WEISS,
ROSA mit ROT, SCHWARZ und VIOLETT und
SCHWARZ mit VIOLETT.

Die Tabelle 3.3.F fasst die favorisierten Positionen und Kombinationspotenziale zusammen.

		BLAU	BRAUN	GELB	GRAU	GRÜN	LILA	ORANGE	PURPUR	ROSA	ROT	SCHWARZ	VIOLETT	WEISS
1. Glied	Summe		x	x	x		x					x	x	
	Anzahl		x		x		x						x	
1. = 2.	Summe	x						x	x	x				
	Anzahl	x		x		x		x	x	x	x			
2. Glied	Summe					x						x		x
	Anzahl												x	x

Tabelle 3.3.F: Favorisierte Positionen und Kombinationspotenzial der Farbetyma in 3.3.E

Vier Farbetyma (in 3.3.B und 3.3.D nur je eines) lagern hier die favorisierte Position anders als das höchste Kombinationspotenzial, und zwar GELB, GRÜN, ROT und SCHWARZ. GELB steht häufiger in vorangestellter Position, während es sowohl nach vorne als auch nach hinten gleich viele Kombinationen mit anderen Farben eingehen kann. GRÜN und ROT verhalten sich – wie GELB – indifferent hinsichtlich des Kombinationspotenzials, sie favorisieren jedoch die zweite Position. SCHWARZ weist in Syntagmen ein Verhalten auf, das bisher noch nicht beobachtet werden konnte. Es ist selber vorwiegend vorangestellt, es wird aber eher mit anderen Farben kombiniert, wenn es die zweite Position innehat. SCHWARZ springt hier gewissermaßen von der ersten Position auf die zweite, während die anderen drei Etyma (und auch die Einzelfälle in 3.3.B und 3.3.D) lediglich in der ersten Position und in der Indifferenzlage oder in dieser und in der zweiten Position gleichzeitig auftreten.

3.3. Farbkombinationen

BRAUN, GRAU und VIOLETT favorisieren die erste Position und werden in dieser auch häufiger mit anderen, nachfolgenden Farben kombiniert. WEISS favorisiert die zweite Position, hier wird es auch eher mit unterschiedlichen, vorausgehenden Farben kombiniert. Besonders ausgeprägt ist die Ungleichverteilung bezüglich der favorisierten Position bei GRAU und WEISS: 12-mal steht GRAU an erster, aber nur 3-mal an zweiter Stelle, WEISS hingegen steht nur 8-mal an erster, aber 20-mal an zweiter Stelle (3.3.E).

Gleich verteilt hinsichtlich der Position und indifferent hinsichtlich des Kombinationspotenzials sind BLAU und ROSA.

Was nun die Schnittmengen betrifft, so werden zunächst jene aus jeweils zwei Mengen der beidseitigen Nicht-Kombinationen in den drei Matrizes 3.3.A, 3.3.C und 3.3.E gebildet (immer ohne die seltene LILA, ORANGE und PURPUR und ohne die Tautologien).

3.3.A ∩ 3.3.C:
BLAU mit GELB und VIOLETT,
BRAUN mit ROSA, VIOLETT und WEISS,
GRAU mit VIOLETT,
GRÜN mit ROSA,
ROSA mit SCHWARZ und VIOLETT und
VIOLETT mit WEISS.

3.3.A ∩ 3.3.E:
BLAU mit VIOLETT,
BRAUN mit ROSA,
GRAU mit VIOLETT,
GRÜN mit ROSA,
ROSA mit SCHWARZ und VIOLETT und
SCHWARZ mit VIOLETT.

3.3.C ∩ 3.3.E:
BLAU mit GRAU und VIOLETT,
BRAUN mit ROSA,
GELB mit GRAU,
GRAU mit VIOLETT,
GRÜN mit ROSA,
ROSA mit ROT, SCHWARZ und VIOLETT und
SCHWARZ mit VIOLETT.

Die beidseitigen Nicht-Kombinationen von BLAU mit GELB und von ROT mit GRÜN, die für die Farbkombinationen in den Komposita wesentlich sind, gehen allmählich verloren. Die Nicht-Kombination von BLAU mit GELB ist nur mehr in der Schnittmenge 3.3.A ∩ 3.3.C vorhanden, die Nicht-Kombination von ROT mit GRÜN in keiner der Schnittmengen. Das Vorhandensein von Kombinationsregeln, die von der

Häufigkeit der einzelnen Farbetyma unabhängig sind, konnte am deutlichsten anhand fehlender Kombinationen sehr häufiger Etyma nachgewiesen werden. Solche häufigen Etyma jedoch verschwinden, wenn man alle drei Mengen schneidet.

3.3.A ∩ 3.3.C ∩ 3.3.E :
BLAU mit VIOLETT,
BRAUN mit ROSA,
GRAU mit VIOLETT,
GRÜN mit ROSA und
ROSA mit SCHWARZ und VIOLETT.

Mithin erhebt sich der Verdacht, dass für Farbkombinationen, die nicht in der Form von Farbkomposita auftreten, andere Kombinationsregeln gelten und dass die Nicht-Kombination der Etyma, mehr als vermutet, von der Häufigkeit derselben abhängt. Andererseits kann es aber sein, dass die Bildung dieser Art von Schnittmengen ein zu rigoroses Verfahren ist, um Nicht-Kombinationen herauszulesen.[357]

Um dies zu klären, sollen die Farbkombinationen durch weitere Messverfahren laufen. Das wird in drei Schritten geschehen.

I. Die Schnittmengen der beidseitig realisierten Farb*kombinationen* – im Gegensatz zu den bisher untersuchten Nicht-Kombinationen – werden ermittelt.

II. Die Tabellen 3.3.A, 3.3.C und 3.3.E sowie die Tabellen 3.3.B, 3.3.D und 3.3.F werden ineinander integriert, indem ihre Felder miteinander addiert werden.

III. Die Korrelation zwischen den *Summen* und *Anzahlen* der in diesem Kapitel erstellten Tabellen und den Häufigkeiten *aller,* der *differenzierten* und der *nicht-differenzierten* Farbetyma im gesamten Korpus wird berechnet.

I. Analog zur Überlegung, dass eine Nicht-Kombination beidseitig sein muss, sei eine mögliche Kombination ebenfalls als beidseitig definiert. Es muss also sowohl die Kombination des ersten Gliedes mit dem zweiten möglich sein als auch jene des zweiten mit dem ersten. Beispielsweise ist die Kombination der Etyma SCHWARZ und WEISS nur dann beidseitig, wenn es ‚schwarzweiß' und ‚weißschwarz' gibt.

Die Schnittmengen aus den Mengen der beidseitig realisierten Kombinationen in den Matrizes 3.3.A, 3.3.C und 3.3.E gestalten sich wie folgt:[358]

3.3.A ∩ 3.3.C :
BRAUN mit ROT.

---

[357] Würde man beispielsweise nur einmal belegte Fälle auch zu den Nicht-Kombinationen rechnen, fielen die Ergebnisse spürbar anders aus.

[358] Der Hinweis darauf, ob die seltenen LILA, ORANGE und PURPUR mit berücksichtigt sind oder nicht, erübrigt sich hier. Denn keine der realisierten Kombinationen dieser Etyma mit anderen ist beidseitig.

3.3. Farbkombinationen
131

3.3.C ∩ 3.3.E :
GRÜN mit ROT.

3.3.A ∩ 3.3.E :
BLAU mit GRÜN und ROT,
BRAUN mit GRÜN und SCHWARZ,
GELB mit ROT und
GRAU mit WEISS.

3.3.A ∩ 3.3.C ∩ 3.3.E :
{ }.

Die Schnittmenge der beidseitig realisierten Farbkombinationen aus allen drei Mengen ist leer. Dies ist wesentlich dadurch bedingt, dass die Menge der dargestellten Kombinationsmöglichkeiten in 3.3.B verhältnismäßig klein ist. So sind auch schon 3.3.A ∩ 3.3.C und 3.3.C ∩ 3.3.E sehr klein (jeweils ein kombinatorisches Element).

Auffallend ist dagegen die relativ große Schnittmenge aus 3.3.A und 3.3.E. Dieses Ergebnis ist sehr überraschend, weil hier Farbkombinationen in Komposita mit Farbkombinationen in Syntagmen verglichen werden. Tendenziell hat also die Farbaggregation in beiden Fällen eine gewisse Ähnlichkeit. Latente Kombinationsregeln müssen also stabil und weit reichend sein, da zum Teil immer die gleichen Farben räumlich nahe nebeneinander liegen, ungeachtet ob die Kombination durch Komposition oder durch syntagmatische Bildung geschieht.

Zudem enthält die Schnittmenge aus 3.3.A und 3.3.E insgesamt häufige Etyma. Dies stützt die Hypothese, dass die Kombinationsmöglichkeit von der Häufigkeit abhängt. Jedoch sind unter den häufigen Etyma die Kombinationen nicht uneingeschränkt möglich. So fehlen in der Schnittmenge aus 3.3.A und 3.3.E etwa die Kombinationen SCHWARZ mit WEISS, BLAU mit GELB, ROT mit SCHWARZ oder ROT mit WEISS.

II. Die drei Tabellen 3.3.A, 3.3.C und 3.3.E sind insofern voneinander unabhängig, als jede einzelne Tabelle nur solche Informationen enthält, die nicht auch Inhalt einer anderen sind. Das Gleiche gilt für 3.3.B, 3.3.D und 3.3.F.

Addiert man die Matrizes 3.3.A, 3.3.C und 3.3.E, entsteht die Kombinationsmatrix 3.3.G. Die Relationen hinsichtlich der favorisierten Positionen und der Kombinationspotenziale sind in der Tabelle 3.3.H zusammengefasst.

Hinsichtlich der vorwiegenden Verteilung der Farbetyma auf die erste und die zweite Position lässt sich aus den Tabellen 3.3.G und 3.3.H (unter Weglassung der seltenen LILA, ORANGE und PURPUR) ableiten, dass BLAU, GELB, GRAU, ROSA, SCHWARZ und VIOLETT eher an erster Stelle auftreten und BRAUN, GRÜN, ROT und WEISS eher an zweiter. Äußerst auffallend ist die Ungleichverteilung bei GRAU: Die Belege weisen das Etymon fast dreimal so oft an erster Stelle nach wie an zweiter

2. Glied → 1. Glied ↓	BLAU	BRAUN	GELB	GRAU	GRÜN	LILA	ORANGE	PURPUR	ROSA	ROT	SCHWARZ	VIOLETT	WEISS	Summe	Anzahl
BLAU	1	1	1	2	7				1	9	5		3	30	9
BRAUN	1	–	/	2	5					11	5	1	/	25	6
GELB	1	7	–	/	6				/	8	1	/	5	28	6
GRAU	/	4	2	–	14			/	3	1	6		11	41	7
GRÜN	8	8	1	/	–					4	8	2	3	34	7
LILA						–							1	1	1
ORANGE							–							0	0
PURPUR				1				–		3				4	2
ROSA	1		2	1					–	2			4	10	5
ROT	5	5	8	1	6			/	/	2	5	2	7	41	9
SCHWARZ	1	3	2	2	10					4	–	/	14	36	7
VIOLETT		/	2		/					2	2	–	1	7	4
WEISS	2	1	3	5	2	/			1	3	3	/	–	20	8
Summe	20	29	21	14	50	0	0	0	5	49	35	5	49	277	
Anzahl	8	7	8	7	7	0	0	0	3	11	8	3	9		71

Tabelle 3.3.G: Summenmatrix aus 3.3.A, 3.3.C und 3.3.E

		BLAU	BRAUN	GELB	GRAU	GRÜN	LILA	ORANGE	PURPUR	ROSA	ROT	SCHWARZ	VIOLETT	WEISS
1. Glied	Summe	x		x	x		x			x	x		x	x
	Anzahl	x					x			x	x		x	
1. = 2.	Summe								x					
	Anzahl				x	x		x						
2. Glied	Summe		x			x						x		x
	Anzahl		x	x							x	x		x

Tabelle 3.3.H: Favorisierte Positionen und Kombinationspotenzial der Farbetyma in 3.3.G

Stelle (41 versus 14 in 3.3.G).[359] WEISS hingegen steht deutlich öfter an zweiter Stelle als an erster (20 versus 49). SCHWARZ ist praktisch gleich verteilt (36-mal an erster und 35-mal an zweiter Stelle). Es ist eigentümlich, dass gerade die so genannten unbunten Farben Schwarz, Weiß und das dazwischen liegende Grau ein sehr unterschied-

---

[359] Deutlich zu beobachten ist die ausgeprägte Erstgliedrigkeit von GRAU auch an den Rängen der Randsummen in 3.3.G: Mit 41 Belegen nimmt es *ex aequo* mit ROT den 1. Rang ein, während es als zweites Glied den 7. Rang besetzt. Zum Vergleich: Unter allen 3.607 Etyma ist GRAU Viertes, unter den differenzierten Sechstes und unter den nicht-differenzierten Viertes (vgl. Tab. 3.1.B).

3.3. Farbkombinationen   133

liches Verhalten aufweisen. Es scheint, dass GRAU buchstäblich die Graustufe anderer Farben determiniert und dass GRAU selber äußerst selten durch andere (bunte) Farben differenziert wird. Wäre die Differenzierbarkeit durch andere Farben ein Kriterium für eine Farbe überhaupt, so wäre GRAU am deutlichsten dasjenige Etymon, das am wenigsten eine Farbe ist.

Was die Ko-Relation der favorisierten Position und des Kombinationspotenzials betrifft, so gibt es hier (3.3.H) – wie in 3.3.F – vier Etyma, die unterschiedliche Stellen besetzen: GELB, GRAU, GRÜN und SCHWARZ. SCHWARZ und GELB „springen" sogar über die Indifferenzlage hinweg.

Ziemlich anders sehen die favorisierten Positionen und das Kombinationspotenzial aus, wenn man die Relationen nicht aus der Summe (3.3.G), sondern direkt aus den Tabellen 3.3.B, 3.3.D und 3.3.F ableitet. Dabei werden dort die ✕ durch 1 ersetzt und die Matrizen anschließend addiert. Aus den drei binären Systemen wird gewissermaßen ein Mittelwert gebildet, der ein Maß im Sinne der Intensität ist.

		BLAU	BRAUN	GELB	GRAU	GRÜN	LILA	ORANGE	PURPUR	ROSA	ROT	SCHWARZ	VIOLETT	WEISS
1. Glied	Summe	2	1	2	3		1		1	2		1	2	
	Anzahl	2	1	1	3		1		1	2		1	2	
1. = 2.	Summe	1		1			2	3	2	1		1		1
	Anzahl	1		2		2	2	3	2	1	1		1	1
2. Glied	Summe		2			3					3	1	1	2
	Anzahl		2			1					2	2	1	2

Tabelle 3.3.I: Favorisierte Positionen und Kombinationspotenzial als Mittelwert aus 3.3.B, 3.3.D und 3.3.F

Hier bedeutet 1, dass das fragliche Farbetymon lediglich in einer der Tabellen 3.3.B, 3.3.D und 3.3.F eine bestimmte Position einnimmt (Position hier im Sinne von Stelle innerhalb der Tabelle), bei 2 ist dies in zwei Tabellen der Fall, bei 3 in drei. 3 ist der maximale mögliche Wert.

Die Tabelle 3.3.I relativiert einige Aussagen aus 3.3.H, andere bestätigt und bekräftigt sie. Aus 3.3.H ging hervor, dass BLAU, GELB, GRAU, ROSA, SCHWARZ und VIOLETT in Komposita und Syntagmen vorwiegend an erster Stelle auftreten. Uneingeschränkt gilt dies laut 3.3.I jedoch nur für GRAU (Intensität 3). (Schon die absolute Häufigkeitsverteilung laut 3.3.G hatte dies indiziert.) Bei BLAU, GELB, ROSA und VIOLETT gilt für eine vorwiegende Erststellung nur mehr eine Intensität von 2, bei SCHWARZ nur mehr eine von 1 (vgl. die oben beobachtete praktische Gleichverteilung von SCHWARZ). Die Verwendung in Zweitstellung ist für GRÜN und ROT mit einer Intensität von 3 gegeben; für BRAUN und WEISS gilt eine von 2.[360] Die in 3.3.G beobachtete summarisch stark ausgeprägte Zweitstellung von WEISS wird dadurch relativiert.

Sehr unterschiedlich stark ausgeprägte Kombinationspotenziale eines Farbetymons in Erst- oder Zweitstellung sind anhand der Tabelle 3.3.I weniger deutlich feststellbar als die Positionen, die die Etyma favorisieren. Die höchstmögliche Intensitätsstufe 3 in der Zeile *Anzahl* (Kombinationspotenzial) ist lediglich für GRAU gegeben und gilt, wenn dieses Etymon als erstes Glied verwendet wird. Für BLAU, ROSA und VIOLETT gilt ein höheres Kombinationspotenzial in erster Position mit einer Intensität von 2. Dieselbe Intensität für ein höheres Kombinationspotenzial in zweiter Position gilt bei BRAUN, ROT, SCHWARZ und WEISS. Eine deutliche funktionale Abhängigkeit zwischen favorisierter Position und Kombinationspotenzial weist GRAU auf. Weniger deutlich ist diese Abhängigkeit bei BLAU, ROSA und VIOLETT für die erste Position und bei BRAUN, ROT und WEISS für die zweite.

Durch verschiedene Denk- und Rechenoperationen konnte festgestellt werden, dass das Etymon GRAU einige Besonderheiten aufweist. Es bildet in Komposita deutlich öfter das erste Glied als das zweite, es steht in Syntagmen deutlich öfter an erster Stelle als an zweiter, es spielt am ausgeprägtesten eine semantisch determinierende Rolle und aggregiert in dieser mit den unterschiedlichsten Farben. Deutlich ausgeprägt ist auch die Kopfstellung von GRÜN und ROT in Komposita und Syntagmen sowie die durch andere Farben determinierte bzw. semantisch modifizierte Rolle dieser Farben.

Was für GRAU gilt, gilt in abgeschwächter Form auch für BLAU, GELB, ROSA und VIOLETT. Für BRAUN und WEISS gelten abgeschwächt die Merkmale von GRÜN und ROT. SCHWARZ verhält sich indifferent, was seine favorisierte Stellung betrifft.

III. Diese Hypothesen dürften nun als relativ gesichert gelten, doch bleibt immer noch der Verdacht, dass die favorisierten Positionen mit dem dazugehörigen Kombinationspotenzial stark von der allgemeinen Häufigkeit der Farbetyma abhängig sind. Dazu werden alle Summen und Anzahlen aus den Tabellen 3.3.A, 3.3.C, 3.3.E und 3.3.G sowie die Summen aller, der differenzierten und der nicht-differenzierten Farb-

---

[360] Die gleichen maximalen Ausprägungen für GRAU an erster und für GRÜN und ROT an zweiter Stelle zeigt auch die Bildung der Schnittmengen, die sich aus den Mengen der an erster bzw. zweiter Stelle stehenden Etyma in 3.3.A, 3.3.C und 3.3.E ergeben. – Im Detail: Für die Etyma an erster Stelle: 3.3.A ∩ 3.3.C = {BLAU, GRAU, ROSA}; 3.3.C ∩ 3.3.E = {GELB, GRAU, VIOLETT}; 3.3.A ∩ 3.3.E = {GRAU}; 3.3.A ∩ 3.3.C ∩ 3.3.E = {GRAU}. Für die Etyma an zweiter Stelle: 3.3.A ∩ 3.3.C = {BRAUN, GRÜN, ROT}; 3.3.C ∩ 3.3.E = {GRÜN, ROT}; 3.3.A ∩ 3.3.E = {GRÜN, ROT, WEISS}; 3.3.A ∩ 3.3.C ∩ 3.3.E = {GRÜN, ROT}. Für die gleich verteilten Etyma: 3.3.A ∩ 3.3.C = { }; 3.3.C ∩ 3.3.E = { }; 3.3.A ∩ 3.3.E = { }; 3.3.A ∩ 3.3.C ∩ 3.3.E = { }.

3.3. Farbkombinationen

etyma (siehe Tabelle 3.1.A) in der Tabelle 3.3.J zusammengefasst und miteinander korreliert. Die seltenen LILA, ORANGE und PURPUR wurden eliminiert. Die Summen der Spalten weichen dadurch geringfügig von der Gesamtsumme in den zu Grunde liegenden Quellen-Tabellen ab.

			1. Glied							2. Glied							Alle Etyma	Dif. Etyma	Nicht-diff. Etyma
			Summe				Anzahl				Summe				Anzahl					
			#.A	#.C	#.E	#.G	#.A	#.C	#.E	#.G	#.A	#.C	#.E	#.G	#.A	#.C	#.E	#.G			
BLAU			14	2	14	30	5	2	7	9	5	1	14	20	3	1	7	8	146	83	63
BRAUN			12	2	11	25	4	1	5	6	17	5	7	29	5	5	4	7	349	137	212
GELB			12	4	12	28	5	2	5	6	12	1	8	21	5	1	5	8	286	121	165
GRAU			30	3	8	41	7	3	4	7	10	1	3	14	5	1	2	7	357	126	231
GRÜN			18	2	14	34	6	2	5	7	26	5	19	50	6	4	5	7	340	169	171
ROSA			6	1	3	10	3	1	3	5	2	0	3	5	1	0	3	3	43	37	6
ROT			22	3	16	41	6	3	6	9	23	7	19	49	8	5	6	11	599	310	289
SCHWARZ			18	2	16	36	5	2	4	7	22	2	11	35	6	1	6	8	738	216	522
VIOLETT			1	3	3	7	1	2	3	4	3	0	2	5	2	0	2	3	36	17	19
WEISS			10	2	8	20	4	2	5	8	27	2	20	49	7	2	8	9	678	247	431
			143	24	105	272	46	20	47	68	147	24	106	277	48	20	48	71	3572	1463	2109
1. Glied	Summe	#.A	–	0,22	0,57	0,94	0,94	0,69	0,33	0,60	0,38	0,41	0,24	0,36	0,59	0,35	0,06	0,60	0,49	0,53	0,43
		#.C		–	0,16	0,29	0,20	0,59	0,13	-0,02	-0,01	0,02	-0,10	-0,04	0,29	0,00	-0,14	0,30	0,05	0,10	0,02
		#.E			–	0,81	0,68	0,34	0,72	0,72	0,60	0,63	0,65	0,68	0,69	0,55	0,62	0,81	0,59	0,67	0,51
		#.G				–	0,94	0,66	0,53	0,71	0,51	0,54	0,43	0,52	0,71	0,47	0,29	0,77	0,58	0,64	0,51
	Anzahl	#.A					–	0,58	0,51	0,69	0,46	0,45	0,42	0,48	0,62	0,40	0,26	0,69	0,48	0,56	0,40
		#.C						–	0,27	0,51	0,24	0,21	0,28	0,27	0,53	0,09	0,08	0,54	0,38	0,47	0,30
		#.E							–	0,84	0,32	0,49	0,69	0,52	0,46	0,50	0,71	0,77	0,25	0,45	0,13
		#.G								–	0,50	0,48	0,78	0,65	0,64	0,42	0,76	0,87	0,57	0,70	0,45
2. Glied	Summe	#.A									–	0,71	0,79	0,96	0,91	0,67	0,60	0,70	0,86	0,88	0,79
		#.C										–	0,62	0,78	0,73	0,97	0,31	0,63	0,50	0,72	0,34
		#.E											–	0,92	0,73	0,57	0,85	0,75	0,61	0,77	0,48
		#.G												–	0,89	0,73	0,71	0,77	0,78	0,89	0,67
	Anzahl	#.A													–	0,68	0,56	0,88	0,89	0,95	0,79
		#.C														–	0,28	0,58	0,42	0,64	0,28
		#.E															–	0,73	0,60	0,64	0,54
		#.G																–	0,77	0,88	0,66
Alle Etyma																			–	0,92	0,98
Diff. Etyma																				–	0,81
Nicht-d. Et.																					–
Signifikanzschwellen: P = 0,05 bei r = 0,632, P = 0,01 bei r = 0,765, P = 0,001 bei r = 0,872.																					

Tabelle 3.3.J: Summen und Anzahlen aus 3.3.A, 3.3.C, 3.3.E und 3.3.F; Korrelationsmatrix

Von Interesse sind vor allem die Korrelationen der Summen und Anzahlen aus den Tabellen dieses Kapitels mit den Häufigkeiten aller, der differenzierten und der nicht-differenzierten Farbetyma. Die Summen der Erstglieder sind am ehesten mit den differenzierten Etyma korreliert. Die Korrelationskoeffizienten der Summen aus 3.3.E und 3.3.G sind sogar signifikant von der Nullhypothese r = 0 verschieden. Deutlich nicht signifikant von 0 verschieden ist jedoch die Korrelation zwischen den Summen der Erstglieder und den Häufigkeiten der nicht-differenzierten sowie den Häufigkeiten aller Etyma. Dies lässt sich dahin gehend interpretieren, dass die Verteilung der Farbetyma auf das erste Glied deutlich nicht von der allgemeinen Häufigkeit der Etyma abhängt.

Beachtlich ist die hohe Korrelation zwischen den Summen der Zweitglieder und den Häufigkeiten der differenzierten Farbetyma. Drei der vier Korrelationen sind sehr signifikant, eine ist signifikant von 0 verschieden. Teilweise signifikant verschieden sind die Korrelationen zwischen den Summen der Zweitglieder und den Häufigkeiten aller und der nicht-differenzierten Etyma.

Die Verteilung der Farbetyma auf das zweite Glied in Komposita bzw. die zweite Position in Syntagmen ist also angenähert eine Funktion der Häufigkeit der differenzierten Farbetyma. Anders verhält es sich bei den Gliedern in erster Position; hier ist die Verteilung nicht nachweisbar von der Häufigkeit der differenzierten Etyma abhängig.

Was das Kombinationspotenzial der Farbetyma betrifft, so lässt sich festhalten, dass dieses bei erstgliedrigen Etyma in drei von vier Fällen nicht signifikant von 0 verschieden mit der Häufigkeit der differenzierten Etyma korreliert ist. Die Korrelation des Kombinationspotenzials bei Erstgliedern in 3.3.G, also jener Tabelle, die alle vorangehenden zusammenfasst, ist signifikant von 0 verschieden. Die Korrelation des Kombinationspotenzials bei erstgliedrigen Etyma mit den Häufigkeiten der nicht-differenzierten bzw. aller Etyma ist nicht signifikant von 0 verschieden.

Die Korrelationen des Kombinationspotenzials von zweitgliedrigen Etyma liegen durchschnittlich spürbar höher. Zu den differenzierten Etyma sind sie durchwegs signifikant, bei 3.3.G sehr signifikant, bei 3.3.A sogar hoch signifikant verschieden von 0. Auch zu allen und zu den nicht-differenzierten Etyma sind Korrelationen feststellbar, die signifikant von der Nullhypothese r = 0 abweichen. Der Vollständigkeit halber sind in Tabelle 3.3.J alle übrigen Korrelationen mit angegeben. Auf eine Diskussion wird jedoch verzichtet.

Die Verteilung der Farbetyma auf das zweite Glied ist wesentlich von der Häufigkeit abhängig, mit der die Etyma zur Verfügung stehen, nicht aber die Verteilung der Farbetyma auf das erste Glied. Daraus folgt, dass die Kombinationsrichtung in Farbenpaaren nicht uneingeschränkt umkehrbar ist (vgl. die Hypothesen zu Beginn des

3.3. Farbkombinationen

Kapitels). Vorhandene Restriktionen wirken auf erstgliedrige Etyma stärker als auf zweitgliedrige. Um ein Bild zu verwenden: Die vordere „Andockstelle" von Farbetyma ist anders beschaffen (möglicherweise weniger variabel) als die hintere.

Unter diesem Aspekt wird noch einmal die Diskussion der Farbkombinationen aufgegriffen. Jetzt aber sollen nicht mehr allein die Farbkomposita nach dem Muster F + F zu Grunde liegen (Tabelle 3.3.A), sondern die Farbkombinationen nach der Tabelle 3.3.G. Dies ist aus zwei Gründen zweckmäßig. Erstens addiert diese Tabelle alle drei voneinander unabhängigen Erfassungstabellen 3.3.A, 3.3.C und 3.3.E und ermöglicht mit ihren 277 Belegen eine relativ große Beobachtungsbreite. Zweitens ist die inhärente Interpolation aus 3.3.A und 3.3.E (Komposita und Syntagmen) deshalb sinnvoll und beachtenswert, weil anhand der Schnittmengenbildung der beidseitig realisierten Kombinationen im Prüfschritt (I) eine relative Deckung zwischen dem Kombinationsverhalten der Etyma in Komposita *und* Syntagmen aufgefallen ist.

Häufig beidseitig kombiniert sind laut 3.3.G SCHWARZ mit GRÜN (10-mal SCHWARZ + GRÜN, 8-mal GRÜN + SCHWARZ), GELB mit ROT (je 8-mal GELB + ROT und ROT + GELB), BLAU mit GRÜN (8-mal GRÜN + BLAU und 7-mal BLAU + GRÜN) und BLAU mit ROT (9-mal BLAU + ROT und 5-mal ROT + BLAU).

Beidseitig nie kombiniert sind ROSA mit BRAUN, GRÜN, SCHWARZ und VIOLETT. Freilich ist ROSA insgesamt sehr selten. Ob es aber tatsächlich ganz zufällig ist, dass dieses Etymon gerade mit GELB, ROT und GRAU sehr gerne Kombinationen eingeht, sei dahingestellt. Nie kombiniert sind ferner VIOLETT mit BLAU und GRAU. Warum das zwar insgesamt seltene, aber in Tabelle 3.3.G immerhin 12-mal (7-mal als erstes und 5-mal als zweites Glied) auftretende VIOLETT andere Etyma für die Kombination präferiert als eben BLAU und GRAU, lässt sich nicht schlüssig erklären. Allenthalben spekulativ bleibt die Überlegung, ob ROSA – als einer spektralen Plusseite angehörig[361] – lieber mit Farben der Plus- als der Minusseite aggregiert

Die überzeugendsten Beispiele für Nicht-Kombinationen sind praktisch fehlendes BLAU mit GRAU und BLAU mit GELB. Dass bei der hohen Frequenz, mit der BLAU, GRAU und GELB insgesamt auftreten, BLAU mit GRAU 2-mal, GRAU mit BLAU 0-mal, BLAU mit GELB 1-mal und GELB mit BLAU 0-mal vorkommen, lässt erkennen, dass diese Kombinationen geradezu systematisch gemieden werden.

In der Diskussion der Tabelle 3.3.A wurde die fehlende Kombination aus BLAU und GELB damit erklärt, dass ihre Farbwerte bei der subtraktiven Mischung die Farbe Grün ergeben und dass physiologisch eine Blau-Reizung gleichzeitig mit einer Gelb-Reizung nicht möglich ist. Wenn nun die Nicht-Kombination aus diesen beiden Farben

---

[361] Zu Plus- und Minusseite Goethe und Schopenhauer in 1.5. „Andere Farbkataloge".

sogar anhand der Tabelle 3.3.G feststellbar ist, folgt daraus mit einer weit reichenden Gültigkeit: BLAU und GELB werden als determinatives Paar gemieden, weil das Resultat einen eigenen, frequenten Namen hat. Als kopulatives Paar werden sie deshalb gemieden, weil die unmittelbare Nachbarschaft ihrer Farbwerte wahrnehmungsphysiologisch nicht ohne weiteres bewältigt werden kann. Dies wiederum stützt die These, dass kopulative Reihen in gewisser Weise immer auch determinative sind.

Anders verhält es sich bei ROT und GRÜN. Ihre Inkompatibilität ist nur für Komposita nachweisbar, aber nicht mehr bei einer übergreifenden topologischen Betrachtung farblicher Nachbarschaftsverhältnisse. Die beiden Farben aggregieren syntagmatisch[362] und bilden kopulative Paare,[363] vergleichbar den Kombinationen aus SCHWARZ und WEISS.

Die Restriktionsregeln, die die Kombinationen aus BLAU und GRAU verhindern, bleiben verborgen. Da die praktisch fehlende Kombination von BLAU und GRAU in einem größeren Zusammenhang nicht plausibel erscheint, kann man annehmen, dass es sich hier um eine autorspezifische Besonderheit handelt.

Eigentümlich sind die Farbkombinationen, die lediglich in eine Richtung möglich sind. Ausgesprochen deutlich zeigt solches Verhalten die Kombination von GRAU und GRÜN. Während GRAU mit GRÜN 14-mal belegt ist, fehlt GRÜN mit GRAU ganz. Deutlich feststellbar sind auch ungleich verteilte Kombinationen bei SCHWARZ und WEISS (SCHWARZ mit WEISS ist 14-mal belegt, WEISS mit SCHWARZ lediglich 3-mal). Weniger deutlich, aber doch tendenziell feststellbar, sind ungleiche Verteilungen bei den Kombinationen von GELB und BRAUN (7-mal GELB mit BRAUN, 0-mal BRAUN mit GELB), GRÜN und GELB (6-mal GELB mit GRÜN, 1-mal GRÜN mit GELB), ROT und BRAUN (11-mal BRAUN mit ROT, 5-mal ROT mit BRAUN), GRAU und WEISS (11-mal GRAU mit WEISS, 5-mal WEISS mit GRAU) und BLAU und SCHWARZ (5-mal BLAU mit SCHWARZ und 1-mal SCHWARZ mit BLAU).

Hier sind diese vorwiegend einseitigen Farbkombinationen schematisch aufgelistet (das Häkchen bedeutet alphabetische Reihung):

GRAU	+	GRÜN	✓
SCHWARZ	+	WEISS	✓
GELB	+	BRAUN	
GELB	+	GRÜN	✓

---

[362] Ihre Kombination tritt vorwiegend in Tabelle 3.3.E auf.
[363] Eine Vielzahl von solchen kopulativen Paaren würde ein Korpus aus aktuellen Medientexten liefern, vgl. ‚rot-grüne Regierung', ‚rot-grüne Koalition' u.ä. Die Kombination von ROT und GRÜN ist in diesem Fall objektabhängig, denn die Farben referieren nicht auf einen primären Farbwert, sondern auf politische Parteien.

3.3. Farbkombinationen

BRAUN   +   ROT   ✓
GRAU   +   WEISS ✓
BLAU   +   SCHWARZ ✓

‚Graugrün' und ‚gelbgrün' bilden Alliterationen. Solche sind in Aufzählungen und bei der Wortbildung öfter feststellbar, speziell auch bei Farbkomposita.[364] Verblüffend ist die Feststellung, dass in sechs der sieben Farbkombinationen die Farbwörter alphabetisch gereiht sind (vgl. das Häkchen).[365] Man geht im Allgemeinen davon aus, dass das Alphabet eine willkürliche, konventionelle Reihung der Schriftzeichen ist.[366] Die Ordnung der Farbwörter in einseitig möglichen Kombinationen weckt jedoch den Verdacht, dass diese Konvention dermaßen tief im Bewusstsein der Sprachnutzer verankert ist, dass sie paarige Anordnungen zu beeinflussen und zu idiomatisieren vermag. Man vergleiche etwa ‚schwarzweiß' mit dem italienischen Syntagma ‚bianco e nero' oder dem englischen ‚black and white': die Reihenfolge der Farbetyma wird umgekehrt, wobei deren alphabetische Reihung erhalten bleibt.

Alles in allem sind favorisierte, beidseitige, einseitige und gemiedene Farbkombinationen recht gut sichtbar und bis zu einem gewissen Grade sogar statistisch messbar. Bei den Erklärungsversuchen allerdings kommt man leicht in Verlegenheit. Für einzelne Beispiele reichen Analogiebrücken zu anderen Disziplinen wie Optik oder Neurobiologie für punktuelle Erklärungsansätze aus. Solche allerdings zu pauschalisieren, ist nicht möglich. Dies aber ist nicht nur ein Problem der vorliegenden Arbeit. Sogar Kay und Berlin gestehen bei der Diskussion der *Composite color categories* (ausführliche Darstellung in Kapitel 1.4. „Ausgewählte linguistische Farbkataloge") ein, dass sich das Kombinationsverhalten zu einem Gutteil biologisch und anthropologisch erklären lässt, teilweise aber ein Geheimnis bleibt („remains a mistery"[367]). Wenn so erfahrene Farbforscher wie Kay und Berlin, die seit Jahrzehnten an der Berkeley University of California den World Color Survey (WCS) betreiben und bei ihren Arbeiten streng empirisch vorgehen, solche Worte gebrauchen, dann illustriert dies die Grenzen der Erklärbarkeit – nicht der Erkennbarkeit! – an die auch die vorliegende Arbeit stößt.

Nun noch ein Blick auf die tautologischen Kombinationen. Weitest gehend werden sie gemieden. Dennoch gibt es drei Belege für die kombinatorische Kollision ein und desselben Etymons.

---

[364] Oksaar (1961), S. 213.
[365] Vertiefen und differenzieren ließe sich diese Beobachtung durch die Beschäftigung mit der ältesten erhaltenen Sanskrit-Grammatik von Pâṇini (1998). Otto Böhtlingk legte Pâṇinis im 6./5. Jh. v. Chr. abgefassten *Sûtra* 1839/40 erstmals in deutscher Übersetzung vor.
[366] Z.B. Lenders/Willée (1998), S. 99.
[367] Kay/Berlin/Merrifield (1991), S. 24.

a) Perrudjas Taschentuch trank die Flüssigkeit dieses Leibes und wurde roter und roter. (P, 432)

b) Nur seine [sc. von Kalle Kjederquist] Hände – auch sie rot und rotbehaart – waren schmiegsam und schön; sie glichen selbständigen Wesen, die in seiner Gefangenschaft waren. (E, 397)

c) [...] die Ureinwohner dieser Inseln, die Canaria, die rotblondes Haar besaßen, blaue oder blaugrüne Augen [...] (N1, 558)

In (a) und (b) tritt doppeltes ROT auf. Dass dies gerade bei diesem Etymon der Fall ist, stimmt – wohl nicht zufällig – damit überein, dass dieses Etymon die ausgeprägteste Differenzierbarkeit aufweist (Tabelle 3.1.B). In beiden Fällen ist aber nie das Farbwort in seiner Basis-Form tautologisch kombiniert; immer ist es differenziert: in (a) durch Komparation, in (b) durch Komposition. Analog dazu verhält sich der Beleg (c). Das Fehlen bzw. die äußerste Seltenheit von Tautologien ist vor allem deshalb bedenkenswert, weil sie die semantische Relativität der Farben konterkariert. Für Lehmann ist gerade der Unterschied zwischen ‚rotem Haar' und ‚rotem Auto' *der* schlagende Beweis für die große semantische Relativität der Farbwörter.[368]

Warum aber – möchte man fragen – sind dann nicht weitere tautologische Bildungen auf engstem Raum (innerhalb von Komposita und von Nominalphrasen) zu finden? Offensichtlich ist die (kontextabhängige) Bedeutung von Farben auf engstem Raum nicht eben beliebig generierbar. Dass außerdem bei einem stilistisch so eigenwilligen Autor wie Jahnn nur drei (quasi-)tautologische Farbkombinationen zu finden sind, zeigt, dass die unmittelbare Kollision von ein und demselben Farbetymon gemieden wird. Es handelt sich hier um eine stilistische Konvention, die u.a. durch die nur begrenzt modifizierbare Semantik ein und desselben sprachlichen Zeichens bedingt ist.

Dieses Kapitel fußt auf der Analyse des Jahnn-Korpus. Das wurde in diesem Kapitel kaum reflektiert. Das geschah wissentlich. Da vergleichbare Untersuchungen fehlen, versteht sich dieses Kapitel in erster Linie als Sondierung, die methodisch und durch die Formulierung von Thesen künftigen sprachorientierten Analysen der Farbkombinatorik zuarbeitet.

Ob hier eine jahnn- oder sprachspezifische Farbgrammatik oder Farbensyntax festgestellt wurde, müssen andere Farbforschungen klären. An diese sei die Hypothese weitergereicht: Die in diesem Kapitel 3.3. beschriebenen Sachverhalte und Regelmäßigkeiten sind weitest gehend sprachspezifisch.

---

[368] Lehmann (1998), S. 195f. Vgl. auch den Titel von Lehmanns Buch: „ROT ist nicht ‚rot' ist nicht [rot]". Die Farbe Rot wird vorzugsweise dazu herangezogen, um unterschiedliche Farbvalenzen und -eigenschaften ein und desselben Farbworts zu illustrieren. Vgl. auch Zifonun/Hoffmann/Strecker (1997), III, S. 2003–2004.

3.4. Andere Kombinationen

Dieses Kapitel untersucht, mit welchen anderen Komplementen (die selber keine Farbetyma sind) die Farbetyma im Korpus kombiniert sind. Analog zum vorigen Kapitel wird zwischen vorangestellten und nachgestellten Komplementen unterschieden. Im ersten Fall ist das Farbetymon das zweite Glied, im zweiten Fall das erste.

In Kapitel 3.2. „Arten und Verteilung der Differenzierungen" wurden die Komplemente, die mit Farbetyma in Komposita aggregieren, lapidar als X bezeichnet. X steht für ein Komplement, das ein lemmatisierbares Wort sein kann, aber im Allgemeinen selber kein Kompositum ist. Womit und mit welcher Verteilung ein solches X besetzt ist, soll hier erörtert werden.

Die Tabelle 3.4.A gibt alle 278 Komposita wieder, in denen als erstes Glied ein Komplement X und als zweites Glied ein Farbetymon F verwendet wird. Das sind in erster Linie alle 254 Komposita der Untergruppe 1.8. X + F aus Anhang III. Weitere 24 Fälle aus den Untergruppen 1.9., 1.10. und 1.13. ergänzen die Tabelle. Durch diese

2. Glied ↓ 1. Glied →	BLAU	BRAUN	GELB	GRAU	GRÜN	LILA	ORANGE	PURPUR	ROSA	ROT	SCHWARZ	VIOLETT	WEISS	*Summe*	*Anzahl*
hell-	4	1	3	1	1					3		1		14	7
dunkel-	1	4		1	3				1	3				13	6
Tief-/tief-	6	2			3					6	1			18	5
Über-/über-			1		1					13	1			16	4
matt-	1		1		1						1			4	4
blut-		5								8	2			15	3
taubenblut-										3				3	1
himbeerblut-										1				1	1
bleich-		1			1				1					3	3
schmutz(ig)-			1		1								1	3	3
gold-			3	3										6	2
Morgen-					3					1				4	2
blass-					2					1				3	2
Ei-			1										2	3	2
Fischei-													1	1	1
frisch-					1				1					2	2
licht-		1		1										2	2
mond-				1									1	2	2
tusch(ig)-		1								1				2	2
milch-													9	9	1
schnee-													8	8	1

2. Glied ↓ 1. Glied →	BLAU	BRAUN	GELB	GRAU	GRÜN	LILA	ORANGE	PURPUR	ROSA	ROT	SCHWARZ	VIOLETT	WEISS	Summe	Anzahl
Tannen-					8									8	1
honig-			7											7	1
immer-					6									6	1
kalk-													6	6	1
safran-			6											6	1
kack-		5												5	1
blüten-													4	4	1
chrom-			4											4	1
rost-										4				4	1
asch-				3										3	1
Drucker-											3			3	1
englisch-										3				3	1
himmel-	3													3	1
meer-					3									3	1
oliv(en)-					3									3	1
rosen-									3					3	1
samt-											3			3	1
Schames-										3				3	1
bernstein-		2												2	1
Buchs-					2									2	1
kaffee-		2												2	1
karmin-										2				2	1
kot-		2												2	1
krebs-										2				2	1
ocker-			2											2	1
pech-											2			2	1
streifigklar-			2											2	1
tupfigeis-										2				2	1
zitronen-			2											2	1
Basalt-											1			1	1
Blatt-					1									1	1
dicht-											1			1	1
duff-					1									1	1
elfenbein-													1	1	1
feucht-				1										1	1
feuer-										1				1	1
fleisch-									1					1	1
fleischfarben-					1									1	1
frosch-					1									1	1
Frühlings-					1									1	1

3.4. Andere Kombinationen 143

2. Glied → 1. Glied ↓	BLAU	BRAUN	GELB	GRAU	GRÜN	LILA	ORANGE	PURPUR	ROSA	ROT	SCHWARZ	VIOLETT	WEISS	Summe	Anzahl
gras-					1									1	1
hart-											1			1	1
harz-		1												1	1
hoch-										1				1	1
käfer-	1													1	1
Kobalt-	1													1	1
kohlen-											1			1	1
krass-		1												1	1
kupfer-		1												1	1
leichen-													1	1	1
leicht-										1				1	1
marine-	1													1	1
marmor-													1	1	1
maus-				1										1	1
metall-				1										1	1
mild-			1											1	1
nacht-											1			1	1
neger-											1			1	1
nelken-		1												1	1
pistazien-					1									1	1
puter-										1				1	1
rauch-											1			1	1
reh-		1												1	1
rotz-					1									1	1
ruß-											1			1	1
saphir-	1													1	1
scharlach-											1			1	1
schwefel-			1											1	1
Seh-						1								1	1
tauben-	1													1	1
trüb-											1			1	1
wachs-			1											1	1
wasser-	1													1	1
wollig-		1												1	1
zart-													1	1	1
ziegel-										1				1	1
Summe	21	34	39	11	44	0	0	1	4	64	23	1	36	278	
Anzahl	11	17	18	7	22	0	0	1	4	22	17	1	12		132

3.4.A: Komposita mit Farbetyma im zweiten Glied (Muster X+F)

Untergruppen erweitert sich in wenigen Fällen das X zu Komplementen, die selber schon Komposita sind, z.b. in ‚Fischeiweiß' oder ‚taubenblutrot'. Von Jahnn nominalisiert gebrauchte Komposita sind durch Großschreibung gekennzeichnet. Am rechten und am unteren Rand werden – wie im vorangehenden Kapitel – die *Summen* der Belege und die *Anzahlen* der realisierten Kombinationen mit unterschiedlichen Komplementen gezählt. Letztere kann man auch hier wieder als Kombinationspotenzial bezeichnen.

Den 13 Farbetyma stehen insgesamt 97 Komplemente gegenüber (Tabelle 3.4.A). Theoretisch sind somit 1.261 Kombinationen möglich. 132 (10,47 %) davon sind realisiert. Der Quotient aus der Gesamtsumme der Belege (hier 278) und der Gesamtanzahl der realisierten Kombinationsmöglichkeiten (hier 132) sei als Nutzungsgrad definiert. Er beträgt hier 2,11. Das heißt, dass durchschnittlich jede realisierte Kombination 2,11-mal genutzt wird. Der Quotient aus der Gesamtsumme der Belege und der Anzahl der belegten Komplemente X gibt die durchschnittliche Verwendung der einzelnen Komplemente an. Er beträgt hier 2,87; jedes belegte Komplement wird also durchschnittlich 2,87-mal verwendet. Bei späteren Vergleichen wird es möglich sein, diese Zahlen zu interpretieren.

Gereiht sind die Komplemente in der Tabelle 3.4.A nach ihrem Kombinationspotenzial, nicht nach der Summe der Belege. Die Komplemente mit dem höchsten Kombinationspotenzial sind ‚hell-' (7) und ‚dunkel-' (6). Diese beiden Adjektive werden von vielen Farbforschern zu den Farben gezählt.[369] Auffallend ist ihre Inkompatibilität mit SCHWARZ und WEISS. Die Angabe der Helligkeit oder Dunkelheit (Graustufe im technischen Sinn) ist für Schwarz und Weiß nicht möglich. Weil ‚hellweiß' und ‚dunkelschwarz' nicht belegt sind, können ‚hell' und ‚weiß' einerseits und ‚dunkel' und ‚schwarz' andererseits als bedeutungsgleich gewertet werden. Komposita dieser Art wären demnach Tautologien wie ‚weißweiß' oder ‚schwarzschwarz'.[370]

Würde man die somit synonymischen Adjektive ‚hell' und ‚weiß' sowie ‚dunkel' und ‚schwarz', aber auch BLAU und GELB (siehe Kapitel 3.3.) zu farblichen Antonymen erklären, so zeigte sich: Die determinative Verbindung von Antonymen wird bei den Farben gemieden. Möglich ist einzig die kopulative Kombination von SCHWARZ und WEISS in eine Richtung. Demnach eigneten sich Farbkombinationen eher für Differenzierungen innerhalb eines relativ begrenzten farblichen Valenzfeldes als für die Kennzeichnung (oder das Ver-Mischen) von Gegensätzen.[371]

---

[369] Z.B. Groos (1909), Kay/McDaniel (1978), Overath (1987), Zweibömer (1997), Lehmann (1998).
[370] Dazu Wierzbicka (1990), S. 114: „The expressions *dark white* und *light black* sound self-contradictory, whereas *light white* and *dark black* sound foolishly tautologous."
[371] Wenning (1985), S. 444, spricht davon, dass in der Sprache das Farbkontinuum des Regenbogens abgebildet ist. Daher gibt es hauptsächlich Kombinationen von spektral beieinander liegenden Far-

3.4. Andere Kombinationen 145

Wäre das Fehlen von ‚dunkelgelb' (es fehlt!) dadurch zu erklären, dass ‚dunkel' und GELB zu gegensätzlich sind, dann gingen aus der Tabelle 3.4.A BLAU als *helle* Farbe, BRAUN und GRÜN als *dunkle* Farben hervor. BLAU verbindet sich eher (4-mal) mit ‚hell-' als mit ‚dunkel-' (1-mal); bei BRAUN und GRÜN verhält es sich umgekehrt (4-mal ‚dunkel-' + BRAUN, 1-mal ‚hell-' + BRAUN; 3-mal ‚dunkel-' + GRÜN, 1-mal ‚hell-' + GRÜN).

Im Gegensatz dazu ist ROT sowohl mit ‚hell-' als auch mit ‚dunkel-' kombiniert (je 3-mal). Rot wäre demnach eine Farbe, die sowohl dem *Dunklen* als auch dem *Hellen* zugeordnet werden kann.[372] Das entspricht der ambivalenten Konnotation von Rot, denn bei keiner anderen Farbe ist die Ambivalenz der übertragenen Bedeutungen so stark ausgebaut wie bei Rot (siehe Kapitel 6.9. „Rot").

GRAU ist kaum durch ‚hell-' und ‚dunkel-' differenziert (je einmal). Aufgrund der Ergebnisse aus dem vorigen Kapitel lässt sich dies dadurch erklären, dass GRAU prinzipiell nicht durch andere, vorangestellte Komplemente differenziert werden „mag".

Die nächsten Komplemente, die häufig mit Farbetyma kombiniert werden, sind ‚tief-' (5), ‚über-' und ‚matt-' (je 4 Kombinationsmöglichkeiten). ‚Tief', eigentlich ein dimensionales Adjektiv, und ‚über', eigentlich eine lokale Präposition, sind hier uneigentlich gebraucht und intensivieren die Farben. Das Adjektiv ‚matt' bewirkt das Gegenteil. Betrachtet man die Anzahl der Belege, erweisen sich ‚tief-' und ‚über-' als die Komplemente mit der höchsten Frequenz überhaupt (18 bzw. 16), ‚matt-' hingegen ist nur 4-mal belegt (genauso oft, wie es kombiniert ist). Diese Verhältnisse sind mit sehr hoher Wahrscheinlichkeit autorspezifisch und zeigen Jahnns Hang zur Intensivierung oder – um es technisch auszudrücken – zur Übersteuerung; die Assoziation mit Übertreibung liegt auf der Hand. Verstärkt wird diese Intensivierung noch durch die üblicherweise seltene Farbwortbildung mit der Präposition ‚über'. Am deutlichsten ausgeprägt ist deren Verbindung mit ROT (13 der 16 Belege). Breiter gestreut ist die Verbindung mit dem Dimensionsadjektiv ‚tief': es determiniert BLAU und ROT sechsmal, GRÜN dreimal, BRAUN zweimal und SCHWARZ einmal. Schwer fällt eine Erklärung, warum ‚tief-' gerade mit diesen Etyma und nie z.B. mit GELB, GRAU oder WEISS kombiniert wird. Man kann hier ein Bild gebrauchen: Diese Farben entbehren offensichtlich der Tiefe und der Räumlichkeit.

Mit je drei Kombinationsmöglichkeiten folgen in Tabelle 3.4.A ‚blut-', ‚bleich-' und ‚schmutz(ig)-'. Die Kombination mit ‚blut-' wird ergänzt durch die differenzierteren Formen ‚taubenblut-' und ‚himbeerblut-'. Die Verbindung einer Farbe mit Blut ist

---

ben und eben beispielsweise kein ‚blaugelb' oder ‚grünrot'. Sehr ähnlich ist auch das Beschreibungsmodell der *Composite color categories* von Kay/Berlin/Merrifield (1991), S. 15.

[372] Kandinsky (1956), S. 97–99, setzt aus genau diesem Grunde Rot in die Mitte seines Farbmodells.

15-mal belegt. Zählt man die Belege mit den erweiterten Formen dazu, kommt man sogar auf 19 Belege. Diese Zahl übertrifft die 18-malige Differenzierung (das Maximum!) durch ‚tief-'. Bei der Verbindung von Blut mit einer Farbe liegt – erstmals in dieser Liste – der typische Fall einer Vergleichsbildung vor. Oksaar, Fleischer/Barz und Nord haben solche verkürzten Vergleiche als sehr häufiges und ausgeprägtes Farbwortbildungsmuster identifiziert.[373] Überwiegend ist die (erwartbare) Verbindung von Blut mit der Farbe Rot. Blut ist zweifelsohne ein prototypischer Farbträger für Rot. Jahnn verbindet das Blut aber auch mit Braun und Schwarz. Bei zunehmender Oxydation außerhalb des geschlossenen Blutkreislaufs nimmt Blut diese Farben an. Dass Jahnn gar nicht so selten (5+2 : 8 bzw. 12) Braun und Schwarz mit Blut assoziiert, hängt sicher mit den überaus wichtigen und vielfältig differenzierten Funktionen des Blutes[374] und des (geöffneten[375] oder auslaufenden) Körpers zusammen.

‚Bleich-' und ‚schmutz(ig)-' sind je dreimal belegt. Sie haben trotz ihrer vergleichsweise niedrigen Frequenz eine ausgesprochen hohe Kompatibilität mit unterschiedlichen Farben und verhalten sich damit ähnlich wie ‚matt-'.

Acht weitere Komplemente weisen je zwei Kombinationsmöglichkeiten mit Farbetyma auf: ‚gold-', ‚Morgen-', ‚blass-', ‚Ei-', ‚frisch-', ‚licht-', ‚mond-', ‚tusch(ig)-'. Das ‚Ei-' ist einmal durch ein ‚Fischei-' erweitert. Mit sechs Belegen ist ‚gold-' (je dreimal ‚goldbraun' und ‚goldgelb'[376]) das häufigste Erstglied dieser Gruppe. ‚Gold' ist wie ‚hell' und ‚dunkel' einer jener Begriffe, die häufig zu den Farbwörtern gezählt werden.[377] Bei dieser Gruppe der Komplemente mit zwei Kombinationen fällt auf, dass das Erstglied im Farbkompositum in den meisten Fällen ein substantivisches ist (außer ‚blass-' und ‚frisch-'). Das Verhältnis zwischen geringem Kombinationspotenzial und bisweilen hoher Rekurrenz zeigt, dass die Vergleichsbildungen mit substantivischem Erstglied relativ stabil sind. Dies wiederum kann als Voraussetzung für Konventionalisierung und umgekehrt als Folge von leichter Decodierbarkeit gewertet werden. Bezeichnend in diesem Zusammenhang sind ‚tuschschwarz' und ‚tuschigbraun'. Während ‚tuschschwarz' auf dem gängigen Vergleich ‚schwarz wie Tusche'

---

[373] Oksaar (1961), S. 213; Fleischer/Barz (1995), S. 236; Nord (1997), S. 27. Eine Sondergruppe sind die so genannten unechten Vergleiche, die auf ein Segment der Vergleichsgröße referieren, vgl. das viel zitierte Beispiel ‚königsblau' ≠ ‚blau wie der König'.

[374] Walitschke (1994), S. 288: Das Blut ist die „Chiffre dieses Autors [Jahnn] für all die anderen Säfte des Körpers, die in irgendeiner Weise als Träger der naturverquickten und dynamisch-gewaltsamen inneren Antriebe des Menschen identifiziert werden könnten."

[375] Lohnend in diesem Zusammenhang wäre eine kulturwissenschaftliche Synopse von Jahnns Körperbildern mit der Ausstellung „Körperwelten" von Gunther von Hagens. Vgl. dazu Hagens (1997), Budde (1997), Hagens (2003).

[376] Ob es sich bei ‚goldgelb' tatsächlich um einen Pleonasmus handelt, wie Klaus (1989), S. 40, behauptet, ist zu bezweifeln.

[377] Z.B. Gubelmann (1912), Ehrke (1979), Steiner (1986), Lehmann (1998).

3.4. Andere Kombinationen

beruht, ist die Komposition von Tusche mit Braun hier nur über das die Tusche modifizierende Suffix ‚-ig' möglich (obwohl Tusche auch anders als schwarz gefärbt sein kann).

Dieses ‚tuschigbraun' leitet über auf die größte Gruppe der Erstglieder, nämlich auf jene, die nur mit einem einzigen Farbetymon kombiniert sind. Davon gibt es 78 (ohne die schon besprochenen 'taubenblut-', ‚himbeerblut-' und ‚Fischei-'). Diese liefern lediglich etwa 40 % der insgesamt 278 Belege, während aus den oberen 16 Komplementen die übrigen 60 % der Belege gebildet sind.

Von den 78 erstgliedrigen, einmal kombinierten Komplementen sind 63 (80,77 %) aus einem Substantiv gebildet.[378] Die Dinge, die diese Substantive bedeuten, haben als determinierender Teil im Kompositum häufig die gleiche Farbe, die das Farbwort-Simplex angibt; der Farbträger ist häufig prototypisch.[379] Sehr viele dieser Vergleichsbildungen sind konventionalisiert und haben eine sehr hohe Erwartbarkeit wie ‚schneeweiß', ‚zitronengelb', ‚krebsrot', ‚olivengrün', ‚bernsteinbraun', ‚rußschwarz', ‚wachsgelb' u.a.m. Andere sind in der Sprache weniger häufig, aber trotzdem leicht verständlich wie z.B. ‚puterrot', ‚rotzgrün', ‚kackbraun'.

Einige wenige jedoch sind als individuelle Modifikationen oder Neubildungen durch den Autor anzusehen. Auffallend ist etwa die ausschließliche Komposition von ‚meer-' mit GRÜN. Diese Bildung ist dreimal belegt. Das Farbadjektiv ‚meerblau' fehlt, während ‚wasserblau' einmal belegt ist. Ein ‚samtschwarz' findet sich dreimal; dass ‚samt-' mit keiner anderen Farbe verbunden wird, ergibt sich nicht notwendig aus der Materialcharakteristik von Samt. Neben einem ‚fleischrosa' gibt es auch ein ‚fleischfarbengrün' (P, 666). Diese unkonventionelle Bildung assoziiert am ehesten die Farbe verwesenden Fleisches. Unüblich ist auch ‚käferblau' (P2, 679). Bei ‚Metall' + GRAU zu ‚metallgrau' handelt es sich kaum um die einzig mögliche Kombination. Durchaus denkbar wäre auch ‚metallblau' (was Jahnn aber nicht gebraucht). Ähnlich ‚nelkenbraun': Um BRAUN mit Nelken zu assoziieren, muss man eher an Gewürznelken denken als an eine Nelkenblüte. Ebenfalls nicht unbedingt nahe liegend und durch die Sprachkonvention leicht decodierbar ist der Vergleich in ‚taubenblau'.[380]

---

[378] Alle 97 Komplemente verteilen sich auf einzelne Wortarten wie folgt: 77,32 % Substantive, 19,59 % Adjektive, je 1,03 % (je 1 Beleg) Präpositionen, Adverbien und Verbformen. Diese Werte werden für spätere Vergleiche bereit gehalten.

[379] Nach Nord (1997), S. 27, handelt es sich hier nicht mehr um eigentliche Farbwörter, weil solche „Kombinationswörter", wie sie behauptet, „nicht in erster Linie auf die Farbe selbst, sondern auf eine Sache oder ein Phänomen referieren, das mit dieser Farbe in Verbindung gebracht wird".

[380] Wie sehr solche Behauptungen vom „Sprachgefühl" des Interpreten abhängen und damit fragwürdig sind, zeigt die Tatsache, das beispielsweise Oksaar (1961), S. 212, ‚taubenblau' als deutsches Farbwort belegt.

Es gibt auch Erstglieder, die nicht aus Substantiven gebildet sind. Im Deutschen üblich sind ‚immergrün' (6 Belege), ‚englischrot' (3) und ‚hochrot' (1). Weniger üblich sind (alle einmal belegt) ‚dichtschwarz', ‚trübschwarz', ‚hartschwarz', ‚duffgrün', ‚feuchtgelb', ‚krassgelb', ‚mildgelb', ‚leichtrot' und ‚zartweiß'. Ein Terminus aus der Biologie ist der ‚Sehpurpur', er wird zusammen mit der ‚Purpurhaut' in einem eigenen Kapitel 7.1. ausführlich besprochen.

Endlich gelangt man auch zu den Farbwörtern ‚streifigklargelb' und ‚tupfigeisrot', die im „Perrudja"-Kapitel „Die Marmeladenesser" belegt sind.[381] Die Adjektivbildungen in dieser Textpassage gelten als *das* Beispiel für Jahnns stilistische Eigenwilligkeit und expressionistische Formulierungsstärke.[382]

Els Oksaar hat die Substantive aus ihrem Korpus (Sprache der Werbung und der Medien) klassifiziert, die auf Grund ihrer „besonders weitreichenden onomasiologischen und semasiologischen Möglichkeiten" „durch Inhaltsverschiebung (Bedeutungsinterferenz) zu Farbwörtern werden"[383]. Die Tabelle 3.4.B unternimmt den Versuch, die Belege aus der Tabelle 3.4.A in das Modell von Oksaar[384] zu integrieren.[385] Dieses Unternehmen sei als Oksaar-Test bezeichnet. Verzeichnet werden dabei lediglich die *Types* der Farbwörter, nicht aber die Anzahl ihrer *Tokens*.

Die erste Spalte gibt die laufende Nummer nach Oksaar an, die zweite die „Arten des Farbträgers", wobei die einzelnen Arten oder Gruppen jeweils als genaues Zitat wiedergegeben sind. Die dritte Spalte listet die Belege von Oksaar auf, die vierte jene aus dem Jahnn-Korpus bzw. aus der Tabelle 3.4.A.

[381] „Die Pfirsichmarmelade war goldgelbgrün. Die Pflaumenmarmelade war schwarzrot. Die Erdbeermarmelade rosigtaub. Die Blaubeermarmelade rotviolett. Die Schwarzjohannisbeermarmelade tiefere Tinte der gleichen Farbe. Die Kronsbeermarmelade tupfigeisrot. Die Orangenmarmelade streifigklargelb. Das waren die Farben in den kristallenen Schalen. Der Geschmack war des Gaumens Teils. [!] Die Pfirsichmarmelade war mehlzartsüßschaumduftspratzig. Die Pflaumenmarmelade scharfgroßwollsauerkrautig. Die Erdbeermarmelade honigblütenlehmtangbleimilde. Die Blaubeermarmelade kugelschleimfettsonnenblumenrindsmaul. Die Schwarzjohannisbeermarmelade quellblutkupferessigkatzenzahntraumlos. Die Kronsbeermarmelade sandignußerzkalkigtiefwildsauer. Die Orangenmarmelade bitterfrohmagerregenbogenrund." (P, 453)
[382] In Freemans umfangreicher Jahnn-Biografie (1986), S. 56, ist diese Textstelle (P, 453) bezeichnenderweise das erste Jahnn-Zitat. Es wäre reizvoll, anhand der Rezeption dieser Textstelle die Forschungsgeschichte zu Jahnn zu schreiben. Bürger (2003), S. 233, der zweite Jahnn-Biograf, äußert sich zu Inge Tidemands Marmeladen und Jahnns Wortneubildungen: „Ihre [Inges] unbefriedigten erotischen Bedürfnisse sublimiert sie durch das Kochen von Marmeladen. Körperlicher Not- und finanzieller Wohlstand führen gemeinsam zur überflüssigen Herstellung von Genußmitteln. Voller Kreativität erfindet Inge immer neue Marmeladen, und dieser Einfallsreichtum hinterläßt auch in der Sprache des Erzählers Spuren. In bewußter Anknüpfung an dadaistische Experimente sprengen Jahnns Wortneubildungen alle Konventionen [...]."
[383] Oksaar (1961), S. 212, 211.
[384] Oksaar (1961), S. 212.
[385] Klaus (1989) untersucht die Farbausdrücke in der „Vogue" des Jahres 1985 und verwendet Oksaar (1961) als Referenz, um diachrone Veränderungen zu beschreiben.

3.4. Andere Kombinationen

Für die Wiedergabe der Belege von Oksaar gelten hier vier Regeln:
1. Wortglieder, die eines der 13 Farbetyma enthalten, werden durch einen Bindestrich ersetzt. So werden z.b. ‚amethystlila' zu ‚amethyst-', ‚asphaltgrau' zu ‚asphalt-'.
2. Ein und dasselbe Komplement, das nach Oksaar mit mehr als einer Farbe komponiert sein kann, wird wegen Regel (1) nur einmal wiedergegeben. Für ‚amethystlila' und ‚amethystviolett' steht lediglich ‚amethyst-'.
3. Farbwörter, die Oksaar belegt, aber keines der 13 Farbetyma laut Definition dieser Arbeit enthalten, werden eliminiert. So fallen beispielsweise ihre Belege ‚backsteinblond', ‚sandbeige' oder ‚brandy' weg.
4. Oksaar setzt ein substantivisches Komplement, das „auch allein als Farbwort vorkommt",[386] kursiv. Da diese Information wegen Regel (3) nicht relevant ist, wird sie nicht wiedergegeben.

Die Belege aus dem Jahn-Korpus werden mit der Belege-Spalte nach Oksaar abgeglichen. Dabei sind jene Komplemente fett gesetzt, die sowohl von Oksaar als auch bei Jahn belegt sind. Oksaars alphabetische Reihung innerhalb einer Beleggruppe wird beibehalten und für die Reihung der Jahn-Belege übernommen. Farbträger, die zu einem substantivischen Farbwort konglomerieren, sind durch Großschreibung gekennzeichnet. Den laufenden Nummern nachgestellte Belege werden noch besprochen.

Nr.	"Arten des Farbträgers"	Belege von Oksaar	Belege aus dem Jahn-Korpus
1	"Edelsteine, Steine, Minerale"	amethyst-, anthrazit-, asphalt-, brillant-, graphit-, **kohlen-**, korallen-, lapis-, opal-, perl-, rubin-, schiefer-, smaragd-, stein-, türkis-, turmalin-, **ziegel-**	Basalt-, kalk-, **kohlen-**, marmor-, saphir-, **ziegel-**
2	"Pflanzen, Pflanzenteile"	arven-, azaleen-, **blüten-**, endivien-, enzian-, eukalyptus-, fuchsia-, fuchsien-, geranien-, **gras-**, hagebutten-, kornblumen-, krokus-, lavendel-, lilien-, lind-, magnolien-, mais-, mimosen-, mohn-, moos-, orchideen-, **pistazien-**, reseda-, sonnenblumen-, tabak-, **tannen-**, veilchen-, wald-, weizen-, wiesen-, zypressen-	Blatt-, **blüten-**, Buchs-, **gras-**, harz-, nelken-, pech-, **pistazien-**, roser-, **Tannen-**
3	"Früchte, Beeren"	apfel-, bananen-, brombeer-, cerise-, erbs-, haselnuß-, **himbeer-**, mandel-, maronen-, nuss-, **oliv-**, orangen-, paprika-, pflaumen-, tomaten-, **zitronen-**	himbeerblut-, **oliven-**, **zitronen-**
4	"Tiere, Vögel, Fische"	biber-, braunbären-, elefanten-, flamingo-, fuchs-, hummer-, lachs-, **maus-**, pfauen-, raben-, **reh-**, **tauben-**	Ei-, Fischei-, frosch-, käfer-, krebs-, **maus-**, puter-, **reh-**, **tauben-**, taubenblut-

---
[386] Oksaar (1961), S. 212.

Nr.	"Arten des Farbträgers"	Belege von Oksaar	Belege aus dem Jahnn-Korpus
5	"Farbstoff, Farbenart"	hansa-, helio-, **karmin-**, **kobalt-**, scharlach-, ultramarin-, pastell-	**karmin-**, **Kobalt-**, ocker-, **scharlach-**
6	"Gewebe"	taft-	samt-, wollig-
7	"Verpackungen"	bouteillen-, flaschen-, rüten-	
8	"Metalle, Oxyde"	bernstein-, brokat-, bronze-, **gold-**, kupfer-, patina-, **rost-**, silber-	bernstein-, chrom-, **gold-**, kupfer-, metall-, **rost-**
9	"Chemikalien"	gift-, lack-, **schwefel-**, vitriol-	**schwefel-**
10	"Flüssigkeit (Getränke), Gewässer"	bordeaux-, burgunder-, **kaffee-**, petrol-, see-, tinten-, **wasser-**, wein-	**kaffee-**, meer-, milch-, rotz-, tusch-, **wasser-**
11	"Gewürze"	curry-, senf-	safran-
12	"Süßigkeiten, Backwerk, Honig"	bonbon-, creme-, fondant-, **honig-**, schokoladen-	**honig-**
13	"Knochen"	bein-, **elfenbein-**	**elfenbein-**
14	"Holz, Holzgewebe, Holzware"	ebenholz-	
15	"Personennamen, geographische Namen"	adria-, artic- [!], ascot-, capri-, carmen-, dior-, goya-, nil-, parma-, persia-, tizian-	englisch-
16	"Völker, Rassen"	indianer-, **neger-**	**neger-**
17	"Dienst, Beschäftigung, Art des Menschen (übertragen auf seine Kleidung)"	admiral-, baby-, bischofs-, flieger-, jagd-, kalif-, kardinal-, königs-, **marine-**	Drucker-, **marine-**
18	"Tageszeit, Jahreszeit, Monate"	herbst-, mai-, mitternachts-, **nacht-**	Frühlings-, Morgen-, **nacht-**
19	"Himmelskörper, Feuer, Eis, Schnee u.a."	azur-, **eis-**, feuer-, gletscher-, **himmel-**, horizont-, **mond-**, schloh-, **schnee-**, sonnen-, wolken-	asch-, **feuer-**, **himmel-**, licht-, **mond-**, rauch-, ruß-, **schnee-**, tupfig**eis-**
20	"Schall"	jazz-, knall-	
21	"Ausländische Bezeichnungen"	387	
	Tierische oder menschliche Körper(teile)		blut-, fleisch-, fleischfarben-, kack-, kot-, leichen-
	Materialien		schmutz-, wachs-
	Abstrakta		Schames-

Tabelle 3.4.B: Oksaar-Test: Substantive in Komposita nach dem Muster X+F

[387] Oksaar (1961), S. 212: „apricot, aqua, arcticblue, aubergine, bleu, bleu Velasquez, bone, café au lait, candy-pink, capri-blue, caramell, cerise, chamois, ciel, chok(o)lat, coal, cocon, cubana, écru, grège, hasel, indiana, manon, maron, Melbourne-blue, mode, negro, nougat, palomino, platane, rosé, rose-poudre, rosina, scho(c)ko, silverblue, white mink". – Auf die Wiedergabe in der Tabelle wird aus Platzgründen und wegen fehlender Vergleichbarkeit mit Jahnn verzichtet.

3.4. Andere Kombinationen

Oksaar geht bei der Bildung der Gruppen eher assoziativ vor und weniger systematisch. Die Unterscheidungen nach Hyperonymie und Hyponymie sind nicht konsistent. So stellen sich die Fragen, warum bestimmte Gruppen wie „Edelsteine, Steine, Minerale" oder „Pflanzen, Pflanzenteile" sehr umfassend sind, andere wie „Verpackungen" oder „Schall" sehr spezifisch, warum Gruppen wie „Früchte, Beeren" oder „Tiere, Vögel, Fische" einen Oberbegriff enthalten und Unterbegriffe eigens nachreichen, warum Gruppen wie „Gewebe" und „Knochen" sehr limitiert sind und andere wie „Himmelskörper, Feuer, Eis, Schnee u.a.[!]" schier ein ganzes Universum enthalten.[388]

Der Oksaar-Test ist von der Überlegung geleitet, möglichst alle Belege aus dem Jahnn-Korpus in der Oksaar-Liste unterzubringen. Gleiche Farbträger wurden in die gleiche Gruppe wie von Oksaar eingetragen. Damit wird in Kauf genommen, dass sich Unstimmigkeiten fortpflanzen. Der Vergleich zwischen dem Oksaar- und dem Jahnn-Korpus soll Auffälligkeiten (Abweichungen) sichtbar machen.

Im Wesentlichen finden alle Belege aus dem Jahnn-Korpus bei Oksaar Platz Etwas willkürlich ist die Zuweisung von *Safran* zu den Gewürzen. Denn Safran ist auch der Name einer Pflanze und kann ein bestimmtes Farbpigment bedeuten. Dass *Asche, Rauch* und *Ruß* in der Gruppe „Himmelskörper, Feuer, Eis, Schnee, u.a." auftreten, mag verwundern. Trotzdem passen diese Substantive am ehesten hierhin. Man kann sie interpretieren als etwas, wo das Feuer mit im Spiel ist. So wäre denn auch die Gruppierung der Substantive nach jener Größe möglich, die für die Existenz eines Dinges ursächlich ist. In einem solchen Modell könnten *Asche, Rauch* und *Ruß* aus einer Gruppe organischer Entitäten hervorgehen.

Das *Licht* wird ebenfalls in der Gruppe für „Himmelskörper, Feuer [...] u.a." verbucht. Dies ist insofern möglich, als Sonne und Feuer ursächlich für das Licht sind.

Schwer fällt die Zuweisung von *blut-, fleisch[]-, kack-, kot-, leichen-, schmutz-, wachs-* und *Schames-* zu einer Gruppe nach Oksaar. Blut ist ein Teil von tierischen und menschlichen Lebewesen, ebenso das *Fleisch. Kot* und *Kacke* gehen buchstäblich aus ebendiesen hervor, können aber nicht wie *Rotz* den Flüssigkeiten und Gewässern zugeordnet werden. Eine *Leiche* wiederum ist ein toter tierischer, menschlicher, zuweilen auch pflanzlicher Körper.

---

[388] Auffallende Unstimmigkeiten, mit Duden (1993–1995) als Referenz: Der *Bernstein*, fossiles Harz, gehört nicht zu den Metallen und Oxyden, er wäre bei den Steinen und Mineralien besser aufgehoben. *Brokat*, ein mit Gold- oder Silberfäden durchwirktes Seidengewebe, enthält zwar ein Metall, passt aber besser zu den Geweben. *Kobalt* ist ein Metall, Oksaar aber zählt es zur Gruppe „Farbstoff, Farbenart". Das ist widersprüchlich, zumal sie *Gold* richtigerweise unter den Metallen vermerkt. Bei *bronzebraun* (Gruppe 8) setzt Oksaar den Verweis „(auch zu 5)", nicht aber bei Bildungen mit *Gold*.

In keiner der 21 Oksaar-Gruppen gibt es Begriffsfelder, die explizit auf Körper*teile* referieren. Es gibt lediglich die Gruppe der Sammelbegriffe „Völker, Rassen" und die Position „Art des Menschen (übertragen auf seine Kleidung)", die zusammen mit „Dienst, Beschäftigung" die Gruppe 17 bildet. Da Oksaar lediglich Bildungen mit *Indianer* und *Neger* belegen konnte, genügte ihr die Gruppe „Völker, Rassen".[389] Sie hatte keinen Bedarf an einer eigenen Farbträger-Gruppe für Teile, individuelle Erscheinungsweisen und Absonderungen des menschlichen Körpers.

Noch deutlicher wird das Fehlen des Körperlichen bei der Farbwortbildung, wenn man die Oksaar-Gruppen mit dem Klassifizierungsmodell für farbliche Vergleichsbildungen (dort „Kombinationswörter" genannt) vergleicht, das Nord anhand von Farbeinträgen in deutschen, italienischen und französischen Wörterbüchern entwirft. Während bei Oksaar der Körper-Aspekt in der Kollektivgruppe „Völker, Rassen" gegeben ist, fehlt bei Nord Vergleichbares ganz.[390] Dies lässt vermuten, dass die Sprache im Allgemeinen bei der Bildung von Farbausdrücken auf das Körperliche verzichtet.

Bezeichnenderweise liefert das Jahnn-Korpus die Begriffe aus dem Wortfeld Körper. Offensichtlich zieht der Autor bei der Farbdifferenzierung Register, die von Modellen mit überindividueller Gültigkeit (Oksaar und Nord) nicht vorgesehen sind. Das Jahnn-Spezifische wird hier durch den kontrastiven Vergleich sichtbar. Für *blut-, fleisch[]-, kack-, kot-* und *leichen-* wird eine neue Gruppe für *tierische oder menschliche Körper(teile)* eingeführt.

Bei Oksaar nicht unterzubringen sind ferner *schmutz-* und *wachs-*. Für diese beiden Komplemente wird eine allgemeine Gruppe *Materialien* reserviert. Die *Ziegel* würden wohl auch besser hierher passen als in die Gruppe 1 („Edelsteine, Steine, Minerale") bei Oksaar.

Die *Scham* in *Schamesröte* schließlich passt in keine Oksaar-Gruppe. Daher wird eine zusätzliche Gruppe für *Abstrakta* gebildet.

Zusammenfassend lässt sich festhalten:
1. Die konsistente Zuordnung der Farbträger zu Gruppen wird von einer gewissen semantischen Übergangscharakteristik der Begriffe verhindert. Beispielsweise ist die *Pistazie* ein Strauch, dann auch der Samenkern dieser Pflanze. *Safran* bedeutet die Pflanze, das Färbemittel und das Gewürz. *Scharlach* ist der Name eines Farbtons und einer Krankheit. *Wasser* ist eine Flüssigkeit, im gefrorenen Zustand aber

---

[389] Seltsam ist die Einordnung von *Baby* in „Dienst, Beschäftigung, Art des Menschen (übertragen auf seine Kleidung)".

[390] Das Klassifizierungsmodell von Nord (1997), S. 30, (ohne Belege): 1. Natur. 1.1. Pflanzen, Früchte. 1.2. Tiere. 1.3. Naturprodukte. 1.4. Mineralien, chemische Elemente/Verbindungen. 1.5. Naturphänomene/Elemente. 2. Kultur. 2.1. Farbstoffe. 2.2. Malerfarben. 2.3. Zivilisations„gegenstände". 2.4. Kulturspezifische Bildungen.

3.4. Andere Kombinationen 153

Eis und Schnee, es kann auch als Schloßen (Hagelkörner) vom Himmel fallen (und zu *schlohweiß* werden). Bei der Entwicklung eines neuen Modells müsste eine Art derivativer oder konsekutiver Richtung beachtet werden. Die Begriffe selber und ihr Wechsel zwischen Gegenständlichkeit und Farbbedeutung bewegen sich in einem Kontinuum.

2. Alle (!) Gruppen belegt Oksaar mit mehr Beispielen, als sie durch Belege aus dem Jahnn-Korpus zu füllen sind. Offensichtlich ist die Sprache der Werbung und der Medien, die Oksaar untersucht, produktiver als die Sprache der Belletristik (hier: als die Sprache Jahnns), was die Bildung von Farbwörtern nach dem Muster X + F anlangt. Besonders deutlich zeigt sich dies bei den Gruppen 1 („Edelsteine, Steine, Minerale"), 2 („Pflanzen, Pflanzenteile") und 3 („Früchte, Beeren").

3. Bei Jahnn sind der tierische und der menschliche Körper wesentlich farbgebend. Mineralien und Pflanzen sind für die Farbwortbildung im Allgemeinen bedeutsamer als für die Farbwortbildung durch Jahnn.

Die Tabelle 3.4.C stellt die Komposita dar, deren Erstglied ein Farbetymon ist. Das sind vor allem die 245 Komposita der Gruppe 1.5., ferner sämtliche Belege aus 1.3., 1.4., 1.6., 1.7. und 1.12. aus Anhang III. Diese Gruppe ist relativ groß. Die vollständige tabellarische Darstellung würde sich über viele Seiten ziehen, auf die vollständige Wiedergabe der Daten wird daher verzichtet. Dargestellt sind nur jene Komplemente, die zweimal und öfter mit einem Farbetymon komponiert sind. Nicht dargestellt sind jene 107 Komplemente, die mit einem einzigen Farbetymon eine Verbindung eingehen. Sie sind in der Fußnote 392 nachgewiesen. Am Ende der Tabelle 3.4.C sind jedoch alle Belege verrechnet, auch die in die Fußnote 392 ausgelagerten.

Die Summe aller Belege beträgt 272. Diese 272 Belege werden aus insgesamt 133 Komplementen gebildet. Da den Tabellen 3.4.C und 3.4.A das gleiche Korpus zu Grunde liegt, können schon die absoluten Zahlen miteinander verglichen werden.

Die Summe aller Belege ist hier wie dort annähernd gleich (272 versus 278). Das bedeutet, dass Komposita mit erstgliedrigem Farbetymon etwa gleich oft zu finden sind wie Komposita mit einem Farbetymon im Kopf. Die Tabelle 3.4.C hat theoretisch 1.729 verschiedene Kombinationsmöglichkeiten.[391] Davon sind 174 realisiert, das sind 10,06 %. Auch dieses Verhältnis ist in der Tabelle 3.4.A auffallend gleich gelagert: dort beträgt der Anteil der realisierten Kombinationen 10,47 % aller möglichen Kombinationen.

---

[391] Die Anzahl der Kombinationsmöglichkeiten ist das Produkt aus der Anzahl der Farbetyma (13) und der Anzahl der Komplemente (133) (13 · 133 = 1.729). Aus Platzgründen ist nur der obere Bereich der Tabelle 3.4.C abgedruckt. Selten kombinierte Komplemente sind die Fußnote 392 ausgelagert.

Anzahl	Summe	BLAU	BRAUN	GELB	GRAU	GRÜN	LILA	ORANGE	PURPUR	ROSA	ROT	SCHWARZ	VIOLETT	WEISS	2. Glied / 1. Glied
7	10	1		2		1					1	2	2	1	-seiden
4	6										1	2	1	2	-golden
4	5	1	1		2						1				-äugig
4	5			1							1	2		1	-glänzend
3	15		1								10	4			-haarig/e/r
1	1										1				-behaart
3	14		3	1										10	-häutig(e)
3	12	1										6		5	-gekleidet/e/r
1	1													1	-bekleidet(er)
1	1													1	-eingekleidet
3	5					2						2		1	-bemalt
3	5		3			1							1		-dunkel
3	4					1						2		1	-kohlsuppe
3	3	1		1	1										-blank
2	10											6		4	-brot
2	10										7			3	-wein
2	7									6	1				-haut
2	4											2		2	-klee
2	4	1			3										-schimmernd
2	3			1								2			-blond
2	3	1										2			-umrändert
2	3										1	2			-umrandet
2	2				1									1	-blinkend
2	2											1		1	-blutig
2	2				1						1				-gemalt
2	2	1			1										-kupfern
⋮	⋮	⋮	⋮	⋮	⋮	⋮	⋮	⋮	⋮	⋮	⋮	⋮	⋮	⋮	392
	272	17	23	14	14	15	2	0	7	11	59	45	1	64	Summe
174		11	18	11	12	13	2	0	2	9	32	25	1	38	Anzahl

3.4.C: Komposita mit Farbetyma im ersten Glied (Muster F+X)

[392] Häufigkeit >1 in Klammern: ‚-beeren' (5), ‚-guss' (5), ‚-getüncht' (4), ‚-beermarmelade' (3), ‚-befrackt' (3), ‚-gescheuert' (3), ‚-johannisbeermarmelade' (3), ‚-rand' (3), ‚-bebändert' (2), ‚-fleischig' (2), ‚-gebrannt' (2), ‚-taub' (2), ‚-wollen' (2), ‚-anlage', ‚-aschig', ‚-beknospet', ‚-bekrustet', ‚-belackt', ‚-bepudert', ‚-beschleift', ‚-betäfelt', ‚-betresst', ‚-betucht', ‚-bewickelt', ‚-bier', ‚-blass', ‚-blech', ‚-bleich', ‚-blühend', ‚-borkig', ‚-brennend', ‚-brodelnd', ‚-bronzen', ‚-buchen', ‚-buchenholz', ‚-buntfleckig', ‚-dorn', ‚-dornhecken', ‚-eisig', ‚-farbe', ‚-fettig', ‚-feucht', ‚-feuerpunkte', ‚-finster', ‚-flach', ‚-flachsblond', ‚-flammend', ‚-flatternd', ‚-flüssig', ‚-füchsin', ‚-geädert', ‚-geblümt', ‚-gefärbt', ‚-gekalkt', ‚-gepudert', ‚-gescheiterter', ‚-geschminkt', ‚-gesichtig',

3.4. Andere Kombinationen

Auffallend größer aber ist bei den Komposita nach dem Muster F + X die Anzahl der Komplemente, die für die Wortbildung verwendet werden. Hier sind es 133, während es bei der Gruppe nach dem Muster X + F lediglich 97 (etwa ein Viertel weniger) sind. Dies spiegelt sich in allen weiteren Betrachtungen der Verhältnisse wieder.

Der Nutzungsgrad (Quotient aus der Gesamtsumme der Belege und der Gesamtanzahl der realisierten Kombinationsmöglichkeiten) beträgt 1,56 (2,11 bei den Komposita X + F). Die durchschnittliche Verwendung der einzelnen Komplemente (Quotient aus der Gesamtsumme der Belege und der Gesamtanzahl der belegten Komplemente) beträgt 2,05, während diese bei den Komposita nach dem Muster X + F 2,87 beträgt.

Diese Verhältnisse weisen erneut darauf hin, dass sich die vordere „Andockstelle" der Farbetyma von der hinteren unterscheidet. Die Möglichkeiten, ein Kompositum mit einem Farbetymon als Zweitglied zu bilden, sind begrenzter, dafür aber stabiler (höherer Nutzungsgrad der Kombinationen und höhere durchschnittliche Verwendung der Komplemente) als die Möglichkeit, ein Kompositum mit einem Farbetymon als Erstglied zu bilden. In Komposita nach dem Muster X + F lassen Farbetyma aufgrund vorhandener Restriktionen weniger alternative Kombinationen zu als in Komposita nach dem Muster F + X.

Dieser Unterschied stimmt mit der Beobachtung an den Korrelationskoeffizienten in Tabelle 3.3.J überein: Bei Farbkombinationen nach dem Muster F + F sind die vordere und hintere „Andockstelle" eines Farbetymons, die je nach Position des Farbetymons wirksam sind, unterschiedlich beschaffen. Die vordere „Andockstelle" ist weniger variabel als die hintere.

Die unterschiedliche Beschaffenheit der vorderen und hinteren „Andockstelle" erinnert an die Verteilung der Farbetyma innerhalb der Texte: Hier war festzustellen, dass die Farbetyma eine vorwiegend ingressive Stellung (vermutlich auch eine ingressive Funktion) haben und dass die Verteilung mit fortschreitendem Text in gewisser Weise „ausfasert". Überträgt man diese Beobachtungen auf die funktionale Ebene, könnte man mithin von einer gewissen Schleusenfunktion der Farbetyma sprechen: Sie führen ein, erweitern die referenzielle Bewegung des Textes, sie *öffnen* den Textverlauf eher, als dass sie ihn *auf den Punkt bringen*.

Wenn eingangs festgehalten wurde, dass eine häufige Farbnennung im Text eher mit Uneigentlichkeit und Symbolik zu tun hat als mit fotografischer Abbildung, so stimmt

‚-gesprenkelt', ‚-gestreift', ‚-gewaschen', ‚-gezackt', ‚-glasiert', ‚-glühend', ‚-glut', ‚-graniten', ‚-gras', ‚-hart', ‚-hell', ‚-klar', ‚-kleewiese', ‚-knochig', ‚-kohlenheiß', ‚-körnig', ‚-kunst', ‚-lackiert', ‚-leckend', ‚-ledern', ‚-leuchtend', ‚-mähnig', ‚-metallen', ‚-moosig', ‚-nasig', ‚-neu', ‚-ockerzäh', ‚-punktig', ‚-rankend', ‚-röcke', ‚-rubin', ‚-sauer', ‚-scharfkiesig', ‚-schaumig', ‚-schlierig', ‚-schnäbel', ‚-sehen', ‚-span', ‚-stift', ‚-tannen', ‚-trüb', ‚-tuchen', ‚-verglast', ‚-vorhang', ‚-wangig', ‚-warm', ‚-wasserdünn', ‚-zirkon' ‚-züngelnd'.

dies mit der oben ausgeführten Hypothese überein. Denn die Schleuse in die Verbreiterung unterstützt den Aufbau unterschiedlicher Bedeutungsebenen.

Nun aber wieder zurück zu den Details der Tabelle 3.4.C. Das Komplement, das Jahnn am häufigsten (siebenmal) in nachgestellter Position mit unterschiedlichen Farbetyma komponiert, ist ‚-seiden'. Mit vier Kombinationsmöglichkeiten folgen ‚-golden', ‚-äugig' und ‚-glänzend'. Dann folgt eine größere Gruppe mit drei Kombinationsmöglichkeiten, einige von diesen sind ausgesprochen häufig belegt: 16-mal ‚- haarig' (einschließlich ‚-behaart'), 14-mal ‚-häutig', 13-mal ‚-gekleidet' (einschließlich ‚-bekleidet'), je 5-mal ‚-bemalt' und ‚-dunkel', 4-mal ‚-kohlsuppe' und 3-mal ‚-blank'. In diesem oberen Bereich sind Sememe, die auf den (menschlichen) Körper referieren, auffallend häufig: Augen, Haare, Haut und Kleidung.

Zu beobachten ist die Tendenz, dass die nach dem Muster F + X gebildeten Komposita häufiger substantivisch gebraucht werden als die nach dem Muster X + F gebildeten. Unter den 245 Belegen der Untergruppe 1.5. in Anhang III gibt es die folgenden substantivischen Bildungen: ‚Blaubeeren' (5), ‚Blaugekleidete' (1), ‚Braunbier' (1), ‚Braunhaariger' (1), ‚Braunhäutige' (1), ‚Gelbhäutige' (1), ‚Gelbrand' (3), ‚Grünanlage' (1), ‚Grünkohlsuppe' (1), ‚Grünschnäbel' (1), ‚Grünspan' (1), ‚Lilavorhang' (1), ‚Lilazirkon' (1), ‚Purpurfarbe' (1), ‚Purpurhaut' (4), ‚Rosahaut' (1), ‚Rotfüchsin' (1), ‚Rotgescheitelte' (1), ‚Rotguss' (1), ‚Rothaarige' (6), ‚Rotklee' (2), ‚Rotstift' (1), ‚Rottannen' (1), ‚Rotwein' (7), ‚Schwarzbrot' (6), ‚Schwarzgekleidete' (1), ‚Schwarzhaarige' (1), ‚Schwarzröcke' (1), ‚Schwarzsehen' (1), ‚Violettrubin' (1), ‚Weißbekleidete' (1), ‚Weißblech' (1), ‚Weißbrot' (3), ‚Weißbuchen' (1), ‚Weißdorn' (1), ‚Weißgekleidete' (4), ‚Weißhäutige' (4), ‚Weißklee' (1) und ‚Weißwein' (3).

Diese Substantive sind keine Farbbegriffe im eigentlichen Sinn, sondern bezeichnen einen Menschen oder eine Sache, für den/die ein farblicher Aspekt begriffsbildend ist. Diese stark ausgeprägte Substantive generierende Eigenschaft haben die Komposita des Musters X + F nicht. Die Auflistung der Substantivbildungen unter allen 254 Belegen der Gruppe 1.8. (X + F) fällt mengenmäßig vergleichsweise klein aus: ‚Basaltschwarz' (1), ‚Blattgrün' (1), ‚Buchsgrün' (2), ‚Druckerschwärze' (3), ‚Eigelb' (1), ‚Eiweiß' (2), ‚Frühlingsgrün' (1), ‚Morgengrauen' (3), ‚Morgenröte' (1), ‚Schamesröte' (3), ‚Sehpurpur' (1), ‚Tannengrün' (8), ‚Tiefblau' (1), ‚Tiefrote' (1) und ‚Übergelb' (1).

Das durch das Farbetymon determinierte Komplement im Muster F + X[393] unterscheidet sich auch hinsichtlich der Wortart deutlich vom Muster X + F. In der Tabelle 3.4.A waren 63 Komplemente (80,77 %) aus einem Substantiv gebildet. In der Tabelle

---

[393] Im Gegensatz zu den deutschen Farbkomposita nach dem Muster X + F sind jene nach dem Muster F + X weniger genau erforscht.

3.4. Andere Kombinationen

3.4.C bestehen lediglich 31 Komplemente (23,31 %) aus Substantiven. Der große Rest wird aus Verbstämmen (36,09 %) und Adjektiven (40,60 %) gebildet.[394]
Die Verbstämme, die in Tabelle 3.4.C das X bilden, sind bis auf eine Ausnahme (‚Schwarzsehen') Partizipformen. In 13 Belegen tritt ein Partizip I auf, in 34 ein Partizip II. Als Partizip I treten vorwiegend Verben des Wortfeldes *brennen* und *glänzen* auf: ‚-glänzend', ‚-schimmernd', ‚-blinkend', ‚-blühend', ‚-brennend', ‚-brodelnd', ‚-flammend', ‚-flatternd', ‚-glühend', ‚-leckend', ‚-leuchtend', ‚-rankend' und ‚-züngelnd'. Die Partizip-II-Formen haben weitest gehend Anteil am Wortfeld *malen*, *gestalten* und *einrahmen* (im weiten Sinn). Das im Titel dieses Buches enthaltene lateinische Verb *adficere* deckt einen Teil dieser Bedeutungen ab: ‚-gekleidet', ‚-bekleidet', ‚-eingekleidet', ‚-bemalt', ‚-gemalt', ‚-umrandet', ‚-getüncht', ‚-gescheuert', ‚-gebrannt', ‚-geädert', ‚-gekalkt', ‚-gefärbt', ‚-gepudert', ‚-gescheitelt', ‚-geschminkt', ‚-gesprenkelt', ‚-gestreift', ‚-gewaschen', ‚-gezackt', ‚-glasiert', ‚-lackiert' und ‚-verglast'. Andere Bildungen können im Sinne einer normativen Schulgrammatik nicht eindeutig als Partizipien II identifiziert werden. Es handelt sich hier um Analogien zur Standardform oder um schöpferische Bildungen: ‚-umrändert', ‚-befrackt', ‚-bebändert', ‚-beknospet', ‚-bekrustet', ‚-belackt', ‚-bepudert', ‚-beschleift', ‚-betäfelt', ‚-betresst', ‚-betucht' und ‚-bewickelt'. Diese Beobachtungen werden später noch sehr wichtig sein (siehe Kapitel 4.4. „Die Verben mit Farbprädikativen").

Die 54 Belege für Adjektive, die das X bilden, lassen sich in zwei Gruppen unterteilen. Die einen, die größere Gruppe, können selbständig auftreten und sind lemmatisierbar. Die anderen kommen tendenziell nur in Verbindung mit einem weiteren Komplement (hier mit einem Farbetymon) als selbständiges Wort vor, oder sie können als individualsprachliche, schöpferische Modifikationen gesehen werden. Die Grenze zwischen diesen Gruppen ist fließend. Zur ersten Gruppe gehören ,-seiden', ‚-golden', ‚-haarig', ‚-behaart', ‚-dunkel', ‚-blank', ‚-blond', ‚-blutig', ‚-kupfern', ‚-fleischig', ‚-taub', ‚-wollen', ‚-blass', ‚-bleich', ‚-bronzen', ‚-buchen', ‚-eisig', ‚-fettig', ‚-feucht', ‚-finster', ‚-flach', ‚-flachsblond', ‚-flüssig', ‚-geblümt', ‚-graniten', ‚-hart', ‚-hell', ‚-klar', ‚-knochig', ‚-körnig', ‚-ledern', ‚-metallen', ‚-moosig', ‚-neu', ‚-sauer', ‚-schaumig', ‚-schlierig', ‚-trüb', ‚-tuchen' und ‚-warm'. In die zweite Gruppe passen ‚-äugig', ‚-häutig', ‚-gesichtig', ‚-nasig', ‚-wangig', ‚-mähnig', ‚-borkig', ‚-aschig', ‚-buntfleckig', ‚-ockerzäh', ‚-punktig', ‚-scharfkiesig', ‚-wasserdünn' und ‚-kohlenheiß'.

---

[394] Fleischer/Barz (1995), S. 236, halten für die Farbwortbildung fest: „Seltener treten Verbstämme (*glührot* [...]) und Formen des Partizips I auf (*leuchtendrot, roséschimmernd*)." Dies lässt sich präzisieren: in Komposita nach dem Muster X + F sind Verbformen äußerst selten (vgl. Fußnote 378), in jenen nach dem Muster F + X wird immerhin ein Drittel der Komplemente aus einer Verbform gebildet (siehe oben).

Nr.	"Arten des Farbträgers" nach Oksaar	Belege aus dem Jahnn-Korpus (Komposita X+F)	Belege aus dem Jahnn-Korpus (Komposita F+X)
1	"Edelsteine, Steine, Minerale"	Basalt-, kalk-, **kohlen-**, marmor-, saphir-, **ziegel-**	-**rubin**, -zirkon
2	"Pflanzen, Pflanzenteile"	Blatt-, **blüten-**, Buchs-, *gras*-, harz-, nelken-, pech-, **pistazien-**, rosen-, Tannen-	-klee, -dorn, -dornhecken, -*gras*, -*tannen*
3	"Früchte, Beeren"	him*beer*blut-, oliven-, **zitronen-**	-*beeren*
4	"Tiere, Vögel, Fische"	Ei-, Fischei-, frosch-, käfer-, krebs-, maus-, puter-, **reh-**, **tauben-**, taubenblut-	-**füchsin**
5	"Farbstoff, Farbenart"	karmin-, **Kobalt-**, ocker-, **scharlach-**	-farbe
6	"Gewebe"	samt-, wollig-	-vorhang
7	"Verpackungen"		
8	"Metalle, Oxyde"	bernstein-, chrom-, **gold-**, **kupfer-**, metall-, **rost-**	-guss, -blech, -span
9	"Chemikalien"	schwefel-	
10	"Flüssigkeit (Getränke), Gewässer"	**kaffee-**, meer-, milch-, rotz-, tusch-, wasser-	-kohlsuppe, -**wein**, -bier
11	"Gewürze"	safran-	
12	"Süßigkeiten, Backwerk, Honig"	**honig-**	
13	"Knochen"	**elfenbein-**	
14	"Holz, Holzgewebe, Holzware"		-buchenholz
15	"Personennamen, geographische Namen"	englisch-	
16	"Völker, Rassen"	neger-	
17	"Dienst, Beschäftigung, Art des Menschen (übertragen auf seine Kleidung)"	Drucker-, **marine-**	-röcke
18	"Tageszeit, Jahreszeit, Monate"	Frühlings-, Morgen-, **nacht-**	
19	"Himmelskörper, Feuer, Eis, Schnee u.a."	asch-, *feuer-*, himmel-, licht-, mond-, rauch-, ruß-, **schnee-**, tupfig**eis-**	-*feuer*punkte, -glut
20	"Schall"		
21	"Ausländische Bezeichnungen"		
	Tierische oder menschliche Körper(teile)	blut-, fleisch-, fleischfarben-, kack-, kot-, leichen-	-haut, -schnäbel
	Materialien	schmutz-, wachs-	
	Abstrakta	Schames-	-kunst
	Lebensmittel		-brot, -beermarmelade, -johannisbeermarmelade
	Räume, räumliche Angaben		-rand, -anlage, -kleewiese, -stift

Tabelle 3.4.D: Oksaar-Test: Vergleich der Komposita X+F und F+X aus dem Jahnn-Korpus

3.4. Andere Kombinationen

Zurückgegriffen sei noch einmal auf die 31 substantivischen Komplemente in den Komposita F + X aus der Tabelle 3.4.C. Die Tabelle 3.4.D unterzieht diese dem Oksaar-Test. Dies erscheint auf den ersten Blick etwas gewaltsam, zumal Oksaar ihr Modell auf Farbwortbildungen nach dem Muster X + F zugeschnitten hat. Doch sind aus der Gegenüberstellung neue Beobachtungen zu erwarten.

Die Tabelle 3.4.D ist wie die Tabelle 3.4.B aufgebaut. Jedoch sind hier die Belege von Oksaar nicht mehr wiedergegeben. Verglichen werden hier die substantivischen Komplemente in Komposita nach dem Muster X + F (vgl. 3.4.B) mit jenen in den Komposita nach dem Muster F + X (vgl. 3.4.C). **Fettdruck** bedeutet, dass das fragliche Komplement auch bei Oksaar nachgewiesen ist. *Kursivdruck* weist darauf hin, dass es Übereinstimmung zwischen den Mustern X + F und F + X aus dem Jahnn-Korpus gibt. Dabei fällt auf, dass es keine *kursiv* gekennzeichneten Übereinstimmungen gibt, sondern lediglich ***kursiv und fett*** gekennzeichnete. Das bedeutet, dass es sich bei einer Übereinstimmung zwischen X + F und F + X immer um Belege handelt, die Oksaar auch nachweist. Es muss sich hier also um Substantive handeln, die bei der Komposition mit Farbetyma besonders häufig verwendet werden.

Die Belege für substantivische Komplemente in Komposita nach dem Muster F + X sind in Tabelle 3.4.D insgesamt weniger zahlreich als in Komposita nach dem Muster X + F. Ferner ist bei F + X kein semantisches Feld mehr zu beobachten, das die X-Komplemente vorzugsweise abdecken. So sind beispielsweise weder Tiere noch Pflanzen häufige Referenten wie in den Oksaar-Belegen, noch gibt es ein auffallend starkes Feld um den tierischen oder menschlichen Körper wie in 3.4.B. Auch konnten fast alle X aus F + X ohne große Schwierigkeiten in die Kategorien nach Oksaar eingefügt werden. Lediglich für *Lebensmittel* (die nicht in vollem Umfang in die Gruppe der Getränke passen) und für *räumliche Angaben* wurden neue Kategorien eingeführt.

Diese lockere und gleichmäßige Verteilung der Belege auf die unterschiedlichen Gruppen kann als Indiz für die hier viel weniger stark wirksamen Restriktionsregeln interpretiert werden, die die hintere „Andockstelle" der Farbetyma bestimmen (strukturelle und semantische „Verbreiterung" durch Farbetyma). Weder gibt es eine favorisierte Wortart noch ein bevorzugtes Bedeutungsfeld.

Freilich sind die Komposita aus einem Farbetymon und einem substantivischen Komplement keine Farbwörter im engen Sinn. Rotklee ist eine Kleeart, Grünspan eine grünstichige Oxydationsschicht auf Kupfer, Rotwein ist ein Getränk usw. Auffallend an einigen wenigen Komplementen, die hier Teile von substantivischen Komposita (fast ausschließlich Konkreta) sind, ist eine gewisse Umkehrbarkeit der semantischen Determination. So gibt es beispielsweise den ‚Rotfuchs' und das Farbadjektiv ‚fuchsrot', den ‚Rotwein' und ‚weinrot', ‚Weißtannen' und das ‚Tannengrün'. Solche umkehrbaren Komplemente sind aber sehr selten und sie sind prototypische Farbträger.

Im Kapitel 3.3. war in den Komposita und Syntagmen F + F (inklusive Erweiterungen durch zusätzliche Farbetyma) eine unterschiedliche Streuung zwischen dem ersten und zweiten Glied aufgefallen. Aus diesem Kapitel 3.4. gingen Unterschiede zwischen Komposita mit erstgliedrigem Farbetymon und zweitgliedrigem Komplement X einerseits und Komposita mit erstgliedrigem X und zweitgliedrigem Farbetymon andererseits hervor. Bei nachgestelltem Farbetymon sind weniger unterschiedliche, vorausgehende Kombinationen möglich als umgekehrt. Gleichzeitig sind der Nutzungsgrad und die durchschnittliche Frequenz der Komplemente bei nachgestelltem Farbetymon höher. Weiter konnte aufgezeigt werden, dass nachgestellte Farbetyma vorwiegend mit einer vorangestellten Substantivform Komposita bilden, während vorangestellte Farbetyma vorwiegend mit Adjektiv- und Verbformen Verbindungen eingehen. Aus diesen verschieden ausgeprägten vorderen (restriktiven und stabilen) und hinteren (erweiternden und labilen) „Andockstellen" der Farbetyma wurde geschlossen, dass die Farbetyma im Textverlauf eine öffnende, erweiternde und dimensionierende Funktion haben, vergleichbar einer Streulinse.

Nun könnte diese Regelmäßigkeit nicht nur für Komposita und Syntagmen nach dem Muster F + F sowie für Komposita nach den Mustern X + F und F + X gelten, sondern auch für syntagmatische Bildungen nach den Mustern X + F und F + X. Dies wird nun durch die Analyse der Syntagmen-Gruppe 3 aus Anhang III geprüft.

Der Vergleich der Anzahl der Belege der Untergruppen 3.2. und 3.3. ist zunächst ernüchternd. In 143 Fällen (3.2.) wird ein Farbetymon durch ein Komplement X differenziert, während es nur neun Belege (3.3.) gibt, in denen ein Farbetymon ein X differenziert. Diese Beobachtung dahingehend zu interpretieren, dass sie die obige Hypothese widerlegt, wäre ein Trugschluss. Denn alles das, was durch ein Farbetymon differenziert wird, ist die große Anzahl der Entitäten, die hier als Zuordnungen bezeichnet werden und die im eigenen Kapitel 5. „Zuordnungen" ausführlich besprochen werden. Dieses weite Feld der zuordnungsbedingten Farbdifferenzierungen wird hier ausgeklammert. Somit beinhaltet die Untergruppe 3.3. (Anhang III) lediglich einige seltene asyndetische, attributive Phrasen, die von einem Farbwort eingeleitet werden. Wegen ihres geringen Umfangs eignet sich diese Gruppe nicht für eine statistische Betrachtung, sie würde die Darstellung verzerren. Denn eigentlich vertritt jene andere, ungleich größere Gruppe der Nominalphrasen (sie wird weit über 1.000 Types enthalten) aus Farbadjektiv und Substantiv die Position der Syntagmen in der Bauart F + X. Das wiederum bestätigt die Beobachtung, dass Farbetyma im Text- und Erzählverlauf die Wirkung einer Streulinse haben.

Ausführlich diskutiert wird hingegen die Gruppe 3.2. aus Anhang III. Diese Gruppe besteht aus den asyndetischen Syntagmen mit zwei Gliedern, deren zweites ein Farbetymon enthält, und beinhaltet 143 Belege. Die Tabelle 3.4.E stellt diese Gruppe dar.

3.4. Andere Kombinationen

2. Glied ↓ 1. Glied →	BLAU	BRAUN	GELB	GRAU	GRÜN	LILA	ORANGE	PURPUR	ROSA	ROT	SCHWARZ	VIOLETT	WEISS	Summe	Anzahl
fast										1	7		3	11	3
fast nur										1				1	1
ein wenig		1	1							6				8	3
tief	1									6	1			8	3
tiefer										1				1	1
leicht	1		1							2				4	3
nur		1	1							1				3	3
trüb										1	1	1		3	3
blutig			1	1										2	2
fleckig		1	1											2	2
flüchtig				1						1				2	2
golden				1			1							2	2
leuchtend				1						1				2	2
wässrig	1	1												2	2
wunderbar	1												1	2	2
395	:	:	:	:	:	:	:	:	:	:	:	:	:	:	:
Summe	2	12	9	14	18	0	0	2	1	40	32	1	12	143	
Anzahl	2	12	9	14	16	0	0	2	1	26	25	1	10		118

Tabelle 3.4.E: Syntagmen mit Farbetyma im zweiten Glied (Muster X+F)

Die Summe aller Belege beträgt hier 143, die Anzahl aller Kombinationen 118. Belegt sind 99 verschiedene Komplemente. Prinzipiell gibt es 1.287 potenzielle Kombinationsmöglichkeiten, 118 (7,69 %) davon sind realisiert. Dieser Anteil der realisierten Kombinationsmöglichkeiten liegt merklich tiefer als in den beiden vorangehenden Tabellen 3.4.A und 3.4.C. Er liegt dort jeweils etwas über 10 %.

Der Nutzungsgrad der realisierten Kombinationen (Quotient aus der Gesamtsumme der Belege und der Gesamtanzahl der realisierten Kombinationsmöglichkeiten) beträgt

---

[395] Häufigkeiten >1 in Klammern: ‚jung' (2), ‚lieblich' (2), ‚märzlich' (2), ‚saftig' (2), ‚schön' (2), ‚völlig' (2), ‚aufs anmutigste', ‚ausdruckslos', ‚äußerst', ‚autoritativ', ‚beinahe', ‚bleichblass', ‚blendend', ‚blind', ‚blitzend', ‚dampfend', ‚dick', ‚dünn', ‚dürftig', ‚ein bisschen', ‚einheitlich', ‚eisig', ‚englisch', ‚erbarmungslos', ‚erdig', ‚erschreckend', ‚erstarrt', ‚ewig', ‚feierlich', ‚fern', ‚filzig', ‚florentinisch', ‚frisch', ‚fürchterlich', ‚ganz', ‚gänzlich', ‚glänzend', ‚gläsern', ‚gleichmäßig', ‚hart', ‚heilig', ‚heiß', ‚herrlich', ‚hilflos', ‚immer', ‚kochend', ‚kraus', ‚künstlich', ‚lebendig', ‚letzt', ‚licht', ‚lichtest', ‚matt', ‚merkwürdig', ‚nachgedunkelt', ‚nackt', ‚nah', ‚natürlich', ‚peinigend', ‚recht', ‚rehäugig', ‚reinst', ‚richtungslos', ‚samten', ‚schmutzig', ‚schrecklich', ‚schwach', ‚schwer', ‚sprühend', ‚stählern', ‚tintig', ‚traurig', ‚überhandnehmend', ‚ungewiss', ‚unrein', ‚unsicher', ‚unterschiedlich', ‚negativ', ‚voll', ‚vollkommen', ‚Weltenraum groß', ‚winterlich', ‚zäh' und ‚zumeist'.

1,21 (1,56 in 3.4.C; 2,11 in 3.4.A). Die durchschnittliche Verwendung der einzelnen Komplemente (Quotient aus der Gesamtsumme der Belege und der Gesamtanzahl der belegten Komplemente) liegt bei 1,44 (2,05 in 3.4.C; 2,87 in 3.4.A). Der Unterschied in diesen Werten lässt sich nicht *ad hoc* erklären. Offensichtlich gibt es einen Unterschied zwischen syntagmatischen Kombinationen und Kombinationen in Komposita, auch wenn beide Male das Muster X + F vorliegt. Die syntagmatischen Kombinationen bilden ein weit weniger stringentes Raster als die vergleichbaren Komposita. Das geringere Kombinationspotenzial, der niedrigere Nutzungsgrad der Kombinationen und die geringere durchschnittliche Verwendung der Komplemente weisen darauf hin.

Betrachtet man den oberen Bereich der Tabelle 3.4.E, so fällt an den Anzahlen der Kombinationen sofort dieses weniger verwobene Kombinationsnetz auf. Hier liegt das höchste Kombinationspotenzial bei 3, während es sowohl in 3.4.A als auch in 3.4.C 7 beträgt. Das lockere, wenig intensiv genutzte Kombinationsnetz in Tabelle 3.4.E deutet darauf hin, dass hier latente Restriktionsregeln viel schwächer wirken als in den bisher untersuchten Kombinationen.

Auf die Besprechung der einzelnen Komplemente in 3.4.E wird verzichtet. Hingewiesen sei jedoch darauf, dass die Komplemente mit dem höchsten Kombinationspotenzial Adverbien sind (*fast* [*nur*], *ein wenig*). Diese Wortart trat bisher nie so stark in Erscheinung.

Überhaupt verteilen sich die Komplemente in 3.4.E anders als in 3.4.A und 3.4.C. Es gibt hier (3.4.E) 76,77 % Adjektive, 12,12 % Verbformen und 11,11 % Adverbien. In 3.4.A (Komposita X + F) gibt es 77,32 % Substantive, 19,59 % Adjektive und je 1,03 % Präpositionen, Adverbien und Verbformen. In 3.4.C (Komposita F + X) gruppieren sich die Komplemente in 40,60 % Adjektive, 36,09 % Verbformen und 23,31 % Substantive.

Die den Farbetyma vorangestellten und diese differenzierenden Komplemente sind in den Komposita deutlich am häufigsten aus Substantiven gebildet (77,32 %), in Syntagmen ist die häufigste Gruppe aus Adjektiven gebildet und ähnlich groß (76,77 %). Farbetyma ihrerseits differenzieren in Komposita vorwiegend Adjektive (40,60 %).

Reiht man die Verteilungen in der Reihenfolge der Tabellen 3.4.A, 3.4.C und 3.4.E (Komposita X + F, Komposita F + X und Syntagmen X + F), so nimmt der Anteil der Adjektive sukzessive zu (19,59 % – 40,60 % – 76,77 %) und der Anteil der Substantive sukzessive ab (77,32 % – 23,31 % – 0 %). Setzt man diese Abfolgen mit den hypothetisch abnehmenden Restriktionen in Zusammenhang (Abnahme in ebender Reihenfolge: Komposita X + F, Komposita F + X, Syntagmen X + F), so lässt sich daraus abstrahieren:

3.4. Andere Kombinationen 163

1. Die Kombination von Farbetyma mit Substantiven (die meistens Dinge sind) ist bei stark wirksamen Restriktionen in höherem Maße möglich als mit Adjektiven (die Eigenschaften bedeuten).
2. In Komposita differenzieren und determinieren Substantive (Dinge) die Farben; Farben (Eigenschaften) differenzieren und determinieren andere Eigenschaften (Adjektive). Weil Farben vorzugsweise durch substantivische Vergleichsbildungen differenziert werden, dürfen von der Analyse der Entitäten, denen Farbprädikate zugeordnet sind, durch einen Umkehrschluss ergiebige Aufschlüsse auf die Semantik der Farben erwartet werden.
3. Die kombinatorische Kongruenz zwischen Komposita und Syntagmen des Musters F + F wird in Kombinationen zwischen Farbetyma und Komplementen von einer diffusen Streuung abgelöst.

Eine abschließende Positionsbestimmung wird mit Hilfe der Korrelationskoeffizienten versucht. Die Tabelle 3.4.F fasst die Summen der Belege und die Anzahlen der Kombinationen aus den Tabellen 3.4.A, 3.4.C und 3.4.E zusammen, stellt ihnen die Daten aus 3.3.G (zusammenfassende Tabelle aus dem vorangehenden Kapitel der Kombinationen F + F) gegenüber und vergleicht die Reihen – wie in 3.3.J – mit den Verteilungen aller, der differenzierten und der nicht-differenzierten Farbetyma. Die seltenen LILA, ORANGE und PURPUR werden übergangen; die Summe der einzelnen Reihen wird dadurch leicht von jener in der zu Grunde liegenden Tabelle abweichen.

Bei der Diskussion der Korrelationskoeffizienten im vorangehenden Kapitel hat sich vor allem die Verteilung der differenzierten Farbetyma im gesamten Korpus als geeignete Referenz erwiesen. Daher werden auch hier die diversen Verteilungen vor allem mit dieser Verteilung verglichen.

Insgesamt fiel an der Tabelle 3.3.J auf, dass die erstgliedrigen Farbetyma weit weniger mit den differenzierten Farbetyma korreliert sind als die zweitgliedrigen. Dies trifft hier nicht zu. Sowohl die Summe der Belege als auch die Anzahl der realisierten Kombinationen aus 3.4.C sind in hohem Maße mit der Verteilung der differenzierten Etyma korreliert ($r = 0{,}9082$ bzw. $r = 0{,}9140$). Der Vergleich mit der Verteilung bei F + F macht den Unterschied deutlich ($r = 0{,}6435$ bzw. $r = 0{,}7033$). Im vorigen Kapitel wurde aus der geringen funktionalen Abhängigkeit der Verteilung erstgliedriger Farbetyma bei F + F von jener der differenzierten Etyma das Vorhandensein stark wirksamer Kombinationsregeln abgeleitet. Offensichtlich gibt es solche bei erstgliedrigen Farbetyma im Muster F + X nicht. Ihre Verteilung ist von ihrer allgemeinen Häufigkeit abhängig.

Die Verteilung der zweitgliedrigen Farbetyma ist bei Kombinationen zweier Farben (F + F) sehr signifikant verschieden von 0 mit der Verteilung der differenzierten Etyma korreliert. So ist es auch bei zweitgliedrigen Etyma in Komposita und Syntagmen nach dem Muster X + F (3.4.A und 3.4.E). Jedoch liegen hier die Korrelationskoeffizienten, sowohl bei den Summen der Belege als auch beim Kombinationspotenzial, leicht darunter (0,8208 bzw. 0,8714 versus 0,8923; 0,7367 bzw. 0,8510 versus 0,8764).

			1. Glied			2. Glied					Alle Etyma	Diff. Etyma	Nicht-diff. Etyma
			Summe		Anzahl		Summe		Anzahl				
			#.4.C	#.3.G	#.4.C	#.3.G	#.4.A	#.4.E	#.3.G	#.4.A	#.4.E	#.3.G			
BLAU			17	30	11	9	21	2	20	11	2	8	146	83	63
BRAUN			23	25	18	6	34	12	29	17	12	7	349	137	212
GELB			14	28	11	6	39	9	21	18	9	8	286	121	165
GRAU			14	41	12	7	11	14	14	7	14	7	357	126	231
GRÜN			15	34	13	7	44	18	50	22	16	7	340	169	171
ROSA			11	10	9	5	4	1	5	4	1	3	43	37	6
ROT			59	41	32	9	64	40	49	22	26	11	599	310	289
SCHWARZ			45	36	25	7	23	32	35	17	25	8	738	216	522
VIOLETT			1	7	1	4	1	1	5	1	1	3	36	17	19
WEISS			64	20	38	8	36	12	49	12	10	9	678	247	431
			263	272	170	68	277	141	277	131	116	71	3572	1463	2109
1. Glied	Sum.	#.4.C	–	0,36	0,99	0,65	0,62	0,70	0,76	0,48	0,64	0,76	0,8860	0,9082	0,8130
		#.3.G		–	0,38	0,71	0,58	0,72	0,52	0,68	0,78	0,77	0,5820	0,6435	0,5085
	Anzahl	#.4.C			–	0,65	0,65	0,67	0,80	0,52	0,63	0,77	0,8951	0,9140	0,8233
		#.3.G				–	0,62	0,52	0,65	0,54	0,48	0,87	0,5657	0,7033	0,4518
2. Glied	Summe	#.4.A					–	0,69	0,85	0,91	0,66	0,84	0,5922	0,8208	0,4269
		#.4.E						–	0,70	0,71	0,98	0,71	0,8072	0,8714	0,7167
		#.3.G							–	0,81	0,70	0,77	0,7840	0,8923	0,6711
	Anzahl	#.4.A								–	0,74	0,77	0,6042	0,7367	0,4904
		#.4.E									–	0,70	0,8343	0,8510	0,7679
		#.3.G										–	0,7674	0,8764	0,6553
Alle Etyma													–	0,9176	0,9762
Diff. Etyma														–	0,8096
Nicht-diff. Etyma															–
Signifikanzschwellen: P = 0,05 bei r = 0,632, P = 0,01 bei r = 0,765, P = 0,001 bei r = 0,872.															

Tabelle 3.4.F: Summen und Anzahlen aus 3.4.A, 3.4.C, 3.4.E, 3.3.G; Korrelationsmatrix

Insgesamt ist also bei den Kombinationen von Farbetyma mit Komplementen X keine funktionale Unabhängigkeit der Verteilung der kombinatorisch verwendeten Etyma von der allgemeinen Verteilung der differenzierten Etyma erkennbar. Das bedeutet, dass bei der Kombination von Farbetyma mit Komplementen eine Untersuchung der favorisierten Positionen oder des Kombinationspotenzials – beschränkt auf die Farbetyma ohne Einbezug der Komplemente – keine relevanten Ergebnisse liefern würde.

Indirekt wird damit die Sinnhaftigkeit der Arbeitsweise in diesem Kapitel bestätigt: Immer sind es die Komplemente, die die Kombination mit bestimmten Farbetyma steuern. Die Verteilung der durch Komplemente differenzierten Farbetyma muss immer mit Bezug auf die Komplemente selber betrachtet werden. So ist es auch geschehen. Der Anteil der realisierten an den möglichen Kombinationen, die Größe des Nutzungsgrades der realisierten Kombinationen, die durchschnittliche Verwendung der Komplemente und vor allem die semantische Akzentuierung durch die Komplemente und die Realisierung der Komplemente in Form bestimmter Wortarten haben sich denn auch als brauchbare Beschreibungs- und Vergleichsgrößen erwiesen.

3.5. Vergleiche

Die Farbkomposita mit subjektivischem Erstglied konnten als Vergleichsbildungen beschrieben werden. Solche Vergleiche sind sprachlich verknappt. Doch gibt es auch ausformulierte, explizite Vergleiche, die Farben erläutern. Vergleiche zeigen und verweisen ausdrücklich auf einen Farbträger. Was für die Vergleichsbildungen gilt, trifft in besonderem Maße für die Vergleiche zu: die Definition der Farbe durch Deixis und Zeigen (Bühler, Kraft, Wittgenstein).

Explizite Vergleiche sind weit weniger ökonomisch und auffälliger als Vergleichsbildungen in Komposita. Daher ist anzunehmen, dass ihre hohe Auffälligkeit vom Autor beabsichtigt und durch den Rezipienten erkennbar ist. Aufgrund dieser Auffälligkeit kann der Farbträger, mit dem die Farbe verglichen wird, als prototypisch betrachtet werden.

Wie bei den Farbkomposita gibt es auch bei den Farbvergleichen solche, die konventionalisiert sind, und andere, die der Autor kraft seiner individuellen Gestaltungsmöglichkeit herstellt.

Die 67 Vergleiche, die Jahnn insgesamt 74-mal verwendet, verteilen sich wie folgt. Komplexere Exemplare sind als Zitate wiedergegeben.

A) BLAU (1)
Aa) ‚hellblau wie fettiges Papier' (1)
B) BRAUN (4)
Ba) „Sein [Ajax'] Haupthaar war braun und voll, ähnlich dem Tuteins." (N2, 230) (1)
Bb) ‚braun wie Moor' (1)
Bc) „Die meisten sahen ihr [Signes] Gesicht nicht, und die es sahen, wandten sich erschrocken ab, weil es schön, bräunlich wie das eines Negerbastards." (P, 526) (1)
Bd) ‚so braun wie Mulatten' (1)

C) GELB (5)
Ca) „Seine [Lars Solheims] Haut war wächsern und gelb wie der Widerschein eines Feuers, in das man Salz geworfen hat." (N1, 633) (1)
Cb) ‚gelb wie bei einem Leberkranken' (1)
Cc) ‚gelb wie fetter Rahm' (1)
Cd) ‚gelb wie Likör' (1)
Ce) ‚gelb wie sämischgares Leder' (1)

D) GRAU (10)
Da) „wie ein erstarrtes Glas graublinkend" (N2, 250) (1)
Db) „Nur die Iris der Augen [Olivas] scheint von einer hellen Farbe zu sein: ein ungewisses Grau wie das ins Meer gestürzter Schneemassen." (N2, 471) (1)
Dc) „Sein Antlitz [Nikolajs] war grau und wächsern wie ein Antlitz im Schneelicht." (E, 366) (1)
Dd) ‚grau wie Asche' (1)
De) ‚grau wie das graue Schiff' (1)
Df) ‚grau wie der Himmel' (1)
Dg) ‚grau wie die Pinasse' (1)
Dh) ‚grau wie die Rinde halbjunger Pappeln' (1)
Di) „Vier Männer, im Regen so grau wie Schatten [...]" (N2, 690) (1)
Dj) ‚schwer und grau wie Blei' (1)

E) GRÜN (3)
Ea) „Das Grüne übergrün, daß es rot durchleuchtet, alles Laub hart und erstarrt im Wind." (U, 1296) (1)
Eb) ‚grünbemalt wie eine Vorstadtgartenlaube' (1)
Ec) ‚grünen wie im Sommer' (1)

F) LILA (0)

G) ORANGE (0)

H) PURPUR (0)

I) ROSA (0)

J) ROT (12)
Ja) „Ich [Gustav] wurde rot und blaß wie einer, der beständig ertappt wird." (N2, 116) (1)
Jb) ‚rot werden wie ein Schüler' (1)
Jc) ‚erröten wie ein Kind' (1)
Jd) ‚rot wie angemalt' (1)
Je) ‚rot wie Blut' (2)
Jf) ‚rot wie frisches Blut' (1)
Jg) „Du würdest leugnen, daß ein Häßlicher, Halbwilder [Hoyer] nach dir röhrt, dessen Blut rot wie das des Knaben." (P, 278, Anna zu ihrer Schwester Signe) (1)
Jh) ‚rot wie Krebse' (1)
Ji) ‚rot wie ein gekochter Krebs' (1)
Jj) ‚rot wie Glut unter Asche' (1)
Jk) ‚mehr rot als blond' (1)

3.5. Vergleiche 167

K) SCHWARZ (16)
Ka) „scharf und schwarz wie etwas Übernatürliches – wie die Kulisse eines Waldstücks auf dem Theater" (N2, 208) (1)
Kb) ‚schwarz wie Basalt' (1)
Kc) ‚schwarz wie das Nichts' (1)
Kd) „Es war, als ob ein Hauch über meine [Perrudjas] Ohren ginge. Und ihre Welt wurde so schwarz wie die der Augen es war." (P, 574) (1)
Ke) ‚schwarz wie geronnene Galle' (1)
Kf) ‚schwarz wie Höhlen' (1)
Kg) ‚schwarz wie Kohle' (4)
Kh) ‚schwarz wie Pech' (1)
Ki) ‚schwarz wie Ruß' (1)
Kj) ‚schwärzer als schwarz' (1)
Kk) „Der Himmel schwärzt sich, als sei ein Maler daran, ihn mit tintigem Pinsel zu tuschen." (N2, 208) (1)
Kl) „Im selben Augenblick verlosch das Fenster, wurde so schwarz wie die übrigen dieser Fassade und die vielen anderen der weitausholenden Avenue." (B 249) (1)
Km) „Ihre [Egidis] Haut war braunschwarz. Ich habe nur selten eine so schwarze Haut gesehen. Viel schwärzer als Tuteins dunkle Brustwarzen." (N1, 440) (1)

L. VIOLETT (0)

M. WEISS (16)
Ma) „kalkweiß [...] wie eine Jungfrau zwischen dem Hochzeitslinnen" (E, 251) (1)
Mb) ‚so weiß wie der übrige Körper' (1)
Mc) ‚weiß wie eine gekalkte Wand' (2)
Md) ‚weiß wie eine Kartoffelblüte' (1)
Me) ‚weiß wie eine Landschaft unter mittäglicher Tropensonne' (1)
Mf) ‚weiß wie feiner Zucker' (1)
Mg) ‚weiß wie Kalk' (2)
Mh) ‚weiß wie Kirschblüte' (1)
Mi) ‚weiß wie Papier' (2)
Mj) ‚weiß wie Schnee' (1)
Mk) ‚weiß wie Silber oder Platin' (1)
Ml) ‚weniger weiß als rot' (1)
Mm) ‚mehr weiß als rot' (1)

N. Ferner gibt es sieben Vergleiche, in denen durch Komposition oder Syntagmenbildung mehrere Farben verbunden sind:
Na) ‚braun und violett wie ein schwerer Tod' (1)
Nb) ‚braunrot wie die Abwässer einer Schlachterei' (1)
Nc) ‚braunschwarz wie Makassarebenholz' (1)
Nd) ‚grünblau wie Jade' (1)
Ne) „Als wir die wenigen Stufen zur Straße hinab waren, uns niederbeugten, in das Gesicht [des toten Mädchens Anna Frönning] schauten, war es entstellt, rotblau – wie das eines Erhängten. – ‚Wie Ellena –' sagte Tutein." (N1, 606) (1)
Nf) ‚violett, grünbraun und feurig wie glühendes Eisen' (1)
Ng) ‚weißgrau wie Birkenasche' (1)

Die 67 Vergleiche werden in 54 Fällen durch das Vergleichswort ‚wie' aufgebaut, das entspricht 80,59 %. In drei Fällen (4,48 %) geht beim ‚wie'-Vergleich dem Farbwort ein ‚so' voraus (Di, Kl, Mb). Zweimal (2,99 %) ist der Vergleich gedoppelt: dem ersten Vergleich mit ‚wie' wird unmittelbar ein zweiter nachgestellt, der durch ein eigenes ‚wie' anknüpft (Ka, Ne). Dass hier die doppelte Verwendung von ‚wie' – in beiden Fällen durch einen Gedankenstrich retardierend getrennt – der verstärkenden Exemplifizierung dient, zeigt der Vergleich von (Ka) und (Ne) mit (Kl) und (Mk). In (Kl) und (Mk) werden die zwei Vergleichsgrößen einfach durch ‚und' und ‚oder' verbunden. Das doppelte ‚wie' hat aber nicht nur eine verstärkende Wirkung, sondern erweitert die referenzielle Bewegung. Besonders deutlich zeigt dies das Beispiel (Ne). Zunächst ist Gustav der Erzähler, er beschreibt das Gesicht der toten Anna (sie ist kurz zuvor auf der Stelle tot umgekippt) mit ‚entstellt' und ‚rotblau' und vergleicht diese Gesichtsfarbe mit jener eines Erhängten.[396] Dieser Vergleich ist nicht in direkter Rede an Tutein gerichtet, so dass dieser Gustavs Gedanken nicht unmittelbar kennen kann. Umso stärker wirkt der echoende, fast gleichgeschaltete Gedankengang, den Tutein – ebenfalls in Form eines Vergleichs – ausspricht. Der Name Ellena spielt auf das tote Mädchen an, das Gustavs Braut war und das Tutein erwürgt hat.[397] Die ermordete Ellena und Tuteins Geständnis vor Gustav waren der Anlass für die bedingungslose gegenseitige Ergebenheit der beiden Protagonisten.

Ein Vergleich (Ba) ist durch ‚ähnlich' aufgebaut. In (Jk), (Kj), (Km), (Ml) und (Mm) (entspricht 7,46 % aller Vergleiche) sind Farbadjektive im Komparativ durch ‚als' mit der Vergleichsgröße verbunden. Schließlich gibt es auch zwei (2,99 %) Vergleichssätze: in (Ea) mit ‚dass' und in (Kk) mit ‚als'.

Als Vergleichsgrößen dienen mit 88,06 % vor allem Substantive (59 Fälle). Adjektive und Verbalkomplexe folgen mit je vier Belegen (5,97 %).

Die Adjektive treten genau in den Vergleichen auf, die mit ‚als' gebildet werden. Es handelt sich hier um die Adjektive ‚blond' (Jk), ‚schwarz' (Kj) und ‚rot' (Ml und Mm), die den komparierten Farbadjektiven kontrastiv gegenübergestellt sind. Verbalkomplexe sind neben den schon erwähnten Vergleichssätzen in (Ea) und (Kk) die Bildungen ‚wie angemalt' (Jd) und ‚wie einer, der beständig ertappt wird' (Ja).

Die Substantive in den Vergleichen laufen nun wie die substantivischen Komplemente in Komposita durch den Oksaar-Test. Die Vergleiche werden mit den substanti-

---

[396] Der Leser weiß hier noch nicht, dass der junge Egil sich später (N1, 935f.) erhängen wird, aber gerettet wird, und dass im „Epilog" der ‚erhängte' und mittlerweile erwachsene Egil als Ziehvater von Gustavs Sohn Nikolaj eingeführt wird. Im „Epilog" kehrt das Motiv, dass Egil ein ‚Erhängter' ist, immer wieder.

[397] „Er [Tutein] schaute [unmittelbar nach dem Mord] auf das *Gesicht* Ellenas. Er erkannte es nicht mehr. Es füllte sich, schon ohne Gestalt, mit einem *trüben Rot*." (N1, 275; kursiv T.B.)

3.5. Vergleiche

vischen Komplementen in Komposita X + F (Tabelle 3.4.B) und F + X (3.4.D) verglichen. Dargestellt ist dies in der Tabelle 3.5.A. Auch hier wird wie bei den anderen Oksaar-Tests die Fortpflanzung von Oksaars Fehlern und Unschärfen in Kauf genommen. Schnittmengen werden typographisch gekennzeichnet. **Fettdruck** bedeutet Übereinstimmung mit Oksaar, *Kursivdruck* mit den Komposita sowohl nach dem Muster X + F als auch F + X aus dem Jahnn-Korpus, <u>Unterstreichung</u> bedeutet Übereinstimmung mit Jahnns Vergleichen.

Die Belege werden nach Möglichkeit den Gruppen so zugeordnet, wie es Oksaar vorschlägt. Sehr problematisch ist die Zuordnung von Jahnns ‚Jungfrau' und ‚Kind' zu Gruppe 17 „Dienst, Beschäftigung, Art des Menschen (übertragen auf seine Kleidung)". Dies geschieht in Analogie zu Oksaar, die das ‚Baby' der Gruppe 17 zuordnet.

Nr.	"Arten des Farbträgers"	Belege von Oksaar	Belege aus dem Jahnn-Korpus		
			Komposita nach dem Muster X+F	Komposita nach dem Muster F+X	Vergleiche
1	"Edelsteine, Steine, Minerale"	amethyst-, anthrazit-, asphalt-, brillant-, graphit-, **kohlen-**, korallen-, lapis-, opal-, perl-, **rubin-**, schiefer-, smaragd-, stein-, türkis-, turmalin-, **ziegel-**	<u>Basalt-</u>, <u>kalk-</u>, **kohlen-**, marmor-, saphir-, ziegel-	-rubin, -zirkon	<u>Basalt</u> (Kb), Jace (Nd), <u>Kalk</u> (Mg), **Kohle** (Kg)
2	"Pflanzen, Pflanzenteile"	arven-, azaleen-, **blüten-**, endivien-, enzian-, eukalyptus-, fuchsien-, fuchsia-, geranien-, *gras-*, hagebutten-, kornblumen-, krokus-, lavendel-, lilien-, lind-, magnolien-, mais-, mimosen-, mohn-, moos-, orchideen-, **pistazien-**, reseda-, sonnenblumen-, tabak-, *tannen-*, veilchen-, wald-, weizen-, wiesen-, zypressen-	Blatt-, **blüten-**, Buchs-, *gras-*, harz-, nelken-, pech-, **pistazien-**, rosen-, *Tannen-*	-klee, -dorn, -dornhecken, *-gras*, *-tannen*	Kartoffel**blüte** (Md), Kirsch**blüte** (Mh), Pech (Kh), Rinde halbjunger Pappeln (Dh)
3	"Früchte, Beeren"	apfel-, bananen-, brom**beer-**, cerise-, erbs-, haselnuss-, **himbeer-**, mandel-, maronen-, nuss-, **oliv-**, orangen-, paprika-, pflaumen-, tomaten-, **zitronen-**	him*beer*blut-, **oliven-**, **zitronen-**	-beeren	

170 3. Semantische Differenzierungen

Nr.	"Arten des Farbträgers"	Belege von Oksaar	Belege aus dem Jahnn-Korpus			Vergleiche
			Komposita nach dem Muster X+F	Komposita nach dem Muster F+X		
4	"Tiere, Vögel, Fische"	biber-, braunbären-, elefanten-, flamingo-, fuchs-, hummer-, lachs-, maus-, pfauen-, raben-, reh-, tauben-	Ei-, Fischei-, frosch-, käfer-, krebs-, maus-, puter-, reh-, tauben-, taubenblut-	-füchsin		Krebs (Jh, Ji)
5	"Farbstoff, Farbenart"	hansa-, helio-, karmin-, kobalt-, scharlach-, ultramarin-, pastell-	karmin-, Kobalt-, ocker-, scharlach-	-farbe		
6	"Gewebe"	taft-	samt-, wollig-	-vorhang		
7	"Verpackungen"	bouteillen-, flaschen-, rüten-				
8	"Metalle, Oxyde"	bernstein-, brokat-, bronze-, gold-, kupfer-, patina-, rost-, silber-	bernstein-, chrom-, gold-, kupfer-, metall-, rost-	-guss, -blech, -span		Blei (Dj), Eisen (Nf), Silber oder Platin (Mk)
9	"Chemikalien"	gift-, lack-, schwefel-, vitriol-	schwefel-			
10	"Flüssigkeit (Getränke), Gewässer"	bordeaux-, burgunder-, kaffee-, petrol-, see-, tinten-, wasser-, wein-	kaffee-, meer-, milch-, rotz-, tusch-, wasser-	-kohlsuppe, -wein, -bier		Abwässer einer Schlachterei (Nb), Likör (Cd), Rahm (Cc)
11	"Gewürze"	curry-, senf-	safran-			
12	"Süßigkeiten, Backwerk, Honig"	bonbon-, creme-, fondant-, honig-, schokoladen-	honig-			Zucker (Mf)
13	"Knochen"	bein-, elfenbein-	elfenbein-			
14	"Holz, Holzgewebe, Holzware"	ebenholz-		-buchenholz		Makassarebenholz (Nc)
15	"Personennamen, geographische Namen"	adria-, artic- [!], ascot-, capri-, carmen-, dior-, goya-, nil-, parma-, persia-, tizian-	englisch-			
16	"Völker, Rassen"	indianer-, neger-	neger-			Mulatten (Bd)
17	"Dienst, Beschäftigung, Art des Menschen (übertragen auf seine Kleidung)"	admiral-, baby-, bischofs-, flieger-, jagd-, kalif-, kardinal-, königs-, marine-	Drucker-, marine-	-röcke		Jungfrau zwischen dem Hochzeitslinnen (Ma), Kind (Jc), Schüler (Jb)
18	"Tageszeit, Jahreszeit, Monate"	herbst-, mai-, mitternachts-, nacht-	Frühlings-, Morgen-, nacht-			Sommer (Ec)
19	"Himmelskörper, Feuer, Eis, Schnee u.a."	azur-, eis-, feuer-, gletscher-, himmel-, horizont-, mond-, schloh-, schnee-, sonnen-, wolken-	asch-, feuer-, himmel-, licht-, mond-, rauch-, ruß-, schnee-, tupfigeis-	-feuerpunkte, -glut		Asche (Dd), Birkenasche (Ng), Glut unter Asche (Jj), Himmel (Df), Ruß (Ki), Schatten (Di), Schnee (Mj), Schneemassen (Db), Widerschein eines Feuers (Ca)

3.5. Vergleiche 171

Nr.	"Arten des Farbträgers"	Belege von Oksaar	Belege aus dem Jahnn-Korpus		
			Komposita nach dem Muster X+F	Komposita nach dem Muster F+X	Vergleiche
20	"Schall"	jazz-, knall-			
21	"Ausländische Bezeichnungen"				
	Tierische oder menschliche Körper(teile)		blut-, fleisch-, fleischfarben-, kack-, kot-, leichen-	-haut, -schnäbel	Antlitz im Schneelicht (Dc), Blut (Je, Jf, Jg), Ellena (Ne), Galla (Ke), Gesicht eines Erhängten (Ne), Gesicht eines Negerbastards (Bc), Haupthaar Tuteins (Ba), Körper (Mb), Leberkranker (Cb), Leder, (Ce), Tuteins dunkle Brustwarzen (Km)
	Materialien		schmutz-, wachs-		Papier (Aa, Mi), Glas (Da)
	Abstrakta		Schames-	-kunst	Nichts (Kc), Tod (Na), Übernatürliches (Ka)
	Lebensmittel			-brot, -beermarmelade, -johannisbeermarmelade	
	Räume, räumliche Angaben			-rand, -anlage, -kleewiese, -stift	Fenster (Kl), Höhlen (Kf), Kulisse eines Waldstücks (Ka), Landschaft unter Tropensonne (Me), Moor (Bb) Pinasse (Jg), Schiff (De), Vorstadtgartenlaube (Eb), Wand (Mc), Welt der Augen (Kd)

Tabelle 3.5.A: Oksaar-Test: Substantive in Vergleichen, verglichen mit Oksaar und den Komposita X+F und F+X

Etwa die Hälfte der Substantive, die Jahnn für Farbvergleiche verwendet, finden in den von Oksaar vorgesehenen Gruppen Platz. Vom optischen Eindruck her entspricht die Verteilung der Vergleiche am ehesten der Verteilung der Komplemente in Komposita nach dem Muster X + F. Darin ist eine funktionale Regelmäßigkeit erkennbar: Das Komplement X determiniert in Komposita den Kopf (hier ein Farbetymon); in Vergleichen präzisiert die Referenzgröße die Farbe deiktisch. Ein beträchtlicher Rest der Vergleichsgrößen verteilt sich auf die Gruppen, die in den Tabellen 3.4.B und 3.4.D zusätzlich eingeführt wurden. Diese zusätzlichen Gruppen sind von den Vergleichsgrößen ungleich stärker besetzt als von den Komplementen in Komposita.

Prinzipiell gibt es endlos viele Möglichkeiten, eine Farbe mit irgendeiner Größe zu vergleichen. Jahnn – so könnte man unterstellen – dürfte davon regen Gebrauch machen. Denn als Poet verfügt er über so genannte dichterische Freiheiten, die er sich im Allgemeinen auch nimmt. Umso mehr überraschen einerseits die eher geringe Anzahl der Substantive, die Farben vergleichend differenzieren, und andererseits die gar nicht so geringe Übereinstimmung innerhalb der Gruppen 1–21. Offensichtlich ist das Gestaltungspotenzial selbst in einem umfangreichen erzählenden Œuvre nicht außerordentlich groß, sondern insgesamt vergleichsweise stabil und eine überbordende Nutzung auch nicht möglich.

Dennoch gibt es lediglich ein einziges Nomen, das sowohl von Oksaar als auch in den beiden Komposita-Mustern X + F und F + X und in den Vergleichen bei Jahnn belegt ist: Feuer. Die durchgehende Präsenz weist ihm eine singuläre Rolle als prototypischem Farbträger zu.

Belege, die in beiden Komposita-Gruppen und in den Vergleichen auftreten, gibt es keine. Bei Oksaar sowie in einer Komposita-Gruppe und in Vergleichen bei Jahnn sind ‚Kohle', ‚Blüte', ‚Wasser', ‚Himmel' und ‚Schnee' belegt. In einer Komposita-Gruppe und den Vergleichen scheinen ‚Basalt', ‚Kalk', ‚Pech', ‚Krebs', ‚Asche' und ‚Ruß' auf. Übereinstimmung zwischen Oksaar und den Jahnn-Vergleichen gibt es bei ‚Silber' und ‚Ebenholz'. In den Zusatzgruppen gibt es eine Deckung nur bei ‚Blut'.

Eine Besonderheit an Jahnns Vergleichen sind die umfangreichen Zusatzgruppen für *tierische und menschliche Körper(teile)* und *Räume und räumliche Angaben*. Diese sind etwa so stark besetzt wie Oksaars Gruppe für *Pflanzen und Pflanzenteile*. Beim Gruppieren der erstgliedrigen substantivischen Komplemente in Farbkomposita (3.4.B) war aufgefallen, dass Jahnn die Pflanzen für Vergleichsbildungen weit weniger oft heranzieht, als dies in Oksaars allgemeinem Modell der Fall ist. Gleichzeitig erwies es sich als notwendig, eine Gruppe für den Körper und seine Teile einzuführen. Und ebendiese Körper-Gruppe wird von den Vergleichsgrößen auffallend stark besetzt. Die Akzentuierung des Körperlichen hatte sich in den Komposita tendenziell abgezeichnet, klar zu Tage tritt sie bei den Vergleichen.

Vergleiche sind einerseits weniger ökonomisch als Vergleichsbildungen, andererseits geben sie der Nuancierung, Differenzierung und Individualisierung viel mehr Raum. So fällt denn an der Körper-Gruppe auf, dass – auch im Gegensatz zu den Gruppen 1–21 – die Belege oft mehr umfassen als ein einzelnes Substantiv. Dieses wird durch Adjektive (z.B. ‚*frisches* Blut', ‚*sämischgares* Leder'), Mengenangaben (z.B. ‚der *übrige* Körper'), den Genitivus possessivus (z.B. ‚Gesicht *eines Erhängten*'), eine präpositionale Ergänzung (z.B. ‚Antlitz *im Schneelicht*') oder ein namentlich genanntes Individuum zusätzlich präzisiert (z.B. ‚*Ellena*', ‚*Tuteins* dunkle Brustwarzen').

3.5. Vergleiche

Fast ebenso stark besetzt wie die Körper- ist die Raum-Gruppe. Auch hier gibt es Präzisierungen durch Adjektive, Mengenangaben und phraseologische Bildungen. Drei Details aus den Vergleichen verdienen noch nähere Betrachtung, und zwar
I. rekurrierende Begriffe,
II. Synonyme und
III. ein Phänomen, das man als zirkulären Vergleich beschreiben könnte.

I. ‚Blut', ‚Asche' und ‚Schnee' treten je dreimal auf. ‚Blut' illustriert immer die Farbe Rot (Je, Jf, Jg), einmal ist es durch das Adjektiv ‚frisch' (Jf) und einmal durch den Genitiv ‚des Knaben' (Jg) differenziert. ‚Asche' wird mit ‚grau' verglichen (Dd), ‚Birkenasche' mit ‚weißgrau' (Ng) und ‚Glut unter Asche' mit ‚rot' (Jj). ‚Schnee' veranschaulicht Weiß (Mj), ‚ins Meer gestürzte Schneemassen' veranschaulichen die Farbe Grau (Db), ‚Schneelicht' beschreibt das Erscheinungsbild von Nikolajs[398] ‚Antlitz', das ‚grau und wächsern' ist (Dc).

‚Krebs', ‚Papier', ‚Blüte', ‚Gesicht' und ‚Tutein' kehren je zweimal wieder. ‚Krebse' (Jh) und ‚ein gekochter Krebs' (Ji) illustrieren Rot. ‚Papier' wird zum Vergleich mit ‚weiß' (Mi), ‚fettiges Papier' zum Vergleich mit ‚hellblau' (Aa) herangezogen. ‚Kartoffelblüte' (Md) und ‚Kirschblüte' (Mh) erläutern die Farbe Weiß. Signes Gesicht, das ‚schön und bräunlich' ist, erinnert an das ‚Gesicht eines Negerbastards' (Bc). Das Gesicht der toten Anna Frönning ist ‚entstellt und rotblau' wie das ‚Gesicht eines Erhängten' (Ne). Die beiden Belege für ‚Gesicht' sind erfassungstechnisch bedingt. Im Text selber verweist beide Male das Demonstrativpronomen ‚das' auf ‚Gesicht', das im vorangehenden Teilsatz genannt wird. Im Genitivus possessivus ist der Name Tuteins zweimal genannt. Einmal ist von seinen ‚dunklen Brustwarzen' die Rede, Egidis Haut ist ‚viel schwärzer' als jene (Km). Im zweiten Beispiel wird Ajax' ‚Haupthaar', das ‚braun und voll' ist, mit Tuteins Haupthaar verglichen (Ba).

Der Name Tutein ist der einzige Eigenname, der zweimal im Korpus wiederkehrt, um in einem Vergleich eine Farbe zu präzisieren. Ein weiterer Name fällt ein einziges Mal in einem Farbvergleich: Ellena (Ne). Möglicherweise wird die Rekurrenz interpretatorisch überstrapaziert, wenn man an der einmaligen Verwendung von ‚Ellena' und an der zweimaligen von ‚Tutein' etwas Prinzipielles festmachen will. Ein Gedanke jedenfalls drängt sich auf: Wenn auf über 3.000 Seiten zwei- bzw. dreimal ein Eigenname in einem Farbvergleich verwendet wird, kann das Zufall sein. Jahnn erzählt – zumal in den beiden Teilen der „Niederschrift" – die Biografien ganzer Dörfer. Ein Personenregister zu seinen Werken müsste schätzungsweise viele hundert Einträge umfassen. Dass irgendwann Figuren aus diesem Register in Farbvergleichen auftreten,

---

[398] Jahnn schreibt im „Epilog" alternierend *Nikolai* und *Nikolaj*. Außerhalb von Zitaten wird hier durchgehend die Form *Nikolaj* verwendet.

ist zumindest zu erwarten. Wenn oder weil es aber gerade Tutein und Ellena sind, zeigt sich eine gewisse Ordnung. Die Wahrscheinlichkeit, dass die wichtigsten Personen als Marginalie von Marginalien (den Farben) auftreten, ist groß. Dadurch, dass diese Personen Vergleiche bilden, also begriffsprägend sind, werden sie zu einem Standard erhoben, den der Autor, der Erzähler, die Figuren und die Leser verstehen. So kann es auch gar nicht – um ein x-beliebiges Beispiel aus Jahnns Werk zu nennen – die Anna Frönning sein, mit der ein Vergleich gebildet wird und die begriffserläuternd und -prägend ist. Denn die Vergleichsgröße muss bekannt und prototypisch sein.[399]

Wenn das begriffsprägende Moment die Voraussetzung für Begriffsbildung ist, so müssten Wörter wie ‚tuteinbraun' oder ‚tuteindunkel' möglich sein. Denn Tutein ist nicht nur eine wichtige und oft genannte Person, sondern in Gustavs Augen auch *das* Beispiel für einen intelligenten und außergewöhnlich schönen Mann. Begriffe wie ‚tuteinbraun' aber bildet Jahnn nicht. Doch gibt es ein anderes Beispiel für ein solches Begriffsbildungspotenzial, das zu einer Wortbildung führt – wenn auch nicht zu einem Farbwort. Im „Epilog" ist Asgers Körper der Inbegriff strammster Maskulinität, und so aggregieren der Körper und sein Inhaber ein einziges Mal zur Bildung „Asgerkörper" (E, 318). Ein ‚Asgerkörper' ist nicht mehr Asgers individueller Körper, sondern ein Körper mit einer spezifischen Beschaffenheit.

II. Begriffe, die Synonyme sind und unterschiedlichen Sprachebenen angehören, sind die Vergleichsgrößen ‚Gesicht' (Bc) und ‚Antlitz' (Dc) sowie ‚Negerbastard' (Bc) und ‚Mulatte' (Bd). Semantische Überschneidungen gibt es zwischen ‚Schiff' (De) und ‚Pinasse' (Dg), mit Vorbehalt auch zwischen ‚Schüler' (Jb) und ‚Kind' (Jc). Anteil am Wortfeld *Licht* und *Schein* haben die Vergleiche mit ‚Widerschein eines Feuers' (Ca), ‚Antlitz im Schneelicht' (Dc), ‚Schatten' (Di), ‚Glut unter Asche' (Jj), ‚Landschaft unter mittäglicher Tropensonne' (Me) und ‚glühendes Eisen' (Nf) sowie der Vergleichssatz ‚dass es rot durchleuchtet' (Ea). Diese Belege nuancieren die Farben Gelb (Ca), Grau (Dc, Di), Grün (Ea), Rot (Jj), Weiß (Me) und das Syntagma ‚violett, grünbraun und feurig' (Nf). Schwarz wird durch *Licht* und *Schein* hier nicht nuanciert. Diese Bemerkung mag obsolet erscheinen. Doch belegt die Tabelle 3.4.B (Farbkomposita F + X) die Bildung ‚schwarzglänzend'.

Anhand der Tabelle 3.4.B konnte überdies die Verwendung des Partizips I von Verben aus dem Feld *brennen* und *glänzen* als häufiges Zweitglied in Farbkomposita nachgewiesen werden. Wenn nun das sehr ähnliche Feld *Licht* und *Schein* auch in den Farbvergleichen nicht unwesentlich die Farbdifferenzierung mitgestaltet, so steht das sicher mit der sinnlichen Perzeption der Farben in Zusammenhang. Doch sind die

---

[399] Vgl. etwa auch (nicht aus dem Jahnn-Korpus): ‚tizianrot', ‚diorrot', ‚ferrarirot'.

3.5. Vergleiche

Belege, die in der engsten Umgebung der Farbetyma auf das *Leuchten* einerseits und auf das *Sehen* andererseits verweisen, insgesamt nicht eigentlich sehr häufig.

Dies könnte dahingehend interpretiert werden, dass die sprachlich fixierten Farben das *Leuchten* und *Sehen* aus dem Bereich des Expliziten aussparen. Damit würden gewissermaßen die sprachlichen Farben von der Perzeption und Perzipierbarkeit durch die Sinne abgekoppelt.[400] Vermutlich aber ist das nicht explizite Vorhandensein des *Leuchtens* bzw. *Sehens* in der engsten Umgebung der Farben wesentlich dadurch erklärbar, dass dieses *Leuchten, Sehen* und *Gesehen-Werden* ganz einfach nicht ständig explizit ausgesprochen werden muss. Denn es handelt sich um eine „Präsupposition" oder „Implikation",[401] die mit der Farbe einhergeht.

III. Am Ende des Kapitels über die Vergleiche sei noch auf ein Phänomen hingewiesen, das mit einer gewissen Auffälligkeit wiederkehrt. Ein und derselbe Begriff (als Farbträger) wird mit sich selber verglichen. Unterschieden wird dieser Begriff (Farbträger) lediglich dadurch, dass er jeweils etwas oder jemand anderem zugewiesen ist. Man könnte dies als eine teilweise Zirkularität beschreiben.

Am deutlichsten zu beobachten ist dies an den folgenden sechs Beispielen.

Ba) Sein [Ajax'] Haupthaar war braun und voll, ähnlich dem Tuteins. (N2, 230)

Bc) Die meisten sahen ihr [Signes] Gesicht nicht, und die es sahen, wandten sich erschrocken ab, weil es schön, bräunlich wie das eines Negerbastards. (P, 626)

Dc) Sein Antlitz [Nikolajs] war grau und wächsern wie ein Antlitz im Schneelicht. (E, 366)

Jg) Du würdest leugnen, daß ein Häßlicher, Halbwilder [Hoyer] nach dir röhrt, dessen Blut rot wie das des Knaben. (P, 278, Anna zu ihrer Schwester Signe)

Kd) Es war, als ob ein Hauch über meine [Perrudjas] Ohren ginge. Und ihre Welt wurde so schwarz wie die der Augen es war. (P, 574)

Kl) Im selben Augenblick verlosch das Fenster, wurde so schwarz wie die übrigen dieser Fassade und die vielen anderen der weitausholenden Avenue. (B, 249)

Wörtlich wiederholt wird der farblich geschilderte Begriff nur in (Dc). In den anderen Fällen wird durch ein Demonstrativpronomen (Ba, Bc, Jg, Kd) oder eine Mengenangabe (Kl) deiktisch auf das Gemeinte verwiesen.

---

[400] Dies Hypothese gründet auf einem vagen Eindruck. Um sie zu prüfen, könnte man z.B. untersuchen, ob Nominalphrasen, die ein Farbprädikat enthalten, häufig mit Verbalphrasen einhergehen, die Verba aus dem semantischen Feld *sehen* enthalten. Wieder aufgegriffen wird diese Überlegung in Kapitel 4.4. „Die Verben mit Farbprädikativen".

[401] Begriffe und Definitionen von Metzeltin/Jaschke (1983), S. 50: „Dies sind Propositionen, die allgemein logische oder in einer bestimmten Kultur selbstverständliche Voraussetzungen oder Folgen anderer Propositionen bezeichnen."

Nicht unvermittelt greifbar ist der teilweise zirkuläre Bezug in (De) und (Dg). Die Farbe Grau ist das *Corporate Design* der Welt umspannenden Megakonzerne GIFICO und DEBACO, mit denen der Eigentümer Perrudja, sein Sekretär Grigg (und der Ugrino-Guru Jahnn) ihre Wahnvorstellungen von Reichtum und Macht verwirklichen (wollen). Wenn Perrudja und Hein mit einem Freundeskreis junger Menschen von Oslo in See stechen, werden hintereinander drei graue Schiffe auftreten, eines wird jeweils größer als das andere sein: Pinasse, Jacht, Öltanker. Diese drei Begriffe können dem Hyperonym *Schiff* untergeordnet werden.

Als Erstes tritt „[d]ie graue Pinasse" (P, 548) in Aktion, die die Freunde zum „schöne[n] graue[n] Schiff" (P, 551) bringt, einer riesigen Luxusjacht, auf der man sinnenfrohe, nordische Herbsttage verbringen wird. Das Zirkuläre beginnt damit, dass die *graue* Pinasse von einem *grauen* Schiff abgelöst wird, das ausdrücklich die gleiche Farbe hat wie die Pinasse.

> Die Pinasse trieb schaukelnd mit halber Fahrt durch die Hafenbecken. Vor den Augen der Freunde lag plötzlich ein graues Schiff, grau wie die Pinasse. Sie sagten wie aus einem Munde: „Die Jacht." Ein wenig später sagten sie, wie berauscht: „Ein schönes graues Schiff." (P, 551)

Später, in einem Fjord vor Hammerfest, muss die Jacht Treibstoff tanken. Diesen bringt „ein Ölschiff der GIFICO und DEBACO" (P, 586).

> Die Bewohner der Stadt durften nur staunen. Es war unbegreiflich, was ein so großes und plumpes, ein so häßliches Schiff, das sie wegen seiner Größe dennoch bewunderten und liebten, in dem engen Hafen auszurichten hatte. Es legte sich, viel zu lang (wer konnte das nicht erkennen?), mit der Breitseite gegen die Breitseite des schönen grauen Schiffes. Dann erkannten alle, die da Augen hatten, es war grau gemalt, grau wie das graue Schiff. Somit war auf doppelte Weise ein Zusammenhang zwischen den beiden Gastschiffen hergestellt. (P, 587)

Die Farbe Grau wird im Erzählverlauf jeweils vom kleineren an das größere Schiff weitergegeben: Die Pinasse ist grau wie die graue Jacht, die Jacht ist grau wie der graue Tanker. Grau stiftet Identität, die nach außen hin sichtbar ist. Aufgenommen und ausgesprochen wird der „Zusammenhang" durch die Farbe im letzten Satz des oberen Zitats. Die Farbe des einen ist die gleiche wie die des anderen, denn beide gehören sie zur gleichen Organisation. Tauscht man zudem die Hyponyme gegen das Hyperonym aus, so ist nicht allein die Farbe identisch, sondern auch die Sache. Das ergibt Tautologie und Zirkularität. Auf einer anderen Ebene bedeutet es die Welt umspannende Herrschaft von Perrudja & Co.

3.6. Affigierung, Gradation, Negation und Antikisierung

Nachdem die Farbkombinationen in Komposita und Syntagmen und die Vergleiche besprochen sind, werden nun noch Affigierung, Gradation, Negation und Antikisierung dargestellt. Diese Gruppen sind vergleichsweise klein. Die Affigierung bildet 9,4 %, die Gradation 2,0 %, die Negation 1,8 % und die Antikisierung 0,1 % aller Farbdifferenzierungen (Tabelle 3.2.A).

Die Tabelle 3.6.A stellt dar, welche Farbetyma Jahnn durch welche Differenzierungen gestaltet. Ein ✗ bedeutet, dass eine bestimmte Differenzierung für ein bestimmtes Farbetymon im Jahnn-Korpus belegt ist. Nachgewiesen sind die Belege in den Gruppen 2, 4, 5 und 6 in Anhang III.

	Affigierung		Gradation		Negation	Antikisierung
	Präfigierung	Suffigierung	Komparativ	Superlativ		
BLAU		✗			✗	
BRAUN		✗	✗		✗	
GELB	✗	✗	✗	✗	✗	✗
GRAU	✗	✗				
GRÜN		✗			✗	
LILA						
ORANGE		✗				
PURPUR						
ROSA		✗				
ROT	✗	✗	✗		✗	
SCHWARZ	✗	✗	✗	✗	✗	
VIOLETT					✗	
WEISS		✗	✗	✗	✗	

Tabelle 3.6.A: Durch Affigierung, Gradation, Negation und Antikisierung differenzierte Farbetyma

Auffallend ungleich verteilen sich Präfigierung und Suffigierung. Viel weniger Farben sind präfigiert als suffigiert. Möglicherweise steht dies in Zusammenhang mit den unterschiedlich gestalteten „Andockstellen" der Farbetyma: Die vordere Position ist weniger variabel als die hintere.

Jahnn verwendet die Präfixe *an-*, *er-* und *ver-* und bildet daraus die Farbverben ‚anschwärzen', ‚ergrauen', ‚erröten' und ‚vergilben'. Bezeichnend für die Farbpräfigierung ist ferner die Unmöglichkeit, eine Negation durch *un-* herzustellen.[402]

---

[402] Birrer/Niederhauser (1995), S. 39.

Das Korpus belegt in Verbindung mit Farben die Suffixe -lich, -ig, -ung, -el und -farben. Im Allgemeinen werden -farben und -farbig zu den Suffixen gezählt.[403] Jahnn verwendet in Verbindung mit Farbkomposita lediglich -farben, nicht aber -farbig.

Die Verwendung von -ig bleibt sprachspezifisch auf ‚rosig' beschränkt. Letzten Endes bleibt unklar, ob ‚rosig' aus ‚rosa' und -ig oder aus ‚Rose' und -ig zusammengesetzt ist. Da nun -ig nur in ‚rosig' auftritt, aber nie in Verbindung mit einer anderen Farbe, müsste man ‚rosig' wahrscheinlich als Verbindung von ‚Rosa' mit -ig ansehen. Demzufolge wäre ‚rosig' kein Farbwort laut Definition, da es keines der 13 Farbetyma enthält.

Deutlich ist der Unterschied bei den graduierten Farbetyma. Für sechs gibt es einen Komparativ, aber nur für drei einen Superlativ. Dabei ist die Anzahl der Belege annähernd gleich: 14 Komparative stehen 12 Superlativen gegenüber (Tabelle 3.2.A).

GELB ist das einzige Etymon, das in allen Differenzierungsarten vertreten ist. Für GELB ist sogar die Antikisierung ‚gehl' belegt, nach mittelhochdeutschem ‚gel'.[404]

Bedeutsam ist das Detail, dass GRAU (neben den seltenen LILA, ORANGE, PURPUR und ROSA) das einzige Etymon ist, das nie negiert wird. Möglicherweise handelt es sich hier um eine autorspezifische Besonderheit: Das Grau, das Jahnn gebraucht, ist nicht negierbar.

3.7. Zusammenfassung

Jahnn differenziert den größeren Teil der Farbetyma, etwa drei Fünftel, nicht, während er die anderen zwei Fünftel differenziert.

Der strukturbedingten semantischen Differenzierung dienen Komposition, Affigierung, Gradation, Negation, Antikisierung und syntagmatische Bildung. Am häufigsten genutzt wird die Komposition, die mehr als die Hälfte aller differenzierten Farbetyma gestaltet. Zweigliedrige Komposita bilden dabei die stärksten Gruppen.

Die Etyma BRAUN, GRAU, LILA, SCHWARZ und WEISS weichen von der durchschnittlichen Verteilung zwischen den Merkmalen *nicht-differenziert* und *differenziert* dahingehend ab, dass sie vorwiegend nicht differenziert werden. BLAU, GRÜN, ORANGE, PURPUR, ROSA und ROT hingegen werden vorwiegend differenziert. Besonders ausgeprägt ist dies bei GRÜN und BLAU. Bei GELB und VIOLETT halten sich die Merkmale *nicht-differenziert* und *differenziert* die Waage. Die

---

[403] Lehmann (1998), S. 246. Stoeva-Holm (1996), S. 38, definiert -farben als Suffix, -farbig als Suffixoid. Fleischer/Barz (1995), S. 236, nennen -farben und -farbig Konfixe.
[404] Pfeifer (1989), Kluge (1995), Birrer/Niederhauser (1995), S. 38.

auffallend häufige Differenziertheit von BLAU und GRÜN kann einerseits als hohes Differenzierungspotenzial dieser Farben interpretiert werden, andererseits aber auch als lemmatische und semantische Instabilität.

Innerhalb der einzelnen zehn Texte sind die nicht-differenzierten und die differenzierten Farbetyma im Wesentlichen immer im Verhältnis 3 : 2 verteilt. Genau umgekehrt ist dieses Verhältnis im posthum veröffentlichten Liebesroman-Fragment „Jeden ereilt es".

Für die Rangverteilung der Farben ist es statistisch bedeutungslos, ob die „reinen", also nicht-differenzierten Farbwörter gezählt werden oder ob *alle* Farbetyma erfasst werden. Hochrechnungen ergeben, dass die vorliegende Farbuntersuchung etwa zwei Drittel aller optischen Qualitäten in den untersuchten Texten abdeckt.

Die sprachlichen Farbdifferenzierungen sind durch eine Vielzahl von Beispielen belegt und lassen daran glauben, dass der deutschen Sprache eine schier endlose Menge an farblichen Gestaltungsmöglichkeiten eigen ist. Bei genauerem Hinsehen aber fällt auf, dass die Kombination der Farben durch Sprache bestimmten Regeln unterliegt.

Durch Verfahren wie den Größenvergleich, die Schnittmengenbildung und die Berechnung von Korrelationskoeffizienten ist es möglich, das Verhalten und den Gebrauch der Farbetyma in Kombinationen topologisch zu beschreiben.

Die Kombinationen der so genannten Gegenfarben BLAU und GELB sowie ROT und GRÜN, aber auch der Farben BLAU und GRAU, werden in Komposita gemieden.

Die Inkompatibilität von BLAU und GELB lässt sich, auf die Sprache bezogen, dadurch erklären, dass es für den Farbwert, der aus ihrer Mischung resultiert, einen frequenten Namen gibt: Grün. Wahrnehmungsphysiologisch erklärt sich ihre Inkompatibilität dadurch, dass Blau- und Gelb-Reizungen nicht zeitgleich bewältigt werden können. Die Nicht-Kombination von BLAU und GELB geht so weit, dass sie auch in syntagmatischen Farbverbindungen (Aufzählungen und Bildungen mit ‚und' und ‚oder') nachweisbar ist. Das zeigt, dass diese Farben immer determinativ und nie kopulativ kombiniert wären (so ihre Kombination vorkäme), was wiederum darauf schließen lässt, dass das nachbarschaftliche Hintereinander Determination impliziert.

Die Nicht-Kombination von ROT und GRÜN ist nur in Komposita nachweisbar, nicht aber in Syntagmen. Die Mischung von Rot und Grün ergibt einen unbunten Farbton. Ihre Kombination ist determinativ nicht möglich, wohl aber kopulativ. Als Gegensatzpaar hat ROT/GRÜN konzeptuelle Ähnlichkeiten mit dem Gegensatzpaar SCHWARZ/WEISS.

Tendenziell aber bestehen Farbkombinationen (durch Komposition und Syntagmenbildung) aus spektral relativ nahe beieinander liegenden Farben. Farbkombinationen sind somit deutlich besser für die determinative Kennzeichnung eines optischen Valenzbereichs geeignet, als dass sie kopulativ Gegensätze kennzeichnen.

Keine Erklärung bietet sich dafür an, dass BLAU und GRAU sowohl in Komposita als auch in Syntagmen nie miteinander kombiniert sind.

Man kann die Farbkombinationen unterscheiden in solche, die in eine Richtung möglich sind, und solche, die in beide Richtungen möglich sind. In beide Richtungen möglich sind Kombinationen von SCHWARZ mit GRÜN, GELB mit ROT, BLAU mit GRÜN und BLAU mit ROT. Andere sind nur in eine Richtung möglich, bzw. wird hier eine bestimmte Reihenfolge deutlich bevorzugt. Dies betrifft vor allem SCHWARZ-WEISS und GRAU-GRÜN, dann auch GELB-BRAUN, GELB-GRÜN, BRAUN-ROT, GRAU-WEISS und BLAU-SCHWARZ. Verblüffend ist die Feststellung, dass diese Paare fast durchgehend alphabetisch gereiht sind.

Farbetyma bevorzugen sowohl in Komposita als auch in Syntagmen bestimmte Positionen. Dieses Verhalten ist bei den einzelnen Etyma sehr unterschiedlich stark ausgeprägt. GRAU steht deutlich öfter an erster Stelle, GRÜN und ROT stehen deutlich öfter an der zweiten. Tendenziell, aber weniger deutlich, gelten die vorwiegende Erstgliedrigkeit von BLAU, GELB, ROSA und VIOLETT und die vorwiegende Zweitgliedrigkeit von BRAUN und WEISS. Die bevorzugte Erstgliedrigkeit lässt sich mit einer semantisch eher determinierenden Funktion gleichsetzen, die bevorzugte Zweitgliedrigkeit mit einer semantisch eher determinierten Rolle.

Die Fähigkeit eines Farbetymons, in einer bestimmten Position mit mehr oder weniger vielen anderen Etyma eine Verbindung einzugehen, wurde als Kombinationspotenzial definiert. Aussagen darüber, welche Farbe in welcher Position ein deutlich höheres Kombinationspotenzial aufweist als in der anderen, sind nur eingeschränkt möglich. Mehr oder weniger ist aber das höhere Kombinationspotenzial funktional von der favorisierten Position abhängig. Tendenziell haben GRAU, BLAU, ROSA und VIOLETT in erster Position ein höheres Kombinationspotenzial als in zweiter. Bei BRAUN, ROT, SCHWARZ und WEISS verhält es sich umgekehrt. GELB verhält sich indifferent.

Sehr klare Aussagen sind über das Etymon GRAU möglich. Es bildet in Komposita deutlich öfter das erste Glied als das zweite, es steht in Syntagmen deutlich öfter an erster Stelle als an zweiter, es spielt am ausgeprägtesten von allen Etyma eine semantisch determinierende Rolle und aggregiert in dieser mit den unterschiedlichsten Farben. Schon im Kapitel „Quantitäten" war Grau aufgrund seiner sehr auffallend abweichenden Häufigkeit aufgefallen.

Alles in allem sind favorisierte, beidseitige, einseitige und gemiedene Farbkombinationen deutlich sichtbar und bis zu einem gewissen Grade auch statistisch messbar. Punktuell sind sie auch ansatzweise erklärbar. Letztendlich aber stoßen sprachzentrierte Sondierungen zum Kombinationsverhalten der Farben in Bereiche vor, die bislang kaum erforscht sind.

3.7. Zusammenfassung

Die Kombination von Farbetyma mit Komplementen (die selber keine Farbetyma sind) ist ein viel komplexeres Phänomen als die Kombination der Farben untereinander. Pauschale Aussagen zu konkreten Farbetyma und Komplementen sind hier nicht sinnvoll. Denn ihre Verteilung ist – anders als bei der Kombination der Farben untereinander – stark von der Häufigkeit, mit der einzelne Etyma zur Verfügung stehen, und von der jeweiligen Semantik der Komplemente abhängig. Aussagen über das Kombinationsmodell jedoch sind möglich.

Komposita nach dem Muster X (Komplement) + F (Farbetymon) unterscheiden sich von Komposita nach dem Muster F + X. Syntagmatisch gebildete Kombinationen verhalten sich wieder anders.

Der Anteil der realisierten an den möglichen Kombinationen beträgt bei Komposita nach den Mustern F + X und X + F jeweils etwa 10 %. Die durchschnittliche Verwendung der realisierten Kombinationen und die durchschnittliche Verwendung der einzelnen Komplemente jedoch ist bei den Komposita X + F deutlich höher als bei den Komposita F + X. Dies lässt auf unterschiedlich gestaltete vordere und hintere „Andockstellen" der Farbetyma schließen. Die vordere ist eher stabil, die hintere eher labil und variabel. Dies deckt sich mit Vermutungen aus der Analyse der Kombinationen F + F. Es handelt sich hier um eine Folge der erweiternden und diffundierenden Funktion der Farbetyma, vergleichbar einer Streulinse. Diese Funktion wirkt formal auf die Wort- und Satzsyntax und semantisch auf den Erzählverlauf.

Die drei Messwerte Anteil der realisierten an den möglichen Kombinationen, durchschnittliche Verwendung der Kombinationen und durchschnittliche Verwendung der Komplemente liegen bei Syntagmen nach dem Muster X + F insgesamt tiefer als bei den Komposita F + X und X + F. Sobald also Komplemente mit im Spiel sind, ist zwischen Komposita und Syntagmen keine kombinatorische Kongruenz mehr feststellbar. Anders ist es, wenn ausschließlich Farben miteinander kombiniert werden.

Auffallend sind die unterschiedlichen Wortarten, die sich mit den Farbetyma verbinden, je nachdem in welchem Muster diese auftreten. In den Komposita des Musters F + X sind es vor allem Adjektive und Verbformen, die zu etwa gleichen Teilen (je ca. 40 %) von den Farbetyma determiniert werden. In den Komposita des Musters X + F bestehen die Komplemente zu etwa drei Vierteln aus Substantiven (Vergleichsbildungen). Ein ebenso großer Anteil besteht in Syntagmen nach dem Muster X + F aus Adjektiven.

Beachtlich ist die Geschlossenheit der Bedeutungsfelder bei verbalen Komplementen in Komposita des Musters F + X. Die Verben in der Form des Partizips I haben vorwiegend Anteil am Feld *brennen* und *glänzen*. Jene in der Form des Partizips II gehören weitest gehend zum Feld *malen, gestalten, adficere*.

Der Abgleich der substantivischen Komplemente vor allem in den Komposita des Musters X + F mit dem Modell von Els Oksaar hat gezeigt, dass Jahnn für die Differenzierung der Farben vergleichsweise häufig Begriffe verwendet, die auf den menschlichen Körper oder auf Körperteile referieren. Dies ist sehr wahrscheinlich ein autorspezifisches Phänomen.

Sprachlich unökonomisch, dafür aber auffällig sind die Vergleiche, die Farben differenzieren. In diesen gibt es relativ viele Substantive, die zum Feld des menschlichen oder tierischen Körpers gehören. Die für Jahnn typische Akzentuierung dieses Feldes ist hier noch stärker und auffälliger als bei den komponierten Vergleichsbildungen nach dem Muster X + F.

Schwierig ist die Bestimmung der Spezifizität der Beobachtungen. Hypothetisch wird unterstellt, dass die meisten Phänomene sprachspezifisch sind. Sicher autorspezifisch sind die Rolle des Körpers als Referenz bei der Differenzierung der Farben und die semantisch vorwiegend determinierende Funktion von GRAU.

4. Wortarten und Satzgliedfunktionen

Ein Farbetymon kann in einem Adjektiv, in einem Substantiv oder in einem Verb auftreten. Als Farbadjektiv kann es die Funktionen eines Attributs, eines Prädikatsadjektivs mit den Kopulaverben ‚sein', ‚werden' und ‚bleiben' oder eines Prädikativs (Adverb) haben. Ein Farbsubstantiv kann im Subjekt, im Objekt oder in einer Präpositionalphrase Verwendung finden. Ein Farbverb kann die Rolle des Satzprädikats übernehmen, als Partizip kann es adjektivische Formen und attributive Funktionen annehmen, ferner können sowohl Infinitive als auch Partizipien substantiviert sein.

Das Kapitel 1.7. „Die Versuchsanordnung" hat in Wortarten und Satzgliedfunktionen eingeführt und die Klassifizierung in zehn Gruppen vorgestellt. Diese Gruppen seien hier noch einmal in Erinnerung gerufen.

In den Gruppen 1 (Attribut), 2 (Prädikatsadjektiv mit der Kopula ‚sein'), 3 (mit ‚werden'), 4 (mit ‚bleiben') und 5 (Prädikativ mit allen anderen Verben) sind die Farbetyma als Adjektive realisiert. Die Gruppe 6 (Appositionen und Ellipsen) stellt einen Übergang dar: die Farbwörter können Adjektive oder Substantive sein. Ausschließlich in der Gestalt von Substantiven treten die Farbetyma in den Gruppen 7 (Substantiv als Teil des Subjekts) und 8 (Substantiv als Teil des Objekts oder einer Präpositionalphrase) auf. Die Gruppe 9 stellt die Farbverben dar. Unter 10 wird eine Restgruppe zusammengefasst: Es handelt sich hier um differenzierte und modifizierte Farbetyma, die immer in Form eines komponierten Substantivs auftreten, doch ist ihr Farbwert aufgrund semantischer Interferenz bisweilen nicht mehr vordergründig wichtig.

Nach der einführenden Übersicht in Kapitel 4.1. werden die Wortart- und Satzgliedgruppen in Bezug auf einzelne Texte (Kapitel 4.2.) und auf einzelne Farben (Kapitel 4.3.) dargestellt. Im Anschluss daran alle zehn Gruppen einzeln zu diskutieren, ist nicht sinnvoll. Daher wird sich die vertiefende Betrachtung auf drei Gruppen beschränken: Das Kapitel 4.4. wird die Farbprädikative in Verbindung mit Verben, die keine Kopulaverben sind, ausführlich darstellen, das Kapitel 4.5. die Farbverben und das Kapitel 4.6. die Restgruppe.

4.1. Übersicht

Die Übersicht stellt die Verteilung der zehn Wortart- und Satzgliedgruppen im gesamten Korpus dar. Dabei wird zwischen der *Zählung nach Farbetyma* und der *Zählung nach Farbausdrücken* unterschieden. Das *Farbetymon* bedeutet die konzeptuelle Basis der Farbe und meint in etwa dasselbe wie *Stamm, Wurzel* oder *Lexem*. Der *Farbaus-*

druck ist die Realisierung der Farbe an der sprachlichen Oberfläche, er bezieht morphologische und semantische Differenzierungen mit ein und kann ein, zwei und auch mehr Farbetyma sowie andere Komplemente inkorporieren. Die Begriffe *Farbetymon* und *Farbausdruck* wurden in Kapitel 1.4. „Ausgewählte linguistische Farbkataloge" eingeführt und definiert.

Die Formel *Zählung nach Farbetyma* ist etwas problematisch. Denn ein reines Etymon lässt keine Wortart erkennen, auch kann es keine Satzgliedfunktion übernehmen. Korrekterweise müsste man von einer Zählung sprechen, die ein einzelnes Farbetymon inklusive seiner lexikalischen, morphologischen und syntaktischen Realisiertheit erfasst. Im Gegensatz dazu werden bei der Zählung nach Farbausdrücken einzelne ganze und Einheiten bildende Farbausdrücke (Simplizia, Komposita und Syntagmen) gezählt. Diese Farbausdrücke können auch mehr als ein Farbetymon enthalten. Um genau diesen Anteil der Farbetyma, die zusammen mit weiteren Etyma einen Farbausdruck bilden, vermindert sich die Summe bei der Zählung nach Farbausdrücken, verglichen mit der Summe bei der Zählung nach Farbetyma.

Der Klarheit halber sei noch darauf hingewiesen, dass die Unterscheidung zwischen der Zählung nach Farbetyma und der Zählung nach Farbausdrücken nicht mit den differenzierten und nicht-differenzierten Farbetyma des vorangehenden Kapitels gleichzusetzen ist. Denn sowohl die gezählten Farbetyma als auch die gezählten Farbausdrücke können durch Komplemente (die selber keine Farbetyma sind) semantisch differenziert sein. Wollte man bei der Zählung der Wortart- und Satzgliedgruppen nach Farbetyma und nach Farbausdrücken sämtliche Differenzierungen mit berücksichtigen, würde die Darstellung ins Unüberschaubare ausufern. Nicht nur deshalb, sondern auch gemäß der Prämisse, dass der Kern aller Farbausdrücke aus Farbetyma gebildet ist, beschränkt sich die Darstellung der Wortart- und Satzgliedgruppen auf die 13 Leitfarben.

Gruppe	Zählung nach Farbetyma			Zählung nach Farbausdrücken		
	absolut	%	%'	absolut	%	%'
1	2201	61,02	59,97	2047	61,64	60,34
2	205	5,68	6,19	188	5,66	6,37
3	88	2,44	2,48	85	2,56	2,65
4	2	0,06	0,02	2	0,06	0,03
5	322	8,93	8,23	268	8,07	7,28
6	333	9,23	8,71	286	8,61	8,15
7	110	3,05	2,89	106	3,19	3,13
8	146	4,05	5,84	140	4,22	5,96
9	93	2,58	2,76	93	2,80	2,94
10	107	2,97	2,90	106	3,19	3,16
	3607	100,00	100,00	3321	100,00	100,00

Tabelle 4.1.A: Verteilung der Wortarten und Satzgliedfunktionen

4.1. Übersicht

Die Tabelle 4.1.A fasst die einzelnen Tabellen aus dem Anhang IV zusammen. Die absoluten Zahlen sind die Summen aus den zehn Tabellen in Anhang IV. Die Spalte % bezieht sich auf das Gesamtkorpus als Summe aus den einzelnen Texten. Die Spalte %' ist das arithmetische Mittel aus den relativen prozentualen Häufigkeiten in den einzelnen zehn Texten. Die Unterscheidung zwischen % (*Korpus als Summe*) und %' (*Korpus aus Mittelwerten*) wurde in Kapitel 2.2. „Empirische Verteilung der Farben" eingeführt.

Zwischen den Summen der absoluten Werte gibt es eine Differenz von 286. Diese Farbetyma können bei der Zählung nach Farbausdrücken nicht berücksichtigt werden, weil sie zusammen mit anderen Farbetyma in ein und demselben Farbausdruck auftreten. Dividierte man diese 286 durch einen Wert, der wegen der wenigen Farbausdrücke mit mehr als zwei Farbetyma etwas größer als 2 ist, so erhielte man die Anzahl der Farbausdrücke, die mehr als ein Farbetymon enthalten. Die genaue Berechnung dieser Anzahl ist jedoch aus verfahrenstechnischen Gründen nicht möglich.

Die Unterschiede der Prozentwerte zwischen der Zählung nach Farbetyma und der Zählung nach Farbausdrücken ist gering. Keine Differenz liegt über einem Prozentpunkt. Etwas größer sind die Unterschiede zwischen den Spalten % und %' innerhalb der beiden Zählweisen. Bei den Gruppen 1 und 8 überschreitet die Differenz die 1 %-Marke. Alle anderen Differenzen liegen darunter.

Wollte man den Gruppen Ränge zuordnen, so wären aufgrund der unterschiedlichen Zählweisen und Referenzsysteme (Zählung nach Farbetyma und nach Farbausdrücken, unterschiedliche Art der Prozentberechnung) die Ränge 6 und 7 bei den Gruppen 7 und 10 variabel. Die horizontalen und vertikalen Unterschiede der Prozentwerte sind jedoch so verschwindend klein, dass diese Rangunterschiede praktisch keine Bedeutung haben.

Aus diesen Beobachtungen geht hervor, dass die Verteilung der Wortart- und Satzgliedgruppen sehr stabil ist und dass es für ihre relative Darstellung praktisch unerheblich ist, ob man die Zählung nach Farbetyma oder nach Farbausdrücken vornimmt und ob man bei der Prozentberechnung das Korpus aus der Summe oder aus den Mittelwerten bildet. Dies erinnert an die statistische Irrelevanz, ob für die Bestimmung der Rangverteilung einzelner Farben *alle* Farbetyma zu Grunde liegen oder nur die „reinen", „ungemischten" Farbwörter (Tabelle 3.1.B). Solche Überlegungen sind auf den ersten Blick arithmetische Sandkastenspiele. Doch bei genauerem Hinsehen erweisen sie sich als äußerst relevant für die Praxis: Es handelt sich hier um Erfahrungswerte, auf die zukünftige empirische Farbforschungen zurückgreifen können.

Die folgende Betrachtung darf sich also auf eine einzige Spalte der Tabelle 4.1.A beschränken. Ausgewählt wird dazu die Spalte % aus der Zählung nach Farbetyma.

Am häufigsten treten Farbetyma in Form von Adjektiven auf.[405] Dies dürfte nicht weiter verwundern, gilt doch die Adjektivität als ausgesprochenes Merkmal der Farben.[406] Den größten Anteil an den Farbadjektiven bilden mit 61,02 % die Adjektive in attributiver Stellung. Andere treten als Prädikatsadjektive mit ‚sein' (5,68 %), ‚werden' (2,44 %) und ‚bleiben' (0,06 %) auf. Eine Gruppe von 8,93 % bilden die Farbadjektive, die zusammen mit allen übrigen Verben in Verbalphrasen auftreten. Das macht zusammen 78,13 % aller Farbetyma, die ausschließlich in Form von Farbadjektiven verwendet werden.

Für die Prädikatsadjektive ist die unterschiedliche Semantik der Kopulaverben ‚sein', ‚werden' und ‚bleiben' wichtig, die Eisenberg folgendermaßen charakterisiert:

> Schreibt man *sein* als Kopula eine Bedeutung ganz allgemeiner Art zu wie ‚eine Eigenschaft haben' oder ‚sich in einem Zustand befinden', dann hat *werden* die Bedeutung ‚in einen Zustand gelangen' und *bleiben* die Bedeutung ‚in einem Zustand verharren'. *Werden* hat mit dem ingressiven/inchoativen und *bleiben* mit dem durativen jeweils ein spezielles Bedeutungselement gegenüber dem neutralen *sein*, sie sind gegenüber *sein* semantisch markiert.[407]

9,23 % der Farbetyma werden in Appositionen und Ellipsen verwendet. Dieser auffallend große Anteil ist einerseits ein schrift- und literatursprachliches Phänomen, andererseits ist er sicher wesentlich aus dem für Jahn typischen Stil und aus seinem rhythmisierenden Sprachgebrauch zu verstehen. Appositionen und Ellipsen sind sowohl aus Farbadjektiven als auch aus Farbsubstantiven gebildet.[408]

Der Anteil der Farbetyma, die ausschließlich Farbsubstantive bilden, beträgt 7,10 %. Er setzt sich zusammen aus den 3,05 % der subjektivisch gebrauchten und den 4,05 % der objektivisch oder in Präpositionalphrasen gebrauchten Farbsubstantive.

Die kleinste Gruppe bilden die Farbverben (2,58 %). Verglichen etwa mit den Ellipsen (9,23 %) ist diese Gruppe überraschend klein. Etwa gleich groß wie die Gruppe der Farbverben ist die Restgruppe (2,97 %).

Leo Weisgerber stellt die Frage, was es bedeutet, dass Farben vorwiegend adjektivisch gebraucht werden. Er erörtert diese Frage im Rahmen seiner Hypothese der engen Verbindung zwischen Sprache und Denken. Weisgerber beobachtet bei den Ausdrücken für „Gesichtsempfindungen" einen Wandel in der diachronen Sprachentwick-

---

[405] Bußmann (1990), S. 752: Adjektive haben einen Anteil von 66 % am deutschen Lexikon und sind damit die größte Wortgruppe.
[406] Weisgerber (1929), S. 219, Lehmann (1998), S. 250, Altmann (1999a), S. 1–3, vgl. auch Altmanns z.T. an Berlin/Kay angelehnte Eigenschaften der „Grundfarbadjektiva" (S. 3).
[407] Eisenberg (1989), S. 94. Das neutrale *sein* ist nach Eisenberg „semantisch ein Leichtgewicht".
[408] Genaue quantitative Angaben sind hier nicht möglich. Beim Erfassen erwies sich die Identifikation bei einem Gutteil der Belege als sehr schwierig bis unmöglich. Bisweilen ist auch die Unterscheidung durch Groß- und Kleinschreibung nicht zuverlässig.

4.1. Übersicht

lung. Während im Althochdeutschen sowohl Adjektive als auch Verben gleichermaßen „Farberscheinungen" und „Glanzerscheinungen" ausdrücken, werden im Neuhochdeutschen die „Farberscheinungen" durch Adjektive und die „Glanzerscheinungen" durch Verben bezeichnet.[409]

Wenn das Nhd. hinsichtlich der Farben so gut wie ausschließlich primäre adj Mittel besitzt, so ist damit die ganze Farbwelt gefaßt als Attribut der Gegenstände. Und das Erlernen dieser Sprachmittel besagt für jeden Angehörigen dieser Sprache, daß er mit der Spracherlernung die Farberscheinungen auffassen lernt als ‚Eigenschaften' der Dinge: diese *sind* für ihn nun *weiß* und *rot* usw. Diese Anschauung ist damit in unserem Weltbild fest verwurzelt. Wie schwer ist es schon, dem gewöhnlichen Menschen klar zu machen, daß *weiß, rot* usw. gar nicht direkt Eigenschaften der Gegenstände, sondern in erster Linie Empfindungsqualitäten sind.[410]

Wenn nun das Weiß- und Rot-*Sein* der Gegenstände so fest in unserem Weltbild verwurzelt ist, müsste das Weltbild der Menschen in althochdeutscher Zeit – als die Farben gleichermaßen verbal und adjektivisch ausgedrückt wurden – ein anderes gewesen sein. Dazu aber äußert sich Weisgerber nicht. Eher bildhaft ist denn auch die Erklärung, warum das Glänzen verbal ausgedrückt wird.

Was besagt es nun im einzelnen, daß unsere nhd. Sprache durchaus verbale Sprachmittel (als primär gefühlt) für die Glanzerscheinungen besitzt? Offenbar werden dadurch die Sprachangehörigen veranlaßt, für diese Erscheinungen vor allem die Lichtquelle als Aussenderin der Strahlen zu betrachten, das *Leuchten* und *Glänzen* als Äußerung von Licht-‚Trägern' aufzufassen. Ob diese ‚Äußerung' nun mehr als ‚Lebensregung' gesehen ist oder als Bewegung, läßt sich nicht allgemeingültig sagen; immerhin legen die zahlreichen, für das Sprachgefühl primären Verben das letztere näher.[411]

Weisgerber fasst zusammen:

[...] es ist der naive (allerdings auch oft in der Wissenschaft vertretene) Standpunkt, der den Gedanken als etwas Eigengesetzliches, von der Sprache Unabhängiges auffaßt, im Grunde also sagt: hier ist mein Gedanke; ob ich ihn adjektivisch oder verbal, deutsch oder chinesisch ‚ausdrücke', das bleibt ein mehr äußerlicher, bestenfalls ‚stilistischer' Unterschied. Und diese Anschauung macht es denen, die hinter dem grammatischen Unterschied mehr suchen, oft genug zum Vorwurf, daß sie sprachlichen Ausdruck und Denken verwechselten, aus dem einen Schlüsse auf das andere zögen. Vorwürfe dieser Art entspringen allerdings einer recht äußerlichen Sprachauffassung, die in der Sprache lediglich ein Mittel der Äußerung oder Verständigung sieht.[412]

---

[409] Weisgerber (1929), S. 199, 203–215.
[410] Weisgerber (1929), S. 219.
[411] Weisgerber (1929), S. 221.
[412] Weisgerber (1929), S. 218.

Die Äußerungen Weisgerbers machen deutlich, dass hinter der Sprachkonvention und dem Sprachgebrauch Schichten verborgen liegen können, die die Vorstellungswelt des Sprachnutzers offenbaren. Bei der literaturwissenschaftlichen Interpretation sind denn gerade die mehr oder weniger bewussten Abweichungen von der Konvention sehr bedeutsam und aufschlussreich für das Erkennen mehr oder weniger bewusster Intentionen. Die Frage, ob und inwiefern aus dem Sprachgebrauch des Autors Rückschlüsse auf seinen Text- und Weltentwurf möglich sind, wird bei der Analyse der Zuordnungen in Kapitel 5 eine wichtige Rolle spielen. Die Frage nach dem Kausalzusammenhang zwischen sprachlichem *Ausdruck* und *Denken* jedoch kann in dieser Arbeit nicht erörtert werden.

4.2. Wortart, Satzgliedfunktion und Text

Im Anschluss an die Übersicht werden die zehn Texte einander gegenübergestellt. Die Daten für die Tabelle 4.2.A sind dem Anhang IV entnommen. Bereits die Tabelle 4.1.A ließ vermuten, dass die Verteilung der Farbetyma auf Wortarten und Satzglieder sehr stabil ist. Bestätigt wird diese Vermutung durch die sehr hohe Korrelation der Verteilungen in den einzelnen Texten. Alle errechneten Korrelationskoeffizienten besagen, dass die Wahrscheinlichkeit für *keinen* Zusammenhang (Nullhypothese für Korrelationskoeffizienten) 0,1 % beträgt, also praktisch auszuschließen ist.

Kleine Unterschiede werden sichtbar, wenn man einzelne Werte vergleicht. Ein Indiz für solche Unterschiede liefert die Standardabweichung s der Prozentwerte. Diese beträgt 17,23 für die Spalte ‚Alle Texte'. Dieser Wert kann als ein durchschnittlicher betrachtet und als Referenz verwendet werden.

Die höchste Standardabweichung der Prozentwerte (20,61) hat „Das Holzschiff", die geringste (13,14) der „Epilog". Ausgelöst wird dieser Unterschied durch die hohe Differenz bei der Gruppe 1: So ist denn „Das Holzschiff" der Text mit der ausgeprägtesten Gruppe 1 (71,52 %), während diese Gruppe beim „Epilog" am kleinsten ist (48,26 %). Das ist eine Abweichung von jeweils mehr als 10 % vom Durchschnittswert 61,02 % in der Spalte ‚Alle Texte'. Bildet man die Summe der Adjektivgruppen 1–5, so zeigt sich, dass diese Summe mit 85,44 % im „Holzschiff" am größten ist (allerdings im „Epilog" nicht am kleinsten).[413]

---

[413] Die Details (Prozentwerte):

Gruppe	Alle	U	P	P2	A	H	N1	N2	E	J	B
1+2+3+4+5	78,13	78,7	75,68	76,76	64,28	85,44	83,61	77,85	72,97	84,34	69,29

4.2. Wortart, Satzgliedfunktion und Text

Gruppe	Alle Texte	Ugrino und Ingrabanien	Perrudja	Perrudja. Zweites Buch	Bornholmer Aufzeichnungen	Das Holzschiff	Die Niederschrift I	Die Niederschrift II	Epilog	Jeden ereilt es	Die Nacht aus Blei
1	61,02	64,81	60,05	54,23	54,76	71,52	63,78	64,30	48,26	66,27	51,75
2	5,68	6,48	5,50	6,34	2,38	5,06	5,34	4,13	8,88	7,23	10,53
3	2,44	1,85	2,95	2,11	4,76	1,27	1,66	1,82	5,41	1,20	1,75
4	0,06	0,00	0,00	0,00	0,00	0,00	0,24	0,00	0,00	0,00	0,00
5	8,93	5,56	7,18	14,08	2,38	7,59	12,59	7,60	10,42	9,64	5,26
6	9,23	15,74	14,11	10,56	14,29	3,16	5,94	5,29	7,72	2,41	7,89
7	3,05	3,70	2,55	5,63	0,00	1,27	3,09	3,97	3,09	1,20	4,39
8	4,05	0,93	3,03	3,52	11,90	3,80	4,04	3,64	4,25	8,43	14,91
9	2,58	0,00	1,36	0,70	4,76	3,80	2,02	3,97	9,27	0,00	1,75
10	2,97	0,93	3,27	2,82	4,76	2,53	1,31	5,29	2,70	3,61	1,75
Σ	100,00	100,00	100,00	100,00	100,00	100,00	100,00	100,00	100,00	100,00	100,00
s	17,23	18,82	17,10	15,32	15,57	20,61	18,23	18,20	13,14	19,05	14,60
Alle	–	0,9900	0,9948	0,9907	0,9673	0,9942	0,9959	0,9953	0,9859	0,9886	0,9647
U		–	0,9979	0,9819	0,9651	0,9731	0,9768	0,9770	0,9679	0,9628	0,9508
P			–	0,9858	0,9738	0,9801	0,9832	0,9839	0,9743	0,9720	0,9555
P2				–	0,9381	0,9766	0,9925	0,9798	0,9734	0,9762	0,9470
A					–	0,9579	0,9483	0,9600	0,9447	0,9530	0,9625
H						–	0,9941	0,9980	0,9858	0,9936	0,9626
N1							–	0,9928	0,9853	0,9918	0,9593
N2								–	0,9820	0,9902	0,9576
E									–	0,9737	0,9462
J										–	0,9764
B											–

Signifikanzschwellen: P=0,05 bei r=0,632; P=0,01 bei r=0,765; P=0,001 bei r=0,872.

Tabelle 4.2.A: Prozentwerte der Zählung nach Farbetyma mit Korrelationsmatrix (Pearson)

Die Gruppe 1 ist in allen Texten überdeutlich die größte. Immer ist auch die Gruppe 2 (Prädikatsadjektive mit ‚sein') größer als die Gruppe 3 (mit ‚werden'), außer in den „Bornholmer Aufzeichnungen", die lediglich zwei Farbetyma mit ‚werden' und ein einziges mit ‚sein' aufweisen (vgl. Anhang IV). Das soll nicht überbewertet werden. Denn möglicherweise gibt es in diesem Text einfach zu wenig Farbetyma, um jede der zehn Gruppen repräsentativ zu besetzen. Der Text hat am wenigsten Farbetyma (40) unter allen Texten (obwohl er nicht der kürzeste ist) und die niedrigste Farbdichte überhaupt (13,93 Farbetyma je 10.000 Wörter, vgl. Tabelle 2.1.B).

Farbadjektive mit der Kopula ‚bleiben' sind ausgesprochen selten. Einzig in der „Niederschrift II" gibt es zwei Belege.

Überraschend ist der Befund, dass ganze fünf Texte weniger Farbadjektive mit den Kopulaverben ‚sein', ‚werden' und ‚bleiben' verbinden als mit anderen Verben. Dies betrifft die Texte „Perrudja. Zweites Buch", „Holzschiff", die beiden Teile der „Niederschrift" und „Jeden ereilt es". Auch durchschnittlich (vgl. die Spalte ‚Alle Texte') ist die Gruppe 5 (Farbprädikative) größer als die Summe der Gruppen 2, 3 und 4.[414]

Im Schnitt (vgl. ‚Alle Texte' in Tabelle 4.2.A) ist nach der Gruppe 1 die Gruppe 6 (Appositionen und Ellipsen) die größte. Betrachtet man aber die einzelnen Texte, so trifft dies lediglich für „Ugrino und Ingrabanien", „Perrudja" und die „Bornholmer Aufzeichnungen" zu. Bei den anderen sieben Texten steht die Gruppe 5 (Prädikative mit Verben ohne die Kopulaverben) an zweiter Stelle. Hier fällt sogar eine diachrone Veränderung auf. Ab dem „Holzschiff" (entstanden 1935/36) verwendet Jahnn mehr Farbprädikative (Gruppe 5) als Appositionen und Ellipsen (Gruppe 6), während vorher (mit Ausnahme des „Perrudja. Zweites Buch") die Gruppe der Appositionen und Ellipsen stärker besetzt ist. In den ersten vier Texten machen die Appositionen und Ellipsen immer mehr als 10 % aus. Mit dem „Holzschiff" nimmt der Umfang dieser Gruppe 6 abrupt ab. Dies steht in Zusammenhang mit der Diktion und dem Stil des Autors. Die frühen Romane und Fragmente sind dem Expressionismus verpflichtet, die Sprache der mittleren und späten Texte ist vergleichsweise traditionell. Die häufige Verwendung von Appositionen und Ellipsen retardiert den Fluss und akzentuiert den Rhythmus. Mithin ist es verständlich, dass die Gruppe 6 im Frühwerk viel ausgeprägter ist.

Die relative Häufigkeit der Farbsubstantive, die im Objekt oder in Präpositionalphrasen (Gruppe 8) verwendet werden, ist im Allgemeinen höher als die Häufigkeit der Farbsubstantive, die Teil des Subjekts sind (Gruppe 7). Farbsubstantive tendieren demnach eher zu Objektivierung, Anschauung und Direktionalisierung als zur Subjektivierung im Sinne eines grammatischen Akteurs. Deutlich umgekehrt ist dieses Verhältnis in „Ugrino und Ingrabanien" und in „Perrudja. Zweites Buch". Umgekehrt – aber fast gleich verteilt – ist dieses Verhältnis auch in der „Niederschrift II".

Vergleichsweise klein ist die Gruppe 9 der Farbverben. Mit Abstand am größten ist diese im „Epilog". Hier gibt es auch am meisten Farbadjektive in Verbalphrasen (siehe Fußnote 414). Die fehlenden attributiven Farbadjektive im „Epilog" (48,26 % ist das Minimum unter allen Texten) werden durch die häufige Farbinformation in Verbal-

---

[414] Die Details (Prozentwerte):

Gruppe	Alle	U	P	P2	A	H	N1	N2	E	J	B
2+3+4	8,18	8,33	8,45	8,45	7,14	6,33	7,24	5,95	14,29	8,43	12,28
5	8,93	5,56	7,18	14,08	2,38	7,59	12,59	7,60	10,42	9,64	5,26

phrasen kompensiert. Farben werden im „Epilog" also vergleichsweise selten attributiv zugewiesen und ausgesprochen oft im Prädikat dynamisiert. Man könnte dies mit Inhalt und Thema des Romans in Zusammenhang bringen: Die pubertierenden und zu Männern reifenden Jungen Nikolaj, Asger und Sverre mitsamt ihren Initiationen werden geschildert. Die Dynamisierung der Farben durch Verbalisierung – der „Epilog" ist der Schluss der Trilogie „Fluß ohne Ufer"! – erinnert an die These, dass Farbausdrücke insgesamt eine diffundierende Wirkung im Erzählverlauf haben. Hier – am Schluss eines sehr umfangreichen Werks – ist diese gesteigert durch außergewöhnliche Dynamisierung, durch ein „Auseinandersprengen". Dies lässt an die formale Offenheit von „Fluß ohne Ufer" denken, die Kai Luehrs beschreibt: „[...] das willig demonstrierte Risiko eines nicht endenden, nicht enden könnenden Schreibprozesses."[415]

4.3. Wortart, Satzgliedfunktion und Farbe

Im vorangehenden Kapitel wurde die Verteilung der Wortart- und Satzgliedgruppen innerhalb der einzelnen Texte untersucht. In diesem Kapitel soll geprüft werden, wie sich einzelne Farben auf die Wortart- und Satzgliedgruppen verteilen. Die entsprechenden Matrizes zu einzelnen Texten sind im Anhang V wiedergegeben. In der Tabelle 4.3.A sind sie miteinander addiert.

Aus den Spalten geht hervor, aus welchen Farbetyma eine jeweilige Gruppe gebildet wird. In den Zeilen ist abzulesen, wie sich ein Farbetymon auf die verschiedenen Gruppen verteilt. Nachstehend finden sich die Korrelationskoeffizienten der Spalten und – aus Platzgründen in die eigene Tabelle 4.3.B ausgelagert – die Korrelationskoeffizienten der Zeilen.

Die Korrelationskoeffizienten der Spalten schwanken sehr stark. Die Differenz zwischen dem Maximum r = 0,9900 (Gruppe 1 und Summe) und dem Minimum r = 0,0397 (Gruppen 4 und 9) beträgt 0,9503 und umfasst annähernd die maximale mögliche Spannweite des Korrelationskoeffizienten (bei absolutem Wert |r|).

Die drei höchsten Korrelationen gibt es zwischen der Summe und der Attributgruppe 1 (r = 0,9900), zwischen der Summe und der Ellipsengruppe 6 (r = 0,9852) und zwischen der Attributgruppe 1 und der ‚sein'-Gruppe 2 (r = 0,9820). Nach den vorangehenden Beobachtungen überraschen diese Werte nicht, denn die Gruppen 1, 2 und 6 sind insgesamt am umfangreichsten und steuern maßgeblich die Verteilungen innerhalb der Summen. Anderseits ist der Umfang der Gruppen 1 (Farbattribute) und 2 (Farbadjektive mit ‚sein') sehr unterschiedlich groß (61,02 % versus 5,68 %), und

[415] Luehrs (1999), S. 304.

trotzdem ist die Korrelation zwischen diesen Gruppen hoch signifikant von 0 verschieden. Dies lässt auf einen semantischen Zusammenhang schließen: die Gewichtung der Farbzuweisung ist sehr ähnlich, ungeachtet ob diese durch Attribution oder durch die Kopula ‚sein' geschieht.

Gruppe	1	2	3	4	5	6	7	8	9	10	∑
BLAU	82	4	2	0	23	17	8	2	0	8	146
BRAUN	244	22	3	0	23	36	5	8	7	1	349
GELB	178	22	7	0	30	31	5	8	2	3	286
GRAU	242	22	5	0	25	24	9	15	12	3	357
GRÜN	186	13	3	1	39	34	19	24	6	15	340
LILA	5	0	0	0	1	0	0	1	0	2	9
ORANGE	1	0	0	0	0	0	0	0	0	0	1
PURPUR	8	2	1	0	1	0	3	2	0	8	25
ROSA	28	1	0	0	5	7	1	0	0	1	43
ROT	308	31	38	0	55	53	16	19	55	24	599
SCHWARZ	459	49	14	1	53	62	26	46	11	17	738
VIOLETT	16	1	0	0	7	9	1	1	0	1	36
WEISS	444	38	15	0	60	60	17	20	0	24	678
∑	2201	205	88	2	322	333	110	146	93	107	3607
1	–	0,9820	0,6581	0,4149	0,9336	0,9721	0,8623	0,8609	0,4169	0,7363	0,9900
2		–	0,6799	0,4129	0,9002	0,9543	0,8349	0,8722	0,4459	0,6912	0,9764
3			–	0,0720	0,7639	0,7286	0,6037	0,5281	0,8971	0,7893	0,7411
4				–	0,4347	0,4395	0,7372	0,7833	0,0397	0,3899	0,4403
5					–	0,9739	0,9022	0,8158	0,5265	0,8650	0,9631
6						–	0,8773	0,8416	0,4954	0,7872	0,9852
7							–	0,9508	0,4236	0,8369	0,8955
8								–	0,3714	0,6916	0,8769
9									–	0,5518	0,5170
10										–	0,7988
∑											–

Signifikanzschwellen: P=0,05 bei r=0,553; P=0,01 bei r=0,684; P=0,001 bei r=0,801.

Tabelle 4.3.A: Wortarten und Satzgliedfunktionen der Farbetyma mit Korrelationsmatrix nach Spalten

Am geringsten ist die Korrelation zwischen der ‚bleiben'-Gruppe 4 und der Gruppe der Farbverben 9 (r = 0,0397), zwischen der ‚bleiben'-Gruppe 4 und der ‚werden'-Gruppe 3 (r = 0,0720) und zwischen der Substantivgruppe 8 und der Gruppe der Farbverben 9 (r = 0,3714). Die Repräsentativität der Nicht-Korrelationen mit der ‚bleiben'-Gruppe 4 ist zweifelhaft, weil diese lediglich je einen Beleg für GRÜN und SCHWARZ enthält. Trotzdem – oder gerade deshalb – ist es beachtlich, dass die ‚bleiben'-Gruppe gerade mit den Substantivgruppen 7 und 8 in einem sehr signifikant

4.3. Wortart, Satzgliedfunktion und Farbe 193

von 0 verschiedenen Zusammenhang steht (0,7372 bzw. 0,7833). Das durative ‚bleiben', das sich im Korpus nur mit GRÜN und SCHWARZ verbindet, deckt sich also mit dem deutlichen Substantivierungspotenzial der ‚bleibenden' Farben GRÜN und SCHWARZ. Die Wahrscheinlichkeit, dass eine Farbe, die häufig substantiviert wird, mit ‚bleiben' einhergeht, ist sehr hoch, weil das ‚Bleiben', das Beibehalten einer Farbe, durchaus mit deren Konkretisierung und Vergegenständlichung durch Substantivierung in Zusammenhang stehen kann.[416]

Dem gegenüber steht die Nicht-Korrelation (0,0720) zwischen der ‚bleiben'-Gruppe 4 und der ‚werden'-Gruppe 3. Offensichtlich verbindet sich das inchoative, prozessorientierte ‚werden' vornehmlich mit anderen Farben als ‚bleiben'. Das, was ‚wird', dürfte gemäß den obigen Beobachtungen also auch nicht sehr häufig substantiviert werden. Und tatsächlich ist die Korrelation zwischen der ‚werden'-Gruppe 3 und den Substantivgruppen 7 und 8 verhältnismäßig gering (0,6037 bzw. 0,5281).

Die winzige ‚bleiben'-Gruppe ist also interpretierbar, und die unterschiedlichen Korrelationen zu dieser Gruppe bieten den Einstieg in die Tabelle 4.3.A. Auf dieser Basis werden weitere Aussagen möglich.

Offensichtlich gibt es zwei unterschiedliche Arten von Farbetyma, die einerseits statische und andererseits dynamische Wortart- und Satzgliedgruppen bevorzugen. Zu beobachten ist dies daran, dass ganz bestimmte Wortart- und Satzgliedgruppen miteinander deutlich korreliert sind. Statisch sind die Farbadjektive mit ‚bleiben' und die substantivisch gebrauchten Farbausdrücke. Das ‚Bleiben' beschreibt einen durativen Zustand, die substantivischen Farbausdrücke verdinglichen eine Eigenschaft und frieren diese gewissermaßen im Subjekt oder im Objekt ein. Farbausdrücke mit ‚werden' gehören hingegen zur dynamischen Gruppe. Sie beschreiben einen Prozess, den Übergang eines Zustandes in einen anderen.

Mithin wird auch klar, warum die ‚bleiben'-Gruppe 4 mit der Gruppe der Farbverben 9 nicht korreliert ist (r = 0,0397). Denn Farbverben können als Inbegriff der dynamisierten Farbgebung gelten, während die ‚bleiben'-Gruppe eine ausgesprochene Statik indiziert. Daher sind auch die statischen Farbsubstantive (Gruppen 7 und 8) mit den dynamischen Farbverben nicht korreliert (0,4236 und 0,3714).

Bisher sind eher die kleinen Gruppen 3, 4, 7, 8 und 9 aufgefallen. Ihr geringer Umfang, ihre syntaktisch klar beschriebene Funktion (z.B. Farbsubstantiv im Subjekt oder im Objekt, Farbverb als Prädikat) und ihre semantische Definiertheit (z.B. Farbadjektive mit den Kopulaverben ‚werden' und ‚bleiben') bringen es mit sich, dass man diese kleinen Gruppen bei der Unterscheidung in statische und dynamische Gruppen relativ

---

[416] Das erinnert an Goethes chemische Farben. Goethe (1998), S. 438: Man kann diese „festhalten bis zur spätesten Dauer".

einfach handhaben kann. Viel schwieriger ist diese schematische Zuordnung bei den großen Gruppen 1, 2, 5 und 6. Möglicherweise handelt es sich hier um inhomogene Massen, die unterschiedliche Merkmale in sich vereinigen.

Die Gruppe 1 der Farbattribute scheint zur statischen Gruppe hin zu tendieren. Sie ist mit der ‚werden'-Gruppe 3 und mit der Gruppe 9 der Farbverben weniger korreliert (0,6581 bzw. 0,4169) als mit den Farbsubstantiv-Gruppen 7 und 8 (0,8623 bzw. 0,8609). Hingegen ist ihre Korrelation mit der ‚bleiben'-Gruppe ausgesprochen gering (0,4149). Sehr ähnlich wie die Gruppe 1 verhält sich die Gruppe 2 (Farbadjektive mit ‚sein'): geringere Korrelation mit der ‚werden'-Gruppe und den Farbverben, höhere Korrelation mit den Farbsubstantiven, markanter Abfall jedoch bei der ‚bleiben'-Gruppe. Miteinander sind die Gruppen 1 und 2 äußerst hoch korreliert (0,9820).

Die Gruppe 6, die appositiv und elliptisch gebrauchte Farbwörter zusammenfasst, ist mit den Farbverben deutlich nicht korreliert (0,4954). Sehr signifikant von 0 verschieden aber ist ihre Korrelation mit der ‚werden-Gruppe' (0,7286). Ähnlich gelagert ist auch die Korrelation zwischen der Gruppe 5 (Farbadjektive mit allen Verben außer den Kopulaverben) und den Gruppen 9 (Farbverben) und 3 (‚werden'-Gruppe) (0,5265 bzw. 0,7639). Man kann die Gruppen 5 und 6 also weder als statische noch als dynamische bezeichnen.

Auffallend ist der Zusammenhang zwischen den Gruppen 1 und 2. Ihre Korrelation ist hoch signifikant von 0 verschieden (0,9820). Farbetyma verteilen sich als Attribut und als Prädikatsadjektiv mit ‚sein' sehr ähnlich. Die sehr hohe Korrelation zwischen Farbattribution und Farbprädikation mit ‚sein' ist intuitiv leicht nachvollziehbar, handelt es sich doch in beiden Fällen um unauffällige Beschreibungsweisen.

Beachtenswert ist auch die äußerst hohe Korrelation zwischen der Attributgruppe 1 und der Gruppe 6 (Appositionen und Ellipsen) (0,9721) sowie zwischen der ‚sein'-Gruppe 2 und der Gruppe 6 (0,9543). Die Farbgebung durch die Gruppen 1 und 2 ist unauffällig. Farbgebung durch Apposition und Ellipse hingegen ist sehr auffallend – man kann nicht darüber hinweg lesen. Stilistisch ist der Unterschied beachtlich.[417] Umso überraschender ist die Gleichverteilung der Farbetyma innerhalb der Gruppen 1, 2 und 6. Man kann daraus folgern, dass appositive und elliptische Farbgebung eine Paraphrase der Farbattribution ist. Stilistisch sehr unterschiedliche Verfahren leisten hier Ähnliches, nur eben mit sehr unterschiedlicher Visibilität.

Irgendwie indifferent und nicht interpretierbar verhalten sich die Korrelationskoeffizienten zwischen der Restgruppe 10 und den anderen neun Gruppen. Keiner der Werte ist außergewöhnlich hoch oder auffallend tief. Da es sich bei der Restgruppe

---

[417] Die plötzliche Abnahme dieser stilistischen Eigenart im „Holzschiff" bildet eine Zäsur in Jahnns Schaffen (siehe Kapitel 4.2. „Wortart, Satzgliedfunktion und Text").

4.3. Wortart, Satzgliedfunktion und Farbe   195

durchwegs um Substantive handelt, könnte die Korrelation mit den Farbsubstantivgruppen 7 und 8 relativ hoch sein. Tatsächlich aber ist sie sehr unterschiedlich (0,8369 bzw. 0,6916), und der höchste Wert liegt anderswo: Am höchsten ist die Restgruppe mit der Prädikativgruppe 5 korreliert (0,8650).

Nach der Besprechung dieser Details lässt sich eine Aussage abstrahieren, die schon das überflugsmäßige Lesen der Korrelationsmatrix in Tabelle 4.3.A suggeriert: Merklich anders als die übrigen acht Gruppen verhalten sich die ‚werden'-Gruppe 3 und die Gruppe 9 der Farbverben. Sie rekrutieren ihre Farbetyma ganz offensichtlich mit einer Verteilung, die jeweils ähnlich ist, aber von den übrigen Gruppen abweicht.

Die Korrelationsmatrix der Tabelle 4.3.A vergleicht die Ausprägung der einzelnen Wortart- und Satzgliedgruppen. Nun soll das Hauptaugenmerk auf die einzelnen Farbetyma verlagert werden. Dazu gibt es zwei Möglichkeiten: die Berechnung der Korrelation zwischen den Verteilungen ein und desselben Etymons auf die unterschiedlichen Wortart- und Satzgliedgruppen und die Transponierung der absoluten Werte der Tabelle 4.3.A in relative. Ersteres leistet die Tabelle 4.3.B, die die absoluten Werte der Tabelle 4.3.A zeilenweise zu Korrelationen verrechnet. Die relativen Verteilungen sind in der Tabelle 4.3.C dargestellt.

Die Korrelationen in der Tabelle 4.3.B veranschaulichen, wie sich ein jeweiliges Farbetymon auf die zehn Wortart- und Satzgliedgruppen verteilt.

	BLAU	BRAUN	GELB	GRAU	GRÜN	LILA	ORANGE	PURPUR	ROSA	ROT	SCHWARZ	VIOLETT	WEISS	Summe
BLAU	–	0,9739	0,9828	0,9694	0,9891	0,8955	0,9526	0,6068	0,9912	0,9649	0,9728	0,9326	0,9835	0,9820
BRAUN		–	0,9966	0,9977	0,9876	0,8791	0,9876	0,5793	0,9867	0,9866	0,9972	0,8798	0,9969	0,9983
GELB			–	0,9930	0,9894	0,8768	0,9767	0,5701	0,9901	0,9826	0,9944	0,9014	0,9969	0,9972
GRAU				–	0,9878	0,8916	0,9927	0,5952	0,9775	0,9877	0,9981	0,8562	0,9959	0,9977
GRÜN					–	0,9103	0,9735	0,6153	0,9875	0,9737	0,9920	0,9044	0,9926	0,9935
LILA						–	0,9031	0,8297	0,8704	0,8779	0,8975	0,7459	0,9042	0,8976
ORANGE							–	0,6307	0,9608	0,9784	0,9887	0,8100	0,9874	0,9872
PURPUR								–	0,5627	0,5696	0,6087	0,4045	0,6206	0,6028
ROSA									–	0,9734	0,9804	0,9395	0,9878	0,9880
ROT										–	0,9813	0,8633	0,9837	0,9884
SCHWARZ											–	0,8683	0,9973	0,9981
VIOLETT												–	0,8329	0,8846
WEISS													–	0,9991
Summe														–
Signifikanzschwellen: $P=0{,}05$ bei $r=0{,}632$; $P=0{,}01$ bei $r=0{,}765$; $P=0{,}001$ bei $r=0{,}872$.														

Tabelle 4.3.B: Ergänzung zu Tabelle 4.3.A: Korrelationsmatrix nach Zeilen

Auf den ersten Blick sieht man sehr viele Korrelationskoeffizienten, die hoch signifikant von 0 verschieden sind. Mithin erweist sich die Verteilung eines einzelnen Farbetymons auf die Wortart- und Satzgliedgruppen als gleichmäßig und stabil. Bei genauerem Hinsehen aber fällt auf, dass es auch nicht-signifikante Abweichungen von der Nullhypothese r = 0 gibt. Diese aber beschränken sich ausschließlich auf das Etymon PURPUR. Alle (!) Korrelationskoeffizienten zwischen der Verteilung von PURPUR und den anderen zwölf Etyma sowie der Summenzeile sind nicht signifikant von 0 verschieden. Somit ist kein deutlicher Zusammenhang zwischen diesen Verteilungen erkennbar. PURPUR muss also deutlich andere Wortart- und Satzgliedgruppen bevorzugen als die übrigen zwölf Etyma.

PURPUR ist insgesamt ein sehr seltenes Etymon, aber nicht das seltenste. LILA und ORANGE sind seltener (vgl. Tabelle 2.2.A). Frappierend ist die sehr hohe Korrelation von ORANGE. Der einzige Beleg für dieses Etymon in der ausgeprägtesten Gruppe 1 ist offensichtlich so „günstig" gelagert, dass er für eine durchgehend hoch signifikant von 0 verschiedene Korrelation mit anderen Farben ausreicht (außer mit PURPUR und VIOLETT). Ähnliches gilt für LILA.

Die Ergebnisse aus den Tabellen 4.3.A und 4.3.B werden anschaulicher, wenn man die relativen prozentualen Häufigkeiten betrachtet. Inhaltlich deckt sich die Tabelle 4.3.C mit den absoluten Werten in Tabelle 4.3.A. Die Umrechnung der absoluten in die relativen Häufigkeiten aber macht Vergleiche möglich.

Die prozentualen Angaben in der Tabelle 4.3.C sind vertikal und horizontal lesbar. Die vertikalen Werte beziehen sich auf die vertikale Randsumme, die horizontalen Werte auf die horizontale Randsumme als jeweils Ganzes (100 %). Die prozentualen Verteilungen werden durch die Standardabweichung s ergänzt.

Die horizontalen und vertikalen Standardabweichungen variieren relativ stark. Dies deutet auf unterschiedliche Gewichtungen in den Zahlenreihen und auf ein insgesamt eher instabiles System hin. Diese Feststellung steht zunächst im Widerspruch zu den vorangegangenen Beobachtungen. Die Tabelle 4.2.A, die die Verteilung der Wortart- und Satzgliedgruppen in den einzelnen Texten wiedergibt, ließ aufgrund sehr ähnlicher Standardabweichungen auf eine gleichmäßige und stabile Verteilung der Gruppen in den Texten schließen (mit Ausnahme des Ausreißers „Epilog"). Die Tabelle 4.3.A, in der die Verteilung der Farbetyma innerhalb der einzelnen Gruppen dargestellt ist, ließ hohe Korrelationen und damit übereinstimmende Verteilungen erkennen (Ausnahmen waren die ‚werden'-Gruppe und die Farbverben). Noch höher, fast immer hoch signifikant von 0 verschieden, waren schließlich die Korrelationen in der Tabelle 4.3.B (hier schert PURPUR deutlich aus). So grundlegend anders können aber die Ergebnisse anhand der Tabelle 4.3.C nicht sein, weil immer das gleiche System zu Grunde liegt.

4.3. Wortart, Satzgliedfunktion und Farbe

	1	2	3	4	5	6	7	8	9	10	Alle	s
BLAU	82 3,73	4 1,95	2 2,27	0 0,00	23 7,14	17 5,11	8 7,27	2 1,37	0 0,00	8 7,48	146 4,05	16,15
	56,16	2,74	1,37	0,00	15,75	11,64	5,48	1,37	0,00	5,48	100,0	
BRAUN	244 11,09	22 10,73	3 3,41	0 0,00	23 7,14	36 10,81	5 4,55	8 5,48	7 7,53	1 0,93	349 9,68	20,22
	69,91	6,30	0,86	0,00	6,59	10,32	1,43	2,29	2,01	0,29	100,0	
GELB	178 8,09	22 10,73	7 7,95	0 0,00	30 9,32	31 9,31	5 4,55	8 5,48	2 2,15	3 2,80	286 7,93	17,83
	62,24	7,69	2,45	0,00	10,49	10,84	1,75	2,80	0,70	1,05	100,0	
GRAU	242 11,00	22 10,73	5 5,68	0 0,00	25 7,76	24 7,21	9 8,18	15 10,27	12 12,90	3 2,80	357 9,90	19,40
	67,79	6,16	1,40	0,00	7,00	6,72	2,52	4,20	3,36	0,84	100,0	
GRÜN	186 8,45	13 6,34	3 3,41	1 50,00	39 12,11	34 10,21	19 17,27	24 16,44	6 6,45	15 14,02	340 9,43	15,31
	54,71	3,82	0,88	0,29	11,47	10,00	5,59	7,06	1,76	4,41	100,0	
LILA	5 0,23	0 0,00	0 0,00	0 0,00	1 0,31	0 0,00	0 0,00	1 0,68	0 0,00	2 1,87	9 0,25	16,81
	55,56	0,00	0,00	0,00	11,11	0,00	0,00	11,11	0,00	22,22	100,0	
ORANGE	1 0,05	0 0,00	0 0,00	0 0,00	0 0,00	0 0,00	0 0,00	0 0,00	0 0,00	0 0,00	1 0,03	30,00
	100,0	0,00	0,00	0,00	0,00	0,00	0,00	0,00	0,00	0,00	100,0	
PURPUR	8 0,36	2 0,98	1 1,14	0 0,00	1 0,31	0 0,00	3 2,73	2 1,37	0 0,00	8 7,48	25 0,69	11,63
	32,00	8,00	4,00	0,00	4,00	0,00	12,00	8,00	0,00	32,00	100,0	
ROSA	28 1,27	1 0,49	0 0,00	0 0,00	5 1,55	7 2,10	1 0,91	0 0,00	0 0,00	1 0,93	43 1,19	19,12
	65,12	2,33	0,00	0,00	11,63	16,28	2,33	0,00	0,00	2,33	100,0	
ROT	308 13,99	31 15,12	38 43,18	0 0,00	55 17,08	53 15,92	16 14,55	19 13,01	55 59,14	24 22,43	599 16,61	14,11
	51,42	5,18	6,34	0,00	9,18	8,85	2,67	3,17	9,18	4,01	100,0	
SCHWARZ	459 20,85	49 23,90	14 15,91	1 50,00	53 16,46	62 18,62	26 23,64	46 31,51	11 11,83	17 15,89	738 20,46	17,60
	62,20	6,64	1,90	0,14	7,18	8,40	3,52	6,23	1,49	2,30	100,0	
VIOLETT	16 0,73	1 0,49	0 0,00	0 0,00	7 2,17	9 2,70	1 0,91	1 0,68	0 0,00	1 0,93	36 1,00	14,17
	44,44	2,78	0,00	0,00	19,44	25,00	2,78	2,78	0,00	2,78	100,0	
WEISS	444 20,17	38 18,54	15 17,05	0 0,00	60 18,63	60 18,02	17 15,45	20 13,70	0 0,00	24 22,43	678 18,80	18,73
	65,49	5,60	2,21	0,00	8,85	8,85	2,51	2,95	0,00	3,54	100,0	
Alle	2201 100,0	205 100,0	88 100,0	2 100,0	322 100,0	333 100,0	110 100,0	146 100,0	93 100,0	107 100,0	3607 100,0	17,23
	61,02	5,68	2,44	0,06	8,93	9,23	3,05	4,05	2,58	2,97	100,0	
s	7,15	7,67	11,65	18,04	6,47	6,52	7,38	8,86	15,54	7,94	7,02	

Tabelle 4.3.C: Prozentuale Verteilung der Farbetyma auf Wortart und Satzgliedfunktion

Bei näherer Betrachtung werden dieselben Trends sichtbar wie in der Tabelle 4.1.A. Zunächst wird die Tabelle 4.3.C zeilenweise gelesen.

Im Allgemeinen ist die Gruppe 1 (Farbattribute) die größte. Bei PURPUR aber ist die Restgruppe 10 mit 32,00 % ebenso groß wie die Gruppe 1. Dies erklärt die auffallenden Abweichungen von PURPUR in der Tabelle 4.3.B.

Die Gruppe 2 (Farbadjektive mit ‚sein') ist laut Tabelle 4.3.C immer größer als die Gruppe 3 (Farbadjektive mit ‚werden'), außer bei ROT.

In der Tabelle 4.1.A folgten nach der Gruppe 1 die Gruppen 6 und 5 (in dieser Reihenfolge) als die nächstgrößten. Laut Tabelle 4.3.C gilt dies für LILA und PURPUR nicht. Bei ROT ist die Gruppe 9 (Farbverben) mit 9,18 % gleich stark ausgeprägt wie die Gruppe 5 (Farbprädikative).

Durchschnittlich ist die Gruppe 5 größer als die Summe der Gruppen 2, 3 und 4 (vgl. die Diskussion der Tabelle 4.2.A). Dies trifft für die Mehrzahl der Farbetyma zu (BLAU, GELB, GRÜN, LILA, ROSA, VIOLETT und WEISS), nicht aber für BRAUN, GRAU, PURPUR, ROT und SCHWARZ. In der Tabelle 4.2.A fielen relativ geringe Differenzen zwischen der Gruppe 5 und der Summe der Gruppen 2, 3 und 4 auf. Hier sind diese um einiges größer. Auffallend ist dies bei BLAU und GRÜN. Das Verhältnis von (2 + 3 + 4) zu 5 beträgt bei BLAU 4,11 % : 15,75 %, bei GRÜN 5,00 % : 11,47 %.

Bei der Verteilung der Farbsubstantive auf Subjekte einerseits und Objekte und Präpositionalphrasen andererseits liegt der Schwerpunkt eindeutig auf der Seite der in Objekten oder Präpositionalphrasen verwendeten Substantive. Abweichend ist das umgekehrte Verhältnis von 5,48 % : 1,37 % bei BLAU.

Fasst man diese Details zusammen, so weichen BLAU, PURPUR, LILA und ROT am auffälligsten von den anderen Etyma ab. BLAU zeigt bei Jahnn die auffallende Tendenz, in Subjekten und zusammen mit Nicht-Kopulaverben in Erscheinung zu treten. Die Tendenz zur Substantivierung von Blau hat auch Evemarie Becht in ihrer Untersuchung der Farbe Blau in den Gedichten von Georg Trakl festgestellt: „Diese verabsolutierenden und substantivierenden Tendenzen [...] bewirken eine Reduktion auf die Farbe an sich [...]"[418]

Auch PURPUR (bei LILA wegen der ausgesprochen niedrigen Frequenz nicht überzubewerten) tendiert sehr stark zur Substantivierung bzw. zur Aggregation mit anderen Komplementen in substantivischen Komposita (vgl. die große Gruppe 10). Bei diesem Etymon ist die Fähigkeit, Adjektive und selbständige, nicht-modifizierte Begriffe zu bilden (vgl. auch Tabelle 3.1.A), nicht stark ausgeprägt. Das Etymon PURPUR trägt somit ein stärker konkretisierbares, materialisierbares und substanti-

---

[418] Becht (1980), S. 109.

4.3. Wortart, Satzgliedfunktion und Farbe

vierbares Moment in sich. Es bedeutet demnach eher noch den Farbträger als die abstrakte farbliche Eigenschaft. Dies steht in Zusammenhang mit seiner transparenten Etymologie. VIOLETT und ROSA, deren Referenz auf den ursprünglichen Farbträger auch noch erkennbar ist, haben ihr genetisch substantivisches Moment stärker zurückgebildet.

ROT hat die ausgeprägte Neigung, sich in Phrasen mit der Kopula ‚werden' und als Farbverb zu realisieren. Somit hat diese Farbe – mit dem ingressiven und inchoativen ‚werden' – ein prozessorientiertes und – in Verben – ein dynamisierendes Bedeutungsmoment. Diese Gewichtung von ROT ist die Ursache dafür, dass die Gruppen 3 und 9 miteinander hoch signifikant von 0 verschieden korreliert sind, mit den anderen Gruppen aber weit weniger (Tabelle 4.3.A).

Wenn man die Tabelle 4.3.B spaltenweise liest, kommt man zu ähnlichen Ergebnissen, jedoch etwas anders akzentuiert. Die Sonderstellung von ROT tritt ausgesprochen deutlich zu Tage. Die Gruppe 9 (Farbverben) ist zu 59,14 %, die Gruppe 3 (Farbadjektive mit ‚werden') zu 43,18 % aus ROT zusammengesetzt. Insgesamt sind die drei Spitzenränge meistens von SCHWARZ, WEISS und ROT besetzt, die in genau dieser Reihenfolge die häufigsten Farbetyma überhaupt sind. In den Substantivgruppen 7 und 8 tritt jedoch GRÜN an dritter Stelle auf, das insgesamt erst an sechster Stelle folgt (vgl. Tabelle 2.2.A). GRÜN tendiert bei Jahnn also dazu, auffallend häufig substantivisch gebraucht zu werden. In der Gruppe 9 folgt GRAU sogar an zweiter Stelle nach ROT und liegt somit vor den häufigen SCHWARZ und WEISS. Überraschend ist ferner, dass kein Farbverb mit WEISS belegt ist.

Zusammenfassend lassen sich die strukturellen Beobachtungen an den Tabellen 4.3.A und 4.3.B anhand der Tabelle 4.3.C inhaltlich deuten. Die Gruppen 3 und 9 sind am wenigsten mit den anderen korreliert, weil sie vorwiegend aus ROT gebildet werden. Die Gruppen 1, 2, 5 und 6, die schon oben als inhomogene Massen bezeichnet wurden, sind sehr breit angelegt, sehr umfangreich und wenig spezifiziert. Da bei ihnen aufgrund ihrer Inhomogenität – bei keiner dieser Gruppen überschreitet ein Farbanteil wesentlich die 20%-Marke – kein Merkmal besonders ausgeprägt ist, können sie auch sehr hoch miteinander korreliert sein. Die Ursache für die leicht abweichende Korrelation der Gruppen 7 und 8 ist das weite Vorrücken von GRÜN in diese Substantivgruppen 7 und 8. In Anlehnung an die ‚bleiben'-Gruppe war hypothetisch von der Statik der Gruppen 7 und 8 die Rede.

Die Sonderstellung der Restgruppe 10 lässt sich dadurch erklären, dass offensichtlich nur bestimmte Farbetyma geeignet sind, mit anderen Komplementen zu neuen Begriffen zu aggregieren, die mehr oder weniger von einer ausgesprochenen Farbsemantik abgerückt sind. Die Gruppe 10 erweist sich als Kulminationsort für BLAU, GRÜN, PURPUR und SCHWARZ.

Altmann referiert einige Daten zur Wortart der Farben Gelb und Grau. Es handelt sich dabei um eine äußerst seltene Daten-Dokumentation zur Wortart der Farbbegriffe im Deutschen.

Nach Altmanns Belegen[419] ist die Farbe Gelb zu 59 % adjektivisch und zu 41 % substantivisch verwendet (keine weiteren Angaben zu den restlichen Prozenten). Die adjektivischen Belege sind zu 50,8 % attributiv und zu 27,12 % prädikativ (keine weiteren Angaben zu den restlichen Prozenten).[420] Die Werte aus dem Jahnn-Korpus liegen merklich anders. Adjektivisch gebraucht sind hier mehr als 80 % der Belege (Summe der Gruppen 1, 2, 3, 4 und 5 in Tabelle 4.3.C). Die substantivische Verwendung liegt bei 6 % (Summe der Gruppen 7, 8 und 10). Die Unterschiede zwischen den Daten von Altmann und bei Jahnn sind beachtlich, doch nicht erklärbar.[421]

Überraschend aber ist die große Ähnlichkeit bei Grau. Diese Farbe ist im Altmann-Korpus zu 72 % attributiv, 12 % prädikativ und 9 % substantivisch belegt.[422] Der attributive Gebrauch von Grau bei Jahnn liegt bei 67,79 %, der prädikative bei 14,56 % (Summe der Gruppen 2, 3, 4 und 5), der substantivische bei 6,72 % (Summe der Gruppen 7 und 8). Die Unterschiede sind verhältnismäßig gering. Die von Altmann und die hier gemessene Verteilung von Grau auf einzelne Wortart- und Satzgliedgruppen (nicht zu verwechseln mit der Häufigkeitsverteilung!) könnte also sprachspezifisch sein.

Altmann hält fest, dass die 72 % attributiven Grau-Belege „eine selbst für Farbadjektive ungewöhnlich hohe Zahl" sind.[423] Im Jahnn-Korpus jedenfalls verhält es sich genauso: Die durchschnittliche attributive Verwendung der Farben liegt bei 61,02 % (Tabelle 4.3.C), der Wert bei Grau (67,79 %) ist überdurchschnittlich. Für Braun jedoch liegt dieser Wert bei Jahnn noch höher (69,91 %) und bildet das Maximum.

---

[419] Altmann (1999b), S. 130: „vorwiegend aus Zeitungen und dem IdS-Corpus".
[420] Altmann (1999a), S. 4.
[421] Die Daten von Altmann (1999a) und Altmann (1999b) sind möglicherweise nicht sehr zuverlässig. Sie wurden im Rahmen eines linguistischen Seminars an der Universität München gewonnen. Altmann (1999a), S. 2: „Insbesondere war es im Rahmen eines Seminars nicht möglich, alle Teilnehmer auf das gleiche Corpus zu verpflichten (und nur dann wäre Vergleichbarkeit gegeben) noch auf dieselben Testverfahren, zumal diese selbst in ihren einfachsten (und damit anfechtbaren) Varianten sehr aufwendig sind."
[422] Altmann (1999a), S. 8.
[423] Altmann (1999a), S. 8.

4.4. Die Verben mit Farbprädikativen

In diesem Kapitel geht es in erster Linie um die Verben, die zusammen mit Farbprädikativen auftreten, und erst in zweiter Linie um die Farben selber.

Farbadjektive, die mit anderen Verben als den Kopulaverben ‚sein', ‚werden' und ‚bleiben' einhergehen (vgl. die ausführliche Darstellung in 1.7. „Versuchsanordnung"), werden hier als *Farbprädikative* bezeichnet.[424] Denkbar wären auch die Begriffe *Farbprädikamente*[425] oder *farbliche Prädikativkomplemente*[426].

Der Begriff *Farbadverb* ist nur in seltenen Fällen zutreffend, weil die Farbprädikative – wie sich zeigen wird – weniger dem Verb eine Bedeutung zuschreiben, sondern dem Objekt oder dem Subjekt.[427] Der Begriff Adverb ist für das Deutsche prinzipiell problematisch, weil „prädikativer und adverbialer Gebrauch des Adjektivs durch die Wortform nicht unterschieden wird".[428] Von einem Adverb im eigentlichen Sinn kann man sprechen, wenn ein Prädikativ zusammen mit Vollverben (valenzunabhängig) als modales Adverbiale auftritt und „die Art des Geschehensverlaufs charakterisier[t]".[429] Ähnlich schwierig wie die Grenzziehung zwischen Adjektiv und Adverb ist auch die Unterscheidung zwischen Kopulaverben, kopulaähnlichen Verben und Vollverben. Die Übergänge sind bisweilen fließend.[430]

Die Tabelle 4.4.A stellt dar, welche Farbetyma in den Farbprädikativen enthalten sind und welche Verben zusammen mit den Farbprädikativen auftreten. Die Verben sind in den Infinitiv gesetzt. Bei Verben, die im Text in finiter Form auftreten, sind also Person, Numerus, Tempus, Modus und Genus Verbi nivelliert. Wenn jedoch ein Verb in der Form eines adjektivischen Partizips belegt ist, wird diese Information mitgeliefert. In diesen Fällen finden sich nach dem Infinitiv die Angaben *Part. 1* oder *Part. 2*. Wenn das fragliche Verb ausschließlich partizipiell belegt ist, wird die Angabe – durch ein Komma getrennt – nachgestellt. Wenn aber neben Partizipien auch konjugierte Verbformen belegt sind, sind die Angaben *Part. 1* und *Part. 2* in runde Klammern gesetzt. Wichtig ist der Hinweis, dass ein Partizip 2 nur dann nachgewiesen wird, wenn es adjektivisch in einer Nominalphrase auftritt. Wenn es jedoch Teil einer passiven Verbalphrase ist, wird es zum Infinitiv nivelliert. Dasselbe gilt für das Zustandspassiv wie beispielsweise im Satz „[...] eine Wiese, die gelb mit Blumen übersät ist."

---

[424] Begriff *Prädikativ* von Bußmann (1990), S. 426, 597.
[425] Was Bußmann als Prädikativ bezeichnet, nennt Weinrich (1993), S. 115–116, *Prädikament*.
[426] Zifonun/Hoffmann/Strecker (1997), II, S. 1105, sprechen von *Prädikativkomplement*.
[427] Altmann (1999a), S. 4.
[428] Heidolph/Flämig/Motsch (1981), S. 616.
[429] Heidolph/Flämig/Motsch (1981), S. 617.
[430] Bußmann (1990), S. 425–426, Weinrich (1993), S. 115, Zifonun/Hoffmann/Strecker (1997), II, S. 1106.

(N1, 253) Die Nachweise der Partizipien 1 und 2 sind deshalb sinnvoll, weil dadurch die Farbprädikative mit den Farbkomposita des Musters F + X (siehe Tabelle 3.4.C) verglichen werden können.

In den Tabellen der Kapitel 3.3. „Farbkombinationen" und 3.4. „Andere Kombinationen" wurde bei den Komplementen X zwischen der *Summe der Belege* und der *Anzahl der Kombinationsmöglichkeiten (Kombinationspotenzial)* unterschieden. In der folgenden Tabelle 4.4.A werden diese beiden Messgrößen um eine dritte erweitert. Hier, bei den Farbprädikativen und den dazu gehörigen Verben, kann ein und dasselbe Verb unterschiedlich oft belegt sein und mit unterschiedlich vielen Farbprädikativen ein Syntagma bilden. Für die Darstellung dieser Verteilung bietet sich die Unterscheidung zwischen *Types* und *Tokens* an. Die Spalte *Types* gibt die unterschiedlichen Verben aus dem Korpus in lemmatisierter Form wieder. Die Spalte *Tokens* gibt an, wie oft ein jeweiliges *Type* im Korpus belegt ist (immer freilich begrenzt auf die Kombination mit Farbprädikativen). Eine weitere Spalte liefert die *Summe der Farbetyma*, die sich mit einem jeweiligen Verb verbinden. Die Spalte *Anzahl* zählt die realisierten Kombinationsmöglichkeiten eines jeweiligen Verbs mit unterschiedlichen Farbetyma (Kombinationspotenzial).

Die Tabelle ist nach Häufigkeiten geordnet, und zwar in der prioritären Reihenfolge *Tokens, Summe, Anzahl*. Insgesamt am häufigsten ist ‚liegen' belegt (13-mal). Sein Kombinationspotenzial (6) jedoch ist nicht das höchste. Das größte Kombinationspotenzial (10) hat ‚färben', das 10-mal belegt ist und den dritten Rang innehat. Dieses Verb ist offensichtlich die erste Wahl, wenn es darum geht, ein Ding buchstäblich zu färben. Aufgrund seiner eher neutralen Semantik ist es das einzige Verb, das sich mit allen Etyma verbindet, außer mit den seltenen LILA, ORANGE und PURPUR.

An zweiter Stelle folgt mit 12 Belegen ‚schimmern'. Sein Kombinationspotenzial beträgt 7 und liegt gleich hoch wie das von ‚sehen'. Dass sich ‚schimmern' nicht mit SCHWARZ verbindet, ist intuitiv nachvollziehbar.[431] Überraschend aber ist das Fehlen der Kombination von ‚schimmern' mit ROT.

8-mal belegt ist ‚stehen'. Seine Bedeutung ist ähnlich der von ‚liegen'. Der Überbegriff ist ‚sich befinden'. Auf ‚stehen' folgt ‚erscheinen'. Dieses Verb hat wie ‚schimmern' Anteil am Wortfeld *glänzen* und erinnert an die Verbstämme der Komplemente in den Farbkomposita nach dem Muster F + X. Dort fiel auf, dass diese Verbstämme an den semantischen Feldern *brennen* und *glänzen* einerseits und *malen, gestalten, einrahmen* und *adficere* andererseits teilhaben.

---

[431] Auch die Tabelle 3.4.C belegt ‚schwarzschimmernd' nicht, wohl aber ‚schwarzglänzend' (2 Belege). Hingegen ist die Kombination aus SCHWARZ und ‚glänzen' in der Tabelle 4.4.A nicht belegt.

4.4. Die Verben mit Farbprädikativen

BLAU	BRAUN	GELB	GRAU	GRÜN	LILA	ORANGE	PURPUR	ROSA	ROT	SCHWARZ	VIOLETT	WEISS	Types	Tokens	Summe	Anzahl
		2	5	3						3	1	2	liegen	13	16	6
3	2	2	1	4				1				1	schimmern (Part. 1)	12	14	7
1	1	1	1	3				1	2	1	1	1	färben (sich) (Part. 2)	10	13	10
	1	2	2							3		2	stehen	8	10	5
1									1	4		2	erscheinen	7	8	4
		1								5		2	kleiden, Part. 2	7	8	3
		1		2					2	2		2	fließen (Part. 1)	6	9	5
1	1	1	1						1	1		1	sehen	5	7	7
									1			4	tünchen, Part. 2	5	5	2
		1							1			3	schminken (sich) (Part. 2)	4	5	3
	1		1							1		1	fallen	4	4	4
1	1		1	1									streichen, Part. 2	4	4	4
1	1			2									prangen	4	4	3
	2	1	1										leuchten	3	4	3
		3									1		tönen (Part. 2)	3	4	2
	1	1							1				malen, Part. 2	3	3	3
	1								2				umranden, Part. 2	3	3	2
									3				erstrahlen (Part. 1)	3	3	1
									3				übergießen, sich	3	3	1
			1						1		1	1	blühen	2	4	4
										2		2	drucken, Part. 2	2	4	2
1								1				1	duften	2	3	3
			1						1	1			triefen	2	3	3
1			1									1	verfärben (Part. 2)	2	3	3
					1				1			1	zeichnen, sich	2	3	3
	1								2				aufflammen	2	3	2
			2							1			entsteigen	2	3	2
	1								2				glühen (Part. 1)	2	3	2
1												2	kalken, Part. 2	2	3	2
	1				1								polieren, Part. 2	2	2	2
			1									1	scheinen	2	2	2
										2			blaken	2	2	1
2													läutern	2	2	1
										2			verlieren, sich	2	2	1
									2				weinen	2	2	1
1	1								1				durchwirken, Part. 2	1	3	3
			1						1	1			entladen, sich	1	3	3
			1					1				1	erstrecken, sich	1	3	3
1												2	zeigen, sich	1	3	2
	1										1		anhaften	1	2	2
			1	1									aufpeitschen, Part. 2	1	2	2

BLAU	BRAUN	GELB	GRAU	GRÜN	LILA	ORANGE	PURPUR	ROSA	ROT	SCHWARZ	VIOLETT	WEISS	Types	Tokens	Summe	Anzahl
1									1				daliegen	1	2	2
											1	1	denken	1	2	2
1												1	fassen, Part. 2	1	2	2
			1						1				flackern	1	2	2
			1						1				flimmern	1	2	2
				1					1				gerinnen	1	2	2
				1		1							glänzen, Part. 1	1	2	2
				1						1			herablaufen	1	2	2
1									1				hervorkommen	1	2	2
					1					1			hervorsteigen	1	2	2
		1										1	hindurchpflügen, sich	1	2	2
			1						1				hintuschen, Part. 2	1	2	2
					1				1				ragen	1	2	2
										1		1	schmelzen	1	2	2
		1							1				streifen, Part. 2	1	2	2
1									1				tränken, Part. 2	1	2	2
									1	1			verfallen	1	2	2
					1				1				vorübergehen	1	2	2
									1				anhauchen, Part. 2	1	1	1
	1												anlächeln	1	1	1
									1				anlaufen	1	1	1
									1				anschwellen	1	1	1
									1				anstrahlen, Part. 2	1	1	1
												1	auf- und abschwingen, Part. 1	1	1	1
									1				aufbrechen	1	1	1
							1						aufglimmen	1	1	1
										1			auflecken	1	1	1
				1									aufleuchten	1	1	1
												1	aufschneiden	1	1	1
						1							aufstehen	1	1	1
												1	aufsteigen, Part. 2	1	1	1
					1								beflecken, Part. 2	1	1	1
	1												beizen	1	1	1
			1										bekleiden	1	1	1
					1								bemalen, Part. 2	1	1	1
												1	bepudern, Part. 2	1	1	1
					1								besetzen, Part. 2	1	1	1
												1	bestäuben	1	1	1
								1					bestreichen, Part. 2	1	1	1
								1					besudeln	1	1	1
											1		bewegen, Part. 2	1	1	1

4.4. Die Verben mit Farbprädikativen

BLAU	BRAUN	GELB	GRAU	GRÜN	LILA	ORANGE	PURPUR	ROSA	ROT	SCHWARZ	VIOLETT	WEISS	Types	Tokens	Summe	Anzahl
												1	bezeichnen	1	1	1
1													beziehen, Part. 2	1	1	1
												1	biegen, sich	1	1	1
									1				brennen, Part. 1	1	1	1
										1			brüllen	1	1	1
										1			dastehen	1	1	1
									1				durchleuchten	1	1	1
											1		durchschimmern, Part. 2	1	1	1
	1												durchtränken, sich	1	1	1
										1			einfassen	1	1	1
1													eingehen	1	1	1
										1			einherflattern	1	1	1
	1												einlassen	1	1	1
												1	einlegen, Part. 2	1	1	1
												1	entgegenstehen	1	1	1
	1												behäuten, Part. 2	1	1	1
			1										bebärten, Part. 2	1	1	1
									1				entrollen, sich	1	1	1
									1				entzünden, Part. 2	1	1	1
							1						erglühen	1	1	1
1													falten, sich	1	1	1
	1												finden	1	1	1
									1				glimmen	1	1	1
										1			gravieren, Part. 2	1	1	1
												1	herabsinken	1	1	1
1													hervorblitzen	1	1	1
												1	hervorbrechen	1	1	1
												1	hervorwachsen	1	1	1
									1				hervorwölben, sich	1	1	1
												1	hervorziehen	1	1	1
						1							hinabtropfen	1	1	1
												1	hinunterwälzen, sich	1	1	1
												1	jagen, Part. 1	1	1	1
									1				klingen	1	1	1
				1									kommen	1	1	1
			1										machen	1	1	1
												1	pudern, Part. 2	1	1	1
												1	schäumen	1	1	1
				1									schneiden, Part. 2	1	1	1
	1												schneien	1	1	1
												1	schreiten	1	1	1

BLAU	BRAUN	GELB	GRAU	GRÜN	LILA	ORANGE	PURPUR	ROSA	ROT	SCHWARZ	VIOLETT	WEISS	Types	Tokens	Summe	Anzahl
										1			schwellen, Part. 2	1	1	1
	1												senken, sich	1	1	1
												1	steigen	1	1	1
		1											stinken	1	1	1
		1											strahlen, Part. 1	1	1	1
				1									strudeln	1	1	1
									1				teeren, Part. 2	1	1	1
								1					tropfen	1	1	1
	1												übersäen	1	1	1
												1	überschütten, Part. 2	1	1	1
												1	überziehen, sich	1	1	1
									1				umflattern	1	1	1
											1		umhängen	1	1	1
				1									umkränzen, Part. 2	1	1	1
				1									umrahmen, Part. 2	1	1	1
												1	umwickeln	1	1	1
												1	veraschen	1	1	1
									1				verdrängen	1	1	1
												1	vereisen, Part. 2	1	1	1
									1				verfinstern, sich	1	1	1
										1			verschrammen, Part. 2	1	1	1
										1			versinken, Part. 1	1	1	1
									1				verwittern, Part. 2	1	1	1
				1									wachsen können	1	1	1
										1			wirbeln	1	1	1
									1				wirken, Part. 2	1	1	1
			1										zergehen	1	1	1
	1												zittern	1	1	1
		1											zusammenfallen	1	1	1
22	23	29	25	38	1	0	1	5	54	52	7	59	Summe		256	316	
19	21	25	19	28	1	0	1	5	44	37	7	46	Anzahl				253
1		1		1					1	1		1	Messfehler [432]			

Tabelle 4.4.A: Farbetyma in Prädikativen; Farbprädikative mit Verben

[432] Ab einer gewissen Komplexität der Datensätze sind unwesentliche Fehlerkorrekturen kaum mehr möglich und sinnvoll. Laut Tabelle 4.1.A müsste die Gesamtsumme der Farbetyma in Farbprädikativen 322 betragen und nicht 316. Sechs Farbetyma bzw. vier Farbausdrücke wurden fälschlicherweise den Farbprädikativen zugeordnet: „Deren [sc. der Indianer] Hautfarbe die der Einwohner der Kanarischen Inseln – weder Neger noch weißhäutig." (P, 494) „Ich sage gelb. Vielleicht sagen andere: rot. Oder grün. Oder blau." (P, 46) „Beide [Stuten] wurden trächtig; den Rang einer Lieblingsstute eroberte die rosafarbene nicht." (P, 24) „Es wurde mir schwarz vor Augen." (N2, 400)

4.4. Die Verben mit Farbprädikativen

Die ersten fünf Verben aus der Tabelle 4.4.A lassen sich drei verschiedenen semantischen Feldern zuordnen: *sich befinden*, *glänzen* und *adficere*. Mit Blick auf die noch zu beschreibenden Verben werden diese drei Felder durch ein viertes ergänzt: *bewegen*. Nach diesen vier Feldern werden die 152 Verben der Tabelle 4.4.A klassifiziert.
Feld 1: brennen, glänzen, leuchten.
Feld 2: adficere. Dieses Feld umfasst im Allgemeinen transitive Verben, die passiv gebraucht werden können, eine (farbliche) Gestaltung bedeuten und bisweilen eine gewisse Bewegung implizieren. In Kapitel 3.4. „Andere Kombinationen" wurde dieses Feld durch die Verben malen, gestalten, einrahmen paraphrasiert.
Feld 3: sich befinden.
Feld 4: (sich) bewegen. Die Bewegung kann mit einer Ortsveränderung verbunden sein. Sie kann aber auch eine schwingende, oszillierende Bewegung sein, die auf der Stelle tritt.[433]

Zum Feld 1 (*brennen, glänzen, leuchten*) gehören die 25 Verben ‚schimmern', ‚erscheinen', ‚prangen', ‚leuchten', ‚erstrahlen', ‚aufflammen', ‚glühen', ‚scheinen', ‚blaken', ‚sich zeigen', ‚flackern', ‚flimmern', ‚glänzen', ‚aufglimmen', ‚auflecken', ‚aufleuchten', ‚brennen', ‚durchleuchten', ‚durchschimmern', ‚entzünden', ‚erglühen', ‚glimmen', ‚hervorblitzen', ‚strahlen' und ‚sich verfinstern'.

Diese Verben sind hier in der Reihenfolge ihres Auftretens in der Tabelle 4.4 A gereiht. Diese Reihung entspricht in etwa dem abnehmenden Kombinationspotenzial. Innerhalb dieses Feldes 1 gibt es große Intensitätsunterschiede, so dass auch eine graduelle Reihung etwa nach den Stufen *brennen – leuchten – erscheinen* denkbar wäre. Gerade das Wortpaar *scheinen* und *erscheinen* macht die Brechungen und Übergänge in diesem Feld deutlich: Der semantische Unterschied ist markant, denn etwas, das *erscheint*, muss noch lange keinen *Schein* von sich geben. So wird denn auch ‚sich zeigen' aufgrund seiner semantischen Nähe zu *erscheinen* im Feld 1 verbucht. Auch das Verb ‚sich verfinstern' wird in das Feld 1 aufgenommen, weil es die Negation bzw. den Gegensatz von *leuchten* darstellt.

In das Feld 2 (*adficere*) passen die 52 Verben ‚(sich) färben', ‚kleiden', ‚tünchen', ‚(sich) schminken', ‚streichen', ‚tönen', ‚malen', ‚umranden', ‚sich übergießen', ‚drucken', ‚verfärben', ‚sich zeichnen', ‚kalken', ‚polieren', ‚durchwirken', ‚aufpeitschen', ‚fassen', ‚hintuschen', ‚streifen', ‚tränken', ‚anhauchen', ‚anstrahlen', ‚beflecken', ‚beizen', ‚bekleiden', ‚bemalen', ‚bepudern', ‚besetzen', ‚bestäuben', ‚bestreichen',

---
[433] Das mehr oder weniger ausgeprägte Bewegungsmoment ist neben den Feldern 2 und 4 auch dem Feld 1 eigen. Die Physik lehrt, dass in Licht (und Wärme) emittierenden Körpern die Teilchen heftig schwingen. Eine Bewegung brennender, glänzender und leuchtender Körper spiegelt sich z.B. in den Verben *schimmern* und *flackern* wieder. An das bewegende Moment kann auch ein veränderndes gekoppelt sein.

‚besudeln', ‚beziehen', ‚sich durchtränken', ‚einfassen', ‚einlassen', ‚einlegen', ‚behäuten', ‚bebärten', ‚gravieren', ‚machen', ‚pudern', ‚teeren', ‚übersäen', ‚überschütten', ‚sich überziehen', ‚umhängen', ‚umkränzen', ‚umrahmen', ‚umwickeln', ‚verschrammen', ‚verwittern' und ‚wirken'.

Diese Verben sind im Wesentlichen transitiv. Einige von ihnen werden reflexiv gebraucht. Im Allgemeinen handelt es sich bei den Verben des Feldes 2 um Tätigkeiten, zu deren Ausführung es irgendwelcher Werkzeuge oder Hilfsmittel bedarf (z.b. Pinsel), oder um die Beschreibung eines Prozesses (z.b. bei ‚aufpeitschen' oder ‚verwittern'). Die obigen Verben können (inklusive Subjekt) bis zu vier Konstituenten an sich binden, etwa nach dem Muster: *X FÄRBT Y mit einem Pinsel blau*. Die Verben des Feldes 2 beschreiben eine qualitative Veränderung (des Objekts), die auch als abgeschlossen markiert sein kann (Zustand). Vor allem das adjektivische Partizip 2 drückt diese Aktionsart aus.

Auffallend in der Liste der Verben des Feldes 2 sind die im Deutschen nicht gebräuchlichen Verben ‚behäuten' und ‚bebärten'. Sie bedeuten so viel wie ‚jemanden mit Haut / mit einem Bart versehen'.

> Er [Ajax/Tutein] unterschied sich kaum noch von Gott, der grau bebärtet ein entrücktes Greisendasein fristete [...] (E, 221)

> Er [Ragnvald] hatte sich mit seinen Kräften hervorgetan. Mit braun behäuteten Muskeln, mit dem Tier in ihm, mit all dem guten Fleisch, das an seinen Knochen gewachsen war. (P2, 780)[434]

Es ist zweifelhaft, ob die jahnnschen Schöpfungen „bebärtet" und „behäutet[]" überhaupt Verbformen sind. Man könnte sie auch als Adjektive definieren, als schöpferische Varianten von ‚bärtig' und ‚-häutig'. Interessanter als die Diskussion darüber, welcher Wortart diese Wörter angehören, ist die Konsequenz, die sich aus der Konstruktion (durch den Autor oder durch den Interpreten) der *Verben* ‚bebärten' und ‚behäuten' ergibt.

Das transitive Verb ‚bebärten' bedarf eines Subjekts. Irgendwer muss also Gott mit einem Bart versehen haben. Dadurch wird Gott greifbar und fassbar wie ein Versatzstück einer Kulisse. Die daraus resultierende Ironie ist unübersehbar. Das Verb ‚behäuten' ist das Gegenteil bzw. die Umkehrung von ‚häuten' und bedeutet in etwa ‚jemanden mit Haut überziehen'. Ein einfaches Verb für das Gegenteil von ‚häuten' gibt es im Deutschen nicht. Indem Jahnn ein solches Antonym konstruiert, füllt er eine Lücke im deutschen Lexikon. Festzustellen, dass Ragnvald Haut über seinem Fleisch trägt, ist an und für sich redundant. Doch ist die Information ein Signal für das Vor-

---

[434] Ein zweiter Beleg für ‚behäutet', hier allerdings ohne Farbprädikativ: „Die nackten Glieder Johannes' schimmerten silbern [...], die Asgers waren matt, körnig, völlig haarlos behäutet." (E, 314)

4.4. Die Verben mit Farbprädikativen

handensein einer besonderen Haut, zumal Ragnvald, Signes Liebhaber, einer der jahnnschen Superkerle[435] ist und *braune* Haut bei Jahnn für ausgesprochene körperliche Schönheit und erotische Ausstrahlung steht. Das Motiv der braunen Haut ist typisch für Jahnn und wird immer wieder begegnen.

Sonderbar ist auch der Gebrauch von ‚einlassen' und ‚einlegen':

> Er [Egil Berg] nestelte an seiner Jacke, öffnete sie, knöpfte das Hemd über dem Herzen frei. Er zeigte das Nackte seiner linken Brusthälfte. Die Warze war klein, verglichen mit einem rundlichen Siegel, das braun, schorfig, teils erhaben in den Muskel eingelassen war. Ein siebenzackter Stern. (P, 457)

> Seine [Augustus'] Ohren waren klein, fast kreisrund, die Haut war rotschwarz, nur auf dem einen Arm gab es ein helles Stück Haut, einen weiß eingelegten Ring. (N1, 504)

Im ersten Zitat bezieht sich das Zustandspassiv von ‚einlassen' auf das braune Brandmal auf Egils Brust, das Emblem des Bundes „Goldener Siebenstern". Im zweiten Zitat beschreibt das Partizip 2 von ‚einlassen' eine hellerfarbene Stelle in Form eines Ringes auf der *rotschwarzen* Haut von Augustus' Arm. Der Unterschied zwischen ‚einlassen' und ‚einlegen' und den übrigen Verben des semantischen Feldes 2 besteht darin, dass bei ‚einlassen' und ‚einlegen' das grammatische Akkusativobjekt nicht gleichzeitig auch die Entität ist, die bei dieser Handlung eine qualitative Veränderung erfährt. Wenn man die beiden Textstellen in das Aktiv umformt, so sind *Siegel* und *Ring* die Akkusativobjekte. Nicht diese werden verändert, sondern dasjenige, dessen Teil sie werden oder sind: *Brust* und *Haut*.

Das Feld 3 (*sich befinden*) ist relativ klein und enthält die sieben Verben ‚liegen', ‚stehen', ‚sich erstrecken', ‚anhaften', ‚daliegen', ‚dastehen' und ‚entgegenstehen'. Diese Verben sind vorwiegend intransitiv und schreiben dem Subjekt eine Farbe zu.

Viel umfangreicher ist das Feld 4, das die Verben der *Bewegung* zusammenfasst. Hierher passen die 55 Verben ‚fließen', ‚fallen', ‚triefen', ‚entsteigen', ‚sich verlieren', ‚sich entladen', ‚gerinnen', ‚herablaufen', ‚hervorkommen', ‚hervorsteigen', ‚sich hindurchpflügen', ‚ragen', ‚schmelzen', ‚verfallen', ‚vorübergehen', ‚anlaufen', ‚anschwellen', ‚auf- und abschwingen', ‚aufbrechen', ‚aufschneiden', ‚aufstehen', ‚aufsteigen', ‚bewegen', ‚sich biegen', ‚eingehen', ‚einherflattern', ‚sich entrollen', ‚sich falten', ‚herabsinken', ‚hervorbrechen', ‚hervorwachsen', ‚sich hervorwölben', ‚hervorziehen', ‚hinabtropfen', ‚sich hinunterwälzen', ‚jagen', ‚kommen', ‚schäumen', ‚schneiden', ‚schneien', ‚schreiten', ‚schwellen', ‚sich senken', ‚steigen', ‚strudeln',

---

[435] Eine Parallele findet sich in „Spätgotische Umkehr" (1927): „Und siehe, der heilige Sebastian ersteht in hundert, in tausend schönen Leibern, lebend, bekleidet mit seiner Haut [...]" (Schriften I, S. 715.)

‚tropfen', ‚umflattern', ‚verdrängen', ‚vereisen', ‚versinken', ‚wachsen', ‚wirbeln', ‚zergehen', ‚zittern' und ‚zusammenfallen'.

Im Allgemeinen schreiben diese Verben mittels des Farbprädikativs dem grammatischen Subjekt eine Farbe zu. Bis auf wenige Ausnahmen sind diese Verben intransitiv. Bei ‚schmelzen' (transitiv und intransitiv) steht das Bewegungsmoment nicht im Vordergrund. Doch impliziert der Übergang vom festen in den flüssigen Aggregatzustand eine mehr oder weniger starke Bewegung der Materie. Das Verb ‚vereisen' bedeutet den umgekehrten Vorgang; analog zu ‚schmelzen' wird auch dieses Verb dem Feld 4 zugeordnet. Ziemlich am Rande dieses semantischen Feldes stehen ‚schneiden' und ‚aufschneiden'. Sie bedeuten Trennung, die in gewisser Hinsicht auch eine Bewegung impliziert. Auffallend in dem *Bewegungs*-Feld sind zehn Verben, die auf Flüssigkeiten verweisen: ‚fließen', ‚triefen', ‚gerinnen', ‚herablaufen', ‚schmelzen', ‚hinabtropfen', ‚schäumen', ‚strudeln', ‚tropfen' und ‚vereisen'.

139 von den insgesamt 152 Verben konnten einem der vier semantischen Felder zugeordnet werden. 13 Verben passen in keines der vier Felder. Vier davon (‚sehen', ‚denken', ‚bezeichnen', ‚finden') könnten unter dem Terminus *Verba sentiendi, cogitandi et nominandi* zusammengefasst werden. In der lateinischen Grammatik ist hier das Farbprädikativ mit dem Bezugsnomen in Numerus, Genus und Kasus kongruent. Im Deutschen weisen diese Verben dem Objekt eine Farbe zu. ‚Sehen' ist fünfmal belegt, ‚denken', ‚bezeichnen' und ‚finden' je einmal. Es ist nötig, für diese vier Verben ein neues Feld 5 einzuführen. Dieses umfasst die Verben der *Wahrnehmung*, des *Denkens* und des *Dafürhaltens*.

Nun bleiben noch neun belegte Verben mit Farbprädikativen übrig, mit deren Zuordnung zu einem der fünf semantischen Felder man sich schwer tut. Sie sind hier aufgelistet, eingebettet in den Kontext.

a) Ihr [sc. der Tannen] stolzes Haupt brach, die Zweige, an denen sie blühen wollten, violett und rot und grün und schwefelgelb geil, ihre Glieder, ihre kostbarsten, brachen jetzt. (P, 32)

b) Alles begann mit dem Gang durch die dunkle geschlängelte Twiete zwischen alten Weißdornhecken; im Frühling blühten sie weiß, im Winter standen sie schwarz und kahl, knackten und pfiffen. (N2, 42)

c) Sie [sc. Blumen] duften rosig weiß wie Spiralen. (P, 91)

d) Und das Moos duftete torfig und käferblau. (P2, 679)

e) Der Saphirstift der Nacht hat blau dein Weiß geläutert. (P, 89, 97)[436]

f) Ich weinte mir die Augen rot [...] (N1, 433)

---

[436] Dieser Satz findet sich auch in Jahnns Fragment „Der Raub der Europa" (1928) in: Dramen II, S. 1087.

4.4. Die Verben mit Farbprädikativen

g) Ich dachte viel an meine Mutter, und daß sie sich meinetwegen die Augen rot weine. (N1, 498)

h) Ich weiß nicht, wer dir [sc. Gari] widerstehen sollte, wenn du ihn braun anlächelst, die Lippen vorwölbst, deine dunklen Augen ruhig fordern läßt – (J, 11)

i) Da, wie ein einziger violetter Blitz, reißt das Firmament in Fetzen. Schwarz brüllt es hinter dem Einbruch. (H, 88)

j) Johannes' Entgegnung kam schnell; seine Stimme klang verlockend und schwarz [...] (E, 337)

k) Ich bin eine gelbe Blume und stinke gelb. (P, 508)

l) Der duffmetallene Vogel, der sie aus Oslo hergetragen, schwebt surrend in der Luft, trieb schon ab gegen Süden. Blitzte vor der mittäglichen Sonne. Veraschte weiß gegen den reinlichen Himmel. (P2, 679)

In (a) ist auf den ersten Blick nicht klar, worauf sich „violett und rot und grün und schwefelgelb geil" bezieht. Die Phrase könnte eine Apposition sein, die die spezifische Farbe der *Zweige* schildert. Sie könnte aber auch ein Prädikativ zu *blühen* sein. In (b) ist *weiß* eindeutig ein Prädikativ zu *blühen*. Dieses Verb bedeutet einen Zustand oder eine Tätigkeit, die für Blumen und Blüten spezifisch ist. Sichtbares Zeichen für das Blühen ist eine spezifische Farbe, die in gewisser Weise „ausgestrahlt" wird. Daher könnte man *blühen* als eine Variation von *leuchten* interpretieren und dem semantischen Feld 1 zuordnen.

‚Duften' in (c) und (d) und ‚stinken' in (k) sind unterschiedlich konnotierte Begriffe, die unter intransitivem *riechen* oder *einen Geruch von sich geben* zusammengefasst werden können. Die Verben ‚duften' und ‚stinken' binden hier ein Farbprädikativ an sich. Eine olfaktorische Qualität wird mit einer optischen verbunden. Hier handelt es sich um den typischen Fall einer Synästhesie. Ebenfalls eine Synästhesie liegt in (i) und (j) vor: ‚klingen' und ‚brüllen', die dem akustischen Wortfeld angehören, sind durch Farbprädikative ergänzt.

Diese Verben ‚duften', ‚stinken', ‚klingen' und ‚brüllen' bedeuten einen Impuls für die olfaktorische und akustische Wahrnehmung. Konzeptuell am nächsten stehen sie der Gruppe (1) (*brennen, glänzen, leuchten*), die Impulse für die optische Wahrnehmung zusammenfasst.

In (f) und (g) ist ‚weinen' durch *rot* ergänzt. Diese Farbe bezieht sich auf die Augen. Durch das Weinen *verändert* sich das Aussehen der Augen. ‚Weinen' kann daher dem *adficere*-Feld 2 zugeordnet werden. Auch die übrigen drei Verben ‚läutern' (e), ‚anlächeln' (h) und ‚veraschen' (l) haben ein veränderndes Moment. Sie passen daher am ehesten in das Feld 2.

Bei den letzten drei Verben handelt es sich um ausgesprochen poetische Wendungen, denen man in der Standardsprache oder im Alltag kaum begegnet. In (e) ‚läutert' das Subjekt „Saphirstift der Nacht" das Objekt „Weiß". Das Prädikativ „blau" referiert auf die blaue Farbe von Saphir, die durch die Läuterung auf Weiß übertragen zu werden scheint. Grammatisch ist der Satz klar, seine Bedeutung aber bleibt chiffrenhaft.[437] In (h) ‚lächelt' Gari ein männliches Gegenüber ‚braun' an. Braun ist in Jahnns Textwelt ein Farbprädikat für männliche Protagonisten und bedeutet Schönheit, erotische Ausstrahlung und Anziehung. Garis Haut und Haare sind braun, im Gegensatz zum blonden und bleichen Mathieu[438] (J, 16, 100, 125, 128, 132, 141). Das Farbprädikativ ‚braun' in (h) bezieht sich auf das pronominale Subjekt „du", das hier für Gari steht. Es beschreibt aber auch deutlich die Art und Weise, *wie* Gari jemanden anlächelt. Aufgrund seiner autorspezifischen Konnotation könnte ‚braun' in (h) etwa durch das modale Adverbial *in erregender, aufreizender Art und Weise* ersetzt werden. ‚Braun' kann in gleichem Maße auf den Akteur Gari wie auf seine Aktion des Anlächelns bezogen werden. Aufgrund der spezifischen *Ausstrahlung*, mit der sich die Phrase ‚braun anlächeln' assoziieren lässt, könnte man das Verb zum Feld 1 für *brennen, glänzen, leuchten* zählen. ‚Braun anlächeln' lässt aber auch an *anmalen, adficere* denken, auch an *berühren*. Mithin wäre auch die Zuordnung zu Feld 2 (*adficere*) möglich.

Das Verb ‚veraschen' in (l) ist unüblich. Aus dem Kontext ableitbar sind zwei Bedeutungsmomente: Einmal beschreibt ‚veraschen' wie ‚blitzen' (vgl. auch die parallele Spitzenstellung der Prädikate: „Blitzte [...] Verastche [...]") das Erscheinungsbild des grauen Flugzeugs. Erkennbar ist dabei die Nähe zum Feld *brennen, glänzen, leuchten*. Demzufolge könnte ‚veraschen' dem semantischen Feld 1 zugewiesen werden. Zum anderen bedeutet das Verb eine Veränderung, den durch Feuer verursachten Übergang von einem Zustand in einen anderen. Demnach ist ‚veraschen' mit den Verben ‚gerinnen', ‚schmelzen' und ‚vereisen' aus dem *Bewegungs*-Feld 4 vergleichbar.

Die 152 Verben lassen sich, abgesehen von wenigen Ausnahmen, klar einem der fünf semantischen Felder zuordnen:

Feld 1: *brennen, glänzen, leuchten,*
Feld 2: *adficere,*
Feld 3: *sich befinden,*
Feld 4: *(sich) bewegen* und
Feld 5: *Verba sentiendi, cogitandi et nominandi.*

---

[437] Abgesehen davon, dass Blau tatsächlich die Farbe des Saphirs beschreibt, ist es wohl kein Zufall, dass in diesem Satz gerade Blau vorkommt. Overath (1987), S. 195, bringt ihre Analyse von Blau in Gedichten der letzten zwei Jahrhunderte auf den formelhaften Punkt: „Es gibt – so unterschiedlich die Blau-Motivik der gelesenen Gedichte auch war – ein sie verbindendes Element: Blau als poetische Energie. Es leistet auf ganz verschiedene Art eine Verwandlung [...]"

[438] Jahnn schreibt in „Jeden ereilt es" sowohl „Mathieu" als auch „Matthieu". In dieser Arbeit wird durchgehend die im Französischen übliche Schreibung *Mathieu* verwendet.

4.4. Die Verben mit Farbprädikativen 213

Das Diagramm 4.4.B stellt den relativen prozentualen Anteil der Verben an den fünf Bedeutungsfeldern dar. Erfasst ist hier das Vokabular nach den Types.

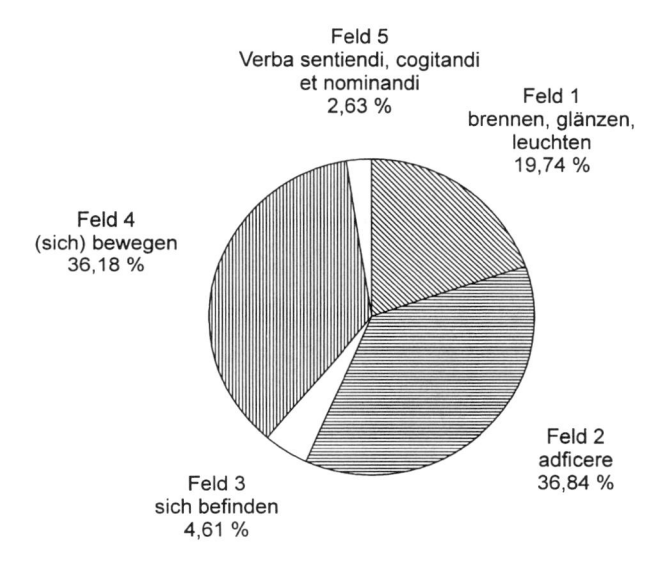

Diagramm 4.4.B: Anteil der Verben (Types) an den Bedeutungsfeldern

Am größten sind die Felder 2 und 4 (beide ca. 36 %). Zusammen beinhalten sie mehr als zwei Drittel der Verben, die Farbprädikative an sich binden. Bedeutend kleiner ist das Feld 1 (20 %). Jeweils unter 5 % liegen die kleinen Felder 3 und 5.

Die Anzahl der Types gibt das Vokabular wieder, also das Inventar der Lemmata. Nun haben aber einzelne Bedeutungsfelder ein viel weniger umfangreiches Vokabular als andere. Man denke etwa an die geringe Anzahl von Synonymen für ‚sich befinden', verglichen mit dem weiten Feld der Verben, die beispielsweise das ‚adficere'-Feld bilden. Daher ist es sinnvoll, den Anteil der Verben an den fünf Bedeutungsfeldern durch die Darstellung der Tokens gegenzuprüfen (siehe Diagramm 4.4.C).

Die relative prozentuale Verteilung der Bedeutungsfelder in den Diagrammen 4.4.B und 4.4.C ist sehr ähnlich. Die Rangverteilung ist in beiden Fällen die gleiche. Den größten Anteil bildet jeweils das Feld 2, dann folgen die übrigen Felder 4, 1, 3 und 5. Am stabilsten sind das größte Feld 2 (36,84 % versus 37,50 %) und das kleinste Feld 5 (2,63 versus 3,13 %). Sehr stark variiert das Feld 4: Gemessen an den Types, hat es einen Anteil von 36,18 %, gemessen an den Tokens, beträgt der Anteil 25,78 %. Auch der Unterschied beim Feld 3 ist beachtlich: Es variiert zwischen 4,61 % bei den Types und 10,16 % bei den Tokens. Der Unterschied von knappen 5 % beim Feld 1 fällt –

relativ zum Umfang des Feldes – weniger ins Gewicht. Daraus wird die Verschiebung zwischen den Diagrammen 4.4.B und 4.4.C erkennbar. Das Feld 4 vermindert sich um etwa 10 %. Diese 10 % werden durch den Anstieg der Gruppen 3 und 1 um jeweils circa 5 % kompensiert.

Feld 5
Verba sentiendi, cogitandi
et nominandi
3,13 %

Feld 1
brennen, glänzen,
leuchten
23,44 %

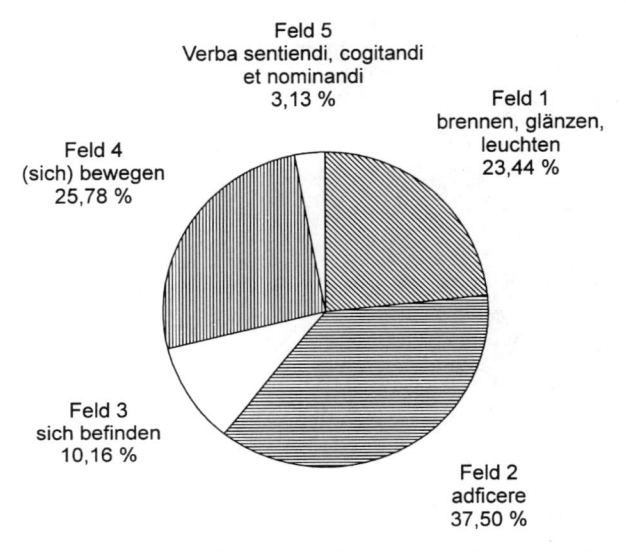

Feld 4
(sich) bewegen
25,78 %

Feld 3
sich befinden
10,16 %

Feld 2
adficere
37,50 %

Diagramm 4.4.C: Anteil der Verben (Tokens) an den Bedeutungsfeldern

Wenn man die Daten in den Diagrammen 4.4.B und 4.4.C zu abstrahieren versucht, so wird ein Phänomen sichtbar, das man als Ding- oder Objekt-Bezogenheit der Farben beschreiben könnte. Die Verben der Felder 1, 2, 3 und 4 weisen den Dingen Farben zu. Die Farben sind Qualitäten der Dinge, sie beschreiben deren Beschaffenheit und Zustand. Die Körper und Dinge *glänzen, befinden sich* und *bewegen sich* in einer bestimmten Farbe. Das Feld 2, das die Dinge mit einer bestimmten Farbe *versieht*, betont den Akteur in diesem Prozess. Das Ziel der Farbzuweisung bleibt aber immer das Ding. Wie gering ist dagegen der Anteil der Verben, die die Wahrnehmung oder die Vorstellung der Farben explizieren! Die Farben sind in über 95 % der Fälle Eigenschaften der Dinge, *Adfectionen derer Cörper.* Dass diese wahrgenommen, gesehen usw. werden, wird im unmittelbaren syntagmatischen Umfeld der Farbausdrücke so gut wie gar nicht thematisiert. Die Verben der Wahrnehmung haben einen Anteil von nicht einmal 5 %.

An den Komplementen in Komposita nach dem Muster F + X fiel auf, dass die explizite Visibilität der Farben unter Zuhilfenahme von Begriffen aus dem semantischen

4.4. Die Verben mit Farbprädikativen 215

Feld *Licht, Schein, Leuchten* selten realisiert wird. Daraus wurde hypothetisch geschlossen, dass die explizite Wahrnehmung in der unmittelbaren syntagmatischen Umgebung der Farben eine umso geringere Rolle spielen muss. Genau diese Vermutung wird durch das sehr schmale Tortenstück des Feldes 5 (*Verba sentiendi etc.*) in den Diagrammen 4.4.B und 4.4.C bestätigt. Pointiert ausgedrückt: Den Farben fehlen in der Sprache das *Licht* und die *Wahrnehmung*. Diese Behauptung bleibt für die Arbeit am Text nicht folgenlos.

Prinzipiell gibt es in der Farbdefinition zwei Akzentuierungen. Farbe ist in erster Linie entweder die Eigenschaft eines Körpers oder die Leistung des Lichts (vgl. die Kapitel 1.1. „Farbe" und 1.5. „Andere ausgewählte Farbkataloge"). Aus sprachfixierter Sicht ist die Farbe in erster Linie die Eigenschaft eines Körpers. Denn ursächlich für das Vorhandensein von Farbe ist der Farbträger.

Die Behauptung, dass die sprachlich ausgedrückte Wahrnehmung im Text weitestgehend ausgespart bleibt, ist an und für sich müßig. Denn in den Präsuppositionen ist sie ohnedies vorhanden, ihre Realisation im Textfluss ist redundant. Wenn man aber diese Präsuppositionen in die Betrachtung mit einbezieht, werden starke Restriktionen und grundlegende Selektionen sichtbar. Ein stark vereinfachtes, linearisiertes Modell dazu könnte etwa folgendermaßen aussehen:

Prämisse: Alle Dinge haben eine Farbe.
Die Seite des Textproduzenten:
1. Der Autor weist einem kleinen Teil der Dinge in seiner Textwelt eine Farbe zu.
2. Ein kleiner Teil der expliziten Farben der Dinge wird explizit wahrgenommen.
Die Seite des Textrezipienten:
1. Ein kleiner Teil der Dinge in der Textwelt hat explizit eine Farbe.
2. Ein kleiner Teil der expliziten Farben der Dinge wird als relevant wahrgenommen.

Zwei Selektionsschritte sind wirksam. Der erste Schritt betrifft die Seite des Produzenten: Aus der Vielzahl der Dinge, die prinzipiell alle eine Farbe haben können, wählt der Autor einige wenige aus und versieht sie durch Wörter mit einer Farbe. Die Farben dieser Dinge liegen daraufhin explizit in der Textwelt vor, sie alle können prinzipiell wahrgenommen werden. Der zweite Schritt betrifft sowohl die Seite des Produzenten als auch die Seite des Rezipienten: Der Autor lässt z.B. das Ich, den Erzähler oder die Figuren einen kleinen Teil der Farbinformation ausdrücklich wahrnehmen. Der Rezipient nimmt einen kleinen Teil der Farbinformation als relevant wahr. Man kann diesen Akt als Leseerlebnis bezeichnen. In der Wahrnehmung geht der größte Teil der Farbinformation verloren, obwohl es sich dabei um explizite Information an der Textoberfläche handelt. Dem Fehlen der expliziten Farbwahrnehmung in der Textwelt entspricht das Fehlen der bewussten Farbwahrnehmung beim Leseakt.

Vermutlich ungleich größer ist der Anteil der Farbinformation in den Präsuppositionen. Denn prinzipiell haben alle Dinge in der Textwelt Farben, sie können auch erschlossen werden, ohne dass der Autor sie formuliert. Und alle expliziten Farbnennungen können prinzipiell wahrgenommen werden, ohne dass dies durch den Autor sprachlich formuliert wird und ohne dass der Leser bei jedem Farbwort ein zündendes Erlebnis hat.

Beachtlich sind die Größenrelationen. Die unendlich große Menge der Möglichkeiten verkleinert sich durch Selektionen zu einer winzigen Menge tatsächlich wahrgenommener Elemente. Was bleibt, sind Marginalien der (Text-)Wirklichkeit. Diese müssen genügen, um Präferenz, Akzentuierung und Amplifikation zu erkennen.

Dieser Gedankengang veranschaulicht die große interpretatorische Herausforderung, die darin besteht, den zweiten Selektionsschritt auf der Seite des Rezipienten auszuschalten. Wenn nämlich das interpretierende Subjekt in seiner Wahrnehmung der durch den Autor generierten Textwelt seine Aufmerksamkeit auf die Elemente mög-

	Feld 1 (brennen, glänzen, leuchten)	
finit	*finit und Partizip*	*Partizip*
aufflammen	erstrahlen (Part. 1)	**brennen, Part. 1**
aufglimmen	**glühen (Part. 1)**	**glänzen, Part. 1**
auflecken	**schimmern (Part. 1)**	strahlen, Part. 1
aufleuchten		durchschimmern, Part. 2
blaken		entzünden, Part. 2
blühen		439
brüllen		
duften		
durchleuchten		
erglühen		
erscheinen		
flackern		
flimmern		
glimmen		
hervorblitzen		
klingen		
leuchten		
prangen		
scheinen		
stinken		
verfinstern, sich		
zeigen, sich		

[439] Weiter sind in 3.4.C belegt: ‚-blinkend', ‚-brodelnd', ‚-flammend', ‚-flatternd', ‚-rankend' und ‚-züngelnd'.

4.4. Die Verben mit Farbprädikativen

Feld 2 (adficere)		
finit	finit und Partizip	Partizip
anlächeln	**färben (sich) (Part. 2)**	anhauchen, Part. 2
beizen	**schminken (sich) (Part. 2)**	anstrahlen, Part. 2
bekleiden	tönen (Part. 2)	aufpeitschen, Part. 2
bestäuben	verfärben (Part. 2)	bebärten, Part. 2
besudeln		beflecken, Part. 2
durchtränken, sich		behäuten, Part. 2
einfassen		**bemalen, Part. 2**
einlassen		bepudern, Part. 2
läutern		besetzen, Part. 2
machen		bestreichen, Part. 2
übergießen, sich		beziehen, Part. 2
übersäen		drucken, Part. 2
überziehen, sich		durchwirken, Part. 2
umhängen		einlegen, Part. 2
umwickeln		fassen, Part. 2
veraschen		gravieren, Part. 2
weinen		hintuschen, Part. 2
zeichnen, sich		**kalken, Part. 2**
		kleiden, Part. 2
		malen, Part. 2
		polieren, Part. 2
		pudern, Part. 2
		streichen, Part. 2
		streifen, Part. 2
		teeren, Part. 2
		tränken, Part. 2
		tünchen, Part. 2
		überschütten, Part. 2
		umkränzen, Part. 2
		umrahmen, Part. 2
		umranden, Part. 2
		verschrammen, Part. 2
		verwittern, Part. 2
		wirken, Part. 2
		440

Tabelle 4.4.D: Partizipausprägung der Verben der semantischen Felder 1 und 2

lichst gleich verteilt, steigt die Chance, etwas anderes zu erfahren als bei einer intuitiv gesteuerten Herangehensweise an den Text.

---

[440] Weiter sind in 3.4.C belegt: '-eingekleidet', ‚-gescheuert', ‚-gebrannt', ‚-geädert', ‚-gescheitelt', ‚-gesprenkelt', ‚-gewaschen', ‚-gezackt', ‚-glasiert', ‚-lackiert' und ‚-verglast'.

Die Tabelle 4.4.D informiert über die adjektivische Partizipausprägung der Verben der Felder 1 (*brennen, glänzen, leuchten*) und 2 (*adficere*). Als Basis dient die Tabelle 4.4.A. Die dem Komma nachgestellten Angaben *Part. 1* oder *Part. 2* bedeuten dort, dass das Verb ausschließlich als adjektivisches Partizip belegt ist. Wenn die Angaben in Klammern stehen, sind sowohl finite als auch Partizipformen belegt. In der linken Spalte stehen die Verben, die ausschließlich *finit* auftreten, rechts jene, die ausschließlich als adjektivisches *Partizip* auftreten. Verben, die in beiden Formen belegt sind, stehen in der mittleren Spalte.

Schon das optische Erscheinungsbild der beiden Abschnitte in Tabelle 4.4.D macht deutlich, dass die Verben des semantischen Feldes 1 (*brennen, glänzen, leuchten*) viel seltener als adjektivisches Partizip gebraucht werden als die Verben des Feldes 2 (*adficere*). Weiter fällt auf, dass die Partizipformen des Feldes 2 ausschließlich Partizipien 2 sind, während jene des Feldes 1 bis auf zwei Ausnahmen Partizipien 1 sind.

Vergleicht man diese Verteilungen (Anzahl der Partizipien an einem semantischen Feld, Partizip 1 versus Partizip 2) mit den Verbformen, die in Farbkomposita des Musters F + X das Komplement X bilden (siehe Tabelle 3.4.C), so fällt eine überraschende Deckung auf. Es gibt dort deutlich weniger verbale Komplemente in Form des Partizips 1 als des Partizips 2 (13 versus 34). Die Partizipien 1 sind Verben, die dem semantischen Feld *brennen, glänzen, leuchten* angehören, während die Partizipien 2 Verben aus dem Feld *adficere* sind. Genauso verhält es sich in der Tabelle 4.4.D.

Der Fettdruck kennzeichnet Verben, die sowohl in der Tabelle 3.4.C als auch in der Tabelle 4.4.D belegt sind. Verbale Komplemente in den Komposita des Musters F + X, die nicht als Farbprädikative begleitende Verben belegt sind, werden der Vollständigkeit halber in den Fußnoten 439 und 440 nachgereicht.

Das Partizip 1 kennzeichnet einen präsentischen und mehr oder weniger durativen Vorgang, während das Partizip 2 eine abgeschlossene Aktion bedeutet, die in der darauf folgenden (gegenwärtigen, vergangenen oder zukünftigen) Gegenwart einen anhaltenden Zustand zur Folge hat. Übertragen auf die Farben, die mit Partizipien einhergehen, und auf die semantischen Felder, denen diese Partizipien angehören, bedeutet dies: Brennende, glänzende, leuchtende Farben sind nur in der (zeitlich wie auch immer lokalisierten) Gegenwart sichtbar und verschwinden dann. Sie sind gegenwärtig präsent und können nur für diese Dauer sprachlich fixiert werden. Farben hingegen, mit denen Körper adfiziert worden sind, stellen in der Gegenwart einen Zustand dar, der auf eine vorangehende, abgeschlossene und durch das Partizip 2 markierte Aktion zurückgeht. Solche abgeschlossenen Aktionen und die dabei adfizierten Farben bleiben für unbestimmte Zeit als präsentischer Zustand abrufbar und sprachlich fixierbar.

4.5. Farbverben

Aus der Tabelle 4.1.A ging hervor, dass insgesamt 93 Farbetyma in Farbverben auftreten. Dies entspricht knappen 3 % aller 3.607 Farbetyma bzw. aller 3.321 Farbausdrücke. Verglichen mit der überaus großen Gruppe der Farbadjektive (etwa 70 %) bilden die Farbverben einen vergleichbar kleinen Anteil an der expliziten Farbgebung im untersuchten Korpus.

In Kapitel 4.3. „Wortart, Satzgliedfunktion und Farbe" wurde den Farbverben eine dynamisierende Farbgebung zugeschrieben. Außerdem fiel anhand der Tabelle 4.3.A auf, dass sich die Verteilung der einzelnen Etyma innerhalb dieser Gruppe merklich anders verhält als in anderen Wortart- und Satzgliedgruppen. Hoch signifikant von 0 verschieden aber ist die Korrelation der Farbverben mit den farbgebenden Prädikatsadjektiven, die zusammen mit der Kopula ‚werden' eine Verbalphrase bilden.

Die Tabelle 4.3.C schließlich machte deutlich, wodurch dieser Unterschied bedingt ist. Beide Gruppen werden vorwiegend aus ROT gebildet: Etwa 59 % der Farbverben und etwa 43 % der Prädikatsadjektive mit ‚werden' enthalten das Etymon ROT.

Die Tabelle 4.5.A gibt alle belegten Farbverben aus dem Korpus wieder. Sie alle sind in den Infinitiv gesetzt.

BLAU	0	
BRAUN	7	bräunen
GELB	2	vergilben
GRAU	12	ergrauen
GRÜN	6	grünen
LILA	0	
ORANGE	0	
PURPUR	0	
ROSA	0	
ROT	55	erröten (37), röten (13), röten, sich (5)
SCHWARZ	11	schwärzen (8), schwärzen, sich (2), anschwärzen (1)
VIOLETT	0	
WEISS	0	
	93	

Tabelle 4.5.A: Farbverben

Sechs von den insgesamt 13 Farbetyma bilden im Jahnn-Korpus ein Farbverb. Belegt sind die Verben ‚bräunen', ‚vergilben', ‚ergrauen', ‚grünen', ‚(sich) röten', ‚erröten', ‚(sich) schwärzen' und ‚anschwärzen'. Aus den seltenen LILA, ORANGE und PURPUR bildet Jahnn keine Farbverben, auch nicht zu ROSA und VIOLETT. Farbverben aus diesen Etyma kennt das Deutsche auch nicht. Möglich aber wären Farbverben, die aus BLAU und WEISS gebildet sind. ‚Blauen' ist selten, gebräuchlich ist ‚weißen'. Aber auch dieses Verb gebraucht Jahnn nicht. Jahnns verbale Farbgebung ist abtönend, indem er ‚(sich) schwärzen' und ‚anschwärzen' insgesamt 11-mal verwendet, nie aber ‚weißen'.

Die eine Hälfte der belegten Farbverben ist transitiv (‚bräunen', ‚röten', ‚schwärzen' und ‚anschwärzen'), die andere intransitiv (‚vergilben', ‚ergrauen', ‚grünen' und ‚erröten'). Die transitiven Farbverben lassen sich durch ‚braun/rot/schwarz machen' paraphrasieren, die intransitiven durch ‚gelb/grau/grün/rot werden'.

Vier Farbverben sind durch die Präfixe *ver-, er-* und *an-* differenziert: ‚vergilben', ‚ergrauen', ‚erröten' und ‚anschwärzen'.

Das nicht-präfigierte ‚grauen' ist nicht belegt. Belegt aber ist ‚ergrauen'. An diesem Detail wird deutlich, wie auch hier wieder der Mensch und sein Körper stärker thematisiert sind als etwa Vorgänge in der Natur. Denn ‚ergrauen' aggregiert im Allgemeinen mit menschlichen Lebewesen, während ‚grauen' im Wesentlichen auf den Übergang zwischen den Tageszeiten referiert.

Etwa ein Drittel (34) der 93 Farbverben werden in der Gestalt eines adjektivischen Partizips gebraucht. In diesen Fällen handelt es sich bis auf wenige Ausnahmen um Partizipien 2. In Anlehnung an die Analyse der Partizipien am Ende des vorigen Kapitels muss es sich hier um abgeschlossene Vorgänge handeln, aus denen ein präsentischer Zustand resultiert.

4.6. Die Restgruppe

Das Kapitel 1.7. „Die Versuchsanordnung" hat die Arbeitsdefinition vorgelegt, dass es sich bei der Restgruppe um substantivisch gebrauchte Komposita handelt, die ein Farbetymon enthalten und bei denen der Farbwert durch Bedeutungsinterferenz nicht mehr vordergründig wichtig ist. Bei der so genannten Restgruppe handelt es sich um eine sehr inhomogene Menge aus 53 Begriffen, die insgesamt 106-mal wiederkehren bzw. 107 Farbetyma enthalten.[441] Alle diese 53 Begriffe waren im Kapitel 3.4. „Andere Kombinationen" schon einmal Gegenstand der Betrachtung, dort allerdings unter dem Gesichtspunkt der Differenzierung von Farbetyma durch Komplemente. Die Tabelle 4.6.A reiht die Wörter aus der Restgruppe nach ihrer Rekurrenz im Korpus. Gleich oft rekurrierende Begriffe sind alphabetisch geordnet.

---

[441] Diese Differenz ergibt sich durch ‚Schwarzweißkunst', das einzige Wort in dieser Gruppe, das mehr als ein Farbetymon enthält.

4.6. Die Restgruppe

8	Tannengrün	1	Lilazirkon
7	Rotwein	1	Morgenröte
6	Purpurhaut	1	Purpurgold
6	Schwarzbrot	1	Rosahaut, bleichblasse
5	Blaubeeren	1	Rotbuchenholz
5	Rotguss	1	Rötel, der
4	Weißbrot	1	Rotfüchsin [sc. Pferd]
3	Blaubeermarmelade	1	Rotkohlsuppe
3	Druckerschwärze	1	Rotstift
3	Eiweiß	1	Rottannen
3	Gelbrand	1	Schwarzgras
3	Morgengrauen	1	Schwarzröcke
3	Schamesröte	1	Schwarzsauer
3	Schwarzjohannisbeermarmelade	1	Schwarzsehen
3	Weißwein	1	Schwarzweißkunst
2	Buchsgrün	1	Sehpurpur
2	Rotklee	1	Violettrubin
2	Weißklee	1	Weißblech
1	Blattgrün	1	Weißbuchen
1	Braunbier	1	Weißdorn
1	Fischeiweiß	1	Weißdornhecken
1	Grünanlage	1	Weißfeuerpunkte
1	Grünkohlsuppe	1	Weißglut
1	Grünschnäbel	1	Weißhäutige
1	Grünspan	1	Weißkleewiese
1	Kohlweißlingsraupe	1	Weißkohlsuppe
1	Lilavorhang		

Tabelle 4.6.A: Rekurrenzen der Begriffe aus der Restgruppe

Die allermeisten dieser Begriffe sind alltägliche, eher unauffällige Wörter wie ‚Rotwein', ‚Weißbrot', ‚Morgengrauen', ‚Druckerschwärze' oder ‚Weißblech'. Andere wie ‚Rotguss', ‚Rötel', ‚Lilazirkon', ‚Schwarzgras', ‚Schwarzweißkunst', ‚Gelbrand' oder ‚Sehpurpur' sind seltene technische oder biologische Termini. Wieder andere können als schöpferische Bildungen durch den Autor angesehen werden, etwa ‚Purpurhaut', ‚Lilavorhang' oder ‚Weißfeuerpunkte'.

Das häufigste Wort in dieser Liste ist das ‚Tannengrün' (8 Nennungen). Es folgen ‚Rotwein' (7), ‚Purpurhaut' und ‚Schwarzbrot' (je 6) und die ‚Blaubeeren' (5). Es wird aufschlussreich sein, einige der Begriffe aus der Restgruppe genauer zu betrachten. Dazu werden sie in der Tabelle 4.6.B nach einer anderen Ordnung aufgelistet.

Etyma	Types	Tokens	Belegstellen	
BLAU	Blaubeeren	5	P	211, 347, 348, 441
			N1	764
	Blaubeermarmelade	3	P	453, 453, 476
BRAUN	Braunbier	1	N1	469
GELB	Gelbrand	3	N2	18, 18
			E	383
GRAU	Morgengrauen	3	P	156
			B	285, 285
GRÜN	Blattgrün	1	H	133
	Buchsgrün	2	N2	59
			E	237
	Grünanlage	1	J	180
	Grünkohlsuppe	1	P	53
	Grünschnäbel	1	N1	417
	Grünspan	1	H	133
	Tannengrün	8	P	131, 136
			A	534
			N2	28, 665, 666, 666, 666
LILA	Lilavorhang	1	U	1202
	Lilazirkon	1	P	389
PURPUR	Purpurgold	1	N1	764
	Purpurhaut	6	P2	785
			H	33, 168
			N1	265, 280
			N2	469
	Sehpurpur	1	P	477
ROSA	Rosahaut, bleichblasse	1	P2	703
ROT	Morgenröte	1	P	184
	Rotbuchenholz	1	P2	693
	Rötel	1	P	559
	Rotfüchsin	1	N2	81
	Rotguss	5	P	397, 628, 637, 639
			P2	746
	Rotklee	2	N2	183
			E	188
	Rotkohlsuppe	1	P	53
	Rotstift	1	P	429
	Rottannen	1	N2	10
	Rotwein	7	N1	922, 922
			N2	60, 150, 431, 431
			J	183
	Schamesröte	3	P	257, 559
			J	157

4.6. Die Restgruppe

Etyma	Types	Tokens	Belegstellen	
SCHWARZ	Druckerschwärze	3	N2	268, 290
			E	16
	Schwarzbrot	6	P	58, 606, 630
			N1	238
			N2	84, 203
	Schwarzgras	1	P	399
	Schwarzjohannisbeermarmelade	3	P	453, 453, 476
	Schwarzröcke	1	P	452
	Schwarzsauer	1	N2	66
	Schwarzsehen, viel negatives	1	N2	596
	Schwarzweißkunst	1	P	590
VIOLETT	Violettrubin	1	P	389
WEISS	Eiweiß	3	P	266
			N2	154, 166
	Fischeiweiß	1	N1	743
	Kohlweißlingsraupe	1	E	383
	Weißblech	1	P	430
	Weißbrot	4	N2	168, 344
			E	256, 256
	Weißbuchen	1	N2	10
	Weißdorn	1	N2	51
	Weißdornhecken	1	N2	42
	Weißfeuerpunkte	1	P	175
	Weißglut	1	P	652
	Weißhäutige	1	P	458
	Weißklee	2	N2	7, 524
	Weißkleewiese	1	A	582
	Weißkohlsuppe	1	P	53
	Weißwein	3	P	53
			N1	864
			N2	88

Tabelle 4.6.B: Begriffe aus der Restgruppe mit Belegstellen

Die Hierarchie dieser Tabelle 4.6.B führt vom Allgemeinen zum Einzelnen. Links ist das Etymon angegeben, das in einzelnen Begriffen (Types) realisiert ist. Innerhalb eines Etymon-Bereichs sind die Begriffe alphabetisch geordnet. Die Spalte der Types ist durch die Angabe der Tokens ergänzt. Diese Angaben sind identisch mit den Rekurrenzdaten der Tabelle 4.6.A. In den beiden rechten Spalten sind alle Belegstellen wiedergegeben.

Diese Tabelle wird auf die Frage hin untersucht, ob häufig belegte Begriffe gleichmäßig über das Korpus verteilt sind oder ob sie Klumpen in ganz bestimmten Texten oder Textabschnitten bilden.[442] Geprüft wird dies inhaltsorientiert, nicht statistisch, weil die Menge zu inhomogen und zu klein ist. Von dieser Prüfung sind weniger Aufschlüsse über die Farben selber zu erwarten als vielmehr über den Textaufbau und die Erzähltechnik.

Betrachtet man den ersten Begriff ‚Blaubeeren', so fällt auf, dass vier der insgesamt fünf Belege im „Perrudja" vorkommen und einer in der „Niederschrift I". Die drei Belege für ‚Blaubeermarmelade' treten ausschließlich im „Perrudja" auf, ebenso die drei Belege für die ‚Schwarzjohannisbeermarmelade'. Diese drei Begriffe, insgesamt 11-mal belegt, verwendet Jahnn lediglich in zwei der zehn Romane. Das zeigt den Trend zu einer deutlichen Ungleichverteilung.

Eigentlich gibt es keinen zwingenden Grund dafür, dass diese drei Begriffe nicht gleichmäßig über die Texte verteilt sind. Offensichtlich aber ist ihre Semantik so spezifisch, dass dies nicht möglich ist: Der Kontext verträgt so präzise Angaben wie beispielsweise ‚Schwarzjohannisbeermarmelade' nur extrem selten, oder andersrum: der Kontext bedarf dieser Begriffe sehr selten.

Die seltenen Begriffe beschränken sich nicht nur auf einzelne Texte, sondern häufen sich zudem innerhalb relativ kurzer Textabschnitte. So ist beispielsweise ‚Blaubeermarmelade' auf der Seite 453 im „Perrudja" zweimal belegt, der dritte Beleg folgt in relativ geringem Abstand auf der Seite 476. Ähnlich verteilt sich die ‚Schwarzjohannisbeermarmelade' im „Perrudja": zwei Belege auf der Seite 453, einer auf der Seite 476. Die ‚Blaubeeren' – schon weniger spezifisch als ein Kompositum aus dem Namen einer Beerensorte und der Angabe der Verarbeitung durch ‚Marmelade' – streuen breiter. Die fünf Belege verteilen sich auf zwei Texte; im „Perrudja" auf Textstellen, die etwa 100 Seiten weit auseinander liegen.

Nun ist der seltene Gebrauch einzelner Wörter (das gesamte Korpus umfasst mehr als eine Million Wörter) sicher nicht nur kontextgesteuert. Es gibt mindestens zwei weitere Gründe dafür. Zum Einen lässt sich die Verwendung durch den Schreibprozess erklären, der unter Anderem eine assoziative Bewegung ist. Um das Gemeinte etwas zu pointieren: Jahnn mag von Zeit zu Zeit ein seltenes Wort eingefallen sein, das ihm gefallen hat. Er hat es einige Male hintereinander verwendet, dann verschwindet das Wort, weil es für den Autor den Reiz der Novität verliert. Zum Anderen kann hinter der Häufung seltener Wörter auf relativ engem Raum auch eine Intention stecken. Der Autor baut durch die wiederholte Verwendung eines seltenen (und daher auffallenden) Begriffs ein spezifisches, sehr präzises Feld auf. Diese drei Mechanismen (Kontextabhängigkeit, assoziative Bewegung im Schreibprozess, Intention) erklären die punktuel-

---

[442] Diese Überlegung ist inspiriert von den ansteckenden Verteilungen der Epidemiologie, linguistisch adaptiert von Richter/Richter (1980).

4.6. Die Restgruppe

le Häufung seltener Begriffe im Gegensatz zur – an und für sich möglichen – Gleichverteilung.

Auch die anderen Begriffe, die öfter als zwei-, dreimal verwendet werden, lassen solche punktuellen Häufungen erkennen. ‚Tannengrün', das häufigste Wort aus der Restgruppe (8 Nennungen), konzentriert sich in der „Niederschrift II" auf die Seiten 665 und 666 (4 Nennungen). Im „Perrudja" wird es zweimal auf den nahe beieinander liegenden Seiten 131 und 136 verwendet. Zwei der drei Nennungen des Wasserkäfers ‚Gelbrand'[443] finden sich in der „Niederschrift II" auf der Seite 18. Zwei von drei Belegen von ‚Morgengrauen' stehen in der „Nacht aus Blei" auf der Seite 285.[444] Der ‚Rotwein' (insgesamt 7 Belege) kommt zweimal auf der Seite 922 in der „Niederschrift I" vor, zweimal auf der Seite 431 in der „Niederschrift II". Zwei der vier Nennungen von ‚Weißbrot' finden sich im „Epilog" auf Seite 256. In diesen Fällen wiederholen sich seltene Wörter auf ein und derselben Seite.

Eine weitere Gruppe von Wörtern kehrt ebenfalls auf relativ engem Raum wieder, wenn auch nicht auf der gleichen Seite. Die ‚Purpurhaut' (insgesamt 6 Belege) wiederholt sich in einem Abstand von 15 Seiten in der „Niederschrift I" (Seiten 265 und 280). Drei der fünf Nennungen von ‚Rotguss' konzentrieren sich auf die Seiten 628, 637 und 639 des „Perrudja". Zwei der drei Belege von ‚Eiweiß' liegen im Abstand von 12 Seiten in der „Niederschrift II" auf den Seiten 154 und 166. Spürbar größer sind die Abstände zwischen den Wiederholungen von ‚Druckerschwärze' (N2, 268, 290) und ‚Schwarzbrot' (P, 606, 630).

Auffallender Weise finden sich kaum Wörter, die annähernd gleich verteilt sind. So gibt es beispielsweise unter den acht Begriffen, die je dreimal belegt sind (vgl. 4.6.A), lediglich einen einzigen, der in drei verschiedenen Texten vorkommt: ‚Weißwein'.

Das einzige unter den seltenen Wörtern relativ häufige Wort, das Jahnn verhältnismäßig breit streut, ist die ‚Purpurhaut'. Diese jahnnsche Wortbildung findet sich einmal in „Perrudja. Zweites Buch", zweimal im „Holzschiff", zweimal in der „Niederschrift I" und einmal in der „Niederschrift II". Die ‚Purpurhaut' ist eine schöpferische Analogiebildung zum medizinischen Terminus ‚Sehpurpur'[445] (1 Beleg) und steht diesem – wie sich zeigen wird – semantisch und funktional sehr nahe. ‚Purpurhaut' und ‚Sehpurpur' sind Begriffe, die sich in Jahnns früher und mittlerer Schaffensperiode

---

[443] Garms (o.J.), S. 127: „Der *Gelbrand* (*Dytiscus marginalis*; 30 bis 35 mm; Halsschild und Flügeldecken gelb berandet, Bauchseite gelb, Hinterfüße sind langborstige Schwimmbeine mit zwei Klauen)" ist ein „Schwimmkäfer in Weihern und Teichen".

[444] Im Vergleich dazu kommt die ‚Morgenröte' ein einziges Mal vor (P, 184).

[445] Duden. Das große Wörterbuch (1994), Bd. 6, S. 3059: „*Sehpurpur*, der (Med., Zool.): *roter Farbstoff in den Stäbchen der Netzhaut; Rhodopsin.*" Brockhaus (1992), Bd. 18, S. 375: „*Rhodopsin* [...], *Sehpurpur, Erythropsin*, lichtempfindl[icher] roter Farbstoff in den Stäbchen der Augen von landbewohnenden Wirbeltieren, des Menschen und der Meeresfische [...]"

beobachten lassen. In den späten Texten treten sie nicht mehr auf. Weil die ‚Purpurhaut' einer der häufigsten, auffallendsten und am breitesten gestreuten Begriffe aus der Restgruppe ist, wird sie in Kapitel 7.1. eingehend untersucht.

4.7. Zusammenfassung

Ein Farbetymon kann in der Form der Wortarten Adjektiv, Substantiv und Verb auftreten. Ein Farbadjektiv kann die Funktion eines Attributs, eines Prädikatsadjektivs und eines Prädikativs haben. Ein Farbsubstantiv kann im Subjekt, im Objekt oder in einer Präpositionalphrase verwendet werden. Ein Farbverb kann die Rolle des Prädikats übernehmen, als Partizip kann es adjektivische und attributive Funktionen übernehmen.

Den größten Teil der Farbwörter im Jahnn-Korpus bilden mit rund 60 % die attributiven Farbadjektive. Etwa 6 % treten als Prädikatsadjektive mit ‚sein' und 4 % mit ‚werden' auf. Prädikatsadjektive mit ‚bleiben' sind so gut wie nicht belegt. Circa 8 ⅛ beträgt der Anteil der Farbprädikative, die zusammen mit Verben (ausschließlich der Kopulaverben) in Verbalphrasen auftreten. Mithin beträgt der Anteil der Farbadjektive am farblichen Totale 78 %. Adjektivität ist in der Sprache eine Basiseigenschaft der Farben.

Ein literatursprachliches, autor- und epochenspezifisches Phänomen ist der überraschend große Anteil der Farbadjektive und Farbsubstantive, die in Appositionen und Ellipsen auftreten. Dieser Anteil beträgt etwa 9 %.

Ausschließlich als Substantive realisiert sind 7 % der Farben. Davon tritt der größere Teil (4 %) im Objekt und in Präpositionalphrasen auf, der kleinere Teil (3 %) im Subjekt. Überraschend klein (circa 3 %) ist der Anteil der Farbverben und etwa gleich groß wie der Anteil der so genannten Restgruppe (substantivische Komposita, bei denen nicht mehr ein Farbwert im Vordergrund steht, z.B. ‚Blaubeeren', ‚Eiweiß', ‚Grünschnabel').

Im Wesentlichen gilt diese durchschnittliche Verteilung für alle untersuchten Texte. Ein markantes Detail innerhalb Jahnns Schaffen ist die abrupte Abnahme der Appositionen und Ellipsen im „Holzschiff". Diese Zäsur trennt das frühe vom mittleren und späten Werk des Autors. Auffallend ist ferner der überdurchschnittlich große Anteil der Farbverben im „Epilog".

Aufschlussreich sind einige farbspezifische Abweichungen von der durchschnittlichen Verteilung der Wortart- und Satzgliedgruppen. Farbverben und Verbalphrasen mit der Kopula ‚werden' enthalten vorwiegend das Etymon ROT. Demnach ist ein prozessorientiertes und dynamisches Moment ein wesentliches Merkmal dieser Farbe.

4.7. Zusammenfassung

Aus GRÜN (weniger deutlich aus SCHWARZ) werden überdurchschnittlich viele Farbsubstantive gebildet. BLAU tritt auffallend häufig im Satzsubjekt auf. Man kann dies als Neigung zu Konkretisierung, Vergegenständlichung und Statik interpretieren.

Ausgesprochen hoch ist die Korrelation zwischen der Farbverteilung in der Attributgruppe, in der Gruppe der Prädikatsadjektive mit ‚sein' und in der Gruppe der Ellipsen und Appositionen. Daraus lässt sich schließen, dass die Farbgebung durch diese drei syntaktisch verschiedenen „Färbeverfahren" inhaltlich sehr ähnlich ist und dass appositive und elliptische Farbgebung eine Paraphrase der Farbattribution ist.

Die Verben (ausschließlich der drei Kopulae), die zusammen mit Farbprädikativen eine Verbalphrase bilden, verteilen sich auf fünf semantische Felder. 37 % haben Anteil am Feld *adficere*, 31 % am Feld *(sich) bewegen*, 22 % am Feld *brennen, glänzen, leuchten*, 7 % am Feld *sich befinden* und 3 % sind *Verba sentiendi, cogitandi nominandi*. (Diese Prozentangaben sind Durchschnittswerte aus den Zählungen nach Types und Tokens.)

Alle diese Verben weisen den Dingen Farbe zu. Das Feld *adficere* betont dabei den Urheber oder die Art und Weise der Zuweisung. Die Felder *(sich) bewegen* sowie *brennen, glänzen, leuchten* und *sich befinden* lenken das Augenmerk auf den Farbträger. Unverhältnismäßig klein ist die Gruppe der *Verba sentiendi*, die explizit die Wahrnehmung thematisieren. Betrachtet man den Verbalkomplex in unmittelbarer Umgebung der Farbwörter, so zeigt sich die Farbe in der Sprache als Eigenschaft der Dinge und weniger als Leistung des Lichts. Ferner wird deutlich, dass die explizite Wahrnehmung eine nebensächliche Rolle spielt. Licht und Wahrnehmung fehlen aus ökonomischen Gründen weitest gehend in der expliziten Textwelt, sind aber im unendlich großen Bereich der Präsuppositionen impliziert.

Unterschiede zeigen die semantischen Felder der Verben mit Farbprädikativen auch hinsichtlich ihrer adjektivischen Partizipausprägung. Beispielsweise ist beim größten Feld *adficere* ein deutliches Übergewicht an adjektivischen Partizipien erkennbar, die ausschließlich Partizipien 2 sind. (Auch an den partizipialen Verbformen des Feldes *adficere* in den Farbkomposita nach dem Muster F + X fiel auf, dass es sich ausschließlich um Partizipien 2 handelt.) Das Partizip 2 bedeutet eine abgeschlossene Aktion, die in der Gegenwart einen anhaltenden Zustand zur Folge hat.

Hingegen sind die Verben des Feldes *brennen, glänzen, leuchten* vergleichsweise selten als adjektivisches Partizip realisiert. Und wenn sie als solches realisiert sind, dann handelt es sich vorwiegend um Partizipien 1. Diese Partizipform kennzeichnet einen präsentischen Vorgang.

Das Korpus belegt Farbverben aus den häufigen Etyma BRAUN, GELB, GRAU, GRÜN, ROT und SCHWARZ. Für die Bildung einiger Farbverben werden die Präfixe *ver-*, *er-* und *an-* gebraucht (‚vergilben', ‚ergrauen', ‚erröten' und ‚anschwärzen').

Andere Farbverben kommen ohne Präfix aus ('bräunen', 'grünen', 'röten' und 'schwärzen'). Das poetische 'blauen' verwendet Jahnn nicht. Auch zu WEISS ist kein Farbverb belegt.

Die Belege einzelner Begriffe aus der Restgruppe beschränken sich auf einzelne Texte und bilden Klumpen innerhalb relativ kurzer Textabschnitte. Diese Ungleichverteilung und ihre Seltenheit erklären sich aus der hohen Kontextabhängigkeit der semantisch sehr speziellen Begriffe (z.B. 'Blaubeermarmelade', 'Druckerschwärze', 'Grünschnabel', 'Schwarzweißkunst', 'Weißblech' u.v.a.) und aus ihrer Kurzlebigkeit (allzu Gesuchtes kann rasch an Reiz verlieren).

5. Zuordnungen

In diesem Kapitel werden die Zuordnungen untersucht. Mit Zuordnungen sind Entitäten gemeint, denen eine Farbe zugeordnet ist bzw. die einer Farbe zugeordnet sind. Zwischen Farbe und zugeordneter Entität besteht eine Wechselwirkung. Die Farbe beschreibt eine Eigenschaft der Zuordnung. Die Zuordnung ihrerseits macht Rückschlüsse auf die Qualität der Farbe möglich. Die theoretischen Grundlagen dazu sind in Kapitel 1.7. „Die Versuchsanordnung" dargestellt.

Im ersten Unterkapitel 5.1. „Was wird wie zugeordnet?" wird erläutert, wie die Zuordnungen gewonnen werden und welche Rolle sie für die Textinterpretation spielen. Die Unterkapitel 5.2. und 5.3. stellen die absoluten und die relativen Rekurrenzmaxima dar. Daraufhin stellt das Kapitel 5.4. „Gruppenbildungen der Zuordnungen" zwei Klassifizierungsmodelle vor. In den Kapiteln 5.5. und 5.6. werden die Zuordnungen gruppiert und diskutiert.

5.1. Was wird wie zugeordnet und wozu?

Die Analyse der Zuordnungen wird in erster Linie Auskunft darüber geben, *was* gefärbt ist. Eingeführt und vorgestellt wurde der Begriff *Zuordnung* in Kapitel 1.7. „Die Versuchsanordnung". Für das, was hier als Zuordnung bezeichnet wird, bieten sich auch die Begriffe *Farbträger*[446], *Trägerwort*[447], *Bezugs-* oder *Zielwort*[448], *Objektsorte*[449], *Determinandum*[450] oder *Determinatum*[451] an. Die meisten dieser Begriffe greifen jedoch etwas zu kurz, indem sie eine Bedeutungszuweisung in nur eine Richtung suggerieren. Denn die Entität, der eine farbliche Eigenschaft zugeschrieben ist, lässt – in umgekehrter Richtung – auch Denotation und Konnotation der zugewiesenen Farbe erkennen.[452] Die einfachste und sicherste Möglichkeit, die Bedeutung eines Farbausdrucks zu erklären, ist das Zeigen auf den Farbträger (Bühler, Kraft, Wittgenstein). Um die Wechselwirkung zwischen Farbe und Farbträger zu betonen, wird hier der etwas vage Begriff Zuordnung vorgezogen. An Zuordnungen, die auffallend häufig sind und

---

[446] Gipper (1955), S. 141.
[447] Schmidt (1969), S. 160.
[448] Thome (1994), S. 19.
[449] Lehmann (1998), S. 313.
[450] Weinrich (1993), S. 478.
[451] Nord (1997), S. 27.
[452] Lehmann (1997), S. 116, und Lehmann (1998), S. 297, sprechen von „funktionelle[r] Interferenz".

daher als Farb-Prototypen gelten können, wird die spezifische Semantik des Farbausdrucks in besonderer Weise sichtbar.[453] Um solche Prototypen zu erschließen, eignet sich die Messung der Häufigkeit (Rekurrenz bzw. Frequenz[454]). Hohe Rekurrenz von ein und demselben Farbträger (mit der gleichen Farbe) bedeutet Auffälligkeit und Dominanz und dient dem Aufbau von Farbenordnung und Farbsemantik.[455]

Die Betrachtung der Zuordnungen führt in zentrale sprachphilosophische, ideengeschichtliche, kulturwissenschaftliche und autorspezifische Fragestellungen. Denn letzten Endes sind davon Antworten auf die Frage *Woher kommt die Farbe?* zu erwarten. Wesentlich in diesem Zusammenhang ist die Beobachtung in Kapitel 4.4. „Verben mit Farbprädikativen", dass die Farbe – in der Sprache – in erster Linie eine Eigenschaft der Dinge ist. Die Farbe kommt von den Dingen. Über die Beschaffenheit dieser Dinge wird dieses Kapitel Auskunft geben. Dabei aber werden nicht einzelne Farbvalenzen betrachtet, sondern die Farbe im Allgemeinen. Erst das Kapitel 6.2. „Zuordnungsgruppen bei einzelnen Farben" wird die unterschiedlichen Farbvalenzen in den Vordergrund rücken.

Am Ende des Kapitels 4.1. „Übersicht" klang in Anlehnung an Weisgerber an, dass aus der Analyse des Sprachgebrauchs Rückschlüsse auf den Weltentwurf des Autors und günstigenfalls auch auf seine Intention möglich sind. Neben der Bedeutungsbestimmung der Farben ist dies eine weitere wesentliche Erwartung, die an die Analyse der Zuordnungen geknüpft ist.

---

[453] Altmann (1999b), S. 127–131.
[454] Eine ausführliche Darstellung verdiente eine Wissenschaftsgeschichte der Frequenz- und Rekurrenzforschung. Seit dem Ende des 19. Jahrhunderts hat diese Disziplin verschiedene Stadien durchlaufen. Beispielsweise diente Kaedings (1898) Häufigkeitswörterbuch der Entwicklung und Perfektionierung von Stenografie- und Tastatursystemen. Bald wurde die Wörterhäufigkeit zu einer sehr wichtigen Basis der Fremdsprachendidaktik. Denn die Frequenz ist, wie Rosengren (1972), Bd. 1, S. XXV, festhält, das „Maß der Nützlichkeit". Die Erforschung der Frequenzen, vor allem in der Phonetik und durch informationsstatistische Verfahren, war auch eine wesentliche Voraussetzung für die Entwicklung der maschinellen Spracherkennung und -synthese. In der Literaturwissenschaft sind Frequenz- und Rekurrenzforschung bisher eine Randerscheinung geblieben. Grundlagenforschungen wie die „Indices zur deutschen Literatur" oder Häufigkeitswörterbücher spielen in den textinterpretierenden Wissenschaften keine große Rolle. Ein deutliches Signal für eine prominentere Platzierung frequenzlinguistischer Verfahren ist das Kapitel „Frequenz (Wie oft?)" in der „Einführung in die Erzähltheorie" von Martinez/Scheffel (1999). Das neueste Beispiel für angewandte Frequenzlinguistik ist das Wortschatz-Lexikon (1998-2003) im Internet: http://wortschatz.informatik.uni-leipzig.de.
[455] Becht (1980), S. 108, Lehmann (1997), S. 114–116. Thome (1994), S. 25, schreibt einer häufig rekurrierenden Farbzuordnung auch Ironie zu. Kawin (1972) untersucht die Funktion der Wiederholung in Literatur und Film. Die wichtigsten Funktionen der Wiederholung gehen aus dem Inhaltsverzeichnis (S. VII–VIII) hervor: „Destructive Repetition", „Emphasizing, Echoing, Building, and Complicating", „Eternity", „The Continuous Present" und „Jam Tody".

5.1. Was wird wie zugeordnet und wozu?

Die allermeisten Zuordnungen sind sehr leicht zu erkennen. Hier z.B. ist die Farbe Grau einem Schiff zugeordnet:

Ein schönes graues Schiff. (P, 585)

Andere Zuordnungen sind aus dem Kontext abzuleiten. Hier z.B. ist das Meer grau:

Fern, wie in einem Tal, ehe der Horizont die Landschaft verschließt, ruht das Meer. Grau oder dunkel, zuweilen matt wie Nebel, selten vom Glanz der versinkenden Sonne in flüssiges Metall verwandelt. (N2, 209)

In manchen Fällen ist eine Zuordnung nicht eindeutig erkennbar. Die Farbzuweisung ist vage und unbestimmt, vor allem, wenn Farben selber thematisiert sind. Auch solche unbestimmten Farbzuweisungen müssen bei der Analyse der Zuordnungen mit berücksichtigt werden:

Jedermann weiß, was es bedeutet, wenn man sagt: durchsichtig. Aber es gibt Rot, das durchsichtig ist, Grün, Blau, Braun. Und es ist durchsichtig. Man kann diese Durchsichtigkeiten zusammenschmelzen. (N1, 253)

Die breite Erfassung der Zuordnungen ist imstande, *alles*, was explizit farblich gestaltet ist, zu berücksichtigen, auch das, was scheinbar banal und bedeutungslos ist. Damit fließen Größen und Sachverhalte in die Betrachtung mit ein, die bei einer qualitativ und intuitiv ansetzenden Arbeitsweise nicht auffallen würden. Der Blick auf *alles* ermöglicht eine weit gehend freie und unvoreingenommene Sicht auf den Text, er hat aber auch den Effekt der Verfremdung und Verzerrung. Denn alle anderen Entitäten, die keine Farben haben, bleiben vollständig aus der Betrachtung ausgeklammert. In dieser Dichotomie zwischen unvoreingenommener und zugleich verzerrter Wahrnehmung liegen Chance und Schwierigkeit dieser Perspektive.

Noch schwieriger wird es, wenn man auch die Intention und den Grad an Bewusstheit seitens des Autors erkennen will, die mit einer Farbzuordnung verbunden sind. Ein Beispiel:

Beim Einbruch der Dunkelheit schoben sich graue Wolkenfronten von Süden und Westen heran und verhüllten den strahlenden Abschied des Tagesgestirns. (N2, 209)

Dies ist ein unscheinbarer Satz, ja geradezu eine floskelhafte erzählerische Geste. Die Tatsache, dass *graue Wolkenfronten* den Himmel verdunkeln, ist wahrscheinlich kein großartiger Schlüssel zum Textverständnis. Die Setzung des Farbprädikats *grau* war für Jahnn wohl kaum ein intellektueller oder emotionaler Kraftakt. Jahnn war sich vielleicht gar nicht dessen bewusst, dass *grau* hier in den Text eingeflossen ist. Somit ist die Tatsache, dass die Wolken grau sind, ziemlich redundant.

Es sind aber auch andere Wahrnehmungs- und Interpretationsszenarien denkbar. Der obige Satz steht am Beginn des Kapitels „August" in der „Niederschrift II". Sehr häufig beginnen die Kapitel in den beiden Teilen der „Niederschrift" mit einer Landschaftsschilderung, in der sich auffallend viele Farbausdrücke häufen. Dadurch wird dieser Satz zu einem Element, das eine erkennbare Erzählstruktur konstituiert. Also ist ‚grau' in diesem Satz nicht willkürlich, sondern notwendig, um eine strukturell erforderliche Farbdichte zu erreichen.

Man kann auch die folgende Situation konstruieren: Der Niederschrift der *grauen Wolkenfronten* ging vielleicht ein Absetzen der Feder voran, ein Blick aus dem Fenster und ein minutenlanges Innehalten und Sinnen, währenddem Jahnn eine sehr deutliche – wenn auch gar nicht sofort erkennbare – Anspielung auf den *grauen* Superkargo Georg Lauffer intendiert hat, der seinerseits an den Untergang der Lais gemahnt und an den *grauen* Sekretär Grigg im „Perrudja". Diese beiden wiederum ähneln den *grauen* Herren in Michael Endes „Momo", die Jahnn zwar nicht gekannt hat, aber möglicherweise rückwirkend einen ganz neuen Zugang zur jahnnschen Inversion der Zeit ermöglichen könnten. Dass es mit den *grauen Wolkenfronten* etwas Besonderes auf sich hat, wird schließlich auch durch die Farbe Grau indiziert. Jahnn, der Meister der Graubereiche, verwendet diese Farbe überdurchschnittlich oft und verleiht ihr sehr spezifische Eigenschaften: Sie ist kaum durch andere Farben und Komplemente differenzierbar und die Negation dieser Farbe ist nicht möglich. Die Assoziationen zur oben zitierten Textstelle ließen sich weitertreiben und für die Interpretation sehr wahrscheinlich auch nutzbar machen.

Das Einzige, was zunächst zählt, ist die Tatsache, dass in dem oben zitierten Satz graue Wolkenfronten vorkommen. Die Phrase „graue Wolkenfronten" ist durch den Autor Jahnn gegeben und wird im Zuge der Analyse zu einem relevanten Tatbestand erklärt. Dieser Tatbestand ist in gleichem Maße relevant wie die Farbe des Meeres im folgenden Zitat:

„Rotgrünes Meer." (P, 311)

‚Rotgrün' ist ein auffallendes Farbwort und kommt in Jahnns Gesamtwerk ein einziges Mal vor. ‚Rotgrün' ist dem Meer zugeordnet. Die Nominalphrase ist durch Anführungszeichen gekennzeichnet und zusammenhanglos in den Text gefügt. Sie ist dadurch sehr exponiert. Man kann daher annehmen, dass Jahnn diese Phrase sehr bewusst gesetzt hat. Grund und Motivation für diese Farbzuweisung, ja überhaupt für die ganze Einfügung, bleiben verborgen. ‚Rotgrün' ist eine Invention des Autors wie „tupfigeisrot" (P, 453), die Anführungszeichen sind eine Laune des Autors wie die an zahlreichen anderen Stellen eigenwillige Orthographie. Diese Erkenntnisse sind jedenfalls plausibel, solange man den „Perrudja" isoliert betrachtet und werkimmanent interpretiert.

5.1. Was wird wie zugeordnet und wozu? 233

Rüdiger Wagner[456] erkannte im ‚rotzgrünen Meer' ein Zitat aus James Joyce' „Ulysses" in der Übersetzung von Georg Goyert (1. Aufl. 1927). Die Stelle in der Übersetzung von Goyert:

„Des Barden Rotzfahne. Eine neue Nuance für unsere irischen Dichter: rotzgrün. Schmeckt das ordentlich, was?" [...] „Lieber Gott", sagte er [Mulligan zu Dedalus] ruhig. „Das Meer ist wirklich was Algy sagt: eine grosse, liebe Mutter. Das rotzgrüne Meer. Das scrotumzusammenziehende Meer. [...]"[457]

Die Stelle bei Joyce:

–The bard's noserag. A new art colour for our Irish poets: snotgreen. You can almost taste it, can't you? [...] –God, he said quietly. Isn't the sea what Algy calls it: a grey sweet mother? The snotgreen sea. The scrotumtightening sea.[458]

Dass es sich hier um eine intendierte Übernahme aus dem „Ulysses" handeln muss,[459] bestätigt sich außerdem dadurch, dass Jahnn in den Texten „Klopstocks 150. Todestag am 14. März 1953"[460] und in „Vereinsamung der Dichtung"[461] diese Textstelle zitiert und dass Jahnn Goyerts Übersetzung von Joyce' „Ulysses" auch rezensiert[462]. Erwähnt werden Joyce und sein „Ulysses" auch in den „Glossen zum Schicksal gegenwärtiger Dichtkunst"[463], im Vortrag „Über den Anlaß"[464], im Beitrag „Modernes Theater"[465] sowie in zwei Briefen[466].

In „Vereinsamung und Dichtung" beschreibt Jahnn die Faszination, die das ‚rotzgrüne Meer' auf ihn ausübt:

Es ist nicht nutzlos und kein Frevel, wenn unsere Zeit – in der Dichtkunst die Zeit des Romans – selbst neue Worte, neue Konstellationen erfindet, um die zähe Haut der gleichgültigen Mitlebenden zu ritzen. „Rotzgrünes Meer" sagt James Joyce mit Überzeugung von der Farbe des Wassers in seinem Ulysses. Die Formulierung ist ein Beweis dafür, daß der Dichter genau, vielleicht genauer hinschauen muß, als es jemals einem Vorfahren auferlegt wurde. Er muß die Entscheide bis ins Kleine tragen, weil er sonst der Sprache der Übereinkunft, der *nichtssagenden* Sprache ver-

---

[456] Wagner (1965), S. 80. Rupprecht weist in seinem Kommentar spätere Autoren als Entdecker dieser Anspielung auf Joyce nach. (Rupprecht in: Perrudja, S. 885.)
[457] Joyce (1956), S. 3.
[458] Joyce (1962), S. 3.
[459] Zum Einfluss von Joyce auf Jahnn vgl. Wohlleben (1985).
[460] Schriften II, S. 227.
[461] Schriften II, S. 379.
[462] Schriften I, S. 1105.
[463] Schriften I, S. 731.
[464] Schriften II, S. 259.
[465] Dramen II, S. 965.
[466] Zürich, 10. November 1933, Brief an Ernst Eggers in Hamburg, Briefe I, S. 597; Granly, 18. Juli 1941, Brief an Sibylle Grüter-Philips in Oberhittnau, Briefe II, S. 47.

fällt. Die Symbole der Vergangenheit sind – trotz aller Wiederbelebungsversuche – tot.[467]

Plötzlich erschließen sich Bezüge zur Joyce-Rezeption bei Jahnn und zu Jahnns Verständnis von Sprache und Farbsetzung. Dieses weite Feld ließe sich um eine vergleichende Kontextanalyse der Textstelle bei Joyce erweitern. Denn ‚rotzgrün' und ‚Meer' kommen nicht von ungefähr. Beim Anblick von Dedalus' Nasenschleim verfällt Mulligan auf den witzig-poetischen Einfall des „bard's noserag", das zu „snotgreen" überleitet und schließlich zur Farbe des Meeres wird, da die beiden das Meer bei Dublin vor Augen haben. Dieses wiederum assoziiert Mulligan mit Xenophons „Anabasis". Das alles passiert im joyceschen Assoziationsfluss auf einer einzigen Seite und ließe ohne weiteres eine Brücke schlagen zu den Themenbereichen Meer und Körperflüssigkeiten bei Jahnn. So besehen, wird das ‚rotzgrüne Meer' zu einem Epizentrum, das die gesamte Interpretation erfassen und erschüttern kann.[468]

Ähnlich wie für die ‚grauen Wolkenfronten' gilt auch hier: In erster Linie zählt der Tatbestand, dass Jahnn die Farbe ‚rotzgrün' setzt und damit das Meer beschreibt.

Der Sinn dieser Gedankengänge liegt darin, dass sie veranschaulichen, welche wichtige Rolle für die Interpretation Transfer und Management von Wissen und Assoziation spielen. Jahnn hält fest:

Dennoch: alle Gelehrsamkeit ist Auswahlgelehrsamkeit. Alles Wissen ist Auswahlwissen. Alle Erkenntnis ist vorläufig.[469]

Vor diesem Hintergrund ist jede interpretatorische Festschreibung ein vorläufiges Ergebnis in einem zeitlichen und erkenntnisgenetischen Kontinuum. Lutz Danneberg stellt in solchem Zusammenhang eine provokante Frage in den Raum.

Für die Grundlagendiskussion in den textinterpretierenden Wissenschaften ist die Frage zentral, ob Bedeutungszuweisungen *beliebig* sind.[470]

Danneberg führt weiter aus, dass beliebige Interpretationen nicht schon von vornherein falsch sind. Ihre Bewertung allerdings fällt schwer, weil Anerkennung und Ablehnung der Interpretationen „aufgrund bestimmter Vorlieben der Interpreten" und „aufgrund

---

[467] Schriften II, S. 379.
[468] Bürger (2000), S. 238–241, findet die forcierte Betonung des Einflusses von Joyce auf Jahnn problematisch, weil lineare Chronologie und die Kategorien von Ursache und Wirkung mit Blick auf das literarische Kunstwerk fragwürdig sind. Ausführlicher dazu Bürger (2003), S. 197–202.
[469] Der Mensch im Atomzeitalter, Schriften II, S. 420.
[470] Danneberg (1992), S. 13. – Eibl (1992), S. 172, benennt einige beliebige Interpretationsverfahren: „Es ist entweder die Tarzanmethode: Der Interpret schwingt sich von Symbol zu Symbol, vermeidet peinlich jede Bodenberührung und gelangt so sicher ans bestimmte Ziel. Oder die Tauchermethode: Der Interpret haut an einer geeigneten Stelle ein Loch in die Oberfläche des Textes und befindet sich fortan in dessen grenzenloser Tiefe."

5.1. Was wird wie zugeordnet und wozu?

sozialer Sanktionsmechanismen" erfolgen.[471] In einem Aufsatz zur Theorie der werkimmanenten Interpretation nennt Danneberg das Kontextwissen als Korrektiv, das beliebigen Interpretationen entgegensteuert und Konflikte schlichtet. Dennoch hat bei der werkimmanenten Interpretation das Kontextwissen „keine uneingeschränkte Priorität" und darf ausgeblendet bleiben, ohne dass dadurch automatisch „historische Ignoranz" gefördert wird.[472] Die Selbstbeobachtung des Interpreten und die Operationalisierung des Kontextwissens bei der werkimmanenten Interpretation stehen in engem Zusammenhang mit dem Wissens- und Assoziationstransfer, der oben anhand zweier Beispiele (,graue Wolkenfronten' und ,rotzgrünes Meer') geschildert wurde. Danneberg hält fest:

> Entscheidend ist der *Status*, den das Kontextwissen aufgrund der programmatischen Annahmen zugesprochen erhält. [...] Das gesamte zum Interpretandum angesammelte Wissen erfüllt für den werkimmanenten Interpreten in zweifacher Weise eine (lediglich) *heuristische* Aufgabe: Es soll ihn zu Bedeutungs- und Formelementen der [...] Dichtung führen, aber auch seine interpretatorische Willkür beschränken.[473]

Henning Boetius, der eine der ersten und besten Arbeiten über Jahnn verfasst hat, ist sich der *Beliebigkeit* der Interpretation sehr wohl bewusst. Er gesteht, dass die Interpretation Bedeutungen in den Text „hineinprojiziert". Die Kontrollfunktion, die Danneberg dem Kontextwissen zuschreibt, übernimmt für Boetius die „Reflexion".[474]

> „Objektiv" wird Dichtung erst durch die Arbeit der Reflexion, die einen Teil ihrer Eigenschaften, ihrer ,Kategorien' in sie hineinprojiziert. Insofern ist ein Hineininterpretieren von Strukturen – wenn sie nur der Dichtung adäquat sind – kein Negativum.[475]

„Die Methode der Interpretation dekomponiert ihren Gegenstand, wobei er Eigenschaften annimmt, die ihm ursprünglich nicht gehören."[476]

Nach diesen Überlegungen erhärtet sich der Verdacht, dass literaturwissenschaftliche Interpretationen hoch problematische Artefakte sind, die nicht richtig oder falsch, sondern lediglich beliebig oder adäquat sein können. Die Erfahrung aus diesen letzten Seiten muss also dahingehend wirksam sein, ein hohes Maß an Problembewusstsein während des Interpretierens aufrecht zu erhalten, um das Kontextwissen und assoziative Ketten sinnvoll zu nutzen. Wenn es schon nicht möglich ist, richtige oder falsche Interpretationen zu produzieren, dann sind doch zumindest solche anzustreben, die das

---

[471] Danneberg (1992), S. 13.
[472] Danneberg (1996), S. 318.
[473] Danneberg (1996), S. 317.
[474] Eibl (1992), S. 176, nennt als Möglichkeit zur Kontrolle „eine spezifische methodische Disziplinierung des Alltagsverstandes".
[475] Boetius (1967), S. 133.
[476] Boetius (1967), S. 152.

Wahlverhalten des interpretierenden Subjekts dokumentieren und in ihrer Beliebigkeit plausibel und adäquat bleiben.

Um die Zuordnungen darzustellen, bieten sich prinzipiell drei unterschiedliche Möglichkeiten an. Man könnte
a) nach Auffälligkeiten, Anomalien und unerwarteten Farbgebungen suchen,
b) eine Frequenzliste der Begriffe erstellen, denen Farben zugeordnet sind oder
c) die Zuordnungen nach bestimmten Kategorien gruppieren.

Dem Ansatz (a) dient ausschließlich das subjektive Verständnis des Rezipienten als Referenz und verlässt den Anspruch, möglichst unvoreingenommen und großflächig die Farbgebung zu überblicken. Dieser Ansatz kommt daher nicht in Frage.

Der Ansatz (b) erfüllt den genannten Anspruch eher. Er gibt Aufschluss darüber, welche mit Farbe versehenen Begriffe sich durch ihre Häufigkeit von anderen, „farblosen" abheben. Die Ergebnisse können jedoch auch irreführend sein. Denn die Frequenz beschreibt die Wiederkehr *wortgleicher* Begriffe und nicht die Verteilung semantisch gleich oder ähnlich gelagerter Größen. Ober- und Unterbegriffe sowie Synonyme provozieren in der Frequenzliste unterschiedliche Einträge, ihre semantische Nähe wird dadurch unkenntlich. Außerdem gibt es Zuordnungen, die durch Deixis (etwa durch Pronomina) hergestellt werden. In solchen Fällen, in denen unterschiedliche Lexeme referenzidentisch sind, wird es sinnvoll sein, die gemeinte Zuordnung zu rekonstruieren (Genaueres im nächsten Kapitel). Somit ist für das angedachte Unterfangen der Begriff Rekurrenz korrekter als Frequenz.

Die unter (c) vorgeschlagene Ordnung wird nützlich sein, um bestimmte Begriffsgruppen und semantische Felder, denen eine Farbe zugeordnet ist, besser zu erkennen und zu isolieren. Die zwei verwendeten Kategorisierungsmodelle werden in den Kapiteln 5.5. und 5.6. vorgestellt. Vor allem hier wird der Sinn des Exkurses über Erkennbarkeit und Beliebigkeit deutlich sichtbar werden. Denn das Erstellen dieser Kategorien wird sich über weite Strecken auf das so genannte Sprachgefühl verlassen müssen. Die Experimente werden also nicht mehr – wie in den vorangehenden Kapiteln – mit einer sehr großen Wahrscheinlichkeit subjektunabhängig wiederholbar sein und zu gleichen Ergebnissen führen, sondern in einem höheren Maße irrepetibel sein. Die intersubjektive Feststellbarkeit (im Sinne von Zählbarkeit und Messbarkeit) wird zusehends von einer Plausibilität abgelöst. Somit stellt sich die Frage, *wer* hier zuordnet: der Autor oder der Interpret?

5.2. Absolute Rekurrenzmaxima

Hier wird der zweite, qualitative Typ der Erfassungstabellen (siehe Beispieltabelle 1.7.B) auf die absoluten Rekurrenzen der Zuordnungen hin befragt. *Absolut* sind die Daten hier in dem Sinne, dass es sich um *gezählte* Werte aus dem gesamten Korpus handelt. Für die Erfassung der Zuordnungen gelten die folgenden Regeln:

1. Zusätzliche Attribute und andere Bestimmungen (z.B. Genitivkomplemente) werden nicht berücksichtigt.
2. Numerus, Kasus und Genus[477] der Zuordnungen werden nicht berücksichtigt.
3. Gezählt werden die Zuordnungen zu den Farb*ausdrücken*, nicht zu den Farb*etyma*. Die Summe der Erfassungen wird demnach 3.321 betragen und nicht 3.607 (vgl. Tabelle 4.1.A).
4. Bei Deixis durch Personalpronomina wird der Referent aus dem Kontext rekonstruiert.
5. Wegen der Regel 4 kann man nicht von Frequenzen im Sinne der tatsächlichen und ausschließlichen Wiederkehr wortgleicher Begriffe sprechen. Denn in zahlreichen Fällen handelt es sich um die Wiederkehr des *Gemeinten*, weniger des *Genannten*, also um die Wiederkehr referenzidentischer Begriffe bzw. um Rekurrenz.[478]
6. In Wörtern aus der kleinen Restgruppe ist der Farbausdruck gewissermaßen sich selber zugeordnet. In diesen Fällen wird der Begriff selber zirkulär als Zuordnung erfasst.
7. In vielen Fällen ist es nicht möglich, aus dem Kontext zu erkennen, welche Entität einem Farbausdruck zugeordnet ist. Diese vagen, unbestimmten Zuordnungen werden als solche gekennzeichnet.

Im gesamten Korpus gibt es 1.221 Zuordnungen zu den 3.321 Farbausdrücken. Die Zuordnungen sind mit den in den Regeln 4 und 5 formulierten Einschränkungen gleichbedeutend mit lemmatisierbaren Tokens. Durchschnittlich wiederholt sich jede Zuordnung 2,72-mal. Das Diagramm 5.2.A stellt die Zuordnungen quantitativ dar, absteigend nach ihrer Häufigkeit gereiht.

Die Verteilung fällt sehr steil ab und klingt sehr flach aus.[479] Dies macht deutlich, dass es sehr wenige farbige Begriffe gibt, die sehr häufig rekurrieren, und verhältnismä-

---

[477] Ein einziges Mal tritt ein und dasselbe Lemma als Femininum und als Maskulinum auf: ‚Spanier' und ‚Spanierinnen' in N1, 497, 561.
[478] Hier liegt ein gar nicht so geringes Maß an Subjektivität verborgen, das bei wiederholtem Experiment zu immer etwas abweichenden Ergebnissen führt.
[479] Das Häufigkeitspolygon lässt an das zipfsche Gesetz denken (benannt nach dem amerikanischen Psychologen und Sprachwissenschaftler George K. Zipf). Herdan (1966), S. 88: „The *Zipf* law is the supposedly straight line relation between occurence frequency of words in a language and their rank, if both are plotted logarithmically."

```
80
75
70
65
60
55
50
45
40
35
30
25
20
15
10
 5
 0
```

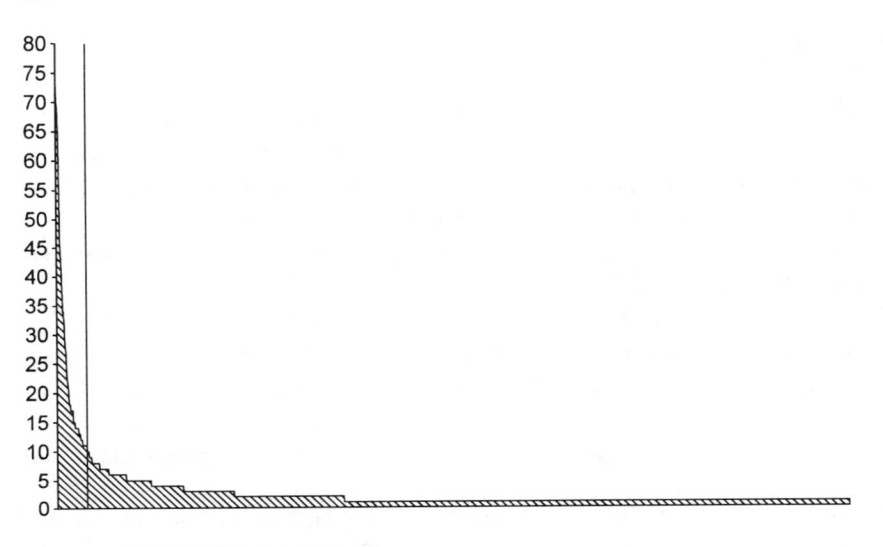

Diagramm 5.2.A: Häufigkeiten der Zuordnungen

ßig viele, die selten wiederkehren. Mehr als die Hälfte aller Zuordnungen ist ein einziges Mal genannt. Diese Ungleichverteilung hebt deutlich einen Maximabereich ab.

Dieser sei dadurch definiert, dass er jene Zuordnungen enthält, die öfter als 10-mal rekurrieren. Dieser Grenzwert ist im Diagramm durch einen senkrechten Strich gekennzeichnet. Der Spitzenbereich enthält 46 Zuordnungen. Im Diagramm 5.2.B sind diese einzeln dargestellt.

Hohe Rekurrenz bedeutet Dominanz, sie zeichnet häufig farblich gestaltete Zuordnungen aus und hebt sie von anderen ab.

Die am häufigsten rekurrierende Zuordnung ist *Gesicht*. Es wird 76-mal mit einem Farbausdruck versehen. Dann folgen *Haar*, die Position ‚keine Zuordnung', *Auge* und *Haut*. Diese fünf Positionen bilden einen obersten Bereich, der sich innerhalb der Rekurrenzmaxima abhebt. Nach *Haut*, die 64-mal mit einem Farbausdruck verbunden ist, fällt die Häufigkeit merklich ab. Mit einer Differenz von 17 folgt der *Mann* (47-mal), dann sinkt die Rekurrenz sehr gleichmäßig weiter ab.

Der oberste Bereich (*Gesicht, Haar, Auge, Haut*) referiert auf Teile des Körpers. Ob es sich bei diesen Zuordnungen um menschliche oder tierische Körper handelt, um Körper von Individuen oder um eine allgemeine Darstellung von Lebewesen, lässt sich allein aufgrund der Begrifflichkeit nicht immer genau sagen. Bezeichnenderweise handelt es sich hier um *Teile* des Körpers, nie um den Körper als Ganzes.[480]

---

[480] Der zerteilte Körper ist nach Kingerlee (2001), S. 357, ein Merkmal des Romans der Moderne.

5.2. Absolute Rekurrenzmaxima

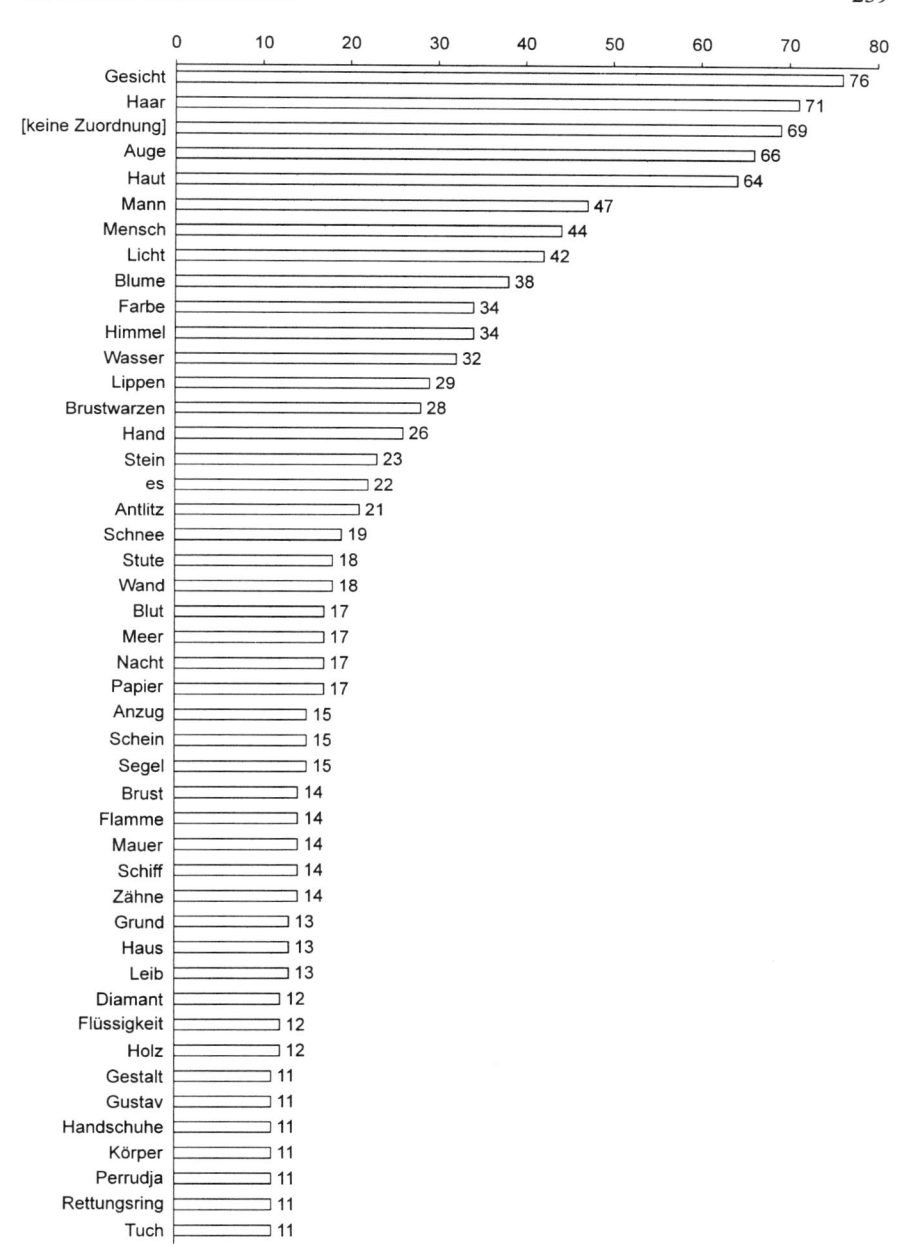

Begriff	Wert
Gesicht	76
Haar	71
[keine Zuordnung]	69
Auge	66
Haut	64
Mann	47
Mensch	44
Licht	42
Blume	38
Farbe	34
Himmel	34
Wasser	32
Lippen	29
Brustwarzen	28
Hand	26
Stein	23
es	22
Antlitz	21
Schnee	19
Stute	18
Wand	18
Blut	17
Meer	17
Nacht	17
Papier	17
Anzug	15
Schein	15
Segel	15
Brust	14
Flamme	14
Mauer	14
Schiff	14
Zähne	14
Grund	13
Haus	13
Leib	13
Diamant	12
Flüssigkeit	12
Holz	12
Gestalt	11
Gustav	11
Handschuhe	11
Körper	11
Perrudja	11
Rettungsring	11
Tuch	11

Diagramm 5.2.B: Absolute Rekurrenzmaxima ($x > 10$)

Gesicht und *Auge* referieren auf den Kopf. Unter der Voraussetzung, dass es sich bei *Haar* um Kopfhaar handelt, referiert auch dieser Begriff auf den Kopf. Die jahnnsche Farbgestaltung ist mithin deutlich körper- und kopfzentriert. Die Körperzentriertheit vermag nicht zu überraschen, denn gerade die Konzentration auf den Körper, die bisweilen in eine Obsession übergeht, ist eines der wichtigsten Erkennungsmerkmale des Autors.[481] Bedeutsam sind die „Kopflastigkeit" der Körperzentriertheit sowie die Referenz auf Gesicht und Auge im Zusammenhang mit der Wahrnehmung (vgl. das *Auge* als Organ des *Gesichts*sinns). Möglicherweise aber ergibt sich dieser Bedeutungszusammenhang aus dem beschränkten Blick auf den obersten Bereich der Rekurrenzen und wird relativiert, wenn man weitere häufige Rekurrenzen mit berücksichtigt.

In der Tat folgen auf die *Haut* die relativ allgemeinen Begriffe *Mann* und *Mensch*. *Mann* ist geschlechtlich spezifiziert, während *Mensch* ein sexusneutraler Begriff ist. Im Kontext ist *Mensch* sechsmal im „Holzschiff" auf Georg Lauffer bezogen. Die Frau – auch Synonyme – fehlt in dieser Liste der Rekurrenzmaxima. Im hier nicht wiedergegebenen Bereich der seltenen Rekurrenzen finden sich vier Belege für *Mädchen*, drei für *Weib* und ein Beleg für den Namen der Kindfrau Buyana. Begriffe wie *Frau* oder *Mutter* fehlen ganz.

Die empirisch feststellbare Farblosigkeit der Frau im Gegensatz zur Farbigkeit des Mannes steht in direktem Zusammenhang mit der „asymmetrischen Geschlechterdarstellung"[482] in Jahnns Œuvre, die seit Anfang der achtziger Jahre von der Jahnn-Forschung erschöpfend diskutiert wird.[483] Wollte man Beweise für die Sinnhaftigkeit quantitativer Verfahren in der Literaturwissenschaft sammeln – hier liegt ein schlagender vor: Die asymmetrische Geschlechterdarstellung kann sowohl empirisch als auch durch qualitative Interpretationsverfahren nachgewiesen werden. Indem zwei unterschiedliche Analysetechniken dasselbe Ergebnis liefern, werden sowohl das Ergebnis bestätigt als auch die Sinnhaftigkeit bzw. „Richtigkeit" beider Verfahren.

Auffallend innerhalb der Rekurrenzmaxima ($x > 10$) sind die Begriffe *Brustwarzen* und *Brust*. Sie treten 28- bzw. 14-mal auf. Sie gelten landläufig als geschlechtsspezifisch und als erwähnenswert vorwiegend in Zusammenhang mit dem weiblichen Körper. Bei Jahnn aber sind *Brustwarzen* und *Brust* ein geschlechtsneutrales Merkmal, ja sie gehören tendenziell sogar eher zu einem Mann als zu einer Frau. Die Brustwarzen stehen semantisch und funktional dem Auge sehr nahe. In Kapitel 6.5. „Braun" werden die jahnnschen Brustwarzen ausführlich dargestellt.

---

[481] Wolffheim (1994b), S. 6, Schäfer (1996), S. 35.
[482] Stalmann (1998), S. 3.
[483] Popp (1984), Krey (1987), Mebus (1992), Hamann/Venske (1994), Schäfer (1996), Schieb (1997), Bönnighausen (1997) und Stalmann (1998).

5.2. Absolute Rekurrenzmaxima 241

Es ist bemerkenswert, wie oft keine eindeutigen Zuordnungen der Farbausdrücke erkennbar sind. Die Position ‚keine Zuordnung' tritt an dritter Stelle auf. Andererseits besagt dies nichts weiter, als dass für jede einzelne Nicht-Zuordnung mehr oder weniger viele verschiedene Zuordnungen in Frage kommen können. Insofern inkludiert diese formale Nullwertigkeit ein ausgesprochen vielfältiges (weil unbestimmtes) Zuordnungspotenzial. Die Breite dieser Gestaltung und die Vagheit der Farbsemantik werden am Beispiel von substantiviertem Schwarz in Kapitel 7.3. diskutiert.

Relativ spät folgen im Diagramm 5.2.B Zuordnungen, die nicht auf den Körper referieren. Erst an achter Stelle tritt *Licht* auf (42-mal), dann kommen *Blume, Farbe, Himmel* und *Wasser*. Das Licht ist in vielen Farbtheorien unabdingbar für die Existenz und die Erkennbarkeit von Farbe. In der Sprache, die Jahnn verwendet, ist die explizite Nennung von Licht relativ weit nach hinten gerückt. Daraus lässt sich folgern, dass der Körper und seine Teile vergleichsweise häufiger explizit ursächlich für die Existenz und die Erkennbarkeit der Farbe sind als etwa das Licht. Dieser Befund stützt eine zentrale These dieser Arbeit: Die Farbe in der Sprache kommt vom Körper. Die Frage, inwieweit dies sprach- oder autorspezifisch ist, kann wegen fehlender Vergleichsmöglichkeiten nicht beantwortet werden.

Die Begriffe *Blume, Himmel* und *Wasser* (die am häufigsten farblich gestalteten nicht-leiblichen Entitäten) könnte man unter *Natur/Landschaft* zusammenfassen. Gerade Himmel und Wasser – so dürfte man vermuten – sind Prototypen, um an ihnen Farben aufzuweisen. Im Vergleich dazu ist Jahnns farblich gestaltete Welt sehr anthropozentrisch: *Gesicht, Haut, Mann, Mensch, Haar* und *Auge*. Sofern farbliche Gestaltung die Hervorhebung und Auszeichnung der Entitäten bedeutet (im Gegensatz zur Farblosigkeit), so wird ein deutlicher Anthropozentrismus erkennbar. Dieser aber steht in einem gewissen Gegensatz zu Jahnns Engagement für die nicht-menschliche Natur.

Erwähnenswert ist die Position der *Stute*, die an 20. Stelle auftritt und als erster Begriff auf ein Tier verweist. Gegen Ende der Rekurrenzmaxima treten die ersten Personennamen auf: *Gustav* und *Perrudja* an 41. bzw. 44. Stelle.

Die kommentierende Paraphrasierung des Diagramms 5.2.B bricht hier ab. Auf die ausführliche Diskussion weiterer Begriffe wird verzichtet. Die Diskussion von Begriffen, die nicht ausgesprochen häufig rekurrieren und zwischen denen die Häufigkeitsunterschiede relativ klein sind, hat wenig Sinn. Hier wird die Gruppenbildung in den Kapiteln 5.4., 5.5. und 5.6. aussagekräftiger sein.

Abschließend sei anhand des Diagramms 5.2.B noch ein Schwellwert eingeführt, der im nächsten Kapitel als „Messlatte" verwendet wird. An der Gesamtsumme der Rekurrenzen (3.321) hat der Bereich der Maxima einen relativ geringen Anteil. Im kleinen, aber deutlichen Spitzenbereich (Diagramm 5.2.A) beträgt die höchste Rekurrenz 76. Das sind knappe 3 % aller Rekurrenzen. Zur Definition des Maximabereichs bieten sich die Grenzwerte 1 %, 2 % und 5 % der Gesamtheit aller Rekurrenzen an. In Diagramm 5.2.B wird die 1 %-Schwelle zwischen *Wasser* und *Himmel* überschritten, die 2 %-Schwelle zwischen *Auge* und der Position ‚keine Zuordnung'. Kein rekurrierender Begriff liegt im Bereich von über 5 %.

5.3. Relative Rekurrenzmaxima

Die einzelnen Texte sind unterschiedlich lang. Umfangreiche Texte steuern die absolute Rekurrenzliste ungleich stärker als kurze Texte. Um kurze und lange Texte gleichermaßen ins Gewicht fallen zu lassen, ist es sinnvoll, die Rekurrenzen relativ zum Textumfang zu bestimmen.

Zunächst müssen die Rekurrenzen der Zuordnungen in den zehn einzelnen Texten bestimmt werden. Die Rekurrenzlisten der farblich gestalteten Begriffe in den einzelnen Texten stehen im Anhang VI. Die absoluten Werte der Rekurrenzen sind wegen der unterschiedlichen Textlänge nicht miteinander vergleichbar. Sie können aber zur Anzahl der Farbausdrücke ins Verhältnis gesetzt werden. Die Anzahl der Farbausdrücke je Text ist dem Anhang IV zu entnehmen. Neben der absoluten Häufigkeit f steht in den Tabellen des Anhangs VI die relative prozentuale Häufigkeit f(%), bezogen auf die Gesamtsumme N der Farbausdrücke. Die Schwellen für 1 %, 2 % und 5 % sind in der Zeile am Ende der Tabelle angegeben.

Die Tabellen im Anhang VI geben lediglich den Maximabereich der Rekurrenzen wieder. Als Kriterium für die Aufnahme in diesen Bereich gelten die Prozentschwellen, die am Ende des vorigen Kapitels vorgestellt wurden. Als unterste Grenze gilt die 1 %-Schwelle. Rekurrierende Begriffe, die weniger als 1 % aller mit Farbausdrücken versehenen Zuordnungen ausmachen, werden nicht in die Maximaliste aufgenommen.

Nun liegt aber bei Texten mit weniger als 100 Farbausdrücken die 1 %-Schwelle theoretisch unterhalb einer einmaligen Nennung. Damit würde der Maximabereich sämtliche Zuordnungen umfassen. Um einmalige Zuordnungen auszuschalten, wird die Zusatzregel eingeführt, dass Zuordnungen oberhalb der 1 %-Schwelle nur dann in Betracht gezogen werden, wenn sie mindestens zweimal belegt sind.

Eine weitere Möglichkeit, die Hierarchie der Rekurrenzen zu beschreiben, ist ein Rangsystem. Hierzu werden den zehn häufigsten Types Punkte zugewiesen, die von 10 nach 1 *ab*steigen. Da im Maximabereich eines jeden Textes unterschiedliche Begriffe auftreten können, ist dieses absteigende Punktesystem – im Gegensatz zur *auf*steigenden Rangvergabe – notwendig, um die Tabellen miteinander vergleichen zu können. Dazu kann die Punktezahl identischer Begriffe addiert werden. Eine hohe Gesamt-

5.3. Relative Rekurrenzmaxima

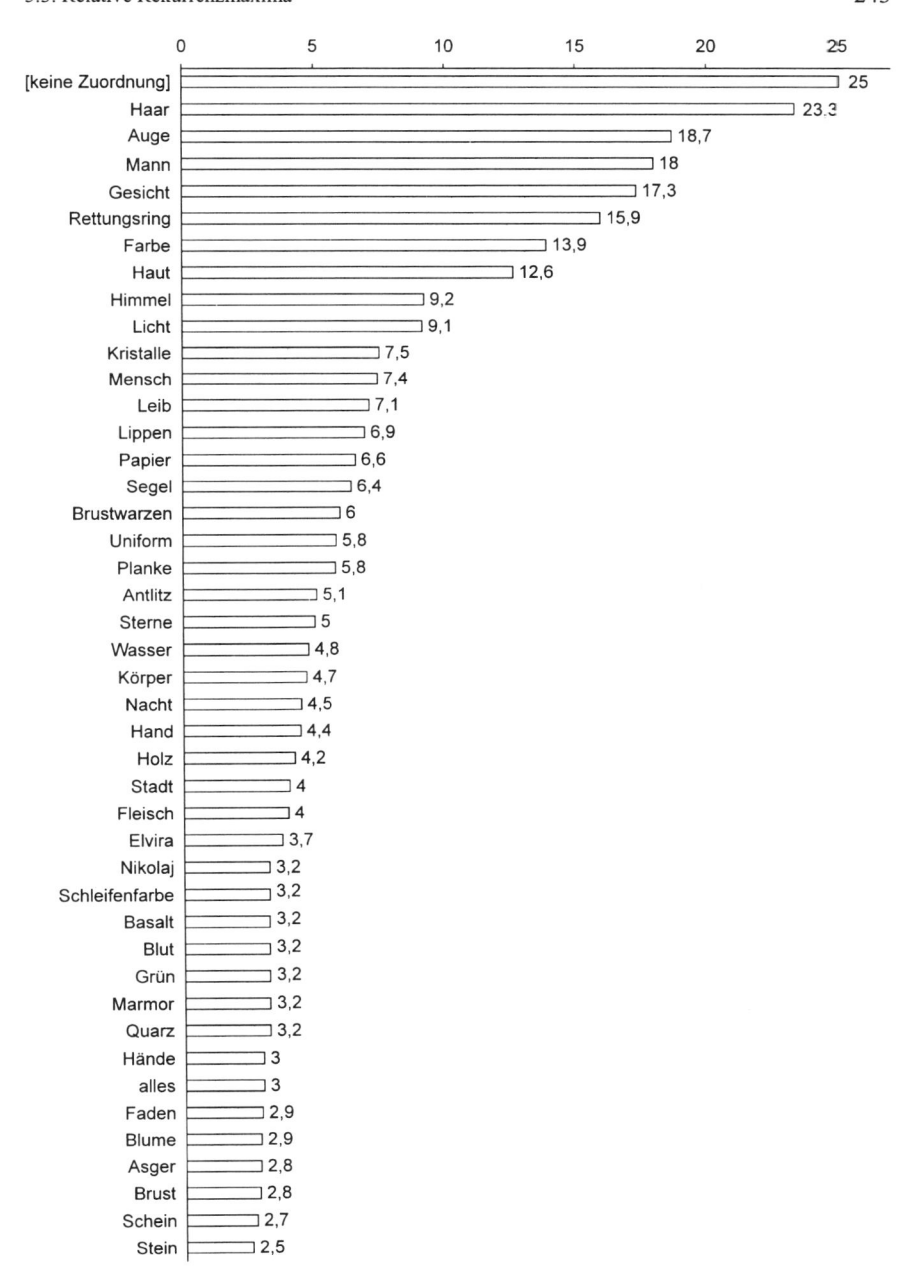

Begriff	Wert
[keine Zuordnung]	25
Haar	23,3
Auge	18,7
Mann	18
Gesicht	17,3
Rettungsring	15,9
Farbe	13,9
Haut	12,6
Himmel	9,2
Licht	9,1
Kristalle	7,5
Mensch	7,4
Leib	7,1
Lippen	6,9
Papier	6,6
Segel	6,4
Brustwarzen	6
Uniform	5,8
Planke	5,8
Antlitz	5,1
Sterne	5
Wasser	4,8
Körper	4,7
Nacht	4,5
Hand	4,4
Holz	4,2
Stadt	4
Fleisch	4
Elvira	3,7
Nikolaj	3,2
Schleifenfarbe	3,2
Basalt	3,2
Blut	3,2
Grün	3,2
Marmor	3,2
Quarz	3,2
Hände	3
alles	3
Faden	2,9
Blume	2,9
Asger	2,8
Brust	2,8
Schein	2,7
Stein	2,5

Diagramm 5.3.A: Relative Rekurrenzmaxima (Prozentsummen)

244   5. Zuordnungen

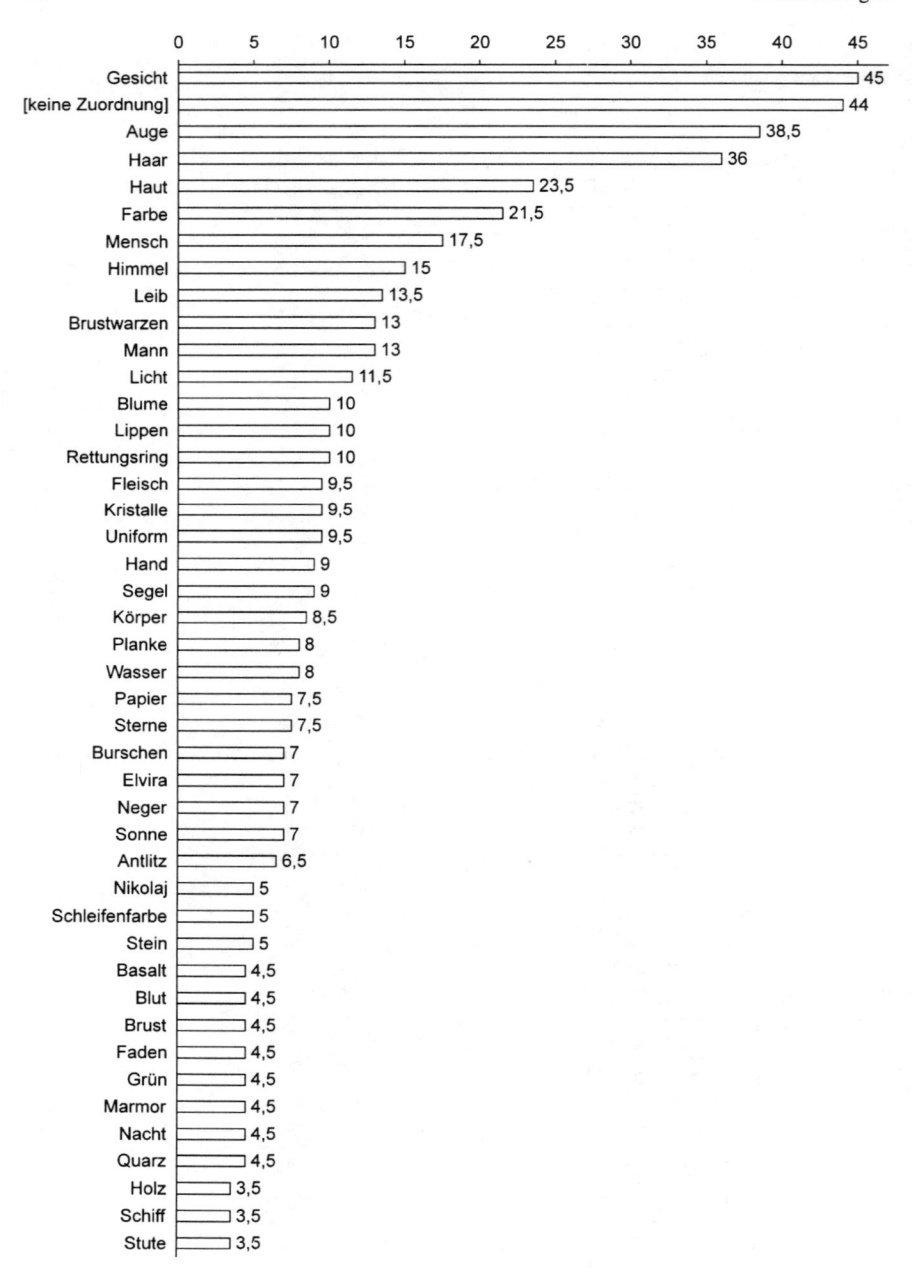

Kategorie	Wert
Gesicht	45
[keine Zuordnung]	44
Auge	38,5
Haar	36
Haut	23,5
Farbe	21,5
Mensch	17,5
Himmel	15
Leib	13,5
Brustwarzen	13
Mann	13
Licht	11,5
Blume	10
Lippen	10
Rettungsring	10
Fleisch	9,5
Kristalle	9,5
Uniform	9,5
Hand	9
Segel	9
Körper	8,5
Planke	8
Wasser	8
Papier	7,5
Sterne	7,5
Burschen	7
Elvira	7
Neger	7
Sonne	7
Antlitz	6,5
Nikolaj	5
Schleifenfarbe	5
Stein	5
Basalt	4,5
Blut	4,5
Brust	4,5
Faden	4,5
Grün	4,5
Marmor	4,5
Nacht	4,5
Quarz	4,5
Holz	3,5
Schiff	3,5
Stute	3,5

Diagramm 5.3.B: Relative Rekurrenzmaxima (Summen der Rangpunkte)

5.3. Relative Rekurrenzmaxima

punktezahl bedeutet demnach hohe durchschnittliche Rekurrenz. Vergäbe man die Ränge 1 bis 10 aufsteigend, so würde ein seltenes Wort, das ein einziges Mal auftritt und da beispielsweise an 10. Stelle, bei der Addition dieselbe Punktezahl erreichen wie ein Begriff, der zehnmal an erster Stelle auftritt und jeweils einen Punkt erlangt. Bei Wörtern in *ex aequo*-Stellung wird der Mittelwert der zu vergebenden Punkte zugewiesen. Die Punkte, die je nach Rang vergeben werden, sind in der rechten Spalte R der Tabellen des Anhangs VI vermerkt.

Die Diagramme 5.3.A und 5.3.B stellen die relativen Rekurrenzmaxima dar. Für die relative prozentuale Darstellung der Rekurrenzmaxima (5.3.A) werden alle Prozentangaben der jeweiligen Zuordnungen aus den Tabellen des Anhangs VI addiert, die daraus resultierende Liste nach Häufigkeiten geordnet und die ersten 45 Positionen im Diagramm wiedergegeben. Ähnlich verfährt die Darstellung der relativen Rekurrenzmaxima anhand der Rangpunkte (5.3.B). Die Rangpunkte der jeweiligen Zuordnungen (Anhang VI) werden addiert, die Summen geordnet und die ersten 45 Ränge grafisch dargestellt. Grafisch ähneln sich die absoluten (5.2.B) und die relativen Rekurrenzmaxima (5.3.A und 5.3.B). Jedoch fallen die relativen Maxima spürbar steiler ab als die absoluten.

Bemerkenswert ist die inhaltliche Übereinstimmung der beiden Diagramme. Immer sind es mehr oder weniger die gleichen Zuordnungen, die mit kleinen Verschiebungen an etwa denselben Positionen auftreten. Unterschiedliche Ermittlungsweisen der Zuordnungen führen zu sehr ähnlichen Ergebnissen und bestätigen, dass Jahnn vorzugsweise ganz bestimmte Entitäten mit Farbe versieht.

Teile des menschlichen Körpers (*Gesicht, Auge, Haar*) sind die häufigsten Zuordnungen. Die Position ‚keine Zuordnung' ist ebenfalls sehr häufig (in Diagramm 5.3.A sogar an erster Stelle). Diese Position fällt insgesamt sehr groß aus, weil sie theoretisch eine Vielzahl singulärer Zuordnungen enthält. Doch sie zeigt auch, dass der Unbestimmtheitsfaktor bei der Farbgebung eine nicht unwesentliche Rolle spielt.

Der *Mann* steht in Diagramm 5.3.A – verglichen mit 5.3.B und 5.2.B – sehr weit oben. Der hohe Wert von 17,98 (Prozentsumme aus dem Anhang VI) beinhaltet den hohen Wert von 16,55 %, der allein die anteilsmäßige Verwendung des Mannes im „Holzschiff" (Spitzenstellung mit sehr großem Abstand) dokumentiert (Anhang VI). Beim Mann im „Holzschiff" handelt es sich um den *grauen* Mann Lauffer, der leitmotivisch immer wiederkehrt (Genaueres in Kapitel 6.7. „Grau"). Überraschend ist auch der Ausreißer *Rettungsringe*, der in Diagramm 5.3.A sehr weit oben auftritt. Gesteuert wird dieser Wert durch das Romanfragment „Jeden ereilt es", in dem die Farbe der Rettungsringe ein schicksalhaftes Detail für die Familie Brende und in besonderem Maße für das Leben von Mathieu Brende darstellt.

Sehr ähnlich ist in den drei Diagrammen der Bereich zwischen etwa der fünften und der zehnten Position. Es treten auf: das erste Abstraktum *Farbe*, die *Haut*, der *Mensch*, das *Licht* und die landschaftlichen Zentralbegriffe *Himmel* und *Wasser*.

Den Begriffen, die oben diskutiert werden, schreibt Jahnn am häufigsten eine Farbe zu. In umgekehrter Richtung können sie als prototypische Farbträger gelesen werden. Äußerst bedeutsam ist der innerste Kern, der aus *Auge*, *Gesicht* und *Haaren* besteht. Die Häufigkeiten der anderen Zuordnungen gruppieren sich in konzentrischen Kreisen um diesen Kern. Dass gerade Auge und Gesicht den Kern bilden, ist intuitiv leicht nachvollziehbar. Das Auge ist das Sehorgan, das Gesicht ist der Ausdruck und das Fanal des menschlichen Individuums, vergleichbar seinem Namen. Die Haare umrahmen das Gesicht.

Mithin lässt sich die allgemeine These, dass die Farbe in der Sprache von den Dingen komme, präzisieren: Die Farbe kommt von dem Auge, dem Gesicht und den Haaren, denn diese Dinge sind in erster Linie farblich *adfiziert*.

5.4. Gruppenbildungen der Zuordnungen

Die Besprechung der rekurrierenden Begriffe, denen eine Farbe zugewiesen ist, hat sich bislang auf die Maxima beschränkt. Dadurch sind die sehr zahlreichen Zuordnungen unberücksichtigt geblieben, die seltener rekurrieren. Die Darstellung ginge ins Uferlose, würde man diese alle einzeln besprechen. Mit Hilfe einer Systematik, die alle einzelnen Belege zu Gruppen zusammenfasst, können aber dennoch alle in die Betrachtung mit einbezogen werden.

Verschiedene Farbforschungen haben sich über eine solche Systematik Gedanken gemacht. Groos/Netto unterscheiden zwischen den beiden Komplexen *Mensch* und *Landschaft*.[484] Gubelmann nennt in seiner Arbeit über Hebbel die vier Kategorien *Natur, Tiere, Menschen* und *unbelebte Dinge*.[485] Oksaar hat eine Systematik entwickelt, welche die Vergleichsgrößen für die Farbwortbildung zu Gruppen zusammenfasst.[486] Zweiböhmer stellt an den Romanen von Goethe fest, dass häufig Substantive aus den drei Bereichen *Körperteile*, *Kleidung* und *Wohnungs- und Einrichtungsgegenstände* mit Farben versehen werden.[487] Lehmann nennt die vier „Objektsorten"

---

[484] Groos/Netto (1910), S. 48–49.
[485] Gubelmann (1922), S. 83–119.
[486] Oksaar (1961), S. 211–212. Vgl. Darstellung und Anwendung in Kapitel 3.4. „Andere Kombinationen".
[487] Zweiböhmer (1997), S. 208.

5.4. Gruppenbildungen der Zuordnungen

Landschaft; Gegenstände und Personen; figurativ-abstrakt; Stimmung und Licht.[488] Altmann gruppiert die Zuordnungen bei jeder einzelnen Farbe individuell je nach Befund, ohne jedoch eine Systematik zu entwickeln.[489]

Grundsätzlich kommen alle diese Modelle infrage, wenn es gilt, die Zuordnungen zu Gruppen zusammenzufassen. Diese sechs Modelle sind jedoch etwas ungenau, um problemlos alle Zuordnungen unterzubringen. Bei Groos/Netto fehlen beispielsweise Artefakte. Oksaars Modell ist wegen der unbedachten Vermischung von Ober- und Unterbegriffen unbrauchbar.[490] Zweiböhmer hat keinen Platz für Naturphänomene. Lehmanns Objektsorten resultieren aus seinem Gedankengebäude zur sprachlichen Weltsicht und verbinden unterschiedliche Wahrnehmungsebenen,[491] als Muster für einen positivistisch ordnenden Katalog sind sie nicht geeignet. Vollständig erscheint Gubelmanns Modell. Aber auch dieses weist eine Lücke auf: es fehlt nämlich eine Kategorie für die pflanzliche Welt. Freilich kann diese in die *Natur* integriert sein. Das Fehlen der Pflanzen ist aber insofern auffallend, als für die *Menschen* und *Tiere* eine eigene Kategorie vorgesehen ist. Altmanns Gruppen stellen Ober- und Unterbegriffe gleichwertig nebeneinander und sind je nach Befund gebildet. Als systematische Vorgabe sind sie nicht geeignet.

Aufgrund dieser Unzulänglichkeiten bestehender Modelle sei der Versuch gewagt, eine eigene Systematik zu entwerfen. Jede Systematik muss mehr oder weniger unzureichend bleiben, denn sie presst das Gegebene mehr oder weniger gewaltsam in ein Schema. Aber gerade in ihrer Schablonenhaftigkeit liegt der Reiz von Systematiken, weil sie Vergleichsmöglichkeiten bieten.

Das Untersuchungsergebnis hängt von der verwendeten Systematik ab. Um einerseits zu Aussagen über Jahnns Werk zu gelangen, andererseits aber auch die Abhängigkeit der Interpretationsergebnisse von der zu Grunde liegenden Systematik zu illustrieren, werden gleich zwei unterschiedliche Systematiken entworfen und angewandt.

Das erste Modell wurde während der Arbeit am Korpus entwickelt und sieht sieben Gruppen vor:
1. Menschen, Personen[492] und ihre Teile,[493]
2. Tiere und ihre Teile,

---

[488] Lehmann (1998), S. 313.
[489] Altmann (1999a), S. 5–6; Altmann (1999b), S. 129–130. Altmanns Forschungsergebnisse werden eine sehr wichtige Vergleichsgröße in den Kapiteln 6.4. bis 6.12. sein.
[490] Vgl. die Diskussion der Tabelle 3.4.B.
[491] Lehmann (1998), S. 142, 225, 239.
[492] Dazu zählen auch *Gott, Teufel* und *Engel*.
[493] *Teile* schließen hier auch Kleidungsstücke und Schmuck mit ein.

3. Pflanzen und ihre Teile,
4. Natur- und Kulturräume, Natur- und Kulturlandschaften und ihre Teile,[494]
5. kleine Dinge und Gegenstände,[495]
6. Abstrakta,[496]
7. Farbnennungen ohne (eindeutige) Zuordnungsmöglichkeit.

Prononciert ist immer wieder der Zusatz ‚und ihre Teile'. Denn an zahlreichen Orten war festzustellen, dass – insonderheit bei den Körpern – vorzugsweise Ausschnitte und Teile des Ganzen mit Farben versehen sind.

Etwas problematisch ist die Trennung zwischen Lebewesen (Menschen, Tiere, Pflanzen) und Natur- und Kulturräumen. Eine scharfe Grenzziehung zwischen diesen Kategorien ist nicht möglich. Wohin gehört beispielsweise der *Wald*? Zu den Pflanzen oder zu den Naturräumen? Als Unterscheidungskriterium für die Zuweisung zum *Raum* oder zu den Einzelgruppen *Menschen, Tiere* und *Pflanzen* gelte die Regel: Ein Individuum, auch eine durch Plural gebildete Gruppe, wird den Einzelkategorien 1, 2 oder 3 zugeordnet. Ein *Baum* oder mehrere *Bäume* werden also unter *Pflanzen* vermerkt. Kollektivbegriffe allerdings werden den Räumen 4 zugewiesen. So wird beispielsweise der *Wald* in der Raum-Kategorie vermerkt.

Schwierig ist auch der Umgang mit den Merkmalen ‚belebt' und ‚unbelebt'. Im Allgemeinen sind *Menschen, Tiere* und *Pflanzen* belebt. Wie aber soll eine menschliche, tierische oder pflanzliche Leiche bewertet werden, zumal *Leichen* ein nicht unwesentlicher Posten im jahnnschen Inventar sind?[497] Wie ‚belebt' sind *Teile* eines lebendigen Individuums, Zähne oder Haare etwa? Zur Kategorie 1 werden auch Personen wie Gott, Teufel und Engel gezählt. Wie ‚belebt' sind diese Wesen? Lösungsvorschlag: Die Merkmale ‚belebt' und ‚unbelebt' seien keine primären Kriterien für die Gruppenbildung. Leichen werden zu den Gruppen 1, 2 und 3 gezählt, sofern sie noch als vormals belebte Körper erkennbar sind.

Etwas unüberlegt mutet das Zusammenziehen der *Natur-* und *Kultur*räume zur Gruppe 4 an. Doch ist deren Unterscheidung in der Praxis häufig nicht bewältigbar, auch dann nicht, wenn man den Unterschied zwischen Natur- und Kulturraum durch das fehlende oder vorhandene Zutun des Menschen postuliert. Sehr schwierig ist be-

---

[494] Zu den Räumen und Landschaften gehören auch Gebäude, Fortbewegungsmittel und Innenräume.
[495] Hierher gehören auch Lebensmittel und Speisen, die Teile von Tieren oder Pflanzen sind.
[496] Nominalisierte Eigenschaften gehören auch dann hierher, wenn sie eindeutig einem Individuum oder einem Ding zuzuordnen sind. Zu den Abstrakta werden auch Zeitangaben und Lichtverhältnisse gerechnet. Letztere könnten auch unter den Teilen von Räumen verbucht werden. Sie stellen aber eine Eigenschaft dar und fallen somit unter die Abstrakta.
[497] Zusätzlich erschwert wird diese Angelegenheit durch die Tatsache, dass bei Jahn auch tote Leiber das Verhalten eines belebten Körpers an den Tag legen. Im „Holzschiff" etwa spricht die tote Ellena zu ihrem Mörder Tutein.

5.4. Gruppenbildungen der Zuordnungen

reits ein Urteil darüber, inwieweit beispielsweise eine jahnnsche skandinavische Wildnis durch ihre textuale Abbildung (durch menschliches Handeln also) zu einem Kulturraum wird.

Schwierig ist bisweilen auch die Unterscheidung zwischen den Kategorien 4 (Natur- und Kulturräume) und 5 (kleine Dinge und Gegenstände), denn eigentlich sind Dinge und Gegenstände immer auch Teile von Räumen. Daher sei die Gruppe 5 dadurch definiert, dass es sich um Konkreta handelt, die relativ klein und beweglich sind. Als Index für die Kleinheit und Beweglichkeit gelte die positive Antwort auf die Frage, ob das Ding von einem Menschen mit Muskelkraft getragen oder bewegt werden kann (vgl. etwa den Unterschied zwischen einem *Berg* und einer *Schüssel*).

Eine nicht unwesentliche Rolle spielt auch bei der Gruppenbildung der Zuordnungen – wie oben bei der Betrachtung der Rekurrenzen – die Position ‚keine Zuordnung'. Hierfür ist die Gruppe 7 reserviert.

Vergleichsweise einfach ist das zweite Modell, nach dem die Zuordnungen kategorisiert werden. Hierzu wird das Thema der Weltausstellung EXPO 2000 herangezogen: „Mensch – Natur – Technik". Es zeigt sich eine gewisse Ähnlichkeit mit den Gruppen *Natur, Tiere, Menschen* und *unbelebte Dinge*, die Gubelmann nennt. Die Begriffe *Menschen* und *Natur* decken sich mit zwei der drei Begriffe im EXPO-Motto. Wenn oben kritisiert wurde, dass Gubelmann eigens die *Tiere* anführt, aber die *Pflanzen* nicht erwähnt, so wird diese Lücke bei der Berufung auf das EXPO-Motto insofern geschlossen, als auch die Tiere keine eigene Kategorie bilden.

Plakativ und einfach wie das Motto selber soll die Definition der drei Begriffe sein.

MENSCH $\cup$ NATUR $\cup$ TECHNIK = WELT[498]

MENSCH = WELT \ (NATUR $\cup$ TECHNIK)

NATUR = WELT \ (MENSCH $\cup$ TECHNIK)

TECHNIK = WELT \ (MENSCH $\cup$ NATUR)

Zur Menge Mensch gehören alle Entitäten, die den menschlichen Leib konstituieren, so wie die Natur ihn bei seiner Geburt hervorbringt und so wie er sich im Laufe seines biologischen Lebens entwickelt. Prothesen, Kleidung und technische Hilfsmittel gehören nicht zum Menschen, ebenso wenig seine Gefühle.[499] Wenn der Mensch in der Textwelt eine Seele oder einen Geist hat, so gehören diese als quasi-organische Bestandteile zum Menschen.

---

[498] Zu *Welt* vgl. auch den Untertitel der EXPO 2000: „Eine neue Welt entsteht".

[499] Dieser Ausschluss ist sicher in hohem Maße problematisch, doch insofern sinnvoll, als der emotive Komplex sehr oft aus der Interaktion mit den Bereichen Natur und Technik resultiert.

Die Menge Technik ist sehr weit gefasst. Ausgehend von der Bedeutung des griechischen Wortes τέχνη (Können, Handwerk, Kunst) beinhalte diese Menge materielle und technische Hilfsmittel sowie geistige und emotive Fähigkeiten. Zu den Hilfsmitteln zählen Geräte, Maschinen, Kleidung, Schminke, Prothesen, Gebäude u.v.a. sowie alle Versatzstücke aus der Natur, die willentlich durch den Menschen gestaltet und bearbeitet sind (z.b. *Bretter* im Gegensatz zu *Baum*).[500] Unter den geistigen und emotiven Fähigkeiten werden Gefühle, Vorstellungen, Gedanken, Ideen und Projektionen zusammengefasst.

Die Menge Natur bestehe aus all jenen Elementen, die nicht den Menschen konstituieren und die nicht unter die vom Menschen hergestellten Hilfsmittel und unter die ihm eigenen Fähigkeiten fallen. Als Denkhilfe gelte der Grundsatz: Alles das, was es ohne die Existenz des Menschen gibt, bildet den Bereich der Natur.

Für eine textwissenschaftliche Darstellung ist diese Naturdefinition sehr fragwürdig. Denn die sichtbare Textwelt besteht aus Begriffen, die einem menschlichen Schöpfungsakt entspringen. Insofern gibt es keine Teilmenge der Welt, die nicht im Sinne der Menge Technik eine Vorstellung, Idee oder Projektion wäre.

In den folgenden zwei Kapiteln 5.5. „Die sieben Gruppen" und 5.6. „'Mensch – Natur – Technik'" werden die Zuordnungen nach den zwei hier vorgestellten Systematiken gruppiert und diskutiert.

5.5. Die sieben Gruppen

Im Anfang war der Leib.
Hans Henny Jahnn

Alles Lebendige strebt zur Farbe.
Johann Wolfgang von Goethe

Die Tabelle 5.5.A stellt dar, wie sich die sieben Gruppen innerhalb der zehn Texte verteilen. Zugrunde liegen hier – wie in allen Betrachtungen des Kapitels 5 – die Zuordnungen zu den 3.321 Farbausdrücken, nicht zu den 3.607 Farbetyma. Die absoluten Werte sind relativ ausdruckslos, doch die Korrelationskoeffizienten illustrieren prinzipielle Zusammenhänge.

---

[500] Um mit Jahnn zu sprechen: Der „Mechanismus Mensch" (Autobiographie, Schriften I, S. 620) ist hier tätig: „Er ist das Gefäß von Instinkten oder der Schauplatz von Ereignissen, die ohne ihn nicht sein würden [...]". (Versuch einer Erklärung, Schriften II, S. 384.)

5.5. Die sieben Gruppen 251

Gruppe	Alle Texte	Ugrino und Ingrabanien	Perrudja	Perrudja. Zweites Buch	Bornholmer Aufzeichnungen	Das Holzschiff	Die Niederschrift I	Die Niederschrift II	Epilog	Jeden ereilt es	Die Nacht aus Blei
1	1141	27	343	48	2	65	271	174	128	30	53
2	158	2	83	3	5	1	22	32	7	1	2
3	247	3	114	7	7	8	38	60	7	3	0
4	626	20	215	31	8	20	164	114	33	5	16
5	718	22	276	24	9	32	155	125	36	25	14
6	332	10	87	12	9	15	104	51	28	4	12
7	99	9	39	1	0	4	14	13	8	1	10
∑	3321	93	1157	126	40	145	768	569	247	69	107
Alle	–	0,9253	0,9751	0,9818	0,0354	0,9718	0,9836	0,9852	0,9187	0,9074	0,8841
U		–	0,8985	0,9192	0,0076	0,8813	0,9314	0,8982	0,8031	0,8427	0,8229
P			–	0,9407	0,1134	0,9185	0,9311	0,9899	0,8286	0,9186	0,7784
P2				–	0,0328	0,9351	0,9872	0,9697	0,9048	0,8130	0,8826
A					–	-0,1157	0,0862	0,1404	-0,2541	-0,0280	-0,3549
H						–	0,9502	0,9274	0,9707	0,9279	0,9435
N1							–	0,9591	0,9118	0,8439	0,8878
N2								–	0,8509	0,8811	0,8004
E									–	0,8336	0,9848
J										–	0,7910
B											–
Signifikanzschwellen: P=0,05 bei r=0,754; P=0,01 bei r=0,875; P=0,001 bei r=0,951.											

Tabelle 5.5.A: Verteilung der sieben Gruppen in den Texten; Korrelationskoeffizienten

Der Handlichkeit halber seien noch einmal die sieben Gruppen bereitgestellt:
1. Menschen, Personen und ihre Teile,
2. Tiere und ihre Teile,
3. Pflanzen und ihre Teile,
4. Natur- und Kulturräume, Natur- und Kulturlandschaften und ihre Teile,
5. kleine Dinge und Gegenstände,
6. Abstrakta,
7. Farbnennungen ohne (eindeutige) Zuordnungsmöglichkeit.

Die Wahrscheinlichkeit für das Zutreffen der Nullhypothese $r = 0$ liegt bei allen Korrelationskoeffizienten in Tabelle 5.5.A unterhalb der 5%-Marke – nicht aber bei den „Bornholmer Aufzeichnungen". Hier ist die Korrelation durchgehend sehr gering. (Der größte Wert $|r|$ liegt bei 0,3549, der kleinste bei 0,0076.) Dies besagt, dass die sieben

Gruppen in neun der zehn Texte nach etwa dem gleichen Muster verteilt sind, die „Bornholmer Aufzeichnungen" aber deutlich von diesem Schnitt abweichen. Innerhalb der signifikant bis hoch signifikant von 0 verschiedenen Korrelationskoeffizienten gibt es Unterschiede. Am höchsten miteinander korreliert sind (unter Ausschluss der Summenspalte ‚Alle Texte') „Perrudja" und „Die Niederschrift II" (r = 0,9899), „Perrudja. Zweites Buch" und „Die Niederschrift I" (r = 0,9872) sowie der „Epilog" und „Die Nacht aus Blei" (r = 0,9848). Am kleinsten unter den signifikant bis hoch signifikant von 0 verschiedenen Korrelationen sind jene zwischen „Perrudja" und der „Nacht aus Blei" (r = 0,7784), „Jeden ereilt es" und der „Nacht aus Blei" (r = 0,7910) sowie der „Niederschrift II" und der „Nacht aus Blei" (r = 0,8004). Auffallender Weise tritt in den drei Minima immer „Die Nacht aus Blei" auf. Offensichtlich handelt es sich hier um einen Text, in dem die Farben durchschnittlich anders zugeordnet sind als in den übrigen Texten.

Um einzelne Gruppen und Texte miteinander vergleichen zu können, werden die absoluten Werte in relative prozentuale umgewandelt (Tabelle 5.5.B).

Gruppe	Alle Texte		Ugrino und Ingrabanien		Perrudja		Perrudja. Zweites Buch		Bornholmer Aufzeichnungen		Das Holzschiff		Die Niederschrift I		Die Niederschrift II		Epilog		Jeden ereilt es		Die Nacht aus Blei	
	abs.	% %'	abs.	%	abs.	%	abs.	%	abs.	%	abs.	%	abs.	%	abs.	%	abs.	%	abs.	%	abs.	%
1	1141	34,4 35,7	27	29,0	343	29,6	48	38,1	2	5,0	65	44,8	271	35,3	174	30,6	128	51,8	30	43,5	53	49,5
2	158	4,8 4,0	2	2,2	83	7,2	3	2,4	5	12,5	1	0,7	22	2,9	32	5,6	7	2,8	1	1,4	2	1,9
3	247	7,4 6,4	3	3,2	114	9,9	7	5,6	7	17,5	8	5,5	38	4,9	60	10,5	7	2,8	3	4,3	0	0,0
4	626	18,8 17,5	20	21,5	215	18,6	31	24,6	8	20,0	20	13,8	164	21,4	114	20,0	33	13,4	5	7,2	16	15,0
5	718	21,6 21,7	22	23,7	276	23,9	24	19,0	9	22,5	32	22,1	155	20,2	125	22,0	36	14,6	25	36,2	14	13,1
6	332	10,0 11,1	10	10,8	87	7,5	12	9,5	9	22,5	15	10,3	104	13,5	51	9,0	28	11,3	4	5,8	12	11,2
7	99	3,0 3,5	9	9,7	39	3,4	1	0,8	0	0,0	4	2,8	14	1,8	13	2,3	8	3,2	1	1,4	10	9,3
∑	3321	100 100	93	100	1157	100	126	100	40	100	145	100	768	100	569	100	247	100	69	100	107	100
s		10,4 10,8		9,7		9,1		12,6		8,2		14,2		11,3		9,4		16,0		16,4		15,3

Tabelle 5.5.B: Absolute und relative prozentuale Verteilung der sieben Gruppen in den Texten

Aus der Spalte ‚Alle Texte' ist die durchschnittliche Verteilung der 3.321 Zuordnungen abzulesen. Die Spalte % bezieht sich – wie so oft – auf das Korpus als Summe, während die Spalte %' die Werte wiedergibt, die sich aus dem arithmetischen Mittel der Prozentangaben zu den einzelnen Texten ergeben.

5.5. Die sieben Gruppen

Die Unterschiede zwischen % und %' sind nicht besonders groß. Die Reihenfolge der Ränge bei den sieben Gruppen bleibt bei beiden Arten der Prozentberechnung gleich. Die Diskussion der Durchschnittswerte wird sich auf die Spalte %' berufen.

Die Gruppe 1 (Menschen, Personen und ihre Teile) umfasst etwas mehr als ein Drittel aller Zuordnungen (35,73 %). An zweiter Stelle (21,72 %) folgt mit einigem Abstand die Gruppe 5 (kleine Dinge und Gegenstände), an dritter (17,54 %) die Gruppe 4 (Natur- und Kulturräume, Natur- und Kulturlandschaften und ihre Teile). Diese Beobachtung bestätigt wieder die These, dass in der jahnnschen Textwelt der Mensch und seine Körperteile außerordentlich häufig und deutlich mit Farbe versehen werden. Etwa halb so groß ist der Anteil der kleinen, gegenständlichen Dinge, die gefärbt sind. Der Mensch als prototypischer Farbträger ist überaus präsent.

Am viertgrößten ist die Gruppe 6 der Abstrakta (11,15 %). Diese Gruppe ist sogar deutlich größer als die Gruppen 3 (Pflanzen und ihre Teile) und 2 (Tiere und ihre Teile). Ihr Anteil beträgt 6,43 % bzw. 3,95 %. Dies überrascht. Denn Pflanzen und Tiere – nimmt man an – müssten doch in gleichem Ausmaß gefärbt sein wie gegenständliche Dinge, und Abstrakta haben in der alltäglichen Erfahrungswelt normalerweise keine bestimmte Farbe. Dass gerade die Farbgebung bei den Tieren so weit nach unten gerückt ist, widerspricht der Bedeutsamkeit, die Tiere für Jahnn haben.

Doch kann auch ein verfahrenstechnischer Grund die Ursache für die große Gruppe der Abstrakta sein. Denn auch Licht- und Farbverhältnisse, soweit sie durch Substantive ausgedrückt sind, die eine Eigenschaft bedeuten, werden zu den Abstrakta gezählt (siehe Kapitel 5.4. „Gruppenbildungen der Zuordnungen"). Hierher gehört eine relativ große Anzahl von Phrasen, die das Substantiv ‚Farbe' enthalten. Wenn man solche Phrasen jeweils nach der konkreten Entität katalogisierte, der sie zuzuordnen sind (soweit dies erkennbar ist), so würde die Gruppe der Abstrakta spürbar kleiner ausfallen und durch einen Anstieg der übrigen Gruppen kompensiert werden.

An siebenter und letzter Stelle steht mit etwa 3 % die Gruppe jener Farbausdrücke, die sich keiner der sechs Gruppen eindeutig zuordnen lassen.

Das Maß für die Streuung der Gruppen innerhalb der Texte ist die Standardabweichung s. Um vergleichbare Werte zu erhalten, ist sie lediglich für die relative prozentuale Verteilung berechnet (siehe Tabelle 5.5.B). Sie liegt durchschnittlich (vgl. ‚Alle Texte') bei etwas über 10 %. Hoch sind die Einzelwerte für die späten Texte „Epilog", „Jeden ereilt es" und „Die Nacht aus Blei" (jeweils über 15 %). Am geringsten ist die Standardabweichung bei den „Bornholmer Aufzeichnungen" (etwa 8 %). Die Gründe für die unterschiedlichen Standardabweichungen liegen in den unterschiedlichen Größenverhältnissen der Gruppen innerhalb der Texte. Anschaulicher als die Tabelle 5.5.B zeigt diese Verhältnisse das Diagramm 5.5.C.

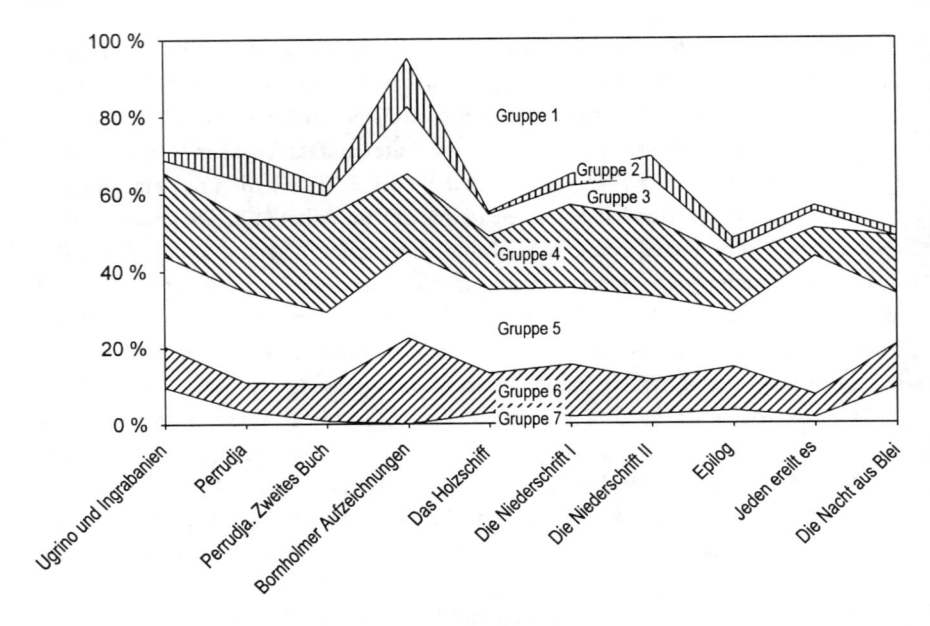

Diagramm 5.5.C: Gruppentektonik (sieben Gruppen) innerhalb der Texte

Die vorangehenden Beobachtungen werden hier augenscheinlich. Eine deutliche Erhebung zeigen die „Bornholmer Aufzeichnungen". Bei den anderen Texten sind die Streifen für die einzelnen Gruppen etwa gleich breit. Die Gruppe 1 (Mensch) ist deutlich die größte. Sie zeigt zudem den Trend einer diachronen Zunahme (die Texte sind wie immer chronologisch geordnet, siehe Tabelle 2.1.B).

Unverhältnismäßig klein ist die Gruppe 1 in den „Bornholmer Aufzeichnungen". Sie ist hier, abgesehen von der leeren Gruppe 7, die kleinste Gruppe überhaupt (siehe Tabelle 5.5.B). Am größten sind die Gruppen 5 (kleine Dinge und Gegenstände) und 6 (Abstrakta). Diese aber sind mit ihren je 23 % deutlich kleiner als die durchschnittlich größte Gruppe 1 (36 %). Deshalb ist die Standardabweichung in den „Bornholmer Aufzeichnungen" am kleinsten. Dieser Text weicht von den anderen also nicht nur durch unterschiedlich verteilte Gruppen, sondern auch durch den Trend zur Gleichverteilung ab.

Wollte man diese quantitativen Beobachtungen inhaltlich interpretieren, so ließen sich etwa die folgenden Hypothesen formulieren. Jahnn schreibt die tagebuchartigen „Bornholmer Aufzeichnungen" in einer persönlichen und finanziellen Krise und aus dem Text spricht Resignation. Daher verliert der Mensch an Bedeutung, und Alltagsgegenstände, Pflanzen und Tiere rücken in den Vordergrund. Dies entspricht auch der inhaltlichen und intentionalen Ausrichtung: Die „Aufzeichnungen" sind Entwürfe für einen Roman, in dem Jahnn seine Vorstellungen über Agrarökonomie darlegen wollte. Farblich definierte Abstrakta und Pflanzen kompensieren die Farblosigkeit des Menschen. Insgesamt könnte dies bedeuten, dass Jahnn die Übermacht der Umstände sehr deutlich vor Augen hat und dass er sich seiner Abhängigkeiten bewusst ist, auch der Abhängigkeit von den Pflanzen und Tieren als Grundlage der „Ernährung des Menschen" (geplanter Romantitel).

Wahrscheinlich stehen diese Spekulationen auf wackeliger Basis. Denn insgesamt haben die „Bornholmer Aufzeichnungen" nur 40 Farbausdrücke. Die Repräsentativität der Daten ist zweifelhaft. Andererseits bleibt doch eine Restwahrscheinlichkeit, dass die Daten spezifische Besonderheiten dieses Textes sichtbar machen. Denn „Ugrino und Ingrabanien", „Jeden ereilt es" und „Die Nacht aus Blei" beinhalten auch nicht sehr viel mehr Farbausdrücke als die „Bornholmer Aufzeichnungen". Bei jenen ist die Verteilung der Gruppen deutlich mit anderen Texten korreliert, nur die „Bornholmer Aufzeichnungen" weichen ab (siehe Tabelle 5.5.A).

Das Resümee: Jahnn fokussiert die Farbgebung sehr deutlich auf den Menschen. Im Laufe seines Schaffens nimmt dieses Verhalten zu. Im Schnitt haben die Größenordnungen der Gruppen die folgende Reihenfolge:
1. Menschen, Personen und ihre Teile (Gruppe 1),
2. kleine Dinge und Gegenstände (Gruppe 5),
3. Natur- und Kulturräume, Natur- und Kulturlandschaften und ihre Teile (Gruppe 4),
4. Abstrakta (Gruppe 6),
5. Pflanzen und ihre Teile (Gruppe 3),
6. Tiere und ihre Teile (Gruppe 2),
7. Entitäten ohne eindeutige Zuordnungsmöglichkeit (Gruppe 7).
Diese durchschnittliche Verteilung der Zuordnungsgruppen lässt sich – mit textspezifischen kleinen Einschränkungen – auf alle Texte übertragen, nicht aber auf die „Bornholmer Aufzeichnungen".

5.6. „Mensch – Natur – Technik"

Im vorangehenden Kapitel schließt die Gruppe 1 den Menschen mitsamt seinen Accessoires wie Kleidung und Schmuck mit ein. Möglicherweise fällt diese Gruppe spürbar kleiner aus, wenn alle kulturspezifischen Attribute wegfallen. Darüber wird dieses Kapitel 5.6. Aufschluss geben. Es ordnet die Zuordnungen nach den drei Begriffen *Mensch*, *Natur* und *Technik*.

In Kapitel 5.4. „Gruppenbildungen der Zuordnungen" wurden diese drei Begriffe definiert. Die Gruppe 1 (Mensch) enthält alle Entitäten, die den menschlichen Leib konstituieren. Die Gruppe 2 (Natur) umfasst die Welt ohne das Zutun und die Anwesenheit des Menschen. Die Gruppe 3 (Technik) beinhaltet alle Artefakte, die der Mensch schafft, sowie seine geistigen und emotiven Fähigkeiten (Gefühle, Gedanken, Projektionen u.a.). Die Tabelle 5.6.A stellt die Verteilung dieser drei Gruppen innerhalb der zehn Texte dar.

Gruppe	Alle Texte	Ugrino und Ingrabanien	Perrudja	Perrudja. Zweites Buch	Bornholmer Aufzeichnungen	Das Holzschiff	Die Niederschrift I	Die Niederschrift II	Epilog	Jeden ereilt es	Die Nacht aus Blei
1	945	21	278	31	2	61	226	142	110	26	48
2	1265	39	478	53	25	39	295	236	64	13	23
3	1111	33	401	42	13	45	247	191	73	30	36
∑	3321	93	1157	126	40	145	768	569	247	69	107
Alle	–	0,9858	0,9939	0,9998	0,9989	-0,9725	0,9704	1,0000	-0,9504	-0,7164	-0,9990
U		–	0,9983	0,9820	0,9769	-0,9978	0,9162	0,9863	-0,9891	-0,5892	-0,9774
P			–	0,9913	0,9877	-0,9922	0,9379	0,9942	-0,9789	-0,6352	-0,9880
P2				–	0,9997	-0,9672	0,9754	0,9997	-0,9434	-0,7313	-0,9997
A					–	-0,9606	0,9806	0,9988	-0,9348	-0,7482	-1,0000
H						–	-0,8875	-0,9732	0,9967	0,5342	0,9611
N1							–	0,9697	-0,8472	-0,8636	-0,9802
N2								–	-0,9513	-0,7143	-0,9989
E									–	0,4638	0,9355
J										–	0,7469
B											–
Signifikanzschwellen: P = 0,05 bei r = 0,9969; P = 0,01 bei r = 0,999877; P = 0,001 bei r = 0,99999877.											

Tabelle 5.6.A: Verteilung der drei Gruppen in den zehn Texten; Korrelationskoeffizienten

Der absolute Wert der Korrelationskoeffizienten (|r|) in Tabelle 5.6.A liegt überwiegend über 0,9. Doch ist die Wahrscheinlichkeit für die Annahme der Nullhypothese r = 0 nicht ausgesprochen hoch. Die Reihen enthalten drei Argumente; für die Bestimmung der Wahrscheinlichkeit für die Annahme der Nullhypothese gibt es mithin einen einzigen Freiheitsgrad (FG = n-v ⇒ FG = 3-2 = 1). Bei einer so geringen Anzahl von Argumenten ist die Spannweite für signifikant von 0 verschiedene Korrelationskoeffizienten äußerst gering. Wenige Korrelationskoeffizienten sind in der Tabelle 5.6.A signifikant verschieden von 0.

5.6. „Mensch – Natur – Technik"

Unter Ausschluss der Summenspalte ‚Alle Texte' gilt: Hoch signifikant verschieden von 0 ist lediglich die Korrelation zwischen den „Bornholmer Aufzeichnungen" und der „Nacht aus Blei". Sehr signifikant verschieden von 0 ist kein Korrelationskoeffizient. Sieben Korrelationskoeffizienten sind signifikant verschieden von 0.

Während der absolute Wert fast aller Korrelationskoeffizienten größer als 0,9 ist, liegt die Korrelation zwischen „Jeden ereilt es" und den anderen Texten deutlich darunter. Bei der Klassifizierung der Zuordnungen nach den Gruppen Mensch, Natur und Technik verhält sich „Jeden ereilt es" auffallend anders als die übrigen Texte, während bei der Klassifizierung nach den sieben Gruppen die „Bornholmer Aufzeichnungen" als Ausreißer auffallen (Diagramm 5.5.C).

Ferner fällt auf, dass mehrere Korrelationskoeffizienten das Vorzeichen wechseln. Beispielsweise ist die insgesamt höchste Korrelation zwischen den „Bornholmer Aufzeichnungen" und der „Nacht aus Blei" in der Matrix negativ (unter Ausschluss der Spalte ‚Alle Texte'). Somit zeigen die Verteilungen der drei Gruppen die Tendenz, jeweils nur *eine* der drei Gruppen größer zu machen, wenn eine der anderen beiden kleiner wird. Eine der drei Gruppen bleibt dabei annähernd konstant. Dieses Verhalten wird das Diagramm 5.6.C veranschaulichen.

Zuvor werden noch die absoluten und relativen Verteilungen der drei Gruppen betrachtet (Tabelle 5.6.B). Die durchschnittliche Verteilung der Gruppen 1 (Mensch), 2 (Natur) und 3 (Technik) sieht einer Gleichverteilung sehr ähnlich (vgl. besonders die Spalte %'). Jede Gruppe enthält etwa je ein Drittel aller Zuordnungen. Demgemäß ist auch die Standardabweichung s der Spalten % und %' sehr gering, verglichen mit den Spalten der Einzeltexte. Hier – in den Einzeltexten – streuen die Gruppen auch sehr unterschiedlich, eine ist meist deutlich größer als die anderen. Am ehesten ähnelt die Verteilung in der „Niederschrift I" dem Schnitt durch alle Texte.

Gruppe	Alle Texte			Ugrino und Ingrabanien		Perrudja		Perrudja. Zweites Buch		Bornholmer Aufzeichnungen		Das Holzschiff		Die Niederschrift I		Die Niederschrift II		Epilog		Jeden ereilt es		Die Nacht aus Blei	
	abs.	%	%'	abs.	%	abs.	%	abs.	%	abs.	%	abs.	%	abs.	%	abs.	%	abs.	%	abs.	%	abs.	%
1	945	28,5	30,0	21	22,6	278	24,0	31	24,6	2	5,0	61	42,1	226	29,4	142	25,0	110	44,5	26	37,7	48	44,9
2	1265	38,1	36,1	39	41,9	478	41,3	53	42,1	25	62,5	39	26,9	295	38,4	236	41,5	64	25,9	13	18,3	23	21,5
3	1111	33,5	33,9	33	35,5	401	34,7	42	33,3	13	32,5	45	31,0	247	32,2	191	33,6	73	29,6	30	43,5	36	33,6
Σ	3321	100	100	93	100	1157	100	126	100	40	100	145	100	768	100	569	100	247	100	69	100	107	100
s		3,9	2,5		8,0		7,1		7,1		23,5		6,4		3,8		6,7		8,1		10,5		9,5

Tabelle 5.6.B: Absolute und relative Verteilung der drei Gruppen in den Texten

Ohne schon auf die inhaltliche Diskussion vorzugreifen, sei vorneweg auf den Umfang der Gruppe 1 (Mensch) verwiesen. Er beträgt durchschnittlich etwa 29 % und ist nicht sehr viel kleiner als in der Klassifizierung nach den sieben Gruppen im vorangehenden Kapitel (etwa 35 %; siehe Tabelle 5.5.B). Dort enthielt die Mensch-Gruppe auch Kleider und andere Attribute, hier ist der Mensch „nackt". Das heißt: Der Anteil dessen, was nicht Teil des organischen Körpers ist, war also nicht sonderlich groß. Unter den Entitäten, denen Jahnn eine Farbe zuweist, ist der Mensch ein sehr wichtiger Posten.

Trotzdem ist hier – bei der Mensch-Natur-Technik-Katalogisierung der Zuordnungen – die Mensch-Gruppe durchschnittlich die kleinste von allen dreien. An erster Stelle steht die Natur-Gruppe (etwa 37 %), an zweiter Stelle die Technik-Gruppe (etwa 34 %). So gesehen, verliert der Mensch an quantitativer Bedeutung. Immerhin aber steht er zu fast einem Drittel *allen übrigen* Entitäten gegenüber, die in der Textwelt mit einer Farbe versehen sind.

Anschaulich wird die Tabelle 5.6.B, wenn man wie im vorigen Kapitel die Gruppentektonik grafisch darstellt (Diagramm 5.6.C).

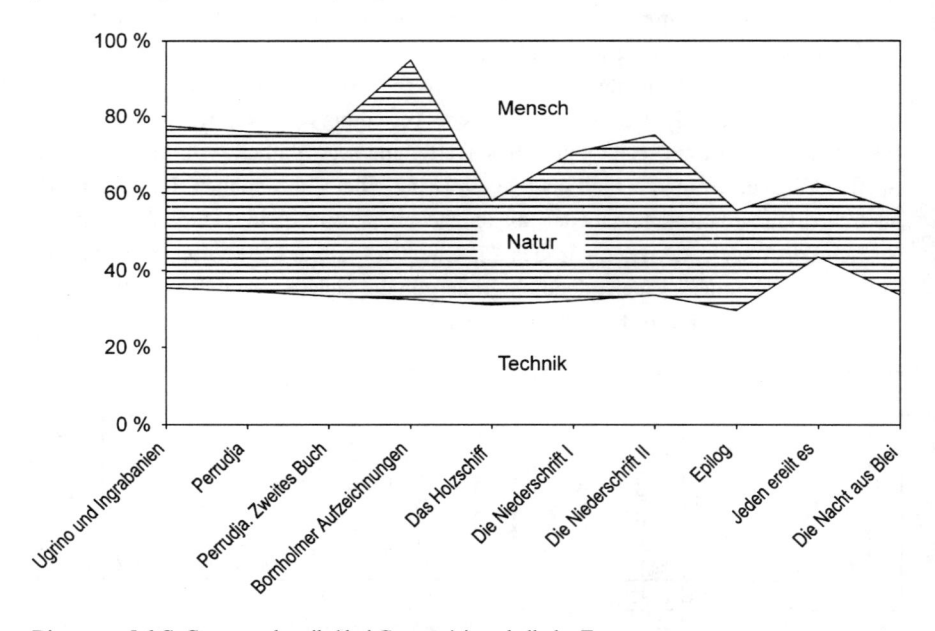

Diagramm 5.6.C: Gruppentektonik (drei Gruppen) innerhalb der Texte

Das relative Häufigkeitspolygon der Mensch-Gruppe zeigt eine deutlich sichtbare Ähnlichkeit mit der Mensch-Gruppe in Diagramm 5.5.C. In den „Bornholmer Auf-

5.6. „Mensch – Natur – Technik"

zeichnungen" ist die Mensch-Gruppe äußerst schmal, im „Holzschiff", im „Epilog" und in der „Nacht aus Blei" sehr groß. Auch hier ist wie in Diagramm 5.5.C tendenziell eine diachrone Zunahme der Mensch-Gruppe zu beobachten, allerdings weniger kontinuierlich.

Die Größe der Technik-Gruppe bleibt annähernd konstant, die Mensch- und die Natur-Gruppe variieren stark. Die Mensch-Gruppe nimmt um den Teil zu, um den die Natur-Gruppe abnimmt, und umgekehrt. Anhand des Diagramms 5.6.C wird nun auch klar, warum in Tabelle 5.6.A der absolute Wert der Korrelationen bei praktisch allen Texten über 0,9 liegt, nicht aber bei „Jeden ereilt es". Hier ist nämlich die Technik-Gruppe überdurchschnittlich groß. Ferner wird klar, warum in Tabelle 5.6.A der Korrelationskoeffizient gerade zwischen den „Bornholmer Aufzeichnungen" und der „Nacht aus Blei" äußerst hoch und negativ ist. Die große Natur-Gruppe in den „Aufzeichnungen" wird zur großen Mensch-Gruppe in der „Nacht", während die Technik-Gruppe etwa gleich groß bleibt.[501]

Der Abgleich der Polygone in Diagramm 5.6.C und dem Inhalt der einzelnen Texte ermöglicht einige hypothetische Erklärungen. Möglicherweise ist die Natur-Gruppe im „Holzschiff" deshalb so klein, weil hier von der text-realen Wirklichkeit kaum Impulse für eine differenzierte farbliche Natur-Gestaltung kommen. Der Roman spielt auf offener See, in einer eigentlich öden Umgebung. Umso stärker kann sich der Mensch auf sich selber konzentrieren.

Diese Erklärung aber greift nicht mehr, sobald man sie auf den „Epilog" und auf „Jeden ereilt es" anwenden will. In diesen zwei Texten und dem „Holzschiff" ist die

---

[501] Persönliche Mitteilung vom 17.5.2001 von Herrn Prof. Dr. Helmut Richter an den Verfasser: Nach einer auf den angegebenen Korrelationen beruhenden orthogonalen Faktorenanalyse [z.B. Backhaus/Erichson/Plinke/Weiber (1990), S. 67-113] stellen sich diese Verhältnisse übersichtlich wie folgt dar: Die Variation der Texte bezüglich der Kategorien Mensch, Natur und Technik wird von den zwei ‚gemeinsamen Faktoren' (1) MENSCH-NATUR, variierend zwischen ‚naturaffin' und ‚menschaffin', und (2) TECHNIK, variierend zwischen ‚schwächer technikaffin' und ‚stärker technikaffin', getragen. Der erste Faktor bestreitet mit durchschnittlich 93,2 Prozent den größten Teil der Variabilität der Texte, der zweite Faktor davon nur 5,8 Prozent (was sich in der vergleichsweise geringen Schwankung der Prozentsätze für die Kategorie Technik ausdrückt); 1 Prozent der Variabilität ist nicht mit ‚gemeinsamen Faktoren' zu erklären. Bei Vernachlässigung von Variationsanteilen unter 5 Prozent lassen sich die zehn untersuchten Texte wie folgt typisieren:

naturaffin – schwächer technikaffin	„Niederschrift I"
naturaffin – technikneutral	„Perrudja. Zweites Buch", „Bornholmer Aufzeichnungen", „Niederschrift II", (mit Tendenz zu stärkerer Technikaffinität:) „Perrudja"
naturaffin – stärker technikaffin	„Ugrino und Ingrabanien"
menschaffin – schwächer technikaffin	„Holzschiff", „Epilog"
menschaffin – technikneutral	„Die Nacht aus Blei"
menschaffin – stärker technikaffin	„Jeden ereilt es"

Mensch-Gruppe etwa gleich groß (etwa 43 %). Doch weder der „Epilog" noch „Jeden ereilt es" spielt auf einem Ozean oder in einer Einöde. Möglicherweise aber sind der Erzähler und die Protagonisten so stark mit menschlichen Individuen beschäftigt (abzulesen an deren betonter Farbigkeit), dass die Farbigkeit der Natur vernachlässigt wird. Der „Epilog" und „Jeden ereilt es" sind jene Texte, in denen der Plot am stärksten mit den emotionalen Geschehnissen der Protagonisten verquickt ist. Im Romanfragment „Epilog" bewegt sich Nikolaj auf den Spuren seines Vaters, er und seine Brüder üben sich ins Erwachsenenleben ein (vgl. die unterschiedlichen Initiationen). Sie sind pubertierende Jungen und erfahren ihre erste Liebe. Ähnlich in dieser Hinsicht ist „Jeden ereilt es". Diese Novelle handelt mit ziemlicher Ausschließlichkeit von Garis und Mathieus Liebe, Leiden und Leben.[502] Rückwirkend sind die Motive Jugend, Liebe und Initiation auch für den „Epilog" bezeichnend: Gustav ist mit seiner Verlobten Ellena an Bord, und Tutein muss – dramaturgisch gesehen – Ellena töten, um mit Gustav ein gemeinsames Leben beginnen zu können.

Um Jungen, Liebe und Erwachsenwerden, kann man einwenden, geht es auch in „Perrudja". Doch ist hier die Farbigkeit des Menschen vergleichsweise wenig ausgeprägt, verglichen mit der Natur-Gruppe. Dies widerspricht der Hypothese, dass die Farbigkeit des Menschen dann stark ausgeprägt ist, wenn erfahrene Jugendlichkeit und erste Liebe im Zentrum stehen. Andersrum könnte man diesen Widerspruch im diachronen Wandel der menschlichen Farbigkeit aufgehoben sehen. Insgesamt nimmt die Farbdichte im Verlauf von Jahnns Schaffen als Romancier ab (vgl. Kapitel 2.5. „Diachrone Verteilung"). Und insgesamt nimmt auch die Farbigkeit der Natur ab, zugunsten der Farbigkeit des Menschen (siehe Diagramme 5.5.C und 5.6.C). So man will, könnte Jahn mit zunehmender Schreiberfahrung und fortschreitendem Alter immer weniger auf die farbige Ausstaffierung der Natur angewiesen sein; die immer farbigere Zeichnung des Menschen hingegen könnte in einer immer stärkeren Fokussierung auf den Menschen begründet liegen.[503]

---

[502] Auch in der „Nacht aus Blei", die aus „Jeden ereilt es" hervorgeht, ist die Mensch-Gruppe viel farbiger als die Natur-Gruppe.

[503] Jahnn schreibt einmal: „[...] denn es ist mein Wunsch, daß die Menschheit verändert werde." (Abschließende Worte zu einer Lesung Wolf von Beneckendorffs aus der „Niederschrift", FoU III, S. 729.) Ausgehend von dieser Intention, von den Prämissen, dass die Farben mit uneigentlichem Sprechen und daher mit einem semantischen Transformationspotenzial verbunden sind, und von der Annahme, dass dies zumindest teilweise autorspezifisch ist, ließe sich die starke farbliche „Adfection derer Cörper" hypothetisch dadurch erklären, dass eben gerade der Mensch in besonderer Weise dieser intendierten Veränderung unterliegt.

5.7. Zusammenfassung

Die Entitäten, denen eine Farbe zugewiesen ist, werden Zuordnungen genannt. Von den Zuordnungen sind Rückschlüsse auf die Farbe selber möglich. Die allermeisten Zuordnungen sind leicht zu erkennen. Andere sind aus dem Kontext erschließbar. Ein kleiner Teil der Farbausdrücke lässt sich nicht eindeutig einer Entität zuordnen. Das flächendeckende Erfassen der Zuordnungen macht es möglich, *alle* Zuordnungen zu berücksichtigen, auch die scheinbar belanglosen. Andere, höchst auffallende Zuordnungen werden auf ihre Eigentlichkeit reduziert. Interpretationen sind insofern beliebig, als sie vom Transfer und Management des Wissens und der Assoziationen abhängen. Der Output hängt vom Input ab. Da Interpretationen aus Vergleichen und Ähnlichkeitsbeziehungen hervorgehen, ist das Bewusstsein um die sinn- und aussagestiftende Rolle des Informationstransfers sehr wichtig.

Im Korpus wurden 1.221 lemmatisierbare Zuordnungen gefunden, die mit den 3.321 Farbausdrücken einhergehen. Sehr wenige Zuordnungen rekurrieren sehr häufig. Sehr viele Zuordnungen kehren sehr selten wieder. Insgesamt wird mehr als die Hälfte aller Zuordnungen ein einziges Mal genannt.

Der Spitzenbereich der häufigsten Zuordnungen setzt sich aus Begriffen zusammen, die auf den menschlichen Körper referieren: *Gesicht, Haar, Auge, Haut, Mann, Mensch* (in dieser Reihenfolge). Der Anthropozentrismus in der Farbgestaltung steht in einem gewissen Gegensatz zu Jahnns Engagement für die nicht-menschliche Natur. Auffallend sind im Maximabereich das Fokussieren auf *Teile* des menschlichen Körpers und das Fehlen von Begriffen, die explizit auf weibliche menschliche Körper verweisen. Mithin sind die Merkmale [+HUM] und [+MASK] ein integrativer Bestandteil der Farbsemantik.

Zwischen ‚Haar' und ‚Auge' steht die Position ‚keine Zuordnung'. Diese Position ist vergleichsweise groß, weil sie theoretisch eine Vielzahl singulärer Zuordnungen enthält, die in allen anderen Fällen durch einen einzelnen Begriff benannt sind. Sie zeigt aber auch, dass ein gewisser Unbestimmtheitsfaktor bei der Farbgebung eine nicht unwesentliche Rolle spielt.

Die Zuordnungen im Maximabereich können als prototypische Farbträger gelesen werden. Es gibt hier einen inneren Kern, der aus *Auge, Gesicht* und *Haaren* besteht. Dass ausgerechnet Auge und Gesicht diesen Kern bilden, könnte konzeptuell begründbar sein. Das Auge ist das Sehorgan, das Gesicht der Ausdruck und das Fanal des menschlichen Individuums, vergleichbar seinem Namen.

Um sujetspezifische Übergewichte durch umfangreiche Texte auszugleichen, werden die Rekurrenzen auch relativ zum Textumfang betrachtet. Dazu eignen sich zwei Verfahren: Die Addition der relativen Verteilung im Maximabereich einzelner Texte und die Addition von Rangpunkten, die zuvor absteigend an die zehn häufigsten Zuordnungen je Text vergeben werden. Bemerkenswert ist die Ähnlichkeit der absolut und der relativ bestimmten Maximabereiche, sowohl inhaltlich als auch hinsichtlich des Verlaufs der Häufigkeitskurven (steil abfallend). Immer sind es mehr oder weniger die gleichen Zuordnungen, die mit kleinen Verschiebungen an etwa denselben Positionen in den Maximabereichen auftreten.

Die Betrachtung der absoluten und der relativen Rekurrenzmaxima schließt seltenere Zuordnungen aus. Um auch diese mit einzubeziehen, werden die Zuordnungen mithilfe zweier Systematiken klassifiziert.

Das erste Modell besteht aus den sieben Gruppen 1) Menschen, Personen und ihre Teile, 2) Tiere und ihre Teile, 3) Pflanzen und ihre Teile, 4) Natur- und Kulturräume und ihre Teile, 5) kleine Dinge und Gegenstände, 6) Abstrakta und 7) Farbnennungen ohne Zuordnungsmöglichkeit.

Durchschnittlich ist die Mensch-Gruppe am größten (35 %). Jahnn fokussiert die Farbgebung sehr deutlich auf den Menschen. An zweiter Stelle folgt die Gruppe der kleinen Dinge und Gegenstände (22 %), an dritter die Raum-Gruppe (18 %). Daran schließen die Abstrakta-Gruppe (10 %), die Pflanzen-Gruppe (7 %), die Tier-Gruppe (5 %) und die Entitäten ohne Zuordnungsmöglichkeit an (3 %). Mehr oder weniger passt diese Verteilung für alle Texte, nicht aber für die „Bornholmer Aufzeichnungen". In diesem Fragment ist der Mensch vergleichsweise sehr selten farbig gestaltet. Farbige Abstrakta und Pflanzen kompensieren hier die Farblosigkeit des Menschen.

Im Allgemeinen variiert der Umfang der einzelnen Gruppen nicht sehr stark. Diachron betrachtet, nimmt die Farbigkeit des Menschen deutlich zu.

Das zweite Klassifizierungsmodell wählte das Thema der Weltausstellung EXPO 2000 als Referenz: „Mensch – Natur – Technik". Die durchschnittliche Verteilung der Gruppen Mensch (30 %), Natur (36 %) und Technik (34 %) kommt einer Gleichverteilung nahe. Beachtlich ist auch hier der Umfang der Mensch-Gruppe, der etwa gleich groß ist wie bei der Klassifizierung nach den sieben Gruppen. Umso beachtlicher ist dieser Befund, als die Mensch-Gruppe lediglich Begriffe umfasst, die zum Feld Mensch gehören, während sich die Natur- und die Technik-Gruppe über ungleich größere Felder erstrecken.

Bei der Klassifizierung der Zuordnungen nach den Begriffen Mensch, Natur, Technik verläuft die Verteilung der Mensch-Gruppe sehr ähnlich wie bei der Klassifizierung nach den sieben Gruppen: Trend zur diachronen Zunahme und großer Einbruch bei den „Bornholmer Aufzeichnungen".

Insgesamt sind lediglich die Mensch- und die Natur-Gruppe variabel. Die Technik-Gruppe bleibt deutlich stabil, außer im Romanfragment „Jeden ereilt es". Bei der Gruppierung der Zuordnungen nach den sieben Gruppen war bei diesem Text eine sehr

5.7. Zusammenfassung

große Gruppe der farbig gestalteten kleinen Dinge aufgefallen. Diese ist im deutlichen Anstieg der Technik-Gruppe subsumiert.

Dass die Mensch-Gruppe gerade im „Holzschiff", im „Epilog" und in der „Nacht aus Blei" ausgesprochen groß ist, könnte mit einer inhaltlichen Ähnlichkeit dieser Texte in Zusammenhang stehen. Die zentralen Themen erste Liebe und Erwachsenwerden verbinden diese Texte und rücken die pubertäre Aufmerksamkeit auf den Menschen und seinen Körper in den Vordergrund. Wenn man aber diese drei Texte in den diachronen Zusammenhang stellt, wird die thematische Abhängigkeit der farbigen Menschenzeichnung relativiert. Mit der Zunahme der Farbigkeit des Menschen nimmt die Farbigkeit der Natur ab. Analog zur diachron abnehmenden Farbdichte insgesamt, könnte auch die farbige Ausstaffierung der Natur mit Jahnns zunehmender Schreiberfahrung und seinem fortschreitenden Alter an Bedeutung verlieren wie die Farbgebung selber.

Das wesentlichste Merkmal für Jahnns Farbgestaltung ist die Körperzentriertheit. Dieser Befund wird für die semantische Analyse der einzelnen Farben wichtig sein.

6. Kontext und Bedeutungen der Farben

Das zentrale Interesse philologischen Arbeitens gilt der Semantik des Gegenstandes und der Bedeutung, die das fragliche Phänomen (hier die Farbe) für das Individuum (hier Jahnn) hat. Die Frage lässt sich weiter aufspalten: Es gibt die Frage nach der Bedeutung der Farbe für den Autor, und es gibt die Frage nach der Bedeutung der einzelnen Farben.

In Kapitel 6.1. wird die Bedeutung der Farbe, bezogen auf den Autor, dargestellt. Dabei soll erschlossen werden, welche Bedeutung die Farbe unmittelbar, in Form von Selbstaussagen für und bei Jahnn hat. In Kapitel 6.2. wird untersucht, wie die Zuordnungsgruppen Gebrauchs- und Bedeutungsmuster einzelner Farben bilden. Dieses Kapitel versteht sich als eine Art Stimmungshintergrund für die darauf folgenden Kapitel 6.4. bis 6.12. In Kapitel 6.3., das den Einzeldarstellungen der Farben vorausgeht, wird erläutert, durch welche Verfahren der kontextuelle Gebrauch der Farbwörter ermittelt wird und welche Informationen für die Beschreibung und die Interpretation von Gebrauch und Semantik einzelner Farben Ausschlag gebend sind.

6.1. Jahnn und die Farben

> Was ich vergleichsweise zusammentragen kann,
> ist so wenig, daß es mißweisend wirkt.
>
> Hans Henny Jahnn

Man mag sich wundern, warum in diesem Buch ein Kapitel etwa mit dem Titel „Die Farben in der Jahnn-Forschung" fehlt. – Ein solcher Forschungsbericht wäre im Wesentlichen die Beschreibung einer Leerstelle.[504] Das heißt aber nicht, dass sich bisher niemand zum Thema Farbe geäußert hätte. Doch handelt es sich meist um kurze Passagen, die nicht in einem eigenen Kapitel dargestellt, sondern an passender

---

[504] Bitz/Bürger/Munz (1996), die Jahnn-Bibliographie neuesten Datums, ist ohne Farbspuren. Freeman (1996) gibt einen Überblick über die Tendenzen in der Jahnn-Forschung und formuliert einige Desiderata; die Farbe fehlt. Auch in den wichtigsten Arbeiten nach Bitz/Bürger/Munz (1996) bleiben die Farben zumeist eine illustrierende Marginalie. Bezeichnend ist auch, dass die breit angelegte Gesamtinterpretation des „Neuen Lübecker Totentanzes" von Walitschke (1994) in ihrem umfangreichen Sachregister das Stichwort *Farbe* nicht führt, obwohl Jahnn in diesem Drama die Farben übertragen-plakativ verwendet.

Stelle diskutiert werden.⁵⁰⁵ Längere und dezidierte Beiträge zu Farbe und Jahnn sind bisher ein farbstatistischer Aufsatz,⁵⁰⁶ das Kapitel „Gelb" bei Reiner Niehoff,⁵⁰⁷ das Kapitel „Schwarz" bei Kai Stalmann⁵⁰⁸ und das Kapitel „Farbadjektiva" bei Rüdiger Wagner⁵⁰⁹.

Jahnn rät davon ab, Selbstaussagen eines Schriftstellers als Deutungshintergrund zu lesen.⁵¹⁰ Trotzdem wird in diesem Kapitel Jahnns gedrucktes Gesamtwerk auf explizite Äußerungen zur Farbe geprüft. Die zwölfbändige Hamburger Ausgabe dokumentiert ein sehr umfangreiches Werk. Einschließlich der Texte, die außerhalb der Hamburger Ausgabe erschienen sind,⁵¹¹ handelt es sich um etwas mehr als einen Laufmeter Literatur. Doch das Suchergebnis fällt mager aus, denn ausführliche Äußerungen oder gar Abhandlungen über Farben fehlen. Belegbar sind lediglich eine handverlesene Anzahl expliziter Absätze zur Farbe sowie einige weitere Textstellen, die man durch vergleichendes Sichten zum Sprechen bringen kann.

Am ausführlichsten äußert sich Jahnn über die Farben in Zusammenhang mit der Malerei. Ein erstes Mal streift er die Farbe in einem Brief an Jürgensen anlässlich seines Besuchs der Edvard-Munch-Ausstellung in Oslo am 20. September 1916: „Die Malerei ungenügend, keine Farbe gemischt."⁵¹² Umfangreichere Passagen zur Farbe in der Malerei finden sich erst Jahrzehnte später. Im Vortrag „Über den Anlaß" (1954 gedruckt) schildert Jahnn eine Begegnung mit dem Maler Heinrich Stegemann.

> Als mich [...] der große hamburgische Maler Heinrich Stegemann portraitierte, trug er, ziemlich am Anfang schon, als Hintergrund tiefblaue und kobaltblaue Farben auf die Leinwand, die seiner und meiner Ansicht nach auf keine Weise in die Komposition paßten. Sie wurden auch, ohne weitere Diskussion, übermalt, als ob es sich um eine Entgleisung gehandelt hätte. Als nun die Arbeit fortgeschritten war und meines Erachtens nicht mehr viel für den Maler zu tun übrig blieb, nahm Stegemann einen Spachtel, schabte und lockerte aus der Übermalung einzelne der blauen Farbtöne

---

[505] Boetius (1967), Kalveram/Popp (1984), Krey (1984), Wohlleben (1985), Popp (1994), Schulz (1996), Bitz (1996), Stalmann (1998), Benthien (1999), Niehoff (2001), Bürger (2003).
[506] Bernhart (2001).
[507] Niehoff (2001), S. 368–370.
[508] Stalmann (1998), S. 26–27.
[509] Wagner (1965), S. 146–148.
[510] „Es ist nicht wahrscheinlich, daß der Dichter der verläßlichste Deuter seiner Werke ist." (Mein Werden und mein Werk, Schriften II, S. 18.)
[511] Das sind die Briefe Jahnn/Huchel (1974), Jahnn/Kreuder (1995) und „Der graue Blick" (1995). Die „Briefe um ein Werk" von Helwig/Jahnn (1959) sind durch die Hamburger Ausgabe überholt.
[512] Glendal, 25. September 1916, Brief an Friedrich Lorenz Jürgensen in Wandsbek, Briefe I, S. 117. Vgl. dazu den Artikel „Malerei" im „Kleinen Wörterbuch der Ugrino-Verfassung" in Hengst/Lewinski (1991), S. 96: „Am befremdlichsten wirken die Ausführungen in der Verfassung Ugrinos über die Malerei. Ein Mangel an Sensibilität für die Sprache der neuen Malerei z.B. eines Edvard Munch war schon im Tagebuch der Norwegen-Reise zu konstatieren. Im Verfassungstext schlägt die fortschrittsfeindliche Idiosynkrasie vollends durch."

6.1. Jahnn und die Farben

wieder hervor; – und nun [...] schufen sie Valeurs, die mich [...] immer wieder in Staunen versetzen. [...] Es ist dies ein Beispiel für die echte Vorausnahme, die aus dem Unterbewußten kommend, den Stil eines Künstlers mitbestimmt.[513]

Jahnns Beobachtungen erinnern an die Gesamtanlage der beiden Teile seiner „Niederschrift". Das Über-Schreiben, das Herauspräparieren verschütteter Erinnerungen und die Wiederaufnahme verlassener Erzählstränge, das thematisierte Sichten und Kommentieren von schon Geschriebenem sind wesentliche Merkmale dieses Werks. Bezeichnend ist die häufige Verwendung runder Klammern in der „Niederschrift", die optisch den Palimpsest-Charakter bestimmter Passagen markieren, das Geschehen kommentieren, Vergangenes mit der Erzählgegenwart verbinden, die Erzählerpräsenz betonen und vorwiegend beim Überarbeiten eingefügt wurden.[514]

In einer Schrift mit dem Titel „Ausstellung Margarethe Helbing"[515] schreibt Jahnn:

Ich müßte noch sagen, daß gelb die mir gemäße Farbe in der Natur ist und grün meine mehr unterbewußten Empfindungen beschäftigt.[516]

Hier äußert sich Jahnn vergleichsweise dezidiert. Gelb, die *ihm gemäße* Farbe, ist für das Blumengleichnis (dazu später) wichtig. Dass Grün die „unbewußten Empfindungen beschäftigt", ist eine der äußerst seltenen Aussagen über die Funktion einer Farbe. Eine so deutliche Äußerung gibt es nur noch zu Violett.

Violett, unnatürliche Farbe. Darum lieben wir sie. (P, 55)[517]

Eine direkte Farbdefinition steckt auch im Gliedsatz „weil das Schwarze der Mutterschoß der Anfänge ist" (B, 293), der in Kapitel 7.4. näher besprochen wird.

Sehr ausführlich äußert sich Jahnn zur Farbe in seiner Ansprache anlässlich einer Ausstellungseröffnung von Karl Kluth in Lübeck (1958). Er spricht von der „Potenz der Farben", vom „Gegensatz [...] Rot – Blau" und den „Nichtfarben Schwarz und Weiß".[518] Im Großen und Ganzen aber wirkt die Ansprache bemüht. Diktion und Anlage machen deutlich, dass Jahnn sich auf fremdem Terrain bewegt.

Und in der Tat: Die Malerei war *seine* Kunstgattung nicht! In den Schriften über die Kunst, die die Glaubensgemeinde Ugrino hervorzubringen habe, kommen zwar gelegentlich die Begriffe *Malerei* und *Farbe* vor, aber verglichen mit dem ungleich größeren Raum für Architektur und Musik, bleiben solche Erwähnungen formelhafte Ein-

---

[513] Über den Anlaß, Schriften II, S. 262–263. Ein anderer Text, in dem Jahnn den Einsatz der Farbe bei Stegemann thematisiert: Heinrich Stegemann, mein Freund, Schriften II, S. 145–150.
[514] Vogt (1970), S. 118–123, Bachmann (1977), S. 143.
[515] Datum und Ort dieser Ausstellung der Hamburger Malerin und Nachbarin von Jahnn sind nicht ermittelt. Vgl. Kommentar, Schriften II, S. 1271–1272.
[516] Ausstellung Margarethe Helbing, Schriften II, S. 205.
[517] Diese Textstelle erleichtert das Verständnis der Phrase „violett und fremd" (P, 393).
[518] Eröffnung der Ausstellung Karl Kluth im Behnhaus zu Lübeck am 13.4.1958, Schriften II, S. 137–142, Zitate S. 137, 139, 141.

fügungen.[519] Insgesamt bleiben Farbe und Malerei in Jahnns Kunstverständnis Erscheinungen am Rande.[520] Doch ist eine Tagebucheintragung des Neunzehnjährigen interessant, in der sich der Schreibende einen „Zauberpinsel" wünscht.

> Nun sitz ich hier, bei einem Licht und versuche das nachzuschreiben, was ich in all den Tagen versäumte. Es wird nicht einmal halb werden. Ich kann wohl noch all die Tatsachen hererzählen – aber mir wird nicht wieder einfallen, was ich träumte, wenn ich zu mir sprach: Wenn du nun ins Tagebuch schreiben würdest, dann würde auf den ersten Zeilen stehn, daß dein Friedel wunderbares Haar oder schwarze Augen habe, daß die Sonne in herrlich rotes Gold getaucht ist, daß die Bäume von einem wunderbaren Grün sind, daß ich ein Maler sein Möchte [!], der einen Zauberpinsel besäße, oder ein großer, reicher Baumeister, um zu schaffen, was ich ungewiß träumte.[521]

Von Träumen ist die Rede und von Farben in erhabenen Tönen („herrlich", „wunderbar[]"). Dann folgt der Wunsch, ein „Maler" oder „Baumeister" zu sein, der seine Traumbilder mit anderen Mitteln als der Sprache auszudrücken vermag. Aus diesen Zeilen spricht ein Ungenügen der Sprache, das Jahnn mit Malerei und Architektur wettmachen will.

Jahnns bevorzugte Künste waren die Architektur und die Musik. Orgelbauer und Architekt waren neben dem Schriftsteller die Berufsbezeichnungen, die er führte. Doch auch in der Architektur sind für ihn die Farben unwesentlich bis nicht vorhanden. Freilich schillern alte Bauten aus Stein nicht in bunten Farben. Jahnn erwähnt aber in den Schriften zur Architektur[522] auch die unbunten Farben nicht.

Wer weiß, ob die Vorstellung der farblosen Architektur nicht davon herrührt, dass Jahnn mit Abbildungen in zeitgenössischem Schwarz-Weiß-Druck gearbeitet hat? In den Ugrino-Schriften werden die romanischen Kirchen von Bénévent, Cahors und Périgueux als kanonische Kunstwerke verzeichnet,[523] sie spielen in den Schriften zur Architektur und bisweilen auch in den literarischen Werken eine wichtige Rolle.[524] Die französischen Baudenkmäler kennt Jahnn zum Zeitpunkt der Niederschrift dieser Texte nicht durch unmittelbare Anschauung, sondern aus der Literatur.[525] Ein Blick auf die

---

[519] Z.B. Ugrino, Schriften I, S. 122, Verfassung und Satzungen der Glaubensgemeinde Ugrino, Schriften I, S. 55, 72 und passim.
[520] Eine Sonderrolle in der bildenden Kunst spielt für Jahnn die Grafik. Vgl. z.B. seine intensive Beschäftigung mit den Blättern von Leonardo da Vinci in seiner Abhandlung „Leonardo da Vinci: ‚Quaderni d'Anatomia'" in: Schriften I, S. 21–26.
[521] Tagebuch 13.4.1914, Frühe Schriften, S. 258.
[522] Von den Herausgebern der Hamburger Ausgabe zum Kapitel „Baukunst" zusammengefasst in: Schriften I, S. 189–400.
[523] Uwe Schweikert in: Späte Prosa, S. 477.
[524] Zur Kathedrale von Périgueux vgl. N2, S. 505–510.
[525] Nachweise von „Jahnns Hauptquelle für seine Kenntnis der deutschen und französischen Romanik" in Schweikerts Kommentar (Späte Prosa, S. 477): „Kirchliche Baukunst des Abendlandes" von

6.1. Jahnn und die Farben

umfangreichen Abbildungsteile zu „Einige Elementarsätze der monumentalen Baukunst" (Teile I und II)[526] macht deutlich, mit welchem Anschauungsmaterial Jahnn gearbeitet hat. Auf diesen Architektur-Bildern sind Spiele von Licht und Schatten sichtbar, aber keine Farben. So wird denn das Licht in den Schriften zur Baukunst gelegentlich thematisiert, nicht aber die Farbe.

Ändert sich die Farbwortverwendung, sobald Jahnn leibhaftig seiner großen Architekturideale ansichtig wird? Im November 1951 unternimmt Jahnn zusammen mit seinem Freund Klaus von Spreckelsen eine Reise nach Südfrankreich.

> Ihr Reiseziel waren die romanischen Kuppelkirchen Aquitaniens, die Jahnn seit seiner Jugend faszinierten und die er noch niemals in Natur gesehen hatte. Neben der monumentalen Grabarchitektur der alten Ägypter verkörperten für Jahnn und die Ugrino-Bewegung vor allem die Bauwerke des romanischen Stils das Ideal des Bauens, dem sie in ihren eigenen Bauten nacheifern wollten, die allerdings über das Stadium des Plans nicht hinausgediehen [...][527]

Die Texte, in denen diese Reise ihren Niederschlag findet,[528] bleiben allerdings ohne Farben wie ehedem die Schriften zur Architektur aus jungen Jahren. Hier wie dort ist neben der Baumasse lediglich das Licht von Bedeutung.[529]

Wenn Jahnn aber über Orgeln und Musik schreibt, tritt häufig der Begriff der Farbe auf, meistens eher beiläufig und metaphorisch im Sinne von Klangfarbe.[530] Bei der Suche nach Zitaten zum Verhältnis zwischen Farbe und Musik wird man auch in Jahnns fiktiven Texten fündig. Der Komponist Gustav Anias Horn assoziiert „die schöne goldbraune Farbe" mit der „freundschaftlichen Liebe" und mit der Tonart D-Dur. Dies ist ein Beispiel für so genanntes Farbenhören.

> Ich will es nicht zu einer Wichtigkeit machen, daß ich immer wieder – in allen meinen großen Arbeiten – die schöne goldbraune Farbe der freundschaftlichen Liebe aus D wählte, zur Erinnerung an verschollene Zärtlichkeiten, zur Verklärung meines Gemeinschaftsschicksals mit Tutein. (N2, 642)[531]

Georg Dehio und Gustav von Bezold (2 Text- und 8 Tafelbände), Stuttgart 1884–1901, sowie die von Ludwig Lohde herausgegebene deutsche Ausgabe von „Gailhabaud's Denkmäler der Baukunst", Leipzig 1854–1855.
[526] Schriften I, S. 259–300, 383–400.
[527] Schweikert in: Späte Prosa, S. 477.
[528] Reise Notizen in Frankreich, Späte Prosa, S. 330–351; Reise zu den Kuppelkirchen Aquitaniens, Späte Prosa, S. 352–374.
[529] Vgl. z.B. die Beobachtungen zur Lichtführung in St.-Hilaire (Poitiers) in der „Reise zu den Kuppelkirchen Aquitaniens" (Späte Prosa, S. 356).
[530] Schriften I, S. 438, 439, 441, 446, 450, 484, 488, 508, 509, 546, 555, 580.
[531] Diese Textstelle zitiert Jahnn in seinem Vortrag „Über den Anlaß" am 25.10.1952 in Mainz (Über den Anlaß, Schriften II, S. 237).

Auf der nächsten Seite folgen Tonbeispiele, dann erinnert sich Gustav an eine seiner frühen Kompositionen.

> (Zu diesem Gebilde findet sich in meiner Erinnerung ein sehr frühes Anklingen, eine Fuga contraria, die ich mit 13 oder 14 Jahren geschrieben haben muß, die von Tutein nicht berührt sein kann, wohl aber von Konrad [einer Jugendliebe], den ich nicht mehr kenne. Waren diese zwei die Gleichen? Dieselbe Substanz, das gleiche Ziel für mich? Der goldbraune Schimmer meiner Erlösung im Fleisch und im Geist?) (N2, 644)

Bezeichnenderweise steht dieser Abschnitt zwischen runden Klammern. Das Adjektiv ‚goldbraun' versinnbildlicht auch hier die Liebe und die gewesene Erfüllung. Zudem sind beide Textstellen ein wichtiger Schlüssel für das Verständnis des Symbolgehalts von Braun, das immer wieder in Zusammenhang mit körperlicher Attraktivität und Erotik auftritt. Bei der Besprechung von Braun (Kapitel 6.5.) wird dieser thematische Strang eine wesentliche Rolle spielen.

Ein anderes Beispiel für das Farbenhören (auch zwischen runden Klammern):

> (Musiker, die von der Tuberkulose befallen sind, machen einen übermäßigen Gebrauch von der fröhlichen, zuversichtlichen hellgelben E-dur-Tonart; – ich schwerfälliger Mensch meide sie.) (N1, 221)

Jahnn selber hat die Fähigkeit des Farbenhörens nicht besessen, sondern beruft sich auf Aussagen seines Pflege- und späteren Schwiegersohnes Yngve Trede. Im „Bild eines 14-Jährigen" sind die Entsprechungen zwischen Farbe und Tonart aufgelistet: D-Dur ist Gelbbraun zugeordnet, E-Dur Hellgelb.[532] An anderer Stelle assoziiert Gustav die Musik mit Schwarz.

> Wohl spüre ich hin und wieder die Fittiche des Genius, und das Reich, das ich betrete, ist voll samtenen Schwarzes, daß ich alles Grün und Licht vergesse und nur höre. (N1, 301)

Das Schwarze ist ein Zustand, in dem Gustav „alles Grün und Licht" (sehr wahrscheinlich ein Bild für die sichtbare Welt) vergisst, nicht mehr sieht und nur mehr hört. Die Sinneswahrnehmungen Sehen und Hören schließen sich demnach hier aus. Dies überrascht, denn der Topos der inneren Bilder, die von der Musik evoziert werden, wird gebrochen. Gustavs Assoziationen mit der Musik sind denn auch eher abstrakt als gegenständlich, wie er später erklärt.

> Man kann die Musik nicht gut mit dem Licht des Himmels vergleichen, das ich mir im Weltenraum, der nur voll Gravitation ist, gleichzeitig weiß und schwarz denke; weiß, wo es auftrifft, schwarz, wo es ins Unbegrenzte versinkt; – aber ich möchte doch sagen, daß das meiste des Erhabenen dieser Kunst mit dunkler und schwarzer

---

[532] Bild eines 14-Jährigen, Schriften II, S. 162. Vgl. auch: „Der Duft des Weißklees scheint, ich weiß nicht wie, mit einem Mollklang verwandt." (N2, 524)

6.1. Jahnn und die Farben

Flamme brennt, daß die Musik uns wie schwarzer Samt umgibt, dessen Falten in einem weißen Schein aufleuchten. Es kann nicht anders sein, da sie die Fähigkeit hat, neben der Freude das Leid, die Zeit und die bange Ohnmacht unserer Seele auszudrücken – doch nicht die Begriffe, gleichsam nur die Farbe der Regungen. Johann Sebastian Bachs Musik ist fast nur schwarz, so dicht voll Schwärze, so voller Mühe, daß sie manchmal nicht ertragbar scheint. (N1, 680)

Dieser Abschnitt ist sehr komplex. Zunächst schickt Gustav voraus, dass der Vergleich, den er anstellen will, problematisch ist („Man kann [...] nicht gut"). Dann aber führt er den Gedanken weiter; Vorbehalt und Gedankengang relativieren einander. Gustavs Vorstellung enthält das Oxymoron von weißem und schwarzem Licht (weiß bei der Reflexion und schwarz, wenn es nicht reflektiert wird und also unsichtbar bleibt). Daraufhin nennt Gustav den Grund, warum er den Vergleich zwischen der Musik und dem weißen und schwarzen Licht des Himmels dennoch anstellt („ich möchte doch sagen"). Das *Ich* stellt sich dem bei Jahnn so häufigen *Man* gegenüber und behauptet, dass die Musik „mit dunkler und schwarzer Flamme brennt" und „uns wie schwarzer Samt umgibt". Bis hierher ist vom Schwarzen der Musik die Rede, das dem schwarzen Licht des Himmels entspricht. Die Worte „Flamme" und „brennt" machen den lichten und leuchtenden Charakter des Schwarzen deutlich und bilden die Entsprechung zum ‚schwarzen Licht'. Gegensätzliches klingt nicht nur in diesem Widerspruch an, mit dem Gustav hier spielt, sondern auch in der Gegenüberstellung von ‚brennender Flamme' und ‚Samt, der uns umgibt'; beides ist schwarz, fühlt sich aber sehr unterschiedlich an. Der Samt wird durch einen Relativsatz präzisiert, in dem vom „weißen Schein" der Falten im Samt die Rede ist. Erst hier wieder tritt das Weiß auf den Plan und vervollständigt das zweite Mal das Gegensatzpaar Schwarz – Weiß.

Nach dem Punkt, der den ersten Satz abschließt, folgt die Begründung für den Vergleich. Die Musik hat nämlich die „Fähigkeit [...], neben der Freude das Leid" auszudrücken. Offensichtlich ist hier von gegensätzlichen Zuständen die Rede („neben"; „Leid" versus „Freude"). Während die Freude den einen positiven Pol bildet, steht auf der anderen Seite die Aufzählung dessen, was den negativen Pol besetzt: „Leid", „Zeit" und „bange Ohnmacht" werden in einem Atemzug genannt. Irritierend in dieser Aufzählung ist die Zeit, nicht als wertfreies Existenzial, sondern als Negativum. Weiter chiffriert werden die Gedanken durch den Nachsatz, dass hier nicht die „Begriffe", sondern „nur die Farben der Regungen" gemeint sind. Dieser Nachsatz verdunkelt das Verständnis.

Auf die Frage, welchem Pol (der Freude oder dem Leid) die Farben Schwarz und Weiß zuzuordnen sind, kann die Konstruktion eines Parallelismus eine Antwort geben. Zunächst ist von ‚schwarzer Flamme' und ‚schwarzem Samt' die Rede, dann von ‚weißem Schein'. Zuerst wird die ‚Freude' genannt, dann das ‚Leid'. Schwarz entspricht der Freude, Weiß dem Leid. Zwar widerspricht dies einer Konvention in der europäischen Kultur, das Ergebnis ist aber logisch nachvollziehbar.

Wenn man den Text jedoch weiterliest, widersprechen diese Gleichsetzungen dem darauf folgenden Satz. Wenn Bachs Musik „so dicht voll Schwärze, so voller Mühe" ist, dass sie „nicht ertragbar scheint", kann dies wohl kaum der Freude entsprechen. Das Problem ist rasch behoben, indem man die oben bemühte Konstruktion eines Parallelismus durch die Konstruktion eines Chiasmus ersetzt.

Wenn man die Passage rückwärts liest, also eine jahnnsche „Inversion der Zeit" (N2, 622) veranschlagt, lassen sich – ausgehend von Gustavs Bemerkung über Bach – mithilfe eines Chiasmus die Farben Schwarz und Weiß im mittleren Teil als Entsprechungen von Leid und Freude lesen. Um schließlich folgerichtig oben anzukommen, ist wieder ein Chiasmus vonnöten, denn dort sind die unbunten Farben in der Reihenfolge Weiß – Schwarz genannt.

Verwirrend ist diese Interpretation allemal. Oder ist Jahnns Text verworren?

In dubio pro reo. Wenn Dichter „keine Wortschrott-Produzenten" sind, wie Eibl schreibt,[533] muss das Problem anders lösbar sein.

Es gibt zwei Indizien für problematische interpretatorische Analogiebildungen. Einmal stellt die „Zeit" die negativ konnotierte Geschlossenheit der Aufzählung „das Leid, die Zeit und die bange Ohnmacht" infrage. Des Weiteren gibt es keinen zwingenden Grund, im Mittelteil den Farben Schwarz und Weiß eindeutige Konnotationen zuzuweisen, um etwa eine Entsprechung zu „Freude" oder „Leid" erkennen zu können. Das Oxymoron „schwarze Flamme" und der starke Kontrast zwischen „Flamme" und „Samt" (beide schwarz) wirken einer stabilen Konnotierung entgegen. Letzten Endes bleibt unklar, ob das Leid schwarz oder weiß bzw. ob die Freude schwarz oder weiß ist, ob eine „schwarze[] Flamme", ein „schwarzer Samt" oder ein „weiße[r] Schein" etwas Freudiges oder „nicht ertragbar" sind, ja auch, ob solche Entsprechungen überhaupt intendiert sind.

Eine sinnvolle Deutung ist dennoch möglich: Die Vagheit des Absatzes und seine Dichte an Widersprüchen und Kontrasten sind ein Bild für das Adverb „gleichzeitig" im ersten Satz. Durch das Kippen der Linearität und der Parallelen und durch die verweigerte Konnotationszuweisung werden Gegensätze aufgehoben und die Gleichzeitigkeit von Weiß und Schwarz[534] und von Leid und Freude als Ausdruck der Musik hergestellt. Dies rechtfertigt schließlich den Vergleich, den Gustav zunächst infrage stellt („Man kann [...] nicht gut"), dann aber anstellt („aber ich möchte doch sagen").

---

[533] Eibl (1992), S. 173.
[534] Boetius (1967), S. 86: „Die Umkehrung von Weiss in Schwarz und wieder in Weiss ist eines der vielen Beispiele für Inversion im Raum."

6.1. Jahnn und die Farben

Gustavs Musikverständnis und insbesondere das Gegensatzpaar Schwarz/Weiß sind auch für das jahnnsche Grau sehr aufschlussreich. Dieser unbunte Farbton steht zwischen den Gegensätzen Schwarz und Weiß. Grau kommt in Jahnns Werken überaus häufig vor (siehe Kapitel 2.4.) und wird leitmotivisch in Verbindung mit Grigg (in „Perrudja" und „Perrudja. Zweites Buch") und Lauffer (im „Holzschiff") verwendet. Grau, die Farbe *zwischen* Schwarz und Weiß, kann demnach als Ausgleich der Gegensätze verstanden werden, der naturgemäß erst dann möglich ist, wenn die Gegensätze selber in ausgewogenem Widerstreit zueinander stehen.[535] Mehrere Stellen weisen darauf hin, dass vor allem die Musik solche Gegensätze herzustellen und die Extreme auszuloten habe. Eine erste Stellungnahme dazu findet sich in den „Bornholmer Aufzeichnungen".

> Meine Orgeln müssen natürlicherweise böse sein, wenn ich der Bösewicht bin, als den man mich herauspräpariert hat. [...] Ich leugne nicht einmal, daß sie mir auf der Spur waren. Ich habe in der Tat gedacht, daß eine Orgel nicht nur Welt, sondern auch Unterwelt besitzen müsse. Ja, ich habe das Meer an Klängen gespalten in die vier Weltrichtungen empfunden, in die Quadranten des Sonnenkreuzes, als Ausstrahlung der O-Zelle, als Bewegung nach allen Seiten, als Rational und irrational, als Positiv und negativ, als feminin und maskulin. (A, 527)

Die Stelle, die wegen des Tagebuchcharakters der „Bornholmer Aufzeichnungen" die Lesart einer direkten Rede des Autors nahe legt, lässt an Bühlers *Origo*[536] denken und skizziert vier Pole, die einander gegenüberliegen. Diese Pole veranschaulicht Jahnn hier durch die Gegensatzpaare Welt/Unterwelt, rational/irrational, positiv/negativ und feminin/maskulin. Einige Seiten später:

> [...] die vier Weltrichtungen, die vier Begriffe: Oberwelt, Unterwelt, Rational, Irrational. Das Positive und Negative [...] (A, 534)

An mehreren Stellen werden die Farben Schwarz und Weiß als Bild für die Aufspaltung in Gegensätzliches – ist gleich Entschiedenes – gebraucht. Auffallend ist dabei die vorwiegende Negation dieser Gegensätze, was einen unentschiedenen, nicht greifbaren Zustand ausdrückt.

> Du bist nicht schwarz und weiß. Du bist nicht gut und böse, Du bist nicht gespalten in dunkles [!] und Lichtes [...] (U, 1290)

---

[535] Handwörterbuch des deutschen Aberglaubens (1930), Bd. III, S. 1123: „G[rau] ist die Farbe der Geister wie Schwarz und Weiß, Licht und Dunkel, zwischen denen es die Mitte hält wie der Schatten, weshalb es zur Bezeichnung des schattenhaften Wesens der Geister besonders geeignet ist." Schattenhaft ist auch das Wesen der grauen Herren Grigg und Lauffer.

[536] Bühler (1934), S. 102: „Zwei Striche auf dem Papier, die sich senkrecht schneiden, sollen uns ein Koordinatensystem andeuten, O die Origo, den Koordinatenausgangspunkt: Ich behaupte, daß drei Zeigwörter an die Stelle von O gesetzt werden müssen, wenn dies Schema das Zeigfeld der menschlichen Sprache repräsentieren soll, nämlich die Zeigwörter *hier, jetzt* und *ich.*"

> *Hans.* Wie, Du hättest Platon nicht gelesen? Nacht – Tag, schwarz – weiß. Jedes Ding hat ein Gegenteil, auch wenn wir es nicht kennen oder wissen.[537]
> Nichts ist entschieden. Und das Schwarze oder Weiße zeigt sich nicht.[538]
> [...] aber die Heimatbehörden hätten, auch vertraulich, nicht bekanntgegeben, ob ich als schwarz oder weiß zu betrachten oder zu behandeln sei.[539]

Sofern Grau die Mischung von Schwarz und Weiß ist und das gleichzeitige (negierte) Vorhandensein von Schwarz und Weiß auf ein solches Grau referiert, bedeutet es einen ungeklärten Zustand, eine Entscheidung, die noch aussteht, eine (moralische oder ästhetische) Bewertung, die nicht möglich ist, oder – wie es Boetius ausdrückt – den „heroische[n] Versuch einer Vereinigung des qualitativ Entgegengesetzten"[540]. Wichtige Beispiele dafür sind die vielen Engel, die in Jahnns Texten auftreten. Sie sind „Zwitterwesen im doppelten Sinne: als erotische und als moralische Prinzipien", „eine paradoxe Mischung guter und schlechter Eigenschaften" und verkörpern die „Überwindung unmoralischer wie moralischer Kategorien".[541] Dies macht die Engel zu Allegorien der vereinigten Gegensätze und zu einer Analogie von Grau.

Die Entscheidung, die noch aussteht, ist ein wichtiger Aspekt im Gleichnis der gelben Blume. Diese lässt an die romantische blaue Blume denken und ist das zentrale Leitmotiv im „Perrudja". Der jugendliche Titelheld erklärt seinem Hauslehrer, dem Gymnasiasten Eystein, was er mit der gelben Blume meint.

> Wir sind eine der gemeinen Blumen auf den Wiesen. Etliche sind gelb an Farbe, andere sind blau, andere sind rot. Die gelb an Farbe sind, stinken einen Gestank. Wir wissen nicht, weshalb es ihr Los ist, doch die anderen duften herrlich. Die einen und die anderen aber fürchten sich, zertreten oder gemäht zu werden. Solange die Knospen geschlossen sind, sind sie grün, die einen und die anderen. Und duftlos. Wenn ihre Farbe aufbricht, verbirgt sich nicht länger der Gestank und der Duft. Das vorher Unentschiedene ist plötzlich entschieden: was ihnen vorbestimmt war. [...] Ich bin in diesem Jahre aus dem Grün aufgebrochen zu einer Farbe. Das ist geschehen. Und es schmerzt mich, weil ich die Ahnung habe, ich gehöre zu den Gelben. (P, 217)

Andere ausgewählte Stellen zur gelben Blume:

> [...] gemeine Blumen, die zumeist gelb an Farbe sind [...] (P, 168)
> Gelbe Blume, die krankt und vergeht. (P, 438)
> Ich [Perrudja] bin eine gelbe Blume und stinke gelb. (P, 508)

---

[537] Des Buches erstes und letztes Blatt, Dramen I, S. 246.
[538] Kopenhagen, 10. Januar 1936, Brief an Ellinor Jahnn, Judit Kárász und Sibylle Harms in Bondegaard, Briefe I, S. 873.
[539] Lyngby, 18. Juni 1938, Brief an Walter Muschg in Basel-Riehen, Briefe I, S. 1158. Diese Briefstelle steht in Zusammenhang mit der Verlängerung von Jahnns Aufenthaltsgenehmigung in Dänemark.
[540] Boetius (1967), S. 102.
[541] Boetius (1967), S. 68–70.

6.1. Jahnn und die Farben

Wenn die grünen Knospen zu Blüten aufbrechen, wird ihre Farbe erkennbar. Zu unterscheiden sind zwei Typen: die gelben auf der einen und die blauen oder roten auf der anderen Seite. Die gelben stinken, die blauen und roten duften. Die gelbe Blume, die stinkt, ist ein Bild für den mittelmäßigen Menschen, für Krankes und Vergängliches. Der gelben Blume steht die „strotzende[] Umwelt" (P, 7) gegenüber, in der rote und blaue Blumen blühen, die duften. Die gelbe Blume ist negativ konnotiert, und Perrudja schmerzt es zu erkennen, dass es ihm „vorbestimmt" ist, das Dasein einer gelben Blume zu führen. Damit ist er anders[542] und der Umwelt unterlegen. In Zusammenhang mit dem Erröten (siehe Kapitel 7.2.) wird die Unterlegenheit eine wesentliche Rolle spielen.

Konterkariert wird die gelbe Blume als Bild für Schuld, Bedeutungslosigkeit und Schwäche durch die Assoziation mit Sinnlichkeit, Geilheit und Sexus.[543] Bezeichnend hierfür sind die Phrasen „schwefelgelb geil" (P, 32), „geil und gelb" (P, 362) sowie die Schilderung des Sommers:

Die Zeit der gelben Blumen ist gewesen, jener sinnlichen Farbe, deren Geilheit das Auge fast schmerzend berührt. – Nun mischen sich violette und weiße Töne hinein. (N1, 917)

Warum Violett und Weiß hier als Gegensätze von Gelb („sinnliche[] Farbe") gebraucht werden, lässt sich werkimmanent erklären: Violett ist eine „unnatürliche Farbe" (P, 55) – lesbar als Farbe, die der Natur nicht eigen ist; Weiß kann für Kälte und Tod stehen (siehe unten). Jahnns gelbe Blume – „vielleicht [...] überhaupt undeutbar"[544] – ist ein Beispiel für die bipolare Konnotierung einer Farbe. Joachim Wohlleben fasst diese in den Gegensatzpaaren stinken/blühen, zeugen/verwesen, Andersartigkeit/Sinnlichkeit zusammen.[545]

Jahnn war fasziniert von Mineralien und Metallen. In den Gesprächen mit Muschg erzählt er, dass er nicht Briefmarken, sondern Metalle sammelte und diese im elterlichen Garten vergrub.[546] Spuren dieser Vorliebe finden sich auch in seinen autobiografischen Abrissen.[547] Steine spielen in Zusammenhang mit der Baukunst eine wichtige Rolle, eine besondere Ausprägung erfahren die Steine im „Perrudja".[548] Der Protago-

---

[542] Perrudjas Anders-Sein als gelbe Blume erklärt Wohlleben (1985), S. 166, aus dessen Fremdheitserfahrung angesichts seiner Homosexualität.
[543] Wagner (1965), S. 39–42; Wohlleben (1985), S. 143, 163–166, Niehoff (2001), S. 369–370.
[544] Wohlleben (1985), S. 163.
[545] Wohlleben (1985), S. 143.
[546] Muschg (1994), S. 22.
[547] „Nach dem Jahr 12 begann das eigene Leben. Ich liebte gewachsene Steine. Granit, Basalt. Und schwere Metalle." (Autobiographie 1929, Schriften I, S. 587.) Vgl. auch: Autobiographie, Schriften I, S. 597.
[548] Farbige Steine kommen auch in anderen Texten vor, z.B. E, 370–373; Armut, Reichtum, Mensch und Tier, Dramen II, S. 206, 208.

nist überbringt im Kapitel „Hochzeit" seiner Braut Signe eine wertvolle bunte Sammlung von Edelsteinen und anderen Mineralien (P, 387–389). Dabei werden fünf bzw. sieben Farben genannt.

> Es waren siebenmal sieben Reihen. Fünf Farben in ihren Abarten, und zwei Ungewöhnlichkeiten: schwarz und farblos. (P, 388)

Als die sieben Farbreihen lassen sich aus der Textpassage abstrahieren: 1. Weiß, 2. Gelb, 3. Grün, 4. Blau, 5. Rot, 6. Schwarz, 7. Farblos. Die Steine selber, die diese Farben präsentieren, sind nach einer wissenschaftlich anmutenden Systematik geordnet, die aber mit naturwissenschaftlichen Standardsystematiken nichts gemein hat.[549]

In einem Exkurs in die Mythologie zählt Jahnn ebenfalls sieben Farben auf. Die fünf „Grundtöne" bleiben gleich wie oben, die zwei „Ungewöhnlichkeiten" „schwarz und farblos" sind hier durch die „Erhöhungen" „gold und schwarz" ersetzt.

> Seide der sieben Farben. Fünf Grundtöne: rot, grün, blau, gelb, weiß, dazu die Erhöhungen, der Bogen Abraxas, die Sonne und der Nachthimmel, gold und schwarz. (P, 87)

Es gibt die Konvention, dass hell (weiß) und warm bzw. dunkel (schwarz) und kalt einander entsprechen.[550] Anthropologisch lässt sich dies dadurch erklären, dass Sonnenlicht und Feuer Licht und Wärme spenden und das Schwarze die Abwesenheit von Licht und Wärme bedeutet. Dem entspricht die Schilderung des Klimas im Kapitel „November" in der „Niederschrift I": „Der Winter wird kommen. [...] Die schwarze Kälte wird herabfallen [...]" (N1, 241). Auffallend aber ist die Umkehrung dieser Konvention, indem mit Weiß der Schnee (kalt) und mit Schwarz die Kohle assoziiert wird, die das Feuer (warm/heiß) brennen lässt. Eine Folge der Assoziation von Weiß mit Kälte und Schnee ist die Assoziation von Weiß mit Tod.

> Im Herde brannte ein heißes Feuer. Feuer aus schwarzer Kohle. Schwarze Kohle. Weißer Schnee. Schwarz heiß. Weiß kalt. (P, 440)

> Ein Reich ohne Menschen, schön und leer [sc. die Berge Norwegens], voll einer langsamen Zeit, voller unbemerkter Farben, wo der Tod, der das Getier ereilt, weiß ist, ein kaltes Feuer. (N1, 765)

Weiß als Symbol des Todes findet sich auch dann, wenn Gustav im Laderaum der Lais seiner toten Braut Ellena nahe kommt (ohne es zu wissen): Er spürt den „weiße[n] Spuk der Kälte" (H, 192). Oxymora wie „kaltes Feuer" (zweites Zitat oben) gibt es auch in Zusammenhang mit der körperlichen Empfindung während eines Sturms: „kalt erglüh[en]" und „das eisige Feuer" (N1, 231, 232). Exponiert ist der Zusammenhang

---

[549] Persönliche Mitteilung (10.12.2000) von Herrn Dr. Anton Meinhart, Mineraloge.
[550] Niederschlag z.B. bei Goethe (1998), S. 473; Schelling (1966), S. 153; Kandinsky (1956), S. 87; Gipper (1956), S. 543; Kay/McDaniel (1978), S. 637.

6.1. Jahnn und die Farben

zwischen Weiß und Tod auch bei der nachdrücklichen Attribuierung der Gebeine durch „schneeweiß" (N2, 25) und durch den Hinweis, dass „alle, die an einer inneren Verblutung sterben", „weiß im Gesicht" bzw. „sehr weiß im Gesicht" werden (N2, 22).

Am Ende dieses Kapitels bleibt noch die so genannte Harmonik anzusprechen, die gerade bei Jahnn mit Farbe und Farbgestaltung in Zusammenhang stehen könnte. Als Begründer der modernen Harmonik, der wissenschaftlich-mathematischen und eklektizistischen Theoriebildung zu dem, was als harmonisch empfunden wird, gilt Hans Kayser (1891–1964). Jahnn erwähnt Kayser, von dessen Büchern er fasziniert war, zweimal (A, 538, 546), und mehrere Arbeiten untersuchen die Verbindungen zwischen Jahnn und Kayser.[551] Doch weder Jahnn selber noch die Forscherinnen und Forscher, die sich mit Jahnn und Kayser befassen, erwähnen einen Zusammenhang zwischen harmonikaler Theorie und Farbe. Dabei wären die Farben geradezu dafür prädestiniert, um ihnen harmonikale Bedeutung zuzuschreiben.[552]

Der weder von Jahnn noch von seinen Rezipienten thematisierte Zusammenhang zwischen Harmonik und Farbe hängt wohl mit Kaysers eigenem Farbverständnis zusammen. Denn auch er selber stellt diesen Zusammenhang in seinen Publikationen nicht explizit her. In seinem Buch „Der hörende Mensch" (1932) gibt es zwar das kurze Kapitel „Ton und Licht (Farbe)",[553] doch konzentriert sich Kayser nicht auf die Darstellung chromatischer Farben, sondern auf den Zusammenhang zwischen Akustik und Optik, den er in mathematischen Relationen auszudrücken versucht.

Die Harmonik faszinierte Jahnn ein Zusammenhang mit seiner durchaus gehaltvollen Arbeit als Orgelkonstrukteur, aber auch bei seinen pseudowissenschaftlichen Hormonforschungen ein Leben lang. Wenn aber auch mit Blick auf die Harmonik kein direkter Konnex zur Farbe sichtbar wird, ist dies einmal mehr ein Indiz dafür, dass die Farbe nie wirklich Jahnns Interesse geweckt hat.[554]

---

[551] Spezialuntersuchungen zu diesem Thema sind die Bücher von Sandt (1997) und Wagner (1989) sowie ein Aufsatz von Wagner (1981). Mit der Kayser-Rezeption in der Literatur zwischen 1950 und 1964, dem Todesjahr von Kayser, beschäftigt sich Haase (1967). Zur Harmonik bei Jahnn äußern sich auch Walitschke (1994), S. 310–311, Bönnighausen (1997), S. 110–119, und Bürger (2003), S. 318–324.

[552] Bezeichnend in diesem Zusammenhang ist die Beobachtung, dass bei der Internet-Recherche über Suchmaschinen ein großer Teil der angebotenen Links auf Personen und Firmen verweist, die im Bereich der so genannten Farb- und Stilberatung tätig sind. Alle diese berufen sich auf wissenschaftlich begründbare harmonische Theorien.

[553] Kayser (1932), S. 283–300.

[554] Indirekt, aber sehr deutlich, illustriert Wagners (1989) Inhaltsverzeichnis (S. 7) den Ausschluss der Farbe aus Jahnns harmonikalem Kunst- und Weltverständnis. Wagner schreibt ein Kapitel über die „Kunsttheorie in der *Niederschrift*", bestehend aus den beiden Unterkapiteln „Baukunst" und „Musik". Genau diese beiden sind Jahnns bevorzugte Kunstgattungen, wie oben ausführlich nachgewiesen werden konnte. Architektur und Musik unterliegen bei Jahnn einer harmonikalen Theorie, nicht aber die Malerei oder andere Kunstgattungen, die vordergründig mit Farbe operieren.

6.2. Zuordnungsgruppen bei einzelnen Farben

In Kapitel 5. „Zuordnungen" wurde untersucht, welchen Entitäten die Farbausdrücke im Allgemeinen zugeordnet sind. Dabei kamen zwei Verfahren in zwei unterschiedlichen Ausprägungen zur Anwendung: Erstens die Bestimmung der absoluten (Kapitel 5.2.) und der relativen Rekurrenzmaxima (Kapitel 5.3.) und zweitens die Zusammenfassung aller Rekurrenzen zu den so genannten sieben Gruppen (Kapitel 5.5.) und zu den Gruppen „Mensch – Natur – Technik" (Kapitel 5.6.). Das gemeinsame Auftreten von Farbausdruck und zugeordneter Entität wurde dort als Rekurrenz bezeichnet. Daneben sind auch die Begriffe Kollokation[555] und Kookkurrenz möglich.

Das Ziel der Untersuchung von Rekurrenzmaxima und Zuordnungsgruppen war die allgemeine Sondierung der Farbsemantik, ausgehend vom kontextuellen Gebrauch der Farbausdrücke. Zugrunde lag die Prämisse, dass die Semantik der Farben maßgeblich von den häufigsten, prototypischen Zuordnungen und von den vergleichsweise besonders ausgeprägten Zuordnungsgruppen bestimmt wird. Allerdings blieb die Beschreibung der Farbsemantik auf die Farbe allgemein beschränkt, ohne dass Aussagen zu einzelnen Farbfoki oder Farbvalenzen möglich waren. Daher wird sich das vorliegende Kapitel auf einzelne Farben konzentrieren.

In Kapitel 5 wurden die Zuordnungen zu Farb*ausdrücken* untersucht. Diese können ein, zwei und auch mehr Farbetyma enthalten. Dabei konnten genau jene Entitäten berücksichtigt werden, die tatsächlich im Text vorkommen. Es wurde dort aber nicht berücksichtigt, welche konkrete Farbe einer Entität zugeordnet ist.[556] Das Auszählen der Zuordnungen zu Farbausdrücken wird jedoch sehr problematisch, wenn man – im Gegensatz zu den Zuordnungen – die Kookkurrenzen einzelner Farben untersucht. Wollte man nämlich alle Farbwerte in den belegten Farbausdrücken berücksichtigen, so müsste man eine Liste etwa im Umfang des Anhangs VII abarbeiten. Das wäre umständlich und unübersichtlich, und die Mehrzahl der Klassen wäre wegen des zu geringen Stichprobenumfangs nicht repräsentativ. Daher wird dieses Kapitel 6.2. untersuchen, womit die Farb*etyma* (13 Types, 3.607 Tokens) rekurrieren. Die Darstellung bleibt übersichtlich, und alle belegten Etyma können berücksichtigt werden. Farbausdrücke, die mehr als ein Farbetymon enthalten, werden segmentiert; die Etyma werden

---

[555] Diesen Begriff verwenden in gleichem Zusammenhang Altmann (1999a) und Altmann (1999b).
[556] Beispiel: In den zwei Belegstellen „Die Haut perlmutterrotbraun." (P, 427) und „Johannes mit weißer Haut" (E, 314) rekurriert „Haut" zweimal mit je einem Farbausdruck. Dabei enthält der erste Farbausdruck zwei Farbetyma (ROT und BRAUN) und ein weiteres Komplement („Perlmutter'), der zweite hingegen enthält nur ein Farbetymon (WEISS). Für die Analysen in Kapitel 5 zählten die beiden Belegstellen als zweimal ‚Haut' mit dem Merkmal [+FARBE]; die kookkurrierenden Farbvalenzen aber blieben unberücksichtigt.

6.2. Zuordnungsgruppen bei einzelnen Farben

einzeln und zusammen mit der zugeordneten Entität erfasst.[557] Damit fließen auch Farbmischungen im Sinne der *Fuzzy sets* in die Betrachtung mit ein.

Im Folgenden werden die Zuordnungen zu den 3.607 Farbetyma nach den zwei Kategorisierungsmodellen gruppiert, die in Kapitel 5.4. „Gruppenbildungen der Zuordnungen" entwickelt wurden. Dies geschieht in zwei Etappen. Zunächst werden die sieben Gruppen[558] dargestellt, dann die Gruppen „Mensch – Natur – Technik". Diese zwei Etappen bestehen aus je drei Schritten. Erstens werden Korrelationskoeffizienten berechnet, um die Verteilung der Gruppen innerhalb der einzelnen Farben und die Verteilung der einzelnen Farben innerhalb der Gruppen zu bestimmen. Zweitens folgt eine Tabelle mit den absoluten und den relativen Verteilungen der Gruppen in Bezug auf die einzelnen Farben, um die Korrelationsmatrizen inhaltlich kommentieren zu können. Drittens werden die relativen Verteilungen zur Veranschaulichung grafisch dargestellt.

Die Tabelle 6.2.A zeigt, wie sich die einzelnen Farbetyma innerhalb der sieben Gruppen verteilen. Die nachgestellte Matrix errechnet die Korrelationskoeffizienten nach Spalten. Die Felder in der Zeile *Alle Etyma* sind nicht mit verrechnet. Die vorletzte Spalte am rechten Rand der Korrelationsmatrix gibt die durchschnittliche Korrelation zwischen der Summe aller Etyma und der Verteilung einzelner Etyma innerhalb der Gruppen wieder. Die drei höchsten durchschnittlichen Korrelationskoeffizienten gelten für die Gruppen 5 (kleine Dinge und Gegenstände), 1 (Menschen) und 4 (Räume). Dies bedeutet nicht sehr viel, weil genau diese drei Gruppen insgesamt die stärksten sind (vgl. Zeile *Alle Etyma* und Tabelle 5.5.B) und die Summe maßgeblich konstituieren. Eine eingehende Interpretation käme einem Zirkelschluss nahe.

Interessanter ist daher die durchschnittliche Verteilung der Farbetyma innerhalb der Gruppen, die sich aus dem arithmetischen Mittel der Einzelwerte ergibt (rechte Randspalte).[559] Diese Werte sind insgesamt etwas kleiner. Die Gruppen 4 (Räume), 5 (kleine Dinge) und 6 (Abstrakta) sind durchschnittlich am höchsten mit anderen Gruppen korreliert. Alle Werte in dieser Spalte sind zumindest signifikant von 0 verschieden,

---

[557] Beispiel: Der Farbausdruck „perlmutterrotbraun" in „Die Haut perlmutterrotbraun." (P, 427) wird in das Komplement ‚Perlmutter' und in die Farbetyma ROT und BRAUN segmentiert. Daraus resultieren die Kookkurrenzen ROT + ‚Haut' und BRAUN + ‚Haut'. ‚Haut' rekurriert also zweimal mit je einem anderen Etymon. Das Komplement ‚Perlmutter' bleibt unberücksichtigt, weil es laut Definition kein Farbetymon enthält.
[558] Zur Erinnerung: 1. Menschen, Personen und ihre Teile; 2. Tiere und ihre Teile; 3. Pflanzen und ihre Teile; 4. Natur- und Kulturräume, Natur- und Kulturlandschaften und ihre Teile; 5. kleine Dinge und Gegenstände; 6. Abstrakta; 7. Farbnennungen ohne eindeutige Zuordnungsmöglichkeiten.
[559] Verrechnet sind dabei auch die nicht wiedergegebenen Werte unterhalb der Diagonale. Nicht verrechnet sind die Korrelation einer Gruppe mit sich selbst (r = 1) sowie die Korrelation der Summe aller Etyma und der Verteilung einzelner Etyma innerhalb der Gruppen (vorletzte Spalte rechts).

nicht aber der Wert für die Gruppe 3 (Pflanzen). Die Farbzuweisung bei den Pflanzen weicht also deutlich von jener bei den anderen Gruppen ab.

	1	2	3	4	5	6	7	∑	Mittel
BLAU	41	2	15	28	33	27	0	146	
BRAUN	183	26	23	33	65	17	2	349	
GELB	52	14	59	38	78	40	5	286	
GRAU	131	4	6	113	42	54	7	357	
GRÜN	47	3	74	96	63	41	16	340	
LILA	1	0	1	1	6	0	0	9	
ORANGE	0	0	0	1	0	0	0	1	
PURPUR	16	0	0	3	0	6	0	25	
ROSA	12	5	3	7	12	4	0	43	
ROT	285	13	28	55	164	50	4	599	
SCHWARZ	206	62	22	165	145	88	50	738	
VIOLETT	6	0	6	5	12	5	2	36	
WEISS	238	38	32	147	172	31	20	678	
Alle Etyma	1218	167	269	692	792	363	106	3607	
1	–	0,7057	0,2518	0,6849	0,9115	0,6593	0,4984	0,9170	0,6186
2		–	0,2290	0,7537	0,7640	0,6780	0,8636	0,8242	0,6657
3			–	0,4196	0,4881	0,4568	0,3136	0,4721	0,3598
4				–	0,7607	0,8405	0,8508	0,8845	0,7184
5					–	0,7212	0,6374	0,9592	0,7138
6						–	0,7916	0,8409	0,6912
7							–	0,7522	0,6592
∑								–	
Signifikanzschwellen: P=0,05 bei r=0,553; P=0,01 bei r=0,684; P=0,001 bei r=0,801.									

Tabelle 6.2.A: Verteilung einzelner Etyma innerhalb der sieben Gruppen; Korrelationsmatrix

Aufschlussreich ist auch die Betrachtung der Einzelwerte. Die vier größten Koeffizienten beschreiben die Korrelationen der Gruppen 1 (Menschen) und 5 (kleine Dinge) (0,9115), 2 (Tiere) und 7 (keine Zuordnungsmöglichkeit) (0,8636), 4 (Räume) und 7 (0,8508) sowie 4 und 6 (Abstrakta) (0,8405). Für diese Gruppenpaare verwendet Jahn ein sehr ähnliches Farbmuster. Schwierig allerdings ist es, dieses Faktum inhaltlich nachzuvollziehen. Warum Menschen und kleine Dinge bzw. Tiere und nullwertige Zuordnungen ähnlich gefärbt sein sollen, leuchtet nicht unmittelbar ein. Dass aber Räume und nullwertige Zuordnungen oder Räume und Abstrakta ein ähnliches Farbmuster aufweisen, lässt sich aufgrund der Merkmale Größe und Vagheit eher nachvollziehen.

Die vier kleinsten Korrelationskoeffizienten sind jene zwischen den Gruppen 2 (Tiere) und 3 (Pflanzen) (0,2290), 1 (Menschen) und 3 (Pflanzen) (0,2518), 7 (keine

6.2. Zuordnungsgruppen bei einzelnen Farben 281

Zuordnungsmöglichkeit) und 3 (Pflanzen) (0,3136) sowie 4 (Räume) und 3 (Pflanzen) (0,4196). In jedem dieser Paare treten die Pflanzen auf, deren Abweichung hinsichtlich ihrer Farbgebung schon oben aufgefallen war. Die Farbgestaltung unterscheidet die Pflanzen von anderen Lebewesen (Menschen und Tiere), von Räumen und von vagen Inhalten (keine Zuordnungsmöglichkeit).

Nach der Diskussion der Korrelationskoeffizienten zur Verteilung einzelner Farbetyma innerhalb der sieben Gruppen werden nun die Korrelationskoeffizienten zur Verteilung der Gruppen innerhalb einzelner Etyma betrachtet (Tabelle 6.2.B). Die zugrunde liegenden Daten stammen aus der Tabelle 6.2.A. Die Werte sind zeilenweise verrechnet. Die Etyma LILA, ORANGE und PURPUR weisen, aufgeteilt auf die sieben Gruppen, zu wenige Belege auf, um als repräsentativ gelten zu können. Sie werden daher aus der Diskussion (nicht aber aus den Berechnungen) ausgeklammert.

	BLAU	BRAUN	GELB	GRAU	GRÜN	LILA	ORANGE	PURPUR	ROSA	ROT	SCHWARZ	VIOLETT	WEISS	Alle Etyma	Mittel
BLAU	–	0,7158	0,7567	0,8193	0,6004	0,4701	0,2014	0,6829	0,8248	0,8236	0,8334	0,7260	0,8281	0,9097	0,6902
BRAUN		–	0,4252	0,7102	0,1183	0,2275	-0,120	0,8550	0,7930	0,9610	0,7772	0,3408	0,8650	0,8990	0,5758
GELB			–	0,3013	0,6584	0,7672	-0,050	0,1823	0,6924	0,5816	0,3965	0,9294	0,5589	0,6090	0,5250
GRAU				–	0,4994	0,0639	0,5213	0,7939	0,6517	0,7062	0,9192	0,2865	0,8200	0,8650	0,5911
GRÜN					–	0,3797	0,6453	0,0621	0,3460	0,2071	0,3827	0,6160	0,4273	0,4513	0,4119
LILA						–	-0,059	-0,173	0,6669	0,4414	0,3620	0,8854	0,5140	0,4437	0,4175
ORANGE							–	-0,042	0,0835	-0,131	0,3884	-0,017	0,2525	0,1334	0,2093
PURPUR								–	0,5173	0,7879	0,6982	0,0927	0,6452	0,7562	0,4610
ROSA									–	0,8754	0,8503	0,6646	0,9230	0,9050	0,6574
ROT										–	0,8257	0,5600	0,9100	0,9447	0,6509
SCHWARZ											–	0,4439	0,9436	0,9365	0,6518
VIOLETT												–	0,5705	0,5898	0,5110
WEISS													–	0,9769	0,6882
Alle Etyma														–	
Signifikanzschwellen: P=0,05 bei r=0,754; P=0,01 bei r=0,875; P=0,001 bei r=0,951.

Tabelle 6.2.B: Korrelationsmatrix zur Verteilung der sieben Gruppen innerhalb einzelner Etyma

Auch hier ist die Korrelation zwischen der Spalte *Alle Etyma* und den einzelnen Farben als Durchschnittswert nicht geeignet, weil die häufigen Etyma in der Summe überrepräsentiert sind. Wenn man hingegen das arithmetische Mittel aus den Einzelwerten errechnet,[560] erhält man ein überraschendes Ergebnis: Kein Wert ist signifikant von 0

---

[560] Auch hier wird das arithmetische Mittel wie in Tabelle 6.2.A aus allen (auch den nicht abgedruckten) Werten in einer Zeile berechnet und die Korrelation einer Farbe mit sich selbst (r = 1) ausge-

verschieden. Das bedeutet, dass im Schnitt zwischen den Zuordnungsgruppen kein Zusammenhang hinsichtlich der Verteilung einzelner Farben besteht. Die verhältnismäßigen Farbanteile in einzelnen Zuordnungsgruppen sind demnach sehr verschieden. Die Einzelwerte jedoch sind breit gestreut. Sie erschöpfen fast die ganze Spannbreite zwischen dem absoluten Minimum 0 und dem absoluten Maximum 1 des Korrelationskoeffizienten. Die drei größten Korrelationskoeffizienten beschreiben die Zusammenhänge zwischen BRAUN und ROT (0,9610; $P < 0{,}001$), SCHWARZ und WEISS (0,9436), GELB und VIOLETT (0,9294). Diese Farbpaare rekurrieren in den einzelnen Zuordnungsgruppen in einem jeweils sehr ähnlichen Verhältnis. Am kleinsten (ohne die seltenen LILA, ORANGE, PURPUR) sind die Korrelationskoeffizienten zwischen BRAUN und GRÜN (0,1183), GRÜN und ROT (0,2071), GRAU und VIOLETT (0,2865). Mögliche Gründe für diese messbaren Zusammenhänge bzw. Nicht-Zusammenhänge werden noch zu diskutieren sein.

Interessant ist der Vergleich der Tabelle 6.2.B mit der Tabelle 5.5.A: Innerhalb der einzelnen Texte sind die Zuordnungsgruppen ähnlich verteilt (Zeile *Alle* in Tabelle 5.5.A), nicht aber in den „Bornholmer Aufzeichnungen". Innerhalb der einzelnen Farbetyma aber gibt es keinen Zusammenhang hinsichtlich der Verteilung der Zuordnungsgruppen (Zeile *Mittel* in Tabelle 6.2.B).

Die deutlich messbare unterschiedliche Kookkurrenz von Farben und Farbträgergruppen lässt auf eine unterschiedliche semantische Kompatibilität zwischen Farben und Farbträgern schließen. Lehmann hat mit seiner Leitthese der Objektabhängigkeit von Farbe also Recht. Die Pointe aber liegt darin, dass dies mit statistischen Methoden sehr leicht nachgewiesen werden kann. Es braucht dazu kein Großaufgebot an sprachlicher Relativitätstheorie, wie es Lehmann vorführt. Darüber hinaus zeigt sich, dass die Möglichkeiten quantitativer Verfahren in der Farbphilologie weit über die Prüfung der Berlin/Kay-These hinausgehen und dass ihre Anwendung nicht vor diffizileren Fragestellungen Halt machen muss – im Gegenteil, dass gerade für solche die Statistik ein sehr sensibles Messgerät darstellt. Daher verwundert es eigentlich, dass sich die Farbstatistiker seit Jahrzehnten an der These von Berlin und Kay festbeißen und nicht an neue Detailfragen herangehen. Durch ihr qualifiziertes Mitreden in diffizilen, angeblich nur durch qualitative Textarbeit erschließbaren Problembereichen könnten sie den Kritikern der „Quantifizierer" Paroli bieten.

Die unterschiedliche Kompatibilität von Farbe und Farbträger lässt an die unterschiedlichen Kompatibilitäten von Farbetyma in Farbkomposita und phraseologischen Kombinationen (vgl. Kapitel 3.3. „Farbkombinationen") denken. Es ist vorstellbar,

---

klammert. Die negativen Korrelationen fließen mit ihrem absoluten Wert in die Summe zur Bestimmung des arithmetischen Mittels ein.

6.2. Zuordnungsgruppen bei einzelnen Farben

dass das Vorhandensein oder Fehlen von Farbkombinationen mit der Kompatibilität zwischen Farbe und Zuordnungsgruppe zusammenhängt. Demnach müssten häufige Kombinationen zweier Farben einem hohen Korrelationskoeffizienten hinsichtlich der verteilten Zuordnungsgruppen entsprechen und gemiedene Kombinationen einem minimalen Korrelationskoeffizienten. Dem aber ist nicht so. Zwar treten tatsächlich die bei Jahnn in Farbkomposita nicht kombinierten Etyma GRÜN und ROT auch mit der insgesamt zweitniedrigsten Korrelation hinsichtlich der Zuordnungsgruppen auf, doch ist dies auch schon der einzige Beleg zugunsten dieser Hypothese. Ansonsten gibt es keine Übereinstimmung zwischen favorisierten oder gemiedenen Farbkombinationen und hoher oder niedriger Korrelation hinsichtlich der Zuordnungsgruppen.

	1		2		3		4		5		6		7		Alle Etyma		s
BLAU	41	3,4	2	1,2	15	5,6	28	4,0	33	4,2	27	7,4	0	0,0	146	4,0	
	28,1		1,4		10,3		19,2		22,6		18,5		0,0		100,0		9,9
BRAUN	183	15,0	26	15,6	23	8,6	33	4,8	65	8,2	17	4,7	2	1,9	349	9,7	
	52,4		7,4		6,6		9,5		18,6		4,9		0,6		100,0		16,4
GELB	52	4,3	14	8,4	59	21,9	38	5,5	78	9,8	40	11,0	5	4,7	286	7,9	
	18,2		4,9		20,6		13,3		27,3		14,0		1,7		100,0		8,2
GRAU	131	10,8	4	2,4	6	2,2	113	16,3	42	5,3	54	14,9	7	6,6	357	9,9	
	36,7		1,1		1,7		31,7		11,8		15,1		2,0		100,0		13,6
GRÜN	47	3,9	3	1,8	74	27,5	96	13,9	63	8,0	41	11,3	16	15,1	340	9,4	
	13,8		0,9		21,8		28,2		18,5		12,1		4,7		100,0		8,8
LILA	1	0,1	0	0,0	1	0,4	1	0,1	6	0,8	0	0,0	0	0,0	9	0,2	
	11,1		0,0		11,1		11,1		66,7		0,0		0,0		100,0		22,0
ORANGE	0	0,0	0	0,0	0	0,0	1	0,1	0	0,0	0	0,0	0	0,0	1	0,0	
	0,0		0,0		0,0		100,0		0,0		0,0		0,0		100,0		35,0
PURPUR	16	1,3	0	0,0	0	0,0	3	0,4	0	0,0	6	1,7	0	0,0	25	0,7	
	64,0		0,0		0,0		12,0		0,0		24,0		0,0		100,0		22,0
ROSA	12	1,0	5	3,0	3	1,1	7	1,0	12	1,5	4	1,1	0	0,0	43	1,2	
	27,9		11,6		7,0		16,3		27,9		9,3		0,0		100,0		9,7
ROT	285	23,4	13	7,8	28	10,4	55	7,9	164	20,7	50	13,8	4	3,8	599	16,6	
	47,6		2,2		4,7		9,2		27,4		8,3		0,7		100,0		15,9
SCHWARZ	206	16,9	62	37,1	22	8,2	165	23,8	145	18,3	88	24,2	50	47,2	738	20,5	
	27,9		8,4		3,0		22,4		19,6		11,9		6,8		100,0		8,5
VIOLETT	6	0,5	0	0,0	6	2,2	5	0,7	12	1,5	5	1,4	2	1,9	36	1,0	
	16,7		0,0		16,7		13,9		33,3		13,9		5,6		100,0		9,7
WEISS	238	19,5	38	22,8	32	11,9	147	21,2	172	21,7	31	8,5	20	18,9	678	18,8	
	35,1		5,6		4,7		21,7		25,4		4,6		2,9		100,0		12,0
Alle Etyma	1218	100,0	167	100,0	269	100,0	692	100,0	792	100,0	363	100,0	106	100,0	3607	100,0	
	33,8		4,6		7,5		19,2		22,0		10,1		2,9		100,0		10,3
s		8,0		10,8		8,3		8,1		7,6		7,0		12,8		7,0	

Tabelle 6.2.C: Absolute und relative Verteilung der sieben Gruppen bei einzelnen Farben

Um sich der inhaltlichen Interpretation der Tabelle 6.2.B zu nähern, werden die absoluten Werte in relative umgewandelt (Tabelle 6.2.C). Zeilenweise sind die relativen prozentualen Verteilungen der Gruppen 1 bis 7 innerhalb der einzelnen Farbetyma abzulesen, spaltenweise jene der Etyma BLAU bis WEISS (alphabetisch geordnet) innerhalb der einzelnen Gruppen.

Der Einstieg in die Tabelle erfolge über die Standardabweichung s, die am rechten und am unteren Rande angegeben ist. Sofort fällt auf, dass die Standardabweichungen in der rechten Randspalte (Gruppen in Farben) viel stärker differieren als in der untersten Zeile (Farben in Gruppen). Spürbar war dieses Verhalten bei der Berechnung der Korrelationskoeffizienten: Die Gruppen, genauer: die Verteilungen der Farben innerhalb der Gruppen, sind durchschnittlich mindestens signifikant von 0 verschieden miteinander korreliert (Tabelle 6.2.A), während die Farbreihen, also die Verteilungen der Gruppen innerhalb eines Etymons, durchschnittlich nicht signifikant von 0 verschieden miteinander korreliert sind (Tabelle 6.2.B). Es handelt sich demnach um ein System, in dem die Verhältnisse mit spürbar unterschiedlichen Gewichten verteilt sind, was wieder als Objektabhängigkeit der Farbe interpretiert werden kann.

Wenn man die Prozentwerte, die jeweils unterhalb der absoluten Werte stehen, spaltenweise mit dem Mittelwert (Prozentwert unterhalb der absoluten Werte in der Zeile *Alle Etyma*) vergleicht, so werden bezeichnende Ungleichgewichte sichtbar.[561] Um den Umfang der Darstellung zu limitieren, wird sich die Diskussion vor allem auf die durchschnittlichen und die überdurchschnittlichen Werte konzentrieren.

In der Gruppe der Menschen und Personen (Gruppe 1) ist der Farbanteil mit 33,8 % durchschnittlich am größten (anthropozentrische Farbgebung). BRAUN (52, 4 %) und ROT (47,6 %) sind überdurchschnittlich präsent. Bei PURPUR liegt der Wert noch höher (64 %). GRAU (36,7 %) und WEISS (35,1 %) liegen nahe am Mittel. Grau und Weiß sind also die typischen, „normalen" Farben für den Menschen, während Braun, Rot und Purpur ihn in überhöhter Weise kennzeichnen. Sofern kookkurrierende Begriffe semantisch aufeinander „abfärben", ist das Merkmal [+HUM] bei Jahn ein integrativer Bestandteil von Braun, Rot und Purpur. Auffallend ist der sehr kleine Wert bei GRÜN (13,8 %). Dies besagt, dass Grün keine typisch menschliche Farbe ist.

In der Gruppe 2 (Tiere) liegen ROSA (11,6 %) und BRAUN (7,4 %) über dem Mittelwert (4,6 %). WEISS (5,6 %) und GELB (4,9 %) stehen diesem nahe. GRAU (1,1 %) und vor allem GRÜN (0,9 %) fallen als nicht-tierische Farben auf. Die Farben

---

[561] Die prozentualen Werte unterhalb der absoluten Werte sind Summanden, die zeilenweise 100 % ergeben. Wenn man aber die Tabelle „kreuzweise" liest, also Werte, die zeilenweise eine Reihe bilden, spaltenweise untereinander und mit der durchschnittlichen Verteilung vergleicht, relativiert man die verhältnismäßigen Unterschiede, die sich allein aus der unterschiedlichen Häufigkeit der einzelnen Farben ergeben.

6.2. Zuordnungsgruppen bei einzelnen Farben

der Menschen und der Tiere sind z.T. dieselben. Braun ist in beiden Gruppen überdurchschnittlich präsent, Rot bei den Menschen und Rosa bei den Tieren (vgl. die benachbarte Farbvalenz von Rot und Rosa). Nicht zufällig ist der Korrelationskoeffizient der Gruppenverteilung zwischen BRAUN und ROT der höchste in der Tabelle 6.2.B.

Was die Gruppe 3 der Pflanzen betrifft, so erweist sich – erwartungsgemäß – GRÜN als die Farbe, die am stärksten (21,8 %) vom Mittel der Gruppe 3 (7,5 %) abweicht. Ähnlich hoch ist der Wert für GELB (20,6 %), dann folgen VIOLETT (16,7 %) und BLAU (10,3 %). Es muss sich hier also vorwiegend um *grüne* Pflanzen handeln, die – wenn sie *blühen* – gelb oder blau/violett sind. Der hohe Gelb-Anteil bei den Pflanzen ist maßgeblich durch die leitmotivische *gelbe Blume* bedingt. (Vgl. dazu die Ausführungen in Kapitel 6.1.) Die mensch- und tierspezifischen Farben Braun und Rot/Rosa spielen bei den Pflanzen eine viel geringere Rolle als Grün, Gelb, Violett und Blau. Zwar steht BRAUN (6,6 %) dem Mittel von 7,5 % nicht sehr fern, ROT aber liegt darunter (4,7 %). Der Wert für Rosa (7 %) steht dem Mittel am nächsten. Braun und Rosa sind durchschnittliche Farben für Pflanzen, Rot allerdings ist mit diesen wenig kompatibel.

Interessant in diesem Zusammenhang ist ein Blick auf Jahnns Weltbild. Jahnn war überzeugt, dass Menschen und Tiere gleichwertige Lebewesen sind. Diese Überzeugung spiegelt sich möglicherweise in der ähnlichen Färbung der Mensch- und Tier-Gruppe wider. Die Pflanzen sind in Jahnns harmonikalem Weltbild nicht mit Menschen und Tieren gleichwertig; sie sind auch anders gefärbt.[562]

Die Gruppe 4 (Räume und Landschaften) subsumiert durchschnittlich 19,2 % aller Farbetyma. Deutlich über diesem Wert liegen GRAU (31,7 %), GRÜN (28,2 %) und SCHWARZ (22,4 %). In der Mensch-Gruppe entspricht die Häufigkeit von Grau dem Mittel, Grau wurde daher als „normal" für den Menschen bezeichnet. Für den Raum allerdings ist Grau ausgesprochen prägend. Dies gilt auch für Grün, das auch die häufigste Farbe der Pflanzen ist. Die überdurchschnittliche Verwendung von Grün für Pflanzen und für Räume lässt auf eine strukturelle Ähnlichkeit dieser Gruppen schlie-

---

[562] Zu einem anderen Ergebnis kommt Walitschke (1994), S. 255–256, der bei Jahn alles Lebendige unter einem pauschalen Naturbegriff zusammengefasst sieht: „Repräsentativ für Jahnns Naturauffassung sind [...] die abstrakten Begriffe ‚Leben' und ‚Lebendiges'. Diese Kollektivbezeichnungen vermeiden sowohl jene allegorische Verkörperung, in welcher die Natur ohnehin in unserem Denken aufzutreten pflegt, als auch eine Unterscheidung nach verschiedenen biologischen Bereichen oder gar einzelnen Lebensformen. Die Worte ‚Leben' und ‚Lebendiges' sind im Gegenteil Symptome einer dezidiert entpersonalisierten Vorstellung von der Biosphäre, welche weder als eine primär bevölkerte noch als eine statisch in sich ruhende Sphäre angesehen wird, sondern als ein undifferenzierter, transpersonaler Prozeß."

ßen. Der *grüne* Raum ist demnach ein von Pflanzen besetzter, also eher ein Naturraum und weniger ein architektonisch umbauter Raum.[563]

Die gesamte Natur, sozusagen, ist grün. (N1, 903)

Wenn man auf das Blumengleichnis zurückgreift (Kapitel 6.1.) und die Konnotation der Farbe Grün (Unreifes, Unentschiedenes, Un-Schuldiges) auf Räume überträgt, so werden diese zu einem (wertefreien) Rahmen für Entwicklung und Entscheidung. In diesem Zusammenhang wird auch der überdurchschnittliche Anteil von Grau im Raum symbolisch sehr bedeutsam. Grau ist – um ein biblisches Bild zu gebrauchen – weder Fleisch noch Fisch und der Ausgleich der Gegensätze Schwarz und Weiß. Grün und Grau haben ähnliche autorspezifische Konnotationen, sie unterscheiden sich aber hinsichtlich ihrer Position im kausalen Zusammenhang: Grün ist insofern wertefrei, als es die Potenzialität zur Entwicklung in sich trägt und die Entscheidung noch aussteht, Grau hingegen ist der Ausgleich zwischen gegensätzlich Entwickeltem und hebt polare Qualitäten auf. Etwas relativiert wird die (wertefreie) *grüne* und *graue* Bühne des Raumes durch das Etymon SCHWARZ, das in der Tabelle 6.2.C in der Raum-Gruppe an dritter Stelle auftritt (22,4 %). Doch wird seine starke Präsenz aufgehoben durch WEISS, das nicht sehr viel seltener ist (21,7 %). Der symbolische Gegensatz zwischen Schwarz und Weiß wird durch annähernde Gleichverteilung aufgehoben (und wird zu Grau).

Sehr auffallend ist das unterdurchschnittliche Vorhandensein von ROT (9,2 %), BRAUN (9,5 %) und GELB (13,3 %) in der Raum-Gruppe: Diese Farben sind für den Raum nicht typisch. Rot und Braun sind ausgesprochen menschspezifische Farben (Braun auch tierspezifisch), Gelb spezifiziert die Pflanzen. Im Raum aber spielen diese Farben keine große Rolle.

Der Anteil von BLAU an der Raum-Gruppe beträgt 19,2 %. Dieser Wert ist identisch mit dem Mittelwert und definiert die Farbe Blau als typisch für den Raum. Wäre das Wasser besonders häufig blau, so müsste der Blau-Anteil im Raum viel größer sein. Die prototypische Farbe für das Wasser aber ist Grün (wie die Tabelle 6.8.A noch zeigen wird), und am häufigsten blau ist nicht das Wasser, sondern das Auge oder der Himmel (vgl. Tabelle 6.4.A).

In der Gruppe 5 sind kleine Dinge und Gegenstände zusammengefasst. VIOLETT verteilt 33,3 %, GELB, ROT und ROSA verteilen jeweils ca. 27 % auf diese Gruppe, die durchschnittlich 22,0 % aller Etyma umfasst. BLAU (22,6 %) kommt dem Mittelwert sehr nahe. Erklärungshypothesen dafür gibt es nicht.

---

[563] *Grosso modo* sind die Hauptschauplätze in Jahnns Prosa Naturräume. Hinzuweisen ist an dieser Stelle auf die Arbeit von Stefan David Kaufer (2003), die den Titel „'Schließlich ist Norge meine zweite Heimat geworden.' Hans Henny Jahnns Norwegen-Bild" trägt.

6.2. Zuordnungsgruppen bei einzelnen Farben

BLAU ist mit 18,5 % in der Gruppe 6 der Abstrakta am stärksten vertreten.[564] Diese Farbe eignet sich offensichtlich sehr gut, um abstrakte Begriffe zu spezifizieren. Solche Entitäten sind nicht greif-bar und haben darin eine gewisse Ähnlichkeit mit dem Himmel und der Weite, die konventioneller Weise – z.T. auch bei Jahnn – blau sind (Kapitel 6.4.). Man könnte erwarten, dass BLAU folglich auch in der Gruppe 7 (keine eindeutige Zuordnungsmöglichkeit) sehr weit vorne liegt. Doch ist BLAU in dieser Gruppe überhaupt nicht vertreten. Hier steht SCHWARZ an der Spitze (6,8 %). Mithin sind Vagheit und Unbestimmtheit wesentliche Konnotationen von Schwarz. Dies wird überdeutlich die noch zu besprechende Tabelle 6.10.A vor Augen führen.

Wenn man die Tabelle 6.2.C zeilenweise liest, ergeben sich sehr ähnliche Beobachtungen, bisweilen jedoch etwas anders akzentuiert. Blau ist vorwiegend die Farbe der Abstrakta und der Pflanzen, Braun die Farbe der Menschen und Tiere, Gelb die Farbe der Pflanzen und Abstrakta, Grau die Farbe der Räume und Abstrakta und Grün vor allem die Farbe der Pflanzen und der unbestimmten Entitäten. Rot ist die Farbe des Menschen und der kleinen Dinge, Schwarz die Farbe, die man am wenigsten zuordnen kann, oder die Farbe der Tiere. Bei Rosa und Violett sind keine deutlichen Schwerpunkte erkennbar, wenn man die Tabelle 6.2.C zeilenweise liest. Weiß zeigt keine auffallenden Schwankungen nach oben, sondern nur nach unten. Man kann daher sagen, dass Weiß *nicht* typisch für Abstrakta (8,6 %) und für Pflanzen (11,9 %) ist (bei einem Anteil von 18,8 % an der Totalität der Farben).

Die Verbalisierung der Tabelle 6.2.C ist streckenweise etwas trocken. Viel anschaulicher werden die Verhältnisse zwischen den sieben Gruppen und den einzelnen Farbetyma, wenn man die Tabelle 6.2.C grafisch darstellt (Diagramm 6.2.D).

Je kleiner die Belege für ein Etymon sind, umso weniger gesättigt ist die Verteilung der Zuordnungsgruppen und umso größer sind die Schwankungen. Ein extremes Beispiel ist ORANGE: Wenn der einzige Beleg für dieses Etymon in der Gruppe 4 aufscheint und somit die Gruppe 4 – relativ betrachtet – den 100%-igen Anteil bei ORANGE ausmacht, dann verzerrt dieser Befund die Darstellung. Man muss deshalb davon ausgehen, dass mit sinkender Belegzahl der Etyma die Repräsentativität der Etyma hinsichtlich ihrer Verteilung auf einzelne Zuordnungsgruppen abnimmt. Daher ist es sinnvoll, für die grafische Darstellung in Diagramm 6.2.D die Etyma nach ihrer Häufigkeit zu ordnen. Diese – und damit die Repräsentativität – nimmt auf der x-Achse von links nach rechts ab.

---

[564] PURPUR mit 24,0 % liegt noch höher. Doch bleiben die seltenen LILA, ORANGE, PURPUR aus der Betrachtung ausgeklammert.

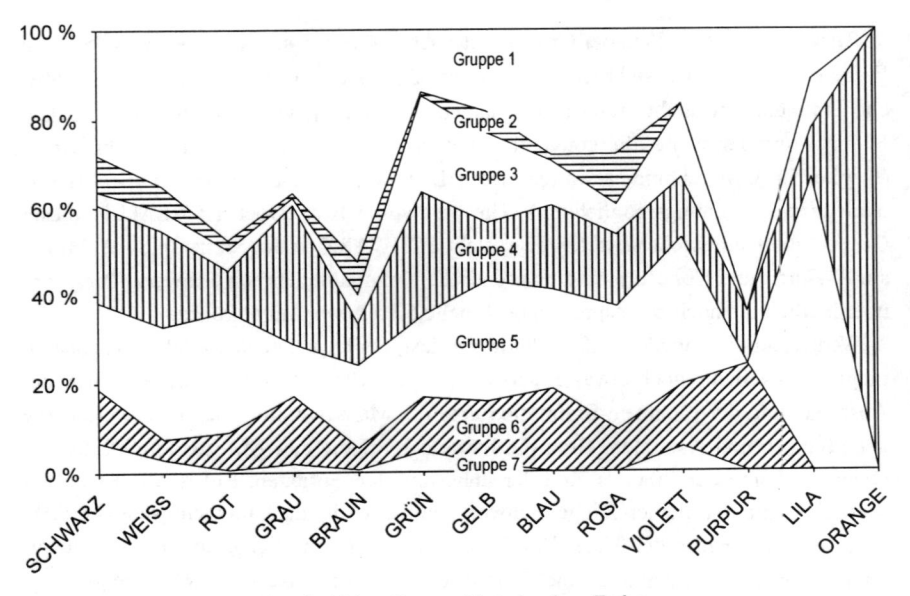

Diagramm 6.2.D: Gruppentektonik (sieben Gruppen) bei einzelnen Farben

Bereits auf den ersten Blick wird klar, dass die sieben Gruppen keinesfalls gleichmäßig über die Farben verteilt sind. Jede Farbe hat ihr eigenes Schema, nach dem sie mit Farbträgergruppen kookkurriert (Objektabhängigkeit der Farbe).

Markant sind die Anteile von ROT und BRAUN an der Gruppe 1 (Mensch). Dies ist mit ein wesentlicher Grund dafür, dass diese beiden Etyma in Tabelle 6.2.B am höchsten miteinander korreliert sind. Auch bei PURPUR ist die Gruppe 1 überaus groß. Doch ist die Repräsentativität der Verteilungen bei den seltenen PURPUR, LILA und ORANGE am rechten Diagrammrand infrage zu stellen.

Die Gruppe 2 (Tiere) ist insgesamt sehr schmal. Am breitesten ist sie bei SCHWARZ und ROSA. Noch auffallender sind die Maxima in der ebenfalls schmalen Gruppe 3 (Pflanzen). Hier ist der Anteil von GRÜN und GELB sehr groß. Umso kleiner ist ihr Anteil an der Mensch-Gruppe.

Sehr unterschiedlich groß ist die Gruppe 4 (Räume und Landschaften). GRAU und GRÜN, aber auch SCHWARZ und WEISS nehmen daran lebhaften Anteil. Auffallend klein hingegen ist der Anteil von ROT und GELB, die zu den warmen, lichtlastigen Farben zusammengefasst werden. In der Gruppe 5 hingegen (kleine Dinge und Gegenstände) sind ROT und GELB sehr stark vertreten, während hier GRAU und GRÜN auffallend wenig Raum einnehmen.

6.2. Zuordnungsgruppen bei einzelnen Farben

BLAU geht am häufigsten mit Abstrakta einher. SCHWARZ und GRÜN sind jene Farben, bei denen sich am wenigsten deutlich eine zugeordnete Entität bestimmen lässt.

Um die Ergebnisse aus der Analyse der sieben Zuordnungsgruppen gegenzuprüfen, werden die drei Arbeitsschritte – Berechnung der Korrelationskoeffizienten, Betrachtung der relativen Verteilungen und grafische Darstellung – anhand der Gruppenbildung „Mensch – Natur – Technik" durchgespielt. Zur Mensch-Gruppe gehören alle Entitäten, die den menschlichen Leib konstituieren. Kleidung und ähnliche Artefakte sind nicht enthalten. Dies unterscheidet die Mensch-Gruppe in diesem Modell von der Mensch-Gruppe im Modell der sieben Gruppen. Die Gruppe Natur besteht aus jenen Elementen, die nicht auf den menschlichen Leib oder auf Entitäten der Gruppe Technik referieren. Diese wiederum umfasst all das, was durch den Menschen gestaltet wird und was ihm zusätzlich zu seinem biologischen Leibe eigen ist: technische Hilfsmittel, geistige und emotive Fähigkeiten, dazu zählen Gefühle, Vorstellungen, Gedanken und Ideen. Die Tabelle 6.2.E zeigt die Verteilung einzelner Farbetyma innerhalb dieser drei Gruppen.

	1	2	3	Σ	Mittel
BLAU	28	74	44	146	
BRAUN	163	95	91	349	
GELB	39	150	97	286	
GRAU	108	124	125	357	
GRÜN	33	214	93	340	
LILA	1	6	2	9	
ORANGE	0	1	0	1	
PURPUR	16	5	4	25	
ROSA	10	21	12	43	
ROT	260	158	181	599	
SCHWARZ	156	294	288	738	
VIOLETT	5	23	8	36	
WEISS	183	237	258	678	
Alle Etyma	1002	1402	1203	3607	
1	–	0,6515	0,8159	0,8744	0,7337
2		–	0,9278	0,9311	0,7897
3			–	0,9851	0,8718
Σ				–	

Signifikanzschwellen: P=0,05 bei r=0,553; P=0,01 bei r=0,684; P=0,001 bei r=0,801.

Tabelle 6.2.E: Verteilung der Etyma in den Gruppen Mensch, Natur, Technik; Korrelationsmatrix

Alle ermittelten Korrelationskoeffizienten – jene zwischen einzelnen Gruppen sowie jene zwischen einer Gruppe und der allgemeinen Farbverteilung als auch das arithmetische Mittel der Einzelwerte[565] – sind zumindest signifikant von 0 verschieden. Demnach gibt es einen deutlichen Zusammenhang zwischen den Gruppen Mensch, Natur und Technik. Eine Objektabhängigkeit der Farben ist nicht sichtbar.

Viel rigoroser aber wird das Prüfverfahren, wenn man die Verteilung der drei Gruppen innerhalb der einzelnen Etyma korreliert (Tabelle 6.2.F).

	BLAU	BRAUN	GELB	GRAU	GRÜN	LILA	ORANGE	PURPUR	ROSA	ROT	SCHWARZ	VIOLETT	WEISS	Alle Etyma	Mittel
BLAU	-	-0,734	0,9801	0,7317	0,9998	0,9873	0,9395	-0,716	0,9842	-0,887	0,7906	0,9813	0,5633	0,9844	0,8578
BRAUN		-	-0,854	-1,000	-0,721	-0,617	-0,457	0,9997	-0,602	0,9648	-0,996	-0,589	-0,975	-0,842	0,7924
GELB			-	0,8525	0,9763	0,9361	0,8527	-0,840	0,9294	-0,961	0,8964	0,9236	0,7162	0,9997	0,8932
GRAU				-	0,7192	0,6141	0,4539	-0,999	0,5993	-0,964	0,9959	0,5870	0,9754	0,8402	0,7911
GRÜN					-	0,9900	0,9456	-0,703	0,9872	-0,878	0,7793	0,9847	0,5482	0,9810	0,8527
LILA						-	0,9820	-0,596	0,9998	-0,802	0,6832	0,9994	0,4249	0,9440	0,8026
ORANGE							-	-0,434	0,9853	-0,675	0,5329	0,9878	0,2462	0,8646	0,7076
PURPUR								-	-0,581	0,9577	-0,994	-0,568	-0,980	-0,828	0,7808
ROSA									-	-0,791	0,6695	0,9999	0,4080	0,9377	0,7947
ROT										-	-0,984	-0,781	-0,882	-0,954	0,8771
SCHWARZ											-	0,6581	0,9513	0,8860	0,8276
VIOLETT												-	0,3940	0,9322	0,7879
WEISS													-	0,6999	0,6720
Alle Etyma														-	
Signifikanzschwellen: P = 0,05 bei r = 0,9969; P = 0,01 bei r = 0,999877; P = 0,001 bei r = 0,99999877.															

Tabelle 6.2.F: Korrelationsmatrix zur Verteilung der Gruppen Mensch, Natur, Technik innerhalb der Etyma

Wegen der geringen Anzahl der Merkmalwerte und den daraus resultierenden minimalen Freiheitsgraden (hier: FG = 3–2=1) liegen die Signifikanzschwellen für die Werte in der Tabelle 6.2.F sehr hoch. Nur sehr wenige Korrelationskoeffizienten sind signifikant von 0 verschieden. Dies betrifft (unter Weglassung der seltenen LILA, ORANGE, PURPUR) die Korrelationen zwischen BRAUN und GRAU (-1; genau: -0,99999553), ROSA und VIOLETT (0,9999) sowie BLAU und GRÜN (0,9998). Alle weiteren Einzelwerte sind nicht signifikant von 0 verschieden, was die Annahme der Objektabhängigkeit von Farben nahe legt.

---

[565] Zur Berechnung des arithmetischen Mittels siehe Fußnote 559.

6.2. Zuordnungsgruppen bei einzelnen Farben

Auffallend in der Matrix der Tabelle 6.2.F sind die zahlreichen negativen Korrelationen. Schon in der Tabelle 5.6.A, die die Verteilung der Gruppen Mensch, Natur, Technik in den einzelnen Texten darstellt, waren solche aufgefallen. Auch einige Werte, die die Korrelation zwischen einzelnen Etyma und der allgemeinen Farbverteilung beschreiben (Spalte *Alle Etyma*), weisen negative Vorzeichen auf. In dieser Spalte *Alle Etyma* scheint GELB als dasjenige Etymon auf, das am höchsten und signifikant von 0 verschieden mit der allgemeinen Farbverteilung korreliert ist.

Das r für alle Mittelwerte[566] liegt unterhalb der Signifikanzschwelle von 5 %. Ein durchschnittlicher Zusammenhang zwischen der Verteilung der Gruppen Mensch, Natur, Technik innerhalb der einzelnen Etyma ist somit statistisch nicht nachweisbar. Dies zeigt auch hier wieder, dass die einzelnen Objektgruppen nach unterschiedlichen Farbmustern gestaltet sind.

Für die weitere Interpretation der Gruppen-Verteilungen werden die absoluten Werte durch die relativen prozentualen ergänzt (Tabelle 6.2.G). Bei der Gruppenbildung Mensch, Natur, Technik werden spezifische Unterschiede viel plakativer deutlich als bei dem Modell mit den sieben Gruppen. Die Standardabweichung s der prozentualen Verteilung von Farben innerhalb der drei Gruppen (unterste Zeile in Tabelle 6.2.G) ist relativ stabil. Darin spiegelt sich die signifikant von 0 verschiedene Korrelation zwischen den Gruppen wider (Tabelle 6.2.E), was tendenziell auf ähnliche Verteilungsverhältnisse schließen ließ. Betrachtet man hingegen die Standardabweichung der Gruppen innerhalb der Etyma (rechte Randspalte), so schwanken die Werte deutlich. Dem entsprechen die durchschnittlich nicht signifikant von 0 verschiedenen Korrelationen in Tabelle 6.2.F, woraus auf unterschiedliche Verteilungsverhältnisse geschlossen werden kann.

Diese werden im Einzelnen sehr deutlich, wenn man die durchschnittlichen prozentualen Anteile (in der Spalte *Alle Etyma* rechts der absoluten Werte und in der Zeile *Alle Etyma* unterhalb der absoluten Werte, Tabelle 6.2.G) mit den Einzelwerten vergleicht. Sowohl der Vergleich der Spalten als auch der Zeilen weist jeweils dieselben Farben als spezifisch für eine Zuordnungsgruppe aus (Markierung durch *Kursivdruck*).

Braun, Grau und Rot rekurrieren vorwiegend in der Gruppe Mensch. Blau, Gelb, Grün, Rosa und Violett konzentrieren sich auf die Gruppe Natur. Schwarz und Weiß kulminieren in der Technik-Gruppe. Purpur gleicht Rot, indem es in der Mensch-Gruppe kulminiert. Aussagen zu den seltenen Farben Lila und Orange sind wegen ihrer geringen Belege nicht sinnvoll. Diese Feststellungen stimmen zum Teil mit den

---

[566] Arithmetisches Mittel aus den absoluten Werten der einzelnen Koeffizienten, r=1-Felder nicht verrechnet.

	1		2		3		Alle Etyma		s
BLAU	28	2,79	74	5,28	44	3,66	146	4,05	
	19,18		50,68		30,14		100,00		13,06
BRAUN	163	16,27	95	6,78	91	7,56	349	9,68	
	46,70		27,22		26,07		100,00		9,47
GELB	39	3,89	150	10,70	97	8,06	286	7,93	
	13,64		52,45		33,92		100,00		15,85
GRAU	108	10,78	124	8,84	125	10,39	357	9,90	
	30,25		34,73		35,01		100,00		2,18
GRÜN	33	3,29	214	15,26	93	7,73	340	9,43	
	9,71		62,94		27,35		100,00		22,14
LILA	1	0,10	6	0,43	2	0,17	9	0,25	
	11,11		66,67		22,22		100,00		24,00
ORANGE	0	0,00	1	0,07	0	0,00	1	0,03	
	0,00		100,00		0,00		100,00		47,14
PURPUR	16	1,60	5	0,36	4	0,33	25	0,69	
	64,00		20,00		16,00		100,00		21,75
ROSA	10	1,00	21	1,50	12	1,00	43	1,19	
	23,26		48,84		27,91		100,00		11,13
ROT	260	25,95	158	11,27	181	15,05	599	16,61	
	43,41		26,38		30,22		100,00		7,29
SCHWARZ	156	15,57	294	20,97	288	23,94	738	20,46	
	21,14		39,84		39,02		100,00		8,63
VIOLETT	5	0,50	23	1,64	8	0,67	36	1,00	
	13,89		63,89		22,22		100,00		21,87
WEISS	183	18,26	237	16,90	258	21,45	678	18,80	
	26,99		34,96		38,05		100,00		4,66
Alle Etyma	1002	100,00	1402	100,00	1203	100,00	3607	100,00	
	27,78		38,87		33,35		100,00		4,53
s		8,31		6,73		7,82		7,02	

Tabelle 6.2.G: Absolute und relative Verteilung der Gruppen Mensch, Natur, Technik bei einzelnen Farben

Ergebnissen aus der Analyse der sieben Gruppen überein. Dieses ‚zum Teil' wiederum erinnert daran, dass ein und dieselbe Fragestellung – geprüft durch unterschiedliche Verfahren – zu teilweise unterschiedlichen Ergebnissen führt.

Das Diagramm 6.2.H veranschaulicht grafisch die Tabelle 6.2.G. Die Etyma sind wie in Diagramm 6.2.D nach ihren Häufigkeiten gereiht.

Das Häufigkeitspolygon der Mensch-Gruppe in Diagramm 6.2.H gleicht dem in Diagramm 6.2.D. Bei Rot und Braun ist diese Gruppe besonders ausgeprägt (bedingt gültig auch für Purpur). Zwischen Grün und Violett gibt es auch hier einen „Berg", der

6.3. Einzeldarstellungen der Farben   293

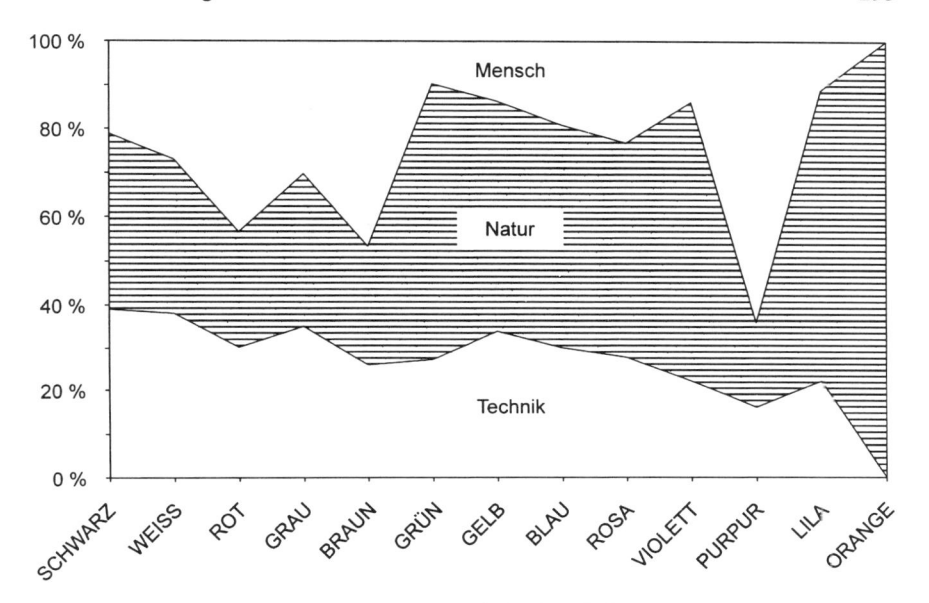

Diagramm 6.2.H: Gruppentektonik (drei Gruppen) bei einzelnen Farben

die Mensch-Gruppe deutlich zurücktreten lässt. In Diagramm 6.2.H wird dieser Bereich durch die Natur-Gruppe ausgeglichen. In Diagramm 5.6.C „Gruppentektonik innerhalb der Texte" war eine annähernde Gleichverteilung der Technik-Gruppe aufgefallen. Hier hingegen weist sie einen deutlich fallenden Trend auf, der von der allgemeinen Häufigkeit der Etyma abhängt (vgl. die Reihung nach Häufigkeiten). Bezeichnend aber sind bei der Technik-Gruppe die geringen Schwankungen, verglichen mit der Mensch- und der Natur-Gruppe (vgl. die Diagramme 5.6.C und 6.2.H). Die Technik-Gruppe ist in Diagramm 6.2.H bei Schwarz und Weiß am größten, weshalb diese Farben als spezifisch für diese Gruppe gelten.

6.3. Einzeldarstellungen der Farben

Die folgenden Kapitel 6.4. bis 6.12. stellen die Farben einzeln dar. Sie sind im Wesentlichen aus je drei Blöcken gebildet. Der erste Block gibt einen allgemeinen Überblick über prototypische Farbträger und konventionelle übertragene Farbbedeutungen. Die wichtigsten farbspezifischen Ergebnisse aus allen vorangehenden Kapiteln bilden den zweiten Block. Als Drittes werden die Rekurrenzmaxima zu einzelnen Farben im Jahnn-Korpus dargestellt. Fallweise werden relevante Details ergänzend diskutiert.

Block eins (allgemeiner Überblick) und Block drei (Rekurrenzmaxima im Jahnn-Korpus) werden vorab genauer beschrieben.

Erfahrungsgemäß gibt es eine Bedeutung *hinter* der sichtbaren Farbvalenz.[567] Man spricht von übertragener, metaphorischer, allegorischer, symbolischer oder chiffrenhafter Bedeutung.[568] Bei den Farben ist „das dingliche wie das gefühlshafte Moment in ganzzeitlicher Verschmelzung miteinander gegeben".[569] Wolfgang Müller-Funk unterscheidet zwischen der *naturalen* und der *kulturalen* Dimension der Farbe und schreibt:

> Farben sind Grenzphänomene: nicht leicht auszumachen, was an ihnen natural und was kultural ist [...][570]

Man weiß: Rot ist die Liebe, schwarz die Trauer, grün die Hoffnung. Solche allegorischen Bedeutungen beruhen auf Konvention, schreibt Goethe, sie sind zufällig und willkürlich.[571] Andererseits können diese aber auch durch häufiges Zeigen auf prototypische Farbträger generiert werden. Daher werden Konnotationen durch die Kontextanalyse sichtbar. Dies ist ein wesentlicher Grund dafür, warum die zugeordneten Farbträger bei der Analyse der Farbwörter eine große Rolle spielen. Der Farbträger färbt auf die Semantik der Farbe selber ab. (Kapitel 5.1.)

Konventionelle übertragene Farbbedeutungen sind aus dem so genannten Weltwissen abrufbar. Sehr zuverlässig ist dieses in möglichst übergreifenden und allgemeinen Darstellungen und in Lexika nachweisbar.[572] Solche Werke verdichten zahlreiche individuelle Empfindungen und Erfahrungen zu einer Formel. Das vergleichende Sichten dieser Formeln führt zu weiterer Verdichtung.

---

[567] Vgl. dazu etwa Hackenbroch (2000), S. 20, über den Placebo-Effekt von Pillen: „Tabletten in den kühlen Farben Blau und Grün wirken eher beruhigend, gelbe, orangefarbene und rote hingegen aufputschend. Lavendelfarbene sollen Halluzinationen auslösen können, während braune angeblich am stärksten abführend wirken."

[568] Müller-Funk (2000), S. 122, zur Farbmetaphorik: „[...] so wie man einen Gegenstand von einer Seite, über etwas (ein Hindernis, eine Grenze) hinweg auf die andere hinüberträgt, so bedeutet Metaphorik mental einen Übergang von einem Bereich (Feld) auf einen anderen. Umstritten bleibt, ob dieser andere Bereich schon vorher da war, und Da-Sein kann in diesem Fall nur heißen, daß er im Bewußtsein des Bedeutungs-Last-Trägers ‚da' war."

[569] König (1928), S. 135.

[570] Müller-Funk (2000), S. 15.

[571] Goethe (1998), S. 520.

[572] Als Quellen dienen vor allem Kandinsky (1956), Dornseiff (1970), Enzyklopädie des Märchens (1977–), Cooper (1986), Herder Lexikon Symbole (1987), Biedermann (1989), Dinzelbacher (1992), Heinz-Mohr (1992), Daemmrich (1995), Goethe (1998) und Crüger (1999), dann auch zusätzliche Spezialuntersuchungen zu einzelnen Farben. Als Quellen nicht geeignet sind das grimmsche Wörterbuch und das „Handwörterbuch des deutschen Aberglaubens", weil den vergleichsweise sehr umfangreichen Darstellungen in diesen Standardwerken Abstraktion und Verdichtung fehlen. Je differenzierter die Darstellungen sind, umso weniger sind die übertragenen Farbbedeutungen auf einen formelhaften Punkt gebracht.

6.3. Einzeldarstellungen der Farben

Dieses Vorgehen ist nicht unproblematisch. Denn es lauert die Gefahr, den sprichwörtlichen Klischees aufzusitzen. Doch ist dieser Einwand nicht berechtigt. Denn schließlich geht es genau darum, solche Klischees aufzuspüren und herauszupräparieren. Gewichtiger ist der Problemkomplex um die kulturkreisbedingte Bedeutungszuweisung. Das Problem aber wächst und schrumpft je nach Perspektive. Jahnn gehört dem europäischen Kulturkreis an. Insofern dürfen Bedeutungszuweisungen, die durch Gelehrte, die aus ebendiesem Kulturkreis stammen und sich über ebendiesen äußern, als Referenz verwendet werden. Das Problem jedoch wird virulent, je weiter man ins Detail geht. Möglicherweise wären die vorderasiatische und ägyptische Farbsymbolik geeigneter, um sie etwa mit Farbausdrücken in bestimmten „Perrudja"-Kapiteln abzugleichen. Ferner könnte die europäische Farbsymbolik, die stark durch die christliche Tradition geprägt ist, eher als Kontrast zu derjenigen aufzufassen sein, die der antichristliche Jahnn entwirft. Schließlich ist eine europäische Tradition keine homogene Größe und kann sich merklich von einer lokalen Hamburger oder Bornholmer – und nicht zuletzt von Jahnns privater – Farbtradition unterscheiden.

Einwände dieser Art sind berechtigt, sie verneinen aber nicht die Sinnhaftigkeit des Ansatzes. Denn dieser ist einfach und liefert ein Schema, mit dem Jahnns Gebrauchs- und Bedeutungsmuster verglichen werden können, er benennt den Hintergrund, von dem sich Jahnns farbliches Bild von der Welt abhebt – oder nicht.

Im Sinne der Bedeutungsgenerierung durch den Kontext ist die Untersuchung der Rekurrenzmaxima bei den einzelnen Farben sehr wichtig. (Block drei in den Kapiteln 6.4. bis 6.12.) Diese wird parallel nach zwei unterschiedlichen Ansätzen verfahren: Sie wird zum einen auf die Farb*etyma* zurückgreifen und zum anderen auf die *nicht-differenzierten* Farbausdrücke.

Der Rückgriff auf die Farbetyma ermöglicht eine übersichtliche Darstellung, in der alle 3.607 Belege zur Geltung kommen. Farbausdrücke, die mehr als ein Farbetymon enthalten, werden segmentiert; die Etyma werden einzeln und zusammen mit den rekurrierenden Zuordnungen erfasst. (Vgl. auch die einleitenden Absätze in Kapitel 6.2.)

Wenn man der Bestimmung der Rekurrenzmaxima die nicht-differenzierten Farbausdrücke zugrunde legt, so fließen die 2.124 Farbetyma (Tabelle 3.1.A) in die Zählung ein, die nicht durch andere Etyma oder weitere Komplemente differenziert sind, d.h. hier werden lediglich jene Farbausdrücke berücksichtigt, die einzig das in eine bestimmte Wortart eingebettete Etymon enthalten („reine" Farben).

Der Sinn dieser parallel verwendeten Ansätze liegt darin, dass bei den Rekurrenzmaxima zwischen prototypischer Teilhaberschaft und prototypischer Ausschließlichkeit unterschieden werden kann. Ein Beispiel soll die Unterscheidung verdeutlichen:

Die Tabelle 6.4.A im nächsten Kapitel wird zeigen, dass bei Blau die ‚Augen' in der Spalte, die alle Etyma berücksichtigt, mit neun Belegen an erster Stelle auftreten. In der anderen Spalte, die nur die nicht-differenzierten Etyma berücksichtigt, stehen die ‚Augen' an zweiter Stelle, und für diese Kollokation gibt es lediglich zwei Belege. Es sind die folgenden:

a) [...] von schönen blauen Augen [...] (H, 137)
b) Was für ein liebes Schwein, wie freundlich es uns mit seinen blauen Augen anblickt. (N2 349)

Wenn aber *alle* Etyma berücksichtigt werden, so fallen (a) und (b) sowie sieben weitere Belege ins Gewicht:

c) [...] tiefdunkle Augen, blauweiß gefaßt. (H, 63)
d) [...] blaue oder blaugrüne Augen [...] (N1, 558)[573]
e) Doch die Augen des Kindes waren nicht wässerig himmelblau [...] (N1, 632)
f) Aus dem ungefügen lichten Kopf blitzten sie [die Augen, sc.] wässrig blau hervor [...] (N2 117)
g) [...] seine unbegrenzten mattblauen, nie ganz scharf blickenden Augen [...] (N2 683)
h) [...] mit [...] wasserblauen Augen ausgestattet war. (E, 314)

Aus der Differenz der Belegstellen bei den zwei unterschiedlichen Messverfahren gehen jene Etyma hervor, auf die ein prototypischer Farbträger keinen ausschließlichen, sondern einen teilhaberschaftlichen Einfluss nimmt. Das bedeutet für BLAU: Die Augen spielen für die Farbsemantik des reinen Blau keine prototypische Rolle, da es hierfür lediglich zwei Belege gibt. Für das Blau in der Kombination mit anderen Farben oder mit Komplementen spielen die Augen jedoch eine sehr wesentliche Rolle.

Im Unterschied zum vorangehenden Kapitel 6.2. „Zuordnungsgruppen bei einzelnen Farben" werden in den folgenden Kapiteln 6.4. bis 6.12. lediglich die Rekurrenzmaxima erfasst. Seltene Zuordnungen bleiben unberücksichtigt. Die untere Grenze der Rekurrenzliste wird nach demselben Verfahren bestimmt, das zu Beginn des Kapitels 5.3. „Relative Rekurrenzmaxima" beschrieben ist und auch im Anhang VI verwendet wird. Die Häufigkeiten in den Tabellen 6.4.A bis 6.12.E sind in absoluten (f) und relativen prozentualen Werten [f(%)] angegeben. Letzteres kann zukünftigen ähnlichen Untersuchungen als Vergleichsgrundlage dienen. Am unteren Ende der Listen sind die Werte der jeweiligen Gesamtsummen N (vgl. hierzu auch Tabelle 3.1.A) sowie die Grenzwerte für 5 %, 2 % und 1 % von N angegeben.

---

[573] Laut Definition (Kapitel 3.2. „Arten der Differenzierungen") handelt es sich hier bei „blaue" um einen differenzierten Farbausdruck, der durch das ausschließende ‚oder' mit einem weiteren Farbausdruck („blaugrüne") kombiniert ist. Dies führt dazu, dass dieses „blaue" nicht unter den nicht-differenzierten Farbausdrücken verbucht ist.

Bei den Rekurrenzmaxima handelt es sich um Kulminationsorte, auf welche die Farben buchstäblich zugespitzt sind. Doch schwankt ihre Aussagekraft je nachdem, wie steil sich der oberste Maximabereich von der übrigen Verteilungskurve abhebt. Die einzige Vergleichsmöglichkeit für die am Jahnn-Korpus festgestellten Kollokationen sind zwei Aufsätze von Altmann.[574] Das Datenmaterial, das der Autor bereitstellt, ist aus qualitativ und quantitativ unterschiedlichen Korpora extrahiert und wurde im Rahmen eines Seminars an der Universität München gewonnen.[575] Es ist unterschiedlich zuverlässig und genau (mehr oder weniger große, nicht ausgewiesene prozentuale Restanteile bei einzelnen Farben), bisweilen inhomogen (Altmann nennt wörtlich belegte Begriffe zusammen mit Hyperonymen) und betrifft auch nicht alle Farben. Da es sich jedoch um die einzige Vergleichsmöglichkeit handelt, wird auf die altmannsche Darstellung große Aufmerksamkeit verwendet.

6.4. Blau

Für die Literaturwissenschaft ist die Farbe Blau ein Reizwort. Unmittelbar lässt sie an die blaue Blume des Novalis denken. Der prototypische Farbträger ist vor allem der Himmel, auch das Wasser. Daraus resultieren Assoziationen wie Ferne, Distanz und Kühle, aber auch Tiefe, Sehnsucht, Friede, Reinheit, Ruhe und Zuneigung. Die Treue ist die konventionelle übertragene Bedeutung, die am stärksten verfestigt ist.[576] Bezeichnend für Blau ist seine unterschiedliche Konnotierung, wenn seine Helligkeit zu- oder abnimmt. Müller-Funk bezeichnet den Übergang von hellem in dunkles Blau als einen Rutsch vom Heiteren ins Unheimliche.[577] Kandinsky:

> Zum Schwarzen sinkend, bekommt es [sc. Blau] den Beiklang einer nicht menschlichen Trauer. [...] Ins Helle übergehend, [...] wird es von gleichgültigerem Charakter und stellt sich zum Menschen weit und indifferent, wie der hohe hellblaue Himmel.[578]

Gleich bei dieser ersten Farbe wird deutlich, was Altmann als eine charakteristische Eigenschaft der Farben beschrieben hat: die „Aufspaltung in zwei gegensätzlich

---

[574] Altmann (1999a) und Altmann (1999b).
[575] Altmann (1999a), S. 2.
[576] Zingerle (1863), S. 500, Kandinsky (1956), S. 93, Dornseiff (1970), S. 225, Enzyklopädie des Märchens (1984), Bd. 4, Sp. 849–850, Cooper (1986), S. 50, Biedermann (1989), S. 133, Haas (1989), S. 314, Wierzbicka (1990), S. 142–145, Dinzelbacher (1992), S. 238, Heinz-Mohr (1992), S. 100, Daemmrich (1995), S. 147, Goethe (1998), S. 498, Crüger (1999), http://www.darmstadt.gmd.de/~crueger/farbe/blau.html, Müller-Funk (2000), S. 7.
[577] Persönliche Mitteilung von Herrn Prof. Dr. Wolfgang Müller-Funk am 17.1.2001 an den Verfasser.
[578] Kandinsky (1956), S. 93.

konnotierte Farbvarianten".[579] Korpuslinguistische Untersuchungen, Assoziationstests oder wie hier der Abgleich allgemeiner Bedeutungsformeln belegen solche bipolaren Farbbedeutungen.

Nicht unwesentlich ist die Assoziation von Blau mit Leere.[580] Nach Goethe ist die Farbe Blau „in ihrer höchsten Reinheit gleichsam ein reizendes Nichts".[581] In diesen Zusammenhang passt wohl die Beobachtung von Michael Walitschke, dass der Himmel in Jahnns „Neuer Lübecker Totentanz" mehrmals durch das Adjektiv ‚leer' bestimmt ist.[582]

Jahnn verwendet in seinem erzählenden Gesamtwerk Blau relativ selten, verglichen mit dem universalsprachlichen Modell von Berlin und Kay und mit anderen farbstatistischen Korpora (Kapitel 2.7.). Er modifiziert die Valenz von Blau (vorwiegend durch Komposition und Syntagmenbildung) am häufigsten von allen Farben. Blau ist semantisch doppelt so oft differenziert wie nicht-differenziert. Zum Vergleich: Das Mittel der Verteilung von differenzierten und nicht differenzierten Farbetyma liegt bei einem Verhältnis von etwa 2 : 3 (Kapitel 3.7. und Tabelle 3.1.A). Der überaus hohe Differenzierungsanteil bei Blau ist als hohes Differenzierungspotenzial, aber auch als semantische und lemmatische Instabilität interpretierbar. Blau ist mit der so genannten Gegenfarbe Gelb inkompatibel, diese fehlende Farbkombination ist sowohl in Komposita als auch in Syntagmen nachweisbar. Die Inkompatibilität von Blau und Gelb ist wahrnehmungsphysiologisch erklärbar. (Kapitel 3.3.) Blau tritt auffallend häufig im Satzsubjekt auf (Kapitel 4.7.) und fungiert am häufigsten als Farbe von Abstrakta (Kapitel 6.2. und Tabelle 6.2.D).

Nach der allgemeinen Skizzierung der Farbe Blau und der Zusammenfassung der bisherigen autorspezifischen Ergebnisse folgt nun die Darstellung der Rekurrenzmaxima bei Blau (Tabelle 6.4.A).

Im linken Tabellenbereich, der alle Etyma berücksichtigt (fortan kurz *Alle-Spalte* genannt), treten die *Augen* mit über 6 % der Rekurrenzen an erster Stelle auf. Das Blau der Augen ist jedoch fokal sehr unbestimmt, denn im rechten Tabellenbereich, der die nicht differenzierten Etyma berücksichtigt (fortan kurz *ND-Spalte* genannt), treten die Augen in einem prozentual zwar hohen, wegen des geringen Stichprobenumfangs (N = 63) aber kaum mehr repräsentativen *Ex-aequo*-Bereich mit zahlreichen anderen Rekurrenzen auf. In der ND-Spalte liegt mit über 6 % der *Himmel* an der Spitze, der in der Alle-Spalte – *ex aequo* mit anderem – an zweiter Stelle steht. Mithin sind bei

---
[579] Altmann (1999), S. 3.
[580] Cooper (1986), S. 50, Heinz-Moor (1992), S. 100.
[581] Goethe (1998), S. 498.
[582] Walitschke (1994), S. 157.

6.4. Blau

Jahnn der Himmel und – vorbehaltlich der farblichen Differenzierungen – die Augen prototypisch für BLAU.

Alle Etyma			Nicht-differenzierte Etyma		
	f	f(%)		f	f(%)
Augen	9	6,16	Himmel	4	6,35
Blaubeeren	5	3,42	Augen	2	3,17
Farbe	5	3,42	Lotosblume	2	3,17
Himmel	5	3,42	Raum	2	3,17
Licht	5	3,42	Saphir	2	3,17
Blaubeermarmelade	3	2,05	Saphirstift	2	3,17
Gesicht	3	2,05	Schleifenfarbe	2	3,17
Haut	3	2,05	Stein	2	3,17
Flamme	2	1,37	N = 63; 5 % : 3,15; 2 % : 1,26; 1 % : 0,63		
Haar	2	1,37			
Hose	2	1,37			
Linien	2	1,37			
Lotosblume	2	1,37			
Menschen	2	1,37			
Plattenabzüge	2	1,37			
Rauch	2	1,37			
Raum	2	1,37			
Saphir	2	1,37			
Saphirstift	2	1,37			
Schleifenfarbe	2	1,37			
Stein	2	1,37	Zu den unteren prozentualen Grenzen in dieser und in
N = 146; 5 % : 7,3; 2 % : 2,92; 1 % : 1,46			den folgenden Rekurrenztabellen siehe Kapitel 5.3.

Tabelle 6.4.A: Rekurrenzmaxima bei BLAU

Altmanns Daten zu Blau sind bruchstückhaft. In einem Korpus aus 4.749 Belegen, vorwiegend aus der „Süddeutschen Zeitung", sind 6 % der Belege dem *Himmel* zugeordnet, 2 % dem *Wasser*.[583] Auffallend ist die prozentuale Übereinstimmung bei Himmel in der ND-Spalte und in der Untersuchung von Altmann. Dies zeigt, dass der Himmel ein sprachspezifisch prototypisch blauer Farbträger ist, während die prototypische Teilhaberschaft der Augen an der Semantik von Blau autorspezifisch ist. Bemerkenswert ist die Tatsache, dass sich im Jahnn-Korpus das Wasser – der andere konventionelle und von Altmann nachgewiesene Prototyp für Blau – nicht unter den Rekurrenzmaxima befindet. Offensichtlich hat es eine andere Farbe. Welche das ist, wird noch zu zeigen sein.

---

[583] Altmann (1999a), S. 7.

6.5. Braun

> Der Trend geht zur Brustwarze.
>
> Thomas Enslein

In Nachschlagewerken ist Braun relativ knapp dargestellt. Dies macht deutlich, dass die Farbe in der Kulturgeschichte eine eher periphere Rolle spielt. Als Prototyp gilt die Erde, belegt ist die Assoziation mit dem Herbst, übertragene Bedeutungen sind Demut (vgl. die etymologische Verwandtschaft von *humilitas* und *humus*) und Traurigkeit, in der christlichen Tradition auch Entsagung und Buße.[584] Eine gegensätzliche Konnotierung hält das „Herder Lexikon Symbole" fest: „im Volkslied u[nd] in der Lyrik seit dem späten M[ittelalter] hat B[raun] auch erot[ische] Bedeutung."[585] Diese spielt bei Jahnn eine sehr wichtige Rolle, wie schon öfter angeklungen ist und noch genauer zu zeigen sein wird.

Verglichen mit dem Modell von Berlin und Kay sowie mit anderen Korpora, ist Braun bei Jahnn – anders als Blau – eine relativ häufige Farbe. (Kapitel 2.7.) Die quantitativen Analysen zeigen, dass Braun überdurchschnittlich oft dem menschlichen und dem tierischen Körper zugeordnet ist. (Kapitel 6.2.) Mithin ist der Körper bei Jahnn der braune Prototyp, nicht die Erde. Sehr deutlich bemerkbar wird dies auch, wenn man die Rekurrenzmaxima betrachtet (Tabelle 6.5.A).

Bei BRAUN treten sowohl in der Alle- als auch in der ND-Spalte die *Brustwarzen* mit über 7 % bzw. 10 % an erster Stelle auf. Auf den Rängen zwei und drei folgen jeweils *Haar* und *Haut*. Im jahnnschen Farbgebrauch ist Braun deutlich auf die Oberfläche des Menschen fokussiert. Anders als bei der quantitativen Bestimmung der Zuordnungsgruppen in Kapitel 6.2. ist bei der Messung der Rekurrenzmaxima der große Anteil der tierischen Körper nicht sichtbar. Dieses Detail illustriert den Sinn der zwei parallelen Verfahren, indem unterschiedlich gewichtete Ergebnisse zutage treten.

Der Vergleich der Tabellen 6.4.A (Blau) und 6.5.A (Braun) zeigt, dass das Auge für Blau die gleiche Rolle spielt wie die Brustwarze für Braun. Frei assoziiert: Die Brustwarzen sind Augen. Ganz abwegig ist diese Gleichsetzung nicht. Im Drama „Spur des Dunklen Engels" sagt Schmuel zu David:

> Deine Brustwarzen waren bessere Augen als die in deinem Kopfe.[586]

---

[584] Herder Lexikon Symbole (1987), S. 30, Cooper (1986), S. 50, Wierzbicka (1990), S. 142–145, Heinz-Mohr (1992), S. 101.
[585] Herder Lexikon Symbole (1987), S. 30.
[586] Spur des dunklen Engels, Dramen II, S. 311.

6.5. Braun

Alle Etyma			Nicht-differenzierte Etyma		
	f	f(%)		f	f(%)
Brustwarzen	26	7,45	Brustwarzen	23	10,85
Haar	24	6,88	Haar	18	8,49
Haut	23	6,59	Haut	10	4,72
Stute	10	2,87	Mensch	5	2,36
Augen	7	2,01	Saft	5	2,36
Handschuhe	7	2,01	Warzen	5	2,36
Gesicht	6	1,72	Schuhe	4	1,89
Mensch	6	1,72	Stute	4	1,89
Farbe	5	1,43	Ziegenkäse	4	1,89
Saft	5	1,43	Augen	3	1,42
Warzen	5	1,43	Gesicht	3	1,42
Hand	4	1,15	Brühe	2	0,94
Schuhe	4	1,15	Fell	2	0,94
Ziegenkäse	4	1,15	Hand	2	0,94
N = 349; 5 % : 17,45; 2 % : 6,98; 1 % : 3,49			Honig	2	0,94
			Junge	2	0,94
			Kachelofen	2	0,94
			Knospen	2	0,94
			Leder	2	0,94
			Locken	2	0,94
			Muskeln	2	0,94
			Reitstiefel	2	0,94
			Schlamm	2	0,94
			Staub	2	0,94
			Stuhl	2	0,94
			Wein	2	0,94
			Wunde	2	0,94
			Zöpfe	2	0,94
			N = 212; 5 % : 10,6; 2 % : 4,24; 1 % : 2,12		

Tabelle 6.5.A: Rekurrenzmaxima bei BRAUN

Die Brustwarzen sind bei Jahnn eine ausgesprochen wichtige Körperpartie. Im „Perrudja" sind braune Brustwarzen – nach der gelben Blume – das wichtigste Leitmotiv.[587] Auch in anderen Texten, vor allem im „Fluß ohne Ufer", fallen sie auf. Auf Helwigs Nachfrage antwortet Jahnn:

---

[587] P 245, 361, 388, 391, 394, 394, 395, 395, 401, 408, 408, 410, 412, 414, 437, 513, 545, 562. Ausführliche Darstellung des Leitmotivs, allerdings ohne Diskussion der attribuierten Farbe Braun, bei Wagner (1965), S. 44–47.

> Du sprichst von meiner Vorliebe für Särge, Brustwarzen und Melancholie des Sichverwesen-Fühlens. Gut. Vielleicht dient es Dir dennoch zur Aufklärung, daß die Brustwarzen nachträglich hineinkorrigiert worden sind, genau so wie im Perrudja – aus Gewissenhaftigkeit. Ich habe es bis zu einem gewissen Grade satt, daß man den Menschen immer nur nach dem Gesicht unterscheidet. Ich finde es sogar blödsinnig. Die Hände sind bei mir ziemlich in den Vordergrund getreten. Aber damit lässt sich eine menschliche Erscheinung auch nicht erschöpfen. Außer den Kniegelenken und dem Gesamtumriß, dem Rhythmus, sind nur noch die Brustwarzen interessant, weil sie einen Aufschluß darüber geben, woher der Mensch kommt, welcher Körperbildung seine Mutter war, welcher ‚Rasse' er angehört.[588]

Augenfällig ist die Brustwarze als *das* distinktive Merkmal eines Menschen in Gustavs Erinnerung an Tutein. Auch weil die Menschen gewöhnlich einander ihr Gesicht zeigen, aber nur in sehr seltenen Fällen ihre Brustwarzen, sind diese Körperteile etwas Besonderes.

> Jetzt, in dieser Stunde, wo ich [Gustav] wieder an ihn [Tutein] denke, wo mein Geist zum zehntausendstenmal seine Gesichtszüge zusammensetzt, erkenne ich, daß sie zerfließen [...] Genauer als seiner guten braunen Augen mit den mattschwarzen Pupillen, seiner straffen Wangen, seines merkwürdig geschwungenen Mundes, oft halboffenen Mundes entsinne ich mich seiner Brust, der kleinen runden braunen Brustwarzen, der glatten unbehaarten Haut über dem Herzen. Weil die vielen tausend Menschen, denen ich begegnet bin, mir ihre Brust nicht gezeigt haben, sondern nur ihr Angesicht. (N1, 439)

Bezeichnend ist der Augenblick, in dem Gustav zum ersten Mal Tuteins Brust sieht:

> Wie ein lichter Himmel mit einer dunklen Sonne und mit einem dunklem Mond. (N1, 404)

Der Blick auf Tuteins Brust ist für Gustav die Offenbarung des anderen. Vielleicht steht Jahnns Faszination für diese Körperpartie in Zusammenhang mit einer Erfahrung an sich selber. Der Achtzehnjährige schreibt in sein Tagebuch:

> Zum ersten Mal hab ich meine Brust betastet mit der wunderbaren Erkenntnis, daß die Haut schön weich ist![589]

---

[588] Briefe um ein Werk, Jahnn an Helwig am 28.8.1946, FoU III, S. 783. In leicht abweichender Fassung ediert auch in: Briefe II, S. 468–469. – Mathieu zieht beim Anblick von Garis Brustwarzen Rückschlüsse auf die Körperbildung von Garis Mutter: „Diese kleinen dunklen, hochsitzenden Brustwarzen, in der Mitte ein wenig rauh, vorspringend: ein Zeugnis dafür, daß seine Mutter feste, steile Brüste gehabt haben muß, rahmgelbe strahlende Äpfel oder goldene hochstrebende Birnen – ein mit dem Zeichenstift oder dem Pinsel beschreibbares Wunder." (Jeden ereilt es, Fragment IV, Späte Prosa, S. 207–208.)
[589] Tagebuch, 11.11.1913, Frühe Schriften, S. 210. – Als Nachtrag dazu ist eine Briefstelle lesbar, die der 61-jährige Jahnn an den 21-jährigen Hubert Fichte richtet: „Nur: das Fleisch ist viel komplizierter als die Seele. Das erfahren wir beispielhaft in der Pubiszenz. Das Verlangen, größer denn je, bedient sich eines noch unvollkommenen Apparates. Der Duft der Haut, die Haarfarbe, der Rhythmus der Bewegungen, die Form der Brustwarzen, des Nabels, der Hoden, der Kniekehle, der Rundun-

6.5. Braun

Tuteins Brustwarzen sind braun. Dass diese Farbe – als *Adfection* eines Körpers – erotisch konnotiert ist, fiel an zahlreichen Stellen auf. „[B]raungelockte Haare und kräftige Gesichtsfarben", schreibt Boetius, sind der „Topos, der das Schönheitsideal des intellektuellen Personentyps Horn, Nikolaj, Johannes formuliert".[590] Diese Konnotation steht in Zusammenhang mit Jahnns Faszination für den dunkel- und schwarzhäutigen Typus (ausführliche Darstellung in Kapitel 6.10. „Schwarz"). Sie zieht sich jedoch nicht durch Jahnns Gesamtwerk; in den frühesten Schriften beschreiben helle Töne (weiße Haut, blaue Augen und blondes Haar) den schönen Menschenkörper. Krey hat dafür eine biografische Erklärung. Er stellt fest, dass „Jahnns Körperideal [...] bis 1915 vornehmlich der Physiognomie Harms'", später aber „einem Typus wie dem des dunkelhaarigen braunhäutigen Franz Buse" entlehnt war.[591] Über seinen Jugendfreund Franz Buse schreibt Jahnn in sein Tagebuch:

> Er ist ein wunderherrlicher Junge – der keine glatte, weiße Haut hat, sondern braune, harte.[592]

Die Haut, die zu den Rekurrenzmaxima bei Braun gehört, wurde bis ins 18. Jahrhundert als etwas Offenes verstanden, das intentional nach außen gerichtet ist. Seit Anfang des 20. Jahrhunderts gilt sie als Grenzfläche zwischen dem Selbst und der Welt und als „zentrale Metapher des Getrenntseins", wie Claudia Benthien in ihrer kulturwissenschaftlichen Haut-Studie nachweist.[593] In diesem Zusammenhang bezeichnet sie die Haut in Jahnns Werk als „eine Barriere".[594] Roswitha Schieb spricht bei Tuteins Brustwarzen von einer „Monadenwand des anderen Subjekts".[595]

Braun in Zusammenhang mit der menschlichen Körperoberfläche ist bei Jahnn ausgesprochen positiv konnotiert. Braun aber hat auch eine Hinterseite. So sind ‚kackbraun'[596] und ‚kotbraun'[597] mehrmals belegt; eine weitere Konnotation ist der Tod. Hein, dessen Haut „perlmutterrotbraun" (P, 427) ist, schenkt Perrudja von seinem Blut,

---

gen, der Ohrläppchen [...] – davon verstehen wir nichts." (Hamburg-Blankenese, 28. November 1956, Brief an Hubert Fichte in Süderholm, Briefe II, S. 914.)

[590] Boetius (1967), S. 68.
[591] Krey (1984), S. 126.
[592] Tagebuch, 27.3.1914, Frühe Schriften, S. 244. Die Polarität von weißer (hässlicher) und brauner (schöner) Haut findet sich auch in „Der graue Blick" wieder, einem Fragment, das erst nach Erscheinen der Hamburger Ausgabe aufgefunden wurde und vermutlich zwischen 1926 und 1928 entstand: „Er will gebräunt von der Sonne erscheinen, aber eine kalkweiße Haut überzieht ihn; er sehnt sich, ein anmutiges Gesicht zu haben, aber schwere Stirn, grobe Backenknochen belasten sein Antlitz, daß er seine Häßlichkeit fühlt." (Der graue Blick, S. 4.)
[593] Benthien (1999), S. 7, 46.
[594] Benthien (1999), S. 43.
[595] Schieb (1997), S. 126.
[596] N1 903, 904, 908, 916, E 303.
[597] N1 909, 953.

das dieser mit seinem Taschentuch aufsaugt und jahrelang als eine Art Reliquie mit sich trägt.

> Das Taschentuch war nicht mehr rot. Es war fleckig braun. Eine abgestumpfte Reliquie. [...] Voraufgeeilter Tod des Burschen, der im Taschentuche saß. (P, 481)

Der Gebrauch und die Konnotierung von Braun sind sehr autorspezifisch. Denn die Prototypen, die Altmann aus einem Korpus von 166 Belegen aus der „Welt" eruiert hat, sind anders gelagert: 19,9 % *(neo)nazistisch*; 12,0 % Name *Braun*; 11 % *Augen*; 9,6 % *Gepäck, Schuhe, Kleidung*; 6,2 % *Haut*; 5,5 % *Wasser*; 4,8 % *Braunbär, Braunkohle*; 4,1 % *Coca-Cola*; 2,7 % *Film, Fotografie*; 2,7 % *Briefumschlag*.[598] Berührungspunkte zwischen Jahnn und dem Altmann-Korpus sind die Begriffe *Augen, Haut* und *Schuhe*, doch sind die jeweiligen Gewichte anders gelagert.

6.6. Gelb

Goethe:

> Es ist die nächste Farbe am Licht. Sie entsteht durch die gelindeste Mäßigung desselben [...] Sie führt in ihrer höchsten Reinheit immer die Natur des Hellen mit sich und besitzt eine heitere, muntere, sanft reizende Eigenschaft. [...] Durch eine geringe und unmerkliche Bewegung wird der schöne Eindruck des Feuers und Goldes in die Empfindung des Kotigen verwandelt und die Farbe der Ehre und Wonne zur Farbe der Schande, des Abscheus und Mißbehagens umgekehrt. Daher mögen die gelben Hüte der Bankrottierer, die gelben Ringe auf den Mänteln der Juden entstanden sein [...][599]

Prototypisch für diese Farbe sind Sonne und Gold. Im übertragenen Sinn bedeutet Gelb einerseits Heiterkeit und Freude, Verklärung und Ewigkeit, andererseits Neid und Eifersucht, Rachsucht und Verrat, Melancholie und Wahnsinn.[600] Literaturspezifisch ist die Konnotation, die Daemmrich nachweist. Er beobachtet,

> [...] daß die Farben Gelb und Orange besonders häufig in den Werken von Joris-Karl Huysmans, Paul Verlaine, Maurice Maeterlinck, Richard Dehmel und Gabriele D'Annunzios auftreten und Dekadenzerscheinungen bedeuten.[601]

---

[598] Altmann (1999a), S. 6.
[599] Goethe (1998), S. 495–496.
[600] Kandinsky (1956), S. 91–92, Dornseiff (1970), S. 225, Herder Lexikon Symbole (1987), S. 61, Biedermann (1989), S. 133, Dinzelbacher (1992), S. 238, Cooper (1986), S. 50, Wierzbicka (1990), S. 142–145, Heinz-Mohr (1992), S. 101, Enzyklopädie des Märchens (1984), Bd. 4, Sp. 851, Zingerle (1863), S. 498, Goethe (1998), S. 495, Crüger (1999), http://www.darmstadt.gmd.de/~crueger/farbe/gelb.html, Altmann (1999a), S. 5. Vgl. auch die ältere Kulturgeschichte der Farbe Gelb von Ewald (1876).
[601] Daemmrich (1995), S. 148.

6.6. Gelb

Bei Jahnn tritt Gelb vergleichsweise selten auf. (Kapitel 2.7.) Die Farbe ist sowohl in Komposita als auch in Syntagmen mit Blau inkompatibel. (Kapitel 3.7.) Der Autor schreibt, dass Gelb die ihm „gemäße Farbe in der Natur" ist.[602] Helles Gelb wird mit Fröhlichkeit und Zuversicht assoziiert (N1, 221), was mit dem konventionellen Symbolgehalt der Farbe übereinstimmt. Autorspezifisch ist das Leitmotiv der gelben Blume, die wie die Farbe selber eine ambivalente Bedeutung hat: Die gelbe Blume steht für Bedeutungslosigkeit, Schwäche und Schuld auf der einen Seite und für Sinnlichkeit und Sexus auf der anderen Seite. (Kapitel 6.1.) Bezeichnend – nicht zuletzt wegen der hohen Frequenz der gelben Blume – ist die überdurchschnittlich häufige Zuordnung der Farbe zu Pflanzen. (Kapitel 6.2.)

Alle Etyma			Nicht-differenzierte Etyma		
	f	f(%)		f	f(%)
Blume	34	11,89	Blume	32	19,39
Licht	11	3,85	Licht	8	4,85
Stein	7	2,45	Anzug	3	1,82
Gesicht	5	1,75	Gesicht	3	1,82
Haar	5	1,75	Rahm	3	1,82
Haut	4	1,40	Schein	3	1,82
Metall	4	1,40	Teichrose	3	1,82
Sonne	4	1,40	Wort	3	1,82
Anzug	3	1,05	Farbe	2	1,21
Blatt	3	1,05	Feld	2	1,21
Farbe	3	1,05	Frucht	2	1,21
Orangenmarmelade	3	1,05	Glühlampen	2	1,21
Rahm	3	1,05	Grund	2	1,21
Schein	3	1,05	Haut	2	1,21
Teichrose	3	1,05	Hemd	2	1,21
Wiese	3	1,05	Korn	2	1,21
Wort	3	1,05	Locken	2	1,21
Zähne	3	1,05	Menschen	2	1,21
N = 286; 5 % : 14,3; 2 % : 5,72; 1 % : 2,86			Papier	2	1,21
			Rauch	2	1,21
			Sintflut	2	1,21
			Sonnenreflexe	2	1,21
			Wiese	2	1,21
			Zähne	2	1,21
			Ziegel	2	1,21
			N = 165; 5 % : 8,25; 2 % : 3,3; 1 % 1,65		

Tabelle 6.6.A: Rekurrenzmaxima bei GELB

[602] Ausstellung Margarethe Helbing, Schriften II, S. 205.

Das Leitmotiv der gelben Blume ist so dominant, dass der Begriff *Blume* bei der Kookkurrenzprüfung in Tabelle 6.6.A in der Alle-Spalte mit etwa 12 % und in der ND-Spalte mit etwa 19 % den ersten Rang belegt. Der Abstand zu *Licht* ist beträchtlich. Auffallend bei der Blume ist die geringe Differenz zwischen der absoluten Häufigkeit in den beiden Spalten (34 versus 32). Dies besagt, dass Gelb in Verbindung mit der Blume ausgesprochen fokal verwendet wird.

Das Licht an zweiter Stelle vermag kaum zu überraschen, assoziiert es doch die Farbe Gelb mit dem prototypischen Farbträger Sonne und in der Folge mit Wärme. Autorspezifisch besetzt ist der dritte Rang in der Alle-Spalte: Der *Stein* steht in deutlicher Nähe zum Motivkomplex der Mineralien, der in Kapitel 6.1. besprochen wurde. In der ND-Spalte hingegen ist der dritte Rang wegen der vielen mit sehr geringer Frequenz *ex aequo* rekurrierenden Begriffe nicht repräsentativ.

Altmann referiert folgende korpusbasierte Kookkurrenzangaben: 35,8 % Artefakte (Kleidung, Nationalflaggen, Ampel), 19,6 % Abstrakta (Farbe, Besprechung, Senat, Mathematik), 19,1 % Farbträger aus der Natur (Blumen, Blüten, Bananen, Urin, Laub, Wasser, Luft, Sonne), 14,2 % feste Ausdrücke (wie gelbe Karte, gelbes Trikot, gelbe Gefahr), 5,8 % Mensch (Augen, Gesicht- und Hautfarbe, Nieren, Gelbsucht).[603] Altmann hält es für bemerkenswert, dass natürliche Farbträger wie Gold, Sonnenblumenblüten oder reife Zitronen, die in Wörterbüchern als prototypische Farbträger genannt werden, in seiner Liste weitest gehend fehlen und dass Artefakte überwiegen. Er vermutet, dass dies von seinem Korpus abhängt, das vorwiegend Zeitungen und Zeitschriften enthält.[604] Demgegenüber ist die Spitzenposition im Jahnn-Korpus von einem natürlichen Farbträger besetzt, der Blume.

Auffallend ist die Übereinstimmung zwischen der Liste von Altmann und der Tabelle 6.6.A beim Oberbegriff Mensch. In der Alle-Spalte treten *Gesicht, Haar, Haut* und *Zähne* auf, in der ND-Spalte *Gesicht, Haut, Mensch* und *Zähne*. Altmann weist für das Feld Mensch einen Anteil von 5,8 % nach. Eingedenk der Tatsache, dass die Tabelle 6.6.A nicht alle rekurrierenden Begriffe nachweist, sondern nur den Maximabereich, kommen die Summen der Prozentwerte von *Gesicht, Haar, Haut* und *Zähne* (5,95 %) in der Alle-Spalte und von *Gesicht, Haut, Mensch* und *Zähne* (5,45 %) in der ND-Spalte dem altmannschen Wert 5,8 % für das Hyperonym Mensch sehr nahe.

Altmann berichtet auch von einem Assoziationstest zu Gelb. Die Testpersonen durften lediglich einen Begriff nennen. Die beiden häufigsten der insgesamt 49 genannten Begriffe sind *Sonne* (20,4 %) und *Zitrone* (10,2 %).[605] Bei Jahnn tritt die Sonne in der

---

[603] Altmann (1999a), S. 4; Altmann (1999b), S. 130.
[604] Altmann (1999a), S. 4–5.
[605] Altmann (1999a), S. 5. Keine Angabe über die Anzahl der Testpersonen. Die genannten Begriffe waren „fast ausnahmslos ‚natürliche Gegenstände'" und nur „sehr selten" Artefakte (ebenda).

Alle-Spalte zusammen mit *Haut* und *Metall* an fünfter Stelle auf. Ihre relative Häufigkeit von 1 % ist, verglichen mit Altmann, äußerst klein. In der ND-Spalte fehlt die Sonne ganz, abgesehen vom Kompositum *Sonnenreflexe*. Daraus lässt sich zweierlei ableiten: Erstens ist die Sonne bei Jahnn keine bedeutsame Größe, um die Semantik der Farbe Gelb deiktisch zu erklären. Zweitens hat die jahnnsche Sonne, soweit sie überhaupt mit Gelb in Verbindung gebracht wird, nicht die Farbe von reinem, sondern von differenziertem Gelb. Die Zitrone, die bei Altmanns Assoziationstest die zweithäufigste Nennung war, tritt weder im schriftsprachlichen Altmann-Korpus noch bei Jahnn in Erscheinung.

6.7. Grau

Gemeinhin gilt Grau als Farbe zwischen Schwarz und Weiß.[606] Daraus resultiert ihre Verwendung für Zwischenbereiche, Grau bedeutet Neutralität. Diese Indifferenz zeigt sich in ambivalenter Form: als Vorsicht, Zurückhaltung, Kompromissbereitschaft, Ausgleichsfähigkeit und Gerechtigkeit, aber auch als Langeweile, Depression, Lebensangst, Trauer und Not.[607] Nach Kandinsky hängt der Ausschlag in die eine oder die andere Richtung von der Helligkeit ab.

> Je dunkler dieses Grau wird, desto mehr Übergewicht bekommt das Trostlose [...] Bei Aufhellen kommt eine Art Luft, Möglichkeit des Atmens in die Farbe, die ein gewisses Element von versteckter Hoffnung enthält.[608]

Was nun die farbstatistischen Analyseergebnisse betrifft, so fällt keine andere Farbe bei Jahnn dermaßen auf wie Grau. In Kapitel 2. „Quantitäten" konnte nachgewiesen werden, dass Jahnn diese Farbe im Vergleich zu anderen Korpora und zum universalsprachlichen Modell von Berlin und Kay über die Maßen häufig verwendet. Diese autorspezifische Abweichung ist mit der wesentlichste Grund dafür, dass das untersuchte Korpus relativ weit von der berlin/kayschen Norm entfernt ist. Diese Entfernung ist in etwa gleich groß wie jene von Trakl (wegen der häufigen Verwendung von Blau). Die Verteilung von Grau ist am wenigsten mit der Verteilung anderer Farben korreliert, sie zeigt also die geringste funktionale Abhängigkeit von anderen Farben (Tabelle 2.3.A). Grau nimmt insofern eine Sonderstellung ein, als es sich am wenigsten in das an und für sich sehr geordnete Farbsystem einfügt. (Kapitel 2.7.)

---

[606] Sanders (1876), Schopenhauer (1948), S. 21–24, Herder Lexikon Symbole (1987), S. 64, Heinz-Mohr (1992), S. 102.
[607] Dornseiff (1970), S. 224, Cooper (1986), S. 50, Herder Lexikon Symbole (1987), S. 64, Crüger (1999), http://www.darmstadt.gmd.de/~crueger/farbe/grau.html
[608] Kandinsky (1956), S. 99.

Grau wird auffallend selten semantisch differenziert (Tab. 3.1.A). Demnach hat diese Farbe die Eigenschaft, dass sie nur in relativ geringem Ausmaße differenziert werden kann. Bezeichnend ist in diesem Zusammenhang die Stellung von Grau in Farbkombinationen: Grau steht sowohl in Komposita als auch in Syntagmen deutlich öfter an erster als an zweiter Stelle und aggregiert nur an erster Stelle mit den unterschiedlichsten Farben, nicht aber als Kopf. Die semantisch determinierende Funktion ist bei Grau am stärksten von allen Farben ausgeprägt. (Kapitel 3.7.)

In Kapitel 6.1. „Jahnn und die Farben" fiel auf, dass Jahnn die Musik für die ideale Darstellungsform der Gegensätze hält. Er benennt diese mit den Gegensatzpaaren Welt/Unterwelt, rational/irrational, positiv/negativ und feminin/maskulin (A, 527). Jahnn alias Gustav sieht die Qualität der Musik vor allem darin, die Gegensätze – unter Schwarz und Weiß subsumiert – aufzuheben (N1, 680), was zunächst deren Vorhandensein voraussetzt. Das Ausloten (und Auskosten) der Gegensätze führt, sozusagen unter dem Strich, zum Ausgleich. Diesem entspricht die bedeutsame Häufung von Grau.

Die Zusammenfassung der von Grau *adficierten* Entitäten zeigt, dass diese Zwischenfarbe überdurchschnittlich häufig den Räumen zugeordnet ist. (Kapitel 6.2.) Die Rekurrenzmaxima bei Grau (Tabelle 6.7.A) hingegen lassen diese Ausprägung nicht so deutlich erkennen.

Mit Abstand bildet *Mann* die Spitze in der Rekurrenzliste zum Etymon GRAU, sowohl in der Alle- als auch in der ND-Spalte. Die Differenz der absoluten Werte ist dabei verschwindend klein. Der leitmotivische ‚graue Mann' ist Georg Lauffer, in dessen Händen die geheime Mission der Lais liegt. 34 der 36 bzw. 35 Belege referieren eindeutig auf ihn. Seine Präsenz konzentriert sich auf „Das Holzschiff",[609] in der „Niederschrift I" ist rückblickend einige Male von ihm die Rede.[610] Grau ist die identitätsstiftende Farbe für Lauffer und eine Chiffre für das Nicht-Menschliche.[611]

In der Alle-Spalte folgen der *Himmel* an zweiter sowie *Augen* und *Schiff* an dritter Stelle. In der ND-Spalte folgen dieselben Begriffe in umgekehrter Reihenfolge. Der Himmel dringt bei GRAU deutlich in den Spitzenbereich vor, ähnlich wie bei BLAU. Genauso verhält es sich mit den Augen. Mithin sind Himmel und Augen gleichermaßen prototypische Träger der Farben Blau und Grau, und Blau und Grau sind typisch für den Himmel und die Augen.

---

[609] H, 44, 92, 105, 107, 134, 134, 136, 145, 147, 152, 173, 176, 201, 203, 205, 206, 209, 211, 212, 217.
[610] N1, 261, 262, 273, 288, 290, 291, 292, 306.
[611] Georg Lauffer über sich: „Niemand hat mir erlaubt, auf diesem Schiff ein Mensch zu sein." (H, 159) „Ich habe fahrlässig, ganz lästerlich gehandelt, als ich mich menschlich gab', sagte der Superkargo [...]" (H, 176–177)

6.7. Grau

Alle Etyma			Nicht-differenzierte Etyma		
	f	f(%)		f	f(%)
Mann	36	10,08	Mann	35	15,15
Himmel	14	3,92	Schiff	12	5,19
Auge	13	3,64	Auge	10	4,33
Schiff	13	3,64	Himmel	8	3,46
Gesicht	10	2,80	Mensch	6	2,60
Mensch	6	1,68	Tag	5	2,16
[keine Zuordnung]	5	1,40	Uniform	5	2,16
Haar	5	1,40	Schatten	4	1,73
Licht	5	1,40	[keine Zuordnung]	3	1,30
Tag	5	1,40	Gesicht	3	1,30
Uniform	5	1,40	Pinasse	3	1,30
Wasser	5	1,40	Planke	3	1,30
Granit	4	1,12	Stein	3	1,30
Mauer	4	1,12	Wasser	3	1,30
Pinasse	4	1,12	Asche	2	0,87
Planke	4	1,12	Dämmerung	2	0,87
Schatten	4	1,12	Dunst	2	0,87
Stein	4	1,12	Haar	2	0,87
Wand	4	1,12	Hände	2	0,87
N = 357; 5 % : 17,85; 2 % : 7,14; 1 % : 3,57			Hirn	2	0,87
			Jacht	2	0,87
			Licht	2	0,87
			Lippen	2	0,87
			Mauer	2	0,87
			Nebel	2	0,87
			Netz	2	0,87
			Sorge	2	0,87
			Ton	2	0,87
			Überstrümpfe	2	0,87
			Vorzeit	2	0,87
			Wand	2	0,87
			Zylinderhut	2	0,87
			N = 231; 5 % : 11,55; 2 % : 4,62; 1 % : 2,31		

Tabelle 6.7.A: Rekurrenzmaxima bei GRAU

Während im „Holzschiff" und in der „Niederschrift I" Grau in besonderem Maße der Ausdruck für Lauffers Wesensart ist, fungiert im „Perrudja" diese Farbe als *Corporate Design* der Weltkonzerne GIFICO und DEBACO (Wirtschafts- und Herrschaftsutopien). Besonders deutlich wird das am Anstrich der betriebseigenen Fortbewegungsmittel. So treten alle 12 bzw. 13 Belege für ein ‚graues Schiff' sehr gedrängt im Umfeld einer herbstlichen Schiffsreise im „Perrudja" auf.[612] In der ND-Spalte sind auch Pinasse und Jacht belegt (vgl. deren Diskussion am Ende des Kapitels 3.5. „Vergleiche"). Im Bereich der Rekurrenzmaxima stiftet Grau bei Jahnn Identität (Lauffer) und Zugehörigkeit (Schiffe).

Sehr verschieden sind die Daten, die Altmann liefert. Seine 482 Belege „aus Zeitungen, Zeitschriften und schöner Literatur" verteilen sich folgendermaßen: 15,56 % Gebäude, Beton („Die Hälfte der Belege ist übrigens ausweislich des Kontexts negativ konnotiert."), 15,52 % Haare des Menschen („Fast alle diese Belege sind positiv konnotiert [...]"), 4 % sonstige menschliche Körperteile, 13,9 % Farbträger aus der übrigen Natur, 13 % Kleidung, 10 % Artefakte, 5 % Tiere („der Esel, der sehr oft in den Wörterbuchbeispielen auftritt", hat einen verschwindend kleinen Anteil an dieser Gruppe). Das Zurücktreten des *Esels* und die starke Präsenz des *Betons* beschreibt Altmann als „eine deutliche Verlagerung in jüngster Zeit".[613]

Diese Verteilungen lassen sich in keiner Weise mit den Beobachtungen bei Jahnn abgleichen. Abgesehen davon, dass Beton ein grauer Prototyp aus neuerer Zeit ist, sind im Vergleich zu den altmannschen Befunden bei Jahnn die Haare deutlich unterrepräsentiert. Sie sind bei ihm ein Prototyp für Braun. Dafür sind die Augen vergleichsweise häufig grau. Der Mann als Prototyp ist bei Altmann überhaupt nicht belegt. Hier zeigt sich sehr deutlich, wie stark Jahnn die Farbe Grau prägt.

6.8. Grün

Grün entsteht bei der subtraktiven Mischung von Blau und Gelb. Die relativ hohe Frequenz des Farbwortes Grün ist mit ein Grund, warum die Farben Blau und Gelb in der Sprache inkompatibel sind. (Kapitel 3.7.) Wiesen, Wälder und die Natur im Frühling sind die allgemeinen Prototypen für Grün. Die Ambivalenz der übertragenen Bedeutungen bewegt sich zwischen Hoffnung, Freude und Leben auf der einen und Naivität, Gleichgültigkeit und Vergänglichkeit auf der anderen Seite.[614] Grün vermittelt zwischen „dem Rot des Höllenfeuers u[nd] dem Blau des Himmels"[615] und verbin-

---

[612] P, 551, 552, 559, 563, 568, 581, 582, 585, 587.
[613] Altmann (1999a), S. 8–9; Altmann (1999b), S. 129.
[614] Zingerle (1863), S. 499, Dornseiff (1970), S. 225, Enzyklopädie des Märchens (1984), Bd. 4, Sp. 850, Cooper (1986), S. 50, Herder Lexikon Symbole (1987), S. 65, Bodenheimer (1988), S. 25–31, Biedermann (1989), S. 133, Wierzbicka (1990), S. 142–145, Dinzelbacher (1992), S. 238, Heinz-Mohr (1992), S. 101, Daemmrich (1995), S. 147, Crüger (1999), http://www.darmstadt.gmd.de/~crueger/farbe/gruen.html
[615] Herder Lexikon Symbole (1987), S. 65.

6.8. Grün

det „das kalte blaue Licht des Intellekts mit der emotionalen Wärme der gelben Sonne"[616]. Daraus geht eine beruhigende Wirkung hervor, die sich – so Goethe – für die Innenraumgestaltung nutzen lässt.

Man will nicht mehr weiter, und man kann nicht weiter. Deswegen für Zimmer, in denen man sich immer befindet, die grüne Farbe zur Tapete meist gewählt wird.[617]

Für Kandinsky ist die Ruhe, die Grün ausstrahlt, anders konnotiert.

Die Passivität ist die charaktervollste Eigenschaft des absoluten Grün, wobei diese Eigenschaft von einer Art Fettheit, Selbstzufriedenheit parfümiert wird. Deswegen ist das absolute Grün im Farbenreich das, was im Menschenreich die sogenannte Bourgeoisie ist: es ist ein unbewegliches, mit sich zufriedenes, nach allen Richtungen beschränktes Element. Dies Grün ist wie eine dicke, sehr gesunde, unbeweglich liegende Kuh, die nur zum Wiederkauen fähig mit blöden, stumpfen Augen die Welt betrachtet.[618]

Bei Jahnn zeigt Grün eine gewisse Ähnlichkeit mit Blau. Grün und Blau sind jene Farben, deren Valenz doppelt so oft semantisch differenziert wird wie nicht differenziert. (Das Mittel der Verteilung der Merkmale differenziert und nicht-differenziert liegt bei etwa 2 : 3.) Wie bei Blau lässt sich auch bei Grün von einem ausgesprochen hohen Differenzierungspotenzial sprechen, aber auch von semantischer oder lemmatischer Instabilität. Grün ist in Komposita inkompatibel mit Rot. (Kapitel 3.7.)

Grün wird überdurchschnittlich häufig substantiviert. Man kann dies als Neigung zur Konkretisierung, Vergegenständlichung und Statik interpretieren. Auch hier gibt es eine Ähnlichkeit mit Blau: dieses Farbsubstantiv tritt auffallend häufig im Satzsubjekt auf. (Kapitel 4.7.)

In einer Ansprache erklärt Jahnn, dass Grün seine „unterbewußten Empfindungen beschäftigt".[619] Die Kontextanalyse anhand der Zuordnungsgruppen zeigt, dass Grün überdurchschnittlich häufig den Pflanzen, den Landschaften und den Räumen zugeordnet ist. Diese Beobachtung spiegelt sich in einer Textstelle wider: „Die gesamte Natur, sozusagen, ist grün." (N1, 903) Charakteristisch für das jahnnsche Grün ist eine gewisse Indifferenz: Die Farbe trägt die Potenzialität zur Entwicklung in sich oder eine Entscheidung, die noch aussteht (siehe Blumengleichnis). Diese Ausgleichsfähigkeit ist eine konventionelle Konnotation von Grün und zeigt eine konzeptuelle Nähe zu Grau, der anderen Farbe des Ausgleichs. (Kapitel 6.2.)

Die Messung der Prototypen anhand der Rekurrenzmaxima in Tabelle 6.8.A ist nicht sehr aussagekräftig. Denn im Maximabereich steigt die Häufigkeitskurve ziem-

---

[616] Cooper (1986), S. 50.
[617] Goethe (1998), S. 501.
[618] Kandinsky (1956), S. 94.
[619] Ausstellung Margarethe Helbing, Schriften 1946–1959, S. 205.

lich flach, und selbst der erste Rang hebt sich vergleichsweise undeutlich von den übrigen Rängen ab. Maxima um die vier Prozent wie hier sind, verglichen mit den Maxima in anderen Rekurrenztabellen, schwache Auszeichnungen für Prototypen. Dies relativiert die Aussagekraft der folgenden Interpretation.

Alle Etyma			Nicht-differenzierte Etyma		
	f	f(%)		f	f(%)
[keine Zuordnung]	12	3,53	Auge	7	4,09
Auge	12	3,53	Wasser	6	3,51
Farbe	10	2,94	[keine Zuordnung]	6	3,51
Wasser	10	2,94	Farbe	6	3,51
Tannengrün	8	2,35	Wiesen	5	2,92
Meer	7	2,06	Meer	4	2,34
Wiesen	7	2,06	Diamant	4	2,34
Diamant	5	1,47	Moos	3	1,75
Licht	5	1,47	Lippen	3	1,75
Baum	4	1,18	Feld	3	1,75
Himmel	4	1,18	Baum	3	1,75
Lippen	4	1,18	Blumen	2	1,17
Moos	4	1,18	Himmel	2	1,17
Schlips	4	1,18	Insel	2	1,17
Wald	4	1,18	Kiefern	2	1,17
Feld	3	0,88	Licht	2	1,17
Haut	3	0,88	Punkte	2	1,17
Insel	3	0,88	Quadrat	2	1,17
Kiefern	3	0,88	See	2	1,17
Laub	3	0,88	Stein	2	1,17
Stein	3	0,88	Blatt	2	1,17
N = 340; 5 % : 17; 2 % : 6,8; 1 % : 3,4			Efeu	2	1,17
			Eiche	2	1,17
			Hauch	2	1,17
			Haut	2	1,17
			Salat	2	1,17
			es	2	1,17
			Schlips	2	1,17
			Wald	2	1,17
			Kristalle	2	1,17
			N = 171; 5 % : 8,55; 2 % : 3,42; 1 % : 1,71		

Tabelle 6.8.A: Rekurrenzmaxima bei GRÜN

Das *Auge* scheint bei Jahnn in den unterschiedlichsten Farben zu schimmern. Es ist ein Prototyp für Blau, Grau und Grün. Es tritt in der ND-Spalte an erster Stelle auf, ebenso in der Alle-Spalte, hier jedoch *ex aequo* mit der Position ‚keine Zuordnung'. Dass das Auge so häufig auftritt, darf nicht verwundern, zumal es doch zusammen mit *Gesicht* und *Haar* nachweislich eine der häufigsten Zuordnungen überhaupt ist (siehe Diagramme 5.2.B, 5.3.A und 5.3.B). Aber die vielfache Präsenz in den unterschiedlichsten Rekurrenzmaxima-Tabellen bei einzelnen Farben und die relativ großen Differenzen zwischen den Werten der Alle- und der ND-Spalte (9 : 2 in 6.4.A [Blau], 13 : 10 in 6.7.A [Grau], 12 : 7 in 6.8.A [Grün]) machen deutlich, dass die Farbe des Auges keine eindeutig bestimmbare, sondern eine fluktuierende und vielfältig differenzierte ist.

Auffallend in Tabelle 6.8.A ist die Position ‚keine Zuordnung', die bisher noch nicht im Maximabereich einer einzelnen Farbe aufgetreten ist. Dieser Platzhalter und auch das Abstraktum *Farbe* im Maximabereich lassen auf ein ausgeprägtes Abstraktionspotenzial von Grün schließen. Damit in Zusammenhang steht auch die häufige Substantivierung der Farbe. (Kapitel 4.3. und 4.7.)

Prototypisch für Grün ist bei Jahn auch das *Wasser*. Würde man die Belege für *Wasser, Meer* und *See* zum Hyperonym Wasser zusammenfassen, stünde es in beiden Spalten der Tabelle 6.8.A an der Spitze. Nach Jahn wird die Semantik der Farbe Grün maßgeblich aus dem Prototyp Wasser aufgebaut.

Etwas gemeinhin typisch Grünes folgt in der ND-Spalte an dritter Stelle: die *Wiesen*. Noch weitere Begriffe erfüllen die Erwartung dessen, was nach dem alltäglichen Sprachverständnis grün ist: *Moos, Baum, Efeu, Salat* und *Wald*. Solche Begriffe aber stehen weit unten und haben keinen Anteil am Prototypen bildenden Bereich der Rekurrenzmaxima. Doch gilt hier: Die Summe der Einzelbegriffe, die am Feld *Pflanze* teilhaben, würde in den Maximabereich vorrücken, weswegen auch bei der Gruppenbildung aller Zuordnungen die Gruppe der Pflanzen bei Grün überdurchschnittlich groß ist.

6.9. Rot

Feuer und Blut sind rote Prototypen. Bei keiner anderen Farbe ist die Ambivalenz der übertragenen Bedeutung so deutlich wie bei Rot: Die Farbe steht für Liebe und Hass.[620] Sehr ausgeprägt ist der Symbolgehalt von Rot in der christlichen Tradition. Die Farbe steht für das Opferblut Christi und das Blut der Märtyrer, Rot ist aber auch

---

[620] Zingerle (1863), S. 501, Kandinsky (1956), S. 99, Dornseiff (1970), S. 225, Cooper (1986), S. 51, Herder Lexikon Symbole (1987), S. 135, Biedermann (1989), S. 133, Wierzbicka (1990), S. 142–145, Dinzelbacher (1992), S. 238, Heinz-Mohr (1992), S. 100, Daemmrich (1992), S. 147, Goethe (1998), S. 500, Crüger (1999), http://www.darmstadt.gmd.de/~crueger/farbe/rot.html

die Farbe von Luzifer (vgl. auch die Etymologie dieses Namens). Kardinäle tragen Rot als Zeichen der (kirchen)fürstlichen Würde und zum Zeichen der Bereitschaft, dem Beispiel der Märtyrer zu folgen.[621]

Bei Jahnn ist Rot die dritthäufigste Farbe. Dies entspricht dem Rang der Farbe im universalsprachlichen Modell von Berlin und Kay. (Kapitel 2.7.) Rot ist in Komposita mit der so genannten Gegenfarbe Grün inkompatibel. (Kapitel 3.7.)

Farbverben und Verbalphrasen mit der Kopula ‚werden' enthalten auffallend häufig das Farbetymon ROT. Ein wesentliches Merkmal dieser Farbe ist demnach ihr pro-

Alle Etyma			Nicht-differenzierte Etyma		
	f	f(%)		f	f(%)
Gesicht	36	6,01	Gesicht	16	5,54
Auge	18	3,01	Auge	13	4,50
Lippen	18	3,01	Lippen	12	4,15
Haare	16	2,67	Blut	10	3,46
Blut	14	2,34	Haare	9	3,11
Rettungsring	11	1,84	Gift	8	2,77
Farbe	9	1,50	Flamme	5	1,73
Gustav	9	1,50	Fleisch	5	1,73
Gift	8	1,34	Segel	5	1,73
Hein	8	1,34	Wand	5	1,73
Antlitz	7	1,17	es	4	1,38
Flamme	7	1,17	Kopf	4	1,38
Hand	7	1,17	Kugel	4	1,38
Mund	7	1,17	Schein	4	1,38
Nikolaj	7	1,17	Tuch	4	1,38
Rotwein	7	1,17	Antlitz	3	1,04
Schein	7	1,17	Faden	3	1,04
Haut	6	1,00	Farbe	3	1,04
Segel	6	1,00	Glut	3	1,04
N = 599; 5 % : 29,95; 2 % : 11,98; 1 % : 5,99			Grün	3	Grün
			Hand	3	1,04
			Holz	3	1,04
			Mund	3	1,04
			Ohren	3	1,04
			Stiefel	3	1,04
			Teppich	3	1,04
			Wolken	3	1,04
			N = 289; 5 % : 14,45; 2 % : 5,78; 1 % : 2,89		

Tabelle 6.9.A: Rekurrenzmaxima bei ROT

[621] Heinz-Mohr (1992), S. 100.

6.9. Rot

zessorientiertes und dynamisches Moment. (Kapitel 4.7.) Das Kapitel 7.2. „Über das Erröten" wird sich noch ausführlich mit den Verben ‚rot werden', ‚erröten' und ‚(sich) röten' auseinandersetzen.

Die Tabelle 6.9.A stellt die Kollokationen des Farbetymons ROT dar. Das *Gesicht* tritt sowohl in der Alle- als auch in der ND-Spalte an erster Stelle auf. Die Differenz zwischen den beiden Werten ist beachtlich (36 - 16 = 20). Daran lässt sich erkennen, dass Rot in Kombination mit dem Gesicht ausgesprochen häufig differenziert wird. Ein nicht-differenziert rotes Gesicht ist auch niemals ein fokalrotes, vergleichbar mit dem Rot einer Erdbeere. Es handelt sich hier um eine objektabhängige Farbvalenz. Und trotzdem ist das nicht-differenzierte Rot beim Gesicht so häufig, dass dieser Begriff an die Spitze der Rekurrenzen vordringt. Ein rotes Gesicht ist kein Normal-, sondern ein Ausnahmezustand. Es spiegelt emotionale Bewegtheit (Scham, Aufregung, Erregung) wider oder macht Witterungseinflüsse (etwa durch Sonne und Kälte) sichtbar. Diese *Adfectionen* werden in Kapitel 7.2. besprochen.

An zweiter Stelle folgt in beiden Spalten der Tabelle 6.9.A wieder das *Auge*, in der Alle-Spalte *ex aequo* mit den *Lippen*, die in der ND-Spalte an dritter Stelle folgen. Auch für die Augen ist Rot – wie für das Gesicht – eher eine Anomalie. Rote Augen lassen sich mit verweinten Augen assoziieren. Die Rekurrenzmaxima *Gesicht* und *Augen* machen Rot zu einer Signalfarbe, die eine außerordentliche Reizung deutlich macht; das Abweichende ist hier das Prototypische.

Geradezu tautologisch erscheint die Kookkurrenz von Rot mit *Lippen*. Erst mit diesem Begriff tritt ein Farbträger in Erscheinung, der auch landläufig als typisch rot gilt. Vermutlich aber liegt der Reiz der Stereotypie *roter Lippen* nicht nur im Spiel mit der Tautologie und dem Offensichtlichen, vielmehr verstärkt die Explikation den Sachverhalt im Hinblick auf das Signal (Erotik, Krankheit u.a.).

Den dritten Rang in der Alle-Spalte nehmen die *Haare* ein. In der ND-Spalte sind sie auf den fünften Rang abgerückt. Dies und die spürbare Differenz der Belege (16 bzw. 9) macht wieder deutlich, dass Rot in Verbindung mit Haaren vergleichsweise häufig differenziert ist. Zum anderen zeigt die Gegenüberstellung von *Lippen* und *Haaren*, wie objektabhängig die Valenz von Rot ist.[622]

Das *Blut* schließlich tritt sowohl in der Alle- als auch in der ND-Spalte an vierter Stelle auf. Bei der Untersuchung der Vergleiche (Kapitel 3.5.) war aufgefallen, dass das Blut in Vergleichen immer für die Illustration der Farbe Rot verwendet wird. Auch in Kapitel 3.4. „Andere Kombinationen" gehörten die Farbkomposita mit ‚blut-' zu

---

[622] Vgl. den häufigen Vergleich zwischen ‚roten Haaren' und ‚roten Tomaten' zur Illustration der Objektabhängigkeit bei an sich objektunabhängigen Farbwörtern, z.B. Gipper (1955), S. 144, Zifonun/Hoffmann/Strecker (1997), III, S. 2003–2004, Lehmann (1998), S. 195.

den häufigsten Farbkomposita überhaupt.[623] (Tabelle 3.4.A) Deshalb überrascht es, dass das prototypische Blut in der Rekurrenzliste für Rot so weit abgerückt ist und nicht an der Spitze steht. Dafür bieten sich zwei Erklärungen an. Da Blut „sehr wohl immer rot" ist,[624] handelt es sich bei der Verbindung von Blut und Rot um eine Tautologie, ähnlich wie bei ‚roten Lippen'. Tautologien sind unökonomisch und werden im Allgemeinen gemieden. Andererseits ist Blut eben nicht *sehr wohl immer rot*. Ein Blick auf die Tabelle 3.4.A macht deutlich, dass ‚blut-' auch mit den Etyma BRAUN (5 Belege) und SCHWARZ (2 Belege) Komposita bildet. Das Blut-Motiv spielt bei Jahnn eine sehr wichtige Rolle; der Autor beobachtet und beschreibt sehr genau, wenn es um diesen besonderen Saft geht.

6.10. Schwarz

Die Farbe der Nacht besitzt in geringerem Maße symbolische Ambivalenz als beispielsweise Rot. Schwarz ist vorwiegend negativ konnotiert und steht für Tod und Trauer. Es entspricht wie das Weiß dem Absoluten und kann sowohl die Fülle als auch die totale Abwesenheit versinnbildlichen.[625] Belegt ist auch die Verbindung mit dem „Komplex Mutter-Fruchtbarkeit-Geheimnis-Tod".[626] Dieser Aspekt wird – wie sich später in den Kapiteln 7.3. „Das Schwarz, das Schwarze und die Schwärze" und 7.4. „Die schwarze ‚Nacht aus Blei'" zeigen wird – bei Jahnn eine Rolle spielen.

Spitz ist Goethes Bemerkung zu schwarzer Männerkleidung (und zum weißen Kleid der Frau):

> Gebildete Menschen haben einige Abneigung vor Farben. Es kann dies teils aus Schwäche des Organs, teils aus Unsicherheit des Geschmacks geschehen, die sich gern in das völlige Nichts flüchtet. Die Frauen gehen nunmehr fast durchgängig weiß und die Männer schwarz.[627]

Im evolutionären Modell von Berlin und Kay steht Schwarz – neben Weiß – an der Spitze. Damit stimmt das Jahnn-Korpus insofern überein, als hier Schwarz mit etwa 20 % die häufigste aller Farben ist. (Kapitel 2.7.) Jahnn substantiviert Schwarz über-

---

[623] Niehoff (2001), S. 368: „Rot verwendet Jahnn zumeist in Zusammenhang mit Blut."
[624] Altmann (1999a), S. 4, Fußnote 11.
[625] Zingerle (1863), S. 502, Kandinsky (1956), S. 98, Dornseiff (1970), S. 224, Enzyklopädie des Märchens (1984), Bd. 4, Sp. 845, Cooper (1986), S. 52, Herder Lexikon Symbole (1987), S. 149, Biedermann (1989), S. 133, Wierzbicka (1990), S. 142–145, Dinzelbacher (1992), S. 238, Heinz-Mohr (1992), S. 101, Goethe (1998), S. 506, Crüger (1999), http://www.darmstadt.gmd.de/~crueger/farbe/schwarz.html
[626] Herder Lexikon Symbole (1987), S. 149. Ähnlich auch Cooper (1986), S. 52.
[627] Goethe (1998), S. 508.

6.10. Schwarz

durchschnittlich häufig. Allerdings ist dieses Verhalten weniger deutlich als bei Grün. Häufiger substantivischer Gebrauch einer Farbe lässt sich als Neigung zu Konkretisierung, Vergegenständlichung, semantischer Verselbständigung und Statik interpretieren. (Kapitel 4.7.)

Schwarz ist die Farbe der Musik (N1, 301) und stellt einen Gegensatz zu Weiß dar; die Musik lotet und gleicht Gegensätze aus (N1, 680). Diese Zwischen-Welt findet im überaus frequenten Grau eine konzeptuelle Entsprechung. (Kapitel 6.1.)

Entgegen der konventionellen Assoziation mit Nacht und Kälte (Abwesenheit von Licht und Wärme), kann das jahnnsche Schwarz im textspezifischen Kontext zusammen mit Kohle auch Wärme bedeuten (Kapitel 6.1. und P, 440). Diese Beobachtung lässt an den Themenkomplex Mutter/Fruchtbarkeit denken, der auch zum Bedeutungsfeld von Schwarz gehört (siehe oben).

Eines der interessantesten Ergebnisse zu Schwarz ging aus der Untersuchung der Zuordnungsgruppen in Kapitel 6.2. hervor: Schwarz ist jene Farbe, die am seltensten einer benennbaren Entität zugeordnet ist. Mit frappierender Deutlichkeit zeigt sich dies in der Tabelle 6.10.A: Hier tritt die Position ‚keine Zuordnung' mit deutlichem Abstand sowohl in der Alle- als auch in der ND-Spalte an erster Stelle auf! An zweiter Stelle folgt das *Wasser*. Beides erinnert an die Tabelle 6.8.A (GRÜN). Dort belegt ‚keine Zuordnung' in der Alle-Spalte den ersten und in der ND-Spalte den zweiten

Alle Etyma			Nicht-differenzierte Etyma		
	f	f(%)		f	f(%)
[keine Zuordnung]	37	5,01	[keine Zuordnung]	26	4,98
Wasser	19	2,57	Wasser	11	2,11
Nacht	13	1,76	Menschen	9	1,72
Haut	11	1,49	Haar	8	1,53
Haar	10	1,36	Nacht	8	1,53
es	9	1,22	es	7	1,34
Mensch	9	1,22	Anzug	6	1,15
Himmel	8	1,08	Augen	6	1,15
Anzug	7	0,95	Himmel	6	1,15
Augen	7	0,95	Leib	6	1,15
Leib	7	0,95	Loch	6	1,15
Loch	7	0,95	Stute	6	1,15
N = 738; 5 % : 36,9; 2 % : 14,76; 1 % : 7,38			Gestalten	5	0,96
			Grund	5	0,96
			Haut	5	0,96
			Wand	5	0,96
			N = 522; 5 % : 26,1; 2 % : 10,44; 1 % : 5,22		

Tabelle 6.10.A: Rekurrenzmaxima bei SCHWARZ

Rang (jeweils *ex aequo* mit anderen Farbträgern), das Wasser (jeweils *ex aequo* mit anderem) den zweiten Rang. Schwarz und Grün stehen einander, was ihre Kollokationen betrifft, sehr nahe. Bei beiden Farben sind der Unbestimmtheits-[628] und der Wasser-Faktor stark ausgeprägt. Es ist bezeichnend für Jahnn, dass das Wasser nicht blau, sondern grün und schwarz ist.

In der Alle-Spalte folgt an dritter Stelle die *Nacht*, die Jahnn „das Schwarze oder Lichtlose an sich" (N1, 265) nennt und eine konventionelle Vergleichsgröße für Schwarz ist. In der ND-Spalte steht die Nacht an vierter Stelle. Durch die referenzielle Bewegung im Textfluss laden das Wasser und die Nacht bei Jahnn einander semantisch auf und nehmen die Dimension des Unbestimmten und Unbestimmbaren an (vgl. ‚keine Zuordnung'). Wasser und Nacht stellen räumliche Bereiche dar, die nicht einsehbar sind, weil das Licht fehlt. Das Undurchsichtige lässt an Unheimliches denken. Ähnlich sind *Himmel* und *Loch*[629] zu verstehen, die in den unteren Rängen auftreten (und schwarz sind).

Schwarz sind auch die *Menschen*, die in der ND-Spalte an dritter Stelle auftreten. Auch andere rekurrierende Begriffe wie *Haut, Haar* und *Leib* referieren auf die menschliche Kontur. Aus der Tabelle 6.10.A geht es nicht hervor, doch mit Blick auf den Inhalt lässt sich feststellen, dass es sich beim Schwarz der Haut um zwei unterschiedliche Qualitäten handelt. Zum einen ist die schwarze Hautfarbe im biologischen und anthropologischen Sinn gemeint, zum anderen ist die schwarze Haut das Stigma der Stadtbewohner in der „Nacht aus Blei", das aber nicht rassisch spezifiziert, sondern ein distinktives Merkmal dieser Stadtbewohner ist. Diese zweite Qualität wird in Kapitel 7.4. „Die schwarze ‚Nacht aus Blei'" ausführlich dargestellt.

Exkursorisch soll nun die schwarze Haut im biologischen und anthropologischen Sinn beleuchtet werden. Ihr metaphorischer Gehalt erstreckt sich in zwei Richtungen: in eine erotische und eine gesellschaftspolitische.

Für die erste Richtung sind vor allem die schwarzen Mädchenhuren Buyana und Egidi bezeichnend, die Gustav und Tutein sexuell und emotional erregen.[630] Neben der schwarzen Haut ist auch die afrikanische Herkunft dieser Figuren bedeutsam. Doch sind schwarze Haut und afrikanische Herkunft, wie Benthien klarstellt, für Jahnn „keine eindeutigen Geschlechtsattribute".[631] Ebenso faszinierend sind beispielsweise der

---

[628] Interessant ist die Ähnlichkeit mit dem Blau bei Trakl, die Becht (1980), S. 109, in ihren feldanalytischen Untersuchungen beschreibt: „[...] die Farbe [Blau] löst sich aus den fixierten Zuordnungen und entzieht sich überhaupt jeder festen Zuordnung."
[629] Mit der Loch-Metapher bei Jahnn befasst sich Stalmann (1998), S. 66, 67, 86. Vgl. dazu die kritische Diskussion in Kapitel 7.4.
[630] Ausführlich zu Buyana und Egidi: Kalveram/Popp (1984), S. 59.
[631] Benthien (1999), S. 187.

schwarze Taucher Augustus[632] in der „Niederschrift" oder die an verschiedenen Stellen autobiografisch und literarisch thematisierte Begegnung Jahnns mit dem schwarzen Jungen in Hagenbecks Tierpark in Hamburg. Die braune Haut, auch Metapher erotischer Faszination, kann als eine Variante der schwarzen, afrikanischen Haut verstanden werden.

Die zahlreich auftretenden afrikanischen Figuren in Jahnns Werk sind einerseits recht offenkundig als Projektionsfläche für die Begehren (und Vorurteile) des Autors lesbar, zugleich aber entlarven sie solche Zuschreibungen auch in ihrer kollektiv-dominanten Form, indem sie ihre Wirkungsweisen bloßstellen.[633]

Dunkle, schwarze Haut ist ein Bild für erotische Attraktivität. Daneben „wird von Jahnn das Schwarze als eigentliches Motiv des Andersseins eingesetzt", schreibt Genia Schulz.[634] Der Schwarze James im Drama „Straßenecke" wird gelyncht, unter anderem wegen seiner erotischen Wirkung auf die Weißen, die Angst vor dem Fremden haben. Ein weiteres zentrales Beispiel ist Jahnns Medea. Diese beiden Figuren lassen Jahnns gesellschaftspolitisches Engagement erkennen.

Jahnns Medea ist schwarz, und diese buchstäblich ins Auge springende Abweichung von der griechischen Überlieferung begründet er [...] dadurch, daß, was für Griechen Barbaren waren, für zeitgenössische Europäer Afrikaner und Asiaten seien [...][635]

Wichtig ist die Abweichung von der Vorlage des Euripides auch in Hinblick auf Jahnns Kultur- und Zivilisationskritik.[636] Afrika, schreibt Bürger, ist für Jahnn „ein utopischer Kontinent, wo die Körperlichkeit der Menschen durch keinen ‚überentwickelten' Verstand gehemmt wird".[637]

Die Christianisierung Afrikas soll sozusagen durch die Afrikanisierung der Christenheit abgelöst werden.[638]

---

[632] „'Was für ein Tier, was für ein herrliches Menschentier!' dachte ich." (N1, 504)
[633] Benthien (1999), S. 186. – Dazu Jahnn: „[...] und die schönen Menschen wie Tiere schön, wo findet man sie? Gibt es überhaupt sie in Europa? Wandeln sie nicht in irgendeiner dunklen Haut?" (Von der Wirklichkeit, Schriften I, S. 136.) – Zur gleichen Frage Goethe (1998), S. 471: „Wir getrauen uns aber [...] zu behaupten, daß der weiße Mensch, d.h. derjenige, dessen Oberfläche vom Weißen ins Gelbliche, Bräunliche, Rötliche spielt, kurz dessen Oberfläche am gleichgültigsten erscheint, am wenigsten sich zu irgend etwas Besondrem hinneigt, der schönste sei."
[634] Schulz (1996), S. 112.
[635] Bürger (2003), S. 152–153. Vgl. dazu die zentralen Äußerungen Jahnns: Die Sagen um Medea und ihr Leben, Dramen I, S. 939–940; Es wird ein Stück von mir in meiner Vaterstadt gespielt, Dramen I, S. 941–942, Medea, Dramen I, S. 956.
[636] Maurenbrecher (1980), Maurenbrecher (1983), Wolffheim (1994b), S. 6, Schäfer (1996), S. 35, Bürger (2003), S. 231–243.
[637] Bürger (2003), S. 240.
[638] Bürger (2003), S. 241.

Mithin ist die Farbe der Haut, vor allem Braun und Schwarz, ein wichtiger Baustein in Jahnns farblicher Lebens- und Textwelt und lässt deutlich übertragene Bedeutungen erkennen. Darüber hinaus zeigen die ausgewählten Belege aus der jüngsten Forschungsliteratur, dass die Farbe der Haut einer der ganz wenigen Farb-Aspekte in der Jahnn-Forschung ist.

6.11. Weiß

Ein prototypischer Farbträger für Weiß ist in unserem Kulturkreis der Schnee. Weiß wird häufig mit dem hellen Tageslicht in Verbindung gebracht und ist – wie Schwarz – ein Bild für das Absolute. Übertragene Bedeutungen von Weiß sind Klarheit und Unschuld, aber auch Trauer und Tod. Die Definition, die Kandinsky anbietet, erinnert sehr stark an Grün, das in Jahnns Blumengleichnis alle Möglichkeiten einer künftigen Entwicklung in sich trägt.

> *Es ist ein Schweigen, welches nicht tot ist, sondern voll Möglichkeiten.* Das Weiß klingt wie Schweigen, das plötzlich verstanden werden kann. Es ist ein Nichts, welches jugendlich ist oder, noch genauer, *ein Nichts, welches vor dem Anfang, vor der Geburt ist.*[639]

Weiß ist bei Jahnn mit etwa 18 % nach Schwarz (20 %) die zweithäufigste Farbe. (Kapitel 2.7.) Dies entspricht dem Modell von Berlin und Kay, in dem Weiß und Schwarz an der Spitze stehen. Insgesamt verhält sich Weiß im jahnnschen Farbsystem relativ unauffällig und zeigt im Großen und Ganzen keine bedenkenswerten Abweichungen. In Kapitel 6.1. fiel auf, dass Weiß auch mit Kälte und Tod assoziiert wird (P, 440, H, 192).

Die Tabelle 6.11.A weist die Kookkurrenzen des Etymons WEISS nach. Die *Haut* tritt in der Alle- und in der ND-Spalte an der Spitze auf. Der Prototyp für Weiß ist bei Jahnn also die Haut. Neben Braun ist Weiß die einzige Farbe, bei der die Haut innerhalb der ersten drei Ränge auftritt.

In der ND-Spalte folgt an zweiter Stelle mit 12 Belegen das *Papier*. Mit genauso vielen Belegen steht Papier in der Alle-Spalte an vierter Stelle. Dies bedeutet, dass Weiß, so es dem Papier zugeordnet ist, nie differenziert wird. Das Papier hat demnach, wenn es weiß ist, ein reines, fokales Weiß.

An dritter Stelle rekurrieren in der ND-Spalte *ex aequo* die Begriffe *Haar, Mensch* und *Schnee*. Genau die gleichen Begriffe stehen in der Alle-Spalte *ex aequo* an zweiter Stelle. Hier bildet das *Gesicht* den dritten Rang.

---

[639] Kandinsky (1956), S. 96.

6.11. Weiß

Alle Etyma			Nicht-differenzierte Etyma		
	f	f(%)		f	f'(%)
Haut	18	2,65	Haut	15	3,48
Haar	15	2,21	Papier	12	2,78
Mensch	15	2,21	Haar	11	2,55
Schnee	15	2,21	Mensch	11	2,55
Gesicht	14	2,06	Schnee	11	2,55
[keine Zuordnung]	12	1,77	Licht	10	2,32
Papier	12	1,77	Zähne	9	2,09
Licht	11	1,62	[keine Zuordnung]	8	1,86
Zähne	11	1,62	Hand	6	1,39
Hand	9	1,33	Linnen	6	1,39
Brust	8	1,18	Brust	5	1,16
Rettungsring	7	1,03	Hemd	5	1,16
N = 678; 5 % : 33,9; 2 % : 13,56; 1 % : 6,78			Mond	5	1,16
			Brot	4	0,93
			Gesicht	4	0,93
			Handschuhe	4	0,93
			Haus	4	0,93
			Holz	4	0,93
			Leib	4	0,93
			Mauern	4	0,93
			N = 431; 5 % : 21,55; 2 % : 8,62; 1 % : 4,31		

Tabelle 6.11.A: Rekurrenzmaxima bei WEISS

Wegen der ausgesprochen positiven Konnotierung der braunen und schwarzen Haut wäre zu erwarten, dass die weiße Haut im Allgemeinen negativ konnotiert ist, zumal schon in Kapitel 6.1. nachgewiesen wurde, dass Weiß in zahlreichen Textstellen eine semantische Nähe zum Tod zeigt. Mit Krey allerdings konnte in Kapitel 6.5. „Braun" gezeigt werden, dass Jahnn unter dem Einfluss seiner Liebe zu Gottlieb Harms in seinen frühesten und frühen Schriften die weiße Haut und den hellen Typus zum Schönheitsideal erklärt. Denn „Gottlieb hatte schöne blaue Augen und wunderbares Haar, fast weiß!"[640]

Belege für Weiß als Farbe der körperlichen Anmut finden sich vor allem in den frühen Dramen. In „Die Krönung Richards III." (entstanden um 1917) sagt Elisabeth zu Euryalus: „Dein weißer Leib ist Beten zu Gott."[641]

Wegen der außerordentlichen Bedeutung der Pferde für Jahnn verwundert es auch nicht, dass die Qualität von Weiß in der „Medea" auf diese Tiere übertragen wird.[642]

---

[640] Tagebuch, 22.11.1913, Frühe Schriften, S. 216.
[641] Die Krönung Richards III., Dramen I, S. 307.

An anderen Stellen fällt der Vergleich der schönen, weißen Körperoberfläche mit einer Statue auf. Belege dafür gibt es in den Dramen „Der Arzt / sein Weib / sein Sohn"[643] und „Der gestohlene Gott"[644].

Die Begriffe, die auf den menschlichen Körper referieren und den Spitzenbereich bei Weiß stellen, treten auch bei anderen Farben im Maximabereich auf: das Gesicht bei Rot an erster Stelle, das Haar bei Braun an zweiter und bei Rot an dritter, der Mensch bei Schwarz an dritter und die Haut bei Braun an dritter und bei Weiß an erster Stelle. Hier wird deutlich, wie die Körperfarben Gegensätze akzentuieren und ein und denselben Körperteil kontrastiv gestalten können.

6.12. Lila, Orange, Purpur, Rosa und Violett

Lila, Orange, Purpur, Rosa und Violett sind die seltensten Farben im Jahnn-Korpus. Tabellen, die ihre Kookkurrenzmaxima wiedergeben, sind wegen des geringen Stichprobenumfangs ausdruckslos und nicht interpretierbar. Auf ihre Wiedergabe wird verzichtet. Dies bedeutet aber nicht, dass es zu Lila, Orange, Purpur, Rosa und Violett nichts zu sagen gibt.

Lila betreffend, sind Prototypen und übertragene Bedeutungskonventionen nicht erkennbar. Quantifizierbare Auffälligkeiten bei Jahnn gibt es nicht. Goethe beschreibt Lila als sehr verdünntes Rotblau.[645] Altmann äußert sich ausführlich zu den Kollokationen mit Lila. Das zu Grunde liegende Korpus muss über die Maßen groß sein, denn Altmann weist 320 Belege nach. Auffallend unter den Kookkurrenzen sind der hohe Anteil der Artefakte und das Abstraktum *Frauenbewegung*. Substantive mit den Merkmalen [+BELEBT] und [+HUM] fehlen ganz. Im Detail: 12,8 % Frauenbewegung, 10,9 % Frauenbekleidung, 10,3 % Milka, 8,4 % Blumen, Sträucher, 6,9 % Männerbekleidung, 5 % Bekleidung allgemein, 4,4 % Vereinsfarbe im Sport, 4,1 % Wände und Tapeten.[646]

Orange ist bei Jahnn das insgesamt seltenste Farbwort (Tabelle 2.2.A). Da es sich bei Orange um ein relativ junges, im Deutschen erst seit dem 17. Jahrhundert gebräuchliches Farbwort handelt,[647] lassen Wörterbücher einen gewissen Erklärungsbedarf der Farbvalenz erkennen: „pomeranzengelb, d.h. rothgelb wie die Schale reifer

---

[642] Medea, Dramen I, S. 585.
[643] Der Arzt / sein Weib / sein Sohn, Dramen I, S. 520.
[644] Der gestohlene Gott, Dramen I, S. 668, 725.
[645] Goethe (1988), S. 499.
[646] Altmann (1999a), S. 130.
[647] Kluge (1995), S. 603.

6.12. Lila, Orange, Purpur, Rosa und Violett

Pomeranzen",[648] „pomeranzengelb, rotgelb"[649] oder „rötlichgelb, von der Farbe der Orange".[650] Goethe drückt den Farbwert von Orange durch Rotgelb aus.[651] Sowohl bei Goethe, Sanders, Weigand und Wahrig fällt die Kopfstellung von Gelb im Farbkompositum auf: Rot determiniert Gelb. Auch Kandinsky beschreibt Orange als Gelb, das von Rot „erhöht" wird.[652] Demnach entspricht lediglich das Determinativkompositum Rotgelb der Farbe Orange, nicht aber Gelbrot. Die Wirkung von Rotgelb (Orange) beschreibt Goethe folgendermaßen:

> Das Rotgelbe gibt eigentlich dem Auge das Gefühl von Wärme und Wonne, indem es die Farbe der höheren Glut sowie den milderen Abglanz der untergehenden Sonne präsentiert.[653]

Wärme und Wonne kennzeichnen Rotgelb; Gelbrot – etwa die Farbe von Zinnober – „bringt eine unglaubliche Erschütterung hervor".[654] Als übertragene Bedeutungen von Orange werden auch Lebensfreude, Gesundheit, Jugendlichkeit und Luxus genannt. Als prototypisches Erscheinungsbild von Orange gilt die untergehende Sonne.[655]

Purpur, benannt nach der gleichnamigen Schnecke, aus der die Farbe gewonnen wird, ist nach Goethe ein verdichtetes Rot.[656] Coopers Symbollexikon beschreibt die übertragenen Bedeutungen.

> *Purpur* Kriegswürde; kaiserliche und priesterliche Macht; Pomp; Stolz; Wahrheit; Gerechtigkeit; Mäßigkeit; Farbe ritueller Dienste; Gottheiten der Unterwelt.[657]

Der Purpur wird mit Luxus und Reichtum assoziiert, weil die Gewinnung des Pigments bis zu seiner synthetischen Herstellung sehr teuer war. Das Farbwort Purpur ist sehr wahrscheinlich auch varietätenabhängig, es gilt als gewählt und literarisch.[658] Möglicherweise ist dies mit ein Grund, warum Jahnn – der sich gerne auch als *poeta doctus* gibt – in seiner Wortneubildung „Purpurhaut" gerade diese Farbe verwendet (Genaueres in Kapitel 7.1. „Die Purpurhaut").

---

[648] Sanders (1876), Bd. 2, S. 478.
[649] Weigand (1910), Bd. 2, S. 343.
[650] Wahrig (1994), S. 1170.
[651] Goethe (1998), S. 495: „Rotgelb (Orange)"
[652] Kandinsky (1956), S. 102.
[653] Goethe (1998), S. 496–497.
[654] Goethe (1998), S. 497.
[655] Kandinsky (1956), S. 102, Cooper (1986), S. 51, Crüger (1999),
   http://www.darmstadt.gmd.de/~crueger/farbe/orange.html
[656] Goethe (1998), S. 376–377. – Zu Purpur vgl. auch die vierbändige Monographie von Dedekind (1898–1911) sowie Gipper (1964) und Stulz (1990).
[657] Cooper (1986), S. 51.
[658] Adelung (1777), Bd. 3, Sp. 1182: „In der höheren Schreibart pflegt man oft eine jede hochrothe oder brennend rothe Farbe Purpur zu nennen."

Recht unauffällig verhält sich das relativ junge, im Deutschen erst seit dem 18. Jahrhundert gebräuchliche[659] Lehnwort Rosa. Charakteristisch ist seine überdurchschnittlich häufige Zuordnung zu tierischen Körpern bei Jahnn. (Kapitel 6.2.) Symbollexika nennen keine übertragene Bedeutung dieser Farbe.

Vergleichsweise ausführlich ist dort hingegen Violett dargestellt. Etymologisch nahe liegend ist als Prototyp das Veilchen. Violett – nach Goethe Synonym für Rotblau und Blaurot – lässt sich aus roten und blauen Farbpigmenten mischen und spielt damit im übertragenen Sinne – wie andere Mischfarben auch – eine Vermittlerrolle. In vielen Darstellungen ist Violett daher eine Metapher für Maß und Mäßigung. Ferner kann Violett für religiöse Hingabe, Mystik, Demut, Buße, Trauer und Greisenalter stehen, aber auch für Extravaganz und Stolz.[660]

Jahnn bezeichnet Violett als „unnatürliche Farbe" (P, 55). Dem widerspricht eigentlich die Beobachtung, dass diese Farbe in seiner Prosa überdurchschnittlich häufig den Pflanzen zugeordnet wird. (Kapitel 6.2.)

Altmann berichtet sehr ausführlich über Kollokations-, Identifikations- und Assoziationstests zu Violett. Interessant sind dabei vor allem die Diachronie betreffende Details. Die Valenz von Violett hat sich im Laufe der Zeit „deutlich von der Veilchenfarbe weg verschoben".[661] Das Farbwort Violett befindet sich „auf dem Rückzug" und gehört heute nicht mehr zweifelsfrei zum aktiven Wortschatz der Sprecher. *Lila*, das früher ein Hyponym des Hyperonyms Violett war, ist heute „deutlich häufiger als *violett*, beide sind nahezu synonym im Gebrauch", bei Violett gibt es sogar „deutlich größere Zuordnungsschwierigkeiten" als bei Lila.[662]

Anhand einer korpusbasierten Kookkurrenzprüfung liefert Altmann die folgenden Ergebnisse: 47,59 % Artefakte, darunter Farbe, Kleidung, Kunst, „(im Kotext traten die Adjektive *exklusiv, erotisch, mystisch* auf)", Kirche „(mit den Kotext-Adjektiven *feierlich, streng, ernst, traurig*)", Schminke, „(mit den Kotext-Adjektiven *exklusiv, erotisch, mystisch, gewagt*)", Zug und Bahn. Den zweiten großen Bereich bilden natürliche Gegenstände wie Blumen und Pflanzen (22,5 %).[663] Ein Assoziationstest erbrachte ähnlich gelagerte Ergebnisse: 46,6 % Artefakte (Kirche, Bekleidung, Schminke, Auto u.a.) und 22,6 % natürliche Farbträger (Blumen, Früchte, Abendhimmel).[664]

---

[659] Kluge (1995), S. 691.
[660] Kandinsky (1956), S. 102, Cooper (1986), S. 52, Herder Lexikon Symbole (1987), S. 176, Heinz-Mohr (1992), S. 101, Goethe (1998), S. 449, 460, 498, Crüger (1999),
http://www.darmstadt.gmd.de/~crueger/farbe/violett.html
[661] Altmann (1999a), S. 15.
[662] Altmann (1999a), S. 16–17.
[663] Altmann (1999a), S. 16, Altmann (1999b), S. 130.
[664] Altmann (1999a), S. 17.

6.13. Zusammenfassung

Jahnn hat keine umfangreichen Texte oder Passagen zur Farbe geschrieben. Daraus könnte man ableiten, dass die Farbe für ihn selber und für seine Protagonisten nie ein Thema war. Der Zugang zu Jahnns Farbbewusstsein und Farbverständnis kann also nur über die eingehende Analyse aller einzelnen Farbausdrücke und über das vergleichende Sichten irgendwie augenfälliger Textstellen erfolgen. Bezeichnend in diesem Zusammenhang ist auch die Tatsache, dass es bisher keine Forschungsarbeit zum Thema Farbe bei Jahnn gibt.

Die Suche nach einschlägigen Selbstaussagen zur Farbe fällt mager aus. Jahnns bevorzugte Künste waren die Architektur und die Musik. In den Schriften zur Architektur spielt die Farbe keine Rolle, nicht ganz unwesentlich allerdings ist hier das Spiel von Licht und Schatten. Eine handverlesene Anzahl expliziter, doch immer relativ kurzer Äußerungen zur Farbe gibt es in Zusammenhang mit der Musik. Hier hat Schwarz eine tragende Bedeutung und benennt den einen Pol des Gegensatzpaares Schwarz-Weiß. Klare Konnotationen sind nicht erkennbar, wohl aber der Wunsch nach Ausgleich, Vereinigung und Überwindung dieser Gegensätze, was zunächst deren Vorhandensein voraussetzt. Belegt ist auch das Farbenhören: Goldbraun bedeutet für den Komponisten Gustav Horn die Erinnerung an erfüllte Liebe. Jahnn nennt in Zusammenhang mit der für ihn so bedeutsamen harmonikalen Theorie von Hans Kayser die Farbe nicht. Verwunderlich ist das insofern nicht, als auch Kayser selber sich nur am Rande zur Farbe äußert.

Jahnns Gesamtwerk bestätigt die zu Beginn anhand der Korpusanalyse formulierte These (zusammengefasst in Kapitel 2.7.), wonach die Farbdichte von der Textsorte, dem Grad der Eigentlichkeit und der Varietät abhängt. Demnach lässt überdurchschnittliche Farbhäufung auf belletristische Sprache und auf uneigentliches Sprechen schließen, während Farbenlosigkeit tendenziell der Alltagssprache, den dialogischen Formen, der abbildhaften „wirklichkeitsnahen" Eigentlichkeit und der gesprochenen Sprache entspricht.

Nach den bisherigen Erhebungen und Untersuchungen lassen sich die wichtigsten Aspekte zu einzelnen Farben zusammenfassen. Charakteristisch für alle Farben ist ihre Definierbarkeit anhand von Prototypen und ihre mehr oder weniger ausgeprägte übertragene Bedeutung, wobei hier häufig Ambivalenzen festzustellen sind.

Blau ist bei Jahnn ein relativ seltenes Farbwort. Auffallend ist hier die überaus häufige semantische Differenzierung durch den Autor, was einerseits auf ein hohes Differenzierungs- und Nuancierungspotential, andererseits aber auf eine semantische und lemmatische Instabilität dieser Farbe schließen lässt. Bezeichnend für Blau sind auch seine gänzliche Inkompatibilität mit Gelb, sein auffallend häufiges Auftreten im Subjekt des Satzes und seine überdurchschnittlich häufige Zuordnung zu Abstrakta. Der konventionelle Prototyp von Blau ist der Himmel. Dieser ist auch bei Jahnn häufig blau. Noch häufiger aber sind bei ihm die Augen blau, allerdings meist durch andere Farben differenziert. Das Wasser, ein weiterer konventioneller Prototyp, ist bei Jahnn nicht blau, sondern vorzugsweise grün und schwarz. Im Allgemeinen bedeutet Blau im übertragenen Sinn Treue, Reinheit und Leere. Diese Konnotationen sind bei Jahnn nicht erkennbar.

Braun ist bei Jahnn sehr häufig und bedeutsam. Es ist in erster Linie die Farbe des Menschen und steht für körperliche Schönheit und erotische Anziehung. In diesem Zusammenhang fallen die vorwiegend männlichen Brustwarzen auf, die der Prototyp für Braun sind. Der Gebrauch und die Bedeutungsgenerierung dieser Farbe sind insgesamt sehr autorspezifisch und decken sich nicht mit der kulturhistorisch gewachsenen Konvention, wonach Braun vor allem die Farbe der Erde ist und an das Irdische gemahnt (herbstliches Absterben, Verwesung und Entsagung).

Die Semantik von Gelb ist bei Jahnn maßgeblich durch das zentrale Leitmotiv der gelben Blume im „Perrudja" geprägt. Die konnotative Ambivalenz zeigt sich bei Gelb sehr deutlich. Die Farbe steht für Bedeutungslosigkeit, Schwäche und Schuld auf der einen Seite und für Freude, Zuversicht und Sinnlichkeit auf der anderen Seite. Konventionelle Prototypen für Gelb, etwa Sonne, Gold und Zitronen, spielen bei Jahnn kaum eine Rolle.

Jahnn ist ein Meister der Graubereiche. Keine andere Farbe prägt er stärker und individueller. Dies zeigt sich schon in den quantitativen Verhältnissen: Im Vergleich zu anderen Korpora und zum universalsprachlichen Modell von Berlin und Kay kommt Grau bei Jahnn über die Maßen häufig vor. Weiter zeigt die Verteilung dieser Farbe die geringste funktionale Abhängigkeit von der Verteilung anderer Farben. Die Valenz von Grau wird in relativ geringem Ausmaß durch andere Farben oder Komplemente modifiziert. Bezeichnend ist in diesem Zusammenhang die Stellung von Grau in Farbkombinationen: Die Farbe steht sowohl in Komposita als auch in Syntagmen deutlich öfter an erster Stelle. Diese semantisch determinierende Funktion ist bei Grau unter allen Farben am stärksten ausgeprägt. Der Farbwert von Grau, zwischen Schwarz und Weiß liegend, versinnbildlicht Ausgleich und Indifferenz. Dieses Bild ist bei Jahnn umso präsenter, als der Autor in seinem Leben und vor allem in seinem Werk gerne die Extreme auslotet. Gebraucht wird Grau vor allem als Farbe des Raums, es wirkt identitätsstiftend für Georg Lauffer im „Holzschiff" und für die Wirtschafts- und Herrschaftsutopien im „Perrudja".

Im Gegensatz zu Grau verwendet Jahnn Grün vergleichsweise konventionell. Grün ist die Farbe der Natur. Dies gilt auch für Jahnn, denn er weist diese Farbe auffallend häufig den Pflanzen zu. Anders gelagert allerdings ist der Gebrauchsbefund, der aus

6.13. Zusammenfassung

der Messung der Rekurrenzmaxima hervorgeht. Hier erweisen sich die Position ‚keine Zuordnung', das Auge und das Wasser als Prototypen. Gerade das Auge spielt im Korpus eine sehr auffallende Rolle: Es ist bei Jahnn eine der am häufigsten farbig gestalteten Entitäten überhaupt und, hinsichtlich einzelner Farben, prototypisch für Blau, Grau, Grün und Rot. Die Farbe des Auges ist vielfältig, fluktuierend und häufig gemischt. Das Auge – nicht zufällig das optische Sinnesorgan – ist der Spiegel oder das Abbild einer farbigen Welt.

Ferner zeigt Grün bei Jahnn eine gewisse Ähnlichkeit mit Blau, indem die Valenz dieser beiden Farben doppelt so oft semantisch differenziert wird wie nicht differenziert. Das Mittel der Verteilung der Merkmale differenziert und nicht-differenziert liegt bei einem Verhältnis von 2 : 3. Wie bei Blau lässt sich auch bei Grün von einem ausgesprochen hohen Differenzierungspotenzial sprechen, aber auch von semantischer oder lemmatischer Instabilität. Ebenso wird Grün überdurchschnittlich häufig substantiviert; Blau tritt auffallend häufig im Satzsubjekt auf. Man kann solches als Neigung zu Konkretisierung, Vergegenständlichung und Statik interpretieren. Charakteristisch für das jahnnsche Grün ist seine metaphorische Indifferenz, die sich darin zeigt, dass die Farbe eine noch zu vollziehende Entwicklung oder eine noch offene Entscheidung impliziert (siehe Blumengleichnis). Diese Ausgleichsfähigkeit ist auch eine konventionelle Konnotation von Grün und zeigt eine konzeptuelle Nähe zu Grau, der anderen Farbe des Ausgleichs.

Blut und Feuer sind gemeinhin rote Prototypen. Bei keiner anderen Farbe zeigt sich die Ambivalenz der übertragenen Bedeutungen deutlicher als hier: Rot bedeutet die Liebe, aber auch den Hass. Der jahnnsche Prototyp von Rot ist der menschliche Körper, im Besonderen das Gesicht. Das rote Gesicht ist kein Normalzustand, hier spiegelt die Farbe vor allem emotionale Bewegtheit wider. Auffallend ist im Korpus die stereotype Kookkurrenz von Lippen und Rot: Hier handelt es sich weniger um die tautologische Explikation des Offensichtlichen, sondern um ein starkes Signal, das z B. auf Erotik oder Krankheit verweist. Bei Jahnn ist Rot die dritthäufigste Farbe. Dies entspricht ihrer Stellung im Modell von Berlin und Kay. In Farbkomposita ist Rot mit Grün inkompatibel. Auffallend ist ferner ein dynamisierendes und prozessorientiertes Moment: Rot tritt häufig zusammen mit der Kopula ‚werden' und als Farbverb auf.

Schwarz besitzt im Allgemeinen eine geringere symbolische Ambivalenz als Rot. Es ist vorwiegend negativ konnotiert und steht für Tod und Trauer. Die autorspezifische Konnotation von Schwarz ist weniger negativ und steht auch für Musik und Wärme. Schwarze Haut signalisiert bei Jahnn (wie die braune Haut) erotische Attraktivität. Daneben ist sie ein Bild für Afrika, dessen morphologische und kulturelle Andersartigkeit den europäisch sozialisierten Autor fasziniert und ein wichtiger Baustein für den Entwurf seiner Kulturkritik ist. Weiter zeigt sich anhand der schwarzen Haut (vor allem in der „Medea") Jahnns gesellschaftspolitisches Engagement gegen Rassendiskriminierung. Schließlich ist die schwarze Haut – hier allerdings negativ konnotiert und weniger ein biologisches Merkmal – das Stigma einer mehrheitlichen Unterdrückergruppe in der „Nacht aus Blei".

Schwarz ist die häufigste Farbe bei Jahnn. Dies ist nichts Außergewöhnliches für den Farbgebrauch in der Sprache und entspricht dem universalsprachlichen Modell von Berlin und Kay (Schwarz *oder* Weiß an der Spitze der Farbenreihe). Außergewöhnlich aber ist die sehr ausgeprägte nullwertige Kookkurrenz bei Schwarz: dies hat zur Folge, dass hier der Platzhalter ‚keine Zuordnung' an der Spitze der Rekurrenzliste auftritt. Die zweithäufigste Kookkurrenz ist das Wasser, dann folgen die Nacht (der konventionelle schwarze Prototyp) und der Mensch. Schwarz zeigt einige Ähnlichkeiten zu Grün: Bei beiden Farben gehören die Position ‚keine Zuordnung' und das Wasser zu den obersten Rekurrenzmaxima. Dieser Unbestimmtheitsfaktor steht in einem nachvollziehbaren Zusammenhang mit der überdurchschnittlich häufigen Substantivierung von Schwarz und Grün, was sich als Neigung zu Verdinglichung und Statik der Farbe und zu semantischer Verselbständigung interpretieren lässt.

Weiß verhält sich bei Jahnn relativ unauffällig und der Norm entsprechend. Es ist die zweithäufigste Farbe, was mit Berlin und Kay übereinstimmt (Schwarz *oder* Weiß an der Spitze). Konventionelle Größen zur deiktischen Illustration von Weiß sind der Schnee oder das helle, farblose Tageslicht. Weiß ist wie Schwarz ein Bild für das Absolute; in ihrer Kombination kennzeichnen beide Farben Gegensätze schlechthin. Übertragene Bedeutungen von Weiß sind Klarheit und Unschuld, aber auch Trauer und Tod. Diese letzte Bedeutung findet sich auch bei Jahnn, motiviert durch die Assoziationskette Schnee-Kälte-Tod. Autorspezifische Besonderheiten sind die Haut als Prototyp von Weiß und die Tatsache, dass die weiße Haut im Frühwerk körperliche Schönheit bedeutet (wie dann später die braune Haut).

7. Spezielle Sondierungen

Dieses letzte Kapitel 7. „Spezielle Sondierungen" besteht aus vier Unterkapiteln, die ausgewählte und besonders auffällige Teilaspekte analysieren. Das Kapitel 7.1. „Die Purpurhaut" ist eine kontextbasierte Spezialuntersuchung des titelgebenden Substantivs. In Kapitel 7.2. „Über das Erröten" werden die Verbalphrasen ‚rot werden', ‚erröten' und ‚(sich) röten' kontextualisiert und ausführlich untersucht. Das Kapitel 7.3. geht der Frage nach den Unterschieden zwischen den Farbsubstantiven ‚das Schwarz', ‚das Schwarze' und ‚die Schwärze' nach und übergibt an das letzte Kapitel 7.4 „Die schwarze ‚Nacht aus Blei'", das unter vorwiegender Berücksichtigung der Farbe Schwarz Jahnns gleichnamige letzte Erzählung textimmanent interpretiert.

7.1. Die Purpurhaut

Die *Purpurhaut* ist einer der häufigsten (wiewohl nur sechsmal belegt), auffallendsten und am breitesten gestreuten Begriffe aus der so genannten Restgruppe. (Kapitel 4.6.) Die *Purpurhaut* findet sich einmal in „Perrudja. Zweites Buch" (S. 785), zweimal im „Holzschiff" (S. 33, 168), zweimal in der „Niederschrift I" (S. 265, 280) und einmal in der „Niederschrift II" (S. 469). Diese jahnnsche Wortbildung steht – wie sich zeigen wird – konzeptuell dem medizinischen Terminus *Sehpurpur* sehr nahe, der den roten Farbstoff Erythropsin in den Stäbchen der Netzhaut bedeutet (siehe Ende Kapitel 4.6.) und einmal im „Perrudja" (S. 477) belegt ist. Sehpurpur und Purpurhaut sind Begriffe, die sich in Jahnns früher und mittlerer Schaffensperiode beobachten lassen.

In diesem Kapitel werden die Bedeutung und die Leistung der Purpurhaut (einschließlich des einmal belegten Sehpurpurs) untersucht. Die sieben Textstellen sind bei der Besprechung chronologisch gereiht.

Gegen Ende des „Perrudja"-Kapitels „Die Marmeladenesser" findet in der Wohnung von Inge Tidemand ein prickelndes Nachmittagskränzchen statt. Anwesend sind der Milchausträger Egil Berg, der Bäckerbursche Eilif Borg und seine Frau Sigrid sowie Inge Tidemand und ihr Sohn Harald. Inge geht mit Borg (Inge: „Liv Borg. Leben Borg. Du bist mein Leben Borg." P, 451) auf ihr Zimmer, Harald mit Sigrid auf das seine. Berg bleibt alleine im Raum zurück, labt sich am Sekt, den er zum ersten Mal in seinem Leben trinkt, und bestreicht sich Brote mit den sagenhaften Marmeladen von Frau Tidemand. Dann verlässt er die Wohnung und steht auf der Straße.

a) Es war Spätnachmittag geworden. Mit halber Müdigkeit kreuzte er zur Karl-Johansgate. Da war er in einem Menschenstrom. Er nahm sich zusammen, spreizte die Augenlider starr. Er wollte sehen. Gewiß noch lag die Wirkung des Weines schwül an seiner Stirn. Aber die flimmernde Kraft der Zeichen und Bilder, die Grimassen und goldenen Lachen in der warmen Luft verscheuchten die Trägheit. Sein Wille erfüllte sich, daß er sah. Er ritzte sich ein kleines Zeichen in den *Sehpurpur* seiner Augen. Ein paar feine Goldlinien. Ein sinnloses Gekritzel, das er kannte. Er sah ein bescheidenes rundes Knabengesicht. Er schob einem Menschen den rechten eigenen Arm unter den linken. Er hielt diesen Menschen eingehakt. Den er nicht kannte. Er wurde angehalten. Zwei graue Augen tasteten ihn ab. Ein Lächeln glitt über das fremde Gesicht. (P, 477, kursiv T.B.)

Das „runde[] Knabengesicht" gehört Sven Onstadt. Egil und Sven werden sich als Mitglieder des Goldenen Siebensterns zu erkennen geben, zusammen Eisschokolade trinken und sich ineinander verlieben.

Das im Wort „Sehpurpur" implizierte visuelle Moment wird durch „seiner Augen" expliziert. Der Sehpurpur ist offensichtlich ein Teil von Egils Augen. Egil „ritzte sich ein kleines Zeichen" in seinen Sehpurpur, „feine Goldlinien", „sinnloses Gekritzel". Das *sinnlose Gekritzel* suggeriert etwas Menetekelhaftes, Unverständliches. Doch durch den präzisierenden Relativsatz „das er kannte" wird es zu einem Zeichen mit einer bekannten Konstante, zu einem Code. Dieses Zeichen wird „in den Sehpurpur" *geritzt*. Der Sehpurpur hat Materialcharakter und lässt an eine Linse denken, die mit einem Fadenkreuz versehen wird. Dieses Fadenkreuz dient der Peilung und Fokussierung, ja es ermöglicht überhaupt erst das *Sehen*.

Sobald Egil auf die Straße tritt, ist er in einem Dämmerzustand: „Müdigkeit", „nahm sich zusammen, spreizte die Augenlider starr", „Wirkung des Weines". Das Verb *sehen* tritt dreimal auf, zunächst im Satz „Er wollte sehen". Daraufhin „verscheuchte[]" „die flimmernde Kraft der Zeichen und Bilder" „die Trägheit". Und es folgt der Satz: „Sein Wille erfüllte sich, daß er sah." Nachdem Egil *sieht*, präpariert („ritzte") er seinen Sehpurpur. Dann: „Er sah ein bescheidenes Knabengesicht." Die drei Sätze mit *sehen* gliedern den Vorgang und halten drei Schritte fest: das Sehen-Wollen, das Sehen-Können und das Ansichtig-Werden von Sven. Im ersten und zweiten Satz ist *sehen* bezeichnenderweise ohne Objekt, auch das Sehen-Können ist noch unbestimmt. Erst der dritte Satz, der auf das *Zeichen* im *Sehpurpur* folgt, hat ein Objekt: Egils Sehen ist fokussiert auf „ein bescheidenes rundes Knabengesicht" eines Individuums Sven, es bleibt nicht etwa vage auf die „Karl-Johansgate" oder einen „Menschenstrom" gerichtet.

Unter Sehpurpur kann man sich hier die Hornhaut des Auges vorstellen, weniger die Linse, die Iris oder die Retina. Der Sehpurpur ist gegenständlich, indem Egil darauf ein Zeichen ritzen kann. Er ermöglicht das Sehen im Allgemeinen, und das Zeichen darauf, vergleichbar einem Fadenkreuz, führt zum Erkennen von Sven. Die

7.1. Die Purpurhaut

textimmanente, autorspezifische Bedeutung des Sehpurpurs entspricht nicht hundertprozentig der Bedeutung des gleich lautenden medizinischen Fachbegriffs.

Die Textstelle (a) ist der einzige Beleg für Sehpurpur. In Texten, die später entstehen, verwendet Jahnn durchgehend den Begriff Purpurhaut, der an das Wort Netz*haut* (Retina) denken lässt.

Auf eine erotische Begegnung zwischen Signe und Ragnvald („Er [Ragnvald] fiel in eine purpurrote Lust." P2, 783) folgt eine innere Rede Signes: „Ach, Perrudja, dein Atem. Worte, die von seinen Lippen kommen." (P2, 785). In unmittelbarem Anschluss daran berichtet der Autor, dass Grigg Perrudjas Trauer um die ferne Signe erkennt.

b) Grigg ertrug es nicht länger, daß Perrudja litt. Die Beweise schienen unausweichlich, der Mensch war an einem äußersten Punkt angekommen. Die Seelenkräfte zerflatterten wie bei einem langsam Sterbenden. Die Gesänge der Zwischenwelt zirpten an seinen Ohren. Die Einflüsterungen geschahen. Die Triller der elektrischen Wellen schlugen Schlieren auf der *Purpurhaut* der Augäpfel. Die Schubkasten der Stunden und Tage eines wirren, von Denken und Leiden ausgefransten Lebens rissen sich auf, schütteten sich in Unordnung aus und überschwemmten das widerstandslose Hirn mit den Scherben der Vergangenheit. (P2, 785, kursiv T.B.)

Grigg wird tätig. Eine Seite später wird Hein Signe zu Perrudja führen. In (b) folgt wie in (a) auf den fraglichen Begriff ein Genitiv: „der Augäpfel". Die Angabe ist ähnlichen Inhalts wie in (a) („seiner Augen"), doch etwas einschränkender (Augäpfel versus Augen). „Triller der [...] Wellen" schlagen „Schlieren"[665] auf der Purpurhaut. Diese ist gegenständlich wie der Sehpurpur: ein Vorgang hinterlässt (sichtbare) Spuren auf ihr. Die Struktur der Phrase in (a) und (b) ist sehr ähnlich: *Egil / Zeichen ritzen / in Sehpurpur. Wellen / Schlieren schlagen / auf Purpurhaut.* Die Phrase bedeutet Veränderung: Jemand oder etwas verändert (*adfiziert*) den Sehpurpur bzw. die Purpurhaut. Zieht man *ritzen* aus (a) in das Syntagma in (b), so ergibt sich die Phrase *die Haut ritzen*.

Sowohl in (a) als auch in (b) sind die Umstände geschildert, die den Vorgang der Veränderung auf dem Sehpurpur bzw. der Purpurhaut herbeiführen. In (a) geht ein zielgerichteter Entschluss voran: „Er wollte sehen." In (b) ist der „Mensch", Perrudja, „an einem äußersten Punkt angekommen". Seine seelische Krise ist kaum mehr zu bewältigen, so dass „die Seelenkräfte zerflattern wie bei einem langsam Sterbenden". Die Welt ist aus der Bahn geraten. Eine breite Klang- und Geräuschkulisse wird hörbar („Gesänge", „zirpten", „Einflüsterungen", „Triller"). Diese Akustik *schlägt auf* die

---

[665] Nach Paul (1992), S. 742, die Bezeichnung „einer flimmerigen Erscheinung in klaren Flüssigkeiten, auf Glas, in der Luft", nach Duden (1994), Bd. 6, S. 2945, eine „streifige Stelle in einem lichtdurchlässigen Stoff, an dem er eine andere Dichte aufweist u[nd] dadurch andere optische Eigenschaften besitzt [...] Streifen o.ä. auf einer Glasscheibe, einem Spiegel o.ä. [...]"

Purpurhaut. Hier klingt ein synästhetisches Moment an, das weiter unten noch sehr wichtig sein wird.

Im Gegensatz zu (a) bleibt in (b) relativ unklar, *wessen* die Purpurhaut ist. In (a) referiert das Possessivpronomen in „seiner Augen" auf Egil. In (b) gehört die Purpurhaut einfach zu den Augen. Ob es sich hierbei um Griggs oder Perrudjas Augen handelt, wird grammatikalisch nicht indiziert. Dies lässt sich dahin gehend interpretieren, dass der ansonsten unerschütterliche Grigg Perrudjas Katastrophe verinnerlicht und zu seiner eigenen macht. Mit einiger Wahrscheinlichkeit handelt es sich um die Purpurhaut der Augen Griggs. Denn das Subjekt im ersten Satz ist Grigg. In den darauf folgenden Sätzen hält Jahnn jedoch – wie in seinen Werken so oft – die grammatische und referenzielle Subjektkongruenz nicht durch. Das einzige Possessivpronomen in dieser Passage findet sich in „seinen Ohren". Damit sind wahrscheinlich die Ohren Griggs gemeint, der seit geraumer Zeit im Auftrag Perrudjas Signe überwachen lässt. Die „Einflüsterungen" könnten auf Anweisungen anspielen, die Grigg gibt. Die „elektrischen Wellen" schließlich könnten sich auf die Elektrizität beziehen, die als Bild für die technische, militärische und wirtschaftliche Überlegenheit im „Perrudja" sehr präsent ist (Elektrizitätswerke, elektrische Flugzeuge und Schiffe, Ladestationen für Akkumulatoren), oder auf die Telegrafie, der sich Grigg mit Verve bedient (vgl. das dreimalige, exponierte „Grigg telegraphierte." P, 599).

Demnach handelte es sich um Griggs Purpurhaut. Doch der in (b) auf die zentrale Textstelle folgende Satz führt das Bild in einer Art und Weise weiter, die eher an Perrudjas Seelenzustand denken lässt: Wie bei einem Erdbeben fallen Schubladen aus den Schränken, ihr Inhalt sind die „Scherben der Vergangenheit".

Die Purpurhaut in (b) lässt sich über ihre Stellung innerhalb des kontextuellen Ablaufs definieren. Dieser Ablauf ist in (a) und (b) auffallend ähnlich:

X verändert Sehpurpur/Purpurhaut. ⇒ Etwas passiert/wird möglich.

Die Manipulation der Purpurhaut hat ein Geschehen zur Folge.

Ein dritter Beleg für Purpurhaut findet sich im „Holzschiff". Gustav erzählt dem Kapitän Waldemar Strunck, dass er in seinem Versteck im Schiffsbauch (Gustav reist als blinder Passagier) den Reeder gesehen habe.

c) Ich saß nun in meinem Versteck, ringsum das völlige Schwarz der Finsternis. Nur auf der *Purpurhaut* meiner Augen sprangen farbige Sterne, kreisten oder jagten auf der Außenkante geometrischer Figuren. [...] (H, 33, kursiv T.B.)

Auch hier ist die Purpurhaut wieder durch die genitivisch übergeordneten Augen präzisiert. Hier handelt es sich um Gustavs Augen. Die Purpurhaut tritt in (c) wie in (b) in einer lokalen Präpositionalphrase mit ‚auf' auf und fungiert als eine Art Projektionsfläche, auf der ein Bild sichtbar wird. Die Umstände, unter denen die Szene stattfindet,

7.1. Die Purpurhaut

sind vorab angegeben: „ringsum das völlige Schwarz der Finsternis", „in meinem Versteck". Gustav kann nichts sehen. Die *farbigen Sterne* sind demnach neurologische Angelegenheiten, verursacht vielleicht durch seine Aufregung, oder innere Bilder. Umso überraschender ist die Genauigkeit, mit der er das, was er sieht, schildert. Das Gesehene ist sternenförmig und farbig, es bewegt sich auf sehr spezifische Weise, es *springt, kreist, jagt,* lokalisiert wird es „auf der Außenkante geometrischer Figuren".[666]

Nun stellt sich die Frage, ob Gustav die farbigen Sterne, die springen, kreisen und jagen, tatsächlich *sieht* oder nicht viel eher *spürt*. Obwohl der erste Satz mit „Ich sah" eingeleitet wird, lassen die drei Verben ‚springen', ‚kreisen' und ‚jagen' eine heftige Bewegung erkennen, die taktil wahrgenommen werden kann. Urheber dieser Bewegung sind die farbigen Sterne, die zwar optisch wahrnehmbar sind, Gustav aber könnte ihre *Bewegung* auch fühlen; man beachte die ‚Haut' (taktiles Sinnesorgan) im Kompositum ‚Purpurhaut'.[667]

Wie in (b) wird eine synästhetische Wahrnehmung sichtbar. Demnach ist die Purpurhaut ein Rezeptorium des *sensus communis*, das synästhetisch wahrnimmt.[668] Sie empfängt visuelle, taktile und akustische Reize. Sie ist ein Teil des Organs Auge, sie wird in (b) akustisch durch die „Triller" gereizt, in (c) durch heftige Bewegungen der Sterne. Im Rückblick erfährt auch das „ritzte" in (a) die Dimension von etwas Spürbarem, in Ergänzung zum sichtbaren „Zeichen". Das synästhetische Moment[669] verbindet

---

[666] Eine Parallelstelle gibt es in der „Nacht aus Blei". Mathieu und Anders gehen durch den finsteren Gang in Anders' Keller. Den *farbigen Sternen* in (c) entspricht hier ein *buntes Feuerwerk*, anstatt „Purpurhaut" steht „Netzhaut", die auch hier durch einen „Augen"-Genitiv präzisiert wird. Die „Netzhaut" ist wie die „Purpurhaut in (c) in eine lokale Präpositionalphrase mit „auf" gebettet: „[...] auch gab er sich sogleich den sonderbaren Bildern der Finsternis hin, dem bunten Feuerwerk auf der Netzhaut seiner Augen, den Fratzen, die ohne seine Einbildung aus unbekannten Tiefen heraufstiegen [...]" (B, 293)

[667] Bezeichnend in diesem Zusammenhang ist eine Textstelle in der „Niederschrift II", in der die Augen als taktile Sinnesorgane dargestellt sind und einander *berühren*. Gustav und Konrad sehen sich nächtens aus gegenüberliegenden Fenstern: „Die brennende Kerze in seiner Kammer und die in der meinen gaben soviel Schatten und Licht, daß man erkennen konnte, wir berührten einander mit den Augen." (N2, 96)

[668] Zeuch (2002), S. 64: „In den die Sinnlichkeit thematisierenden Schriften des Aristoteles [...] wird κοινὴ αἴσθησις, lateinisch *sensus communis* als derjenige Sinn bezeichnet, der synästhetisch wahrnimmt. ‚Synästhetisch' wahrnehmen heißt, bei der Wahrnehmung von etwas Wahrnehmbarem sich an etwas momentan nicht Wahrgenommenes zu erinnern und dieses mit wahrzunehmen, also z.B. beim Sehen von etwas Gelbem den Geschmack von Süßem, da man einmal ‚Honig' gesehen und dann probiert hat." – Ein wesentlicher Unterschied zwischen der Definition von Zeuch und den jahnnschen Textstellen liegt darin, dass es sich bei der synästhetischen Wahrnehmung durch die Purpurhaut weniger um *Erinnerung* handelt als um die zeitgleiche physiologische Wahrnehmung durch verschiedene Sinneskanäle.

[669] Beispiele für synästhetisch wahrgenommene Farben im Korpus: „Als [...] das große Moor die Luft mit seinem braunen Geruch schwerer machte, [...]" (E, 298), „[...] das Kobaltblau der Emaille schmeckt wie die Lippen eines sterbenden Mädchens, das man liebt." (N1, 896)

die Textstellen (c), (b) und (a) und leitet über auf den nächsten Beleg: „Der dritte Abend nach dem Verschwinden Ellenas war gekommen." (H, 167) Gustav will weiter nach ihr suchen.

d) Überdeutlich trat der Plan des Schiffes ihm auf die *Purpurhaut* der halbgeschlossenen Augen. (H, 168, kursiv T.B.)

Wie in (b) und (c) tritt auch in (d) die Purpurhaut in einer lokalen Präpositionalphrase mit ‚auf' auf. In (b) und (c) ist diese positional (wo?), in (d) direktional (wohin?). Der Purpurhaut nachgestellt sind auch hier wieder die Augen im Genitiv, ergänzt durch das Attribut „halbgeschlossen[]". Das grammatische Subjekt ist der „Plan", der „[ü]berdeutlich" „*auf* die Purpurhaut" *tritt*. Auch hier ist wie in (d) (*springen, kreisen, jagen*) von einer Bewegung die Rede. Nun kennt das Deutsche die Phrasen *vor die Augen treten* und *Geh mir aus den Augen!* Die Ortsangabe bezieht sich dabei auf die Erstreckung des Blickfeldes. Jahnn hingegen stellt zwischen dem Gegenstand, der ins Blickfeld rückt („Plan"), und der Purpurhaut durch die Phrase *auf die Purpurhaut treten* einen unmittelbaren Kontakt, eine gegenständliche Berührung her. Die Purpurhaut ist hier als eine Art (Glas)platte dargestellt, die als Projektionsfläche für den Bauplan der Lais dient. Diesen Bauplan beschreibt der Schiffsbauersohn Jahnn so realistisch, dass sich der Leser die Bauweise des Schiffes gut vorstellen kann (H, 31–32). Gustav hat sich diesen Bauplan sehr gut eingeprägt, so dass er „ihm" nun „[ü]berdeutlich" „auf die Purpurhaut" *treten* kann.

Durch das Attribut „halbgeschlossen[]" kommt ein neuer Aspekt in das sehr konsistente strukturelle Umfeld der Purpurhaut. Halb geschlossene Augen vermindern die Sicht, das Bild aber ist *überdeutlich*. Das schrittweise Schließen der Augen scheint die Deutlichkeit des Bildes zu erhöhen. Folglich muss der „Plan des Schiffes", der sich auf die Purpurhaut projiziert, aus Gustavs Erinnerung kommen, ein inneres Bild sein.

Auch im nächsten Beispiel ermöglicht die Purpurhaut die Visibilität von Erinnerung. Gustav befindet sich nach dem Untergang der Lais zusammen mit der Schiffsmannschaft auf einem Frachtschiff. Er erinnert sich in der Nacht in einem Traum an die (mutmaßliche) Begegnung mit dem Reeder.

e) Doch nun war er, der Reeder, Herr Dumenehould de Rochemont, soeben wieder bei mir eingetreten. Stand, woher auch immer entsandt, neben meinem Bett, verbrannte die unvorbereitete *Purpurhaut* meiner Augen mit seiner hingeschleuderten Helligkeit. Ich wagte nicht, die Arme von den Lidern abzuheben. Ich wagte nichts. (N1, 265, kursiv T.B.)

Der Purpurhaut folgt – wie gehabt – der Zusatz „meiner Augen". Hier ist die Purpurhaut differenziert durch das Attribut „unvorbereitet[]"; der Reeder „verbrannte" sie „mit seiner hingeschleuderten Helligkeit". Sie ist manipulierbar wie in (a) (*ritzen*). Die

7.1. Die Purpurhaut

„Helligkeit" ist nicht etwa eine Art heller Glanz des Reeders, sondern kommt von der unmittelbar zuvor genannten „Blendlaterne" (N1, 265), die der Reeder bei sich trägt.

Die Purpurhaut tritt hier das erste Mal als Akkusativobjekt auf und wird zum unmittelbaren Ziel einer Handlung. In den vier vorangehenden Textstellen war ‚Purpurhaut' (‚Sehpurpur' inklusive) immer Teil einer lokalen Präpositionalphrase.

Der Reeder, den Gustav im Traum sieht, ist mit Namen und Anrede („Herr") genannt. Dies erhöht die Eigentlichkeit des Traumbildes. Der Reeder blendet Gustav, der unvorbereitet ist („unvorbereitete Purpurhaut meiner Augen"). Der Eindruck auf die Purpurhaut geht wie in (b) (*schlagen*) und (c) (*springen, kreisen, jagen*) einher mit einer heftigen Bewegung im Partizip „hingeschleudert[]".

In diesem Beispiel wird die Purpurhaut am unmittelbarsten mit den Augen in Verbindung gebracht: Das *Ritzen* in (a), das keine real-physiologische Einschränkung der Sicht nach sich zieht (Egil sieht jetzt besser!), ist in (e) ersetzt durch das Blenden, das die physiologisch wahrscheinlichste Reaktion zur Folge hat: Gustav schützt seine Augen – im Gegensatz etwa zu den halb geschlossenen Augen in (d), die eine Vorstellung *überdeutlich* werden lassen. Nun ist aber das Schützen der Augen nicht explizit. Doch es lässt sich rekonstruieren aus dem Zustand, in dem Gustav verharrt: „Ich wagte nicht, die Arme von den Lidern abzuheben."

In (e) ist die Purpurhaut sehr deutlich Synonym für die organische Netzhaut. Sie transformiert die Lichtimpulse in neurologische Reize, bei Dunkelheit (Gustav träumt in der Nacht) reagiert sie empfindlich auf starkes Licht. Von außergewöhnlicher Strahlung kann sie tatsächlich geschädigt (verbrannt) werden, hier aber ist *verbrennen* eine Übertreibung für das Blenden.

Fünfzehn Seiten später erzählt der Autor von Alfred Tutein, der den Mord an Ellena Strunck zu verbergen sucht.

f) Nichts schien ihm leichter, als zu leugnen und das Gewissen zu verbergen. Er hob das Antlitz gegen die Sonne, ließ die fernen weißen Flammen durch einen Spalt der Lider die *Purpurhaut* ätzen. Erblinden. Dann wäre immerwährende Nacht. Dann wäre ein großes Meer voll Finsternis, ein dickes, schweres Meer wie aus Quecksilber. Und an der Kimmung, fast herausgehoben, der vor Verwesung schimmernde Leichnam. Er wollte nicht erblinden. Alfred Tutein wollte die Freiheit. (N1, 280, kursiv T.B.)

In den vorangehenden Textstellen (c), (d) und (e) gehört die Purpurhaut zu Gustavs Augen. In (f) ist von Tuteins Purpurhaut die Rede. Etwas spekulativ lässt sich die Übergabe der Gustav-spezifischen Purpurhaut an Tutein als eine Vorwegnahme ihrer emotionalen und körperlichen Verschmelzung durch den Blutaustausch deuten.[670]

---

[670] Der junge Jahnn schreibt in einem Brief: „Ich will annehmen, da seien zwei Menschen, die liebten sich sehr, sie haben unbändige Freude an ihren Küssen. Glaubst Du nicht, daß sie es fertigbringen,

Des Weiteren zieht in (f) die Purpurhaut erstmals keine Genitiv-Ergänzung nach sich, die immer das Wort ‚Augen' enthält. Offensichtlich bedarf hier die Purpurhaut dieser Präzisierung nicht mehr. Sie ist so weit eingeführt, dass der Leser weiß, worum es sich handelt.

Formal gleichen sich (e) und (f) insofern, als die Purpurhaut beide Male als Akkusativobjekt das Ziel eines Vorganges ist. Aber auch inhaltlich sind sich (e) und (f) sehr ähnlich. Beide Male geht es um Blendung: In (e) *verbrennt* des Reeders Blendlaterne Gustavs Purpurhaut, in (f) lässt Tutein die Sonne seine Purpurhaut *ätzen*. Beide Male sind schmerzhafte Vorgänge (*verbrennen, ätzen*) als Bild für das Geblendet-Werden gebraucht. In *Ätzen* in (f) klingt zudem der Wunsch nach Vergessen an, nach Verbrennen, Auslöschen der Erinnerung. Eine dritte Ähnlichkeit zwischen (e) und (f) – und auch zu (d) – ist das Motiv der halb geschlossenen bzw. abgedeckten Augen. In (f) lässt Tutein „durch einen Spalt der Lider" das Sonnenlicht auf seine Purpurhaut fallen. In unmittelbarer topologischer Nähe zur Purpurhaut stehen die Lider; in gewisser Hinsicht kompensieren sie den fehlenden „Augen"-Genitiv.

Wie in (a) („Er wollte sehen.") ist die Manipulation der Purpurhaut in (f) mit einem Wunsch und einer Intention verbunden: „Erblinden. Dann wäre immerwährende Nacht." Im Gegensatz zu (e), wo das *Verbrennen* der Purpurhaut keine direkte Konsequenz für diese selber nach sich zieht, sondern das Verhalten des Protagonisten motiviert (Gustav nimmt die Arme nicht „von den Lidern" weg), wird mit dem intentionalen *Ätzen* in (f) auch die Wirkung benannt: „Erblinden." Wenige Zeilen später aber nimmt Tutein seinen Wunsch zurück und kehrt ihn ins Gegenteil: „Er wollte nicht erblinden. Alfred Tutein wollte die Freiheit."

Interessant ist auch die Analogie der Vision in (f) und (c). In (c) ist „ringsum das völlige Schwarz der Finsternis", und die Sterne bewegen sich „auf der Außenkante geometrischer Figuren". In (f) herrschen nach dem Erblinden „immerwährende Nacht" und „ein großes Meer voll Finsternis", und „an der Kimmung" dieses *Meeres* schaukelt „der vor Verwesung schimmernde Leichnam" Ellenas. In beiden Fällen wird zunächst die Möglichkeit des Sehens negiert. Dann wird eine Szene beschrieben, die in der Finsternis des Raumes stattfindet und in der Imagination sichtbar ist, gleichsam als

---

für einander ihr Blut zu opfern? Es genügt ihnen nicht, daß sie es einander sagen, sie wollen es beweisen [...]" (Aurland, 21. September 1915, Brief an Arthur Harms in Hamburg, Briefe I, S. 62.) Die eindrücklichsten Belege für die Vereinigung zwischen Gustav und Tutein sind jene Szene, in der sich die beiden unter Drogeneinfluss Wunden zufügen und ihr Blut trinken (N1, 951–954), und der Blutaustausch bei Dr. Boström (N1, 971–976), an dem Tutein schließlich sterben wird. Nach Walitschke (1994), S. 288, ist das Blut die „Chiffre dieses Autors [sc. Jahnn] für all die anderen Säfte des Körpers, die in irgendeiner Weise als Träger der naturverquickten und dynamischgewaltsamen inneren Antriebe des Menschen identifiziert werden könnten."

7.1. Die Purpurhaut

müsste die Realität abgedunkelt sein, damit innere Bilder sichtbar werden. Die Szene findet immer auch an den *Rändern* statt: in (c) auf einer *Kante*, in (f) an der *Kimmung*. Diese Angaben siedeln die Szenen in einem Grenzbereich an, in einem Bereich also, der in andere (nicht mehr sichtbare) Bereiche überleitet. In solchen Grenzbereichen finden die Visionen – Traum- oder Trugbilder an der Grenze oder im Gegensatz zum Realen – eine räumliche Entsprechung. Die Bilder sind gleichsam in die Ferne gerückt.

Im siebenten und letzten Beleg nehmen Gustav und Ajax in der „Niederschrift II" „[i]n der Glasveranda des Hotels von Kaasvang" ein Mittagessen ein (N2, 468). Gustav schwelgt in Erinnerungen an Tutein. Verstärkt werden diese Erinnerungen durch die Räumlichkeit, die Gustav oft mit Tutein besucht hat, ebenso durch die Anwesenheit von Ajax, den Gustav zu diesem Zeitpunkt noch als Reinkarnation von Tutein sieht. Am Abend fahren Gustav und Ajax heim.

g) Hinter den halbgeschlossenen Lidern glimmen Farbenpunkte auf, mechanische Erinnerungen der *Purpurhaut* und ihrer Nerven." (N2, 469, kursiv T.B.)

Hier ist nicht klar, wessen die Purpurhaut ist. Das Subjekt im vorangehenden Satz war das unpersönliche ‚man'. Aus dem Kontext und der Stimmung lässt sich Gustav als der Inhaber der Purpurhaut vermuten. Explizit aber wird dies nicht ausgesprochen.

Hier ist die Purpurhaut weder das Objekt noch das Substantiv in einer lokalen Präpositionalphrase, sondern ein Genitivus subjectivus. Die Phrase „Erinnerungen der Purpurhaut und ihrer Nerven" legt den Schluss nahe, dass die Purpurhaut eine Art Speicher der Vergangenheit ist, der jetzt – bei der letzten Nennung – alle Informationen freigibt, die in ihn *geritzt* (a), *geschlagen* (b), *gebrannt* (e) oder *geätzt* (f) worden sind. Die Purpurhaut ist mittlerweile semantisch so aufgeladen, dass sie selber tätig werden kann. Angenommen, in (g) handle es sich um Gustavs Purpurhaut, so könnte man sie als ein Bild für sein Gedächtnis[671] verstehen, das jetzt – am Ende seines Lebens – die Bilder seines Lebens vor einem inneren Auge Revue passieren lässt. Gustavs privates Leben ist nach dem Tode Tuteins freudenlos geworden, sein Komponieren hat ihm internationale Anerkennung gebracht, doch sein physisches Leben wird bald zu Ende sein.

Die Erinnerungen, die von der „Purpurhaut" und ihren „Nerven" festgehalten werden, sind mit dem Adjektiv „mechanisch[]" versehen, als handle es sich bei ihrer Freigabe um einen technischen Vorgang. Das erinnert an die „elektrischen Wellen", die in (b) tätig sind.

Der Teilsatz nach dem Komma in (g) ist eine Apposition zu „Farbenpunkte". Diese „glimmen" „[h]inter den halbgeschlossenen Lidern". Auch hier gibt es wieder zahlrei-

---

[671] Schäfer (1996), S. 35, stellt fest, dass bei Jahnn der gesamte Organismus ein Gedächtnis darstellt. Rauser (2001), S. 182 und 213, spricht vom „Erinnerungsleib".

che Entsprechungen zu den vorangehenden sechs Belegen: das Motiv der halb geschlossenen oder abgedeckten Augen (d, e, f), die abstrakten, bisweilen kubistisch anmutenden Zeichen und Bilder (a, c) und ihr spezifischer Glanz (c, e).

Zusammengefasst ist die Purpurhaut (oder der Sehpurpur) ein Teil des organischen (oder inneren) Auges. Wichtiger und bezeichnender als die Festschreibung, ob es sich hier nun um die Hornhaut oder die Netzhaut des Auges handelt, sind ihre Eigenschaften und Leistungen. Sie ist ein optisches Medium und Rezeptorium und nimmt bisweilen auch synästhetisch wahr, sie hat die Eigenschaften einer Linse und einer Projektionsfläche und sie fungiert als ein visuelles Gedächtnis (Informationsspeicher), aus dem der Sehende Erinnerungen abrufen kann. Die Purpurhaut ist veränderbar und manipulierbar, Arme oder Lider können sie abdecken.

Wichtig ist der Begriff der *Erinnerung*. Mit jeder Nennung lädt sich die Purpurhaut mehr und mehr semantisch auf, sie hält (visuelle und taktile) Eindrücke fest, die später abrufbar sind (vgl. besonders die Belege d, e und g). Die abgerufene Erinnerung ist in der Gegenwart präsent. Dies steht grundsätzlich in Zusammenhang mit der für Jahnn typischen Erzähltechnik, die Erinnerung in die Wirklichkeit und das Vergangene in die Gegenwart eintreten zu lassen. Nach Kai Luehrs geschieht dies, „indem das Vergangene konkret als Gegenwärtiges dem Einzelnen erscheint".[672] „Die Gegenwart der Vergangenheit"[673] wird dargestellt. Ganz besonders gilt dies für (g). In den Paralipomena zum Drama „Straßenecke" formuliert Jahnn diesen Gedanken sehr pointiert und lässt die Erinnerung nicht nur die Gegenwart gestalten, sondern auch die Zukunft: „Erinnerung reicht bis in die Zukunft."[674]

Eine sehr wichtige Frage steht noch offen: Warum ist die Purpurhaut purpurn? – Die Assoziationen, die Jahnn zu dieser schöpferischen Wortbildung bewogen haben mögen, sind nicht ohne Weiteres auszumachen. Trotzdem sind einige plausible Erklärungsansätze möglich.

Ein erstes und einziges Mal gebrauchte Jahnn den medizinischen Terminus ‚Sehpurpur' und tauscht ihn dann durchgehend durch ‚Purpurhaut' aus. Im Kompositum ‚Sehpurpur' ist der Purpur der Kopf. Der Name der Farbe ist hier – analog zum Paradigma ‚Sehsinn' – das Rezeptorium. Später wird der Kopf im Kompositum durch das Konkretum Haut ersetzt, und der Purpur rückt als differenzierendes Glied vor den Namen des Organs. Die Haut, selber ein Sinnesorgan, übernimmt die Funktion des Rezeptors. Durch die purpurne Färbung ändert sich aber ihr gewohntes Aussehen. Das Wort Haut verliert an Wörtlichkeit und kann dadurch Eigenschaften des Auges annehmen.

---

[672] Luehrs (1999), S. 422. Umfassende Darstellung der Erinnerung bei Jahnn in Luehrs (1999), S. 289–417.
[673] Titel-Aufmacher in anderem Zusammenhang: Der Spiegel 5, 2001, Cover.
[674] Straßenecke, Paralipomenon I, Dramen II, S. 70.

Purpur ist eine seltene sprachliche Farbe. Das Farbpigment war lange Zeit selten und teuer. Purpur bedeutet Macht und Würde[675], ist nach Goethe ein gesteigertes, verdichtetes Rot[676] und steht nach Adelung „[i]n der höheren Schreibart" für „jede hochrothe oder brennend rothe Farbe"[677]. Mithin betont das Wort Purpur das Gehobene, Prächtige, Seltene und Außergewöhnliche. Das Farbwort erhöht somit die Signalwirkung der schöpferischen Bildung ‚Purpurhaut'. Bezeichnend ist die Tatsache, dass mit der außergewöhnlichen Purpurhaut, die zum Begriffsfeld *Sehen* gehört, ausschließlich männliche Protagonisten ausgestattet sind (Egil Berg, Gustav und Tutein). Die Purpurhaut ist also ein geschlechtsspezifisches Merkmal. Dass Jahnn männliche Körper ausführlicher und zumeist positiver schildert als weibliche, fällt beim Lesen auf und wird auch in der Forschung lebhaft diskutiert (Genaueres dazu im nächsten Kapitel 7.2. „Über das Erröten").

Abgesehen davon, dass Purpur eine besondere Farbe ist, gibt es kaum andere Möglichkeiten, die Haut durch Farbgebung leichter zu einem visuellen Organ zu machen als durch Purpur. Denn die Farben Schwarz, Weiß, Braun, Gelb und Rot sind schon als Hautfarben gebräuchlich. Zwar wären die Wörter ‚Schwarzhaut', ‚Weißhaut', ‚Braunhaut', ‚Gelbhaut' oder ‚Rothaut' bis zu einem gewissen Grade schöpferische Bildungen, die Signalwirkung besäßen, doch sind die Kollokationen der Konzepte [SCHWARZ] + [HAUT], [WEISS] + [HAUT] usw. in der Sprache frequent, sie haben eine biologische und anthropologische Bedeutung und sind leicht decodierbar. Es wäre ungleich schwieriger und aufwändiger, die Bedeutungen der Wörter ‚Schwarzhaut', ‚Braunhaut', ‚Gelbhaut' usw. zu verschieben, als eine spezifische Bedeutung von ‚Purpurhaut' zu generieren.

7.2. Über das Erröten

In diesem Kapitel werden alle Verbalphrasen mit ‚rot werden', ‚erröten' und ‚(sich) röten' dargestellt. Ihnen gemeinsam ist ein dynamisierendes und prozessorientiertes Moment, das sie von den Phrasen ‚rot sein' und ‚rot bleiben' unterscheidet (abgesehen davon, dass ‚rot bleiben' im Korpus nicht belegt ist). ‚Rot werden' kommt 37-mal vor, ‚erröten' ebenfalls 37-mal und ‚(sich) röten' 18-mal. Das sind insgesamt 92 Belege. Um eine ökonomischere Ausdrucksweise zu ermöglichen, werden ‚rot werden', ‚erröten' und ‚(sich) röten' fortan unter dem Begriff *rote Verbalphrasen* zusammengefasst.

---

[675] Cooper (1986), S. 51.
[676] Goethe (1998), S. 376–377.
[677] Adelung (1777), Bd. 3, Sp. 1182.

Das Diagramm 7.2.A stellt die Verteilung der roten Verbalphrasen im so genannten Supertext dar. Dieser Begriff wurde in Kapitel 2.5. „Die diachrone Verteilung der Farben" eingeführt und bedeutet ein Artefakt, das die Korpustexte in der Reihenfolge ihres Entstehens aneinander reiht und einen durchgängigen Text konstruiert. Jedes Zeichen (Kreis, Quadrat und Dreieck) steht für die einmalige Verwendung der jeweiligen Phrase (siehe Legende).

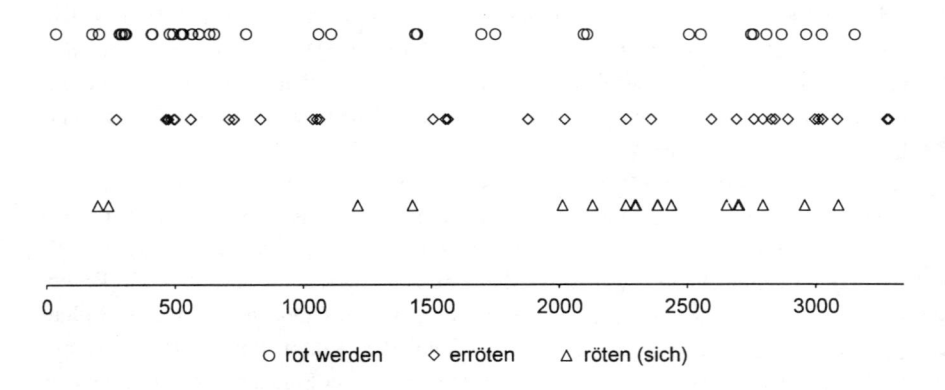

Diagramm 7.2.A: Rote Verbalphrasen im Supertext

Hier fällt auf, dass sich die roten Verbalphrasen nicht gleichmäßig über die Werke verteilen. Jeweils in Jahnns Früh- und Spätwerk sind sie häufiger als in der mittleren Schaffensperiode. ‚Rot werden' kulminiert besonders zu Beginn, ebenfalls ‚erröten', dieses ist auch in späten Texten vergleichsweise sehr präsent. ‚(Sich) röten' gebraucht Jahnn hauptsächlich im letzten Drittel seiner erzählenden Texte.

Nun vermag dieses Diagramm jedoch nicht mehr als einen ersten Eindruck zu vermitteln. Denn es gibt keine Auskunft darüber, um welche Werke es sich handelt, auch nicht über das quantitative Verhältnis der roten Verbalphrasen zur Textlänge und zur Gesamtsumme der Farbetyma.

Darüber informiert die Tabelle 7.2.B. Die Texte sind chronologisch gereiht und entsprechen der Reihenfolge, in der sie den Supertext konstituieren. Die Spalte A gibt an, wie viele rote Verbalphrasen in einem jeweiligen Text enthalten sind. Die Spalten B und C geben den Seitenumfang (Anzahl der nicht-bereinigten Seiten) und die Summe der Farbetyma wieder (Tabelle 2.1.B). In der Spalte D steht der Quotient aus der Anzahl der roten Verbalphrasen und dem Seitenumfang (A:B), in der Spalte E der Quotient aus der Anzahl der roten Verbalphrasen und der Summe der Farbetyma (A:C).

7.2. Über das Erröten

Die Werte in den Spalten D und E sind also Verhältniswerte, welche die roten Verbalphrasen in Relation zur Gesamtheit setzen. Als Ergänzung ist in der Spalte F die Farbdichte angegeben (Tabelle 2.1.B).

	A Anzahl roter Verbalphrasen	B Textumfang in Seiten	C Summe der Farbetyma	D A:B	E A:C	F Farbdichte
Ugrino und Ingrabanien	1	105	108	0,0095	0,0093	30,23
Perrudja	30	669	1254	0,0448	0,0239	55,12
Perrudja. Zweites Buch	2	134	142	0,0149	0,0141	31,80
Bornholmer Aufzeichnungen	0	96	42	0,0000	0,0000	13,93
Das Holzschiff	6	211	158	0,0284	0,0380	23,46
Die Niederschrift I	10	775	842	0,0129	0,0119	33,51
Die Niederschrift II	17	700	605	0,0243	0,0281	25,92
Epilog	23	404	259	0,0569	0,0888	20,24
Jeden ereilt es	1	178	83	0,0056	0,0120	14,27
Die Nacht aus Blei	2	69	114	0,0290	0,0175	49,85
Alle Texte	92	3341	3607	0,0275	0,0255	29,83

Tabelle 7.2.B: Übersicht über die roten Verbalphrasen

Der mittlere Quotient aus der Anzahl der roten Verbalphrasen und dem Seitenumfang (A:B) beträgt 0,0275, der mittlere Quotient aus der Anzahl der roten Verbalphrasen und der Summe der Farbetyma (A:C) beträgt 0,0255 (siehe unterste Zeile in Tabelle 7.2.B). Vom Mittelwert A:B weichen in der Spalte D „Perrudja" und der „Epilog" nach oben ab, „Ugrino und Ingrabanien", „Perrudja. Zweites Buch", „Bornholmer Aufzeichnungen", „Die Niederschrift I" und „Jeden ereilt es" nach unten. „Das Holzschiff", „Die Niederschrift II" und „Die Nacht aus Blei" liegen nahe am Mittelwert.

Anders liegen die Verhältnisse, wenn man den Mittelwert A:C als Referenz heranzieht. Der Quotient A:C bei „Ugrino und Ingrabanien", „Perrudja. Zweites Buch", den „Bornholmer Aufzeichnungen", der „Niederschrift I", „Jeden ereilt es" und der „Nacht aus Blei" liegt deutlich unter dem Mittelwert. Beim „Holzschiff" liegt er leicht, beim „Epilog" überdeutlich darüber. Der Quotient A:C von „Perrudja" und der „Niederschrift II" liegt nahe am mittleren Quotienten A:C. Das Diagramm 7.2.C veranschaulicht diese Verhältnisse.

Die Häufung der roten Verbalphrasen in den frühen und den späten Texten, die anhand des Diagramms 7.2.A aufgefallen war, erklärt sich dahingehend, dass „Perrudja"

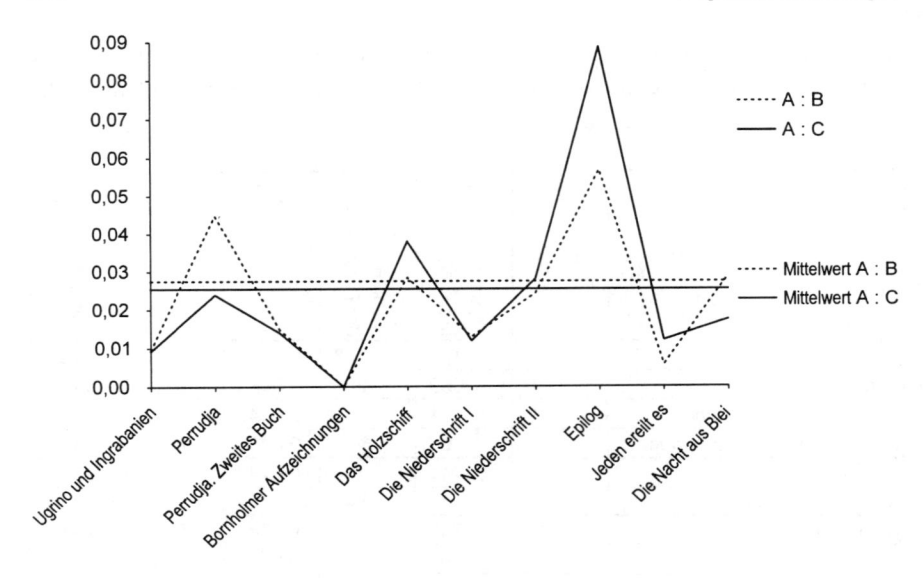

Diagramm 7.2.C: Die Quotienten A:B und A:C aus Tabelle 7.2.B

und der „Epilog" überdurchschnittlich viele rote Verbalphrasen enthalten. Im Verhältnis zur Textlänge und zur Anzahl der Farbetyma ist diese Ungleichverteilung allerdings nur beim „Epilog" besonders auffallend, bei „Perrudja" viel weniger. Gegen Ende des Kapitels 4.2. „Wortarten, Satzgliedfunktionen und Text" war aufgefallen, dass der Anteil von Rot und der Anteil der dynamisierenden Farbgebung durch Farbverben im „Epilog" auffallend hoch ist. Dieser Befund spiegelt sich hier in der hohen Dichte roter Verbalphrasen wider.

Die Spitze beim „Epilog" erklärt sich aber auch durch die eher geringe Farbdichte (Farbetyma je 10.000 Wörter) in diesem Text (Spalte F in 7.2.B). Das heißt, dass im „Epilog" gerade wegen der relativen Farblosigkeit des Textes die roten Verbalphrasen deutlich auffallen. Im „Perrudja" hingegen werden die – absolut betrachtet – sehr vielen roten Verbalphrasen durch die hohe Farbdichte (der Wert ist der höchste unter allen Texten) gewissermaßen aufgehoben.

Interessant ist der Vergleich der hohen Präsenz roter Verbalphrasen mit der Ausdehnung des Wortfeldes Mensch unter den Zuordnungen. Das Kapitel 5.5. „Die sieben Gruppen" hat gezeigt, dass im „Epilog" der Anteil der Mensch-Gruppe mit 51,8 % am größten ist (Tabelle. 5.5.B). In diesem Text ist die Anthropozentrik der Farbgebung sehr auffallend und sie steht möglicherweise in Zusammenhang mit dem emotionalen Welterleben der pubertierenden Protagonisten (Diagramm 5.6.C und Diskussion).

7.2. Über das Erröten

Übertragen auf die Beobachtungen im vorliegenden Kapitel bedeutet dies, dass die überdurchschnittliche Verwendung roter Verbalphrasen durch die Anthropozentrik der Farbgebung ermöglicht wird. Es überrascht dann auch nicht mehr, dass in den „Bornholmer Aufzeichnungen" rote Verbalphrasen ganz fehlen, denn der Anteil der Mensch-Gruppe ist in diesem Textfragment verschwindend klein (Diagramme 5.5.C und 5.6.C).

Zwingend und auf alle Texte übertragbar aber ist eine solche Regelmäßigkeit nicht. Denn auch in der „Nacht aus Blei" ist die Mensch-Gruppe ausgesprochen groß. Bei der Kategorisierung der Zuordnungen zu den Gruppen Mensch, Natur, Technik ist in diesem Text die Mensch-Gruppe mit 44,9 % sogar ein wenig größer als im „Epilog" (44,5 %; Tabelle 5.6.B). Der Anteil der roten Verbalphrasen ist in der „Nacht aus Blei" allerdings unterdurchschnittlich groß.

Diese Beobachtungen zeigen, dass die Erklärungen für den schwankenden Anteil roter Verbalphrasen weit gehend hypothetisch bleiben müssen und lediglich für einzelne Texte annähernd zutreffen. Sobald man aber einen vermuteten Zusammenhang zur Textwelt auf mehrere Werke übertragen will, führen die Erklärungsmuster nur teilweise zu schlüssigen Aussagen.

Um in den Sinngehalt der roten Verbalphrasen vorzudringen, werden die 92 Belege anhand der folgenden Leitfragen analysiert:
– Wie verteilt sich der Numerus der Farbträger?
– Wie groß ist der Anteil der Menschen unter den Farbträgern?
– Wie verteilen sich weiblicher und männlicher Sexus innerhalb der menschlichen Farbträger?
– Wer oder was ‚wird rot', ‚errötet' oder ‚rötet (sich)'?
– Ist die Farbe Rot in roten Verbalphrasen semantisch differenziert?
– Sind die roten Verbalphrasen durch zusätzliche Adverbiale näher bestimmt?

Eine Übersicht über die quantifizierbaren Antworten auf die Leitfragen gibt die Tabelle 7.2.D. Am repräsentativsten ist die rechte Spalte, die alle drei Typen roter Verbalphrasen enthält. Der Umfang der Daten zu den einzelnen Typen ist vermutlich etwas zu klein, um repräsentative Aussagen zu ermöglichen.

Der weitaus größte Teil der Farbträger tritt im Singular auf. Unter den Belegen für ‚erröten' gibt es keine einzige Pluralbildung. Wenn man hohe Singular-Frequenz als Indiz für individuelle Kennzeichnung werten darf, so würde dies bedeuten, dass Verbalphrasen mit ‚erröten' einen höchst individuellen Vorgang kennzeichnen, nicht einen kollektiven.

Durch eine zusätzliche Überlegung wird der Singularanteil noch größer: In Tabelle 7.2.D enthält der Pluralanteil u.a. die Formen ‚Augen' (P 215, H 216, N1 433, N2 21, 30, 403), ‚Wangen' (P, 101) und ‚Hände' (H, 66). Im Kontext gehören diese Körperteile im Plural jedoch zu jeweils einer einzelnen Person. Würde man diese Belegstellen zu den Singularformen rechnen, so würde sich die Ungleichverteilung zusätzlich deutlich zugunsten des Singulars verschieben: 93,48 % Singular, 6,52 % Plural.

Ausgesprochen hoch ist der Anteil der Farbträger, die das Merkmal [+HUM] tragen. Auch hier gibt es wieder einen Unterschied zwischen ‚erröten' und ‚rot werden': fast ausschließlich (97 %) ‚errötet' der Mensch, während ein Viertel der Farbträger, die ‚rot werden', nicht zum menschlichen Körper gehören. Überraschend ist der 100 %-ige Anteil der Farbträger bei ‚(sich) röten', der auf den menschlichen Körper referiert.

	‚rot werden'		‚erröten'		‚(sich) röten'		Alle	
	absolut	Prozent	absolut	Prozent	absolut	Prozent	absolut	Prozent
Wie verteilt sich der Numerus der Farbträger?								
Singular	29	78,38	37	100,00	12	66,67	78	84,78
Plural	8	21,62	0	0,00	6	33,33	14	15,22
	37	100,00	37	100,00	18	100,00	92	100,00
Wie groß ist der Anteil der Menschen unter den Farbträgern?								
[+HUM]	30	81,08	36	97,30	18	100,00	84	91,30
[−HUM]	7	18,92	1	2,70	0	0,00	8	8,70
	37	100,00	37	100,00	18	100,00	92	100,00
Wie verteilen sich weiblicher und männlicher Sexus innerhalb der menschlichen Farbträger?								
m	26	70,27	27	72,97	15	83,33	68	73,91
w	1[678]	2,70	9	24,32	3	16,67	13	14,13
Rest	10	27,03	1	2,70	0	0,00	11	11,96
	37	100,00	37	100,00	18	100,00	92	100,00
Ist die Farbe Rot in roten Verbalphrasen semantisch differenziert?								
ja	20	54,05	14	37,84	9	50,00	43	46,74
nein	17	45,95	23	62,16	9	50,00	49	53,26
	37	100,00	37	100,00	18	100,00	92	100,00
Sind die roten Verbalphrasen durch zusätzliche Adverbiale näher bestimmt?								
ja	21	56,76	9	24,32	5	27,78	35	38,04
nein	16	43,24	28	75,68	13	72,22	57	61,96
	37	100,00	37	100,00	18	100,00	92	100,00

Tabelle 7.2.D: Quantitative Übersicht über einige Antworten auf die Leitfragen

---

[678] Die Summe der männlichen und weiblichen Farbträger (27) unterscheidet sich bei ‚rot werden' von der Anzahl der Farbträger mit dem Merkmal [+HUM] (30). Die Differenz ist durch drei Pluralformen für Menschen*gruppen* bedingt, deren Sexus nicht spezifizierbar ist und die daher bei der Sexusspezifik unter die Rubrik ‚Rest' fallen (P 427, 437, N1 760). Dies wirkt sich auch auf die Summe der männlichen und weiblichen Farbträger in der Spalte *Alle* aus (81 versus 84 Farbträger mit dem Merkmal [+HUM].

7.2. Über das Erröten

Beachtenswert ist die Sexusspezifik der Farbträger: Es handelt sich vorwiegend um Männer, die ‚rot werden', ‚erröten' oder ‚(sich) röten'. Durchschnittlich liegt der Männeranteil bei etwa drei Viertel, während der Frauenanteil lediglich 14 % beträgt. Die restlichen 12 % sind Farbträger, die auf keinen bestimmten Sexus referieren.

Im vorigen Kapitel war aufgefallen, dass lediglich männliche Protagonisten mit einer Purpurhaut ausgestattet sind. Dies entspricht dem Erzählverhalten Jahnns, die männlichen Protagonisten und ihre Körper insgesamt ausführlicher und meist positiver zu schildern als die weiblichen. In einem Brief an Hubert Fichte räumt der Autor ein: „Vom Wesen einer Frau begreife ich fast nichts [...]"[679]

Die Akzentuierung des Männlichen bei Jahnn, die sehr wahrscheinlich mit seiner Homosexualität zusammenhängt, ist seit Anfang der 1980-er Jahre ein ausführlich diskutiertes Thema der Jahnn-Forschung.[680] Der Akzentuierung des Männlichen stehen die Abwesenheit der Frau, die Negation ihrer selbständigen Individualität und ihre Dämonisierung gegenüber.[681] Einen emotionsgeladenen Höhepunkt erreichte die Diskussion „der asymmetrischen Geschlechterdarstellung"[682] in Regula Venskes polemischen Essays gegen Jahnn und seine Rezeption in Wissenschaft und Feuilleton.[683]

Die Kontextanalyse der roten Verbalphrasen bestätigt Jahnns Asymmetrie der Geschlechterdarstellung insofern, als vorwiegend männliche Akteure erröten und somit durch ein zusätzliches distinktives Merkmal ausgezeichnet werden. Interessanter aber als die x-te Festschreibung der asymmetrischen Geschlechterdarstellung ist ein anderer Erkenntnisgewinn: der Nachweis nämlich, dass quantitative Verfahren relevante und interpretierbare Ergebnisse liefern, indem sie Bekanntes bestätigen. Jannidis hält fest, dass das vermeintliche Argument gegen statistische Verfahren, sie seien überflüssig, sofern sie Bekanntes bestätigen, eigentlich ein starkes Argument *für* die Anwendung statistischer Verfahren ist.[684]

Es konnte nachgewiesen werden, dass die roten Verbalphrasen vorwiegend mit Entitäten verknüpft sind, die im Singular auftreten (Individualisierung) und das Merkmal [+HUM] tragen (Anthropozentrik). Die Farbträger aus dieser zweiten Gruppe referieren deutlich öfter auf den männlichen als auf den weiblichen Körper (Akzentuierung des Männlichen, asymmetrische Geschlechterdarstellung). Rote Verbalphrasen tragen somit auch das Merkmal [+MASK].

---

[679] Berlin (DDR), 3. Oktober 1955, Brief an Hubert Fichte in Süderholm, Briefe II, S. 861.
[680] Vor allem in den Arbeiten und Sammelbänden von Popp (1984), Krey (1987), Mebes (1992), Hamann/Venske (1994), Schäfer (1996), Schieb (1997), Bönnighausen (1997) und Stalmann (1998).
[681] Venske (1994), S. 29, Bönnighausen (1997), S. 98.
[682] Stalmann (1998), S. 3.
[683] Venske (1993), Venske (1994).
[684] Jannidis (1999), S. 53.

Nun wird untersucht, wer oder was genau ‚rot wird', ‚errötet' und ‚(sich) rötet'. Zunächst werden die 81 Farbträger untersucht, deren Sexus spezifiziert ist. Hierzu bieten sich zwei Ansätze an, die sich leicht voneinander unterscheiden. Erstens kann untersucht werden, welche Farbträger durch explizite Nennung grammatikalisch indiziert sind. Durch diese Darstellung ist es möglich, die Textoberfläche möglichst wörtlich widerzuspiegeln. Zweitens ist es möglich, Körperteile ihrem menschlichen Eigentümer zuzuordnen. Zusätzlich können Deiktika durch ihre Referenten ersetzt werden. Bei diesem zweiten Ansatz werden die Farbträger personalisiert und individualisiert (soweit dies möglich ist). Beispiel:

Sein Gesicht wurde dunkelrot vor Erregung und Festigkeit. (P, 471)

Als grammatikalisch indizierter Farbträger ist hier das ‚Gesicht' erkennbar, das ‚dunkelrot wird'. Es ist ergänzt durch das Possessivpronomen ‚sein'. Aus dem Kontext geht hervor, dass ‚sein' auf Harald Tidemand referiert, der Ingrid Borg begehrt. Das ‚Gesicht' gehört Harald, dieser ist der personalisierte Farbträger in dieser Textstelle.

Die verhältnismäßigen Ergebnisse, die die beiden Ansätze (Bestimmung der grammatikalisch indizierten und der personalisierten Farbträger) liefern, unterscheiden sich kaum. Die Liste der personalisierten Farbträger (Tabelle 7.2.E) macht wegen der gesättigteren Information über einzelne Individuen genauere Rückschlüsse auf die Figurenkonstellationen möglich. Daher und um die Darstellung stringenter zu gestalten, werden lediglich die personalisierten Farbträger wiedergegeben.

An der Spitze der Tabelle 7.2.E steht Gustav, gefolgt von Nikolaj, seinem leiblichen Sohn. (Es scheint, als wäre das Erröten hier ein Vater/Sohn-spezifisches Merkmal.) An dritter Stelle steht Perrudja. An vierter Stelle folgen *ex aequo* Asger und Hein. Tutein tritt an fünfter Stelle auf. Dann folgen sechs Personen mit zweimaliger Nennung, unter ihnen Ajax und zwei Frauen: Gemma und Inger, Nikolajs Frau im „Epilog".

Zunächst wird noch einmal die asymmetrische Geschlechterdarstellung deutlich, indem männliche Protagonisten am häufigsten durch rote Verbalphrasen differenziert werden. Daneben gibt es aber auch eine asymmetrische Gestaltung der homosexuellen oder homoerotischen Paarkonstellationen. Diese springt bei der Lektüre ins Auge; Kai Stalmann hat dieses Phänomen eingehend untersucht und erläutert es am Beispiel von Asger und Johannes.

Typisch für diese Männerlieben ist ihre Asymmetrie, die auch in der Knabenfreundschaft Asgers und Johannes' sichtbar wird. Asger ist der sensiblere, ein ‚Weltverbesserer' –, Johannes ist von einer *‚lichtvollen Gestalt'*, doch gröberen Charakters.[685]

---

[685] Stalmann (1998), S. 136. Zitate im Zitat: E, 321, 315.

7.2. Über das Erröten

Personalisierter Farbträger	Anzahl Belege	Belegstellen
Gustav	11	H 57, 68, N1 433, 447, 515, 573, 707, N2 116, 378, 401, 574
Nikolaj	10	E 10–11, 15, 113, 130, 147, 161, 183, 284, N2 112
Perrudja	8	P 101, 109, 175, 189, 197, 314, 317, 397
Asger	6	E 316–317, 329, 345, 345, 346, 79
Hein	6	P 377, 384, 402, P2 685, 739
Tutein	3	N2 147, 314, 318
Ajax	2	N2 278, 280
Gemma	2	E 70, N1 886
Harald Tidemand	2	P 471, 473
Inger	2	E 403, 405
Klemens Fitte	2	H 116, 216
Mathieu	2	B 254, 262
Buyana	1	N1 563
Diener von Dr. Woke	1	N2 30
Egil	1	N2 21
Ellena	1	H 42
Eystein	1	P 215
Frau Mattisen	1	P 367
Frauen, zwei	1	E 274
Gemmas Vater	1	N1 886
Henker	1	N2 455
Inge Tidemand	1	P 465
Johannes	1	E 79
Karla	1	E 211
Leichtmatrose	1	P 558
Lien	1	N2 527
Mann	1	P 633
Mörder	1	H 66
Mund	1	P 142
Mutter, eine	1	N2 403
Nachbar	1	J 68
Oliva	1	N2 613
Pete	1	P 614
Schulkamerad	1	N2 40
Signe	1	P 634
Totengräber	1	N2 670
Wir [Perrudja und Haakon][686]	1	P 208
	81[687]	

Tabelle 7.2.E: Personalisierte Farbträger in Verbindung mit roten Verbalphrasen

[686] Entgegen der Prämisse, alle Deiktika durch ihre Referenten zu ersetzen (siehe oben), wurde hier

Auffallend ist die Tatsache, dass es einen deutlichen und durchgehenden Zusammenhang zwischen physischer und psychischer Unterlegenheit und häufigerem Erröten gibt. Bei allen diesen jahnnschen Männerpaaren: Gustav/Tutein, Gustav/Ajax, Nikolaj/Ajax, Perrudja/Hein, Asger/Johannes, Mathieu/Gari – immer errötet der Unterlegene öfter!

Gustav ist vom selbstsicheren Tutein und vom körperlich makellosen Ajax fasziniert. Gustav erliegt Tutein in besonderer Weise insofern, als dieser der Mörder seiner Verlobten ist; er erliegt Ajax im eigentlichen Wortsinn, indem er von diesem ermordet wird. Der pubertierende Nikolaj begeistert sich für den lebenserfahrenen, viel älteren Ajax, den er für Tutein hält und der schlussendlich Nikolajs Vertrauen ausnutzen und dessen junge Frau verführen wird. Die *gelbe stinkende Blume* Perrudja verblasst neben dem jüngeren Hein, der ein einfaches Gemüt und einen Körper von skulpturaler Schönheit hat.

Am wenigsten deutlich wird eine Unterlegenheit in der Konstellation Asger/Johannes, obschon Asger am Ende des Verliebtseins aufgrund seines empfindsameren Wesens von Johannes in die Defensive getrieben wird. Besonders ausgeprägt aber ist die Unterlegenheit Mathieus Gari gegenüber.[688] Im Exposé zum Film „Die Schuldigen" (1950), dem das Fragment „Jeden ereilt es" zugrunde liegt und das auf die inhaltliche Fortführung dieses Textes schließen lässt, beschreibt Jahnn die Konstellation der beiden Jungen folgendermaßen:

> Gari, der körperlich Stärkere und Gesündere und seelisch einfacher Beschaffene, hat in einer spontanen Anwandlung von Zuneigung den schwächeren Mathias bei einer Prügelei, die dem Reederssohn das Leben hätte kosten können, gerettet.[689]

Die emotionale Abhängigkeit Mathieus von Gari wird in der nicht realisierten Weiterführung zunehmend stärker und auch tragischer. Der Matrose Gari verliebt sich in Mathieus Schwester Momke (was Mathieu zu verhindern versucht) und ermordet sie schließlich, weil sie sich ihm verweigert. Mathieu wird des Mordes verdächtigt, in seiner unverbrüchlichen Liebe zu Gari nimmt er alle Schuld auf sich, um diesen zu decken. Am Ende steht Mathieus Selbstmord durch Gift.[690]

---

das Pronomen beibehalten. Dies erscheint insofern sinnvoll, als es bei der Ersetzung durch die Referenten in zwei Individuen aufgespalten werden müsste, was *zwei* Belege an die Stelle von *einem* treten ließe.

[687] Die Summe der Farbträger, deren Sexus spezifiziert ist (81) ist nicht gleich der Anzahl der Farbträger mit dem Merkmal [+HUM] (84). Genaueres dazu in der Fußnote 678.

[688] Sehr ausführlich nachgewiesen, dargestellt und diskutiert sind die physischen und psychischen Unterschiede zwischen Mathieu und Gari in Molitor/Popp (1984), S. 33–44.

[689] Exposé zu einem Film: „Die Schuldigen", Späte Prosa, S. 185–186.

[690] Exposé zu einem Film: „Die Schuldigen", Späte Prosa, S. 185–189. Vgl. auch die Paralipomena und Notizen, vor allem Späte Prosa, S. 217, 227, 229, 236.

7.2. Über das Erröten

Man kann alle diese Paarkonstellationen mit der Tabelle 7.2.E abgleichen. Der Überlegene tritt immer unterhalb des Unterlegenen auf (weil er seltener errötet), Gari – wegen seiner Über-Überlegenheit – fehlt ganz.

Nun könnte aber der überlegene Part in diesen Konstellationen innerhalb des Erzählverlaufs weit weniger wichtig sein als der unterlegene – etwa im Sinne einer Episode im Gegensatz zum roten Erzählfaden. Doch die oben genannten und besprochenen Paare bestehen aus jeweils relativ gleichrangigen Partnern, sowohl unter dem Gesichtspunkt ihrer narrativen Funktion als auch ihrer Präsenz in der Erzählzeit.

Nachdem nun der Zusammenhang zwischen roten Verbalphrasen und Unterlegenheit deutlich antage liegt, rückt vor diesem Hintergrund auch die Beziehung zwischen Perrudja und Signe in ein neues Licht. Jahnn lässt Signe nicht nur seltener als Perrudja erröten, weil sie eine Frau ist, sondern auch, weil sie Perrudja überlegen ist. Dieser kann Signe zwar als Ehefrau gewinnen, doch verlässt sie ihn vor dem Vollzug der Ehe, weil sie bei ihm Draufgängertum und Wildheit vermisst (er verschweigt ihr, dass er ihren vormaligen Verlobten Thorsten Hoyer ermordet hat).

Eine weitere Überlegung hebt Perrudjas Unterlegenheit auf eine höhere Ebene und setzt sie in Bezug zum menschlichen Dasein. Eine der interessantesten Thesen von Bürger stellt die Lesart des „Perrudja" als Anti-Bildungsroman zur Diskussion. Jahnn führe mit seinem Roman

> [...] das Ideal der Bildung ad absurdum. Alles, was sich Perrudja beibringt, macht ihn zu keinem selbstbestimmten Individuum, sondern läßt ihn Einblick in die eigene Unfreiheit, die Determiniertheit seines Daseins gewinnen.[691]

Perrudja würde demnach nicht nur vor schmackhaften Männerkörpern erröten, sondern vor „seiner strotzenden Umwelt" überhaupt, die ihn in „ein kränkliches und peinliches Mißverhältnis" (P, 7) zu ihr treibt.

Nun bleiben noch die Farbträger zu analysieren, deren Sexus nicht spezifizierbar ist (Tabelle 7.2.F). Es handelt sich hier um jene 11 Belege, die in der Tabelle 7.2.D im Schnittpunkt der Spalte ‚Alle' und der Zeile ‚Rest' (Abschnitt ‚Sexusspezifik') aufscheinen.

Bis auf die erste Zeile entspricht jedes Type einem einzigen Token. Die erste Zeile fasst jene drei Belege zusammen, in denen eine gemischtgeschlechtliche Menschengruppe den Farbträger bildet und die folglich in Tabelle 7.2.E nicht aufgeschlüsselt werden konnten (Genaueres in Fußnote 678).

Die weiteren acht Farbträger, die mit roten Verbalphrasen einhergehen und die nicht zur menschlichen Gattung gehören [-HUM], sind ‚Eisblumen', ‚Fels', ‚Gold', ‚Meer',

---

[691] Bürger (2003), S. 193.

Farbträger	Anzahl Belege	Belegstellen
[Menschen]	3	P 427, 437, N1 760
Eisblumen	1	U 1241
Fels	1	U 1241
Gold	1	N1 455
Meer	1	P 498
Metall	1	P 397
Perrudjas Taschentuch	1	P 432
Scherben [am Hause Perrudjas]	1	P 540
Waschschüsseln [wassergefüllte]	1	N2 130
	11	

Tabelle 7.2.F: Farbträger ohne Sexusspezifik in Verbindung mit roten Verbalphrasen

‚Metall', ‚Perrudjas Taschentuch', ‚Scherben' (gemeint sind tönerne Kacheln) und ‚Wasserschüsseln'. Für alle diese Belege, ebenso für die zusammenfassende Menschen-Zeile, ist es bezeichnend, dass es sich hier bis auf eine Ausnahme (P, 397) um Farbträger handelt, die lediglich mit ‚rot werden' in Verbindung stehen. Hier wird noch einmal deutlich, dass die Verben ‚erröten' und ‚(sich) röten' bei Jahnn im Allgemeinen der Verbindung mit dem Menschen vorbehalten sind.

Die Tabelle 7.2.G listet die semantischen Differenzierungen der roten Verbalphrasen auf. Gemeint sind hier die Differenzierungen im Sinne des Kapitels 3.2. „Arten der Differenzierungen". Sie modifizieren und präzisieren die Semantik der Farbe.

Achtmal und am häufigsten belegt ist ‚ein wenig'. Eine Variation dazu ist das einmalige ‚nur ein wenig mehr'. An zweiter Stelle folgt die Negation. Die dritte Stelle nimmt das Dimensionsadjektiv ‚tief' ein. Neben der syntagmatischen Differenzierung durch ‚tief' gibt es auch einmal das Kompositum ‚tiefrot'.

Bei den allermeisten Differenzierungen handelt es sich um syntagmatische Bildungen. Innerhalb dieser Gruppe gibt es sechs Vergleiche mit ‚wie' (ausführlich dazu das Kapitel 3.5. „Vergleiche"). Die kleinere Gruppe der Komposita besteht aus ‚überrot', ‚blutrot', ‚blaurot', ‚dunkelrot' und ‚tiefrot'.

Ein interessantes Detail ist die Tatsache, dass die Negation typisch für die Farbe Rot, genauer: typisch für rote Verbalphrasen ist. Wenn man einen Blick auf den Punkt 5 in Anhang III wirft, so wird klar, dass Rot insgesamt siebenmal negiert ist. Sechs Belege für negiertes Rot gibt es allein in der Tabelle 7.2.G. Mithin absorbieren die roten Verbalphrasen den größten Teil der Belege für negiertes Rot. Verglichen mit der Farbe Grau, wird ein markanter Unterschied deutlich: Grau ist die einzige unter den häufigen Farben, die nicht negiert – nicht negierbar – ist (Tabelle 3.6.A). Grau markiert einen Zustand, dessen Positionierung irreversibel ist. Bei den prozessorientierten

7.2. Über das Erröten

Differenzierung von ROT	Anzahl Belege	Belegstellen
ein wenig	8	E 161, 405, H 42, N1 886, N2 278, P 101, 317, 402
[Negation]	6	P 208, 397, E 130, 188, H 57, N2 613
tief	5	P 142, 633, N2 40, E 316–317, 403
überrot	4	P 189, 197, 397, E 345
blutrot	2	P 427, H 116
märzlich	2	N2 314, 318
rot oder blass[692]	2	E 130, 188
bestürztes, hilfloses	1	E 10–11
blaurot	1	P 540
dunkelrot	1	P 471
ein bisschen	1	P 498
leicht	1	E 15
nur ein wenig mehr	1	N2 670
peinigendes	1	P 634
rot und blass wie einer, der ...	1	N2 116
roter und roter	1	P 432
schrecklich	1	N2 30
tiefrot	1	N2 130
wie Blut	1	U 1241
wie ein gekochter Krebs	1	J 68
wie ein Kind	1	N2 378
wie ein Schüler	1	N2 574
wie Krebse	1	P 437
	45	

Tabelle 7.2.G: Semantische Differenzierungen roter Verbalphrasen

roten Verbalphrasen ist hingegen eine Verneinung, eine explizite Zurücknahme oder ein deutliches Nicht-Vorhandensein möglich. Dies zeigt Rot als eine sprachlich flexible und variabel gestaltbare Farbe und steht sehr wahrscheinlich in Zusammenhang mit der Tatsache, dass die Farbe Rot insgesamt die verhältnismäßig am häufigsten differenzierte Farbe ist, während Grau auffallend selten differenziert wird (Tabelle 3.1.A).

Im Sinne der letzten Leitfrage (vgl. den letzten Block in Tabelle 7.2.D) kann man nun den Adverbialkomplex im weiteren syntagmatischen Umfeld untersuchen. Dabei fallen kausale, konditionale, lokale und temporale Präpositionalphrasen auf.[693]

---

[692] Bei den zwei Belegen ‚rot oder blass' handelt es sich um Differenzierungen des Etymons ROT durch ‚oder blass', die zusätzlich negiert sind und deshalb in dieser Tabelle 7.2.G auch unter ‚[Negation]' vermerkt sind. Die Summe (45) weicht daher von der Summe der differenzierten Belege in Tabelle 7.2.D ab (43).

Kausale und konditionale Adverbiale sind „vom Blut" (N1 455, N2 130), „vom Wind" (N2, 21), „von der Sonne" (N2, 455), „vor Erregung und Festigkeit" (P, 471), „vor Glück" (N2, 280), „vor Scham" (H, 116), „vor Stolz und Zufriedenheit" (N1, 563), „voreinander" (P, 208), „bei den letzten Worten Faltins" (E, 70), „in Begeisterung für mich" (N2, 278) und „in der Frische der Jahreszeit" (N2, 314).

Eine wesentliche Ursache für das Erröten ist die Scham (H, 116).[694] Das Verb ‚sich schämen' ist zweimal explizit genannt (P 473, N2 40). Scham und Sich-Schämen sind vom Alltagsverständnis her geradezu *die* prototypischen Gründe für ein Erröten. Die Scham verweist ferner darauf, dass häufig eine Emotion die Ursache für das Erröten ist. Emotionen sind mit den belegten Begriffen *Erregung, Festigkeit, Glück, Stolz, Zufriedenheit* und *Begeisterung* benannt. Diese Begriffe sind im Wesentlichen positiv konnotiert. Eine andere Ursache für das Erröten sind Naturphänomene: *Wind, Sonne* und *Frische der Jahreszeit* (vgl. in diesem Zusammenhang die Differenzierung durch „märzlich"). Mithin ist die Haut, die errötet, ein Spiegel der Emotionen.

Sehr auffallend sind lokale Adverbiale: „bis in den Hals hinein" (E, 79), „bis über die Ohren" (N1 707, 760), „bis unter die Haare" (P 314), „bis unter die Haarwurzeln" (P 614, N1 886, N2 40), „im Feuer" (P 540), „im Gesicht" (P 189, 197, 317, 397, 427, E 284, 345) und „über und über" (N1 447, N2 527).

Am häufigsten ist die Phrase „im Gesicht". Sie paraphrasiert die Information, dass das Gesicht des Protagonisten eine farbliche Veränderung zum Roten hin erfährt. Erinnert sei an dieser Stelle daran, dass das Gesicht bei Jahnn der Prototyp für Rot (Tabelle 6.9.A) und der Prototyp für die Farbe insgesamt ist (Tabellen 5.2.B und 5.3.B). In gewisser Weise ist die Angabe, dass jemandes Gesicht oder dass jemand ‚im Gesicht' errötet, redundant, weil es kaum Alternativen gibt. Ortsangaben, die hier das Ziel(wort) des Vorgangs benennen, sind denn auch relativ selten und, wenn vorhanden, ziemlich auffällig wie etwa „bis über die Ohren", „bis unter die Haare" oder das schöpferische „bis unter die Haarwurzeln". Solche lokalen Adverbiale informieren über die Erstreckung des Vorgangs, sie haben eine mensurale Dimension und eine intensivierende Wirkung, indem sie das ohnedies Offenkundige präzisieren. Sehr eigenwillig ist die Ortsangabe im folgenden Satz:

Er [Asger] wurde rot bis in den Hals hinein. (E, 79)

---

[693] Abgesehen davon, dass ein Gutteil der Differenzierungen modale oder mensurale Adverbiale sind. Um aber im definitorischen Rahmen dieser Arbeit zu bleiben, ist in solchen Fällen durchgehend von Differenzierungen die Rede. Diese modifizieren vorwiegend die Farbe, während der funktionale Schwerpunkt der Adverbiale auf der genaueren Bestimmung des Vorganges liegt, den der Verbalkomplex bezeichnet.

[694] Vgl. auch die drei Belege für ‚Schamesröte': P 257, 559, J 157. (Vgl. auch die Tabelle 4.6.B.)

7.2. Über das Erröten 353

Der Sinn der Präpositionalphrase erklärt sich aus dem Kontext. Asger und Johannes küssen sich zum ersten Mal („Viele Minuten lang." E, 79). Asger hört, dass sich ihnen sein Bruder Sverre nähert, und wird rot. In den unmittelbar vorausgehenden Sätzen fallen die Begriffe *Kuss, Münder, Fleisch* und *Lippen*. Asgers Mundinneres und sein Rachen werden durch seinen emotionalisierten Zustand gleichsam externalisiert; ein Teil seines Körperinneren wird nach außen gestülpt und nimmt Eigenschaften der Haut an: Asger wird rot *bis in den Hals hinein*.

Die letzte der oben genannten Umstandsangaben, das zweimal belegte „über und über", hat neben der lokalen auch eine temporale, iterative Dimension. Sie steht in einer gewissen Nähe zum iterativen „roter und roter" (P, 432) und leitet über zu den temporalen Adverbialen. Beispiele dafür sind die Adverbien „wieder" (E 211, 346, N2 112), „abermals" (E, 113) und „sofort" (E, 284). Das dreimalige ‚wieder' und das einmalige ‚abermals' implizieren eine Wiederholung.

Aufmerksamkeit verdienst das kausale Adverbiale „grundlos" (N2, 116). Es besagt, dass für den fraglichen Vorgang kein Grund vorliegt. Trotzdem geht hier der Grund für das Rot-Werden aus dem Kontext hervor. Gustav erinnert sich in einem Gespräch mit Tutein an seine unerfüllte Jugendliebe zum Schlachterjungen Konrad und an die damit verbundenen seelischen Wunden.

Ich wurde grundlos rot und blaß wie einer, der beständig ertappt wird. Ich war bis dahin ein folgsames Kind gewesen und wurde plötzlich störrisch. Etwas in mir war zerrissen. Man ist ein anderer Mensch von heute auf morgen. (N2, 116)

Obwohl Gustavs seelische Turbulenzen ohne Weiteres nachvollziehbar sind, gebraucht der Erzähler die Angabe „grundlos" und illustriert das wechselweise Rot- und Blass-Werden durch den Vergleich mit dem Ertappt-Werden bei einer (unerlaubten) Handlung. Dieser Widerspruch verdeutlicht unterschiedliche Perspektiven in die Einsicht der Ursache für das Erröten. Dem Erzähler und dem Leser ist es vollkommen klar, warum der junge Gustav rot und blass wird. Er selber aber mag sich dessen gar nicht bewusst sein, dass sich sein zerbrochenes Herz, seine Labilität und sein gewandelter Charakter im Gesicht widerspiegeln und dass ebendiese Zustände der Grund für den Wechsel der Gesichtsfarbe sind.

Das grundlose Erröten (das nicht möglich ist) verweist auf grundsätzliche Merkmale dieses Vorgangs: Das Erröten hat immer eine Ursache. Das Erröten-Lassen der Personen ist eine höchst auffällige erzählerische Geste, die in hohem Maße motiviert und intendiert sein muss. Erzähltechnisch ist es gar nicht möglich, einen so singulären und individuellen Vorgang ohne Motivierung abzubilden.

7.3. Das Schwarz, das Schwarze und die Schwärze

Sibylle Birrer und Jörg Niederhauser schreiben zu den Substantivierungen der Farbe Gelb:

> Die Form ohne *e (Gelb)* bezeichnet die Farbe allgemein, die Form mit *e* die Vorstellung von einem Gegenstand in bestimmter Farbe *(das Gelbe vom Ei)*.[695]

Angeregt durch diese Beobachtung, soll in diesem Kapitel geprüft werden, ob sich diese Unterscheidung auch auf ‚das Schwarz' und ‚das Schwarze' übertragen lässt. Darüber hinaus wird auch ‚die Schwärze', die Substantivierung durch Umlautung, mit einbezogen. Im Hauptsächlichen wird dieses Kapitel die drei Farbsubstantive ‚das Schwarz', ‚das Schwarze' und ‚die Schwärze' näher beschreiben und ihre Unterschiede ausloten. Besonders lohnend erscheint dieses Unterfangen auch insofern, als die Farbe Schwarz überdurchschnittlich häufig substantiviert wird (Kapitel 4.7.). Aus ökonomischen Gründen werden ‚das Schwarz', ‚das Schwarze' und ‚die Schwärze' fortan kurz *schwarze Substantive* genannt.

Die fraglichen Substantive sind in den Wortart- und Satzgliedgruppen 7 (Farbsubstantiv im Subjekt) und 8 (Farbsubstantiv im Objekt oder in einer Präpositionalphrase) enthalten. Die diesbezügliche Tabelle 4.3.A weist für das Etymon SCHWARZ 26 Belege für die Gruppe 7 und 46 Belege für die Gruppe 8 nach. Diese insgesamt 72 Belege enthalten aber auch sechs Substantive, in denen Schwarz durch Komposition differenziert ist. Diese Belege werden eliminiert. Somit bleiben 66 Belege.

Zunächst werden Numerus, Sexus und Genus dieser Belege beschrieben.

Bei den 66 Belegen[696] gibt es eine überdeutliche Ungleichverteilung zugunsten der Formen im Singular: 64 Farbsubstantive sind Singular-, zwei Farbsubstantive sind Pluralformen. In diesen beiden Belegen referiert das Farbsubstantiv auf Menschengruppen, die sich hinsichtlich der Hautfarbe unterscheiden. Die Referenten weisen zwar ein Sexus auf; da es sich aber mit anzunehmender Sicherheit um gemischtgeschlechtliche Menschengruppen handelt, lässt sich der Sexus nicht spezifizieren.[697]

Überraschende Detailergebnisse liefert die große Gruppe der Singularformen: Bei keinem der 64 Belege lässt sich der Sexus bestimmen, denn die Referenten tragen weder das Merkmal [+BELEBT] noch das Merkmal [+HUM]. Das Genus hingegen ist

---

[695] Birrer/Niederhauser (1995), S. 39.
[696] Hingewiesen sei auf zwei Belege, in denen die Substantivierung des Farbbegriffs zweifelhaft ist, weil sie nicht durch Majuskel ausgewiesen ist: „ein Herr in schwarz" (P, 628) und „Gemisch aus schwarz und weiß" (J, 175). Da aber im Allgemeinen ein Farbwort nach einer Präposition als Substantiv aufgefasst wird (sogar Jahnn hält sich fast immer daran), werden diese beiden Belege unter den Substantiven verbucht.
[697] P, 282, N1, 466.

7.3. Das Schwarz, das Schwarze und die Schwärze

bestimmbar. Genau die Hälfte der 64 Farbsubstantive sind Feminina, die andere Hälfte Neutra. Maskulina fehlen. Die neutralen Substantive zu Schwarz sind ‚das Schwarz' und ‚das Schwarze' sowie Formen mit unbestimmtem oder ohne Artikel. Das feminine Substantiv zu Schwarz ist ‚die Schwärze'. Die Tabelle 7.3.A stellt zudem dar, wie sich das Suffix -e auf die Substantive verteilt und in welchen Satzgliedern diese auftreten.

		Feminina		Neutra	
		Anzahl Belege	Belegstellen	Anzahl Belege	Belegstellen
		32	A 578, B 254, 255, 264, 268, 296, 297, 305, 313, 314, E 50, 294, 295, 330, H 126, N1 680, N2 330, 427, 462, 616, 485, P 33, 583, 257, P2 693, 731	32	B 248, 264, 269, 293, H 33, 153, J 165, 166, 175, N1 265, 275, 301, 331, 407, 412, 531, 550, 715, 884, 933, 952, N2 315, 344, P 124, 150, 286, 400, 433, 554, 607, 628, 668, P 32
Suffix	mit -e	32	A 578, B 254, 255, 264, 268, 269, 296, 297, 305, 313, 314, E 294, E 50, 295, 330, H 126, N1 680, N2 330, 427, 462, 485, 616, P 33, 257, 583, P2 693, 731	15	B 264, 269, 293, H 153, J 165, 166, N1 265, 301, 884, 933, 952, N2 315, P 32, 433, 554, 663
	ohne -e	0		17	B 248, H 33, J 175, N1 275, 331, 407, 412, 531, 550, 715, N2 344, P 124, 150, 286, 400, 607, 628
Satzglieder	Subjekt	5	N2 616, B 255, 268, 297, 305	14	P 32, 124, 286, 433, 607, 668, H 33, N1 265 275, 331, 407, 715, N2 344, B 293
	Objekt/PP	27	P 33, 257, 583, P2 693, 731, A 578, H 126, N1 680, N2 330, 427, 462, 485, E 50, 294, 295, 330, B 254, 264, 268, 269, 296, 297, 313, 314	18	P 150, 400, 554, 628, H 153, N1 301, 412, 531, 550, 884, 933, 952, N2 315, E 295, J 165, 166, 175, B 248, 264, 269

Tabelle 7.3.A: Feminine und neutrale schwarze Substantive, -e-Suffix, Satzglieder

Da es feminine schwarze Substantive ohne -e nicht gibt, weisen hier alle 32 Belege diese Endung auf. Beachtlich ist die annähernde Gleichverteilung der neutralen schwarzen Substantive: 15 enden mit -e-Suffix, 17 ohne ein solches.

Unterschiede zwischen den femininen und den neutralen Substantiven gibt es auch hinsichtlich ihrer Einbindung in Satzglieder. Der Anteil der Subjekte ist sowohl bei den Feminina als auch bei den Neutra kleiner als der Anteil der Objekte und Präpositionalphrasen (was einem allgemeinen Trend entspricht, vgl. Tabelle 4.3.A). Neutrale Substantive treten etwa dreimal so häufig im Subjekt auf wie feminine (14 versus 5), während in den Objekten und Präpositionalphrasen deutlich mehr feminine Substantive auftreten als neutrale (27 versus 18).

Wie in Kapitel 7.2. „Über das Erröten" wird nun die Verteilung schwarzer Substantive im Supertext untersucht (Diagramm 7.3.B).

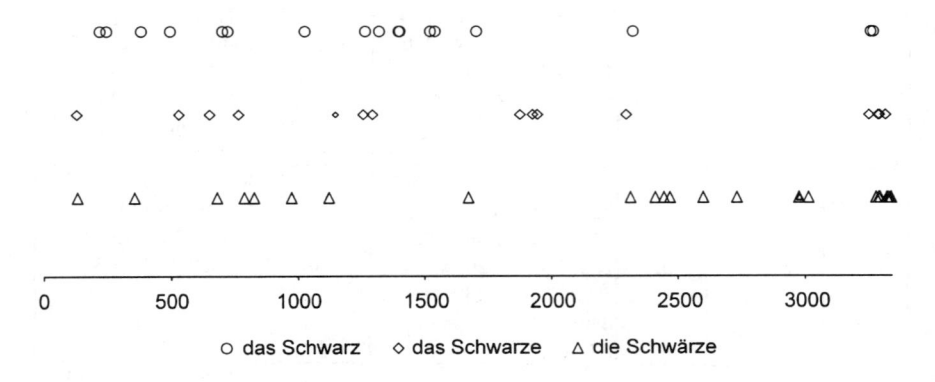

Diagramm 7.3.B: Schwarze Substantive im Supertext

Die grafische Darstellung weist für das erste und zweite Drittel des Supertextes eine lockere und relativ gleichmäßige Verteilung schwarzer Substantive nach. Auffallend ist das Abbrechen der Neutra ‚das Schwarz' und ‚das Schwarze' nach etwa dem zweiten Drittel. Im dritten Drittel ist allein das Femininum ‚die Schwärze' sehr präsent. Ganz am Ende kulminieren alle drei Arten der schwarzen Substantive. Ziemlich genau zwischen der „Niederschrift I" und der „Niederschrift II" (im Diagramm nicht sichtbar) kippt gewissermaßen das Neutrum der schwarzen Substantive ins Femininum.

Das Diagramm 7.3.B zeigt, dass die schwarzen Substantive im frühen und mittleren Werk annähernd gleich verteilt sind, dass im Spätwerk vorwiegend ‚die Schwärze' vertreten ist und dass sich am Ende des Supertextes alle schwarzen Substantive sehr auffallend häufen. Wie sich zeigen wird, handelt es sich hier um „Die Nacht aus Blei". Um genaueren Aufschluss über einzelne Texte zu bekommen, muss die Verteilung der schwarzen Substantive zur Textlänge und zur Gesamtsumme der Farbetyma ins Verhältnis gesetzt werden. Dies geschieht in der Tabelle 7.3.C.

7.3. Das Schwarz, das Schwarze und die Schwärze

Die Spalte A gibt an, wie viele schwarze Substantive in einem jeweiligen Text enthalten sind. Die Spalten B und C geben den Seitenumfang (Anzahl der nichtbereinigten Seiten) bzw. die Summe der Farbetyma wieder (vgl. Tabelle 2.1.B). Die Spalte D beinhaltet den Quotienten aus der Anzahl der schwarzen Substantive und dem Seitenumfang (A:B), die Spalte E den Quotienten aus der Anzahl der schwarzen Substantive und der Summe der Farbetyma (A:C).

	A	B	C	D	E	F
	Anzahl schwarzer Substantive	Textumfang in Seiten	Summe der Farbetyma	A:B	A:C	Farbdichte
Ugrino und Ingrabanien	0	105	108	0,0000	0,0000	30,23
Perrudja	13	669	1254	0,0194	0,0104	55,12
Perrudja. Zweites Buch	2	134	142	0,0149	0,0141	31,80
Bornholmer Aufzeichnungen	1	96	42	0,0104	0,0238	13,93
Das Holzschiff	3	211	158	0,0142	0,0190	23,46
Die Niederschrift I	13	775	842	0,0168	0,0154	33,51
Die Niederschrift II	7	700	605	0,0100	0,0116	25,92
Epilog	5	404	259	0,0124	0,0193	20,24
Jeden ereilt es	2	178	83	0,0112	0,0241	14,27
Die Nacht aus Blei	18	69	114	0,2609	0,1579	29,85
	64	3341	3607	0,0192	0,0177	29,83

Tabelle 7.3.C: Übersicht über die schwarzen Substantive

Der mittlere Quotient aus der Anzahl der schwarzen Substantive und dem Textumfang (A:B) beträgt 0,0192, der mittlere Quotient aus der Anzahl der schwarzen Substantive und der Summe aller Farbetyma (A:C) beträgt 0,0177. In neun der zehn Texte schwanken diese Quotienten nicht wesentlich. Überaus groß aber ist die Abweichung von den Mittelwerten in der „Nacht aus Blei": Der Quotient A:B ist etwa 13-mal und der Quotient A:C etwa 9-mal größer als der jeweilige Mittelwert. Vergleicht man diese Werte mit der Tabelle 7.2.B, die die verhältnismäßige Verteilung der roten Verbalphrasen wiedergibt, so ist der Unterschied markant. Dort ist die größte Abweichung nur etwa doppelt (A:B) bzw. dreimal (A:C) so groß wie der Mittelwert. Hier, bei den schwarzen Substantiven, weicht das Maximum um einen viel größeren Faktor vom Mittel ab. Das Diagramm 7.3.D veranschaulicht die Verhältnisse grafisch.

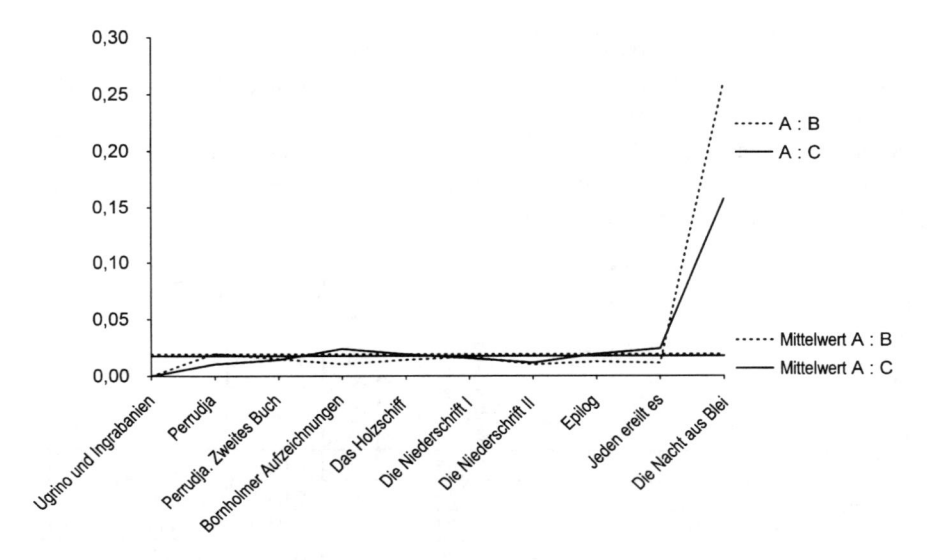

Diagramm 7.3.D: Die Quotienten A:B und A:C aus Tabelle 7.3.C

Verglichen mit dem Diagramm 7.2.C, das die Größenordnung der Quotienten A:B und A:C für die roten Verbalphrasen wiedergibt, sind hier die mittleren Schwankungen wegen der Skalierung der y-Achse zusätzlich verflacht: hier beträgt der größte Wert auf der y-Achse 0,3, dort 0,09. Umso stärker tritt die Abweichung der „Nacht aus Blei" in Erscheinung.

Man kann einwenden, dass in der „Nacht aus Blei" die schwarzen Substantive deshalb so stark präsent sind, weil in diesem Text der Anteil des Etymons SCHWARZ ohnedies sehr hoch ist. Die Tabelle 7.3.E vergleicht die Verteilung der Etyma SCHWARZ, WEISS und GRAU in der „Nacht aus Blei" mit ihrer durchschnittlichen Verteilung in allen Texten (Werte aus Anhang I und Tabelle 2.2.A, zur grafischen Darstellung der Farbentektonik vgl. Diagramm 2.2.E).

		SCHWARZ	WEISS	GRAU
„Die Nacht aus Blei"	absolut	53	12	16
	Prozent	46,49	10,53	14,04
Alle Texte	absolut	738	678	357
	Prozent	20,46	18,80	9,90

Tabelle 7.3.E: Etyma SCHWARZ, WEISS und GRAU in der „Nacht" und in allen Texten

Der Anteil des Etymons SCHWARZ erreicht mit 46,49 % in der „Nacht aus Blei" das Maximum unter allen Texten und liegt etwas mehr als doppelt so hoch wie der Mittel-

7.3. Das Schwarz, das Schwarze und die Schwärze

wert. Auch GRAU ist in diesem Text überdurchschnittlich häufig. Im Gegenzug dazu beträgt der Anteil von WEISS etwa die Hälfte der durchschnittlichen Verteilung. Mithin ist „Die Nacht aus Blei" ein überdurchschnittlich *schwarzer* und *grauer* Text. Doch diese Verhältnisse allein erklären noch nicht den überaus hohen Anteil schwarzer Substantive, der etwa um das Zehnfache über dem Durchschnitt liegt. Die schwarzen Substantive übersteigen zusätzlich und überdeutlich die *Schwärze* des Textes. Die Vergegenständlichung der Farbe durch Nominalisierung ist hier ein partikuläres Merkmal einer allgemeinen, überdurchschnittlichen Schwarz-Präsenz.

Es gibt drei Möglichkeiten, eine Verbindung zwischen dem schwarzen Substantiv und dem Farbträger zu erkennen: genitivische Anknüpfung, explizite Nennung im syntagmatischen Umfeld (innerhalb des Satzes oder in einem Satz in unmittelbarer Nähe) und implizite, kontextuell erschließbare Referenz. Diese letzte Form hängt mehr oder weniger von der Kombinationsleistung des Interpreten ab und stellt einen fließenden Übergang zu einer vierten Form dar: Bisweilen ist die Zuordnung des schwar-

Verbindung zwischen Farbsubstantiv und Farbträger	Anzahl Belege	davon Feminina	Belegstellen	davon Neutra	davon 'das Schwarz'	Belegstellen	davon 'das Schwarze'	Belegstellen
genitivisch	12	4	P 257, 583, P2 731, A 578	8	7	P 124, 607, H 33, N1 275, 407, 412, B 248	1	J 165, 166
explizite Nennung im syntagmatischen Umfeld	23	10	P2 693, H 126, N1 680, N2 427, 462, 485, 616, E 330, B 254, 264	13	5	P 400, 628, N1 550, 715, N2 344	8	P 32, 433, 668, N1 265, 301, N2 315, B 269, 293
kontextuell erschließbare Referenz	27	18	P 33, N2 330, E 50, 294, 295, B 255, 268, 269, 296, 297, 305, 313, 314	9	5	P 150, 286, N1 331, 531, J 175	4	P 554, H 153, N1 884, 933
vage oder unbestimmte Zuordnung	2	0		2	0		2	N1 952, B 264
Summe	64	32		32	17		15	

Tabelle 7.3.F: Schwarze Substantive: Verbindung zu Farbträger; Genus

zen Substantivs zu einer Entität vage bis unbestimmt. Die Größe dieser vierten Gruppe steigt und fällt mit der Toleranz bei den Kriterien für die Erkennbarkeit eines impliziten oder unbestimmten Farbträgers. Je unbestimmter die Zuordnung ist, umso deutlicher ist die Dinghaftigkeit der Farbe selber.

Die Tabelle 7.3.F stellt dar, wie sich die Art der Verbindung zwischen schwarzem Substantiv und Farbträger verteilt. Zusätzlich wird für die schwarzen Substantive die Verteilung zwischen Feminina und Neutra angegeben. Berücksichtigt sind wie in allen vorangehenden Tabellen die 64 Belege mit schwarzen Substantiven im Singular.

Die genitivische Anbindung des Farbträgers an das Farbsubstantiv ist sicher die stärkste und deutlichste Verbindung. In den anderen Gruppen nehmen Stärke und Deutlichkeit der Verbindung ab. Es fällt auf, dass mit zunehmender Unschärfe des Farbträgers die Anzahl der Belege zunimmt (12, 23, 27). Mit der Sonderform, bei der eine Zuordnung zu einem Farbträger vage oder unbestimmt bleibt, bricht dieser steigende Trend ab.

Beachtenswert ist die Verteilung der Feminina und Neutra. Bei den genitivischen Verbindungen ist die Anzahl der Neutra doppelt so groß wie die der Feminina (8 versus 4). Bei den expliziten Nennungen der Farbträger im syntagmatischen Umfeld ist zwar der Anteil der Neutra größer als der Anteil der Feminina, aber der verhältnismäßige Unterschied ist nicht sehr groß (13 versus 10). Bei den Zuordnungen, die implizit gegeben und nur mehr aus dem Kontext erschließbar sind, beträgt der Anteil der Neutra nur mehr die Hälfte des Anteils der Feminina (9 versus 18). Daraus geht hervor, dass mit abnehmender Deutlichkeit der Verbindung zwischen Farbsubstantiv und Farbträger eine anteilsmäßige Verlagerung von den Neutra (‚das Schwarz', ‚das Schwarze') zu den Feminina (‚die Schwärze') hin stattfindet. Dieser Trend bricht aber auch hier bei den vagen Zuordnungen ab.

Eingeleitet wurde dieses Kapitel mit der Beobachtung von Birrer und Niederhauser, dass das Substantiv ‚Gelb' (ohne das Suffix -e) „die Farbe allgemein" bezeichnet, während ‚das Gelbe' einen Gegenstand mit dieser Farbe meint. Diese Unterscheidung lässt sich – zum jetzigen Zeitpunkt – auf ‚das Schwarz' und ‚das Schwarze' nicht bis nur sehr schwer übertragen. Denn sie ist von der Einschätzung des Interpreten, vom singulären Kontext und nicht zuletzt von der Farbe selber abhängig. ‚Das Gelbe vom Ei' ist kaum vergleichbar mit dem einzigen Beleg für ‚das Schwarze' mit Genitivkomplement bei Jahnn: „das Schwarze seiner warmen Einsamkeit" (J, 166).

Ein Index zur Unterscheidung zwischen ‚das Schwarz' und ‚das Schwarze' könnte jedoch die Art der Verknüpfung zwischen dem schwarzen Substantiv und dem Farbträger sein. Die Tabelle 7.3.F zeigt, dass bei ‚das Schwarz' die Farbträger deutlich öfter durch einen adnominalen Genitiv an das Farbsubstantiv gebunden sind als bei ‚das Schwarze' (7 versus 1). Die Verbindung zwischen ‚das Schwarz' und dem Farb-

7.3. Das Schwarz, das Schwarze und die Schwärze

träger ist durch die Genitiv-Verbindung enger und unmittelbarer, es bleibt weniger Raum für die Emanzipation des Farbsubstantivs zu einer gegenständlichen Dimension, als wenn der Farbträger in das weitere syntagmatische Umfeld oder in den Kontext abgerückt ist. Und in der Tat, bei der expliziten Nennung des Farbträgers im syntagmatischen Umfeld gibt es mehr Belege für ‚das Schwarze' als für ‚das Schwarz' (8 versus 5). Sobald also das Potenzial des Farbsubstantivs zur Verselbständigung und Vergegenständlichung zunimmt, ist dieses vermehrt durch ‚das Schwarze' realisiert. Dies stimmt mit der Beobachtung von Birrer/Niederhauser überein, wonach das -e-Suffix die Vorstellung von einem Gegenstand in bestimmter Farbe hervorruft.

Wenn man aber die Zeilen für kontextuell erschließbare und für vage Farbträger-Referenz in Tabelle 7.3.F betrachtet, lässt sich diese Hypothese nicht mehr weiter verfolgen. Mit ziemlicher Sicherheit ist dazu aber auch das Datenmaterial zu wenig umfangreich, was rückwirkend die oben formulierte These relativiert. Solange jedoch vergleichbare Sondierungen fehlen, darf sie als Arbeitshypothese stehen bleiben.

Vermutlich ist ‚die Schwärze' psychologisch auffälliger und ein stärkerer kommunikativer Impuls als ‚das Schwarze'. Möglicherweise bauen die schwarzen Substantive mit zunehmender morphologischer Ausgestaltung (durch das Wortbildungssuffix und durch Umlautung) eine stärkere Gegenständlichkeit und inhaltliche Selbständigkeit auf, und die Rolle, vorwiegend einer anderen Entität eine Farbe zuzuweisen, tritt zurück.

Dem Potenzial zu Gegenständlichkeit und Selbständigkeit einerseits und zu einer gewissen inhaltlichen Unschärfe und Vagheit andererseits (vgl. die vielen Farbträger in Tabelle 7.3.F, die *nicht* genitivisch an das schwarze Substantiv gekoppelt sind) entsprechen schließlich auch die Kollokationen des Etymons SCHWARZ, die in Tabelle 6.10.A zu beobachten waren. Mit deutlichem Abstand liegt dort die Position ‚keine Zuordnung' an der Spitze der Rekurrenzen. Am Beispiel der schwarzen Substantive und mit Bezug auf den Kotext von Schwarz zeigt sich mithin, dass die Gebrauchs- und Bedeutungsnuancen von Farbsubstantiven deutlich farbspezifisch und autorspezifisch sind.

Wenn man die konkreten Entitäten ermitteln will, die den schwarzen Substantiven zugeordnet sind, so ist eine quantitative, überblicksmäßige Darstellung wegen der unterschiedlichen Verknüpfungsarten und Gewichtungen der Deutlichkeit weder sinnvoll noch möglich. Auch eine Zusammenfassung der Zuordnungen zu Gruppen, wie in Kapitel 5.4. „Gruppenbildungen der Zuordnungen" entworfen, ist wegen des geringen Stichprobenumfangs problematisch. Am ehesten bietet sich eine paraphrasierende Art der Darstellung an.

Der überwiegende Teil der schwarzen Substantive bedeutet die Farbe der Nacht und der Finsternis. Dies deckt sich mit den konventionellen Prototypen für Schwarz (Kapitel 6.1.), weniger aber mit den Rekurrenzmaxima beim Etymon SCHWARZ im Korpus: hier steht die Nacht erst an dritter bzw. vierter Stelle (Tabelle 6.10.A). Häufig ist die „Nacht" genitivisch an das schwarze Substantiv gekoppelt oder explizit im syntagmatischen Umfeld genannt (P 32, 124, P2 693, N1 265, 412, N2 462, 616). Von „Finsternis" und „Dunkelheit" ist in H 33, 126 und B, 254 die Rede. Aus dem Kontext erschließbar sind *Nacht* und *Finsternis* (P 33, 286, N1 531, N2 330, B 255, 296, 297, 313, 314), teilweise schwingen hier auch die Konnotationen *Einsamkeit* und *Tod* mit. Damit in Zusammenhang steht auch das Schwarz, das im „Epilog" für Krankheit, Alter und den nahen Tod von Faltin steht (E 294–295). Diese Konnotationen entsprechen den konventionellen übertragenen Bedeutungen von Schwarz. (Kapitel 6.10.)

Menschliche Körperteile sind mehrere Male auch mit schwarzen Substantiven verbunden (P 282, N1 407, 466, 933). Noch häufiger aber bezieht sich das Schwarz auf die Farbe der Menschen in der Stadt der „Nacht aus Blei" (B 264, 268, 269, 305).

In anderen Belegen referiert Schwarz auf den (nächtlichen) Himmel (P2 731, N2 427, E 330, B 248), auf das Wasser (P 150, 257, 583, E 50), das in der Rekurrenztabelle 6.10.A an zweiter Stelle steht, auf Tiere (P 400, 433, 607, N2 344), Drucke oder Zeichnungen (P 554, N1 715, N2 485), Kleidung (P 628, N1 550), Pflanzen (N2 315), Steine (P 668), Erde (A 578) oder auf Unbestimmtes (N1 952, B 264). Auffallend sind jeweils zwei Belege, die Schwarz mit Musik (N1 301, 680; vgl. die Bedeutung von Schwarz in der Musik in Kapitel 6.1.) und mit den Emotionen „Begehrlichkeit" (N1 275) und „Einsamkeit" (J, 165–166) in Verbindung bringen. Bezeichnend ist auch der Satz „[...] weil das Schwarze der Mutterschoß der Anfänge ist." (B, 293), der eine der sehr seltenen Farbdefinitionen enthält. In Verbindung mit substantiviertem Weiß dient substantiviertes Schwarz in vier Belegen als Bild für Gegensätzliches (H 153, N1 331, 884, J 175; vgl. die Darstellung der Gegensätze Schwarz und Weiß und ihren Zusammenhang mit Grau in Kapitel 6.1.).

Bezüglich der semantischen Differenzierungen der schwarzen Substantive lässt sich feststellen, dass 40 der insgesamt 66 Belege, also der überwiegende Teil, nicht differenziert sind. 26 Substantive sind differenziert. Der Anteil der differenzierten schwarzen Substantive ist etwas größer (ca. 40 %) als der Anteil aller differenzierten Etyma SCHWARZ (ca. 30 %, vgl. Tabelle 3.1.A). Der Differenzierung dienen vor allem Attribute[698], aber auch syntagmatische ‚und'-Kombinationen mit substantivischem Weiß (P 282, N1 331, 884, J 175, B 264), komplexere syntagmatische Bildungen (N1 265, B 268), Vergleich (P 286) und Negation (B 255). Die Differenzierungen sind

---

[698] Attribute: ‚auslaufend, gewölbt' (N1, 715), ‚äußerst' (B, 313–314), ‚autoritativ' (P, 554), ‚erbarmungslos' (B, 296), ‚gläsern' (N2, 616), ‚lebendig' (N2, 344), ‚richtungslos' (B, 254), ‚samten' (N1, 301), ‚tief' (P, 400), ‚noch tiefer' (N1, 550), ‚tintig' (P, 257), ‚trüb' (P, 150), ‚überhandnehmend' (N2, 330), ‚voll' (P, 607), ‚völlig' (H, 33), ‚Weltenraum groß' (E, 294), ‚zäh' (N1, 275).

zwischen femininen und neutralen schwarzen Substantiven relativ gleichmäßig verteilt. Zusammenfassend lässt sich festhalten, dass die schwarzen Substantive einen fluktuierenden Komplex bilden, dessen Besonderheiten sich quantitativ zwar recht gut beschreiben, nicht aber erschöpfend interpretieren lassen. Trotzdem fallen überraschende Details auf. Im Allgemeinen bedeuten die schwarzen Substantive im untersuchten Korpus keine Lebewesen oder Menschen, sondern die Farbe eines zugeordneten Farbträgers oder eine selbständige, bisweilen dinghafte, oft auch vage Größe. Semantisch stehen die schwarzen Substantive dem Feld *Nacht* und *Finsternis* sehr nahe, was den konventionellen Prototypen entspricht. Zwischen der „Niederschrift I" und der „Niederschrift II" gibt es einen deutlichen Punkt, ab dem Jahnn über eine weite Strecke keine neutralen, sondern nur mehr feminine schwarze Subjektive verwendet. In der „Nacht aus Blei" jedoch explodiert die Häufigkeit aller drei schwarzer Substantive um etwa das Zehnfache der durchschnittlichen Verwendung, die in den übrigen neun Texten auffallend gleichmäßig ist. Daher untersucht das nächste Kapitel die Farbwelt der „Nacht aus Blei" und berücksichtigt dabei besonders die Farbe Schwarz.

7.4. Die schwarze „Nacht aus Blei"

Jahnns Traumnovelle „Die Nacht aus Blei" fiel im Laufe dieser Arbeit an zahlreichen Stellen auf. Im ersten Abschnitt dieses Kapitels werden daher die abgehandelten und besprochenen Aspekte zusammengefasst. Im zweiten Abschnitt werden die wichtigsten Farbaspekte des Textes, vor allem die Besonderheiten von Schwarz, mit Blick auf die Jahnn-Forschung besprochen. Schwarz wird dabei um eine bisher nicht berücksichtigte Konnotation erweitert werden.

„Die Nacht aus Blei" ist Jahnns letzte Prosaarbeit. Sie entstand zwischen Ende 1952 und Anfang 1954, die Drucklegung erfolgte 1956. Sie ist eine bearbeitete Episode aus dem Romanfragment „Jeden ereilt es" und schildert den Traum von Mathieu[599], der des Mordes an seiner Schwester verdächtigt wird und im Gefängnis sitzt, weil er seinen Freund Gari, den tatsächlichen Mörder, nicht verraten will. Dieser Zusammenhang geht aus der „Nacht aus Blei" nicht hervor, im Erzählrahmen aber ist Gari erkennbar, der Mathieu in eine surreale Stadt entsendet, im Text einmal als Engel auftritt (3, 267)

---

[599] Obwohl Jahnn in der „Nacht aus Blei" – im Gegensatz zu „Jeden ereilt es" – nur eine einzige Schreibweise dieses Namens verwendet (*Matthieu*), wird auch in diesem Kapitel an der Normalisierung *Mathieu* festgehalten (vgl. Fußnote 438).

und Mathieu nach erfüllter Mission wieder in Empfang nimmt. Ein zentrales Thema dieses Textes ist die Homosexualität, die aber im Gegensatz zur posthum erschienenen Grundlage „Jeden ereilt es" verschleiert ist.

Diese Verschleierung steht in direktem Zusammenhang mit der sehr hohen Farbdichte: je 10.000 Wörter stehen etwa 50 Farbetyma. Das ist der zweithöchste Wert von allen untersuchten Texten. Nur der Roman „Perrudja" hat eine noch höhere Farbdichte (ca. 55), während das arithmetische Mittel bei etwa 30 liegt (Tabelle 2.1.B).

Die häufigste Farbe in der „Nacht aus Blei" ist Schwarz. Ihr Anteil beträgt 46,5 % (Anhang I). Dieser Wert liegt sehr weit über dem Durchschnitt, der bei Jahnn und in zahlreichen anderen Korpora bei etwa 20 % liegt (Tabellen 2.2.A und 2.4.A). Die Überpräsenz von Schwarz spiegelt sich im programmatischen Titel wider: Blei lässt sich mit Dunkelheit und Schwere assoziieren. Im Übrigen handelt es sich beim Titel „Die Nacht aus Blei" um einen der wenigen Titel Jahnns, die auf farbliche oder farbähnliche Qualitäten referieren.[700]

Die diachrone Farbverteilung in der „Nacht aus Blei" entspricht genau dem allgemeinen Trend, der an Jahnns Texten zu beobachten ist: Zu Beginn des Textes gibt es am meisten Farbetyma, zur Textmitte hin nimmt die Farbdichte ab und steigt gegen Ende wieder an, wobei sie allerdings nicht mehr die Dichte wie zu Beginn erreicht (Tabellen 2.5.A bis 2.5.D). Die ingressive Häufung der Farben lässt auf ihre ingressive Funktion schließen. Vorausgesetzt, dass der Eingang eines Textes vor allem die Textwelt vorbereitet und den Leser in diese einführt, geschieht solches nicht zuletzt durch einen konzentrierteren farblichen Input, der wegen der tendenziellen Uneigentlichkeit der Farbinformation ein deutlich metaphorisierender Input ist.

Aus dem Kapitel 5.7. geht hervor, dass im „Holzschiff", im „Epilog" und in der „Nacht aus Blei" die Gruppe der Farbträger, die auf den Menschen referieren, ausgesprochen groß ist. Dies könnte mit einer inhaltlichen Ähnlichkeit dieser Texte zusammenhängen. Liebe, Erotik und das Erwachsen-Werden der Protagonisten sind zentrale Themen, die die (pubertäre) Aufmerksamkeit auf den menschlichen (und männlichen) Körper in den Vordergrund rücken. Die Diagramme 5.5.C und 5.6.C zeigen den Trend, dass im diachronen Verlauf von Jahnns erzählendem Gesamtwerk die Zuordnungsgruppe Mensch immer größer wird. Mithin bildet die „Nacht aus Blei", Jahnns letzter Text, den Endpunkt einer farbgebenden Fokussierung auf den Menschen. Ferner fällt auf, dass mit zunehmender Farbigkeit des Menschen die Farbigkeit der Natur abnimmt. Bezeichnenderweise fehlen in der „Nacht aus Blei" farblich attribuierte Pflanzen ganz (Tabelle 5.5.B).

---

[700] Einen dezidierten Farbbezug durch den Titel stellt „Der graue Blick" her. Eine deutliche Farbassoziation ruft auch der Titel des Dramas „Der staubige Regenbogen" hervor.

7.4. Die schwarze „Nacht aus Blei"

Die Tatsache, dass Schwarz die Hälfte aller Farbetyma in der „Nacht aus Blei" ausmacht, erhöht bei der Textinterpretation die Aufmerksamkeit auf diese Farbe. Bei der Einzeldarstellung von Schwarz (Kapitel 6.13.) fiel auf, dass Schwarz im Allgemeinen negativ konnotiert ist. Jahnn schwächt diese Bedeutungskonvention ab, indem er der Farbe auch die Bedeutung von Wärme zuweist und sie mit genialem Tiefgang in der Musik in Verbindung bringt. Die schwarze Haut signalisiert bei ihm (wie die braune Haut) körperliche und erotische Attraktivität. Daneben ist sie ein Bild für Afrika, dessen morphologische und kulturelle Andersartigkeit den europäisch sozialisierten Autor fasziniert und für ihn ein wesentliches Element im Entwurf seiner Kulturkritik ist. Weiter zeigt sich am schriftstellerischen Umgang mit schwarzer Haut, vor allem in der „Medea", Jahnns gesellschaftspolitisches Engagement gegen Rassendiskriminierung. Eine ganz andere Bedeutung hat die schwarze Haut in der „Nacht aus Blei": Sie ist hier kein biologisches Merkmal, daher auch kein erotisches Symbol, sondern das Stigma einer mehrheitlichen, grausamen Unterdrückergruppe.

Sehr bezeichnend für Schwarz sind die drei Rekurrenzmaxima in der folgenden Reihenfolge: die nullwertige Position ‚keine Zuordnung', das Wasser und die Nacht (Tabelle 6.10.A). Schwarz impliziert das Fehlen von Licht und kennzeichnet hier das Erscheinungsbild von Räumen, die nicht einsehbar sind: Wasser und Nacht. Diese Größen und die Null-Kookkurrenz färben auf Schwarz ab und betonen seinen Unbestimmtheitsfaktor.

Äußerst auffallend ist die Explosion schwarzer Substantive in der „Nacht aus Blei": Sie betragen hier etwa das Zehnfache ihrer durchschnittlichen Dichte (Tabelle 7.3.C und Diagramm 7.3.D). Schwarze Substantive bilden einen fluktuierenden Komplex, der qualitativ schwer zu beschreiben ist. Ihr Bedeutungsumfang erstreckt sich von der einfachen Benennung der Farbe, die eindeutig einer bestimmten Entität zugeordnet ist, über die Verdinglichung der Farbe selber, die ein Platzhalter für eine andere Größe sein kann, bis hin zu einer Qualität, die auffallend und mit anzunehmender Absicht vage und unbestimmt bleibt. Substantiviertes Schwarz steht insgesamt den Feldern der konventionellen Prototypen Nacht und Finsternis sehr nahe. Die überdeutliche Häufung schwarzer Substantive und die überdurchschnittliche Häufigkeit von Schwarz machen die „Nacht aus Blei" zu einem ausgesprochen *schwarzen* Text.

So wundert es auch nicht, dass dieses auffallende Merkmal in Interpretationen immer wieder thematisiert wird. Exemplarisch dazu eine Stelle aus dem Kommentar von Schweikert, der die Schwärze als Grundstimmung des Textes bezeichnet:

> Die Schwierigkeit für den Leser der „Nacht aus Blei" liegt nicht zuletzt darin, daß manche Einzelheiten [...] ohne die Kenntnis von „Jeden ereilt es" unverständlich bleiben müssen. Aber es scheint die Absicht Jahnns gewesen zu sein, den Leser in diese Schwärze, in diese Verdunkelung zu führen, in der er sich der Gewißheit nur

ahnend versichern kann. Die Schwärze, als Bild der Erfahrung der Vergeblichkeit, bezeichnet die Grundstimmung.[701]
Wesentlich hergestellt wird diese Grundstimmung durch die Körperfarbe der Stadtbewohner. Doch erst nach und nach lüftet sich ihr geheimnisvolles Wesen. Der Groom Franz, der sich wegen seiner grauen Kleidung auch Eselchen rufen läßt (B, 255), hat einen schwarzen Leib. Sichtbar wird dieser erst, sobald Elvira ihm gewaltsam seine Uniform aufreißt. Die Schwärze seines Körpers erschreckt Mathieu zutiefst („Mathieu schrie laut auf [...]", B, 263). Sie wird verstärkt durch die Negation der bunten Farben.

> Der Körper des Grooms war schwarz. – Nicht dunkel wie der eines Negers, violett oder olivengrünbraun glänzend, auch nicht verfinstert wie Ebenholz, sondern schwarz wie Ruß, matt und schwarz, ein Stück menschgewordene duffe Kohle. Über der Brust aus Schwärze saß der lichte Kopf, das gelbe Haar –; und Mathieu erkannte, das anmutige Bild, der hübsche Mund – war Farbe, eine Fälschung. Das Wesen war schwarz wie das Nichts, ein Loch in der Gravitation, Existenz ohne Gestalt. (B, 263–264)

Hier wird deutlich, dass es sich bei Franz' Körperfarbe nicht um die Hautfarbe im biologischen Sinne handelt (vgl. die ausdrückliche Unterscheidung zu „Neger[]"), sondern um eine andere, noch zu präzisierende Spezifikation. Haar, Gesicht und Mund sind hell gefärbt („eine Fälschung"), so dass der schwarze Körper in bekleidetem Zustand nicht sichtbar ist. Offensichtlich versuchen die schwarzen Bewohner vor fremden Besuchern ihren schwarzen Leib zu verbergen.

Die geheimnisvolle Prostituierte Elvira, die Mathieu wenig später empfangen wird, lässt zunächst auch ihre Körperfarbe nicht erkennen. Sie zieht sich zurück („Ich muß mich abschminken und ein wenig vorbereiten." B, 265) und empfängt ihn dann nackt in ihrem „dunkelrote[n]" oder „dunkelrosa" (B, 268) Bett.

> Er sah Elvira. Er hatte erwartet, daß sie nackt sei. Und sie war es. Aber sie glich dem Groom Eselchen [...] in ihrer Schwärze. Schwärze ohne Glanz und Schatten, die nichts ausdrückte, auch die Formen des Körpers nicht. Mathieu war es ein paar Sekunden lang, als ob er in ein Loch starre [...] (B, 268)

Die beiden Textstellen assoziieren die schwarze Körperfarbe mit *Leere, Nichts* und *Loch*. Diese Leerstellen sind nach Schweikert eine Metapher für die „Nicht-Existenz" der Figuren.[702] Erkennbar aber ist im Kontext auch die assoziative Nähe zu *Absterben* und *Tod*. Franz sagt von sich: „Ich habe nur wenig Seele [...]" (B, 265), bei der Schilderung von Elvira ist von „Asche" und einem „Anflug von staubigem Leben" die Rede (B, 269). Leere und Nichts wirken anziehend auf Mathieu, in Zusammenhang mit dem

---

[701] Schweikert in: Späte Prosa, S. 531.
[702] Schweikert in: Späte Prosa, S. 469.

7.4. Die schwarze „Nacht aus Blei"

schwarzen Franz ist von „Gravitation" die Rede.[703] Bevor ihn Elvira empfängt, ist Mathieu „voll unsäglicher Erwartung" (B, 268).

Auffallend an der Erscheinung von Franz und Elvira ist die Farbe Grün, die zweimal gewissermaßen durchschimmert.

> Sein [Franz'] Gesicht war kühl, ohne Zweideutigkeit und doch ein Rätsel, weil es in dieser nächtlichen Luft nicht das eigene war, sondern nur ein Hauch papierdünner Schminke. [] Durchschimmernd wie Blattgold gegen die Sonne gehalten – grün. (B, 266)

> An den Lippen [Elviras] bemerkte er [Mathieu], gemalt, einen rötlichen Schein, ein Rot unter Grau und Grün erzeugt [...] (B, 269)

Das Maskenhafte („Schminke", „gemalt") steht in Verbindung mit Grün und erinnert an die grün geschminkten Lippen von Ajax (N2, 230, 233, 441), die von den Jahnn-Kommentatoren als Symbol für Satanisches interpretiert werden.[704] Diese Assoziation und insgesamt die Übermacht der Schwärze erwecken einen unfreundlichen, ja geradezu bösartigen Eindruck. Was es mit dem Wesen der schwarzen Menschen auf sich hat, erfährt der Leser erst später aus der Perspektive des tödlich verwundeten Anders.

> Die Menschen dieser Stadt sind durchschnittlich und haben ein gewöhnliches Leben voller Mühe. Sie sind genügsam, fleißig und ordnungsliebend. [...] Alle tragen Kleider, weil ihr Leib schwarz wie Kohle ist. [...] Wer unter ihnen weiß ist und ein Alter erreicht, das ihnen als das angenehmste gilt, erregt ihren Zorn, weil sie sich hintergangen fühlen, getäuscht. Sie erschlagen den Fremdling nicht gleich; sie kennen eine langsam wirkende Tötungsart. Sie verwunden den Auszustoßenden. Anfangs schwächen sie ihn nur mit kleinen Blutverlusten. Tag für Tag setzen sie ihr Messer an. Allmählich schneiden sie tiefer. – Mit mir ist es so weit gekommen, daß sie mich ausgesetzt haben, denn meine Wunde kann nicht mehr heilen. [...] Menschen aus Kohle, die zuweilen weiß geschminkt sind, bestehen auf ihre Vorrechte. (B, 305)

Die Bewohner der Stadt sind schwarz. Zugleich sind sie „genügsam, fleißig und ordnungsliebend". Diese bürgerlichen Tugenden sind in Jahnns Weltverständnis negativ konnotiert. Die schwarzen Bewohner verhalten sich der weißen Minderheit gegenüber grausam, sie unterdrücken und vernichten sie qualvoll.[705] Die schwarze Farbe als Merkmal der grausamen Unterdrückergruppe steht im Widerspruch zur erotischen Konnotation der schwarzen, braunen oder dunklen Haut und zu Jahnns Engagement gegen die Rassendiskriminierung, wie sie vor allem aus den Dramen „Straßenecke"

---

[703] Die „Gravitation" ist auch in N1, 396, und in N2, 547, belegt, in N1, 382, 680 auch in Verbindung mit Schwarz. In der „Nacht aus Blei" gibt es zwei weitere Belege für „Gravitation" auf S. 314 (einmal ist sie „kohlenschwarz[]").
[704] Dramen II, S. 1125.
[705] Stalmann (1998), S. 33: „Die Ausstoßung aus der Gemeinschaft des Gewöhnlichen wird zum Merkmal des Einzelnen."

und „Medea" spricht. Dieser Bruch diversifiziert und erweitert den Konnotationsbereich der Farbe Schwarz in Bezug auf den menschlichen Körper (sofern es sich bei den schwarzen Stadtbewohnern überhaupt um menschliche Wesen handelt) und stellt einer linearen Interpretation von Schwarz (sofern sie angestrebt wird) einige Schwierigkeiten entgegen, die Popp in seiner Arbeit über die „Nacht aus Blei" sehr anschaulich beschreibt:

> [...] er [Jahnn] verbietet gewissermaßen unserem inneren Auge jede Assoziation an die lebendige Farbpalette und die erotische Ausstrahlung der dunklen Haut, sich selbst und Kennern seines Werks mag er zugleich verbieten die Erinnerung an faszinierende dunkelhäutige Gestalten wie etwa den unschuldigen Äthiopierknaben aus dem Frühwerk oder den erotisch-lasziven „Taucher" aus dem *Fluß ohne Ufer*.[706]

Es gehört zum Wesen und Anspruch von Interpretation, Sachverhalte auf eine höhere Ebene zu transponieren und tiefer liegende Zusammenhänge zu abstrahieren. In diesem Sinne erklärt Stalmann die Farbe Schwarz in der „Nacht aus Blei" wie folgt:

> Das Schwarze hat seinen Ursprung im Weiblichen.[707]

Zugrunde liegt dieser Formel die in der Jahnn-Forschung sehr nachhaltig diskutierte Hypothese, dass sich Jahnns männliche Gestalten und auch der Autor selber vor dem weiblichen Geschlecht fürchten und dass die Reduktion der Frau zu einem leblosen Stück schwarzer Kohle die Angst der häufig homosexuellen männlichen Protagonisten und des homosexuellen Autors vor dem Weiblichen bedeutet.[708] In der schwarzen Elvira, der „letzten Frauen-Huren-Figur, die Jahnn geschaffen hat", sehen Maria Kalveram und Wolfgang Popp in ihrem Beitrag „Frauen: Traum und Trauma" den Inbegriff für „das Animalisch-Weibliche".[709] Stalmann schildert die „Frau und Hure Elvira als theriomorphe Schreckgestalt".[710] Indem er die Assoziationskette *Frau, Tier, schwarz* und *schrecklich* aufbaut, vergisst er allerdings etwas sehr Wesentliches: dass nämlich auch Franz, den Stalmann als den „theriophoren Pagen" bezeichnet,[711] schwarz ist.[712] Falls männliche Homosexualität Angst vor Frauen impliziert, so darf man doch zumindest davon ausgehen, dass männliche Homosexuelle von Männern angezogen werden. Wenn nun aber Stalmann seine Argumentation darauf aufbaut, dass Schwarz etwas Schreckliches bedeutet, weil es mit Frau und Tier assoziiert wird,

---

[706] Popp (1994), S. 26.
[707] Stalmann (1998), S. 27.
[708] Stalmann (1998), S. 7, Kalveram/Popp (1984), S. 62. Freeman (1986) analysiert in mehreren Kapiteln Jahnns mutmaßlichen Mutterkomplex.
[709] Kalveram/Popp (1984), S. 62.
[710] Stalmann (1998), S. 29.
[711] Stalmann (1998), S. 29.
[712] Zu berücksichtigen ist Stalmanns Unterscheidung zwischen der therio*morphen* Elvira (sie hat die *Gestalt* eines Tieres) und dem therio*phoren* Franz (er trägt den *Namen* eines Tieres: Eselchen).

7.4. Die schwarze „Nacht aus Blei" 369

so ist Franz, der ebenfalls schwarz ist und den Namen eines Tieres trägt, aber immerhin ein Mann ist, ein starkes Argument gegen Stalmanns Interpretationslogik. Denn Mathieu erschrickt zwar über Franz' Körperfarbe („schrie laut auf", B, 263), doch findet er Franz' Männlichkeit nicht unattraktiv:

> Er [Mathieu] sah [...] vor allem aber einen jungen hübschen Menschen, einen Groom in grauer Uniform. (B, 255)

> „Er hat in der Tat einen hübschen Mund", stellte der Ältere fest. Aber er fand doch, daß das Hübscheste das üppige gelbblonde Haar war [...] Matthieu berührte das Haar in plötzlicher Zärtlichkeit. (B, 256)

> Matthieu entdeckte jetzt einen leichten blonden Flaum über den üppigen, wie geschwollen anmutenden roten Lippen des Burschen, den verführerischen Zwiespalt zwischen kummervollem Werden und Vollendung – und lächelte. „Ich möchte deine Hände sehen", sagte er unvermittelt [...] „Du bist ein brauchbarer Mensch", sagte er dann, „du hast gute Hände. Sie sind klar, einfach, angenehm, von schöner Form – weder zu lang noch zu grob." (B, 257)

Es wäre völlig verfehlt, anhand dieser Details die negative Konnotation von Schwarz in der „Nacht aus Blei" zu leugnen oder auch nur in Frage zu stellen. Doch die durchgehende Gleichsetzung von Schwarz mit Negativem entspricht der „Nacht aus Blei" nicht. Allerdings expliziert keine der bisher vorgelegten Interpretation zu diesem Text die positive Seite von Schwarz.

Irritierend ist einmal Mathieus Jubel vor der nackten Elvira, *nachdem* er vor dem schwarzen Franz erschrocken ist und die Schwärze Elviras bereits zur Kenntnis genommen hat:

> Ich liebe deine Schwärze; – dich in deiner Schwärze liebe ich. (B, 269)

Gleich darauf wird dieser Jubel wieder zurückgenommen, wobei Mathieu die schwarze Elvira betrachtet:

> Matthieu war es, als ob er schmerzlos erblinde. [...] Er schaute ins Nie-Dagewesene, Nie-Vorgestellte, Nie-Werdende, das bewegungslos jenseits von Gestalt und Stoff, Freude und Trauer verharrte. (B, 269)

Hier operiert Jahnn mit Widersprüchen. Mathieus Begeisterung für Elviras schwarzen Körper wird durch das Gefühl schmerzlosen Erblindens konterkariert; seine Vorstellung von Erfüllung wird durch eine Grenzerfahrung (das „Nie-Dagewesene") vereitelt, die ihn in einen jenseitigen Bereich blicken lässt und die Gegensätze durch ihre gleichzeitige Postulierung aufhebt („Freude und Trauer"). Dies erinnert an die Aufhebung der Gegensätze von Schwarz und Weiß und von Leid und Freude in der Musik.[713]

---

[713] Beobachtet und diskutiert anhand einer Textstelle in der „Niederschrift I", S. 680, ausführlich dargestellt in Kapitel 6.1. „Jahnn und die Farben".

Die hier zitierte Textstelle „Ich liebe deine Schwärze [...]" und die darin aufblitzende positive Konnotation (sofern ‚*Ich liebe dich'* etwas Positives bedeutet) berücksichtigt Stalmann zu wenig. Er subsumiert sie wahrscheinlich in der Formulierung „Geflecht aus unstillbarem Begehren und angstvoller Blockierung",[714] ohne aber dieses Geflecht analytisch zu entwirren und das implizierte Begehren zu explizieren.

Noch wesentlicher für die Ambivalenz von Schwarz ist der zweite Teil der Erzählung. Mathieu begegnet dem Jungen mit dem sprechenden Namen Anders, der er selber ist,[715] aber im Sujet auch deutlich als ein antagonierender Anderer dargestellt wird. Mathieu und Anders sind die einzigen Weißen in der Stadt („wir sind von heller Farbe", B, 281). Ihr Aufeinander-Treffen wird erzähltechnisch durch Mathieus „Unterlassungssünde"[716] provoziert (er hat Franz die Weste nicht geöffnet, seine Lippen nicht geküsst und sich Elvira verweigert (B, 263, 270), indem Franz Mathieu auf die Straße setzt.[717] Der Kontakt zwischen Mathieu und Anders steuert auf die „schwarze Stunde"[718] zu. Diese wird darin bestehen, dass Mathieu an Anders seine eigene Verwundung erkennt und diese heilen will. Die Wunde

> [...] war nicht groß; ein schmutzig umrandeter Schnitt; doch öffnete sie sich tief und zeigte auf dem Grunde etwas rosig Rundes, den winzigen Teil eines krausen Innengemäldes [...] (B, 303)[719]

---

[714] Stalmann (1998), S. 34.
[715] „'Wie heißt du?' ‚Matthieu', sagte der andere. ‚Matthieu? – So heiße ich. – Zweimal der gleiche – der gleiche Name – ich verstehe nicht –' ‚Dann nennen Sie mich bitte Anders.'" (B, 279) „[...] daß das Wesen [Anders] neben ihm [Mathieu] [...] er selber sei, sein zweites Selbst, sein jüngeres Selbst [...]" (B, 294). Mathieu: „Du hast mein Gesicht, meine Hände von damals – als hätte der erste Same an meinen Fingern den Mutterschoß gefunden [...]" Anders: „Sie wissen, daß Sie sich selbst begegnet sind." (B, 300). Das maßgebliche Erkennungsmerkmal ist neben dem Aussehen (B, 278) die Wunde, die Mathieu beim Überfall durch aufgebrachte Jugendliche (vgl. das verunglückte Schiff aus der Reederei Brende) in „Jeden ereilt es" zugefügt wurde (B, 299–300). Vgl. auch den programmatischen Aufsatztitel „Die Macht aus Blei. Eine Klonung" (1994) von Jutta Heinrich.
[716] Der Begriff stammt aus „Perrudja", S. 196, und erinnert an Wolframs „Parzival".
[717] „'Ihr Weg, mein Herr, liegt gerade vor Ihnen.' ‚Gibt es für mich einen Weg?' ‚Ich vermute es', antwortete der Groom. Matthieu schwieg eine Weile, suchte nach einer Frage, die er stellen wollte. Als er seinen Mund dem Gesichte des Grooms zuwandte, war dieser nicht mehr da." (B, 272) Diese Stelle hat eine strukturelle Ähnlichkeit mit dem Beginn der Erzählung, wenn Gari Mathieu in die fremde Stadt schickt: „Ich verlasse dich jetzt. Du mußt alleine weitergehen. Du sollst diese Stadt, die du nicht kennst, erforschen." (B, 247; Original kursiv)
[718] „[Mathieu:] ‚Was weißt du von mir?' [Franz:] ‚Ich weiß nichts – nichts von Ihnen, mein Herr; doch die Stunden haben Eigenschaften; – sie bestimmen unser Verhalten –' [M.:] ‚Ist jetzt die schwarze Stunde?' [F.:] ‚Sie ist es nicht, mein Herr.' [M.:] ‚Die Stunde war da.' [F.:] ‚Sie war noch nicht da, mein Herr.'" (B, 271)
[719] Rosa steht auch im „Epilog" in Zusammenhang mit menschlichem Gedärm. Der Kapitän Mow Faltin verarztet den Matrosen Ruben Norlind, bei dem „eine Schlinge des Darms hervorgetreten" war: „Da sahen sie, daß die Hose am Bund zerrissen war, und aus dem Riß schaute etwas hervor, vergleichbar einer Blase, graurosa von Farbe." (E, 48) Graurosa sind auch die Darmwindungen

7.4. Die schwarze „Nacht aus Blei"

Bald darauf tritt „wie eine schwarze Ader" aus der Wunde „ein neuer Erguß schwarzen Blutes" (B, 306), und Mathieu entschließt sich zu einem Eingriff.

> Ich werde – das Hervorgekommene in deinen Leib – zurückbringen. Bitte – schrei nicht zu laut – versuche, dich nicht zu rühren. (B, 309)

Dann aber geschieht das Unerwartete. In Anders' dunklem Keller erlischt die einzige Kerze, und die *schwarze Stunde* erreicht ihren Höhepunkt.

> Dann gab es einen Ruck in Matthieu. Er sah nichts mehr. Er stürzte vornüber [...] In diesem Augenblick, halb hingesunken, erkennt er klar, allzu klar, was geschehen ist. Die Kerze war niedergebrannt; der Docht ist mit dem letzten geschmolzenen Stearin in den Flaschenhals hinabgefallen und erloschen. Zugleich – als wäre der Einbruch der Finsternis das Zeichen gewesen, auf das Anders gewartet, hatte dieser den Arm, den er umklammert gehalten, abwärts gestoßen, in sich hinein. (B, 310)

Anders ist tot, Mathieu versucht zu fliehen, Gari in Engelsgestalt erlöst Mathieu aus dem bösen Traum. – Gefangen vom Inhalt, scheint es kaum möglich, der Schwärze in der „Nacht aus Blei" irgendetwas Positives abzugewinnen. Sie allerdings auf ein Bild für die Vergeblichkeit (Schweikert), auf die Angst vor dem Weiblichen (Kalveram, Popp, Stalmann) oder auf den Ausdruck eines Mutterkomplexes (Freeman) zu reduzieren, greift zu kurz. Der Schlüssel für die Erweiterung des Bedeutungsumfanges von Schwarz ist jene Stelle, da Anders Mathieu in seinen Kellerunterschlupf führt. Die „Wärme" im Keller

> [...] begrüßte Matthieu als wohltuend; aber er empfand mit der Wohltat zugleich den lastenden Hauch des Eingeschlossenseins. (B, 293)

> Matthieu wollte etwas antworten, etwa, daß es ein altes Gefühl in ihm sei, im Dunkeln vorwärts zu müssen. Aber sein Bedürfnis, dies auszudrücken, blieb schwach, unbestimmt; auch gab er sich sogleich den sonderbaren Bildern der Finsternis hin, dem bunten Feuerwerk auf der Netzhaut seiner Augen, den Fratzen, die ohne seine Einbildung aus unbekannten Tiefen heraufstiegen, dem Hindämmern in Absichten hinein, die einem nicht gehören, die sich formen, weil das Schwarze der Mutterschoß der Anfänge ist. (B, 293)

Sofern man unter „Mutterschoß" etwas Positives[720] und unter „Anfang" als möglichem Neubeginn zumindest etwas Wertungsneutrales verstehen kann, ist das „Schwarze" hier durchaus nichts Schreckliches. Zwar wirkt der „Wärme" im Keller das Gefühl des

---

eines Schweins, das Haakon schlachtet: „Er durchschnitt [...] die Fettschichten, bis eine graurosa Darmwindung hervorquoll. Ich mußte die Augen auf einen Augenblick schließen." (P, 186)

[720] Belege für Jahnns Wunsch nach Mutterschaft (auch als Metapher für die literarische Produktion deutbar) finden sich in seinen frühen Tagebüchern (Frühe Schriften, S. 212, 242, 283, 287). Tagebuch vom 8.11.1914, Frühe Schriften, S. 282: „Warum muß ich schreien und winseln in Not und Sehnsucht?!   Friedel – bitte, bitte, komm zu mir und schlaf bei mir und geh mit mir.   Ich kann sonst keine Kindlein gebären!   Welche Not ist das!"

Eingeschlossen-Seins entgegen und wird der (positive) Anfang durch die „Fratzen" „aus unbekannten Tiefen" konterkariert, doch ist und bleibt die Passage ambivalent, und die positiven Konnotationen sind mindestens gleich präsent wie die negativen.

Dass Schwarz – abgesehen von der Kollokation mit Haut, die hier nicht zulässig ist (siehe oben) – auch positiv konnotiert ist, geht nicht nur aus der Phrase „weil das Schwarze der Mutterschoß der Anfänge ist" hervor, sondern wird auch durch andere Textstellen indiziert. Die Dunkelheit im Keller, die mit Wärme in Verbindung steht, hat eine Parallele in der „Perrudja"-Ellipse „Schwarz heiß. Weiß kalt." (P, 440) In „Jeden ereilt es" schmerzt Mathieu die Vorstellung, dass Gari seine Freundin Agnete küsst, und Mathieu stellt sich vor:

> Vielleicht hatte er [Gari] sich angewöhnt, sich gegen ihren Rücken zu legen. Er konnte dann unauffälliger in seine eigene Lust versinken, sich, ohne bespeichelt zu werden, in das Schwarze seiner warmen Einsamkeit hinablassen. (J, 165–166)[721]

Die Ambivalenz, die in dieser Textstelle anklingt, spiegelt sich auch im antiken Diktum wider, dass der Schlaf der Bruder des Todes ist (ὕπνος θανάτου ἀδελφός ἐστιν), das Sebald in „Der gestohlene Gott" auf seine Weise interpretiert. Er spricht zu Leonhard:

> Bitter ist bitter, süß ist süß. Das Bittere überwiegt. Es ist das Schwarze, um dessentwillen wir schlafen und sterben. Es ist aber ein wenig Süßigkeit dabei.[722]

Als Gegenteil des Mutterschoßes darf die „Ungeburt" gelten, die „alles vernichte[t]". Hier klingt die negative Seite der Schwärze an, wenn Mathieu den Weg ins Freie sucht, nachdem Anders tot ist:

> Er starrt in die Schwärze, in diese äußerste Schwärze, in der er nicht bestehen kann. Aber sie vermag ihn auch nicht aufzunehmen, diese kohlenschwarze Gravitation, diese alles vernichtende Ungeburt. (B, 313–314)

Bezeichnenderweise ist hier, wo Schwarz zweifelsfrei negativ konnotiert ist, von der „Schwärze" die Rede und nicht vom „Schwarzen" wie in den drei vorher zitierten Textstellen (vgl. auch die unterschiedlichen Nuancierungen von substantiviertem Schwarz, denen das Kapitel 7.3. „Das Schwarz, das Schwarze und die Schwärze" auf der Spur war).

Die Synopse dieser Zitate verdeutlicht den ambivalenten Bedeutungsumfang der Farbe Schwarz, der durchaus auf die „Nacht aus Blei" übertragbar ist. Das substantivierte Schwarz umfasst die (gegensätzlichen) Bedeutungen von *Mutter, Geburt, Schlaf,*

---

[721] Auch in Zusammenhang mit den Steinen, die Perrudjas Morgengabe an Signe sind, kookkurrieren Einsamkeit und Schwarz: „Farblos war das Häufige, schwarz das Einsame." (P, 388)
[722] Der gestohlene Gott, Dramen I, S. 732.

7.4. Die schwarze „Nacht aus Blei"

Introvertiertheit, Nacht, Schutz, Geborgenheit, Wohlgefühl, Wärme, Einsamkeit, Süßigkeit, Bitternis, Tod und *Ungeburt.*

Die Schwierigkeit, die sich bei der Interpretation hier stellt, besteht nicht zuletzt darin zu entscheiden, welche Konnotationen etwa bei *Mutter* und *Tod* überwiegen, ob – um es plakativ auszudrücken – die *Mutter* etwas Negatives oder etwas Positives und der *Tod* etwas Gutes oder etwas Schlechtes bedeutet. Normalsprachliche und autorspezifische Konnotationen stehen möglicherweise im Widerspruch zueinander. Mit dem Hinweis, dass das hier abstrahierte Assoziations-Cluster zu Schwarz ohnehin positive und negative Konnotationen umfasst, ist es für die Interpretation zulässig, die Bedeutungsbestimmung des isolierten (und postulierten) Gegensatzpaares *Mutter* und *Tod* auszuklammern und sich auf die textimmanente Deutung der Schwärze zu konzentrieren.

Schwarz ist in der „Nacht aus Blei" das Bild für die Grundstimmung und das Verlaufsraster des Textes. Diese Lesart legen der Inhalt und einschlägige Interpretationen nahe. Die Schwärze ist mit Schrecken verbunden – sie hat aber auch eine positive Seite, die vor allem der Schluss deutlich macht.

Grundsätzlich gibt es für den Schluss der Erzählung zwei unterschiedliche Lesarten, nämlich die Konstatierung der beiden Konstellationen:
a) Mathieu und Anders sind ein und dieselbe Person und
b) Mathieu und Anders sind ein jahnnsches homosexuelles Männerpaar.[723]
In beiden Fällen bedeutet der Schluss die Überwindung einer Krise und die radikale Lösung eines Konflikts. Das ist nachgerade das blanke Gegenteil von dem, was Schweikert „als Bild der Erfahrung der Vergeblichkeit"[724] bezeichnet. Überwindung und Lösung implizieren Aktivität und ein deutlich positives Bedeutungsmoment.

Bringt man Schema (a) zur Anwendung, so stehen die Behandlung der Wunde und das Abtöten von Anders für die Überwindung des Stigmas und der Vergangenheit, die Mathieu aus „Jeden ereilt es" anhaften. Vergangenes, das unangenehm ist, wird rückgängig gemacht („Ungeburt", B, 314). Die „Nacht ist schon sehr lang" (B, 282), aber nun ist sie zu Ende, indem „das Schwarze der Mutterschoß der Anfänge ist" (B, 293). Die schlimme Wunde verheilt in der „schwarze[n] Stunde" (B, 271) zu „einer roten Narbe" (B, 304). Mathieu, der „in einer hochkomplizierten mann-männlichen Lebensbeziehung zu dem Matrosen Gari steht"[725], emanzipiert sich von diesem, indem er selber aktiv wird und sich im Traum und jetzt selbst das Leben rettet und die Wunde, die ihm beim Überfall zugefügt wurde, behandelt.

---
[723] Zur Frage, ob Anders Mathieus Alter Ego ist oder eine andere Person, vgl. Niehoff (2001), S 471–473.
[724] Schweikert in: Späte Prosa, S. 531.
[725] Kalveram/Popp (1984), S. 61.

Im Schema (b) prallen zwei gegensätzliche Vorstellungen, wie der Konflikt zu lösen sei, aufeinander. Mathieu will Anders, den „Jungen, den er liebt" (B, 311), heilen: „Ich werde – das Hervorgekommene in deinen Leib – zurückbringen." (B, 309) Anders hingegen erwartet von Mathieu als Liebesbeweis seine Tötung:

> Wir [...] erwarten das Letzte: die Unvernunft des Begehrens, eine Forderung der Liebe, das Verbrechen des einen gegen den anderen. Warum wollen Sie mein Mörder nicht werden? Was hält Sie zurück? Warum wollen Sie mein Sterben der lieblosen Verstümmelung überlassen? Es ist nichts Erhabenes, an einer schäbigen Wunde umzukommen. Wüten Sie doch gegen mich, Matthieu! Zerfetzen Sie mich! (B, 308)

Anders, der den älteren Mathieu im Angesichte seiner letzten Stunde immer noch siezt, entscheidet die Situation seiner Vorstellung gemäß. Er macht Mathieus Arm zu einem Tötungsinstrument, indem er ihn sich durch die offene Wunde in seine Eingeweide stößt. Aus der Lösung, die Anders provoziert, spricht die uralte Dichotomie und Nachbarschaft von Liebe und Tod, die Kunst und Literatur seit ehedem befördert. Man braucht gar nicht in die Trickkiste psychologisierenden Interpretierens zu greifen und den Stoß von Mathieus Arm in Anders' offene Bauchwunde als verschleierte sexuelle Penetration zu deuten,[726] um der Schwärze dieser nicht gerade anheimelnden Szene etwas Positives abzugewinnen: Die Tötung als letzter Beweis der Liebe ist ein öfter wiederkehrendes Motiv in Jahnns Werk (vgl. v.a. die Dramen „Pastor Ephraim Magnus" und „Der gestohlene Gott"), und es ist Anders' ausdrücklicher Wunsch, von Mathieus Hand ums Leben zu kommen. Diese beiden Aspekte weisen der *schwarzen Stunde* des Schlusses eine werkimmanent positive Konnotation zu.

Und genau diese Textstelle ist auch das Skandalon, mit dem Stalmann seine Schwierigkeiten hat. Um sie in seine Interpretation der schwarzen Grundstimmung aus Angst und Schrecken einzupassen, setzt er Mathieus Furcht vor der schwarzen Elvira – die ihrerseits durch Mathieus Ausruf „dich in deiner Schwärze liebe ich" (B, 269) gebrochen wird! – mit der Finsternis in Anders' Keller gleich („Matthieus Furcht

---

[726] Stalmann (1998) beschäftigt sich sehr intensiv mit den *Löchern* in der „Nacht aus Blei", die er ausschließlich mit negativer Bedeutung füllt, weil sie „einen assoziationsreichen und provokativen Zusammenhang implizieren und erneut auf Weiblichkeit abzielen" (S. 66). So sind die Fenster „Löcher vor dem Nichts", und „die angedeutete Perforation der Welt weist auf Geschlecht hin". (ebenda) „Die Löcher stellen Häuserwände, den weiblichen Körper und männliche Wunden in einen symbolischen Kontext. Sie bezeichnen Durchbrüche in der Textur der Oberflächen der Körper, die ins Amorphe führen; – sie sind wie die Augen Elviras Öffnungen zum Tod." (S. 67) „Die Einbrüche im reinen Gefüge, die schwarzen Löcher im künstlichen Gewebe der Ordnung müßte man als *Invaginationen* bezeichnen. Sie markieren Wunden im System [...]" (S. 86) „Das Nichts desavouiert den *uterus mundi* als tödlichen, täuschend verhüllten, in Wahrheit enttäuschenden Innenraum, zu dem kein Außen existiert, als die sich ziellos in der kosmischen Kälte verlierenden Wege." (S. 86)

7.4. Die schwarze „Nacht aus Blei"

verbindet das Bordell [Elviras] mit dem Keller des Anders"[727]) und verweist auf das Streichholz, das die Finsternis (und also die Angst) bannen soll:

> Während der Lichtschein eines Streichholzes ihn beruhigt, vermittelt der Erzähler die Erkenntnis, derzufolge „das Schwarze der Mutterschoß der Anfänge" ist. Matthieus Angst wird damit als Angst vor dem Mutterschoß ausgewiesen.[728]

Während in diesem Kapitel *das Schwarze als der Mutterschoß der Anfänge* als Schlüssel zum Verständnis der positiven Konnotation der Farbe Schwarz und des Schlusses der Erzählung herangezogen wird – wohl wissend, dass diese Textstelle nicht am Schluss, sondern in Zusammenhang mit dem Eintritt der beiden Jungen in den dunklen Keller steht – bemerkt Stalmann sehr wohl, dass die Farben in der „Nacht aus Blei" ambivalent sind und dass ihr Symbolgehalt nicht flächendeckend anwendbar ist. Er verdeutlicht dies anhand der Farben Elviras (schwarzer Körper, rötlicher Schein der Lippen) und der Farben der Wunde von Anders („Erguß schwarzen Blutes", B, 306, „etwas rosig Rundes", B, 303).

> Elvira ist nunmehr entblößt und erkannt, – dieselben Farben aber wird Matthieu *nicht* zurückbeziehen auf diesen zentralen und traumatischen Moment, wenn sie ihm später erneut begegnen: beim Anblick der Wunde des Jüngeren [sc. Anders].[729]

Diese Äußerung legt Stalmanns im Ansatz sehr gründliche Arbeitsweise an den Tag. Umso mehr überrascht es daher, dass er selber das tut, was sich anscheinend verbietet: Er bezieht die Dunkelheit des Kellers auf Mathieus Furcht vor der schwarzen Elvira und nivelliert dadurch Schwarz zu einer monoton negativ konnotierten Farbe.

Etwas gleichnishaft und kryptisch zwar ist die Interpretation, die Bitz zur *Mutterschoß*-Stelle vorlegt, aber immerhin macht sie die Ambivalenz deutlich, die im Schwarz der „Nacht aus Blei" steckt:

> Wenn das Schwarze bei Jahnn der Mutterschoß der Anfänge ist, dann ist ihm der Schmerz das Licht in den Geschichten, die erzählt werden müssen.[730]

Bedenkenswert ist auch die Interpretation des Schlusses der „Nacht aus Blei", die Popp vorlegt. Er beobachtet, dass die Räume im Verlauf der Erzählung immer dunkler werden[731] und die Protagonisten aus dem Helleren ins Finstere laufen. Daraus schließt

---

[727] Stalmann (1998), S. 34.
[728] Stalmann (1998), S. 34.
[729] Stalmann (1998), S. 79.
[730] Bitz (1996), S. 293.
[731] Der Himmel ist von Anfang an schwarz und sternenlos (B, 247, 304), schwarz sind auch die Fenster und die Türen (B, 248, 249, 250). Zu Beginn aber erleuchtet „ein gelbes grelles Licht" bzw. „das nicht ermüdende gelbe Licht" (B, 247) die Straßen der Stadt. Später ist nur mehr „ein grauer Schimmer" (B, 286) sichtbar, die Straßen und die Stadt sind schwarz (B, 304). Wenn Mathieu in der ersten Texthälfte Elviras Haus betritt, brennen „drei Kerzen mit lebenden rötlichen Flammen" (B, 254), „farbig getönte Stuckornamente" schmücken das Treppenhaus (B, 255), an den Wänden

er, dass es sich bei der „Nacht aus Blei" um ein Antimärchen handelt.[732] Popp setzt Schwarz und Finsternis mit dezidiert negativer Grundstimmung gleich und negiert dadurch jede positive Deutungsmöglichkeit des Schlusses. Er verdeutlicht dies anhand der Radierung „Tod, Katharsis, Erlösung – ‚Gari'" von Klaus Böttger[733] und anhand des Münchener Theaterprojekts von Michael Simbruk (1983), die den Schluss der „Nacht aus Blei" positiv interpretieren. Beide Künstler „verweigern sich offenbar dem Blick in die totale Schwärze des Erzählausgangs".[734] Popp hält fest, „daß solche von außen herangetragenen optimistischen Visionen der schmerzhaften Blickführung der Jahnnschen Erzählung in keiner Weise gerecht werden", und gemahnt an den letzten Satz der Erzählung,[735] der keine Zweifel am bösen Ende der Erzählung aufkommen lässt und die Geschichte in der Grabesstimmung besiegelt.[736]

Wenn man allerdings die Konnotationen von Schwarz in der „Nacht aus Blei" genau ausleuchtet, so haben Böttger und Simbruk mit ihren positiv zentrierten Interpretationen des Textschlusses im Sinne des werkimmanenten Bedeutungsgehalts von Schwarz in genau demselben Maße Recht oder Unrecht wie Popp, der den Erzählausgang ausschließlich negativ interpretiert.

Fazit: Die Farbe Schwarz bezeichnet die Grundstimmung der „Nacht aus Blei". Schwarz ist in seiner konventionellen Bedeutung und auch textimmanent zweifelsfrei negativ konnotiert. Doch wird diese Konnotation in diesem Text immer wieder durch positive Größen gebrochen (und umgekehrt). Daraus ergibt sich eine deutlich ambivalente Bedeutung von Schwarz, die in der Assoziationskette *Mutter, Geburt, Schlaf, Introvertiertheit, Nacht, Schutz, Geborgenheit, Wohlgefühl, Wärme, Einsamkeit, Süßigkeit, Bitternis, Tod* und *Ungeburt* in vollem Umfang abgebildet ist. Dies macht die monovalente (negative) Interpretation von Schwarz, die Schweikert, Stalmann und Popp vorlegen, sehr fragwürdig. Ebenso fragwürdig ist auch die ausschließlich negative Interpretation des Schlusses. Zwei unterschiedliche Lesarten (Mathieu und Anders

---

hängen „Landschaftsdarstellungen in grünen, braunen und blauen Farbtönen", im Raum stehen „blauseiden bezogene kurze Bänke", ein „Prismenkronleuchter [...] erleuchtet[] den Raum" (B, 257), und Elviras Bett ist „mit hellrotem, man könnte auch sagen: mit dunkelrosa Samttuch" bezogen (B, 268). Im Gasthaus flackert die Glühbirne, denn die „Turbinen versagen bereits" (B, 286). In Anders' Keller spenden nur mehr Streichhölzer und eine Kerze Licht, die Gegenstände haben keine bunten Farben mehr, „braune Kalkfließen" (B, 298) sind eine letzte, quasi-chromatische Andeutung.

[732] Popp (1994), S. 29.
[733] Das genannte Blatt ist das letzte von Böttgers zwölf Radierungen zur „Nacht aus Blei", die 1988/89 entstanden sind und in einer Auflage von 150 Exemplaren vorliegen. Typografische Reproduktion in Böttger (1994).
[734] Popp (1994), S. 35.
[735] „Er [Mathieu] hörte überdeutlich, daß der Deckel der gemauerten Gruft polternd zufiel." (B, 315)
[736] Popp (1994), S. 36.

als ein und dieselbe Person, Mathieu und Anders als Paar) führen zur Beobachtung, dass der Schluss einen äußerst aktiven Akt der Protagonisten darstellt, Krisen überwindet und Konflikte auf sehr radikale Weise löst. Dies ist weit entfernt von der Vergeblichkeit, für die nach Schweikert das Schwarz im Text ein Bild ist.

7.5. Zusammenfassung

In diesem letzten Kapitel wurden vier ausgewählte Teilaspekte untersucht und diskutiert: der Begriff ‚Purpurhaut', die Verbalphrasen ‚rot werden', ‚erröten' und ‚(sich) röten', die Substantive ‚das Schwarz', ‚das Schwarze' und ‚die Schwärze' sowie Jahnns letzte Erzählung „Die Nacht aus Blei" unter besonderer Berücksichtigung der Farbe Schwarz.

Relativ häufig unter den Begriffen aus der Restgruppe und breit gestreut ist die schöpferische Bildung ‚Purpurhaut', die in „Perrudja. Zweites Buch", im „Holzschiff" und in den beiden Teilen der „Niederschrift" insgesamt sechsmal belegt ist. Die ‚Purpurhaut' bedeutet einen Teil des organischen, aber auch des inneren Auges der männlichen Protagonisten Gustav und Tutein. Sie ist in erster Linie ein optisches Medium, registriert synästhetisch aber auch mechanische Reize. Sie hat die Eigenschaften einer Linse oder einer Projektionsfläche, fungiert aber auch als Informationsspeicher, aus dem der Sehende Erinnerungen abrufen kann.

Sehr wahrscheinlich enthält die Bildung ‚Purpurhaut' deshalb ausgerechnet das Etymon PURPUR, weil die Kollokation von ‚Haut' mit den Farben Schwarz, Weiß, Braun, Gelb und Rot in der Sprache frequent und konventionell decodierbar, die Kollokation von ‚Haut' und der Farbe Purpur aber unüblich ist. Daher fällt die Generierung einer individuellen Bedeutung von ‚Purpurhaut' leichter als beispielsweise von ‚Rothaut'. Des Weiteren ist die schöpferische Bildung ‚Purpurhaut' durch den medizinischen Terminus ‚Sehpurpur' gestützt; auch dieser Begriff enthält das Etymon PURPUR, er ist die deutsche Bezeichnung für Erythropsin, den roten Farbstoff in den Stäbchen der Netzhaut.

Die in dieser Arbeit so bezeichneten roten Verbalphrasen ‚rot werden', ‚erröten' und ‚(sich) röten' haben ein dynamisierendes und prozessorientiertes Moment. Sie verteilen sich nicht gleichmäßig über Jahnns erzählende Werke. Besonders auffallend ist die überdurchschnittliche Dichte roter Verbalphrasen im „Epilog". Die auffallende Häufung roter Verbalphrasen steht hier in Zusammenhang mit dem emotionalen Welterleben der pubertierenden Protagonisten.

Der weitaus größte Teil der Farbträger, die sich syntagmatisch mit roten Verbalphrasen verbinden, trägt die Merkmale [+HUM] und [+MASK] und tritt im Singular auf.

Rote Verbalphrasen kennzeichnen also einen individuellen, nicht einen kollektiven Vorgang und akzentuieren das Männliche. Jahnns asymmetrische Geschlechterdarstellung ist hinlänglich bekannt und ein erschöpfend diskutiertes Thema in der Jahnn-Philologie. Interessanter ist hier die Beobachtung, dass das einfache Auszählen von Merkmalen unmittelbar in zentrale autorspezifische Themenkomplexe führt und die Sinnhaftigkeit quantitativer Ansätze bestätigt, indem es zu sehr ähnlichen Ergebnissen führt wie die qualitative Textinterpretation.

Quantitativ deutlich nachweisbar ist ferner der Zusammenhang zwischen physischer und psychischer Unterlegenheit und häufigerem Erröten. Diese Asymmetrie ist bei allen jahnnschen Männerpaaren sichtbar. Bezeichnend für das Erröten ist die Beobachtung, dass es eine explizit benannte oder zumindest eine leicht erschließbare Ursache haben muss. Das Erröten-Lassen der Personen seitens des Autors ist eine höchst auffällige erzählerische Geste, die in hohem Maße motiviert und intendiert sein muss. Einen so singulären und individuellen Vorgang ohne Motivierung abzubilden, ist nicht möglich.

Schwarz wird, verglichen mit anderen Farben, im Korpus überdurchschnittlich häufig substantiviert. Daher verspricht die Analyse der hier als schwarze Substantive bezeichneten Nominalisierungen von Schwarz („das Schwarz', ‚das Schwarze' und ‚die Schwärze') besonders ergiebig zu sein. Die ausführliche Diskussion aber zeigt, dass die schwarzen Substantive einen sehr fluktuierenden Komplex bilden, der qualitativ schwer zu fassen, kaum abstrahierend zu beschreiben und noch viel weniger schlüssig interpretierbar ist. Ihr Bedeutungsumfang erstreckt sich von der einfachen Benennung der Farbe, die eindeutig einer bestimmten Entität zuzuordnen ist, über die abstrahierende bis metaphorisierende Verdinglichung der Farbe, die ein Platzhalter für eine andere Größe sein kann, bis hin zu einer Qualität, die auffallend und mit Absicht unbestimmt und vage bleibt. Substantiviertes Schwarz steht insgesamt den Feldern der konventionellen Prototypen Nacht und Finsternis sehr nahe.

Die schwarzen Substantive verteilen sich relativ gleichmäßig über die einzelnen Texte. In der „Nacht aus Blei", Jahnns letzter Erzählung, aber erreichen sie etwa das Zehnfache ihrer durchschnittlichen Dichte. Dies und die überdeutliche Häufigkeit von Schwarz machen diesen Text zu einem ausgesprochen *schwarzen* Text.

Die Farbe Schwarz bezeichnet die Grundstimmung der „Nacht aus Blei". Schwarz ist sowohl in seiner konventionellen Bedeutung als auch textimmanent zweifelsfrei negativ konnotiert. Wesentlich hergestellt wird diese Konnotation durch die nächtlichen und unheimlich wirkenden Räume der Handlung (vgl. auch den programmatischen Titel), durch die Schattenwesen Franz und Elvira sowie durch die Körperfarbe der mehrheitlichen Stadtbewohner, die vereinzelt auftretende Weiße grausam töten.

7.5. Zusammenfassung

Doch die negative Konnotation von Schwarz steht hier nicht nur zu den positiven Konnotationen im Werkzusammenhang im Widerspruch (Erotik und Jahnns Engagement gegen Rassendiskriminierung), sondern sie wird auch in der „Nacht aus Blei" selber immer wieder durch positive Konnotierung gebrochen. Daraus resultiert die deutlich ambivalente Bedeutung von Schwarz, die textimmanent in der Assoziationskette *Mutter, Geburt, Schlaf, Introvertiertheit, Nacht, Schutz, Geborgenheit, Wohlgefühl, Wärme, Einsamkeit, Süßigkeit, Bitternis, Tod* und *Ungeburt* in vollem Umfang ausgedrückt ist. Dies macht die monovalent negative Interpretation von Schwarz, die Schweikert, Stalmann und Popp vorlegen, sehr fragwürdig.

Ebenso fragwürdig ist auch die ausschließlich negative Interpretation des Schlusses. Zwei unterschiedliche Lesarten (Mathieu und Anders als ein und dieselbe Person, Mathieu und Anders als Paar) führen zur Beobachtung, dass der Schluss einen äußerst aktiven Akt der Protagonisten darstellt, Krisen überwindet und Konflikte auf sehr radikale Weise löst. Dies ist weit entfernt von der Vergeblichkeit, für die nach Schweikert das Schwarz in der „Nacht aus Blei" ein Bild ist.

Die Farbetyma in den Texten von Hans Henny Jahnn

Ugrino und Ingrabanien			
	absolut	Prozent	x/10000
BLAU	4	3,70	1,12
BRAUN	7	6,48	1,96
GELB	1	0,93	0,28
GRAU	7	6,48	1,96
GRÜN	17	15,74	4,76
LILA	4	3,70	1,12
ORANGE	0	0,00	0,00
PURPUR	4	3,70	1,12
ROSA	1	0,93	0,28
ROT	15	13,89	4,20
SCHWARZ	34	31,48	9,52
VIOLETT	0	0,00	0,00
WEISS	14	12,96	3,92
	108	100,00	30,23

Perrudja. Zweites Buch			
	absolut	Prozent	x/10000
BLAU	11	7,75	2,46
BRAUN	10	7,04	2,24
GELB	18	12,68	4,03
GRAU	14	9,86	3,14
GRÜN	14	9,86	3,14
LILA	0	0,00	0,00
ORANGE	0	0,00	0,00
PURPUR	2	1,41	0,45
ROSA	1	0,70	0,22
ROT	25	17,61	5,60
SCHWARZ	20	14,08	4,48
VIOLETT	1	0,70	0,22
WEISS	26	18,31	5,82
	142	100,00	31,80

Perrudja			
	absolut	Prozent	x/10000
BLAU	52	4,15	2,29
BRAUN	134	10,69	5,89
GELB	148	11,80	6,51
GRAU	76	6,06	3,34
GRÜN	120	9,57	5,28
LILA	4	0,32	0,18
ORANGE	1	0,08	0,04
PURPUR	5	0,40	0,22
ROSA	23	1,83	1,01
ROT	211	16,83	9,28
SCHWARZ	211	16,83	9,28
VIOLETT	19	1,52	0,84
WEISS	250	19,94	10,99
	1254	100,00	55,12

Bornholmer Aufzeichnungen			
	absolut	Prozent	x/10000
BLAU	1	2,38	0,33
BRAUN	5	11,90	1,66
GELB	2	4,76	0,66
GRAU	6	14,29	1,99
GRÜN	6	14,29	1,99
LILA	0	0,00	0,00
ORANGE	0	0,00	0,00
PURPUR	0	0,00	0,00
ROSA	0	0,00	0,00
ROT	5	11,90	1,66
SCHWARZ	8	19,05	2,65
VIOLETT	0	0,00	0,00
WEISS	9	21,43	2,99
	42	100,00	13,93

Das Holzschiff

	absolut	Prozent	x/10000
BLAU	6	3,80	0,89
BRAUN	21	13,29	3,12
GELB	10	6,33	1,48
GRAU	41	25,95	6,09
GRÜN	12	7,59	1,78
LILA	0	0,00	0,00
ORANGE	0	0,00	0,00
PURPUR	4	2,53	0,59
ROSA	0	0,00	0,00
ROT	23	14,56	3,41
SCHWARZ	25	15,82	3,71
VIOLETT	1	0,63	0,15
WEISS	15	9,49	2,23
	158	100,00	23,46

Die Niederschrift I

	absolut	Prozent	x/10000
BLAU	35	4,16	1,39
BRAUN	74	8,79	2,94
GELB	49	5,82	1,95
GRAU	78	9,26	3,10
GRÜN	89	10,57	3,54
LILA	1	0,12	0,04
ORANGE	0	0,00	0,00
PURPUR	4	0,48	0,16
ROSA	7	0,83	0,28
ROT	140	16,63	5,57
SCHWARZ	198	23,52	7,88
VIOLETT	7	0,83	0,28
WEISS	160	19,00	6,37
	842	100,00	33,51

Die Niederschrift II

	absolut	Prozent	x/10000
BLAU	23	3,80	0,99
BRAUN	50	8,26	2,14
GELB	38	6,28	1,63
GRAU	76	12,56	3,26
GRÜN	59	9,75	2,53
LILA	0	0,00	0,00
ORANGE	0	0,00	0,00
PURPUR	2	0,33	0,09
ROSA	3	0,50	0,13
ROT	89	14,71	3,81
SCHWARZ	130	21,49	5,57
VIOLETT	4	0,66	0,17
WEISS	131	21,65	5,61
	605	100,00	25,92

Epilog

	absolut	Prozent	x/10000
BLAU	12	4,63	0,94
BRAUN	31	11,97	2,42
GELB	15	5,79	1,17
GRAU	36	13,90	2,81
GRÜN	13	5,02	1,02
LILA	0	0,00	0,00
ORANGE	0	0,00	0,00
PURPUR	4	1,54	0,31
ROSA	4	1,54	0,31
ROT	49	18,92	3,83
SCHWARZ	48	18,53	3,75
VIOLETT	2	0,77	0,16
WEISS	45	17,37	3,52
	259	100,00	20,24

Jeden ereilt es

	absolut	Prozent	x/10000
BLAU	0	0,00	0,00
BRAUN	13	15,66	2,23
GELB	1	1,20	0,17
GRAU	7	8,43	1,20
GRÜN	4	4,82	0,69
LILA	0	0,00	0,00
ORANGE	0	0,00	0,00
PURPUR	0	0,00	0,00
ROSA	1	1,20	0,17
ROT	29	34,94	4,98
SCHWARZ	11	13,25	1,89
VIOLETT	1	1,20	0,17
WEISS	16	19,28	2,75
	83	100,00	14,27

Die Nacht aus Blei

	absolut	Prozent	x/10000
BLAU	2	1,75	0,87
BRAUN	4	3,51	1,75
GELB	4	3,51	1,75
GRAU	16	14,04	7,00
GRÜN	6	5,26	2,62
LILA	0	0,00	0,00
ORANGE	0	0,00	0,00
PURPUR	0	0,00	0,00
ROSA	3	2,63	1,31
ROT	13	11,40	5,68
SCHWARZ	53	46,49	23,18
VIOLETT	1	0,88	0,44
WEISS	12	10,53	5,25
	114	100,00	49,85

Anhang II

Die Farben anderer Texte

Autor: Text / Quelle	BLAU	BRAUN	GELB	GRAU	GRÜN	LILA	ORANGE	PURPUR	ROSA	ROT	SCHWARZ	VIOLETT	WEISS	Summe
Hebbel: Gedichte	29	8	1	14	29			8	6	83	23		27	228
Gubelmann (1922), 132.	12,7	3,5	0,4	6,1	12,7			3,5	2,6	36,4	10,1		11,8	100,0
Horaz	2		13		18					22	62		62	179
Thome (1994), 16.	1,1		7,3		10,1					12,3	34,6		34,6	100,0
Hofmannsthal: Lyrik	18	7	9	11	21			7	5	21	22	4	27	152
Steiner (1986), 230.	11,8	4,6	5,9	7,2	13,8			4,6	3,3	13,8	14,5	2,6	17,8	100,0
George: Lyrik	62	8	25	32	53	2		23		46	30		64	345
Steiner (1986), 230.	18,0	2,3	7,2	9,3	15,4	0,6		6,7		13,3	8,7		18,6	100,0
Trakl	116	36	25	20	41			36	14	51	98		50	487
Steiner (1986), 231.	23,8	7,4	5,1	4,1	8,4			7,4	2,9	10,5	20,1		10,3	100,0
Rilke: Gedichte	30	6	13	31	38	1		1		41	37	2	51	251
Steiner (1986), 231.	12,0	2,4	5,2	12,4	15,1	0,4		0,4		16,3	14,7	0,8	20,3	100,0
Lasker-Schüler: Styx	2	2		2				1		21	7		7	42
Steiner (1986), 231.	4,8	4,8		4,8				2,4		50,0	16,7		16,7	100,0
Schiller: Lyrik	24		4		34					87	144		88	381
Groos (1909), 569.	6,3		1,0		8,9					22,8	37,8		23,1	100,0
Shakespeare: Sonette			3		6					18	27		27	81
Groos (1910), 32.			3,7		7,4					22,2	33,3		33,3	100,0
Shakespeare: Epen	7		1		5					72	18		26	129
Groos (1910), 39, 44f.	5,4		0,8		3,9					55,8	14,0		20,2	100,0
Spenser: Faerie queene			1		6					26	17		4	54
Groos (1910), 39, 44f.			1,9		11,1					48,1	31,5		7,4	100,0
Wagner: Ring	2		1		2					13	13		13	44
Groos/Netto (1912), 410.	4,5		2,3		4,5					29,5	29,5		29,5	100,0
Schumann	6			4	13					8	33		33	97
Katz (1911), 20.	6,2			4,1	13,4					8,2	34,0		34,0	100,0
Hoffmann	1				2					7	17		21	48
Katz (1911), 20.	2,1				4,2					14,6	35,4		43,8	100,0
Tieck	9		1		4					7	15		25	61
Katz (1911), 20.	14,8		1,6		6,6					11,5	24,6		41,0	100,0
Alltagskonversation	2	1	7	2		3				12	2	2		31
Lehmann (1998), 285.	6,5	3,2	22,6	6,5		9,7				38,7	6,5	6,5		100,0
Bachmann: Malina	4	1								5	1		2	13
Lehmann (1998), 292.	30,8	7,7								38,5	7,7		15,4	100,0
Becker: Boxer			1	1	1						2		4	9
Lehmann (1998), 294.			11,1	11,1	11,1						22,2		44,4	100,0
Böll: Ansichten	4	1	3	1	4					5	7		3	28
Lehmann (1998), 295.	14,3	3,6	10,7	3,6	14,3					17,9	25,0		10,7	100,0

Quelle														Summe
Dürrenmatt: Besuch	1		6	1	2					10	15	1	4	40
Lehmann (1998), 296.	2,5		15,0	2,5	5,0					25,0	37,5	2,5	10,0	100,0
Frisch: Stiller	8	1	6	3	4					7	4	1	8	42
Lehmann (1998), 298.	19,0	2,4	14,3	7,1	9,5					16,7	9,5	2,4	19,0	100,0
Handke: Tormann										1	5		2	8
Lehmann (1998), 301.										12,5	62,5		25,0	100,0
Kaschnitz: Eisbären	5	1		1	4				3	6	13		11	44
Lehmann (1998), 303.	11,4	2,3		2,3	9,1				6,8	13,6	29,5		25,0	100,0
Lenz: Deutschstunde	9	3	3	11	7	1	2			9	4	4	8	61
Lehmann (1998), 305-6.	14,8	4,9	4,9	18,0	11,5	1,6	3,3			14,8	6,6	6,6	13,1	100,0
Loetscher: Abwässer	1				1				1	4	5		3	15
Lehmann (1998), 308.	6,7				6,7				6,7	26,7	33,3		20,0	100,0
Wolf: Kindheitsmuster	6	8	9	4	5					1	11	8	17	69
Lehmann (1998), 309.	8,7	11,6	13,0	5,8	7,2					1,4	15,9	11,6	24,6	100,0
Goethe	838	327	581	490	809		204	56		1070	936		1143	6454
Schmidt (1965), 170 u.a.	13,0	5,1	9,0	7,6	12,5		3,2	0,9		16,6	14,5		17,7	100,0
Kleist	8	5	5	4	1					51	45		48	167
Schanze (1989).	4,8	3,0	3,0	2,4	0,6					30,5	26,9		28,7	100,0
Deutsch	987	679	699	764	1233	8	34	187	92	2453	1844	67	1487	10534
Kaeding (1898).	9,4	6,4	6,6	7,3	11,7	0,1	0,3	1,8	0,9	23,3	17,5	0,6	14,1	100,0
Zeitungssprache	163	114	59	101	218	5	8	12	31	481	620	7	516	2335
Rosengren (1972).	7,0	4,9	2,5	4,3	9,3	0,2	0,3	0,5	1,3	20,6	26,6	0,3	22,1	100,0
Gesprochene Sprache	17	3	10	2	32				4	45	45		71	229
Ruoff (1981).	7,4	1,3	4,4	0,9	14,0				1,7	19,7	19,7		31,0	100,0
Summe	2361	1211	1486	1497	2595	17	47	479	213	4693	4119	88	3852	22658
Arithmetisches Mittel	9,0	2,6	5,2	3,9	8,5	0,1	0,4	1,0	0,9	22,5	23,1	0,7	22,0	100,0

Anmerkungen

Die linke Randspalte weist die Primär- und die Sekundärquellen nach. Die jeweils obere Zeile enthält die Farbworthäufigkeiten in absoluten Zahlen, die jeweils untere die relativen prozentualen Farbworthäufigkeiten. In der rechten Randspalte stehen die Werte der Summen. Leere Felder bedeuten, dass die entsprechende Farbe entweder in der Primärquelle nicht belegt oder in der Sekundärquelle nicht nachgewiesen ist.

Der Wert 13 für Schwarz und Weiß im Wagner-Korpus ist ein Schätzwert. Er errechnet sich aus der Differenz der Gesamtzahl der groosschen neutralen Farben (190) und der Summe der ausgewiesenen Gruppen Hell (102) und Dunkel (62) (ohne Schwarz und Weiß), dividiert durch 2. Die Farbkomposita, die Lehmann nachweist, wurden in ihre Bestandteile zerlegt und als Farbetyma erfasst. Differenzierte Farbetyma in Kaeding (1898), Rosengren (1972) und Ruoff (1981) wurden um ihre Differenzierungen verkürzt und ebenfalls als Farbetyma erfasst.

Anhang III 385

Differenzierungen

Liste der Differenzierungen nach der Systematik in Tabelle 3.2.A
Anzahl der Belege zwischen Klammern

1. Komposition

1.1. F + F (147)
blaugrau (2), blaugrün (4), blaurot (3), blauschwarz (3), blauweiß (2), braungrau (2), braungrün (2), braunrot (5), braunschwarz (3), gelbbraun (4), gelbgrün (1), gelbrot (2), gelbschwarz (1), gelbweiß (4), graubraun (3), graugelb (2), graugrün (8), graurosa (2), graurot (1), grauschwarz (5), grauweiß (9), grünblau (2), grünbraun (5), grüngelb (1), grünschwarz (6), grünviolett (1), grünweiß (3), purpurgrau (1), purpurrot (3), rosablau (1), rosarot (2), rosaweiß (3), rotblau (2), rotbraun (3), rotgelb (4), rötlichbraun (1), rötlichgelb (1), rotschwarz (4), rotviolett (2), rotweiß (5), schwarzbraun (1), schwarzgrau (2), schwarzgrün (10), schwarzrot (4), schwarzweiß (1), violettgelb (1), weißgelb (3), weißgrau (3), weißgrün (1), weißrot (3)

1.2. F + F + F (3)
graugrünrot (1), schwarzbraunrot (1), violettrotgrün (1)

1.3. F + F + X (6)
graubraunflach (1), rosagelbseiden (1), Schwarzweißkunst (1), violettschwarzhart (1), violettschwarzknochig (1), weißblaublank (1)

1.4. F + F + X + X (2)
blaubraunockerzäh (1), weißgrünwasserdünn (1)

1.5. F + X (245)
blauäugig (1), Blaubeeren (5), blaubleich (1), Blaugekleidete (1), blauleckend (1), blauschimmernd (1), blauseiden (1), blautuchen (1), blauzüngelnd (1), braunäugig (1), braunbekrustet (1), braunbetäfelt (1), Braunbier (1), braundunkel (3), braunflüssig (1), braungebrannt (2), braungezackt (1), Braunhaariger (1), braunhäutig (2), Braunhäutige (1), braunhell (1), braunkupfern (1), braunledern (1), braunumrändert (1), braunwarm (1), gelbaschig (1), gelbblank (1), gelbblass (1), gelbblond (1), gelbfettig (1), gelbgesprenkelt (1), gelbglänzend (1), Gelbhäutige (1), gelbklar (1), Gelbrand (3), gelbseiden (1), graublank (1), graueisig (1), graufinster (1), graugeblümt (1), graugemalt (1), graublinkend (1), graugesichtig (1), graugewaschen (1), graugraniten (1), graukörnig (1), grauschimmernd (3), grautrüb (1), Grünanlage (1), grünäugig (2), grünbemalt (2), grünbetresst (1), gründunkel (1), grünkupfern (1), grünmoosig (1), grünrankend (1), Grünschnäbel (1), grünseiden (1), Grünspan (1), Lilavorhang (1), Lilazirkon (1), Purpurfarbe (1), Purpurhaut (6), rosabeknospet (1), rosablühend (1), rosafleischig (2), rosagefärbt (1), rosagolden (1), Rosahaut (1), rosaleuchtend (1), rosaseiden (1), rosigtaub (2), rotäugig (1), rotbebändert (2), rotbehaart (1), rotbemalt (2), rotbetucht (1), rotblond (2), rotborkig (1), rotbrennend (1), rotflammend (1), Rotfüchsin (1), rotgeädert (1), rotgemalt (1), Rotgescheitelte, der (1), rotglänzend (1), rotglü-

hend (1), rotgolden (2), Rotguss (5), rothaarig (4), Rothaarige, der/die (6), Rotklee (2), rotnasig (1), rotseiden (2), Rotstift (1), Rottannen (1), rotumrändert (2), rotumrandet (1), rotverglast (1), rotwangig (1), Rotwein (7), schwarzbefrackt (3), schwarzblutig (1), schwarzbrodelnd (1), Schwarzbrot (6), schwarzdunkel (1), schwarzfeucht (1), schwarzgekleidet (4), Schwarzgekleidete, der (2), schwarzglänzend (2), schwarzgolden (1), Schwarzgras (1), schwarzhaarig (3), Schwarzhaarige, die (1), schwarzlackiert (1), schwarzmähnig (1), schwarzmetallen (1), schwarzpunktig (1), Schwarzröcke (1), Schwarzsauer (1), schwarzschlierig (1), Schwarzsehen (1), schwarzseiden (2), schwarzumrandet (2), Violettrubin (1), Weißbekleidete, der (1), weißbelackt (1), weißbemalt (1), weißbepudert (1), weißbeschleift (1), weißbewickelt (1), Weißblech (1), weißblinkend (1), weißblutig (1), weißbronzen (1), Weißbrot (4), Weißbuchen (1), Weißdorn (1), weißeingekleidet (1), weißflatternd (1), weißgekalkt (1), weißgekleidet (1), Weißgekleidete(n), der/die (4), weißgepudert (1), weißgescheuert (3), weißgeschminkt (1), weißgestreift (1), weißgetüncht (4), weißglänzend (1), weißglasiert (1), Weißglut (1), weißgolden (1), weißhäutig (6), Weißhäutige (4), Weißklee (2), weißneu (1), weißschaumig (1), weißseiden (1), Weißwein (3), weißwollen (2)

1.6. F + X + X (15)
Blaubeermarmelade (3), braunscharfkiesig (1), Grünkohlsuppe (1), Rotbuchenholz (1), rotbuntfleckig (1), rotflachsblond (1), Rotkohlsuppe (2), schwarzkohlenheiß (1), Weißdornhecken (1), Weißfeuerpunkte (1), Weißkleewiese (1), Weißkohlsuppe (1)

1.7. F + X + X + X (3)
Schwarzjohannisbeermarmelade (3)

1.8. X + F (254)
aschgrau (3), Basaltschwarz (1), blassgrün (2), blassrot (1), Blattgrün (1), bleichbraun (1), bleichgrün (1), bleichrosa (1), blutbraun (5), blütenweiß (4), blutrot (8), blutschwarz (2), Buchsgrün (2), chromgelb (1), „kromgelb" [!] (2), dichtschwarz (1), Druckerschwärze (3), duffgrün (1), dunkelblau (1), dunkelbraun (4), dunkelgrau (1), dunkelgrün (3), dunkelrosa (1), dunkelrot (3), Eigelb (1), Eiweiß (2), englischrot (3), feuchtgelb (1), feuerrot (1), fleischrosa (1), frischgrün (1), frischrosig (1), froschgrün (1), Frühlingsgrün (1), goldbraun (3), goldgelb (1), grasgrün (1), hartschwarz (1), harzbraun (1), hellblau (4), hellbraun (1), hellgelb (3), hellgrau (1), hellgrün (1), hellrot (3), hellviolett (1), himmelblau (3), hochrot (1), honiggelb (7), immergrün (6), kackbraun (5), käferblau (1), kaffeebraun (2), kalkweiß (6), karminrot (1), Kobaltblau, das (1), kohlenschwarz (1), kotbraun (1), krassgelb (1), krebsrot (2), kupferbraun (1), leichenweiß (1), leichtrot (1), lichtbraun (1), lichtgrau (1), marineblau (1), marmorweiß (1), mattblau (1), mattgelb (1), mattgrün (1), mattschwarz (1), mausgrau (1), meergrün (3), milchweiß (9), mildgelb (1), mondgelb (1), mondweiß (1), Morgengrauen (3), Morgenröte (1), nachtschwarz (1), negerschwarz (1), nelkenbraun (1), ockergelb (1), olivgrün (1), pechschwarz (2), pistaziengrün (1), puterrot (1), rauchschwarz (1), rehbraun (1), rosenrot (3), rostrot (3), rotzgrün (1), rußschwarz (1), safrangelb (6), samtschwarz (1), saphirblau (1), Schamesröte (3), scharlachrot (1), schmutziggelb (1), schmutziggrün (1), schmutzweiß (1), schneeweiß (8), schwefelgelb (1), Sehpurpur (1), Tannengrün (8), Tiefblau (1), tiefblau (5), tiefbraun (2), tiefgrün (3), tiefrot (5), Tiefrote, die (1), tiefschwarz (1), trübschwarz (1), tuschigbraun (1), tuschschwarz (1), Übergelb (1), übergrün (1), überrot (13), überschwarz (1), wachsgelb (1), wasserblau (1), wolligbraun (1), zartweiß (1), ziegelrot (1), zitronengelb (2)

1.9. X + F + F (9)
chromgelbrot (1), goldgelbgrün (2), kotbraunrot (1), metallgrauweiß (1), olivengrünbraun (1), olivgrünbraun (1), rostrotgrau (1), taubenblaurot (1)

1.10. X + X + F (13)
bernsteinbraun (2), elfenbeinweiß (1), Fischeiweiß (1), fleischfarbengrün (1), himbeerblutrot (1), streifigklargelb (2), taubenblutrot (3), tupfigeisrot (2)

1.11. X + X + F + F (2)
perlmutterrotbraun (2)

1.12. X + F + X (1)
barockweißgolden (1)

1.13. X + F + X + F (1)
ockergelbkarminrot (1)

2. *Affigierung*

2.1. Präfigierung (49)
anschwärzen (1), ergrauen (11), erröten (35), vergilben (2)

2.2. Suffigierung (71)
bläulich (3), blauweißlich (1), bräunlich (3), gelblich (6), grünlich (6), orangefarben (1), rosafarben (1), rosig (10), Rötel, der (1), rötlich (10), Rötung (1), schwärzlich (6), Schwärzung (1), weißgelblich (1), weißlich (20)

3. *Syntagmen*

3.1. asyndetische Syntagmen aus zwei Gliedern, beide enthalten ein
Farbetymon (9)
bläulich weiß (1), braun rot (1), braun schwarzmähnig (1), rosig weiß (1), rotes Grün (1), schwarz gelbgesprenkelt (1), schwärzliches Braun (1), dunkelgrün, fast schwarz (1), weiß, rosabeknospet (1)

3.2. asyndetische Syntagmen aus zwei Gliedern, das zweite enthält ein Farbetymon (143)
aufs anmutigste gebräunt sein (1), ausdruckslos schwarz (1), äußerste Schwärze, diese (1), autoritativ Schwarzes, etwas (1), beinahe purpurn (1), bleichblasse Rosahaut (1), blendend weiß (1), blinde Grau, das (1), blitzendes Gelb (1), blutig grau (1), blutiges Grün (1), dampfend gelb (1), dick grün (1), dünnes Rot, ein (1), dürftig schwarz (1), ein bisschen rot (1), ein wenig braun (1), ein wenig erröten (1), ein wenig gelb (1), ein wenig rot (2), ein wenig röten (1), ein wenig röten, sich (1), ein wenig mehr röten, sich (1), einheitlich dunkelbraun (1), eisig grün (1), englisch Rot (1), erbarmungslose Schwärze (1), erdiges Braun (1) erschre-

ckend rot (1), erstarrte Rot, das (1), ewig grün (1), fast nur schwarz (1), fast rot (1), fast schwarz (7), fast weiß (3), feierlich weiß (1), fernes Grau (1), filzig weiß (1), fleckig braun (1), fleckiges Grau (1), florentinisches Rot (1), flüchtig grün (1), flüchtige Röte, eine (1), frisches Grün (1), fürchterlich braunrot (1), ganz schwarz (1), gänzlich schwärzen (1), glänzendes Gelb (1), gläserne Schwärze (1), gleichmäßig braun (1), goldener Purpur (1), goldenes Grün, ein (1), hartes Rot, ein (1), heilige Röte, die (1), heiß braun (1), herrlich gebräunt (1), hilfloses Erröten (1), immer schwarz (1), junge Grün, das (1), junges Grün (1), kochendes Grau, ein (1), krause Grün, das (1), künstliche Röte, eine (1), lebendige Schwarz, das (1), leicht bräunlich (1), leicht ergrauen (1), leicht rotbemalt (1), leicht röten (1), letzte Grün, das (1), leuchtend rot (1), leuchtende Grün, das (1), lichte Grün, das (1), lichtestes Frühlingsgrün (1), lieblich rot (2), märzlich röten (2), matt schwarz (1), merkwürdig weiß (1), nachgedunkelte Grün, das (1), nackte Gelb, dies (1), nahes Grün (1), natürliches Rot (1), nur gelb (1), nur noch grau (1), nur rot (1), peinigendes Erröten (1), recht ergrauen (1), rehäugig braun (1), reinstes Weiß (1), richtungslose Schwärze (1), saftige Grün, das (1), saftiges Grün (1), samtenes Schwarz (1), schmutzig gelb (1), schön rot (1), schrecklich röten (1), schwach rot (1), schweres Grau (1), sprühendes Rot (1), stählern grau (1), tief erröten (3), tief röten, sich (1), tief rot (1), tiefe Röte (1), tiefes Schwarz (1), tieferes Schwarz (1), tiefes Blau (1), tintige Schwärze (1), trauriges Grau (1), trüb violett (1), trübes Rot (1), trübes Schwarz (1), überhandnehmende Schwärze, die (1), ungewisses Grau, ein (1), unreines Grau oder Grün (1), unsicheres Grau (1), unterschiedliche Weiße, die (1), viel negatives Schwarzsehen (1), volle Schwarz, das (1), völlig schwarz (1), völlige Schwarz, das (1), vollkommen weiß (1), wässriggelb (1), wässrig blau (1), „Weltenraum großE[] Schwärze" (E, 294) (1), winterlich weiß (1), wunderbar braun (1), wunderbar weiß (1), zähe Schwarz, das (1), zumeist gelb (1)

3.3. asyndetische Syntagmen aus zwei Gliedern, das erste enthält ein
Farbetymon (9)
braun, nackt (1), grau bebärtet (1), grau gerillt (1), grün kalt (1), rosa durchschimmert (1), weiß behandschuht (1), weiß beinahe (1), bleichgrau, ausdruckslos (1), grauweiß traurig (1)

3.4. asyndetische Syntagmen, die aus mehr als zwei Wörtern bestehen, von denen mindestens eines ein Farbetymon enthält (9)
dieser schäumende, heiße Purpur (1), grau, grün, wässrig (1), herbstlich gelbrot belaubt (1), lieblich rot schwarzkohlenheiß (1), gleichmäßiges eisernes Grau, ein (1), auslaufendes gewölbtes Schwarz (1), hingemaltes tiefes Rot, ein (1), makelloses unfruchtbares Weiß (1), unbestimmtes schimmerndes Blau, ein (1)

3.5. syndetische Syntagmen mit der Konjunktion ‚und' (140)
aschgrau und mager (1), bernsteinbraun und meergrün (1), blank und weiß (1), blau und gold und rot (1), blau und grün und rot (1), blau und grün und schwarz geädert (1), blau und rot (2), die Blauen und Roten und Weißen (1), bleich und braun (2), bleichrosa, gelb und braun (1), blond und braun (1), blond und schwarzhaarig (1), braun und frisch (1), braun und glatt (1), braun und grün (2), braun und modrig (1), braun und rot (2), braun und schwarz (1), braun und violett (1), braun und voll (1), braun und ziemlich fest (1), bunt und weiß (1), dünn und blau (1), farblos und grau (1), feucht und schwarz (1), geil und gelb (1), gelb und blau (1), Gelb und Braun (1), gelb und braun (1), gelb und grün (2), gelb und rot (2), gelb und versteint (1), gelb und weiß (1), gläsern und weiß (2), gold und schwarz (1), golden und rot (1), grau und dunkel (1), grau und grün (2), Grau und Grün (1), grau und kalt (1), grau und

mehlig (1), grau und mondweiß (1), grau und rostig (1), grau und tonlos (1), grau und wächsern (1), alles Grün und Licht (1), grün und blau (5), grün und bunt (1), grün und leer (1), grün und rot (2), grün, braun und blau (1), grün, violett und rot (1), grünmoosig und braunscharfkiesig (1), grünweiß und grau (1), hart und schwarz (1), heiß und braunflüssig (1), hellrot und feuchtgelb (1), jung, grün und leuchtend (1), kahl und braun (1), kahl und grau (1), kalt und grau (1), klar und gelb (1), klein und grau (1), körnig und braun (1), leer und schwarz (1), lila und weiß (1), matt und schwarz (1), nüchtern und grau (1), rauh und braun (1), rosa und grau (1), rosig und unabgenutzt neu (1), rot und blass (1), rot und blau und schwarz (1), rot und gelb (2), rot und grün (3), rot und rotbehaart (1), rot und spitz (1), rot und weiß und blaugrau (1), rot, blau und gelb (1), rot, grün und tiefblau (1), roter und roter (1), scharf und schwarz (1), schwarz und blau (1), schwarz und gelb (1), schwarz und kahl (1), schwarz und silbern (1), schwarz und tot (1), schwarz und weiß (7), Schwarz und Weiß (1), das Schwarze und Weiße (1), schwarz, rein und dicht (1), schwer und grau (1), schwer und tuschschwarz (1), still und schwarz (1), tiefgrün und saftig (1), torfig und käferblau (1), verlockend und schwarz (1), violett und fremd (1), violett und gelb (1), violett und weiß (1), wächsern und gelb (1), warm und rot (1), weich und grün (1), weiß und braun (1), weiß und bunt (1), weiß und durchsichtig (1), weiß und feingeädert (1), weiß und fest (1), weiß und flüssig (1), weiß und frisch und atmend (1), weiß und schwarz (3), weiß und stolz (1), weiß, grau und rosa (1), weißgelb und rot (2), weißlich und wächsern (1)

3.6. syndetische Syntagmen mit der Konjunktion ‚oder' (19)
blau oder blaugrün (1), blau oder grün (1), blau oder rosig (1), bleich oder grau (1), braun oder rot (1), gelb oder grün (1), gelb oder rot (1), Grau oder Grün (1), grau oder hell (1), grau oder schwarz (1), grün oder schottisch gewürfelt (1), rot oder blass (1), rot, blau oder schwarz (1), schwarz oder blond (1), schwarz oder buntgewirkt (1), schwarz oder weiß (2), das Schwarze oder Lichtlose an sich (1), weiß oder schmutzig (1)

3.7. Syntagmen mit ‚weder – noch' (1)
weder schwarz noch licht (1)

3.8. Vergleiche (74)
hellblau wie fettiges Papier (1), „braun und voll, ähnlich dem [Haupthaar] Tuteins" (N2, 230) (1), braun wie Moor (1), „bräunlich wie das [Gesicht] eines Negerbastards" (P, 626) (1), so braun wie Mulatten (1), „wächsern und gelb wie der Widerschein eines Feuers, in das man Salz geworfen hat" (N1, 633) (1), gelb wie bei einem Leberkranken (1), gelb wie fetter Rahm (1), gelb wie Likör (1), gelb wie sämischgares Leder (1), wie ein erstarrtes Glas grau-blinkend (1), „ein ungewisses Grau wie das ins Meer gestürzter Schneemassen" (N2, 471) (1), „grau und wächsern wie ein Antlitz im Schneelicht" (E, 366) (1), grau wie Asche (1), grau wie das graue Schiff (1), grau wie der Himmel (1), grau wie die Pinasse (1), grau wie die Rinde halbjunger Pappeln (1), „so grau wie Schatten" (N2, 690) (1), schwer und grau wie Blei (1), „übergrün, daß es rot durchleuchtet" (U, 1296) (1), grünbemalt wie eine Vorstadtgartenlaube (1), grünen wie im Sommer (1), „rot und blaß wie einer, der beständig ertappt wird" (N2, 116) (1), rot werden wie ein Schüler (1), erröten wie ein Kind (1), rot wie angemalt (1), rot wie Blut (2), rot wie frisches Blut (1), „rot wie das [Blut] des Knaben" (P, 278) (1), rot wie Krebse (1), rot wie ein gekochter Krebs (1), rot wie Glut unter Asche (1), mehr rot als blond (1), „scharf und schwarz wie etwas Übernatürliches – wie die Kulisse eines Waldstücks auf dem Theater" (N2, 208) (1), schwarz wie Basalt (1), schwarz wie das Nichts (1), „so schwarz wie die [Welt] der Augen" (P, 574) (1), schwarz wie geronnene Galle (1),

schwarz wie Höhlen (1), schwarz wie Kohle (4), schwarz wie Pech (1), schwarz wie Ruß (1), schwärzer als schwarz (1), „Der Himmel schwärzt sich, als sei ein Maler daran, ihn mit tintigem Pinsel zu tuschen." (N2, 208) (1), „so schwarz wie die übrigen [Fenster] dieser Fassade und die vielen anderen der weitausholenden Avenue" (B, 249) (1), viel schwärzer als Tuteins dunkle Brustwarzen (1), „kalkweiß [...] wie eine Jungfrau zwischen dem Hochzeitslinnen" (E, 251) (1), so weiß wie der übrige Körper (1), weiß wie eine gekalkte Wand (2), weiß wie eine Kartoffelblüte (1), weiß wie eine Landschaft unter mittäglicher Tropensonne (1), weiß wie feiner Zucker (1), weiß wie Kalk (2), weiß wie Kirschblüte (1), weiß wie Papier (2), weiß wie Schnee (1), weiß wie Silber oder Platin (1), weniger weiß als rot (1), mehr weiß als rot (1), braun und violett wie ein schwerer Tod (1), braunrot wie die Abwässer einer Schlachterei (1), braunschwarz wie Makassarebenholz (1), grünblau wie Jade (1), „rotblau – wie das eines Erhängten. – 'Wie Ellena –'" (N1, 606) (1), violett, grünbraun und feurig wie glühendes Eisen (1), weißgrau wie Birkenasche (1)

3.9. Präpositionale Gruppen (4)
ein Rot unter Grau und Grün (1), schwarz auf weiß (2), Schwärze ohne Glanz und Schatten (1)

4. Gradation[737]

4.1. Komparativ (synthetisch und analytisch[738]*)* (14)
bräunlicher (1), gelber (1), grauer (1), mehr rot (1), mehr weiß (1), roter und roter (1), schwärzer (2), viel ergrauter (1), viel schwärzer (1), weißer (2), weniger weiß (2)

4.2. Superlativ (relativ und elativ[739]*)* (12)
das Weißeste (1), schwärzest (1), sehr gelb (1), sehr weiß (6), weißest (3)

5. Negation (23)
„ohne noch rot oder blaß zu werden" (E, 130) (1), „ohne rot oder blaß zu werden" (E, 188) (1), keine Schwärze (1), nicht braun (1), nicht erröten (3), nicht gelb oder grün (1), nicht grün (2), nicht harzbraun (1), nicht negerschwarz (1), nicht olivgrünbraun (1), nicht rot (2), nicht schwarz (2), nicht schwarz und weiß (1), nicht violett (1), nicht wässerig himmelblau (1), nicht weiß (1), nicht weißhäutig (1), ohne Grün (1)

6. Antikisierung (1)
gehl (1) (P, S. 64)

---

[737] Alle durch Komposition oder Syntagmenbildung mit ‚und' und ‚oder' gebildeten Farbkombinationen in den Gruppen 4 und 5 sind auch in die entsprechenden Untergruppen oben integriert.
[738] Analytischer Komparativ durch ‚mehr' und ‚weniger'.
[739] Unter Elativ wird hier lediglich die Superlativ-Bildung durch ‚sehr' verstanden. Andere Formen (z.B. durch ‚äußerst') sind in der Gruppe 3 (Syntagmen) erfasst.

Wortart- und Satzgliedgruppen. Zählung nach Farbetyma (ZE) und nach Farbausdrücken (ZA)

Ugrino und Ingrabanien

	ZE		ZA	
	abs.	%	abs.	%
1	70	64,81	62	66,67
2	7	6,48	6	6,45
3	2	1,85	2	2,15
4	0	0,00	0	0,00
5	6	5,56	4	4,30
6	17	15,74	13	13,98
7	4	3,70	4	4,30
8	1	0,93	1	1,08
9	0	0,00	0	0,00
10	1	0,93	1	1,08
	108	100,00	93	100,00

Perrudja

	ZE		ZA	
	abs.	%	abs.	%
1	753	60,05	693	59,90
2	69	5,50	65	5,62
3	37	2,95	35	3,03
4	0	0,00	0	0,00
5	90	7,18	82	7,09
6	177	14,11	158	13,66
7	32	2,55	30	2,59
8	38	3,03	37	3,20
9	17	1,36	17	1,47
10	41	3,27	40	3,46
	1254	100,00	1157	100,00

Perrudja. Zweites Buch

	ZE		ZA	
	abs.	%	abs.	%
1	77	54,23	71	56,35
2	9	6,34	9	7,14
3	3	2,11	3	2,38
4	0	0,00	0	0,00
5	20	14,08	13	10,32
6	15	10,56	12	9,52
7	8	5,63	8	6,35
8	5	3,52	5	3,97
9	1	0,70	1	0,79
10	4	2,82	4	3,17
	142	100,00	126	100,00

Bornholmer Aufzeichnungen

	ZE		ZA	
	abs	%	abs.	%
1	23	54,76	21	52,50
2	1	2,38	1	2,50
3	2	4,76	2	5,00
4	0	0,00	0	0,00
5	1	2,38	1	2,50
6	6	14,29	6	15,00
7	0	0,00	0	0,00
8	5	11,90	5	12,50
9	2	4,76	2	5,00
10	2	4,76	2	5,00
	42	100,00	40	100,00

Das Holzschiff

	ZE		ZA	
	abs	%	abs.	%
1	113	71,52	104	71,72
2	8	5,06	8	5,52
3	2	1,27	2	1,38
4	0	0,00	0	0,00
5	12	7,59	10	6,90
6	5	3,16	3	2,07
7	2	1,27	2	1,38
8	6	3,80	6	4,14
9	6	3,80	6	4,14
10	4	2,53	4	2,76
	158	100,00	145	100,00

Die Niederschrift I

	ZE		ZA	
	abs.	%	abs.	%
1	537	63,78	507	66,02
2	45	5,34	38	4,95
3	14	1,66	13	1,69
4	2	0,24	2	0,26
5	106	12,59	84	10,94
6	50	5,94	39	5,08
7	26	3,09	25	3,26
8	34	4,04	32	4,17
9	17	2,02	17	2,21
10	11	1,31	11	1,43
	842	100,00	768	100,00

Wortart- und Satzgliedgruppen. Zählung nach Farbetyma (ZE) und nach Farbausdrücken (ZA)

Die Niederschrift II				
	ZE		ZA	
	abs.	%	abs.	%
1	389	64,30	366	64,32
2	25	4,13	23	4,04
3	11	1,82	11	1,93
4	0	0,00	0	0,00
5	46	7,60	40	7,03
6	32	5,29	28	4,92
7	24	3,97	23	4,04
8	22	3,64	22	3,87
9	24	3,97	24	4,22
10	32	5,29	32	5,62
	605	100,00	569	100,00

Jeden ereilt es				
	ZE		ZA	
	abs.	%	abs.	%
1	55	66,27	44	63,77
2	6	7,23	6	8,70
3	1	1,20	1	1,45
4	0	0,00	0	0,00
5	8	9,64	7	10,14
6	2	2,41	2	2,90
7	1	1,20	1	1,45
8	7	8,43	5	7,25
9	0	0,00	0	0,00
10	3	3,61	3	4,35
	83	100,00	69	100,00

Epilog				
	ZE		ZA	
	abs.	%	abs.	%
1	125	48,26	123	49,80
2	23	8,88	21	8,50
3	14	5,41	14	5,67
4	0	0,00	0	0,00
5	27	10,42	22	8,91
6	20	7,72	17	6,88
7	8	3,09	8	3,24
8	11	4,25	11	4,45
9	24	9,27	24	9,72
10	7	2,70	7	2,83
	259	100,00	247	100,00

Die Nacht aus Blei				
	ZE		ZA	
	abs.	%	abs.	%
1	59	51,75	56	52,34
2	12	10,53	11	10,28
3	2	1,75	2	1,87
4	0	0,00	0	0,00
5	6	5,26	5	4,67
6	9	7,89	8	7,48
7	5	4,39	5	4,67
8	17	14,91	16	14,95
9	2	1,75	2	1,87
10	2	1,75	2	1,87
	114	100,00	107	100,00

Anhang V

Wortart- und Satzgliedgruppen. Einzelne Farbetyma in Texten

Ugrino und Ingrabanien	1	2	3	4	5	6	7	8	9	10	
BLAU	3				1						4
BRAUN	6					1					7
GELB	1										1
GRAU	5				1	1					7
GRÜN	8	1			1	4	3				17
LILA	2				1				1		4
ORANGE											0
PURPUR	2					1	1				4
ROSA	1										1
ROT	9	2	1		2	1					15
SCHWARZ	23	3	1			7					34
VIOLETT											0
WEISS	10	1				3					14
	70	7	2	0	6	17	4	1	0	1	108

Perrudja. Zweites Buch	1	2	3	4	5	6	7	8	9	10	
BLAU	7				2		2				11
BRAUN	3	2			1	2	2				10
GELB	8	3			6		1				18
GRAU	10	2					1	1			14
GRÜN	5				5	3		1			14
LILA											0
ORANGE											0
PURPUR	1								1		2
ROSA									1		1
ROT	14		1		2	5		1	2		25
SCHWARZ	11	2	1		2	2	2				20
VIOLETT						1					1
WEISS	18		1		2	2	2	1			26
	77	9	3	0	20	15	8	5	1	4	142

Perrudja	1	2	3	4	5	6	7	8	9	10	
BLAU	26	1	2		5	7	3	1		7	52
BRAUN	94	8	1		3	23		3	2		134
GELB	89	12	4		12	21	4	6			148
GRAU	54	4	1		5	8		2	1	1	76
GRÜN	70	7	2		9	18	3	7	1	3	120
LILA		2				1		1			4
ORANGE	1										1
PURPUR	2	1				1				1	5
ROSA	16	1			1	5					23
ROT	104	13	19		17	28	3	5	12	10	211
SCHWARZ	127	13	4		15	26	10	6	1	9	211
VIOLETT	9				3	5		1		1	19
WEISS	159	9	4		20	36	8	6		8	250
	753	69	37	0	90	177	32	38	17	41	1254

Bornholmer Aufzeichnungen	1	2	3	4	5	6	7	8	9	10	
BLAU					1						1
BRAUN	4				1						5
GELB	2										2
GRAU	3	1			1	1					6
GRÜN	2					1		1	1	1	6
LILA											0
ORANGE											0
PURPUR											0
ROSA											0
ROT	4						1				5
SCHWARZ	4					2		1	1		8
VIOLETT											0
WEISS	4	1	1				2			1	9
	23	1	2	0	1	6	0	5	2	2	42

Das Holzschiff	1	2	3	4	5	6	7	8	9	10	
BLAU	4				1	1					6
BRAUN	16	1			3				1		21
GELB	7	2			1						10
GRAU	39				1			1			41
GRÜN	7					1	1	1		2	12
LILA											0
ORANGE											0
PURPUR	1						1			2	4
ROSA											0
ROT	13		2		3	1			4		23
SCHWARZ	14	4			1	2	1	2	1		25
VIOLETT	1										1
WEISS	11	1			2			1			15
	113	8	2	0	12	5	2	6	6	4	158

Epilog	1	2	3	4	5	6	7	8	9	10	
BLAU	4	1			3	3		1			12
BRAUN	19	2	1		3	1		3	2		31
GELB	9				1	3		1		1	15
GRAU	17	7	1		4	4	1		2		36
GRÜN	7				4				1	1	13
LILA											0
ORANGE											0
PURPUR	1		1		1		1				4
ROSA	2				1	1					4
ROT	11	3	6		4	3	4		17	1	49
SCHWARZ	26	5	2		3	4		5	2	1	48
VIOLETT		1					1				2
WEISS	29	4	3		3	1	1	1		3	45
	125	23	14	0	27	20	8	11	24	7	259

Die Niederschrift I	1	2	3	4	5	6	7	8	9	10	
BLAU	21	2			6	3	2			1	35
BRAUN	53	3	1		7	5	1	1	2	1	74
GELB	29	4	3		6	4		1	2		49
GRAU	58	1			8	2	2	3	4		78
GRÜN	55	2	1	1	11	4	4	8	2	1	89
LILA	1										1
ORANGE											0
PURPUR	1								3		4
ROSA	2				3	1	1				7
ROT	77	9	4		21	10	5	6	6	2	140
SCHWARZ	134	10	2	1	21	11	7	10	1	1	198
VIOLETT	4				3						7
WEISS	102	14	3		20	10	4	5		2	160
	537	45	14	2	106	50	26	34	17	11	842

Jeden ereilt es	1	2	3	4	5	6	7	8	9	10	
BLAU											0
BRAUN	9	2			2						13
GELB					1						1
GRAU	4	2					1				7
GRÜN	1				1		1			1	4
LILA											0
ORANGE											0
PURPUR											0
ROSA	1										1
ROT	19	2	1		1	2	1	1		2	29
SCHWARZ	8				1		2				11
VIOLETT	1										1
WEISS	12				2		2				16
	55	6	1	0	8	2	1	7	0	3	83

Die Niederschrift II	1	2	3	4	5	6	7	8	9	10	
BLAU	16				4	2	1				23
BRAUN	38	4			3	2	2	1			50
GELB	29	1			3	3				2	38
GRAU	44	4	1		4	7	5	6	5		76
GRÜN	28	3			7	2	8	4	1	6	59
LILA											0
ORANGE											0
PURPUR		1							1		2
ROSA	3										3
ROT	47	2	4		5	3	3	5	13	7	89
SCHWARZ	88	5	3		10	5	3	5	5	6	130
VIOLETT	1				1	2					4
WEISS	95	5	3		9	6	2	1		10	131
	389	25	11	0	46	32	24	22	24	32	605

Die Nacht aus Blei	1	2	3	4	5	6	7	8	9	10	
BLAU	1				1						2
BRAUN	2					1	1				4
GELB	4										4
GRAU	8	2	1		1	1		1		2	16
GRÜN	3				1	1		1			6
LILA											0
ORANGE											0
PURPUR											0
ROSA	3										3
ROT	10							1	2		13
SCHWARZ	24	7	1			3	5	13			53
VIOLETT						1					1
WEISS	4	3			2	2		1			12
	59	12	2	0	6	9	5	17	2	2	114

Rekurrenzmaxima der Zuordnungen in einzelnen Texten

Ugrino und Ingrabanien			
	f	f (%)	R
[keine Zuordnung]	5	5,38	10
Leiber	4	4,30	9
Augen	3	3,23	4,5
Basalt	3	3,23	4,5
Blut	3	3,23	4,5
Farbe	3	3,23	4,5
Grün	3	3,23	4,5
Hand	3	3,23	4,5
Marmor	3	3,23	4,5
Quarz	3	3,23	4,5
alles	2	2,15	
Gestein	2	2,15	
Granit	2	2,15	
Holz	2	2,15	
Lettern	2	2,15	
Rock	2	2,15	
Stadt	2	2,15	
Tuch	2	2,15	
Weib	2	2,15	
N = 93; 5 % : 4,65; 2 % : 1,86; 1 % : 0,93			

Perrudja			
	f	f (%)	R
Blume	33	2,85	10
Gesicht	26	2,25	9
Mensch	23	1,99	8
[keine Zuordnung]	20	1,73	7
Brustwarzen	19	1,64	6
Stein	15	1,30	5
Schiff	14	1,21	3,5
Stute	14	1,21	3,5
Haar	13	1,12	1,5
Schnee	13	1,12	1,5
Augen	12	1,04	
es	12	1,04	
Haut	12	1,04	
N = 1157; 5 % : 57,85; 2 % : 23,14; 1 % : 11,57			

Perrudja. Zweites Buch			
	f	f (%)	R
Fleisch	5	3,97	9,5
Uniform	5	3,97	9,5
Burschen	3	2,38	7
Neger	3	2,38	7
Sonne	3	2,38	7
Abgrund	2	1,59	3
Farben	2	1,59	3
Garde	2	1,59	3
Hände Perrudjas	2	1,59	3
Hein	2	1,59	3
Himmel	2	1,59	
Knochen	2	1,59	
Licht	2	1,59	
Moos	2	1,59	
Nacht	2	1,59	
Papier	2	1,59	
Rotbuchenholz	2	1,59	
Segel	2	1,59	
Weg	2	1,59	
Weißhäutige	2	1,59	
N = 126; 5 % : 6,30; 2 % : 2,52; 1 % : 1,26			

Bornholmer Aufzeichnungen			
	f	f (%)	R
Farbe	3	7,5	9,5
Kristalle	3	7,5	9,5
Papier	2	5	7,5
Sterne	2	5	7,5
N = 40; 5 % : 2,00; 2 % : 0,80; 1 % : 0,40			

Das Holzschiff			
	f	f (%)	R
Mann	24	16,55	10
Segel	7	4,83	9
Mensch	6	4,14	8
Antlitz	5	3,45	6,5
Gesicht	5	3,45	6,5
Augen	4	2,76	5
[keine Zuordnung]	3	2,07	3,5
Holz	3	2,07	3,5
Gustav	2	1,38	1,5
Hände	2	1,38	1,5
Haut	2	1,38	
Licht	2	1,38	
Mädchen	2	1,38	
Meer	2	1,38	
Schein	2	1,38	
Stuhl	2	1,38	
Wolken	2	1,38	
N = 145; 5 % : 7,25; 2 % : 2,90; 1 % : 1,45			

Die Niederschrift I

	f	f (%)	R
Haut	24	3,13	10
Haar	23	2,99	9
Auge	22	2,86	8
Gesicht	17	2,21	7
Licht	16	2,08	6
[keine Zuordnung]	12	1,56	4,5
Farbe	12	1,56	4,5
Mann	11	1,43	3
Mensch	10	1,30	1,5
Schein	10	1,30	1,5
Wand	9	1,17	

N = 768; 5 % : 38,40; 2 % : 15,36; 1 % : 7,68

Die Niederschrift II

	f	f (%)	R
Gesicht	14	2,46	9,5
Haar	14	2,11	9,5
Auge	12	1,93	8
[keine Zuordnung]	11	1,58	7
Himmel	9	1,58	5,5
Licht	9	1,41	5,5
Haut	8	1,41	3,5
Wasser	8	1,05	3,5
Lippen	6	1,05	1,5
Wand	6	1,05	1,5

N = 569; 5 % : 28,45; 2 % : 11,38; 1 % : 5,69

Epilog

	f	f (%)	R
Haut	14	5,67	10
Augen	10	4,05	8,5
Gesicht	10	4,05	8,5
Haar	9	3,64	7
Himmel	8	3,24	5
Nikolaj	8	3,24	5
Schleifenfarbe	8	3,24	5
Asger	7	2,83	3
[keine Zuordnung]	6	2,43	2
Kalle Kjederquist	5	2,02	1
Antlitz	4	1,62	
es	3	1,21	
Hand	3	1,21	
Lippen	3	1,21	
Schärpe	3	1,21	
Stein	3	1,21	
Stute	3	1,21	
alles	2	0,81	
Angesicht	2	0,81	
Diamant	2	0,81	
Fläche	2	0,81	
Flüsse	2	0,81	
Gestalt	2	0,81	
Hemd	2	0,81	
Inger	2	0,81	
Jackettanzug	2	0,81	
Johan	2	0,81	
Kopf	2	0,81	
Leder	2	0,81	
Licht	2	0,81	
Nachthemd	2	0,81	
Pyjama	2	0,81	
Wasser	2	0,81	
Weißbrot	2	0,81	
Welle	2	0,81	

N = 247; 5 % : 12,35; 2 % : 4,94; 1 % : 2,47

Jeden ereilt es

	f	f (%)	R
Rettungsring	11	15,94	10
Haar	8	11,59	9
Planke	4	5,80	8
Brustwarzen	3	4,35	7
Faden	2	2,90	4,5
Gesicht	2	2,90	4,5
Nacht	2	2,90	4,5
Wasser	2	2,90	4,5

N = 69; 5 % : 3,45; 2 % : 1,38; 1 % : 0,69

Die Nacht aus Blei

	f	f (%)	R
[keine Zuordnung]	11	10,28	10
Körper	5	4,67	8,5
Lippen	5	4,67	8,5
Elvira	4	3,74	7
Augen	3	2,80	4,5
Brust	3	2,80	4,5
Himmel	3	2,80	4,5
Leib	3	2,80	4,5
Anders	2	1,87	1,5
Feld	2	1,87	1,5
Haar	2	1,87	
Hals	2	1,87	
Licht	2	1,87	
Mathieu	2	1,87	
Morgengrauen	2	1,87	
Narbe	2	1,87	
Samttuch	2	1,87	
Stadt	2	1,87	
Uniform	2	1,87	

N = 107; 5 % : 5,35; 2 % : 2,14; 1 % : 1,07

Anhang VII

Farbenregister

Dieses Farbenregister verzeichnet alle einfachen und komponierten Farbwörter aus „Ugrino und Ingrabanien", „Perrudja", „Perrudja. Zweites Buch", „Bornholmer Aufzeichnungen", „Das Holzschiff", „Niederschrift I", „Niederschrift II", „Epilog", „Jeden ereilt es" und „Die Nacht aus Blei". Die ß/ss-Schreibung ist im Sinne der neuen Rechtschreibung normalisiert, ebenso „kromgelb" zu „chromgelb".

anschwärzen **H** 174
aschgrau **P** 359, **N1** 417, **N2** 112
barockweißgolden **P** 101
Basaltschwarz **N1** 603
Bernsteinbraun **E** 273
bernsteinbraun **N1** 883
blassgrün **P** 153, **N1** 764
blassrot **N2** 230
Blattgrün **H** 133
blau **U** 1234, 1252, 1288, **P** 46, 51, 63, 87, 89, 91, 97, 109, 148, 157, 217, 242, 252, 253, 341, 388, 505, 651, 652, 667, **P2** 700, 709, 720, 761, 781, 795, **H** 17, 66, 137, **N1** 232, 247, 252, 350, 372, 373, 392, 412, 497, 503, 550, 558, 564, 669, 788, 863, 882, 894, 918, 978, **N2** 34, 79, 100, 117, 205, 212, 215, 216, 310, 349, 352, 353, 367, 404, 671, 674, **E** 44, 74, 100, 106, 121, 239, 373, **B** 257
Blau, Blaue **P** 221, 255, **A** 577, **N1** 253, **N2** 255
blauäugig **P2** 724
Blaubeeren **P** 211, 347, 348, 441, **N1** 764
Blaubeermarmelade **P** 453, 476
blaubleich **N1** 267
blaubraunockerzäh **P** 399
Bläue **E** 372
Blaugekleidete **P** 577
blaugrau **N1** 298, 304
blaugrün **U** 1297, **P** 624, **N1** 558, 738
blauleckend **P** 653
bläulich **N2** 158, **E** 316
blaurot **P** 540, 566, **N1** 741
blauschimmernd **N1** 236
blauschwarz **P** 487, **H** 166, 182
blauseiden **B** 257
blautuchen **P** 635
blauweiß **H** 63, **N2** 100
blauweißlich **P** 636

blauzüngelnd **N1** 438
bleichbraun **P** 594
bleichgrün **P** 642
bleichrosa **N1** 623
blutbraun **P** 335, 338, 348, 349, 358
blütenweiß **N1** 751, **N2** 48, 56
blutrot **U** 1235, **P** 395, 427, 516, **H** 116, **N1** 531, **N2** 224, **E** 106
blutschwarz **H** 90, **N1** 905
braun **U** 1211, 1215, 1255, 1256, 1296, **P** 8, 15, 23, 24, 29, 30, 49, 50, 51, 63, 71, 112, 114, 117, 145, 148, 150, 153, 156, 166, 175, 184, 189, 206, 223, 236, 239, 245, 251, 252, 278, 286, 297, 312, 361, 368, 380, 388, 391, 394, 395, 399, 407, 408, 409, 410, 412, 414, 419, 434, 437, 455, 457, 473, 481, 486, 487, 492, 497, 498, 505, 511, 513, 515, 519, 534, 537, 545, 562, 575, 582, 583, 595, 624, 625, 627, 632, 641, 656, 657, 666, **P2** 761, 770, 780, 785, **A** 517, 519, **H** 8, 9, 18, 54, 65, 70, 116, 129, 132, 170, 181, 191, 216, **N1** 236, 266, 304, 321, 337, 349, 350, 356, 398, 404, 408, 434, 438, 439, 443, 466, 468, 469, 509, 536, 545, 549, 567, 591, 599, 607, 620, 623, 624, 631, 637, 667, 673, 710, 731, 735, 749, 778, 800, 859, 881, 883, 890, 905, 916, 917, 950, **N2** 25, 60, 63, 69, 81, 84, 89, 92, 114, 118, 119, 120, 124, 125, 153, 166, 167, 169, 204, 230, 255, 315, 316, 329, 356, 379, 414, 466, 467, 611, 635, 676, **E** 7, 48, 51, 163, 165, 174, 180, 228, 273, 298, 312, 314, 316, 334, 342, 366, 367, 369, 383, **J** 11, 16, 100, 128, 132, 135, 141, **B** 257, 298, 304
Braun, Braune **P** 37, 626, 645, **N1** 253, 764, **N2** 415, **E** 8, 9, 19
braunäugig **P2** 724
braunbekrustet **J** 91

braunbetäfelt **A** 605
Braunbier **N1** 469
braundunkel **P** 444, **H** 50, **N1** 688
bräunen **P**, 437, 468, **H** 69, **N1** 397, 497, **E** 316, 334
braunflüssig **N2** 520
braungebrannt **P** 223, 608, **E** 354
braungezackt **P** 50
braungrau **P** 652, **N1** 598
braungrün **U** 1296, **A** 574
Braunhaariger **N2** 370
braunhäutig **N1** 400, 528
Braunhäutige **N2** 376
braunhell **P** 399
braunkupfern **P** 25
braunledern **P** 223
bräunlich **P** 365, 626, **N2** 355, **E** 146
bräunlicher **J** 140
braunrot **P** 576, 634, **P2** 795, **N1** 953, 970
braunscharfkantig **P2** 679
braunschwarz **N1** 287, 440, 515
braunumrändert **E** 373
braunwarm **P2** 687
Buchsgrün **N2** 59, **E** 237
chromgelb **P** 429, 613, 614
chromgelbrot **P** 399
dichtschwarz **P** 399
Druckerschwärze **N2** 268, 290, **E** 16
duffgrün **P** 252
dunkelbraun **U** 1234, **P** 19, 514, **A** 521, **N2** 229
dunkelgrau **A** 522
dunkelgrün **P** 633, **N1** 547, 995
dunkelrosa **B** 268
dunkelrot **P** 471, 578, **B** 315
Eiweiß **P** 266, **N2** 154, 166
elfenbeinweiß **P** 134
englisch Rot-Farbe **A** 561
englischrot **N1** 978, **N2** 584
Englischrot **N2** 385
ergrauen **P** 36, **N1** 321, 609, 639, 830, **N2** 17, 76, 354, 464, 617 **E** 61, 68
erröten **P** 175, 367, 377, 397, 402, 465, 614, 633, **P2** 739, **H** 42, 57, 68, **N1** 515, 563, 573, 886, **N2** 40, 280, 378, 613, **E** 79, 113, 147, 161, 211, 316, 329, 346, 403, **B** 254, 262
Erröten **P** 634, **E** 10, 11, 345
feuchtgelb **N1** 438

feuerrot **P** 399
Fischeiweiß **N1** 743
fleischfarbengrün **P** 666
florentinisches Rot **N1** 994
frischgrün **P** 519
frischrosig **P** 477
froschgrün **N1** 903
Frühlingsgrün **N1** 603
gehl **P** 64
gelb **U** 1255, **P** 8, 16, 17, 46, 52, 54, 62, 87, 119, 163, 168, 198, 206, 212, 213, 216, 217, 221, 230, 236, 237, 239, 244, 245, 252, 253, 255, 283, 291, 297, 326, 333, 337, 348, 349, 350, 361, 362, 363, 365, 374, 375, 387, 388, 399, 400, 408, 418, 423, 427, 437, 438, 477, 480, 508, 522, 527, 532, 535, 550, 558, 559, 567, 576, 583, 588, 594, 599, 610, 623, 641, 651, 667, 674, **P2** 682, 683, 693, 709, 731, 732, 741, 742, 743, 748, 773, 776, 795, **A** 517, 581, **H** 10, 94, 122, 163, 215, 216, **N1** 225, 253, 338, 341, 350, 373, 395, 397, 441, 442, 464, 486, 490, 603, 619, 623, 633, 673, 695, 698, 735, 745, 829, 830, 862, 898, 903, 905, 909, 917, **N2** 11, 28, 37, 39, 79, 98, 106, 107, 127, 128, 140, 141, 146, 165, 229, 315, 414, 415, 524, 559, 585, 635, 674, **E** 58, 100, 174, 204, 243, 326, 355, **B** 247, 264
Gelb, Gelbe **N1** 764, **P** 53, 100, 217, 221, 387, 464
gelbaschig **N1** 986
gelbblank **H** 200
gelbblass **P** 595
gelbblond **B** 256
gelbbraun **P** 241, 665, **H** 7, **N2** 230
gelber **N1** 635
gelbfettig **P** 565
gelbgesprenkelt **N2** 344
gelbglänzend **N1** 896
gelbgrün **N2** 679
Gelbhäutige **P2** 724
gelbklar **E** 301
gelblich **P** 266, 400, 451, 638, 659, **J** 179
Gelbrand **N2** 18, **E** 383
gelbrot **P** 451, 539
gelbschwarz **N1** 477
gelbseiden **P** 102
gelbweiß **P** 57, 320, **H** 69, **N2** 230

goldbraun **N2** 585, 642, 644
goldgelb **P** 87
goldgelbgrün **P** 453, 476
grasgrün **E** 303
grau **U** 1201, 1218, 1245, 1260, 1273,1298, **P** 49, 54, 95, 121, 155, 163, 211, 247, 294, 384, 477, 485, 499, 536, 538, 539, 540, 548, 551, 552, 557, 559, 560, 563, 564, 568, 573, 574, 577, 581, 582, 583, 584, 585, 586, 587, 588, 626, **P2** 684, 686, 720, 746, 758, 761, 774, 776, 811, **A** 518, 537, 548, 578, 581, **H** 13, 19, 44, 51, 57, 66, 68, 73, 92, 105, 107, 109, 118, 134, 136, 145, 147, 152, 161, 172, 173, 176, 184, 201, 203, 205, 206, 207, 209, 211, 212, 217, **N1** 234, 240, 256, 261, 262, 273, 288, 290, 291, 292, 302, 306, 322, 337, 413, 466, 468, 473, 474, 484, 486, 497, 509, 547, 591, 598, 609, 666, 717, 746, 752, 763, 765, 766, 773, 785, 794, 860, 888, 889, 891, 909, 914, 916, 949, 985, **N2** 22, 23, 36, 37, 48, 73, 79, 95, 97, 113, 114, 119, 149, 155, 158, 208, 209, 223, 241, 244, 254, 315, 390, 409, 415, 419, 464, 466, 467, 485, 501, 503, 507, 541, 546, 547, 583, 590, 598, 599, 603, 615, 651, 675, 683, 687, 690, **E** 7, 21, 47, 50, 53, 60, 63, 85, 102, 105, 146, 165, 180, 215, 221, 234, 236, 237, 278, 288, 294, 303, 343, 353, 366, **J** 49, 64, 71, 89, 181, **B** 255, 256, 263, 266, 273, 286, 296, 298, 302, 304, 306
Grau, Graues **P** 259, 345, **P2** 679, **H** 50, **N1** 264, 631, 720, 773, **N2** 158, 208, 252, 332, 339, 424, 441, 471, 572, 598, 673, **E** 330, **J** 48, **B** 269
graublank **N1** 794
graublinkend **N2** 250
graubraun **P** 172, 227, **E** 277
graubraunflach **P** 365
graueisig **E** 283
grauer **B** 278
graufinster **P2** 776
graugeblümt **N2** 385
graugelb **N1** 370, 918
graugemalt **P** 536
graugesichtig **N1** 283
graugewaschen **N1** 764
graugraniten **N2** 146

graugrün **P** 103, 451, 465, 511, 583, **H** 11, **N2** 88, 421
graugrünrot **P** 119
graukörnig **P** 21
graurosa **P** 186, **E** 48
graurot **P** 626
grauschimmernd **N1** 430, 772, 851
grauschwarz **P** 583, 651, **H** 95, **E** 341, **J** 9
grautrüb **N2** 467
grauweiß **U** 1296, **P** 647, **N1** 414, 441, 551, 605, 799, 834, **N2** 43
grün **U** 1201, 1202, 1209, 1217, 1242 1260, 1273, 1296, 1300, **P** 23, 31, 32, 42 45, 46, 48, 65, 87, 112, 120, 137, 148, 211, 217, 233, 237, 240, 245, 252, 255, 297, 348, 387, 388, 399, 423, 428, 429, 434, 435, 440, 495, 505, 535, 536, 552, 560, 561, 565, 567, 577, 583, 594, 600, 6˙6, 636, 641, 651, 657, 667, 668, 672, **P2** 679, 682, 683, 709, 727, 742, 784, 793, **A** 534, **H** 12, 70, 183, **N1** 223, 262, 271, 283, 239, 340, 369, 372, 373, 393, 412, 464, 483, 494, 497, 499, 508, 514, 520, 528, 536, 603, 604, 616, 637, 673, 708, 716, 734, 739, 742, 743, 744, 764, 847, 903, 905, 956, 970, 988, 990, **N2** 75, 76, 98, 106, 146, 173, 215, 225, 230, 273, 310, 311, 330, 379, 386, 393, 404, 421, 467, 518, 553, 584, 614, 618, 636, 674, 676, 694, **E** 20, 51, 121, 311, 351, 373, 393, 402, **J** 57, 166, **B** 257, 266
Grün **U** 1242, 1296, **P** 16, 45, 61, 53, 119, 211, 217, 345, 389, **P2** 679, **A** 517, 577, **H** 50, 216, **N1** 253, 298, 301, 486, 734, 736, 763, 766, 778, 829, 905, 912, **N2** 24, 83, 92, 233, 237, 253, 368, 414, 415, 441, 674, **J** 9, **B** 269
Grünanlage **J** 180
grünäugig **N1** 511, 520
grünbemalt **P** 423, 630
grünbetresst **N1** 851
grünblau **P** 475, **P2** 679
grünbraun **P** 349, **H** 8, 70, **N1** 241, **N2** 252
gründunkel **P** 628
grünen **P** 17, **A** 518, **N1** 766, 987, **N2** 371, **E** 144
grüngelb **P** 430
Grünkohlsuppe **P** 53

grünkupfern **N1** 369
grünlich **U** 1240, **P** 23, 632, 636, **H** 27, **N2** 356
grünmoosig **P2** 679
grünrankend **N1** 782
Grünschnäbel **N1** 417
grünschwarz **P** 495, 505, 534, 565, **H** 56, **N1** 719, 728, 763
grünseiden **B** 259
Grünspan **H** 133
grünviolett **P** 14
grünweiß **U** 1297, 1298, **P2** 808
hartschwarz **P** 401
harzbraun **J** 137
hellblau **P** 252, 429, **N1** 610
hellbraun **N2** 333, 338
hellgelb **P** 631, **N1** 221, 469
hellgrau **P** 473
hellgrün **N2** 635
hellrot **P** 185, **N1** 438, **B** 268
hellviolett **P** 111
himbeerblutrot **P2** 703
himmelblau **N1** 632
hochrot **E** 93
honiggelb **P** 388, **N1** 896, **N2** 7, **E** 370, 371, 373
immergrün **P** 16, 532, 618, **P2** 756, **N1** 752, **N2** 25
kackbraun **N1** 903, 904, 908, 916, **E** 303
käferblau **P2** 679
kaffeebraun **N1** 904, 905
kalkweiß **P** 326, 359, 575, 618, **N2** 40, **E** 251
karminrot **P** 253
Kobaltblau **N1** 896
kohlenschwarz **B** 314
Kohlweißlingsraupe **E** 383
kotbraun **N1** 909
kotbraunrot **N1** 953
krassgelb **N2** 75
krebsrot **P** 332, **E** 287
kupferbraun **P** 348
leichenweiß **P** 422
leichtrot **P** 560
lichtbraun **H** 63
lichtgrau **P** 26
Lila **P** 387
lila **U** 1202, 1227, 1254, **P** 388, 505, **N1** 490
Lilavorhang **U** 1202
Lilazirkon **P** 389

marineblau **N2** 37
marmorweiß **P** 66
mattblau **N2** 683
mattgelb **P** 564
mattgrün **N1** 611
mattschwarz **N1** 439
mausgrau **E** 330
meergrün **N1** 638, **E** 264, 273
metallgrauweiß **P2** 774
milchweiß **U** 1289, 1290, 1296, **P** 14, 387, 408, **N1** 397, 547, **N2** 281
mildgelb **P** 634
mondgelb **N2** 429
mondweiß **N2** 467
Morgengrauen **P** 156, **B** 285
Morgenröte **P** 184
nachtschwarz **N1** 574
negerschwarz **N1** 503
nelkenbraun **P** 388
ockergelb **N2** 614
ockergelbkarminrot **P** 428
olivengrünbraun **B** 263
olivgrün **B** 262
orangefarben **P** 255
orangenfarbig **P** 309
Orangenmarmelade **P** 453, **N1** 956, **E** 275
pechschwarz **J** 23, 37
perlmutterrotbraun **P** 427
pistaziengrün **P** 388
Purpur **U** 1254, 1287, **P** 377, **H** 27
purpur **U** 1254, **P** 672, 673, **H** 59, **N1** 882, **E** 161, 210, 332
Purpurfarbe **E** 333
Purpurgold **N1** 764
purpurgrau **P** 261
Purpurhaut **P2** 785, **H** 33, 168, **N1** 265, 280, **N2** 469
purpurrot **U** 1264, **P2** 783, **N2** 602
puterrot **A** 546
rauchschwarz **P2** 737
rehbraun **P** 654
Rosa **N1** 566
rosa **U** 1201, **P** 245, **N1** 509, 765, 769, **N2** 59, **E** 309, **B** 281
rosabeknospet **E** 9
rosablau **P** 228
rosablühend **P** 505
rosafarben **P** 24
rosafleischig **N2** 345, **E** 69

rosagefärbt **P** 396
rosagelbseiden **P** 633
rosagolden **N1** 774
Rosahaut **P2** 703
rosaleuchtend **J** 145
rosarot **P** 326, **N2** 205
rosaseiden **P** 394
rosaweiß **P** 252, 399, 512
rosenrot **N1** 574, 685, 764, **N2** 122
rosig **P** 91, 119, 184, 245, 444, 535, 576, **N1** 918, **B** 303
rosigtaub **P** 453, 476
rostrot **P2** 767, **N1** 628, **N2** 459
rostrotgrau **P** 518
rot **U** 1217, 1218, 1222, 1241, 1242, 1260, 1264, 1273, 1274, 1287, 1288, 1296, **P** 30, 32, 33, 34, 35, 37, 41, 45, 46, 49, 51, 52, 70, 71, 83, 87, 103, 109, 119, 121, 134, 137, 145, 150, 186, 202, 204, 206, 207, 208, 213, 215, 217, 232, 237, 240, 241, 247, 278, 286, 291, 294, 296, 298, 314, 316, 317, 324, 333, 355, 381, 384, 385, 388, 393, 394, 399, 403, 431, 432, 437, 440, 473, 474, 476, 478, 481, 491, 494, 498, 515, 520, 522, 526, 542, 545, 555, 558, 559, 565, 577, 583, 584, 588, 606, 615, 625, 627, 629, 645, 651, 652, 656, 658, 660, 663, 665, 666, 667, 668, 669, **P2** 685, 691, 699, 700, 701, 725, 741, 742, 792, 795, **A** 534, 536, 603, **H** 7, 8, 13, 17, 19, 21, 27, 39, 65, 66, 74, 111, 157, 169, **N1** 235, 244, 290, 298, 337, 340, 342, 343, 344, 350, 353, 354, 372, 373, 399, 412, 433, 446, 447, 455, 479, 493, 494, 497, 498, 514, 518, 531, 550, 604, 607, 608, 612, 623, 626, 633, 634, 649, 650, 653, 663, 671, 687, 707, 721, 723, 728, 729, 730, 731, 733, 734, 739, 745, 760, 763, 782, 783, 785, 787, 788, 821, 861, 864, 889, 892, 905, 916, 955, 956, 962, 971, 978, **N2** 17, 38, 42, 43, 49, 63, 85, 89, 113, 115, 116, 117, 135, 183, 198, 202, 215, 225, 250, 252, 255, 281, 294, 339, 345, 355, 388, 393, 429, 431, 480, 527, 559, 573, 574, 600, 614, 630, 674, **E** 21, 28, 31, 39, 51, 70, 79, 100, 130, 188, 254, 255, 265, 273, 284, 301, 392, 397, 402, **J** 8, 29, 39, 40, 42, 68, 78, 137, 141, 166, 182, **B** 257, 258, 276, 300, 304

Rot, Rote **U** 1234, **P** 221, 626, **N1** 253, 275, 486, 508, 531, 615, 617, **N2** 344, **E** 100, **J** 141, **B** 269
rotäugig **P** 257
rotbebändert **P** 536
rotbehaart **E** 397
rotbemalt **P** 487, **N1** 734
rotberändert **N1** 287
rotbetucht **P** 656
rotblau **P** 546, **N1** 606
rotblond **N1** 558, 888
rotborkig **N2** 674
rotbraun **P** 255, **H** 198, **N2** 60
rotbrennend **H** 162
Rotbuchenholz **P2** 693
rotbuntfleckig **P** 184
Röte **N1** 250, 951, 962, **N2** 254, 334, 335, 513, 642
Rötel **P** 559
röten **P** 101, 142, **H** 216, **N1** 433, **N2** 21, 30, 112, 147, 278, 314, 318, 401, 403, 455, 670, **E** 15, 274, 405
roter **P** 432
rotflachsblond **P** 603
rotflammend **J** 167
Rotfüchsin **N2** 81
rotgeädert **N1** 597
rotgelb **P** 628, **N1** 298, **N2** 32, 169
rotgemalt **N1** 620
Rotgescheitelter **N1** 909
rotglänzend **N1** 674
rotglühend **E** 230
rotgolden **P** 635, **N1** 787
Rotguss **P** 397, 628, 637, 639, **P2** 746
rothaarig **P** 297, 300, **E** 396
Rothaarige/r **P** 299, 301, **E** 396, 397, 398
Rotklee **N2** 183, **E** 188
Rotkohlsuppe **P** 53
rötlich **P** 23, 636, **N1** 477, 545, 753, **N2** 76, 171, **J** 61, **B** 254, 269
rötlichbraun **J** 125
rötlichweiß **N2** 171
rotnasig **J** 146
rotschwarz **P** 318, 383, **N1** 504, **N2** 427
rotseiden **P2** 773, **J** 183
Rotstift **P** 429
Rottannen **N2** 10
rotumrändert **N1** 738, **N2** 26
rotumrandet **N2** 671

Rötung **N2** 670
rotverglast **N2** 427
rotviolett **P** 453, 476
rotwangig **N2** 104
Rotwein **N1** 922, **N2** 60, 150, 431, **J** 183
Rotweiß **J** 39
rotweiß **N1** 730, **J** 37, 40
rotzgrün **P** 311
rußschwarz **H** 67
safrangelb **P** 52, 65, 66, 68, 69, **N2** 336
samtschwarz **P** 28, **N1** 486
saphirblau **P** 52
Schamesröte **P** 257, 559, **J** 157
scharlachrot **N1** 271
schmutziggelb **N1** 600
schmutziggrün **N1** 400
schmutzweiß **P** 656
schneeweiß **U** 1252, **P** 366, 649, **N1** 633, **N2** 25, 117, 240
schwarz **U** 1207, 1210, 1213, 1220, 1223, 1224, 1225, 1234, 1241, 1255, 1272, 1289, 1290, 1296, 1298, 1299, 1300, **P** 8, 16, 21, 22, 23, 24, 28, 31, 40, 42, 48, 49, 50, 65, 66, 68, 69, 71, 79, 83, 87, 91, 103, 119, 120, 128, 148, 163, 191, 222, 236, 243, 244, 245, 252, 253, 255, 257, 264, 282, 283, 286, 298, 305, 320, 325, 347, 350, 353, 378, 380, 381, 384, 386, 388, 391, 392, 394, 396, 398, 408, 416, 422, 423, 428, 437, 440, 480, 487, 492, 495, 497, 522, 535, 536, 540, 541, 556, 557, 564, 565, 568, 573, 574, 581, 583, 599, 600, 608, 609, 610, 626, 627, 628, 629, 630, 631, 632, 633, 639, 641, 651, 654, 656, 657, 658, 663, 665, 668, 673, **P2** 681, 693, 698, 708, 715, 720, 730, 747, 761, 762, 767, 773, 791, 799, 808, **A** 521, 534, 541, 581, **H** 7, 17, 29, 31, 59, 63, 65, 70, 79, 88, 99, 113, 209, 217, **N1** 230, 231, 234, 235, 241, 252, 266, 269, 271, 288, 295, 305, 378, 379, 381, 382, 389, 390, 395, 401, 406, 407, 411, 416, 417, 422, 436, 438, 440, 442, 459, 466, 467, 469, 476, 480, 482, 483, 484, 485, 486, 489, 492, 493, 495, 498, 499, 503, 508, 517, 519, 526, 531, 542, 545, 547, 548, 552, 557, 561, 576, 585, 603, 609, 616, 621, 623, 628, 634, 652, 677, 680, 687, 704, 709, 714, 717, 719, 729, 740, 742, 751, 764, 768, 769, 773, 774, 782, 824, 833, 836, 837, 840, 852, 883, 884, 885, 888, 891, 893, 895, 896, 898, 952, 958, 967, 980, 989, 994, **N2** 10, 11, 12, 18, 19, 25, 30, 37, 39, 40, 42, 43, 48, 49, 61, 69, 79, 86, 89, 92, 94, 95, 97, 99, 102, 104, 113, 117, 128, 133, 139, 142, 155, 167, 169, 173, 175, 176, 208, 209, 214, 221, 224, 259, 272, 285, 293, 302, 305, 315, 320, 344, 371, 378, 380, 400, 417, 429, 431, 449, 460, 464, 485, 493, 500, 501, 515, 525, 547, 548, 549, 582, 598, 602, 607, 611, 614, 616, 636, 638, 654, 665, 667, 669, 674, 675, 690, 691, 701, **E** 50, 54, 58, 100, 101, 102, 106, 132, 133, 182, 197, 209, 237, 240, 241, 243, 259, 284, 288, 290, 293, 294, 295, 296, 303, 322, 325, 330, 337, 344, 395, **J** 39, 40, 41, 48, 175, **B** 247, 248, 249, 250, 263, 264, 269, 271, 273, 274, 281, 303, 304, 305, 306, 307
Schwarz, Schwarze/r, Schwarzes **P** 32, 124, 150, 282, 286, 400, 433, 554, 607, 668, **A** 577, **H** 33, 153, **N1** 265, 275, 301, 331, 407, 412, 466, 531, 550, 715, 884, 933, 952, **N2** 315, 344, **J** 166, **B** 248, 264, 269, 293
schwarzbefrackt **N1** 598, 782, **N2** 43
schwarzblutig **P** 406
schwarzbraun **J** 72
schwarzbraunrot **J** 138
schwarzbrodelnd **N2** 175
Schwarzbrot **P** 58, 606, 630, **N1** 238, **N2** 84, 203
schwarzdunkel **P** 325
Schwärze **P** 33, 257, 583, **P2** 693, 731, **A** 578, **H** 126, **N1** 680, **N2** 330, 427, 462, 485, 616, **E** 50, 294, 295, 330, **B** 254, 255, 264, 268, 269, 296, 297, 305, 313, 314
schwärzen **P** 232, **A** 515, **N1** 506, **N2** 17, 50, 133, 168, 208, **E** 318, 344
schwärzer **N1** 233, 440, 489
schwärzest **N1** 727
schwarzfeucht **P** 606
schwarzgekleidet **P** 40, 222, 600, **N1** 881
Schwarzgekleidete, der **P** 40, 225
schwarzglänzend **N2** 267, **E** 14
schwarzgolden **N1** 617
Schwarzgras **P** 399
schwarzgrau **P** 595, **N1** 710

schwarzgrün **P** 28, 299, 463, 631, **P** 790, **N1** 617, 694, 729, 764, **N2** 424
schwarzhaarig **N1** 994, **N2** 55, **E** 57, 396
Schwarzhaarige, die **N1** 627
Schwarzjohannisbeermarmelade **P** 453, 476
schwarzkohlenheiß **P** 440
schwarzlackiert **N2** 187
schwärzlich **P** 37, 117, 120, **P2** 693, **N1** 547, **N2** 533
schwarzmähnig **N2** 81
schwarzmetallen **P** 651
schwarzpunktig **N2** 40
Schwarzröcke **P** 452
schwarzrot **P** 453, 476, 520, **N1** 621
Schwarzsauer **N2** 66
schwarzschlierig **H** 202
Schwarzsehen **N2** 596
schwarzseiden **P** 659, **N1** 788
schwarzumrandet **P** 139, **N1** 530
Schwärzung **N2** 176
schwarzweiß **N2** 519
Schwarzweißkunst **P** 590
schwefelgelb **P** 32
Sehpurpur **P** 477
streifigklargelb **P** 453, 476
Tannengrün **A** 534, **P** 131, 136, **N2** 28, 665, 666
taubenblaurot **P** 388
taubenblutrot **P** 253, 386, 667
Tiefblau **N1** 486
tiefblau **P** 255, 629, 393, **P2** 792, **N2** 225
tiefbraun **P** 79, **N1** 295, 344
tiefgrün **P** 427, **N1** 677, 917
tiefrot **P** 474, 633, **N2** 130, **E** 308
Tiefrote **P** 63
tiefschwarz **P** 666
trübschwarz **N1** 673
tupfigeisrot **P** 453, 476
tuschigbraun **P2** 739
tuschschwarz **N1** 632
Übergelb **P** 97
übergrün **U** 1296
überrot **P** 44, 189, 197, 322, 342, 397, **N1** 721, 744, **N2** 38, **E** 345, 397
überschwarz **P** 32
überweiß **N2** 152
vergilben **N1** 233, 761
violett **P** 32, 52, 55, 65, 68, 334, 393, 415, 627, 667, **P2** 791, **H** 88, **N1** 253, 341, 494, 591, 829, 917, **N2** 252, 429, 464, **E** 277, **J** 34, **B** 263
Violett **P** 388, **E** 100
violettgelb **N1** 489
violettrotgrün **P** 561
Violettrubin **P** 389
violettschwarzhart **P** 399
violettschwarzknochig **P** 399
wachsgelb **H** 212
wasserblau **E** 314
wässrig-gelb **N2** 158
weiß **U** 1202, 1216, 1290, 1297, 1298, **P** 8, 13, 16, 25, 30, 35, 37, 41, 49, 50, 51, 52, 54, 55, 58, 64, 67, 70, 87, 88, 91, ˙00, 103, 112, 114, 119, 125, 132, 133, 135, 140, 141, 148, 165, 170, 175, 176, 180, 183, 184, 186, 200, 201, 206, 212, 218, 233, 234, 236, 239, 240, 245, 256, 259, 264, 282, 298, 302, 305, 309, 316, 323, 330, 337, 343, 346, 351, 355, 358, 365, 368, 369, 384, 391, 395, 398, 399, 401, 403, 413, 420, 421, 423, 428, 429, 430, 440, 441, 443, 444, 445, 446, 473, 480, 486, 488, 494, 505, 506, 515, 535, 536, 546, 551, 552, 553, 554, 557, 559, 561, 565, 566, 568, 577, 582, 583, 595, 608, 618, 619, 625, 627, 630, 634, 635, 639, 645, 649, 653, 660, 663, 664, 673, **P2** 679, 698, 701, 702, 704, 712, 720, 723, 726, 731, 737, 747, 776, 791, 811, **A** 515, 534, 567, 571, 603, **H** 7, 69, 74, 90, 132, 170, 191, 192, 216, **N1** 230, 235, 236, 247, 261, 262, 280, 296, 298, 300, 304, 313, 321, 328, 338, 359, 366, 375, 404, 405, 406, 412, 413, 414, 438, 441, 442, 443, 449, 455, 461, 466, 476, 484, 485, 488, 497, 498, 504, 508, 511, 514, 515, 518, 519, 531, 541, 543, 544, 549, 561, 597, 599, 601, 603, 604, 605, 609, 619, 623, 624, 628, 633, 636, 650, 670, 677, 679, 680, 699, 702, 707, 712, 715, 731, 732, 734, 735, 738, 740, 753, 764, 765, 772, 785, 792, 797, 803, 830, 840, 858, 881, 899, 905, 913, 916, 917, 955, 956, 979, 980, **N2** 10, 17, 21, 22, 24, 25, 27, 39, 42, 43, 50, 53, 67, 75, 83, 84, 92, 94, 95, 100, 114, 124, 139, 146, 171, 173, 174, 199, 205, 208, 210, 211, 212, 216, 229, 230, 235, 253, 255, 259, 315, 324, 336, 344, 348, 354,

356, 379, 385, 404, 416, 429, 465, 467, 500, 501, 507, 546, 578, 600, 610, 618, 628, 635, 636, 637, 667, 677, **E** 9, 50, 91, 102, 135, 144, 148, 182, 197, 199, 202, 206, 209, 210, 212, 229, 232, 236, 237, 255, 267, 278, 283, 292, 299, 301, 303, 314, 316, 329, 365, 375, **J** 39, 144, 166, 171, 172, 175, **B** 262, 264, 269, 275, 281, 304, 305
Weiß, Weiße, Weißes **P** 89, 97, 221, 282, 382, 441, 518, **P2** 736, **A** 550, **H** 153, **N1** 225, 304, 331, 466, 483, 719, 830, 884, 952, **N2** 49, 233, 315, **E** 100, 309 **B** 264
Weißbekleidete, der **P** 562
weißbelackt **N2** 244
weißbemalt **P** 21
weißbepudert **N1** 988
weißbeschleift **N2** 67
weißbewickelt **P** 351
weißblaublank **P** 445
Weißblech **P** 430
weißblinkend **N2** 255
weißblutig **N1** 394
weißbronzen **N2** 33
Weißbrot **N2** 168, 344, **E** 256
Weißbuche **N2** 10
Weißdorn **N2** 51
Weißdornhecke **N2** 42
weißeingekleidet **P** 292
weißer **P2** 777, **N1** 675
weißest **N2** 175, 224
Weißeste, das **P** 388
Weißfeuerpunkte **P** 175
weißflatternd **N1** 522
weißgekalkt **N1** 824
weißgekleidet **P** 577
Weißgekleidete **P** 557, 560, 561,
weißgelb **P** 393, **P2** 792, **N1** 523
weißgelblich **P** 116
weißgepudert **J** 166
weißgescheuert **P** 330, 331, **N2** 100
weißgeschminkt **P** 583
weißgestreift **N1** 367
weißgetüncht **P** 23, 26, **N1** 484, 610
weißglänzend **N1** 898, **N2** 88
weißglasiert **N1** 835
Weißglut **P** 652
weißgolden **N2** 393
weißgrau **P** 567, **E** 139, 293

weißgrün **P** 534
weißgrünwasserdünn **P** 619
weißhäutig **P** 8, 494, **P2** 703, 778 **E** 48, **J** 16
Weißhäutige **P** 458, **P2** 703, 724, **A** 517
Weißklee **N2** 7, 524
Weißkleeweise **A** 582
Weißkohlsuppe **P** 53
weißlich **P** 35, 42, 101, 145, 252, 294, 395, 398, 401, 405, 624, 651, **P2** 732, 747, **H** 90, **N1** 489, 523, 780, **N2** 598
weißneu **H** 15
weißrot **J** 40,42
weißschaumig **P** 59
weißseiden **P** 102
Weißwein **P** 53, **N1** 864, **N2** 88
weißwollen **P** 473, 544
wolligbraun **P** 427
zartweiß **P** 440
ziegelrot **N1** 518
zitronengelb **P** 65, 673

Literatur

Hans Henny Jahnn

JAHNN, Hans Henny (1993): Frühe Schriften. Deutsche Jugend, norwegisches Exil. Hgg. von Ulrich BITZ unter Mitarbeit von Jan BÜRGER und Sebastian SCHULIN. Hamburg: Hoffmann und Campe.
ders. (1985): Perrudja. Perrudja, Zweites Buch. Fragmente aus dem Nachlaß. Texte aus dem Umkreis des Perrudja. Hgg. von Gerd RUPPRECHT. Hamburg: Hoffmann und Campe.
ders. (1997): Fluß ohne Ufer I. Roman in drei Teilen. Erster Teil: Das Holzschiff. Zweiter Teil: Die Niederschrift des Gustav Anias Horn I. Hgg. von Uwe SCHWEIKERT. 3. Aufl. Hamburg: Hoffmann und Campe.
ders. (1992): Fluß ohne Ufer II. Roman in drei Teilen. Zweiter Teil: Die Niederschrift des Gustav Anias Horn II. Hgg. von Uwe SCHWEIKERT. 2. Aufl. Hamburg: Hoffmann und Campe.
ders. (1992): Fluß ohne Ufer III. Roman in drei Teilen. Dritter Teil: Epilog. Bornholmer Aufzeichnungen, Erzählungen und Texte aus dem Umkreis von „Fluß ohne Ufer". Hgg. von Uwe SCHWEIKERT und Ulrich BITZ. 2. Aufl. Hamburg: Hoffmann und Campe.
ders. (1987): Späte Prosa. Jeden ereilt es, Die Nacht aus Blei, Autobiographische Prosa und Aufzeichnungen aus den fünfziger Jahren. Hgg. von Uwe SCHWEIKERT. Hamburg: Hoffmann und Campe.
ders. (1991): Schriften zur Kunst, Literatur und Politik. Erster Teil. Leib, Baukunst, Musik, 1915–1925. Gesellschaft, Kunst, Handwerk, 1926–1935. Hgg. von Ulrich BITZ und Uwe SCHWEIKERT unter Mitarbeit von Sandra HIEMER und Werner IRRO. Hamburg: Hoffmann und Campe.
ders. (1991): Schriften zur Kunst, Literatur und Politik. Zweiter Teil. Politik, Kultur, Öffentlichkeit 1946–1959. Hgg. von Ulrich BITZ und Uwe SCHWEIKERT unter Mitarbeit von Sandra HIEMER und Werner IRRO. Hamburg: Hoffmann und Campe.
ders. (1988): Dramen I. 1917–1929. Dramen, Dramatische Versuche, Fragmente. Hgg. von Ulrich BITZ. Hamburg: Hoffmann und Campe.
ders. (1993): Dramen II. 1930–1959. Dramen, Dramatische Versuche, Fragmente. Hgg. von Uwe SCHWEIKERT unter Mitarbeit von Ulrich BITZ, Jan BÜRGER und Sebastian SCHULIN. Hamburg: Hoffmann und Campe.
ders. (1994): Briefe I. 1913–1940. Hgg. von Ulrich BITZ, Jan BÜRGER, Sandra HIEMER und Sebastian SCHULIN unter Mitarbeit von Uwe SCHWEIKERT. Hamburg: Hoffmann und Campe.
ders. (1994): Briefe II. 1941–1959. Hgg. von Ulrich BITZ, Jan BÜRGER, Sandra HIEMER und Sebastian SCHULIN unter Mitarbeit von Uwe SCHWEIKERT. Hamburg: Hoffmann und Campe.
ders. (1995): Der graue Blick. Eingeleitet und transkribiert von Jan BÜRGER. In: Jahnn-Blätter, 3, S. 3–13.
ders. und Ernst KREUDER (1995): Der Briefwechsel 1948–1959. Hgg. und bearbeitet von Jan BÜRGER. Mainz: Hase & Koehler.
ders. und Peter HUCHEL (1974): Ein Briefwechsel 1951–1959. Hgg. von Bernd GOLDMANN. Mainz: Hase & Koehler.

HELWIG, Werner und Hans Henny JAHNN (1959): Briefe um ein Werk. Frankfurt am Main: Heine.
JAHNN, Hans Henny (1974): Werke und Tagebücher in sieben Bänden. Mit einer Einleitung von Hans MAYER. Hgg. von Thomas FREEMAN und Thomas SCHEUFFELEN. Hamburg: Hoffmann und Campe.

Weitere Literatur

ADELUNG, Johann Christoph (1774–1786): Versuch eines vollständigen grammatischkritischen Wörterbuches der Hochdeutschen Mundart. 5 Bdd. Leipzig: Breitkopf & Sohn.
ALTMANN, Gabriel (1995): Statistik für Linguisten. (Quantitative Linguistics, 55). 2. Aufl. Trier: Wissenschaftlicher Verlag.
ALTMANN, Gabriel und Werner LEHFELDT (1973): Allgemeine Sprachtypologie. Prinzipien und Meßverfahren. München: Fink.
ALTMANN, Hans (1999a): Zur Semantik der Farbadjektiva im Deutschen. In: SCHINDLER, Wolfgang und Jürgen UNTERMANN (Hg.): Grippe, Kamm und Eulenspiegel. Festschrift für Elmar SEEBOLD zum 65. Geburtstag. Berlin, New York: de Gruyter, S. 1–21.
ALTMANN, Hans (1999b): Zu methodischen Problemen der semantischen Beschreibung von Farbadjektiva im Deutschen. In: FALKNER, Wolfgang und Hans-Jörg SCHMID (Hg.): Words, lexemes, concepts. Approaches to the lexicon. Studies in honour of Leonhard LIPKA. Tübingen: Narr, S. 121–132.
ARCHIBALD, John (1989): A lexical model of color space. In: CORRIGAN, Roberta, Fred ECKMAN und Michael NOONAN (Hg.): Linguistic categorization. (Amsterdam studies, 61). Amsterdam, Philadelphia: Benjamins, S. 31–53.
BACHMANN, Jürg (1977): Die Handschrift der Niederschrift. Manuskriptlektüre des Romans „Die Niederschrift des Gustav Anias Horn, nachdem er neunundvierzig Jahre alt geworden war" von Hans Henny Jahnn. (Europäische Hochschulschriften, 1, 196). Bern, Frankfurt am Main, Las Vegas: Lang.
BACKHAUS, Klaus, Bernd ERICHSON; Wulff PLINKE und Rolf WEIBER (1990): Multivariate Analysemethoden. Eine anwendungsorientierte Einführung. 6. Aufl. Berlin, Heidelberg, New York, London, Paris, Tokyo, Hong Kong, Barcelona: Springer.
BALLMER, Thomas T. und Roland POSNER (Hg.) (1985): Nach-Chomskysche Linguistik. Neuere Arbeiten von Berliner Linguisten. Berlin: de Gruyter.
BECHT, Evemarie (1980): Die Farbe Blau in den dichterischen Texten Georg Trakls. Feldanalytische Untersuchung und exemplarische Anwendung der Ergebnisse auf die Interpretation des Gedichtes „Geburt". In: BISANZ, Adam J. und Raymond TROUSSON (Hg.): Elemente der Literatur. Beiträge zur Stoff-, Motiv- und Themenforschung. Elisabeth FRENZEL zum 65. Geburtstag, Bd. 2. Stuttgart: Kröner, S. 108–131.
BENSE, Max (1962): Grundbegriffe einer topologischen Texttheorie. In: Grundlagenstudien aus Kybernetik und Geisteswissenschaft, 3, S. 45–56.
BENTHIEN, Claudia (1999): Haut. Literaturgeschichte, Körperbilder, Grenzdiskurse. Reinbek: Rowohlt.
BERLIN, Brent und Paul KAY (1991): Basic Color Terms. Their Universality and Evolution. Berkeley, Los Angeles, Oxford: University of California Press. [Unveränderter Nachdruck der 1. Aufl. von 1969].

BERNHART, Toni (2001): Farbe und Text. Quantitative Sondierungen am Beispiel von Hans Henny Jahnn. In: Lobin, Henning (Hg.): Proceedings der GLDV-Frühjahrstagung 2001, Universität Gießen, 28.–30. März 2001, S. 181–190.
http://www.uni-giessen.de/germanistik/ascl/gldv2001/proceedings/pdf/GLDV2001-bernhart.pdf (Stand: 11.9.2003).
BERTI, Sonja und Ivonne MARIANI (1998): Il codice dei colori nella poesia di Montale. Con un saggio introduttivo di Donatella MARCHI e una nota di Maria Luisa SPAZIANI. (Saggi e testi, 18). Novara: Interlinea.
BIBER, Douglas, Susan CONRAD und Randi REPPEN (1998): Corpus linguistics. Investigating language, structure and use. Cambridge: Cambridge University Press.
BIEDERMANN, Hans (1989): Knaurs Lexikon der Symbole. München: Droemer Knaur.
BIRRER, Sibylle und Jürg NIEDERHAUSER (1995): Gelb beim Wort genommen. Ein sprachwissenschaftlicher Blick auf ‚gelb'. In: KRONIG, Karl (Hg.): gelb, jaune, giallo ... (Schriftenreihe des Schweizerischen PTT-Museums Bern). Bern: PTT-Museum.
BITZ, Ulrich (1996): Ein halb Ermordeter, in dessen Eingeweide gierige Gespenster starren. Schmerz – Welt und Körpererfahrung bei Hans Henny Jahnn. In: BÖHME/SCHWEIKERT (1996), S. 293–304.
BITZ, Ulrich (Hg.) (1993): Jahnn lesen: Fluß ohne Ufer. München, Wien: Hanser.
BITZ, Ulrich, Jan BÜRGER und Alexandra MUNZ (1996): Hans Henny Jahnn. Eine Bibliographie. Aachen: Rimbaud.
BLOHM, Walter (1971): Die außerrealen Figuren in den Dramen Hans Henny Jahnns. Hamburg: Lüdke.
BLUHME, Hermann (1988) (Hg.): Beiträge zur quantitativen Linguistik. Gedächtniskolloquium für Eberhard ZWIRNER. (Tübinger Beiträge zur Linguistik, 329). Tübingen: Narr.
BODENHEIMER, A[ron] R[onald] (1988): Wenn die grüne Galle schwarz wird. In: Du, 11, S. 25–31.
BOETIUS, Henning (1967): Utopie und Verwesung. Zur Struktur von Hans Henny Jahnns Roman „Fluß ohne Ufer". (Europäische Hochschulschriften, 1, 1). Bern: Lang.
BOETIUS, Henning (1980): Jahnn und die Kunst des Scheiterns. Versuch einer Beurteilung von „Fluß ohne Ufer". In: HANS HENNY JAHNN (1980), S. 97–106.
BÖHME, Hartmut (2000): Himmel und Hölle als Gefühlsräume. In: BENTHIEN, Claudia, Anne FLEIG und Ingrid KASTEN (Hg.): Emotionalität. Zur Geschichte der Gefühle. (Literatur, Kultur, Geschlecht, 16). Köln, Weimar, Wien: Böhlau, S. 60–81.
BÖHME, Hartmut und Uwe SCHWEIKERT (Hg.) (1996): Archaische Moderne. Der Dichter, Architekt und Orgelbauer Hans Henny Jahnn. Stuttgart: Metzler.
BOLTON, Ralph (1978): Black, white and red all over. The riddle of color term salience. In: Ethnology, 17, S. 287–311.
BÖNNIGHAUSEN, Marion (1997): Musik als Utopie. Zu Hans Henny Jahnns „Die Niederschrift des Gustav Anias Horn" und Thomas Manns „Doktor Faustus". Opladen: Westdeutscher Verlag.
BOSCH, Karl (1994): Elementare Einführung in die angewandte Statistik. 5. Aufl. Braunschweig, Wiesbaden: Vieweg.
BÖTTGER, Klaus (1994): „Die Nacht aus Blei". Zwölf Radierungen und eine Portrait-Radierung. In: Forum Homosexualität und Literatur, 22, S. 7–20.
BROCKHAUS Enzyklopädie (1986–1994). 24 Bdd. 19. Aufl. Mannheim: Brockhaus.
BROWN, R[oger] L. und E[ric] H. LENNEBERG (1954): A study in language and cognition. In: Journal of Abnormal and Social Psychology, 49, 3, S. 454–462.

BROWN, Russell E. (1969): Hans Henny Jahnns „Fluß ohne Ufer". Eine Studie. Bern, München: Francke.

BRYNHILDSVOLL, Knut (1982): Hans Henny Jahnn und Henrik Ibsen. Eine Studie zu Hans Henny Jahnns Roman „Perrudja". Bonn: Bouvier.

BUDDE, Kai (1997): Der sezierte Tod – ein schreckliches Bild? Über das Verhältnis der Lebenden zum toten präparierten Körper. In: BUDDE/ZWECKBRONNER (1997), S. 11–27.

BUDDE, Kai und Gerhard ZWECKBRONNER (Hg.) (1997): Körperwelten. Einblicke in den menschlichen Körper. [Katalog zur Ausstellung 30.10.1997 bis 1.2.1998, Institut für Plastination und Landesmuseum für Technik und Arbeit Mannheim]. Mannheim: Landesmuseum für Technik und Arbeit.

BÜHLER, Karl (1934): Sprachtheorie. Die Darstellungsfunktion der Sprache. Jena: Fischer.

BÜHLER, Karl (1982): Sprachtheorie. Die Darstellungsfunktion der Sprache. Mit einem Geleitwort von Friedrich KAINZ. Stuttgart, New York: Fischer.

BÜRGER, Jan (2000): Zeit des Lebens, Zeit der Künste. Wozu dienen Entstehungsgeschichten und biographische Informationen bei der Edition poetischer Schriften? In: NUTTKOFOTH, Rüdiger, Bodo PLACHTA, H.T.M. van VLIET und Hermann ZWERSCHINA (Hg.) (2000): Text und Edition. Positionen und Perspektiven. Berlin: Schmidt, S. 231–243.

BÜRGER, Jan (2003): Der gestrandete Wal. Das maßlose Leben des Hans Henny Jahnn. Die Jahre 1894–1935. Berlin: Aufbau-Verlag.

BURROWS, J[ohn] F. (1989): ‚An Ocean Where Each Kind ...' Statistical Analysis and some Major Determinants of Literary Style. In: Computers and the Humanities, 23, S. 309–321.

BURROWS, John F. (1987): Computation into Criticism. A Study of Jane Austen's Novels and an Experiment in Method. Oxford: Clarendon Press.

BUSSMANN, Hadumod (1990): Lexikon der Sprachwissenschaft. 2. Aufl. Stuttgart: Kröner.

CAMPE, Joachim Heinrich (1807–1811): Wörterbuch der Deutschen Sprache. 4 Bdd. Braunschweig: Schulbuchhandlung.

COOPER, J.C. (1986): Illustriertes Lexikon der traditionellen Symbole. Aus dem Englischen übersetzt von Gudrun und Matthias MIDDELL. Leipzig: Seemann.

CRAWFORD, T.D. (1982): Defining „Basic Color Term". In: Anthropological Linguistics, 24, S. 338–343.

CRÜGER, Ingrid (1999): Farbentheorie und Farbgestaltung.
http://www.darmstadt.gmd.de/~crueger/farbe/index.html (Stand: 11.9.2003).

DAEMMRICH, Horst S. und Sigrid G. (1995): Themen und Motive in der Literatur. 2. Aufl. Tübingen, Basel: Francke.

DANNEBERG, Lutz (1992): Einleitung. Interpretation und Argumentation. Fragestellungen der Interpretationstheorie. In: DANNEBERG/VOLLHARDT (1992), S. 13–23.

DANNEBERG, Lutz (1996): Zur Theorie der werkimmanenten Interpretation. In: BARNER, Wilfried und Christoph KÖNIG (Hg.): Zeitenwechsel. Germanistische Literaturwissenschaft vor und nach 1945. Frankfurt am Main: Fischer Taschenbuch Verlag, S. 313–342.

DANNEBERG, Lutz und Friedrich VOLLHARDT (Hg.) (1992): Vom Umgang mit Literatur und Literaturgeschichte. Positionen und Perspektiven nach der „Theoriedebatte". In Zusammenarbeit mit Hartmut BÖHME und Jörg SCHÖNERT. Stuttgart: Metzler.

DANNEBERG, Lutz und Jörg SCHÖNERT (1997): Belehrt und verführt durch Wissenschaftsgeschichte. In: BODEN, Petra und Holger DAINAT (Hg.) (1997): Atta Troll tanzt noch. Selbstbesichtigungen der literaturwissenschaftlichen Germanistik im 20. Jahrhundert. Berlin: Akademie-Verlag, S. 13–57.

DANNEBERG, Lutz und Jürg NIEDERHAUSER (Hg.) (1998): Darstellungsformen der Wissenschaften im Kontrast. Aspekte der Methodik, Theorie und Empirie. (Forum für Fachsprachen-Forschung, 39). Tübingen: Narr.
DANNEBERG, Lutz, Andreas GRAESER und Petrus KLAUS (Hg.) (1995): Metapher und Innovation. Die Rolle der Metapher im Wandel von Sprache und Wissenschaft. Bern, Stuttgart, Wien: Haupt.
DEDEKIND, Alexander (1898–1911): Ein Beitrag zur Purpurkunde. 4 Bdd. Berlin: Mayer & Müller.
DEDRICK, Don (1998): Naming the rainbow. Colour language, Colour science, and culture. Dordrecht, Boston, London: Kluwer 1998.
DESCHNER, Karlheinz (1980): Kitsch, Konvention und Kunst. Eine literarische Streitschrift. Ergänzte und überarbeitete Neuausgabe. Frankfurt am Main, Berlin, Wien: Ullstein.
DESCHNER, Karlheinz (1994): Persönliche Erinnerungen an Hans Henny Jahnn. In: HENGST/LEWINSKI (1994), S. 8–12.
DEUBEL, Volker, Karl EIBL und Fotis JANNIDIS (Hg.) (1999): Jahrbuch für Computerphilologie, 1. Paderborn: mentis.
DIN 5033. Farbmessung. (Hgg. vom Deutschen Institut für Normung).
DIN 6164. Farbenkarte. (Hgg. vom Deutschen Institut für Normung).
DINZELBACHER, Peter (Hg.) (1992): Sachwörterbuch der Mediävistik. Stuttgart: Kröner.
DORNSEIFF, Franz (1970): Der deutsche Wortschatz nach Sachgruppen. 7. Aufl. Berlin, New York: de Gruyter 1970.
DUDEN OXFORD (1991). Standardwörterbuch Englisch. Englisch – Deutsch. Deutsch – Englisch. Mannheim, Wien, Zürich: Dudenverlag.
DUDEN. DAS GROSSE WÖRTERBUCH der deutschen Sprache (1993–1995). 8 Bdd. 2. Aufl. Mannheim, Leipzig, Wien, Zürich: Dudenverlag.
DÜRBECK, Helmut (1968): Zur Methode des Semasiologen bei der Bedeutungsbestimmung von Farbbezeichnungen. In: Zeitschrift der Deutschen Morgenländischen Gesellschaft, 118, 1, S. 22–28.
EHRKE, Heidrun (1979): Die Funktion der Farben in Adalbert Stifters „Studien". (Europäische Hochschulschriften, 1, 281). Frankfurt am Main, Wien: Lang.
EIBL, Karl (1992): Sind Interpretationen falsifizierbar? In: DANNEBERG/VOLLHARDT (1992), S. 169–183.
EISENBERG, Peter (1989): Grundriß der deutschen Grammatik. 2. Aufl. Stuttgart: Metzler.
ENSLEIN, Thomas (1999): Kellnerbrust à l'Orange. In: Zitty, 12, S. 11.
ENZYKLOPÄDIE DES MÄRCHENS (1977–). Handwörterbuch zur historischen vergleichenden Erzählforschung. Hgg. von Kurt RANKE. Berlin, New York: de Gruyter.
ERSCH, J[ohann] S[amuel] und J[ohann] G[ottfried] GRUBER (Hg.) (1818–1889): Allgemeine Enzyclopädie der Wissenschaften und Künste. Leipzig: Gleditsch. (Reprint: Graz: Akademische Druck- und Verlagsanstalt 1969–1992).
EWALD, Arnold (1876): Die Farbenbewegung. Kulturgeschichtliche Untersuchungen. 1. Abtheilung, Gelb, 1. Berlin: Weidmann.
FISCHER, Walter L. (1970): Mathematik und Literaturtheorie. Versuch einer Gliederung. In: Archimedes, 22, S. 19–26.
FLEISCHER, Wolfgang und Irmhild BARZ (1995): Wortbildung der deutschen Gegenwartssprache. Unter Mitarbeit von Marianne SCHRÖDER. 2. Aufl. Tübingen: Niemeyer.
FOSSLIEN, Silvia (1980): Zur Farbe als Mittel dramatischer Gestaltung bei Hebbel. In: Hebbel-Jahrbuch, S. 48–90.

FRANCK, Ludwig (1909): Statistische Untersuchungen über die Verwendung der Farben in den Dichtungen Goethes. Gießen: phil. Diss.
FREEMAN, Thomas (1986): Hans Henny Jahnn. Eine Biographie. Deutsch von Maria POELCHAU. Hamburg: Hoffmann und Campe.
FREEMAN, Thomas (1996): Haupttendenzen der Jahnn-Forschung. Ein Überblick. In: BÖHME/SCHWEIKERT (1996), S. 362–380.
FRIES (2000): Sprache, Gefühle, Emotionen und Emotionale Szenen. http://www2.hu-berlin.de/linguistik/institut/syntax/docs/fries_em_2000.pdf (Stand: 11.9.2003).
FUCKS, Wilhelm (1953): Mathematische Analyse des literarischen Stils. In: Studium Generale, 9, S. 506–523.
FUCKS, Wilhelm (1960): Mathematische Analyse von Werken der Sprache und der Musik. In: Physikalische Blätter, 16, S. 452–459.
FUCKS, Wilhelm (1970): Über den Gesetzbegriff einer exakten Literaturwissenschaft, erläutert an Sätzen und Satzfolgen. In: Zeitschrift für Literaturwissenschaft und Linguistik, 1–2, S. 113–137.
FUCKS, Wilhelm und Josef LAUTER (1969): Mathematische Analyse des literarischen Stils. In: KREUZER/GUNZENHÄUSER (1969), S. 107–122.
GARMS, Harry (o.J.): Pflanzen und Tiere Europas. Ein Bestimmungsbuch. Braunschweig: Westermann.
GIPPER, Helmut (1955): Die Farbe als Sprachproblem. In: Sprachforum, 2, S. 135–145.
GIPPER, Helmut (1956): Die Bedeutung der Sprache beim Umgang mit Farben. In: Physikalische Blätter, 12, S. 540–548.
GIPPER, Helmut (1957): Über Aufgabe und Leistung der Sprache beim Umgang mit Farben. In: Die Farbe, 6, S. 23–48.
GIPPER, Helmut (1964): Purpur. Weg und Leistung eines umstrittenen Farbworts. In: Glotta, 42, S. 39–69.
GLADE, Hans Henning (1968): [Rezension zu KREUZER/GUNZENHÄUSER (1969)]. [Glade rezensiert die 2. Aufl., 1968]. In: alternative, 62/63, S. 224–226.
GLADE, Hans Henning (1969): [Replik zu KREUZER (1969)]. In: alternative, 65, S. 84–85.
GLADSTONE, William Ewart (1858): Studies on Homer and the Homeric Age. Oxford: University Press.
GOETHE, Johann Wolfgang (1989): Zur Farbenlehre. (Münchner Ausgabe, 10). (Hgg. von Peter SCHMIDT). München: Hanser. (Mit Beiheft: Farbbogen zu Band 10).
GOETHE, Johann Wolfgang von (1998): Zur Farbenlehre. Didaktischer Teil. In: ders.: Naturwissenschaftliche Schriften I. (Hamburger Ausgabe, 13). Textkritisch durchgesehen und kommentiert von Dorothea KUHN und Rike WANKMÜLLER. Mit einem Essay von Carl Friedrich von WEIZSÄCKER. München: Deutscher Taschenbuch Verlag, S. 314–523.
GOLDMANN, Bernd (Hg.) (1973): Hans Henny Jahnn. Schriftsteller, Orgelbauer 1894–1959. Eine Ausstellung. Wiesbaden: Steiner.
GOLDMANN, Bernd, Hedda KAGE und Thomas FREEMAN (Hg.) (1981): Hans-Henny-Jahnn-Woche, 27. bis 30. Mai 1980. Kassel: Stauda.
GOTTSCHED, Johann Christoph (Hg.) (1760): Handlexicon oder Kurzgefaßtes Wörterbuch der schönen Wissenschaften und der freyen Künste. Leipzig: Fritz. (Reprint: Hildesheim; New York: Olms 1970).
GRACE, William J. (1939): Teaching poetic appreciation through quantitative analysis. In: College English, 1, S. 222–227. Reprint: New York: Kraus, 1964.
GRIMM, Jacob und Wilhelm (1854–1954): Deutsches Wörterbuch. Leipzig: Hirzel.

GRIMM, Reinhold (1958): Gottfried Benn. Die farbliche Chiffre in der Dichtung. (Erlanger Beiträge zur Sprach- und Kunstwissenschaft, 1). Nürnberg: Darl.
GROOS, Karl (1914): Das anschauliche Vorstellen beim poetischen Gleichnis. In: Zeitschrift für Ästhetik und allgemeine Kunstwissenschaft, 9, S. 186–207.
GROOS, Karl (1921): [o. Titel]. In: Die Philosophie der Gegenwart in Selbstdarstellungen. Hgg. von Rymund SCHMIDT. Leipzig: Meiner, S. 101–115.
GROOS, Karl und Ilse NETTO (1910): Psychologisch-statistische Untersuchungen über die visuellen Sinneseindrücke in Shakespeares lyrischen und epischen Dichtungen. In: Englische Studien, 43, S. 27–51.
GROOS, Karl und Marie (1909): Die optischen Qualitäten in der Lyrik Schillers. In: Zeitschrift für Ästhetik und allgemeine Kunstwissenschaft, 4, S. 559–571.
GROOS, Karl und Marie (1910): Die akustischen Phänomene in der Lyrik Schillers. In: Zeitschrift für Ästhetik und allgemeine Kunstwissenschaft, 5, S. 545–570.
GROOS, Karl, Ilse NETTO und Marie GROOS (1912): Die Sinnesdaten im „Ring des Nibelungen". Optisches und akustisches Material. In: Archiv für die gesamte Psychologie, 22, S. 401–422.
GROSSMANN, Maria (1988): Colori e lessico. Studi sulla struttura semantica degli aggettivi di colore in catalano, castigliano, italiano, romeno, latino ed ungherese. (Tübinger Beiträge zur Linguistik, 310). Tübingen: Narr.
GUBELMANN, Albert (1912): Studies in the lyric poems of Friedrich Hebbel. The sensuous in Hebbel's lyric poetry. New Haven: Yale University Press.
HAAS, Alois Maria (1989): Vision in Blau. Zur Archäologie und Mystik einer Farbe. In: MAASS, Angelika und Bernhard HEINSER (Hg.): Verlust und Ursprung. Festschrift für Werner WEBER. Mit Beiträgen zum Thema „Et in Arcadia ego". Zürich: Ammann, S. 313–334.
HAASE, Rudolf (1967): Kaysers Harmonik in der Literatur der Jahre 1950 bis 1964. Düsseldorf: Gesellschaft zur Förderung der systematischen Musikwissenschaft.
HACKENBROCH, Veronika (2000): Nichts hilft besser. In: Süddeutsche Zeitung Magazin, 28.7.2000, S. 19–21.
HAGENS, Gunther von (1997): Die Reformation der Anatomie. In: BUDDE/ZWECKBRONNER (1997), S. 181–205.
HAGENS, Gunther von (2003): Körperwelten. http://www.koerperwelten.com (Stand: 11.9.2003).
HAMANN, Frauke und Regula VENSKE (Hg.) (1994): Weiberjahnn. Eine Polemik zu Hans Henny Jahnn. Hamburg: Europäische Verlagsanstalt.
HANDWÖRTERBUCH DES DEUTSCHEN ABERGLAUBENS (1927–1941). Hgg. von E. HOFFMANN-KRAYER und Hanns BÄCHTHOLD-STÄUBLI. Berlin, Leipzig: de Gruyter.
HANS HENNY JAHNN (1980). Text und Kritik. Bd. 2/3, 3. Aufl.
HANS HENNY JAHNN (1981): Zum Gedächtnis seines 20. Todestages. Dokumentation der Veranstaltung der Freien Akademie der Künste in Hamburg am 29. November 1979. (Schriften der Freien Akademie der Künste, [2]). Hamburg.
HAYS, David G., Enid MARGOLIS, Raoul NAROLL und Dale Revere PEKINS (1972): Color term salience. In: American Anthropologist, 74, 5, S. 1107–1121.
HEBENSTREIT, Wilhelm (1843): Wissenschaftlich-literarische Encyklopädie der Ästhetik. Ein etymologisch-kritisches Wörterbuch der ästhetischen Kunstsprache. Wien: Gerold. (Reprint: Hildesheim, New York: Olms 1978).
HEIDOLPH, Karl Erich, Walter FLÄMIG und Wolfgang MOTSCH (1981): Grundzüge einer deutschen Grammatik. Berlin: Akademie-Verlag.

HEINRICH, Jutta (1994): Die Macht aus Blei. Eine Klonung. In: HAMANN/VENSKE (1994), S. 135–161.

HEINZ-MOHR, Gerd (1992): Lexikon der Symbole. Bilder und Zeichen der christlichen Kunst. 11. Aufl. München: Diederichs.

HENGST, Jochen (2000): Ansätze zu einer Archäologie der Literatur. Mit einem Versuch über Jahnns Prosa. Stuttgart, Weimar: Metzler.

HENGST, Jochen und Heinrich LEWINSKI (1991): Hans Henny Jahnn. Ugrino. Die Geschichte einer Künstler- und Glaubensgemeinschaft. Mit einer Bibliographie von Arne DREWS. Hannover: Ausstellungskatalog.

HENGST, Jochen und Heinrich LEWINSKI (Hg.) (1994): Hans Henny Jahnn. Fluß ohne Ufer. Eine Dokumentation in Bildern und Texten. Hamburg: Dölling und Galitz.

HERDAN, G[ustav] (1956): Language as Choice and Chance. Groningen: Nordhoff.

HERDAN, Gustav (1960): Type-Token Mathematics. A Textbook of Mathematical Linguistics. (Janua Linguarum, Series maior, 4). Den Haag: Mouton.

HERDAN, Gustav (1966): The Advanced Theory of Language as Choice and Chance. Berlin, Heidelberg, New York: Springer.

HERDER LEXIKON SYMBOLE (1987). 8. Aufl. Freiburg im Breisgau: Herder.

HEYNE, Moriz (1890–1895): Deutsches Wörterbuch. 3 Bdd. Leipzig: Hirzel.

HOFFMANN, Daniel (1987): Die Wirklichkeit und der Andere. Zu Hans Henny Jahnns „Fluß ohne Ufer". (Europäische Hochschulschriften, 1, 970). Frankfurt am Main, Bern, New York: Lang.

HOLMES, Alexandra T. (2001): Zur Wandlung der Gattungen und Umsetzungsproblematik anhand von „Schlafes Bruder". Wien: phil. Diss., Typoskript.

HOLMES, David I. (1994): Authorship Attribution. In: Computers and the Humanities, 28, S. 87–106.

IMDAHL, Max (1988): Farbe. Kunsttheoretische Reflexion in Frankreich. 2. Aufl. München: Fink.

ITALIAANDER, Rolf (1960): Hans Henny Jahnn. Buch der Freunde. Hamburg: o.V.

ITALIAANDER, Rolf (Hg.) (1954): Hans Henny Jahnn. Festschrift zum 60. Geburtstag von Hans Henny Jahnn. Hamburg: o.V.

JÄGER, Erwin (1979): Untergang im Untergrund. Die jugendliche Gruppe in den Dramen Hans Henny Jahnns. (Europäische Hochschulschriften, 1, 282). Frankfurt am Main, Bern, Las Vegas: Lang.

JAHNN-BLÄTTER. Hgg. von der Arbeitsstelle Hans Henny Jahnn Hamburg. [Bisher erschienen: 1/1993, 2/1993, 3/1995.]

JANNIDIS, Fotis (1999): Was ist Computerphilologie? In: DEUBEL/EIBL/JANNIDIS (1999), S. 39–54.

JOYCE, James (1956): Ulysses. Vom Verfasser autorisierte Übersetzung von Georg GOYERT. Zürich: Rhein-Verlag.

JOYCE, James (1962): Ulysses. London: The Bodley Head.

KAEDING, Friedrich Wilhelm (Hg.) (1898): Häufigkeitswörterbuch der deutschen Sprache. Festgestellt durch einen Arbeitsausschuß der deutschen Stenographiesysteme. Steglitz bei Berlin: Selbstverlag.

KALVERAM, Maria und Wolfgang POPP (1984): Frauen: Traum und Trauma. In: POPP (1984), S. 45–81.

KANDINSKY, Wassily (1956): Über das Geistige in der Kunst. [Übersetzt von Max BILL.] 5. Aufl. Bern: Benteli.

KATZ, Moritz (1911): Die Schilderung des musikalischen Eindrucks bei Schumann, Hoffmann und Tieck. Psychologisch-statistische Untersuchungen. In: Zeitschrift für angewandte Psychologie und psychologische Sammelforschung, 5, S. 1–53.

KAUFER, Stefan David (2003): „Schließlich ist Norge meine zweite Heimat geworden." Hans Henny Jahnns Norwegen-Bild. Köln: Teiresias.

KAWIN, Bruce F. (1972): Telling it Again and Again. Repetition in Literature and Film. London: Cornell University Press.

KAY, Paul und Chad K. McDANIEL (1978): The Linguistic Significance of the Meanings of Basic Color Terms. In: Language. Journal of the Linguistic Society of America, 54, 3, S. 610–646.

KAY, Paul, Brent BERLIN und William MERRIFIELD (1991): Biocultural implications of systems of color naming. In: Journal of Linguistic Anthropology, 1, 1, S. 12–25.

KAYSER, Hans [1932]: Der hörende Mensch. Elemente eines akustischen Weltbildes. Berlin: Schneider.

KAYSER, Hans (1947): Akróasis. Die Lehre von der Harmonie der Welt. Stuttgart: Hatje.

KILLY, Walter (1995–2000): Deutsche Biographische Enzyklopädie. 12 Bdd. München, New Providence, London, Paris: Saur.

KINGERLEE, Roger (2001): Psychological Models of Masculinity in Döblin, Musil, and Jahnn. Männliches, Allzumännliches. (Studies in German Language and Literature, Bd. 27). Lewiston, Queenston, Lampeter: The Edwin Mellen Press.

KLAUS, Hilde (1989): Beobachtungen zu den Modefarbwörtern in der deutschen Gegenwartssprache. In: Zeitschrift für germanistische Linguistik, 17, S. 22–57.

KLEIN, Wolfgang und Christine von STUTTERHEIM (1987): Quaestio und referentielle Bewegung in Erzählungen. In: Linguistische Berichte, 109, S. 163–183.

KLUGE, Friedrich (1995): Etymologisches Wörterbuch der deutschen Sprache. Bearbeitet von Elmar SEEBOLD. 23., erweiterte Aufl. Bern, New York: de Gruyter 1995.

KNOBLOCH, Johann (1991): Funktionale Semantik der Farbbezeichnungen. Die grüne Farbe. In: Sprachdienst, 35, 6, S. 172–174.

KOBBE, Peter (1973): Mythos und Modernität. Eine poetologische und methodenkritische Studie zum Werk Hans Henny Jahnns. Stuttgart, Berlin, Köln, Mainz: Kohlhammer.

KÖHLER, Reinhard (1995): Bibliography of Quantitative Linguistics. Amsterdam Benjamins.

KÖNIG, Jenny (1928): Die Bezeichnung der Farben. Umfang, Konsequenz und Übereinstimmung der Farbenbenennung, philosophisch-historisch betrachtet, sowie experimentell-psychologisch untersucht. Leipzig: phil. Diss.

KRAFT, Victor (1997): Der Wiener Kreis. Der Ursprung des Neopositivismus. 3. Aufl. Wien, New York: Springer. (Reprint der 2. Aufl. 1967).

KREUZER, Helmut (1962): [Rezensionen zu Jahnn: „Die Trümmer des Gewissens" und „Epilog"]. In: Germanistik, 3, S. 448–449.

KREUZER, Helmut (1964): [Rezension zu Jahnn: „Dramen I"]. In: Germanistik, 5, S. 680.

KREUZER, Helmut (1966): [Rezension zu Jahnn: „Über den Anlaß" und „Dramen II"]. In: Germanistik, 7, S. 310–311, 460–461.

KREUZER, Helmut (1969a): „Mathematik und Dichtung." Zur Einführung. In: KREUZER/ GUNZENHÄUSER (1969), S. 9–20.

KREUZER, Helmut (1969b): [Entgegnung zu GLADE (1968)]. In: alternative, 65, S. 34.

KREUZER, Helmut (1970): [Rezension zu Jahnn: „Jeden ereilt es"]. In: Germanistik, 11, S. 181–182.

KREUZER, Helmut und Reinhold VIEHOFF (Hg.) (1981): Literaturwissenschaft und empirische Methoden. Eine Einführung in aktuelle Projekte. (Zeitschrift für Literaturwissenschaft und Linguistik, Beiheft 12). Göttingen: Vandenhoeck & Ruprecht.

KREUZER, Helmut und Rul GUNZENHÄUSER (Hg.) (1969): Mathematik und Dichtung. Versuch zur Frage einer exakten Literaturwissenschaft. 3. Aufl. München: Nymphenburger.

KREY, Friedhelm (1984): Doppelleben. In: POPP (1984), S. 82–129.

KREY, Friedhelm (1987): Hans Henny Jahnn und die mann-männliche Liebe. (Europäische Hochschulschriften, 1, 990). Frankfurt am Main, Bern, New York, Paris: Lang.

KÜPPERS, Harald (1999): Küppers' Farbenlehre. http://www.darmstadt.gmd.de/Kueppersfarbe/ (Stand: 11.9.2003).

LANG, Ewald (1999): Linguistische Analyse literarischer Texte. Hauptseminar am Institut für deutsche Sprache und Linguistik, Humboldt-Universität zu Berlin, Sommersemester 1999. Reader.

LANG, Ewald und Gisela ZIFONUN (Hg.) (1996): Deutsch – typologisch. (Institut für deutsche Sprache, Jahrbuch 1995). Berlin, New York: de Gruyter.

LANGENSCHEIDTS BÜROWÖRTERBUCH (1998). Englisch – Deutsch. Deutsch – Englisch. Berlin, München, Wien, Zürich, New York: Langenscheidt.

LANGENSCHEIDTS Enzyklopädisches Wörterbuch der englischen und deutschen Sprache (1962). Hgg. von Otto SPRINGER. Berlin: Langenscheidt

LE RIDER, Jacques (1997): Les couleurs et les mots. Paris: Presses universitaires de France.

LEHMANN, Beat (1997): Die deutschen Farbwörter. Eine linguistische Analyse und ihre literaturwissenschaftliche Anwendung. In: DUNNE, Kerry und Ian R. CAMPBELL (Hg.) (1997): Unravelling the Labyrinth. Decoding Text and Language. Festschrift for Eric Lawson MARSON. Frankfurt am Main, Berlin, Bern, New York, Paris, Wien: Lang, S. 97–120.

LEHMANN, Beat (1998): ROT ist nicht „rot" ist nicht [rot]. Eine Bilanz und Neuinterpretation der linguistischen Relativitätstheorie . (Tübinger Beiträge zur Linguistik, 431). Tübingen: Narr.

LENDERS, Wilfried und Gerd WILLÉE (1998): Linguistische Datenverarbeitung. Ein Lehrbuch. 2. Aufl. [mit CD-Rom] Opladen: Westdeutscher Verlag.

LEONARDO da Vinci (1966): Il Libro della Pittura. In: ders.: Scritti Scelti. Hgg. von Anna Maria BRIZIO. Turin: Unione Tipografica, S. 173–249, 407–463.

LUEHRS, Kai (1999): Das Werden der Vergangenheit. Erläuterungen und Interpretationen zur Erinnerung als Erzählproblem bei Robert Musil, Heimito von Doderer und Hans Henny Jahnn. Berlin: phil. Diss. Typoskript.
http://www.diss.fu-berlin.de/2001/238/ (Stand 14.8.2003).

LÜHL-WIESE, Brigitte (1963): Georg Trakl. Der Blaue Reiter. Form- und Farbstrukturen in Dichtung und Malerei des Expressionismus. Münster: phil. Diss.

MAAS, Heinz Dieter (1971): Einige statistische Untersuchungen zum Werk Georg Trakls. In: Zeitschrift für Literaturwissenschaft und Linguistik, 4, S. 43–50.

MACKENSEN, Lutz (1967): [Geleitwort]. In: MEIER (1967), S. 7.

MACKENSEN, Lutz (1977): Deutsches Wörterbuch. 9. Aufl. München: Südwest Verlag.

MAFFI, Luisa (1991): A Bibliography of Color Categorization Research 1970–1990. In: BERLIN/KAY (1991), S. 173–189.

MAHLSTEDT, Michael (1982): Erlösungsfigurationen in Hans Henny Jahnns Roman „Perrudja". (Geistes- und Sozialwissenschaftliche Dissertationen, 65). Hamburg: Lüdke.

MARTINEZ, Matias und Michael SCHEFFEL (1999): Einführung in die Erzähltheorie. München: Beck.

MAURENBRECHER, Manfred (1980): Bemerkungen zur Kulturkritik Jahnns. In: HANS HENNY JAHNN (1980), S. 121–136.
MAURENBRECHER, Manfred (1983): Subjekt und Körper. Eine Studie zur Kulturkritik im Aufbau der Werke Hans Henny Jahnns, dargestellt an frühen Texten. (Europäische Hochschulschriften, 1, 698). Bern, Frankfurt am Main, New York: Lang.
MAUTZ, Kurt (1957): Die Farbensprache der expressionistischen Lyrik. In: Deutsche Vierteljahrsschrift, 31, S. 198–240.
MAYER, Hans (1984): Versuch über Hans Henny Jahnn. Aachen: Rimbaud.
McMANUS, I.C. (1983): Basic Colour Terms in Literature. In: Language and Speech, 26, 3, S. 247–252.
MEBUS, Andrea (1992): Kampf mit der Mauer. Die Figuren in Hans Henny Jahnns frühen Dramen zwischen Rebellion und Anpassung. (Europäische Hochschulschriften, 1, 1352). Frankfurt am Main, Berlin, Bern, New York, Paris, Wien: Lang.
MEIER, Christel (1972): Die Bedeutung der Farben im Werk Hildegards von Bingen. In: Frühmittelalterliche Studien, 6, S. 245–355.
MEIER, Christel und Rudolf SUNTRUP (1987): Zum Lexikon der Farbenbedeutungen im Mittelalter. Einführung zu Gegenstand und Methoden sowie Probeartikel aus dem Farbenbereich ‚Rot'. In: Frühmittelalterliche Studien, 21, S. 390–478.
MEIER, Helmut (1967): Deutsche Sprachstatistik. 2. Aufl. Hildesheim: Olms.
MENNINGER, Karl (1952): Mathematik und Kunst. In: Mathematisch-Physikalische Semesterberichte, 2, S. 170–178.
METZELTIN, Michael und Harald JASCHKE (1983): Textsemantik. Ein Modell zur Analyse von Texten. (Tübinger Beiträge zur Linguistik, 224). Tübingen: Narr.
MEYER, Jochen (1967): Verzeichnis der Schriften von und über Hans Henny Jahnn (Hgg. von der Akademie der Wissenschaften und Künste, Mainz, Klasse Literatur, 21). Neuwied am Rhein und Berlin: Luchterhand.
MEYERS Großes Konversations-Lexikon (1906–1913). Ein Nachschlagewerk des allgemeinen Wissens. 6. Aufl. Leipzig, Wien: Bibliographisches Institut.
MILLER, Georg (1993): Wörter. Streifzüge durch die Psycholinguistik. (Spektrum-Bibliothek, 36). Heidelberg, New York: Spektrum Akademischer Verlag.
MOLITOR, Dietrich und Wolfgang POPP (1984): Vom Freundschaftsmythos zum Sexualtabu. In: POPP (1984), S. 18–44.
MOLITOR, Dietrich und Wolfgang POPP (Hg.) (1986): Siegener Hans Henny Jahnn Kolloquium. Homosexualität und Literatur. (Kultur, Literatur, Kunst, 6). Essen: Die Blaue Eule.
MOLLARD-DESFOUR, Annie (1998–): Le dictionnaire des mots et expressions de couleur du XXe siècle. Bd. 1: Le Bleu (1998), Bd. 2: Le Rouge (2000), Bd. 3: Le Rose (2002). [Weitere Bdd. in Vorbereitung.] Paris: CNRS-Editions.
MÜLLER-FUNK, Wolfgang (2000): Die Farbe Blau. Untersuchungen zur Epistemologie des Romantischen. Wien: Turia und Kant.
MURET-SANDERS enzyklopädisches englisch-deutsches und deutsch-englisches Wörterbuch [1900]. Große Ausgabe. 2 Bdd. Berlin: Langenscheidt.
MUSCHG, Walter (1959): Über Hans Henny Jahnn. In: JAHNN, Hans Henny: Eine Auswahl aus seinem Werk. Mit einer Einleitung hgg. von Walter MUSCHG. Darmstadt: Moderner Buch-Verlag, S. 9–56.
MUSCHG, Walter (1994): Gespräche mit Hans Henny Jahnn. (Hgg., kommentiert und mit einem Essay von Jürgen EGYPTIEN.) Aachen: Rimbaud.
NIEHOFF, Reiner (2001): Hans Henny Jahnn. Die Kunst der Überschreitung. München: Matthes & Seitz.

NORD, Britta (1997): Von Azurblau bis Zinnoberrot. Farbbezeichnungen und ihre Darstellung im Wörterbuch. In: Lebendige Sprache, 1, S. 27-30.
NÜBOLD, Peter (1974): Quantitative Methoden zur Stilanalyse literarischer Texte. Ein Bericht über den Stand der Forschung in der Anglistik. (Braunschweiger Anglistische Arbeiten, 5). Braunschweig: phil. Diss.
OKSAAR, Els (1961): Über die Farbenbezeichnungen im Deutsch der Gegenwart. In: Muttersprache, 7/8, S. 207-220.
OVERATH, Angelika (1987): Das andere Blau. Zur Poetik einer Farbe im modernen Gedicht. Stuttgart: Metzler.
OVERATH, Angelika und Angelika LOCHMANN (Hg.) (1988): Das blaue Buch. Lesarten einer Farbe. Nördlingen: Greno.
OXFORD DUDEN, The (1990). German – English. English – German. Oxford: Clarendon Press.
PĀṆINI (1998): Pâṇini's Grammatik. Hgg., übersetzt, erläutert und mit verschiedenen Indices versehen von Otto BÖHTLINGK. Delhi: Motilal Banarsidass Publishers. [Reprint der 2. Aufl. von 1887.]
PASTERNACK, Gerhard (1979): Theorie der Interpretation. München: Fink.
PAUL, Hermann (1886): Principien der Sprachgeschichte. 2. Aufl. Halle: Niemeyer. Reprint: London: Routledge & Thoemmes Press, 1995. (18th and 19th Century German Linguistics, 8).
PAUL, Hermann (1992): Deutsches Wörterbuch. 9. Aufl. Tübingen: Niemeyer.
PFEIFER, Wolfgang (1989): Etymologisches Wörterbuch des Deutschen. 3 Bdd. Berlin: Akademie Verlag.
PIEPER, Ursula (1979): Über die Aussagekraft statistischer Methoden für die linguistische Stilanalyse. (Ars Linguistica, 5). Tübingen: Narr.
PONS GLOBALWÖRTERBUCH (1989). Englisch – deutsch. Stuttgart: Klett.
PONS GROSSWÖRTERBUCH (1991). Deutsch – englisch, englisch – deutsch. Hgg. von Peter TERRELL u.v.a. Stuttgart: Klett.
POPP, Wolfgang (Hg.) (1984): Die Suche nach dem rechten Mann. Männerfreundschaft im literarischen Werk Hans Henny Jahnns. (Literatur im historischen Prozeß, Neue Folge, 139). Berlin: Argument.
POPP, Wolfgang (1994): Literarisierung des Sehens und Visualisierung des Literarischen. Zu Hans Henny Jahnns „Die Nacht aus Blei" und zu dem Grafikzyklus von Klaus Böttger. In: Forum Homosexualität und Literatur, 22, S. 21-38.
RICHTER, Brigitte und Helmut RICHTER (1980): Zitatausdrücke im Romandialog Stendhals. In: HESS-LÜTTICH, Ernest W.B. (Hg.): Literatur und Konversation. Sprachsoziologie und Pragmatik in der Literaturwissenschaft. Wiesbaden: Athenaion, S. 258-278.
RICHTER, H[elmut] und G[eorg] HINCHA (1969): Can Overt Syntactic Structure Be Interpreted as a Logical Device? In: Beiträge zur Linguistik und Informationsverarbeitung, 15, S. 35-49.
RICHTER, Helmut (1974): Eine anschauliche Interpretation des Korrelationskoeffizienten nach Bravais-Pearson. In: Festschrift für Eberhard ZWIRNER, Teil III. Spezielle methodische Untersuchungen sprachlicher Phänomene. Tübingen: Niemeyer, S. 7-57.
RICHTER, Helmut (1985): Syllogon redivivum. In: BALLMER/POSNER (1985), S. 211-225.
RICHTER, Helmut (1996): Semantics and Grammar. A Relationship of Mutual Foundations? In: SACKMANN, Robin und Monika BUDDE (Hg.): Theoretical Linguistics and Grammatical Description. Papers in honour of Hans Heinrich LIEB. Amsterdam: Benjamins, S. 233-255.

RICHTER, Helmut (2000): Statistik für Linguisten. Proseminar am Fachbereich Philosophie und Geisteswissenschaften, Freie Universität Berlin, Wintersemester 1999/2000. [Handouts und Mitschrift].

RICHTER, Manfred (1952–1963): Internationale Bibliographie der Farbenlehre und ihrer Grenzgebiete. 2 Bdd. [Bd. 1: Berichtszeit 1940–1949, Bd. 2: Berichtszeit 1950–1954]. Göttingen: Musterschmidt.

RIEGER, Burghard (1971): Wort- und Motivkreise als Konstituenten lyrischer Umgebungsfelder. Eine quantitative Analyse bestimmter Textelemente. In: Zeitschrift für Literaturwissenschaft und Linguistik, 4, S. 23–41.

RIEGER, Burghard (1972): Warum mengenorientierte Textwissenschaft? Zur Begründung der Statistik als Methode. In: Zeitschrift für Literaturwissenschaft und Linguistik, 8, S. 11–28.

ROGERS, Edith (1964): El color en la poesía española del rinacimiento y del barroco. In: Revista de filología española, 47, S. 247–261.

ROSENGREN, Inger (1972–1977): Ein Frequenzwörterbuch der deutschen Zeitungssprache. Die Welt. Süddeutsche Zeitung. 2 Bdd. Lund: CWK Gleerup.

RUOFF, Arno (1981): Häufigkeitswörterbuch gesprochener Sprache, gesondert nach Wortarten, alphabetisch, rückläufig alphabetisch und nach Häufigkeit geordnet. Tübingen: Niemeyer.

SACHS, Lothar (1992): Angewandte Statistik. Anwendung statistischer Methoden. 7. Aufl. Berlin, Heidelberg, New York, London, Paris, Tokyo, Hong Kong, Barcelona, Budapest: Springer.

SANDERS, Daniel (1876): Wörterbuch der Deutschen Sprache. 3 Bdd. Leipzig: Wiegand. (Reprint: Hildesheim: Olms 1969).

SANDT, Lotti (1997): Hans Henny Jahnn. 1894–1959. Zur Literatur, Harmonik und Weltanschauung des Schriftstellers und Orgelbauers. (Schriften über Harmonik, 39). Bern: Kreis der Freunde um Hans Kayser.

SCHÄFER, Armin (1996): Biopolitik des Wissens. Hans Henny Jahnns literarisches Archiv des Menschen (Würzburger wissenschaftliche Schriften, Reihe Literaturwissenschaft, 167). Würzburg: Königshausen & Neumann.

SCHANZE, Helmut (1969): Computer-unterstützte Literaturwissenschaft. Probleme und Perspektiven im Zusammenhang mit dem maschinell hergestellten Kleist-Index. In: Muttersprache, 79, S. 315–321.

SCHANZE, Helmut (1989): Wörterbuch zu Heinrich von Kleist. Sämtliche Erzählungen, Anekdoten und kleine Schriften. (Indices zur deutschen Literatur, 20). 2. Aufl. Tübingen: Niemeyer.

SCHELLING, Friedrich Wilhelm Joseph (1966): Philosophie der Kunst. Darmstadt: Wissenschaftliche Buchgesellschaft.

SCHIEB, Roswitha (1997): Das teilbare Individuum. Körperbilder bei Ernst Jünger, Hans Henny Jahnn und Peter Weiss. Stuttgart: Metzler.

SCHMIDT, Franz (1969): Satz und Stil. In: KREUZER/GUNZENHÄUSER (1969). S. 159–170.

SCHMIDT, Hermann (1987): Sprache und Mathematik. In: Grundlagenstudien aus Kybernetik und Geisteswissenschaften, 28, 1, S. 3–10.

SCHMIDT, Peter (1965): Goethes Farbensymbolik. Untersuchungen zur Verwendung und Bedeutung der Farben in den Dichtungen und Schriften Goethes. (Philologische Studien und Quellen, 26.) Berlin: Schmidt.

SCHMITT, Reinhard (1969): Das Gefüge des Unausweichlichen in Hans Henny Jahnns Romantrilogie „Fluß ohne Ufer". (Göppinger Arbeiten zur Germanistik, 9). Göppingen: Kümmerle.

SCHMITTER, Peter (1979): Empirische Untersuchungen zum Erwerb des Farbwortschatzes. Ein Projektbericht. In: BÜLOW, Edeltraud und ders. (Hg.): Integrale Linguistik. Festschrift für Helmut GIPPER. Amsterdam: Benjamins, S. 519–540.

SCHNEEWOLF, Rainer (1987): Laut und Leute. Über das Problem, für die lautliche Ebene poetischer Texte verbindlich zu sagen, was dort auf wen wirkt, d.h. mit Fug und Recht als Lauttextur, als wirkrelevant, als literarisches Faktum zu gelten hat. Diskutiert anhand formalistischer und strukturalistischer Poetik, französischer Verswissenschaft und eines eigenen quantitativen Ansatzes, der versuchsweise auf Rimbaud'sche Alexandrinergedichte angewandt wird. (Studium Sprachwissenschaft, Beiheft 11). Münster: MAKS.

SCHÖNE, Albrecht (1987): Goethes Farbentheologie. München: Beck.

SCHOPENHAUER, Arthur (1948): Über das Sehen und die Farben. [Selbständig paginierter Teil II] in: ders.: Sämtliche Werke. Nach der ersten von Julius FRAUENSTÄDT besorgten Gesamtausgabe neu bearbeitet und hgg. von Arthur HÜBSCHER, Bd. 1, 2. Aufl. Wiesbaden: Brockhaus.

SCHREIBER, Hermann (1946): Der Dichter und die Farben. In: Plan. Literatur, Kunst, Kultur, 4, S. 269–277.

SCHULZ, Genia (1996): Eine andere Medea. In: BÖHME/SCHWEIKERT (1996), S. 110–126.

SCHWEIKERT, Uwe (Hg.) (1994): „Orgelbauer bin ich auch". Hans Henny Jahnn und die Musik. (Literatur- und Medienwissenschaft, 31). Paderborn: Igel.

SEUFERT, Georg (1955): Farbnamenlexikon von A–Z. Göttingen, Frankfurt am Main, Berlin: Musterschmidt.

SKARD, Sigmund (1946): The Use of Color in Literature. A Survey of Research. In: Proceedings of the American Philosophical Society, 90, S. 163–249.

STÄHLIN, Wilhelm (1914): Zur Psychologie und Statistik der Metaphern. Eine methodologische Untersuchung. In: Archiv für die gesamte Psychologie, 31, S. 297–425.

STALMANN, Kai (1994): Der schöne Schein des Anderen. Über „Die Nacht aus Blei" von Hans Henny Jahnn. In: Forum Homosexualität und Literatur, 22, 1994, S. 39–62.

STALMANN, Kai (1998): Geschlecht und Macht. Maskuline Identität und künstlerischer Anspruch im Werk Hans Henny Jahnns. (Literatur, Kultur, Geschlecht, Große Reihe, 11). Köln, Weimar, Wien: Böhlau.

STEINER, Jacob (1986): Die Farben in der Lyrik von George bis Trakl. In: ders.: Rilke. Vorträge und Aufsätze. Karlsruhe: Loeper, S. 86–103.

STOEVA-HOLM, Dessislava (1996): Farbbezeichnungen in deutschen Modetexten. Eine morphologisch-semantische Untersuchung . (Acta Universitatis Upsaliensis, Studia Germanistica Upsaliensia, 34). Uppsala: phil. Diss.

STULZ, Heinke (1990): Die Farbe Purpur im frühen Griechentum. Beobachtet in der Literatur und in der bildenden Kunst. Stuttgart: Teubner.

THIESS, Frank (1954): Versuch einer Portraitskizze. In: ITALIAANDER (1954), S. 10–12.

THOME, Gabriele (1994): Die Funktion der Farben bei Horaz. In: Acta Classica, 37, S. 15–39.

THOMMES, Armin (1997): Die Farbe als philosophisches Problem. Von Aristoteles bis zu Ludwig Wittgenstein. St.-Augustin: Gardez!-Verlag.

TRIER, Jost (1968): Altes und Neues vom sprachlichen Feld. Rede anläßlich der feierlichen Überreichung des Konrad-Duden-Preises der Stadt Mannheim durch den Herrn Oberbürgermeister am 3. März 1968. Mannheim, Zürich: Dudenverlag.

TRIER, Jost (1973): Aufsätze und Vorträge zur Wortfeldtheorie. (Hgg. von Anthony van der LEE und Oskar REICHMANN. Janua Linguarum, Series Minor, 174.) Den Haag, Paris: Mouton.

TRÜBNERS Deutsches Wörterbuch (1939–1957). (Hgg. von Alfred GÖTZE und Walter MITZKA). Berlin: de Gruyter.
VENSKE, Regula (1993): Aus der Perspektive einer Kaulquappe. In: BITZ (1993), S. 212–216.
VENSKE, Regula (1994): Fluß ohne Ufer. Sieben Wunden. Vier Versuche. In: HAMANN/VENSKE (1994), S. 25–47.
VOGT, Jochen (1970): Struktur und Kontinuum. Über Zeit, Erinnerung und Identität in Hans Henny Jahnns Romantrilogie „Fluß ohne Ufer". München: Fink.
VOGT, Jochen (1980): Das vierdimensionale Labyrinth. Das „Holzschiff" – ein allegorischer Detektivroman? In: HANS HENNY JAHNN (1980), S. 75–85.
WAGNER, Rüdiger (1965): Hans Henny Jahnns Roman „Perrudja". Sprache und Stil. München: phil. Diss.
WAGNER, Rüdiger (1981): Anmerkungen zur Harmonik im Werk Hans Henny Jahnns. Die Rezeption harmonikalen Denkens in den Jahren 1929 bis 1939. In: GOLDMANN/KAGE/FREEMAN (1981), S. 87–113.
WAGNER, Rüdiger (1989): Hans Henny Jahnn. Der Revolutionär der Umkehr. Orgel, Dichtung, Mythos, Harmonik. (Schriftenreihe der Walcker-Stiftung für orgelwissenschaftliche Forschung, 3). Murrhardt: Musikwissenschaftliche Verlagsgesellschaft.
WAHRIG, Gerhard (1994): Deutsches Wörterbuch. (Hgg. von Renate WAHRIG-BURFEIND). Gütersloh: Bertelsmann.
WALITSCHKE, Michael (1994): Hans Henny Jahnns Neuer Lübecker Totentanz. Hintergründe, Teilaspekte, Bedeutungsebenen. Stuttgart: Metzler.
WÄNGLER, Hans-Heinrich (1963): Rangwörterbuch hochdeutscher Umgangssprache. Marburg: Elwert.
WEIGAND, F[riedrich] L[udwig] K[arl] (1909–1910): Deutsches Wörterbuch. (Hgg. von Herman HIRT). Gießen: Töpelmann.
WEINRICH, Harald (1977): Interferenz bei Farbnamen. Das Farbwort *bleu*. In: KOLB, Herbert und Hartmut LAUFFER (Hg.): Sprachliche Interferenz. Festschrift für Werner BETZ zum 65. Geburtstag. Tübingen: Niemeyer, S. 267–277.
WEINRICH, Harald (1993): Textgrammatik der deutschen Sprache. Mannheim, Leipzig, Wien, Zürich: Duden.
WEISGERBER, Leo (1929): Adjektivische und verbale Auffassung der Gesichtsempfindungen. In: Wörter und Sachen, 12, S. 197–226.
WEISGERBER, Leo (1964): Zur Grundlegung der ganzheitlichen Sprachauffassung. Aufsätze 1925–1933. Zur Vollendung des 65. Lebensjahres Leo Weisgerbers, hgg. von Helmut GIPPER. Düsseldorf: Schwann.
WEISS, Petra und Roland MANGOLD (1997): Bunt gereimt, doch farblos gesagt. Wann wird eine Farbe eines Objekts nicht genannt? In: Sprache und Kognition, 16, 1, S. 31–47.
WENNING, Wolfgang (1985): Farbwörter und Sehen. In: BALLMER/POSNER (1985), S. 444–456.
WHORF, Benjamin Lee (1956): Language, Thought and Reality. Selected writings. Hgg. von CARROLL, John B. Massachusetts: The Massachusetts Institute of Technology.
WICKMANN, Dieter (1969): Eine mathematisch-statistische Methode zur Untersuchung der Verfasserfragen literarischer Texte. Durchgeführt am Beispiel der „Nachtwachen. Von Bonaventura" mit Hilfe der Wortartübergänge. (Forschungsberichte des Landes Nordrhein-Westfalen, 2019). Köln, Opladen: Westdeutscher Verlag.
WICKMANN, Dieter (1974): Zum Bonaventura-Problem. Eine mathematisch-statistische Überprüfung der Klingemann-Hypothese. In: Zeitschrift für Literaturwissenschaft und Linguistik, 16, S. 13–29.

WIERZBICKA, Anna (1990): The meaning of color terms. Semantics, culture, and cognition. In: Cognitive Linguistics, 1, S. 99–150.
WILDHAGEN, Karl und Will HÉRAUCOURT (1963): Englisch-deutsches, deutsch-englisches Wörterbuch in zwei Bänden. Wiesbaden: Brandstetter.
WITTGENSTEIN, Ludwig (1999): Bemerkungen über die Farben. Über Gewißheit. Zettel. Vermischte Bemerkungen. (Hgg. von Joachim SCHULTE, Werkausgabe, 8). 8. Aufl. Frankfurt am Main: Suhrkamp.
WOHLLEBEN, Joachim (1985): Versuch über „Perrudja". Literarhistorische Beobachtungen über Hans Henny Jahnns Beitrag zum modernen Roman. (Untersuchungen zur deutschen Literaturgeschichte, 36). Tübingen: Niemeyer.
WOLFFHEIM, Elsbeth (1985): „Die Silberstimme des Totengleichen". Das Farbwort ‚silbern' im lyrischen Werk Georg Trakls. In: Text und Kritik, 4, S. 37–44.
WOLFFHEIM, Elsbeth (1989): Hans Henny Jahnn. Mit Selbstzeugnissen und Bilddokumenten. (Rororo Monographien, 432). Reinbek bei Hamburg: Rowohlt.
WOLFFHEIM, Elsbeth (1994b): Vorwort. In: WOLFFHEIM (1994a), S. 5–12.
WOLFFHEIM, Hans (1966): Hans Henny Jahnn. Der Tragiker der Schöpfung. Beiträge zu seinem Werk. Frankfurt am Main: Europäische Verlagsanstalt.
WOLFFHEIM, Hans (1994a): Geschlechtswelt und Geschlechtssymbolik. Hans Henny Jahnns „Fluß ohne Ufer". (Hgg. von Elsbeth WOLFFHEIM). Hamburg: Europäische Verlagsanstalt.
WORTSCHATZ-LEXIKON (1998-2003). http://wortschatz.informatik.uni-leipzig.de (Stand: 11.9.2003).
WUNDERLICH, Dieter (1969): [Rezension zu KREUZER/GUNZENHÄUSER (1969)]. [Wunderlich rezensiert die 1. Aufl., 1967]. In: Lingua, 22, S. 101–120.
ZEDLER, Johann Heinrich (1732–1750): Großes vollständiges Universallexikon aller Wissenschaften und Künste, welche bishero durch menschlichen Verstand und Witz erfunden und verbessert worden. 64 Bdd. Halle, Leipzig: Zedler. (Reprint: Graz: Akademische Druck- und Verlagsanstalt 1961–1986).
ZEUCH, Ulrike (2002): Sensus communis, imaginatio und sensorium commune im 17. Jahrhundert. In: ADLER, Hans und Ulrike ZEUCH (Hg.): Synästhesie. Interferenz, Transfer, Synthese der Sinne. Würzburg: Königshausen & Neumann.
ZIFONUN, Gisela, Ludger HOFFMANN und Bruno STRECKER (1997): Grammatik der deutschen Sprache. 3 Bdd. Berlin, New York: de Gruyter.
ZINGERLE, I[gnaz] V[inzenz] (1863): Farbensymbolik. In: Germania, 8, S. 497–505.
ZWEIBÖHMER, Natalie (1997): „und faßte einen lebendigen Sinn in einen lebendigen Ausdruck". Studien zur poetischen Funktion der Farben in Goethes Lyrik. (Germanistik, 10). Münster: LIT.